증권투자권유 2025
대행인

1

금융투자협회
Korea Financial Investment Association

KB185890

자격시험 안내

1. 증권투자권유대행인의 정의

투자자를 상대로 증권(집합투자증권 및 파생상품 등은 제외) 및 MMF를 자동으로 매수하는 CMA의 매매를 권유하거나 투자자문계약, 투자일임계약 또는 신탁계약의 체결을 권유하는 업무를 수행하는 인력

2. 응시자격

금융회사 종사자, 학생, 일반인 등

3. 시험과목 및 문항수

시험과목		세부 교과목	문항수
제1과목	증권분석 및 증권시장	경기분석	4
		기본적 분석	3
		기술적 분석	3
		유가증권시장	8
		코스닥시장	3
		채권시장	7
		기타 증권시장	2
소 계			30
제2과목	금융상품 및 윤리	금융상품분석 · 투자전략	23
		투자권유 및 고객관리	12
		직무윤리 · 투자자분쟁예방	15
소 계			50
제3과목	법규 및 규정	자본시장 관련 법규 (금융소비자 보호에 관한 법률 포함)	20
소 계			20
시험시간		120분	100 문항

4. 시험 합격기준

60% 이상(과목별 40점 미만 과락)

■ 한국금융투자협회는 금융투자전문인력의 자격시험을 관리 · 운영하고 있습니다.
금융투자전문인력 자격은 「자본시장과 금융투자업에 관한 법률」 등에 근거하고 있으며,
「자격기본법」에 따른 민간자격입니다.

■ 자격시험 안내, 자격시험접수, 응시료 및 환불 규정 등에 관한 자세한 사항은
한국금융투자협회 자격시험접수센터 홈페이지(https://license.kofia.or.kr)를 참조해
주시기 바랍니다.
(자격시험 관련 고객만족센터: 02-1644-9427, 한국금융투자협회: 02-2003-9000)

contents

part 03

채권시장

part 04

코넥스시장,
K-OTC시장

part 06

투자전략

금융상품분석

chapter 01

우리나라의 금융회사

개요

금융회사는 은행, 비은행 예금취급기관, 금융투자업자, 보험회사, 기타 금융기관, 그리고 금융보조기관 등으로 구분한다.

은행은 일반은행과 특수은행으로 대별된다. 일반은행은 시중은행, 지방은행, 그리고 외국은행 국내지점으로 구성된다. 특수은행은 특별법에 의해 설립된 은행이다. 한국산업은행, 한국수출입은행, 중소기업은행, 그리고 농업협동조합중앙회 및 수산업협동조합중앙회 등이 특수은행에 해당된다.

비은행 예금취급기관은 은행과 유사한 여수신업무를 주요 업무로 영위하지만 제한적인 목적으로 설립된 상호저축은행, 신용협동조합·새마을금고·상호금융 등 신용협동기구 등이 이에 해당된다.

금융투자업자는 금융투자상품의 거래와 관련된 업무를 주된 업무로 하는 금융회사이다. 투자매매업자, 투자중개업자, 집합투자업자, 투자일임업자, 투자자문업자, 그리고 신탁업자가 이에 해당된다.

보험회사는 사망·질병·노후 또는 화재나 각종 사고를 대비하는 보험을 인수·운영하는 금융회사이다. 보험회사는 업무 특성에 따라 생명보험회사, 손해보험회사, 우체국보험, 공제기관 등으로 구분된다. 손해보험회사는 일반적인 손해보험회사, 재보험회사, 그리고 보증보험회사가 있다.

기타 금융기관은 금융지주회사, 여신전문금융회사(리스회사, 신용카드회사, 할부금융회사), 벤처캐피탈회사(신기술사업금융회사, 중소기업창업투자회사), 증권금융회사 및 공적 금융기관 등이 있다. 최근에는 핀테크에 대한 사회적 관심이 커지면서 전자금융업자가 새로운 주목을 받고 있다. 전자금융업자에는 전자화폐업자, 전자이체업자, 직불전자지급수단발급관리업자, 선불전자지급수단발급관리업자, 전자지급결제대행업자 등이 있다.

금융보조기관은 금융제도의 원활한 작동에 필요한 여건을 제공하는 것을 주된 업무로 하는 기관들이다. 한국거래소, 한국예탁결제원, 증권금융회사, 예금보험공사, 금융결제원, 신용보증기금·기술보증기금 등 신용보증기관, 신용정보회사, 자금중개회사 등이 이에 해당된다.

표 1-1 우리나라 금융회사 분류

구분		
은행	일반은행	시중은행
		지방은행
		외은지점
	특수은행	한국산업은행
		한국수출입은행
		중소기업은행
		농업협동조합중앙회
		수산업협동조합중앙회
비은행 예금취급기관	상호저축은행	
	신용협동기구	신용협동조합
		새마을금고
		상호금융
	우체국예금	

금융투자업자	투자매매중개업자	증권회사
		선물회사
	집합투자업자	자산운용회사
	투자자문·일임업자	투자자문사
	신탁업자	은행/증권/보험/부동산 신탁회사
	종합금융회사	
보험회사	생명보험회사	
	손해보험회사	손해보험회사
		재보험회사
		보증보험회사
	우체국보험	
	공제기관	
기타 금융기관	금융지주회사	은행지주 비은행지주
	여신전문금융회사	리스회사/카드회사/할부금융회사
	벤처캐피탈회사	신가술사업금융회사/중소기업창업투자회사
	증권금융회사	
	한국무역보험공사	
	한국주택금융공사	
	한국자산관리공사	
	한국투자공사	
	한국정책금융공사	
금융 보조기관	한국거래소	
	한국예탁결제원	
	한국증권금융	
	예금보험공사	
	금융결제원	
	신용보증기관	
	신용정보회사	
	자금중개회사	

자료 : 한국은행

은행은 일반적으로 여수신을 통해 신용을 창출하고, 이 과정에서 지급결제 서비스를 제공하는 금융회사이다. 국내에서 은행은 은행법에 의해 설립된 일반은행과 특별법에 의해 설립된 특수은행으로 대별된다. 비은행은 은행과 유사한 여수신업무를 주요 업무로 취급하고 있지만 보다 제한적인 목적으로 설립되어 자금조달 및 운용 등에서 은행과는 상이한 규제를 받는 금융회사이다. 즉 자금조달에 있어 요구불예금이 차지하는 비중이 상대적으로 낮아서 신용창조 기능이 크지 않고 지급결제 기능을 제한적으로만 제공할 수 있어 영업대상이 사전적으로 제한받는다. 상호저축은행, 신용협동조합·새마을금고·상호금융 등 신용협동기구, 우체국예금이 이에 해당된다. 한편 상호저축은행과 신용협동기구는 자금의 대부분을 특정 지역의 서민이나 영세상공인으로부터 저축성예금 형태로 조달해 이들에 대한 대출로 운영하고, 우체국예금은 농어촌 및 도시 지역 가계에 소액 가계저축수단을 제공한다.

1   일반은행

(1) 정의 및 변천

일반은행은 예금·대출 및 지급결제 업무를 고유업무로 한다. 「은행법」에 따라 시중은행, 지방은행 및 외국은행 국내지점 등으로 구분된다. 시중은행은 전국을 영업구역으로 하는 은행이다. 지방은행은 금융업무의 지역적 분산과 지역경제의 균형발전을 위해 해당 지역을 중심으로 설립된 은행이다.

(2) 업무의 구분

일반은행의 업무는 업무의 특성에 따라 고유업무, 부수업무 및 겸영업무로 구분된다 (표 1-2). 각 업무별 범위는 은행법 및 동법 시행령에서 규정하고 있다. 일반은행은 고유업무 및 부수업무의 경우 별도 인허가 또는 등록 없이 영위할 수 있으나 일부 겸영업무의 경우 해당 법령에 따라 금융위원회의 겸영인허가를 필요로 한다. 기타업무에는 타 법령에서 은행이 운영할 수 있도록 한 업무와 기업 인수·합병의 중개·주선 또는 대리 업

구분	업무내용	근거규정
고유 업무	• 예금·적금의 수입 또는 유가증권, 그 밖의 채무증서의 발행 • 자금의 대출 또는 어음의 할인 • 내국환·외국환	은행법 제27조
부수 업무[1]	• 채무 보증 또는 어음의 인수, 상호부금, 팩토링, 보호예수 • 수납 및 지급대행, 전자상거래와 관련한 지급대행 • 지방자치단체의 금고대행 • 은행업과 관련된 전산시스템 및 소프트웨어의 판매 및 대여 • 금융 관련 연수 및 도서·간행물 출판업무, 조사·연구업무 • 업무용 부동산의 임대, 수입인지·복권·상품권 등의 판매 대행 • 은행의 인터넷 홈페이지, 서적, 간행물 및 전산 설비 등 물적 설비를 활용한 광고 대행 • 기타 금융위원회가 정하여 고시하는 업무	은행법 제27조의2 시행령 제18조

겸영 업무[2]	− 해당 법령에서 인허가 또는 등록을 받아야 하는 업무
	  • 자본시장법에 따른 파생상품의 매매·중개 업무, 금융위원회가 정한 파생 결합증권 매매업무, 국채증권, 지방채증권 및 특수채증권의 인수·매출 및 모집·매출 주선업무, 국채증권, 지방채증권, 특수채증권 및 사채권의 매매 업무
	  • 자본시장법에 따른 집합투자업(투자신탁으로 한정), 투자자문업, 신탁업, 집합투자증권 투자매매업·투자중개업, 일반사무관리회사의 업무, 명의개서대행회사의 업무
	  • 자본시장법 시행령에 따른 환매조건부매도 및 매수 업무
	  • 보험업법에 따른 보험대리점의 업무
	  • 근로자퇴직급여 보장법에 따른 퇴직연금사업자의 업무
	  • 여신전문금융업법에 따른 신용카드업
	  • 담보부사채신탁법에 따른 담보부사채에 관한 신탁업
	  • 기타 금융위원회가 정하여 고시하는 업무
	− 기타 업무
	  • 금융 관련 업무로서 해당 법령(은행법 시행령 제13조 제1항의 법령)에서 은행이 운용할 수 있도록 한 업무
	  • 자산유동화법에 따른 유동화전문회사의 유동화자산 관리 및 채권추심업무에 대한 수탁업무
	  • 주택저당채권 유동화회사법에 따른 주택저당채권 유동화회사의 유동화자산 관리 수탁업무 및 채권추심업무에 대한 수탁업무
	  • 기업의 인수 및 합병의 중개·주선 또는 대리 업무
	  • 기업의 경영, 구조조정 및 금융 관련 상담·조력 업무
	  • 증권의 투자 및 대차거래 업무
	  • 상업어음 및 무역어음의 매출
	  • 금융 관련 법령에 따라 금융업을 경영하는 자의 금융상품 및 「무역보험법」에 따른 무역보험의 판매 대행
	  • 기타 금융위원회가 정하여 고시하는 업무
		은행법
		제28조
		시행령
		제18조의2

주 : 1) 고유업무의 수행에 수반되는 업무로서 감독당국의 별도 인허가 없이 영위할 수 있는 업무
    2) 은행이 겸영업무를 직접 운영하려는 경우 금융위원회 신고가 필요
자료 : 한국은행

무, 증권의 투자 및 대차거래 업무, 상업어음 및 무역어음의 매출 업무 등이 있다.

2 특수은행

특수은행은 일반은행이 직접 자금을 중개하거나 지원하지 못하는 분야에 자금을 지원하기 위하여 설립된 금융기관이다. 이 때문에 특수은행은 일반은행과 달리 재정자금과 채권 발행에 크게 의존하여 자금을 조달한다. 또한 그 업무의 전문성과 특수성을 고려하여 은행법이 아닌 각 특별법에 의해 설립되었다.

표 1-3 특수은행별 설립근거 및 설립목적

은행명	설립일	설립근거법	설립 목적
한국산업은행	1954. 4	「한국산업은행법」	개발금융
한국수출입은행	1976. 7	「한국수출입은행법」	수출입금융
중소기업은행	1961. 8	「중소기업은행법」	중소기업금융
농업협동조합	1961. 8	「농업협동조합법」	농업금융
수산업협동조합	1962. 4	「수산업협동조합법」	수산업 금융

자료 : 한국은행

3 상호저축은행

상호저축은행은 1972년 8·3 긴급 경제조치에 따라 사금융 양성화 3법 중 하나인 「상호신용금고법」에 의해 설립되었다.

상호저축은행은 신용계, 신용부금, 예금 및 적금의 수입, 대출, 어음할인, 내·외국환, 보호예수, 수납 및 지급대행 업무, 기업 합병 및 매수의 중개·주선 또는 대리 업무, 국가·공공단체 및 금융기관의 대리업무 등의 업무를 영위할 수 있다. 사실상 일반은행의 고유업무와 상당히 유사해졌다.

상호저축은행의 수신업무를 살펴보면 종전에는 신용계 및 신용부금 업무가 주된 수신업무였으나 1995년 보통부금예수금과 정기부금예수금을 대체해 보통예금과 정기예금 등이 허용되면서 예금 및 적금의 수입업무가 주된 수신업무가 되었다. 여신업무로는 일반자금 대출 및 어음할인이 기본업무이나 수신과 연계된 계약금액 내 대출, 예·적금 담보 대출, 종합통장 대출과 주택자금 대출 등도 취급하고 있다. 또한 지역금융활성화와 서민금융 지원을 위해 2순위 담보대출, 수산물 담보대출, 미용사 대출, PC방 창업대출, 개인택시 담보대출 등도 취급한다. 한편 상호저축은행에 대해서는 사금고화 방지, 공신력 제고 및 건전경영 유지 등을 위하여 엄격한 업무 규제를 부과하고 있다.

상호저축은행중앙회는 상호저축은행을 회원으로 하는 법인으로 조사·연구, 상호저축은행 상호 간의 업무 협조와 신용질서 확립 및 거래자 보호를 위한 업무, 상호저축은행으로부터의 예탁금 및 지급준비 예탁금의 수입·운용, 상호저축은행에 대한 대출 및 지급보증, 상호저축은행 보유·매출 어음의 매입, 내국환업무, 국가·공공단체 또는 금융기관의 대리업무 등을 수행한다. 그리고 1999년에는 유가증권의 모집·인수·매출과 자회사의 설립·운영 또는 타법인 출자가 상호저축은행중앙회의 업무로 추가되었다. 그 밖에 상호저축은행의 회계·업무 방법 등에 관한 표준화 및 지도, 상호저축은행 임직원교육, 상호저축은행의 공동 이익을 위한 사업 등을 수행한다.

4 신용협동기구

(1) 신용협동조합

신용협동조합은 지역·직장·단체 등 상호 유대를 가진 개인이나 단체 간의 협동조직을 기반으로 하여 자금의 조성과 이용을 도모하는 비영리 금융회사를 말한다. 1972년 「신용협동조합법」이 제정되면서 법률적인 근거와 함께 발전의 전기가 마련되었다. 신용협동조합은 조합원으로부터 예탁금·적금 수입, 조합원에 대한 대출, 내국환업무, 국가·공공단체·중앙회 및 금융기관의 업무 대리, 보호예수, 어음할인 등을 취급하고 있다.

신용협동조합중앙회는 신용협동조합을 구성원으로 하여 조직된 비영리법인으로 조합의 사업에 관한 지도·조정·조사·연구 및 홍보, 교육, 조합에 대한 검사·감독, 공제사업, 국가 또는 공공단체가 위탁하거나 보조하는 사업 및 신용사업을 수행한다. 신용협동조합중앙회가 수행하는 신용사업은 조합으로부터의 예·적금 및 상환준비금의 수입·운용, 조합에 대한 대출, 내·외국환업무 등이 있다. 또 2004년부터 신용협동조합이 예금보험공사의 부보 금융기관에서 제외됨에 따라 조합원에 대한 예탁금 등의 환급 보장을 위해 신용협동조합 예금보호기금을 설치·운영하고 있다.

(2) 새마을금고

새마을금고는 회원으로부터의 예탁금·적금의 수입, 회원에 대한 대출, 내국환, 국가·공공단체 및 금융기관의 업무 대리, 보호예수 등의 업무를 취급하는데 어음할인 등 일부를 제외하고는 신용협동조합과 거의 동일하다.

새마을금고중앙회는 새마을금고를 회원으로 하는 비영리법인으로 회원의 사업에 관한 지도·교육·훈련·조사·연구, 금고 감독과 검사, 금고의 사업에 대한 지원, 공제사업, 국가·공공단체가 위탁하거나 보조하는 사업 등을 수행한다. 또 금고로부터 예탁금·적금 수입, 대출, 지급보증 및 어음할인, 내·외국환, 보호예수, 국가·공공단체 또는 금융기관의 업무 대리, 유가증권의 인수·매출 등의 신용사업을 영위한다. 한편 연합회는 금고 회원에 대한 예탁금 등의 환급 보장을 위해 예금자보호준비금을 설치·운영하고 있다.

(3) 상호금융

상호금융은 1969년 농업협동조합의 자립기반 확립을 위한 사업의 일환으로 추진되었던 농업협동조합 연쇄점 설치와 함께 시작되었다. 그리고 1972년 「신용협동조합법」이 제정됨에 따라 농업협동조합의 상호금융이 법적 기반을 얻게 되었다. 1974년 6월 수산업협동조합이 상호금융업무를 시작하였고 이후 1981년 1월 농업협동조합으로부터 분리된 축산업협동조합이, 1989년 1월 인삼협동조합[1]이, 그리고 1993년 12월 임업협동조합이 이를 취급하기 시작하였다.

---

1 2000년 7월 축산업협동조합·농업협동조합·인삼조합협동중앙회 등 3개 기관이 통합되어 농업협동 중앙회로 출범하였다.

금융투자회사

1 개관

금융투자회사는 금융투자상품의 거래와 관련된 업무를 주된 업무로 하는 금융회사이다.

2009년 2월 「자본시장과 금융투자업에 관한 법률」(이하 '자본시장법'이라 한다) 시행 이전에는 금융투자회사는 증권회사, 선물회사, 자산운용회사 등으로 구분되었다. 자본시장법 시행 이후에도 대다수 금융투자회사가 증권회사, 선물회사, 자산운용회사 등 종래 명칭을 그대로 유지하고 있으나, 금융투자업이 금융기능에 따라 투자매매, 중개, 집합투자, 투자자문·일임, 신탁업으로 구분되고 각각을 겸영할 수 있도록 함에 따라 금융투자회사의 구분은 이전과 달리 명확하지 않다.

자본시장법은 각 금융기능별로 투자자가 부담하는 위험의 크기에 따라 인가제와 등록제로 구분하고 있다. 이에 따라 고객과 직접 채무관계를 갖거나 고객의 자산을 수탁하는 투자매매·투자중개·집합투자·신탁업은 인가대상으로 하고 투자자의 재산을 수탁하지 않는 투자일임·투자자문업은 등록만으로 영위할 수 있도록 하고 있다. 한편 자본시장법 시행령은 금융투자업의 위험과 투자자 보호 필요성 등에 따라 인가 및 등록단위별 최저 자본요건을 다르게 설정하고, 취급하려는 인가업무가 늘어나면 그에 해당하는 자기자본 금액을 추가로 보유하도록 함으로써 금융투자업자의 대형화, 겸업화, 전문화 및 진입완화를 유도하고 있다.

2 투자매매 · 중개업자

1) 증권회사

증권회사는 직접금융시장에서 기업이 발행한 증권을 매개로 하여 투자자의 자금을 기업에게 이전시켜 주는 기능을 수행하는 금융회사이다. 기업과 투자자를 직접 연결시킨다는 점에서 저축자의 예금을 받아 기업에 대출하는 은행과는 업무 성격이 다르다.

증권회사는 증권 및 채권과 관련된 위탁매매, 발행 및 인수, 그리고 자기매매 등을 영위하며 이외에도 펀드 및 신종증권 판매, CMA 등 자산관리 서비스를 제공하고 있다.

(1) 위탁매매업무

위탁매매업무(brokerage)는 증권 및 파생상품 등 금융투자상품에 대한 투자중개업무로서 고객의 매매주문을 성사시키고 수수료를 받는 업무이다. 위탁매매업무는 위탁매매, 매매의 중개·대리 및 위탁의 중개·주선·대리 세 가지 형태로 이루어진다.

위탁매매업무는 고객의 매매주문을 받아 증권회사의 명의와 고객의 계산으로 금융투자상품의 매매를 행하는 업무이다. 매매거래에 따른 손익은 위탁자인 고객에게 귀속되며 증권회사는 고객으로부터 일정한 위탁수수료를 받는다. 매매의 중개·대리는 타인간의 금융투자상품의 매매가 성립되도록 노력하거나 고객을 대리하여 매매를 하고 일정한 수수료를 받는 업무를 말한다. 동 업무는 증권회사가 명의상으로나 계산상으로 매매당사자가 되지 않는다는 점에서 위탁매매와 구별된다.

마지막으로 위탁의 중개·주선·대리는 한국거래소의 회원이 아닌 증권회사가 수행하는 업무로서 비회원인 증권회사는 회원인 증권회사를 통하여 고객의 위탁매매주문을 중개·주선·대리해주고 고객으로부터 받은 수수료를 회원인 증권회사와 배분한다.

(2) 자기매매업무

자기매매업무(dealing)는 투자매매업무로서 자기명의와 자기계산으로 인적·물적 시설을 갖추고 지속적·반복적으로 금융투자상품을 매매하는 업무를 말한다. 증권회사는 자기매매업무를 통해 증권시장 또는 장외거래에서 일시적인 수급불균형을 조정하는 한편 금융투자상품 가격의 연속성을 확보함으로써 시장조성자(market maker)로서의 역할을 수행한다.

(3) 인수 · 주선업무

증권의 인수업무(underwriting)는 투자매매업무로서 증권회사가 신규 발행된 증권을 매출할 목적으로 취득하는 업무를 말하며 모집, 사모, 매출의 세 가지 형태가 있다. 모집이란 50인 이상의 투자자에게 새로 발행되는 증권에 대하여 취득의 청약을 권유하는 것을 말한다. 반면, 사모란 49인 이하의 투자자를 대상으로 취득의 청약을 권한다는 점에서, 매출은 이미 발행된 증권을 대상으로 매도청약을 하거나 매수청약을 권유한다는 점에 각각 구분된다. 한편 주선업무는 증권회사가 제3자의 위탁에 의해 모집·매출을 주선하는 업무를 말한다.

(4) 펀드 판매 및 자산관리업무

펀드는 자본시장법상 집합투자기구를 지칭하며, 펀드 판매업무는 증권회사가 투자중개업자로서 펀드에서 발행하는 수익증권 등을 투자자에게 판매하는 업무이다.

자산관리업무는 투자자문 및 투자일임업자로서 투자자에게 랩어카운트 및 CMA 서비스 등을 제공하는 업무이다. 랩어카운트는 증권회사가 고객의 증권거래, 고객에 대한 자문 등의 서비스를 통합해 제공하고 그 대가로 고객예탁재산의 평가액에 비례하여 연간 단일보수율로 산정한 요금(fee)을 징수하는 업무이다.

랩어카운트에는 자문형과 일임형 두 가지가 있는데 자문형은 예탁재산의 운용에 대하여 자산관리자가 투자자문서비스를 제공하고 최종 결정은 고객이 내리는 반면, 일임형은 증권회사가 고객의 성향에 따라 주식이나 채권, 주식형 펀드 등 투자자의 자산 포트폴리오 구성에서 운용까지 모든 자산운용 업무를 대신한다.

한편 CMA 업무는 고객과 사전 약정에 따라 예치자금이 MMF, RP 등 특정 단기금융상품에 투자되도록 설계한 CMA 계좌를 고객예탁금 계좌와 연계해 수시입출, 급여이체, 신용카드 결제대금 납부 등의 부가서비스를 제공하는 업무이다.

(5) 신용공여업무

신용공여업무는 증권회사가 증권거래와 관련하여 고객에게 금전을 융자하거나 유가증권을 대부하는 업무이다. 현재 증권회사가 취급할 수 있는 신용공여업무에는 고객의 증권 매수에 대해서는 융자를 해주고 매도에 대해서는 대주를 해주는 신용거래업무, 예탁된 증권을 담보로 하는 대출업무 등이 있다.

2) 선물회사

선물회사는 선물거래 및 해외선물거래에 대한 위탁매매 등 장내파생상품에 대한 투자매매 및 투자중개업무를 영위하는 금융회사이다. 자본시장법에서는 파생상품을 선도, 옵션, 스왑 중 어느 하나에 해당하는 투자성 있는 것으로 정의하고, 파생상품시장에서 거래되는 것 또는 해외 파생상품시장에서 거래되는 것을 장내파생상품으로 규정하고 있다.

선물회사는 선물거래(해외선물거래 포함)의 자기거래, 위탁거래, 위탁의 중개·주선·대리 업무를 영위한다. 선물회사는 위탁자로부터 선물거래의 위탁을 받는 경우 수량·가격 및 매매의 시기에 한하여 그 결정을 일임받아 선물거래를 할 수 있다. 또한 선물회사는 선물거래 등과 관련한 고객예탁금을 자기재산과 구분하여 증권금융회사에 예치하여야 하며, 채무불이행이나 임직원의 위법·위규 등에 의하여 위탁자가 입은 손실을 보전하기 위하여 책임준비금을 적립하여야 한다.

현재 취급하고 있는 주요 선물상품으로는 KOSPI200 선물 및 옵션을 포함한 주식상품, 금리상품(3년 국채선물), 통화상품(달러선물, 엔선물), 금 및 돈육선물과 같은 일반상품이 있다. 해외상품으로는 Dow Jones, S&P500, T-Note, T-Bond, FX Margin Trading, Euro FX 등이 있다.

3 집합투자업자

(1) 집합투자기구의 구조

집합투자기구는 설립 형태에 따라 계약형(contractual type)과 회사형(corporate type)으로 구분된다. 투자신탁은 계약형 집합투자기구이며 투자회사, 투자유한회사, 투자합자회사 등은 회사형 집합투자기구이다. 계약형은 위탁자인 집합투자업자가 수탁회사와의 신탁계약에 의거하여 발행하는 수익증권을 수익자인 투자자가 취득하는 형태의 신탁제도로서 일본과 유럽국가들이 주로 채택하고 있다. 국내 집합투자기구 대부분이 투자신탁방식을 취하고 있다.

투자신탁의 조직은 위탁회사(투자신탁재산 운용)·수탁회사(신탁재산 보관)·판매회사(수익증권 판매)로 구성된다. 집합투자업자는 이 가운데 위탁회사의 역할을 담당한다. 수탁회사는 신탁회사이며 판매회사는 은행, 증권회사 등이다. 한편 집합투자업자는 투자신탁을 통해 주식을 제외한 유가증권을 인수할 수 있다. 이에 따라 집합투자업자가 투자신탁재산을 편입할 경우 주식은 유통시장 매매를 통해야 하지만, 채권은 유통시장 매매 이외에 발행시장에서의 인수로도 가능하다.

회사형 집합투자기구로는 자산운용수익을 주주에게 배분하는 투자회사 방식이 있다. 투자회사는 상법상의 주식회사이나 본점 이외의 영업점을 설치하거나 직원의 고용 또는 상근 임원을 둘 수 없는 서류상 회사이다. 투자회사는 자산의 운용, 보관, 모집·판매, 기타 일반사무를 각각 별도의 자산운용회사, 자산보관회사, 판매회사, 일반사무관리회사에 위탁하여야 한다.

　투자회사의 위탁을 받아 자산을 운용하는 자산운용회사는 서류상 회사인 투자회사의 설립 및 주식 모집을 실질적으로 주관한다. 자산보관회사는 투자회사의 위탁을 받아 자산을 보관하는 회사로 투자회사의 자산을 자신의 고유재산 및 다른 수탁자산과 구분·관리한다. 자산보관회사는 투자신탁에서의 수탁회사와 마찬가지로 신탁회사 또는 신탁업을 겸영하는 금융기관으로 제한되어 있다. 판매회사는 투자회사의 위탁을 받아 주식의 모집 또는 판매를 담당하는데 주로 은행, 증권회사, 보험회사 등이 동 업무를 수행한다.

　일반사무관리회사는 투자회사의 위탁을 받아 주식명의개서, 주식발행 사무, 증권투자회사의 운영에 관한 사무 등을 담당하는 회사로 주로 자산운용회사가 맡고 있다.

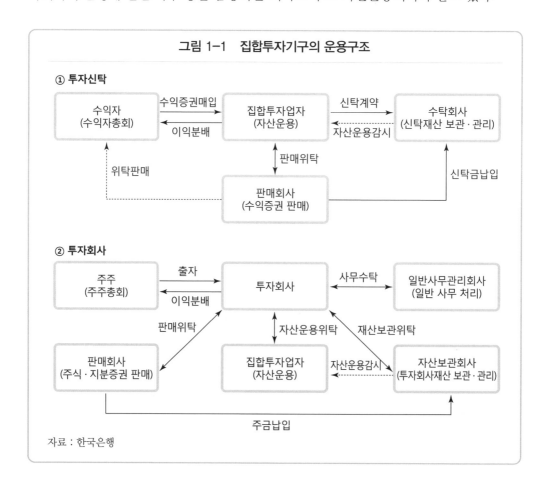

그림 1-1　집합투자기구의 운용구조

자료 : 한국은행

사모펀드는 50인 미만의 투자자로 구성된 펀드로 50인 이상의 투자자로 구성된 공모펀드와 구분된다. 사모펀드는 투자자를 기준으로 일반사모펀드와 기관전용사모펀드로 구분된다. 일반사모펀드는 전문투자자와 3억 원 이상 투자하는 일반투자자가 가입대상이고, 기관전용사모펀드는 기관투자자 및 이에 준하는 자를 대상으로 한다.

(2) 집합투자기구 유형

집합투자기구를 투자대상별로 보면 증권, 부동산, 특별자산, 단기금융(MMF), 혼합자산 등 5종류로 구분하고 집합투자업자가 집합투자기구의 재산으로 운용할 수 있는 자산은 재산적 가치가 있는 모든 재산을 대상으로 하고 그 편입비율에 대한 제한만 두고 있다. 다만 단기금융의 경우 여전히 증권에만 투자할 수 있다.

증권집합투자기구는 집합투자재산의 50%를 초과하여 증권 및 이를 기초자산으로 하는 파생상품에 투자하는 집합투자기구이다. 다만, 자본시장법 시행령 제240조 제2항에 따른 신탁재산·집합투자재산·유동화자산의 50% 이상이 부동산 관련 자산 및 특별자산인 수익증권·집합투자증권·유동화증권, 부동산 투자회사가 발행한 주식, 선박투자회사가 발행한 주식 등에 대한 투자 등은 편입비율 산정에서 제외된다.

표 1-4 투자대상에 따른 집합투자기구 유형

유형		분류기준
증권	주식형	자산총액의 60% 이상 주식(지분증권)에 투자
	채권형	자산총액의 60% 이상 채권에 투자
	혼합주식형	자산총액 중 주식에 투자할 수 있는 최고 편입한도가 50% 이상
	혼합채권형	자산총액 중 주식에 투자할 수 있는 최고 편입한도가 50% 이하
	투자계약증권	자산총액의 60% 이상을 투자계약증권에 투자. 다만, 투자계약증권에 60% 미만 투자 시 혼합주식형으로 분류
	재간접형	자산총액의 40% 이상을 집합투자증권에 투자
단기(MMF)금융		유가증권의 운용비율 등에 제한이 없고, 자산을 주로 단기성 자산(콜론, CP, CD 등)에 투자
부동산		50%를 초과하여 부동산(부동산 개발과 관련된 법안에 대한 대출, 그 밖에 대통령령이 정하는 부동산과 관련된 증권)에 투자
특별자산		50% 이상을 특별자산(증권, 부동산 이외의 투자대상 자산)에 투자
혼합자산		증권, 부동산, 특별자산 집합투자기구 관련 규정의 제한을 받지 않는 집합투자기구

자료 : 금융투자협회

부동산 집합투자기구는 집합투자재산의 50%를 초과하여 부동산, 이를 기초자산으로 한 파생상품, 부동산 개발과 관련된 법인에 대한 대출, 신탁재산·집합투자재산·유동화자산의 50% 이상이 부동산 관련 자산 및 특별자산인 수익증권·집합투자증권·유동화증권, 부동산 투자회사가 발행한 주식 등에 투자하는 집합투자기구이다.

특별자산 집합투자기구는 집합투자재산의 50%를 초과하여 특별자산(증권 및 부동산을 제외한 투자대상 자산을 말한다)에 투자하는 집합투자기구이다.

혼합자산 집합투자기구는 집합투자재산을 운용함에 있어서 증권, 부동산, 특별자산 집합투자기구 관련 규정의 제한을 받지 않는 집합투자기구이다.

마지막으로 단기금융 집합투자기구는 집합투자재산 전부를 단기금융상품에 투자하는 집합투자기구로서 대통령령으로 정하는 방법으로 운용되는 집합투자기구이다.

4 투자자문 · 일임업자

투자자문업무는 금융투자상품의 가치 또는 금융투자상품 투자에 관하여 구술·문서 기타의 방법으로 조언을 하는 업무이다. 투자일임업무는 고객으로부터 금융투자상품 가치 등의 분석에 기초한 투자 판단의 전부 또는 일부를 위임받아 고객을 위하여 투자를 행하는 업무이다. 최근 자동화된 온라인 투자자문 또는 투자일임 서비스가 로보어드바이저(robo-advisor)라는 이름으로 제공되는 추세이다.

5 신탁업자

신탁업자로는 은행, 증권회사, 보험회사 등 신탁겸업업자와 부동산 신탁회사가 있다. 신탁업무는 신탁관계인, 신탁재산 등의 개념과 수탁자의 권리의무 등 신탁에 관한 일반적인 법률관계를 민사적 차원에서 규정하고 있는 「신탁법」과 신탁업자 업무의 내용, 감독 등을 규정하고 있는 자본시장법령에 의하여 운영된다.

「신탁법」에 의하면 신탁이란 신탁설정자(위탁자)와 신탁인수자(수탁자)와의 특별한 신임관계에 기초하여 위탁자가 특정 재산권을 수탁자에게 이전하거나 기타 처분을 하고 수탁자로 하여금 일정한 자(수익자)의 이익 또는 특정의 목적을 위하여 그 재산권을 관리·처분하게 하는 법률관계를 말한다. 한편 신탁업자는 일반적으로 자본시장법에 따라 신탁의 인수, 신탁재산의 관리·운용·처분 등에 관한 업무 및 이에 부수하는 업무를 영위하며 또한 신탁법, 담보부사채신탁법 등에 의한 신탁업무도 수행하고 있다.

1) 수탁업무

자본시장법상 신탁업자가 신탁계약에 따라 인수할 수 있는 재산은 금전, 증권, 금전채권, 동산, 부동산, 지상권·전세권·부동산 임차권·부동산 소유권 이전등기청구권 및 그 밖의 부동산 관련 권리, 지적재산권 등 무체재산권으로 제한되어 있다. 수탁업무는 이러한 인수재산에 따라 크게 금전신탁과 재산신탁으로 구분된다. 이외에도「담보부사채신탁법」,「신탁법」 등에 근거를 두고 담보부사채신탁, 공익신탁 등의 수탁업무를 영위하고 있다. 한편 신탁업자는 신탁 당시 인수한 재산에 대하여 손실보전 및 이익보전 계약을 체결할 수 없다. 다만, 연금이나 퇴직금의 지급을 목적으로 금융위원회가 정하는 신탁의 경우 손실보전이나 이익보장을 할 수 있다.

(1) 금전신탁

금전신탁은 신탁 인수 시 신탁재산으로 금전을 수탁하여 신탁 종료 시에 금전 또는 운용자산 그대로 수익자에게 교부하는 신탁이다. 금전신탁은 위탁자가 위탁금전의 운용방법을 지정하는지의 여부에 따라 특정금전신탁과 불특정금전신탁으로 구분한다. 또한 수탁자의 신탁재산 운용방식에 따라 다른 신탁금과 합동으로 운영되는 합동운용신탁과 단독으로 운용되는 단독운용신탁으로 나눌 수 있다. 일반적으로 불특정금전신탁은 합동운용방식을, 특정금전신탁은 단독운용방식을 취한다. 불특정금전신탁의 주요 상품으로는 가계금전신탁, 기업금전신탁, 개인연금신탁, 신종적립신탁, 단위금전신탁 등이 있으나 2004년 1월 이후 간접투자자산운용업법 시행으로 신규 수신이 대부분 금지되었으며, 현재는 연금신탁만 신규 수신이 가능하다. 한편 특정금전신탁은 위탁자가 지시하는 방법으로 신탁을 운용하므로 신탁상품보다는 신탁계약의 형태를 가진다.

(2) 재산신탁

재산신탁은 신탁 인수 시 신탁재산으로 유가증권·금전채권·부동산 등을 수탁하여 신탁계약 내용에 따라 관리·처분·운용한 후 신탁 종료 시에 금전 또는 신탁재산의 운용현상 그대로 수익자에게 교부하는 신탁을 말한다. 재산신탁의 종류로는 수탁재산에 따라 유가증권신탁, 금전채권신탁, 동산신탁, 부동산신탁, 지상권·전세권·부동산 임차권의 신탁 등으로 나눌 수 있다.

유가증권신탁은 유가증권관리신탁, 유가증권운용신탁, 유가증권처분신탁으로 구분된다. 유가증권관리신탁은 유가증권의 보관, 이자·배당금·상환금의 수령, 증자대금의 불입 등 유가증권의 관리를 목적으로 하는 신탁을 말한다. 유가증권운용신탁은 유가증권을 대여하여 대여료를 수취하거나 유가증권을 담보로 수탁자가 차입하여 운용하는 등 유가증권 운용수익을 목적으로 하는 신탁이며, 유가증권처분신탁은 수탁 유가증권을 처분하기 위한 신탁이다.

금전채권신탁은 수익자를 위해 금전채권의 추심·관리·처분을 목적으로 금전채권을 신탁하고 신탁 종료 시 수익자에게 원본과 수익을 금전으로 교부하는 신탁이다.

부동산신탁은 인수하는 신탁재산의 형태가 토지 및 그 정착물인 부동산이며 신탁목적에 따라 관리, 처분, 담보, 토지신탁 등으로 구분한다.

이 밖에 자본시장법상 허용되어 있는 수탁업무로는 동산신탁, 지상권의 신탁, 전세권의 신탁, 부동산 임차권의 신탁 등이 있으나 현재 취급실적은 거의 없다. 투자신탁·담보부사채신탁·공익신탁 투자신탁은 위탁자인 집합투자업자가 수탁자인 신탁겸업사와 투자신탁계약을 체결하여 수익증권의 발행으로 조성된 자금을 유가증권 및 부동산 등 실물자산에 투자·운용하도록 수탁회사에 지시하고 그 수익을 수익자에게 배분하는 제도이다. 수탁회사는 위탁회사의 지시에 따라 유가증권 및 실물자산에 투자·운용하고 동 자산의 구입대금 지급, 매각에 따른 자산인도, 이자 및 배당 수령, 수익증권 환매대금 및 이익금의 지급, 집합투자업자 감시 등 관련 사무를 처리한다.

담보부사채신탁은 「담보부사채신탁법」에 근거한다. 이는 사채 발행회사(위탁자)가 신탁회사(수탁자)와 신탁계약을 체결하여 수탁자로 하여금 위탁자의 사채 발행액에 대한 물적담보권을 설정하게 함으로써 사채 매입자에 대한 위탁자의 개별적 담보제공에서 오는 불편과 법률관계의 번잡성을 피하는 한편 위탁자의 자금조달을 용이하게 하는 제도이다.

공익신탁은 「신탁법」에서 규정하고 있는 학술, 종교, 자선 등 공익을 목적으로 하는 신탁으로서 위탁자가 공익사업을 목적으로 위탁한 재산을 신탁회사(수탁자)가 관리·운용하는 제도인데 여기서 발생한 이익 또는 그 원본은 위탁자가 공익사업을 수행하는 데 이용한다.

2) 운용업무

자본시장법은 신탁재산에 속하는 금전의 운용방법을 증권, 장내외 파생상품 등 금융투자상품의 매수, 금융기관에의 예치, 금전채권의 매수, 대출, 어음의 매수, 실물자산의 매수, 무체재산권의 매수, 부동산의 매수 또는 개발, 그 밖에 신탁재산의 안전성·수익성 등을 고려하여 대통령령으로 정하는 방법 등으로 제한하고 있다. 또한 신탁운용자산의 처분은 이익상충 방지를 위해 시장을 통하여 매매함을 원칙으로 하며 특정 신탁상품의 수익률을 제고할 목적으로 운용자산을 편출하거나 편입할 수 없다.

section 04	보험회사

1 개관

보험회사는 보험의 인수, 보험료 수수 및 보험금 지급 등을 영위하는 금융회사이다. 보험업법은 생명보험업, 손해보험업, 제3보험업을 영업대상으로 규정하고 있는데 각각의 보험업은 보장해주는 위험의 종류에 차이가 있다. 즉 생명보험업은 사람의 생존 또는 사망과 관련된 보험금을, 손해보험업은 우연한 사건으로 발생하는 손해에 관한 보험금을, 제3보험업은 질병, 상해 및 간병에 관한 보험금을 지급한다. 또한 생명보험은 미리 약정한 금액을 보험금으로 지급하는 정액보상인 반면 손해보험은 피보험자가 사고로 입은 손해를 보험금으로 지급하는 실손보상이라는 데에 차이가 있다. 우리나라의 경우 생명보험업과 손해보험업의 상호 겸영을 원칙적으로 금지하고 있으나 제3보험업은 겸영이 가능하다.

또한 일반 민영보험과 달리 국가기관(과학기술정보통신부)이 취급하는 국영보험인 우체국보험이 있다. 「우체국예금·보험에 관한 법률」에서는 우체국보험의 목적을 보험의 보편화를 통하여 재해의 위험에 공동으로 대처하게 함으로써 국민의 경제생활 안정과 공공복리의 증진에 기여하는 데 두고 있다.

그 밖에 보험기능을 하는 기관으로 공제기관이 있다. 공제란 원래 공통적 유대를 가진 특정 회원을 상대로 상호 부조 차원에서 다수의 조합원이 일정 금액을 갹출하여 보험과 저축기능을 수행하는 데서 출발하였다. 이러한 점에서 공제는 다수의 일반인을 대상으로 하는 민영보험과 차이가 있으나 공제기관 자산규모의 확대와 가입자 증가 등에 따라 점차 업무범위를 넓혀 일반인을 대상으로 한 공제업무도 취급하게 되었다. 일반인을 대상으로 공제업무를 영위하고 있는 기관은 농업협동조합공제, 수산업협동조합공제, 신용협동조합공제 및 새마을금고공제 등 총 4개 기관이 있다.

2 생명보험회사

생명보험회사는 사망, 질병, 노후 등에 대비한 보험의 인수·운영을 주된 업무로 하는 금융회사이다.

(1) 보험상품

생명보험상품은 피보험자를 기준으로 개인보험과 단체보험으로 구분되며 개인보험은 다시 보험금 지급조건에 따라 사망보험, 생존보험 및 생사혼합보험으로 세분된다.

개인보험 가운데 사망보험은 피보험자가 보험기간 중에 장해 또는 사망 시 보험금이 지급되는 전형적인 보장성보험으로서 정기보험 및 종신보험이 있다. 정기보험은 보험기간을 미리 정해놓고 피보험자가 보험기간 내에 사망하였을 때 보험금을 지급하는 보험이며 종신보험은 보험기간이 피보험자의 일생 동안에 걸쳐 있는 보험상품을 말한다.

생존보험은 피보험자가 보험기간 만기일까지 생존하는 경우에만 보험금이 지급되는 형태로서 저축성 기능이 강한 보험이다. 그러나 실제로는 이와 같은 순수한 형태의 생존보험상품은 없고 피보험자가 사망 시 별도의 보험금을 지급하는 보장내용을 부가하는 것이 일반적이다. 현재 동 보험의 주요 상품으로는 연금보험과 교육보험이 있다.

생사혼합보험은 양로보험이라고도 부르는데 생존보험의 저축기능과 사망보험의 보장기능을 겸비한 절충형 보험이다. 즉 피보험자가 보험기간 중에 사망 또는 상해를 당할 경우 사망보험금이, 생존 시에는 생존보험금이 각각 지급된다.

개인보험과 달리 단체보험은 일정한 요건을 갖춘 단체의 구성원 일부 또는 전부를 피보험자로 하여 단체의 대표자가 가입하는 보험이다. 이 보험은 고용주가 보험기간 중

피고용자의 사망, 질병 또는 퇴직 등과 같은 예기치 않은 손해발생 위험을 보험회사에 전가하는 방법으로 널리 이용되며 단체정기보험, 단체저축보험 등이 이에 해당된다. 단체보험은 동질의 위험을 대상으로 하기 때문에 보험계약체결이 편리하며 보험료 일괄납입 등 계약관리가 편리하기 때문에 보험료가 비교적 저렴한 특징이 있다.

한편 대부분의 보험상품은 일반계정에서 운용되고 있으며 퇴직연금, 연금저축, 변액보험 등 일부 보험상품은 특별계정에서 별도로 관리되고 있다.

(2) 계약자 배당

생명보험의 계약자 배당이란 보험계약자로부터 납입된 보험료를 운용하여 약정된 보험금을 적립·지급하고 남은 잉여금의 일정 부분을 보험계약자에게 환원하는 것을 말한다. 보험료와 약정보험금은 예정이율, 예정위험률 및 예정사업비율에 근거하여 사전적으로 결정되는데 이러한 예정률과 실제발생률과의 차이에 의해 잉여금이 발생할 수 있다.

계약자 배당의 종류에는 이자율차익 배당, 위험률차익 배당, 사업비차익 배당이 있다. 이자율차익 배당은 예정이율보다 실제 운용수익률이 높을 경우 생기는 이자차익을, 위험률차익 배당은 예정위험률에 비해 실제 사망이나 재해, 질병 등이 작을 경우 생기는 위험률차익을 계약자에게 지급하는 것을 말한다. 그리고 사업비차익 배당은 예정사업비보다 실제 사업비가 작을 경우 발생하는 차익을 배당하는 것이다. 이외에도 장기유지 특별배당이 있는데 이는 보험계약의 장기화를 유도하기 위한 제도로서 일반화된 배당 제도로 보기는 힘들고 현재 우리나라, 일본 등 일부 국가에서만 이용되고 있다.

3 손해보험회사

손해보험회사는 화재, 자동차 및 해상사고 등에 대비한 보험의 인수·운영을 고유업무로 하는 금융회사이다.

손해보험은 각종 사고 발생에 따른 재산상의 손실위험에 공동 대처하기 위한 상호보장적 성격의 사회제도로서 장기저축 기능과 상호 보장 기능이 혼합된 생명보험과는 그 성격이 다르다.

손해보험회사가 취급하고 있는 보험종목은 부보위험의 대상에 따라 화재, 해상, 자동차, 보증, 특종, 연금, 장기저축성 및 해외원보험 등 8가지로 구분된다.

보험종목별 보험상품 내용을 보면 해상보험에는 적하보험, 선박보험, 운송보험 등이 있으며 자동차보험(개인용, 업무용, 영업용)에는 자동차종합보험과 운전자보험이 있다. 보증보험에는 신원보증, 계약이행보증, 할부판매보증 및 납세보증 등이 있으며 특종보험에는 상해보험, 도난보험, 배상책임보험 및 원자력보험 등이 포함된다. 보험기간중 보험사고가 없더라도 만기 시 보험금을 지급하는 장기저축성보험에는 장기화재, 장기상해, 장기질병, 장기종합보험 등이 포함되고 개인연금보험 및 퇴직보험은 대표적인 연금보험이다. 이 밖에 해외 원보험은 해외에 진출한 국내 손해보험회사가 외국인과 체결한 각종 보험을 말한다.

4 우체국보험

우체국보험은 생명보험만을 취급하고 있다. 보험의 종류와 계약보험 한도액은 금융위원회와 협의하여 과학기술정보통신부장관이 결정하며 그 밖의 사항은 과학기술정보통신부장관이 정하도록 되어 있다. 현재 우체국보험은 민영 생명보험회사와 마찬가지로 교육보험, 연금보험, 보장성보험 및 생사혼합보험을 모두 취급하고 있다.

우체국보험은 정부가 보험금 등의 지급 책임을 지며 수급권(受給權) 보호를 위하여 보험금 또는 환급금을 지급받을 권리의 양도를 제한하고 있다. 또한 우체국보험은 민영보험에 비해 보험료가 상대적으로 저렴하게 책정되어 있을 뿐만 아니라 그 가입대상이 주로 저소득층인 점을 감안하여 보험계약 체결 시 피보험자에 대한 신체검사를 면제하고 있다. 계약보험금 한도 역시 1인당 4천만 원 이내로 비교적 소액으로 되어 있다.

한편 납입된 보험료는 「우체국보험특별회계법」에 따라 설치된 우체국보험적립금으로 운용된다. 자금운용 방법에는 금융기관 예탁, 자본시장법에 따른 증권(주식 및 채권 등)의 매입 및 파생상품 거래, 보험계약자에 대한 대출, 국가·지방자치단체 및 정부투자기관에 대한 대출, 업무용 부동산의 매입·임대, 벤처기업 투자, 재정자금 예탁 등이 있다.

5 공제기관

공제기관이란 개별 특별법에 근거하여 생명공제, 보험공제 등 유사보험(quasi-insurance)

을 취급하는 기관이다. 공제기관은 농업협동조합공제와 같이 일반인을 대상으로 하는 공제기관과 특정 업종에 종사하는 조합원만을 대상으로 하는 공제기관으로 구분된다.

공제기관은 모두 조합원과 일반인을 대상으로 질병과 사망 등에 대한 보장을 제공하는 생명공제와 화재·도난 등에 대한 보장을 제공하는 손해공제를 취급하고 있다. 수산업협동조합공제는 어민보호를 위한 정부의 정책보험인 어선 및 어 선원에 대한 보험, 양식수산물 재해에 대한 양식보험을 추가로 취급하고 있다.

section 05 # 기타 금융회사

1 금융지주회사

금융지주회사라 함은 주식 또는 지분의 소유를 통하여 금융업을 영위하는 회사 또는 금융업의 영위와 밀접한 관련이 있는 회사를 지배하는 것을 주된 사업으로 하는 회사이다. 이들 금융지주회사는 금융업과 관련이 없는 회사를 지배하는 것을 주된 사업으로 하는 일반지주회사와 달리 공정거래법 외에 「금융지주회사법」의 규율도 받는다. 미국과 일본의 경우도 금융지주회사는 일반지주회사와 별도로 규율을 받고 있다.

한편 규제 측면에서 볼 때 금융지주회사는 일반지주회사와 몇 가지 공통점을 갖고 있다. 먼저 금융 자회사와 비금융 자회사를 동시에 보유할 수 없다는 점이다. 금융지주회사는 비금융회사를 자회사로 지배할 수 없고 일반지주회사는 금융회사를 자회사로 둘 수 없는 이른바 '금산분리 원칙'이 적용되고 있다. 또한 지주회사의 자회사는 다른 자회사 또는 지주회사의 주식을 소유할 수 없도록 되어 있다. 이는 순환출자, 상호출자 등을 통해 자회사 간 위험이 전이되는 등의 부작용을 방지하기 위한 것이다.

반면 금융지주회사와 일반지주회사 간에는 다음과 같은 차이점도 있다. 우선 지주회사가 자회사 지배 이외의 사업을 영위하는지 여부에 따라 사업지주회사와 순수지주회사로 구분할 수 있는데 금융지주회사는 자회사 지배에 관한 업무만 수행하는 순수지주회사만 허용되는 반면 일반지주회사는 사업지주회사와 순수지주회사 모두 설립이 가능하다. 설립절차면에서도 차이가 있는데 일반지주회사는 설립 후 공정거래위원회에 대한 사후신고로 충분하지만 금융지주회사는 설립 전에 미리 금융위원회의 사전승인을 얻어야 하고 금융회사를 자회사 및 손자회사로 편입하는 경우에도 금융위원회의 사전인가를 받아야 한다. 또한 동일 지주회사 내의 자회사 간 위험 전이를 방지하기 위해 자회사 간 신용공여 등의 거래가 제한된다. 자회사 간 신용공여는 자기자본의 10% 이내에서 허용되며 이 경우에도 국채 등 적정 담보를 확보해야 한다. 자회사의 지주회사에 대한 신용공여와 자회사 상호 간 또는 자회사와 지주회사 간 불량자산거래는 금지된다. 손자회사는 자회사의 업무와 관련성이 있는 경우에만 예외적으로 허용되며 증손자회사는 둘 수 없다.

이와 같이 금융지주회사는 많은 규제를 받는 반면 혜택도 누릴 수 있다. 우선 금융지주회사 소속 금융회사 간에는 고객의 금융거래정보와 신용정보를 공유할 수 있다. 또한 지주회사와 자회사 간, 자회사 간 임원 겸직이 폭넓게 인정된다. 개별 업권을 규율하는 법률에 따른 겸직금지에 대한 예외를 상당폭 두고 있는 것이다. 지주회사 임직원은 자회사 임원 겸직이 가능하고, 자회사 임원은 같은 업종의 다른 자회사의 임원을 겸직할 수 있다. 아울러 주식양도차익에 대한 과세 이연 등의 세제 혜택도 적용된다.

2　여신전문금융회사

여신전문금융회사는 수신기능 없이 여신업무만을 취급하는 금융회사이다. 여신전문금융회사는 주로 채권 발행과 금융기관 차입금 등에 의해 자금을 조달하여 다른 금융기관이 거의 취급하지 않는 소비자금융, 리스, 벤처금융 등에 운용한다.

여신전문금융회사는 수신기능이 없어 건전성 확보를 위한 진입 규제의 필요성이 크지 않아 금융위원회 등록만으로 설립할 수 있다. 다만 지급결제 기능을 가진 신용카드업의 경우에는 신용질서 유지와 소비자 보호를 위해 금융위원회의 허가를 받아야 한다. 그러나 「유통산업발전법」상의 대규모 점포 운영업자 등은 금융위원회 등록만으로도 신용카드업을 영위할 수 있다.

(1) 신용카드회사

신용카드회사는 신용카드의 이용과 관련한 소비자금융을 영위하는 금융회사이다. 신

표 1-5	신용카드·직불카드·선불카드의 주요 특징		
	신용카드 (credit card)	직불카드 (debit card)	선불카드 (prepaid card)
성격	여신상품	수신상품	수신상품
발급대상	자격기준 해당자	예금계좌 소지자	제한 없음
주요 시장	중고액 거래 업종	소액 다거래 업종	소액 다거래 업종
가맹점 이용	가맹점 공동 이용	가맹점 공동 이용	가맹점 공동 이용
연회비	있음	없음	없음
이용한도	회사 자체 기준에 의거 신용도에 따라 차등	예금 잔액 범위 내	최고 한도 50만 원

자료 : 한국은행

용카드업은 신용카드 이용과 관련된 대금의 결제, 신용카드의 발행 및 관리, 신용카드 가맹점의 모집 및 관리를 기본업무로 한다. 신용카드업자는 기본업무와 함께 신용카드 회원에 대한 자금의 융통, 직불카드의 발행·대금결제, 선불카드의 발행·판매·대금결제와 같은 부수업무를 영위할 수 있다.

(2) 할부금융회사

할부금융회사는 할부금융 이용자에게 재화와 용역의 구매자금을 공여하는 소비자금융을 취급하는 금융회사이다. 할부금융은 할부금융회사가 재화와 용역의 매도인 및 매수인과 각각 약정을 체결하여 재화와 용역의 구매자금을 매도인에게 지급하고 매수인으로부터 그 원리금을 분할하여 상환받는 방식의 금융이다. 따라서 할부금융회사는 할부금융의 대상이 되는 재화 및 용역의 구매액을 초과하여 할부금융 자금을 대출할 수 없다. 또한 할부금융 자금은 목적 이외의 전용을 방지하기 위해 매도인에게 직접 지급한다. 그 밖에 할부금융회사는 기업의 외상판매로 발생한 매출채권을 매입함으로써 기업에 자금을 빌려주고 동 채권의 관리·회수 등을 대행하는 팩토링업무와 가계의 학자금, 결혼자금, 전세자금 등을 신용이나 담보 조건으로 대여하는 가계대출업무를 영위한다.

(3) 리스회사

리스회사(시설대여회사)는 시설대여 방식으로 기업 설비자금을 공급하는 금융회사이다. 리스회사는 시설대여와 연불판매업무를 취급하고 있다. 시설대여는 특정 물건을 새로

이 취득하거나 대여받아 고객에게 일정기간 이상 사용하게 하고 그 기간 중 사용료(리스료)를 정기적으로 분할하여 받는 금융이다. 연불판매는 새로이 취득한 특정 물건을 고객에게 인도하고 그 물건의 대금·이자 등을 일정기간 이상에 걸쳐 정기적으로 분할하여 받는 금융이다. 시설대여 기간 종료 후 물건의 처분 및 연불판매 시 물건의 소유권 이전에 관한 사항은 당사자 간의 약정에 따르게 되어 있다.

3 벤처캐피탈회사

벤처캐피탈회사는 고수익·고위험 사업을 시작하는 기업에 지분 인수를 대가로 투자자금을 공급하거나 기업 인수·합병·구조조정 등을 통해 수익을 추구하는 금융회사이다. 이들 회사는 단순히 자금을 지원하는 데 그치는 것이 아니라 투자기업의 사업계획 수립, 마케팅, 경영관리 등에 능동적으로 개입하여 기업가치를 제고시킴으로써 수익을 창출한다.

우리나라의 벤처캐피탈회사로는 신기술사업금융회사와 중소기업창업투자회사가 있으며 이들은 신생 기업에 대한 자본투자를 주된 업무로 한다. 신기술사업금융회사와 중소기업창업투자회사는 업무내용이 유사하나 설립 근거법, 지원 대상, 업무 규제 등에서 다소 차이가 있다.

(1) 신기술사업금융회사

신기술사업금융회사는 기술력과 장래성은 있으나 자본과 경영기반이 취약한 기업에 대해 자금 지원, 경영·기술지도 등의 서비스를 제공하고 수익을 추구하는 회사이다.

신기술사업금융회사는 신기술사업자에 대한 투·융자 및 경영·기술지도, 신기술사업 투자조합의 설립 및 자금의 관리·운용 등을 주된 업무로 한다. 신기술사업자에 대한 투자는 주식 인수나 전환사채·신주인수권부사채등 회사채 인수를 통해 이루어진다. 한편 융자는 일반융자 또는 조건부융자방식으로 이루어진다. 조건부융자는 계획한 사업이 성공하는 경우에는 일정기간 사업성과에 따라 실시료를 받지만 실패하는 경우에는 대출원금의 일부만을 최소 상환금으로 회수하는 방식이다.

신기술사업금융회사는 여신전문금융회사와 마찬가지로 금융기관 차입, 회사채 또는 어음 발행, 보유 유가증권 매출, 보유 대출채권 양도 등을 통해 자금을 조달한다. 이 밖에 공공자금관리기금, 신용보증기금 등 정부기금으로부터 신기술사업 투·융자에 필요한 자금을 차입할 수 있다.

(2) 중소기업창업투자회사

중소기업창업투자회사는 중소기업 창업자 및 벤처기업에 대한 투자, 창업투자조합의 결성 및 업무 집행, 해외기술의 알선·보급을 위한 해외투자 등을 영위하는 회사이다. 중소기업창업투자회사는 「중소기업창업지원법」(1986년 4월 제정)에 의거 납입자본금이 50억 원 이상인 상법상의 주식회사로 설립되고 중소기업청에 등록하여야 한다.

중소기업창업투자회사는 주식, 전환사채, 신주인수권부사채를 인수하거나 약정투자 등을 통해 중소기업 창업자 등에게 자금을 지원하는 투자업무를 주로 하고 있다. 중소기업창업투자회사는 등록 후 3년 이내에 납입자본금의 50%를 창업자나 벤처기업, 창업투자조합 등에 투자하여야 한다. 이 밖에 중소기업창업투자회사는 투자기업의 경영상담, 정보제공, 마케팅·기업공개·해외진출 지원 등 기업가치 제고를 위한 활동을 영위한다. 한편 중소기업창업투자회사는 당초 경영지배 목적의 투자를 제한하였으나 창업 초기 기업의 자금조달 및 부실징후 기업의 구조조정 원활화를 위해 2005년 10월 경영지배목적 투자를 허용하였다. 이와 함께 창업투자회사의 사모투자전문회사 사원참여도 허용되었다.

중소기업창업투자회사는 사업 수행에 필요한 자금조달을 위해 정부, 정부기금, 금융기관 등으로부터 차입할 수 있으며 자본금과 적립금 총액의 10배 이내에서 회사채를 발행할 수 있다.

4 대부업자

대부업자는 주로 소액자금을 신용도가 낮은 소비자에게 대부하거나 이러한 금전의 대부를 중개하는 자를 말한다.

대부업의 투명성을 확보하고 금융이용자를 보호하기 위해 2002년 8월 「대부업 등의 등록 및 금융이용자 보호에 관한 법률」이 제정되어 대부업이 양성화되기 시작하였다. 대부업자는 영업소를 관할하는 시·도지사에 등록하고 대부업 등의 준수사항 등에 관한 교육을 받아야 한다.

대부업은 최저자본금 등의 진입요건이 없고 영업지역도 제한이 없으며 자금조달에 관한 규제도 없다. 대부업자는 3년마다 등록을 갱신하여야 하며 미등록 대부업자에 대부중개를 하거나 동 업체로부터 채권을 양도받아 추심하는 행위가 금지되어 있다. 또한 대부금리는 연 27.9%를 상한으로 하되 대통령령(20%)이 정하는 이율을 초과할 수 없도록 하였다.

5 증권금융회사

증권금융회사는 증권의 취득, 인수, 보유 및 매매와 관련하여 증권회사와 일반투자가에게 자금을 공급하거나 증권을 대여하는 증권금융업무를 전문적으로 취급하는 금융회사이다. 미국과 유럽에서는 은행 등 금융기관이 일반금융의 일환으로 증권금융을 취급하고 있으나 우리나라와 일본에서는 증권금융 전담기관을 두고 있다.

증권금융회사는 증권인수자금 대출, 증권유통금융, 증권담보대출, 금전신탁, 집합투자재산의 수탁업무 등을 영위하고 있다. 증권인수자금대출은 대표적인 증권금융으로서 발행시장에서 증권을 매입하는 증권인수인에게 증권 인수 및 취득에 소요되는 자금을 대출하는 것이다.

증권유통금융은 증권회사의 고객이 신용거래에 의해 증권을 매입하는 경우 소요자금을, 신용거래에 의해 증권을 매도할 경우 이에 필요한 증권을 각각 증권회사를 차주로 하여 대출해 주는 결제금융을 말한다. 여기서 전자를 융자, 후자를 대주(貸株)라고 한다. 증권담보대출은 개인이나 법인이 보유한 유가증권을 담보로 자금을 대출하는 제도이다.

현재 우리나라의 증권금융 전담기관은 한국증권금융이다.

chapter 02

금융상품

개요

금융(金融)이란 '돈의 융통'을 줄인 말이다. 다시 말해 자금을 빌려주고 빌리는 행위를 금융이라고 할 수 있다. 이때 자금이 부족하여 이를 필요로 하는 수요자와 여유자금을 보유한 공급자 사이에서 돈을 빌리고 빌려주는 행위를 금융거래라고 한다. 그리고 이같은 금융거래가 이루어지는 곳을 금융시장이라고 하고, 금융거래를 위해 만든 상품을 금융상품(financial instruments)이라고 한다.

금융상품은 한쪽 거래당사자에게 금융자산(financial assets)을 발생시키면서 다른 거래 상대방에게 금융부채(financial liabilities)를 발생시킨다. 금융상품은 상품의 속성에 따라 예금성, 투자성, 보장성, 대출성 금융상품으로 구분할 수 있다. 예금성, 투자성, 보장성 금융상품은 금융회사에게 금융부채를 발생시키고, 대출성 금융상품은 금융회사에게 금융자산을 발생시킨다.

그림 2-1 금융상품의 구분

원본손실 가능성에 따라 금융상품을 구분하기도 한다. 장래에 이익뿐만 아니라 손실을 볼 수도 있는 것은 금융투자상품으로, 원금을 잃을 가능성이 없는 것은 비금융투자상품으로 분류한다. 그리고 금융투자상품은 원금초과손실 여부에 따라 다시 둘로 나눈다. 원금 이내에서만 손실을 보는 것은 증권, 원금을 초과해 손실을 볼 수 있는 것은 파생상품으로 구분한다. 파생상품은 거래소 시장 거래 여부에 따라 다시 장내 파생상품과 장외파생상품으로 구분한다.

section 02 예금성 금융상품

예금이란 예금자가 금융회사에 대하여 일정한 금전의 보관을 위탁하고 금융회사는 이를 수탁함으로써 성립되는 일종의 임치계약이다. 그러나 보통의 임치계약이 물건을 보관하는 사람이 보관한 물건을 사용 또는 처분할 수 없는 것과는 달리 금융회사는 이를 자유로이 사용할 수 있고 반환 시에는 동일액(이자가 붙는 예금의 경우에는 이자를 붙여서)의 금전을 환급하면 된다는 점에서 소비임치계약이라 할 수 있다. 예금은 입출금이 자유로운 요구불예금과 일정기간 동안 예치해 높은 이자를 받는 저축성예금으로 구분된다. 또한 주택을 분양받을 자격을 취득할 목적으로 가입하는 주택청약과 관련된 예금도 있다.

1 요구불예금

요구불예금이란 예금주의 환급청구가 있으면 언제든지 조건 없이 지급해야 하는 금융상품으로, 현금과 유사한 유동성을 가져서 통화성예금이라고도 한다. 인출이 자유로운 대신 저축성예금에 비해 이율이 낮은 것이 특징이다. 보통예금, 당좌예금, 가계당좌예금이 이에 해당된다.

표 2-1 **요구불예금의 종류**

보통예금	보통예금은 가입대상, 예치금액, 예치기간, 입출금 횟수 등에 아무런 제한 없이 자유롭게 거래할 수 있는 예금이다. 이자율이 낮기 때문에 은행 등 금융회사가 보통예금을 이용하면 적은 비용으로 자금을 조달할 수 있다.
당좌예금	당좌예금은 은행과 당좌거래계약을 체결한 자가 예금 잔액 범위 내 또는 당좌대출 한도 내에서 거래은행을 지급인으로 하는 당좌수표 또는 거래은행을 지급장소로 하는 약속어음을 발행할 수 있는 예금이다.
가계당좌예금	가계당좌예금은 금융소비자가 가계수표를 발행하기 위해 은행과 가계당좌예금 거래약정을 맺는 것이다. 전 금융회사를 통해 1인 1계좌만 예금 가입할 수 있다.

2 저축성예금

저축성예금은 예금주가 일정기간 동안 돈을 회수하지 않을 것을 약속하고 일정 금액을 은행에 예치하고, 은행은 이에 대해 이자를 지급할 것을 약속하는 예금을 말한다. 저축성은 예금은 다시 거치식과 적립식으로 구분할 수 있다.

거치식예금은 일정 금액을 약정된 기간 동안에 예치하고 약정기간이 지난 후 원금과 이자를 인출할 수 있는 것이며, 적립식은 약정기간 동안 주기적으로 일정한 금액을 불입하여 약정기간이 지난 후 불입한 원금과 이자를 인출할 수 있는 예금이다.

표 2-2　저축성예금의 종류

정기예금	일정한 금액을 약정기간까지 예치하고 그 기한이 만료될 때까지는 원칙적으로 환급해주지 않는 기한부 예금이다.
정기적금	일정한 기간 후에 일정한 금액을 지급할 것으로 약정하고 매월 특정일에 일정액을 적립하는 예금을 말한다. 정기적금은 6개월 이상 60개월 이내 월단위로 계약기간을 정할 수 있으며, 매달 일정한 금액을 저축해서 목돈을 마련하는 데 적합한 금융상품이다.
상호부금	정기적금과 그 성격이 비슷하지만, 일정한 기간을 정해 부금을 납입하면 일정 금액을 대출 받을 수 있는 권리가 보장된다.
시장금리부 수시입출금식예금 (MMDA)	시장실세금리가 적용되고 입출금이 자유로운 단기금융상품이다. 통상 500만 원 이상의 목돈을 1개월 이내의 초단기로 운용할 때 유리하며 각종 공과금, 신용카드대금 등의 자동이체용 결제통장으로도 활용할 수 있다. 증권사의 종합자산관리계좌(CMA) 또는 MMF(Money Market Fund)와 경쟁하는 금융상품이다.

3　주택청약종합저축

주택청약종합저축이란 말 그대로 주택청약을 하기 위해 만들어진 종합저축통장이다. 과거에는 공공아파트와 민영주택을 청약할 때 조건에 맞춰 청약예금과 청약부금, 청약저축을 가입해야 해서 불편했었다. 하지만 2015년 9월부터는 가입방식을 주택청약종합저축 하나로 통합했다. 이때부터 청약예금, 청약부금, 청약저축에 대한 신규가입은 중

표 2-3　주택청약종합저축

개요	민영주택 및 국민주택을 공급받기 위해 가입하는 저축 상품
가입대상	국민 개인(국내 거주하는 재외동포 포함), 외국인 거주자 1인 1통장만 가입 가능
저축방식	일시예치식, 적금 방식
적립금액	매월 2만 원 이상 50만 원 이하의 금액을 자유롭게 적립 －잔액이 1,500만 원 미만이면 1,500만 원까지 일시예치 가능 －잔액이 1,500만 원 이상이면 월 50만 원 이내에서 자유 적립
계약기간	입주자로 선정될 때까지(당첨 시)
소득공제	대상자 : 총급여액이 7,000만 원 이하 근로자인 무주택 세대주 공제한도 : 해당 과세연도 납부분(연간 240만 원 한도)의 40%(96만 원)
예금자보호	예금자보호법에 의해 보호되지 않음 －주택도시기금의 조성 재원으로 정부가 관리

단되었으며 신규가입은 주택청약종합저축으로만 가입할 수 있게 됐다. 다만 통합하기 이전에 가입하여 유지하고 있는 청약예금, 부금, 저축이 있으면, 기존과 동일한 방식으로 유형에 맞춰 주택청약을 할 수 있다.

section 03　투자성 금융상품

1　증권

자본시장법상 증권의 종류는 채무증권, 지분증권, 수익증권, 투자계약증권, 파생결합증권, 증권예탁증권 등이 있다.

① 채무증권 : 채무증권이란 국채증권, 지방채증권, 특수채증권(법률에 의하여 직접 설립된 법인이 발행한 채권), 사채권, 기업어음증권(기업이 사업에 필요한 자금을 조달하기 위하여 발행한 약속어음으로서 대통령령이 정하는 요건을 갖춘 것), 그 밖에 이와 유사한 것으로서 지급청구권이 표시된 것을 말함. 기업어음증권은 기업이 사업에 필요한 자금을 조달하기 위하여 발행한 약속어음으로서 대통령령이 정한 요건을 갖춘 것을 말함. 기업어음증권의 대통령령이 정하는 요건은 '기업의 위탁에 따라 그 지급대행을 하는 은행, 산업은행, 중소기업은행 중 하나가 내어준 것으로서 기업어음증권이라는 문자가 인쇄된 어음용지를 사용'하는 것임. 결국, 채무증권은 타인자본 조달수단으로서 채무를 표시하는 증권을 의미

② 지분증권 : 지분증권이란 주권, 신주인수권이 표시된 것, 법률에 의하여 직접 설립된 법인이 발행한 출자증권, 상법에 따른 합자회사·유한회사·익명조합의 출자지분, 민법에 따른 조합의 출자지분, 그 밖에 이와 유사한 것으로서 출자지분이 표시된 것을 말함. 결국, 지분증권은 타인자본 조달수단으로서 지분을 표시하는 증권을 의미

③ 수익증권 : 수익증권이란 금전신탁계약서에 의한 수익증권, 집합투자업자에 있어서 투자신탁의 수익증권, 그 밖에 이와 유사한 것으로서 신탁의 수익권이 표시된 것

을 말함.

④ 투자계약증권 : 투자계약증권이란 특정 투자자가 그 투자자와 타인(다른 투자자를 포함) 간의 공동사업에 금전등을 투자하고 주로 타인이 수행한 공동사업의 결과에 따른 손익을 귀속받는 계약상의 권리가 표시된 것을 말한다. 투자계약증권은 금융투자상품의 포괄주의 입장에서 도입된 것임

⑤ 파생결합증권 : 파생결합증권이란 기초자산의 가격·이자율·지표·단위 또는 이를 기초로 하는 지수 등의 변동과 연계하여 미리 정하여진 방법에 따라 지급금액 또는 회수금액이 결정되는 권리가 표시된 것을 말함. 기초자산은 ① 금융투자상품, ② 통화(외국의 통화 포함), ③ 일반상품(농산물, 축산물, 수산물, 임산물, 광산물, 에너지에 속하는 물품 및 이 물품을 원료로 하여 제조하거나 가공한 물품, 그 밖에 이와 유사한 것), ④ 신용위험(당사자 또는 제3자의 신용등급의 변동, 파산 또는 채무재조정 등으로 인한 신용의 변동), ⑤ 그 밖에 자연적, 환경적, 경제적 현상 등에 속하는 위험으로서 합리적이고 적정한 방법에 의하여 가격·이자율·지표·단위의 산출이나 평가가 가능한 것 중 어느 하나에 해당하는 것으로 포괄적으로 인정하고 있음

⑥ 증권예탁증권 : 증권예탁증권이란 채무증권, 지분증권, 수익증권, 투자계약증권, 파생결합증권을 예탁받은 자가 그 증권이 발행된 국가 외의 국가에서 발행한 것으로서 그 예탁받은 증권에 관련된 권리가 표시된 것을 말함

2 파생상품

파생상품은 거래가 이루어지는 시장의 형태, 거래 대상 기초자산의 종류, 거래목적, 계약의 형태에 따라 구분될 수 있다. 시장의 형태에 따라서는 장내거래와 장외거래로 구분되는데, 장내거래는 특정 거래소에서 거래되는 상품을 말한다. 장내거래가 이루어지는 상품으로는 주가지수선물과 주가지수옵션, 국채선물, CD금리선물, 달러선물, 금선물, 달러 콜옵션, 그리고 달러 풋옵션 등을 들 수 있다. 장외거래는 계약 당사자의 편의에 따라 기초상품의 품질, 계약의 만기 및 지급흐름의 형태를 양자 간 계약을 통하여 설정하는 거래를 말다. 선도거래나 스왑 등이 대표적인 장외거래상품이다.

한편, 기초자산의 성질에 따라 금리, 통화, 주식 및 일반 상품(commodity) 등의 4가지로 분류할 수 있으며, 계약의 형태 즉 위험배분형태에 따라 선도형 파생상품과 옵션

형 파생상품으로 나눌 수 있다. 선도계약형 상품에는 선도계약(forward contracts), 스왑
(swaps), 그리고 장내에서 거래되는 선물계약(futures contracts) 등이 있다. 선도계약은 거래
자가 미래의 특정 시점에 정해진 기초자산을 미리 합의한 가격으로 사거나 팔기로 약속
하는 계약으로 선물환(currency forwards), 선도금리계약(forward rate agreements) 등이 있다.
스왑은 장래 특정일 또는 특정 기간 동안 일정 상품 또는 금융자산(또는 부채)을 상대방의
상품 또는 금융자산과 교환하는 계약으로 금리스왑, 통화스왑 등이 있다.

표 2-4 **주요 파생금융상품의 종류**

	장내거래	장외거래
통화 관련	통화선물(currency futures) 통화선물옵션(currency futures options) 통화옵션(currency options)	선물환(forward exchange) 통화스왑(currency swaps) 통화옵션(currency options)
금리 관련	금리선물(interest rate futures) 금리선물옵션(interest rate futures options)	선도금리계약(forward rate agreements) 금리스왑(interest rate swaps) 금리옵션(interest rate options) 　　　－caps, floors, collars 스왑션(swaptions)
주식 관련	주식옵션(equity options) 주가지수선물(index futures) 주가지수옵션 (index options) 주가지수선물옵션(index futures options)	주식옵션(equity options) 주식스왑(equity swaps)
신용 관련	－	신용파산스왑(credit default swaps) 총수익스왑(total return swaps) 신용연계증권(credit linked notes)

3 파생결합증권

'파생결합증권'이란 기초자산의 가격·이자율·지표·단위 또는 이를 기초로 하는 지수
등의 변동과 연계하여 미리 정하여진 방법에 따라 지급하거나 회수하는 금전 등이 결정
되는 권리가 표시된 것을 말한다. 다만, 다음의 어느 하나에 해당하는 것은 제외된다(자
본시장법 제4조 제7항 및 시행령 제4조의2).

① 발행과 동시에 투자자가 지급한 금전 등에 대한 이자, 그 밖의 과실(果實)에 대하

여만 해당 기초자산의 가격·이자율·지표·단위 또는 이를 기초로 하는 지수 등의 변동과 연계된 증권

❷ 자본시장법 제5조 제1항 제2호에 따른 계약상의 권리(법 제5조 제1항 각 호 외의 부분 단서에서 정하는 금융투자상품은 제외)

❸ 해당 사채의 발행 당시 객관적이고 합리적인 기준에 따라 미리 정하는 사유가 발생하는 경우 주식으로 전환되거나 그 사채의 상환과 이자지급 의무가 감면된다는 조건이 붙은 것으로서 주권상장법인이 발행하는 사채

❹ 주식이나 그 밖의 다른 유가증권으로 교환 또는 상환할 수 있는 사채, 전환사채 및 신주인수권부사채(「상법」제469조 제2항 제2호, 제513조 및 제516조의2)

❺ 그 밖에 위 ❶부터 ❹까지의 금융투자상품과 유사한 것으로서 「상법」제420조의2에 따른 신주인수권증서 및 「상법」제516조의5에 따른 신주인수권증권

위에 언급된 '기초자산'이란 다음의 어느 하나에 해당하는 것을 말한다(자본시장법 제4조 제10항).

❶ 금융투자상품

❷ 통화(외국의 통화를 포함)

❸ 일반상품(농산물·축산물·수산물·임산물·광산물·에너지에 속하는 물품 및 이 물품을 원료로 하여 제조하거나 가공한 물품, 그 밖에 이와 유사한 것을 말함)

❹ 신용위험(당사자 또는 제3자의 신용등급의 변동, 파산 또는 채무재조정 등으로 인한 신용의 변동을 말함)

❺ 그 밖에 자연적·환경적·경제적 현상 등에 속하는 위험으로서 합리적이고 적정한 방법에 의하여 가격·이자율·지표·단위의 산출이나 평가가 가능한 것

파생결합증권은 주가연계상품, 환율(통화)연계상품, 금리연계상품, 디지털옵션내재상품(Digital option embedded) 등으로 구분된다.

주가연계(Equity Linked)상품은 예금 또는 채권의 원리금 지급조건이 특정 주식의 가격이나 주가지수의 변동과 연계된다. 일반채권과 주가옵션이 결합된 상품으로 주가연계상품의 매입자는 채권과 함께 옵션을 매입한 것과 동일하다. 다만, 옵션 매입 시 프리미엄을 지급해야 함에 따라 옵션의 비중이 클수록 투자원금의 보존 수준은 상이하다.

환율(통화)연계상품은 예금 또는 채권의 원리금 지급이 발행 시와 상이한 통화로 이루어지거나 환율의 변동과 연계된다. 원금상환 시 통화를 선택하는 옵션이 내재되어 있거

나 환율수준에 따라 원리금 상환금액이 변동하는 조건을 가진다.

금리연계상품으로는 역변동금리, 이중지표변동금리, CMT이자지급상품이 있다.

역변동금리상품(Inverse floating rate)은 특정 고정금리에서 변동금리를 차감하여 지급이자율이 결정되는 상품이다. 금리가 하락하면 지급이자가 증가하도록 설계되며, 투자자는 시장금리가 하락하는 방향에 투기하는 유형의 상품이다.

이중지표변동금리상품은 장·단기금리차이를 반영하여 지급이자율이 결정되는 상품이다. 지급이자율을 '(5년만기 국고채−3개월만기 CD금리)×승수+스프레드' 등과 같이 결정함으로써 승수에 해당하는 장기채 매입, 단기채 매도와 같은 리스크 형태를 구성한다.

CMT이자지급상품은 변동금리상품의 이자를 단기지표금리 대신 장기지표금리에 따라 지급하는 상품이다. 고정금리나 변동금리를 지급하는 일반상품과는 달리 수익률 곡선의 형태변화에 상품의 가치가 민감하게 반응한다.

디지털옵션내재상품(Digital option embedded)은 변동금리가 정해진 범위 내 존재 여부에 따라 해당 부리기간의 금리가 변동하는 상품이다. 발행자가 투자자에게 일종의 옵션을

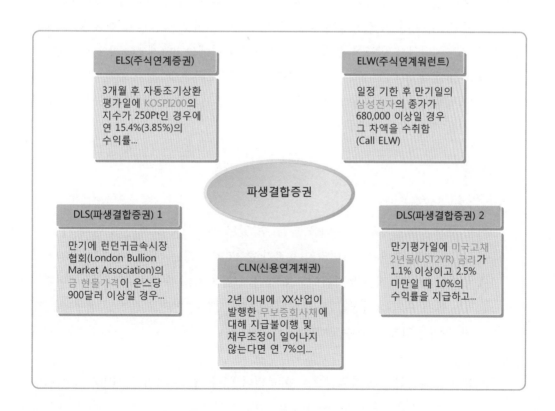

매입하게 함으로써 보다 높은 수익률을 제공한다. 일반적으로 일 단위로 이자가 계산되는 범위 누적(Range accrual)을 포함하는 개념이다.

1) 주식워런트증권(Equity Linked Warrant : ELW)

주식워런트증권(이하 ELW)은 개별 주식 및 주가지수 등의 기초자산을 만기 시점에 미리 정하여진 가격으로 사거나 팔 수 있는 권리를 나타내는 옵션(콜옵션, 풋옵션)으로서 자본시장법상 증권의 한 종류인 파생결합증권이다.

ELW 시장에서는 투자자의 환금성을 보장하고 거래를 활성화할 수 있도록 호가를 의무적으로 제시하는 유동성공급자(Liquidity Provider : LP) 제도가 운영된다. ELW는 거래소에서 요구하는 일정 요건을 갖출 경우 유가증권시장에 상장되므로 일반투자자도 기존 주식계좌를 이용하여 주식과 동일하게 매매할 수 있다. 다만, 주식과 달리 ELW는 개인 투자자에 대한 기본예탁금 제도가 있어서 개인 투자자가 ELW를 신규로 거래하기 위해서는 최소 1,500만원 이상의 기본예탁금을 예탁하여야 한다. 이는 한국거래소 유가증권시장 업무규정(제87조의2제1항) 및 시행세칙(제111조의3제1항)에서 ELW 중개회사에게 고객의 투자목적, 투자경험, 신용상태 등을 감안하여 고객별로 차등하여 현금 또는 대용증권으로 기본예탁금을 받도록 하되, 최초 계좌개설 시에는 2단계(1,500만원 이상~3,000만원 미만) 또는 3단계(3,000만원 이상)로 기본예탁금을 정하도록 하고 있기 때문이다. 아울러 ELW는 적정성원칙이 적용되는 파생결합증권이므로 투자성향 등록 및 투자성향에 따른 적정성 확인을 통하여야 거래가 가능하다.

(1) 특징

❶ 레버리지 효과

적은 투자금액으로도 큰 수익을 얻을 수 있는 레버리지 효과는 ELW의 가장 큰 특징이라고 할 수 있다. 레버리지 효과가 큰 ELW 거래는 직접 주식이나 주가지수에 투자할 때보다 적은 투자금액으로 높은 수익을 올릴 수 있다. ELW의 레버리지 효과는 높은 수익을 달성할 수 있게도 하지만 시장이 반대로 움직일 경우에는 더욱 큰 손해를 입게 만들 수도 있다.

❷ 한정된 손실위험

ELW의 투자위험은 투자원금으로 한정되어 있다. 같은 고위험 레버리지 상품인 장내파생상품의 선물거래나 옵션 매도와 달리 ELW는 파생결합증권으로서 투자자가 옵션의 매입만 가능하기에 손실이 투자원금에 해당하는 프리미엄에 한정되기 때문이다.

❸ 위험의 헤지

ELW 매수를 통해 보유한 주식의 가격이나 주가지수가 원하지 않는 방향으로 움직임에 따라 발생할 위험을 회피하거나 손실위험을 감소시켜 보유한 자산의 가치를 일정하게 유지할 수 있다.

❹ 양방향성 투자수단

기초자산인 주식이 상승할 때는 콜 ELW, 하락할 때는 풋 ELW에 투자하면 되므로 시장의 상승 시나 하락 시에도 다양하게 투자할 수 있는 수단으로 활용할 수 있다.

❺ 유동성의 보장

상장 ELW의 중요한 특징은 유동성 공급자(Liquidity Provider : LP)의 존재이다. LP는 관련 규정이 정하는 바에 따라 해당 ELW에 대한 매수 또는 매도호가를 제공함으로써 투자자의 원활한 거래를 돕는다.

(2) 주식옵션과의 차이점

상장 ELW는 한국거래소 장내파생상품인 주식옵션(주가지수옵션 포함)과 상당히 유사하다. 이는 ELW의 거의 대부분이 콜과 풋옵션 구조로서 주식옵션과 같기 때문이다. 그러나 상품의 법적 성격, 발행주체, 운영원리 등에서 다음 〈표 2-5〉와 같이 두 상품은 구별된다.

표 2-5 **ELW와 주식옵션 비교**

구분	ELW	주식옵션
법적 특성	파생결합증권	파생상품(장내)
발행주체	일반투자자 및 전문투자자를 대상으로 증권과 장외파생상품 투자매매업 인가를 받은 금융투자회사	포지션 매도자(개인도 매도 가능)
의무이행자	발행자	매도 포지션 보유자
계약이행보증	발행자의 자기신용	거래소의 결제이행보증
유동성 공급	1개 이상의 유동성 공급자	시장의 수요와 공급

기초자산	주가지수 – 코스피200, 코스닥150, 니케이225, 항셍지수 개별주식 – 코스피200 구성종목 중 거래소가 분기별로 공표하는 50종목 및 – 코스닥150 구성종목 중 거래소가 월별로 공표하는 5종목	주가지수 – 코스피200, 코스닥150 개별주식 – 유통주식수 200만주 이상, 소액주주수 2,000명 이상, 1년간 총거래대금 5,000억원 이상인 상장 보통주식 중 거래소 선정(2021. 7월 기준 37종목)
거래기간	3개월~3년* * 상장신청일 기준 잔존권리행사기간	결제월제도에 따름
표준화	원칙적으로 비표준상품이나, 거래소는 "주식워런트증권 상장심사기준"에서 표준화 요건(현금결제/유럽식, 잔존만기 3월~1년 등)을 제시·충족토록 하고 있음	표준화된 조건
결제수단	현금 또는 실물	현금

(3) 경제적 기능

❶ 투자수단의 다양화

파생결합증권으로서 ELW는 투자자에게 새로운 투자수단을 제공하고 있다. ELW는 옵션의 특성상 레버리지 효과를 갖고 있으면서도 규격화된 장내 옵션에 비하여 증권으로서 발행사가 구조와 기초자산을 상대적으로 자유롭게 선택할 수 있으므로 투자자에게는 다양한 투자수단이 적시에 제공된다고 하겠다.

❷ 저비용 소액투자

ELW는 옵션이면서도 파생결합증권이기 때문에 장내 파생상품시장에서 거래되는 옵션에 비하여 거래에 수반되는 비용이 저렴하고 절차가 단순하다. 특히 장내 옵션거래에 수반되는 증거금 예탁 등의 복잡한 절차가 필요 없으며, 보통 1,000원 전후의 발행 가격으로 소액투자가 용이하다.

❸ 가격 효율성 증대

ELW의 등장으로 ELW시장, 주식시장 및 장내 옵션시장 간에 다양한 형태의 차익거래가 증가하여 균형 가격 성립이 촉진되고 가격 효율성도 증대하게 된다.

(4) ELW의 종류

1 권리 종류에 따른 분류

　　ㄱ. 콜 ELW : 만기에 기초자산을 발행자로부터 권리행사 가격으로 인수하거나 그 차액(만기평가 가격-권리행사 가격)을 수령할 수 있는 권리가 부여된 ELW로, 기초자산 가격 상승에 따라 이익이 발생한다.

　　ㄴ. 풋 ELW : 만기에 기초자산을 발행자에게 권리행사 가격으로 인도하거나 그 차액(권리행사 가격-만기평가 가격)을 수령할 수 있는 권리가 부여된 ELW로, 기초자산 가격 하락에 따라 이익이 발생한다.

2 구조에 따른 분류

　　ㄱ. 기본구조(plain vanilla option) : 일반적인 특징만 가진 유러피안 콜옵션과 풋옵션 구조를 말한다.

　　ㄴ. 이색옵션(exotic option)

　　　a. 디지털옵션 : 기본적인 유러피안 콜옵션, 풋옵션과 달리 기초자산의 가격 상승이나 하락에 비례하여 수익이 상승하지 않고 일정 수준에 도달 시 미리 정해진 고정수익으로 확정 지급하는 옵션이다.

　　　b. 배리어옵션 : 녹아웃(knock-out) 또는 녹인(knock-in) 옵션이라고 불리는 배리어옵션은 기초자산 가격이 미리 정해진 수준, 즉 배리어에 도달하게 되면 옵션의 효력이 없어지거나(knock-out) 새로 생성되는(knock-in) 형태를 갖는다.

(5) ELW의 기초자산

ELW의 기초자산은 자본시장법상 유가증권시장, 코스닥시장 및 해외시장의 주식, 주가지수가 가능하다. 그러나 유가증권시장 상장규정에서는 상품의 안정성 확보와 가격조작 방지 등의 투자자 보호를 위해 상장할 수 있는 ELW의 기초자산을 제한하고 있다. 유가증권시장에서는 KOSPI200지수의 구성종목 중 거래대금을 감안하여 거래소가 분기별로 공표하는 종목(50개) 또는 바스켓, KOSPI200지수가 포함되고, 코스닥시장에서는 코스닥150지수의 구성종목 중 시가총액을 감안하여 거래소가 월별로 공표하는 종목(5개) 또는 바스켓, 코스닥150지수가 포함된다. 외국 증권시장 중에서는 우리나라와 거래시간이 유사한 일본의 NIKKEI 225, 홍콩의 HSI로 한정되어 있다.

표 2-6	ELW 기초자산 현황	
기초자산 구분	**개별 주식**	**주가지수**
국내 기초자산	• KOSPI200 구성종목 중 거래대금 상위 100위 이내, 일평균거래대금 100억원 이상 종목 중 거래소가 분기별로 공표하는 종목(50개) 또는 해당 복수종목의 바스켓 • KOSDAQ150 구성종목 중 시가총액을 감안하여 거래소가 월별로 공표하는 종목(5개) 또는 해당 복수종목의 바스켓	• KOSPI200 지수 • KOSDAQ150 지수
해외 기초자산		• 일본 NIKKEI 225 지수 • 홍콩 HSI 지수

(6) ELW의 권리행사

❶ 권리행사의 결정

ELW 보유자는 권리행사일에 기초자산의 만기평가 가격과 행사 가격을 비교하여 내재가치가 있는 경우 이익을 취할 수 있다. 반면, 만기에 기초자산 가격이 불리하게 움직일 경우 행사권리를 포기할 수 있는데, 그때 ELW 매수금액만큼 손해를 보게 된다.

❷ 내재가치

내재가치는 ELW의 권리를 행사함으로써 얻을 수 있는 이익을 의미한다.

먼저 콜 ELW 경우에는 기초자산 가격에서 권리행사 가격을 뺀 부분이 내재가치가 된다.

> 콜 ELW의 내재가치 = (기초자산 가격 − 권리행사 가격) × 전환비율

이에 반해 풋 ELW 경우에는 권리행사 가격에서 기초자산 가격을 뺀 부분이 내재가치가 된다.

> 풋 ELW의 내재가치 = (권리행사 가격 − 기초자산 가격) × 전환비율

❸ 자동 권리행사

자동 권리행사는 권리행사 만기일에 ELW 보유자가 권리행사로 인해 이익이 발생한다면 보유자가 권리행사를 신청하지 않아도 자동적으로 권리행사가 되도록

함으로써 보유자의 이익을 보호하는 제도로서 현금결제방식의 ELW에만 적용되고 있다.

(7) ELW의 만기 결제

발행자와 ELW 보유자 간 최종 결제방식은 현금결제와 실물 인수도결제의 두 가지 방법이 있다. 현금결제는 만기일에 지급금액을 현금으로 지급하는 방식을 말하며, 실물 인수도결제는 만기일에 실제로 실물을 행사 가격에 사거나 팔 수 있도록 하는 방식을 말한다. 현재 상장된 ELW는 거래소의 "주식워런트증권 상장심사기준"(유가증권시장 상장 규정 시행세칙 <별표 2의4>) 중 표준화 요건에 따라 현금결제방식을 채택하고 있다.

현금결제 시 만기지급금액의 지급일은 권리행사일(만기일)로부터 2일째 되는 날이다. 콜(풋) ELW의 보유자가 권리행사 시에 기초자산 가격이 행사 가격보다 높은(낮은) 경우, 자동권리행사를 통해 그 가격의 차액을 현금으로 수령한다.

(8) ELW의 유동성공급자 제도

ELW 시장에는 거래를 활성화할 수 있도록 호가를 의무적으로 제시하는 유동성공급자(Liquidity Provider : LP) 제도가 있다. ELW는 발행인이 직접 유동성공급자로서 한국거래소에 유동성공급계획을 제출하거나, 유동성공급자 중 1사 이상과 한국거래소 유가증권시장 상장규정 시행세칙 제115조에 따른 유동성공급계약을 체결하여 한국거래소에 유동성공급 계약을 제출하여야 한다.

ELW의 유동성공급자는 증권 및 장외파생상품에 대하여 투자매매업 인가를 받은 한국거래소의 결제회원으로서 순자본비율이 150% 이상이어야 하며, 거래소의 매 분기 유동성공급자 평가 결과 2회 연속 최저 등급을 받은 경우에는 1개월 이상 경과하여야 하며, 3회 연속 최저 등급을 받거나, 유동성공급업무 관련 증권관계법규 및 거래소 업무관련규정 위반으로 형사제재, 영업정지 또는 거래정지 이상의 조치를 받으면 1년 이상 경과하여야 유동성공급업무를 할 수 있다. (한국거래소 유가증권시장 업무규정 제20조의2제2항제3호)

(9) 가격결정요인과 투자지표

❶ 가격결정요인

ELW 가격을 결정하는 요인으로는 기초자산 가격, 권리행사 가격, 변동성, 만기까지의 잔존기간, 금리, 배당 등 6가지이다.

ㄱ. 기초자산 가격

다른 결정요인이 동일하다면 콜 ELW의 경우 주가가 상승하면 만기에 수익을 올릴 가능성이 높아지기 때문에 해당 ELW 가격이 상승한다. 풋 ELW는 주가가 하락하면 가격이 상승한다.

ㄴ. 권리행사 가격

콜 ELW의 경우 행사 가격이 높을수록 만기에 기초자산 가격이 행사 가격 이상이 되어 수익을 올릴 가능성이 낮아지기 때문에 해당 ELW 가격은 낮아진다. 풋 ELW의 경우에는 행사 가격이 높을수록 수익 가능성이 높아지기 때문에 ELW 가격은 상승한다.

ㄷ. 변동성

변동성은 기초자산 가격이 만기까지 얼마나 크게 변동할 것인가를 계량화하여 수치화한 변수이다. 기초자산 가격의 변동성이 커진다는 것은 주가가 크게 변동하여 상승 또는 하락할 가능성이 높다는 것을 의미한다. 즉, 변동성이 증가하면 유러피안 콜 또는 풋 ELW는 기초자산 가격이 행사 가격 이상(콜 ELW의 경우)이나 이하(풋 ELW의 경우)로 움직일 가능성이 커지므로 변동성 이외의 가격결정요인이 같은 상황에서는 가격이 상승한다.

a. 역사적 변동성(historical volatility) : 역사적 변동성은 과거 일정기간 동안의 기초자산수익률의 표준편차이다. 따라서 역사적 변동성은 기초자산의 가격이 과거에 어떻게 움직였는지를 측정한 것이다. 역사적 변동성은 구하기 쉬운 장점이 있는 반면, 미래의 변동성에 대한 정확한 예측으로 볼 수 없다는 단점이 있다. 현실적으로는 변동성에 대한 적절한 기준치를 산정하는 것이 어려우므로 역사적 변동성이 많이 사용된다.

b. 내재변동성(implied volatility) : 내재변동성은 ELW 가격모형을 블랙-숄즈 모형으로 가정하고 시장의 ELW 가격에서 역으로 모형에 내재된 변동성을 추출한 것이다. 내재변동성은 역사적 변동성의 한계를 극복하고 현재 가격에 반영된 정보를 활용한다는 점에서 많이 활용되고 있다. 내재변동성의 장점은 내재변동성은 시장 가격에서 추출된 변동성으로서 ELW 시장을 가장 충실하게 반영하는 변동성이라고 할 수 있다. 그러나 내재변동성은 개별 ELW에 대한 수치이므로 동일한 기초자산을 기반으로 하는 동일 구

조의 ELW라 하더라도 그 값이 다를 수 있어 기초자산 고유의 특성으로 보기 힘들다.

ㄹ. 잔존만기

ELW의 가격은 내재가치와 시간가치로 구성된다.

> ELW 가격＝내재가치＋시간가치

내재가치는 현재 시점에 옵션을 행사한다고 가정했을 때 ELW가 갖는 가치를 말한다. 시간가치란 만기까지의 잔존기간 동안 기초자산 가격 변동 등에 따라 얻게 될 기대가치이다. 만기일까지의 잔존기간 동안에 얻을 수 있는 이익과 회피할 수 있는 위험에 대한 기대가치이므로, 시간가치는 만기일에 근접할수록 감소하여 0에 근접한다.

ELW의 잔존만기가 증가할수록 상대적으로 만기도래 시까지 해당 ELW의 이익실현기회가 늘어나므로 수익창출의 가능성이 높아져 ELW의 가격이 상승한다. 반대로 시간이 경과하여 잔존만기가 감소하면 기초자산 가격의 변화가 없어도 ELW의 가격이 점차 감소한다. 이러한 현상이 ELW 투자 시 유의해야 할 시간가치의 소멸이다.

ㅁ. 금리

금리가 인상되면 주식의 보유비용이 증가하게 된다. 콜 ELW 매수자는 직접 주식을 매수하는 것이 아니므로 이러한 보유비용 증가로 인하여 상대적으로 유리한 상황에 놓이게 된다. 따라서 ELW를 매수할 때 보유비용 증가를 감안하여 더 높은 가격을 지불해야 주식을 매수하는 것과 동일한 조건을 갖게 된다.

주식을 매도하는 경우 금리가 인상되면 주식 매도로 창출된 현금으로부터 발생하는 이자수익이 증가하게 된다. 그러나 풋 ELW 매수자는 실제로 주식을 매도하는 것이 아니므로 이러한 이자수익이 발생하지 않는다. 따라서 이와 같은 이자수익 증가를 감안해 더 낮은 가격에 매입하여야 주식을 매도하는 것과 동일한 조건을 갖게 된다.

그러나 금리가 ELW의 가격결정에 주는 영향 정도는 다른 변수에 비해서 크지 않은 편이다.

ㅂ. 배당

현금배당률이 증가하면 주식을 매입할 경우 배당수익 증가로 인해 주식의 보유비용이 감소한다. 하지만 주식 매입 효과를 갖는 콜 ELW는 배당수익을 받을 수 없기 때문에 그만큼 낮은 가격에 거래가 되어야 한다.

반대로 주식을 매도하는 경우에는 매도된 주식으로부터 배당수익을 얻을 수 없으므로 주식 매도대금에서 발생하는 이자수익이 배당수익만큼 감소한다. 하지만 주식 매도효과를 갖는 풋 ELW는 이와 같은 이자수익 감소가 없으므로 더 높은 가격에 매입하여야 한다.

이상의 내용을 요약하면 이론(블랙숄즈 모델)적으로 가격결정요인이 ELW의 가격에 미치는 영향은 다음의 표와 같다. 하지만 발행 이후 만기 이전에 시장에서 거래되는 실제 거래가격은 이러한 가격결정요인 이외에도 시장상황, 시장수급 및 세제 등 여러 요인을 복합적으로 반영하여 결정된다.

표 2-7 **가격결정요인이 ELW 가격에 미치는 영향**

가격결정요인	Call ELW	Put ELW
기초자산 시장가격 ↑	↑	↓
행사가격 ↑	↓	↑
변동성 ↑	↑	↑
잔존만기기간 ↓	↓	↓
배당수익률 ↑	↓	↑
이자율 ↑	↑	↓

② 투자지표

ㄱ. 민감도지표(greeks)

ELW의 민감도는 주요 가격결정요인이 변화할 때 ELW 가격이 변화하는 비율을 수치로 표시한 것으로, ELW 투자전략에서 가장 중요하고 기본적인 지표이다.

a. 델타(delta) : 델타는 기초자산 가격이 1단위 변화할 때 ELW 가격이 변화하는 비율로, ELW 가격이 기초자산 가격 변화에 얼마나 민감하게 반응하는지를 나타낸다.

$$\text{델타의 정의} : \frac{\varDelta ELW \text{ 가격}}{\varDelta \text{기초자산 가격}}$$

b. 감마(gamma) : 감마는 기초자산 가격이 1단위 변화함에 따라 델타가 변화하는 비율이다. 따라서 감마는 델타가 기초자산 가격 변화에 얼마나 민감하게 반응하는지를 나타낸다.

$$\text{감마의 정의} : \frac{\varDelta \delta}{\varDelta \text{기초자산 가격}}$$

c. 베가(vega) : 베가는 기초자산 가격의 변동성이 1%p 변화할 때 ELW 가격이 변화하는 비율이다. 즉 ELW 가격이 기초자산 가격 변동성의 변화에 대해 얼마나 민감하게 반응하는지를 나타낸다.

$$\text{베가의 정의} : \frac{\varDelta ELW \text{ 가격}}{\varDelta \text{기초자산 가격 변동성}}$$

d. 세타(theta) : 세타는 잔존만기가 1일 감소할 때 ELW 가격이 변화하는 비율로, 일반적으로 ELW 상품은 만기가 가까워짐에 따라 지속적으로 시간가치가 감소하므로 대부분 세타가 음수로 나타난다.

$$\text{세타의 정의} : \frac{\varDelta ELW \text{ 가격}}{\varDelta \text{잔존만기}}$$

e. 로(rho) : 로는 무위험이자율이 1%p 변화할 때 ELW 가격이 변화하는 비율로서 ELW 가격이 무위험이자율의 변화에 대해 얼마나 민감하게 반응하는지를 나타낸다.

$$\text{로의 정의} : \frac{\varDelta ELW \text{ 가격}}{\varDelta \text{무위험이자율}}$$

ㄴ. 전환비율(conversion ratio)

전환비율은 만기에 ELW 1증권을 행사하여 얻을 수 있는 기초자산의 수이다. 예를 들어 전환비율이 0.2인 ELW 1증권으로는 해당 기초자산의 1/5에 대해서만 권리를 행사할 수 있다. 즉 ELW 5개가 있어야 권리행사 시 기초자산 하나를 살 수 있다.

ㄷ. 손익분기점(break-even point)

콜(풋) ELW 투자자가 ELW에 투자한 자금을 회수하기 위해서는 잔존만기 동안 기초자산 가격이 행사 가격 이상(이하)으로 상승(하락)해야 한다. 행사 가격과 함께 ELW에 투자한 금액을 고려한 ELW 투자자의 손익분기점은 다음과 같다.

$$콜\ ELW\ 손익분기점 = 행사\ 가격 + ELW\ 가격/전환비율$$
$$풋\ ELW\ 손익분기점 = 행사\ 가격 - ELW\ 가격/전환비율$$

ㄹ. 패리티(parity)

패리티는 행사 가격과 기초자산 가격의 상대적 크기를 나타낸 것으로, 1을 중심으로 1이면 등가격(at-the-money), 1보다 크면 내가격(in-the-money), 1보다 작으면 외가격(out-of-the-money)이 된다.

$$콜\ ELW\ 패리티 = 기초자산\ 가격/행사\ 가격$$
$$풋\ ELW\ 패리티 = 행사\ 가격/기초자산\ 가격$$

(10) 투자전략

❶ 레버리지전략

ELW는 대상 자산의 방향성에 대한 투자상품으로 ELW를 이용하는 가장 기본적인 투자전략은 대상 자산의 향후 가격을 예상하여 투자하되, 현물주식에 직접 투자하기보다는 레버리지가 높은 ELW를 이용하는 전략이다.

❷ 프로텍티브 풋(Protective put) 전략

풋 ELW 매수는 공매도의 효과를 발휘한다. 국내 시장은 대차에 의한 개별 주식의 공매도가 활성화되지 않아 실제 개별주식에 대한 헤지는 거의 이루어지지 못하고 있다. 그런데 풋 ELW를 매수하면 개별 주식에 대한 헤지가 가능해진다. 일종의 보험전략인 프로텍티브 풋(protective put) 전략은 보유주식에 대한 풋 ELW를 매수하여 위험을 회피하는 전략이다. 주가 하락 시 하락을 방어하면서 주가 상승 시는 수익을 취할 수 있는 장점이 있다. 단, 풋 ELW 구입비용이 보험료로 지불된다.

❸ 변동성 매수전략(Straddle과 Strangle 전략)

Straddle 전략은 대상 자산의 방향성보다는 변동성 증가를 기대하는 투자전략이다. 기초자산, 행사가, 전환비율이 같은 콜 ELW와 풋 ELW를 동시에 매수하여 포지션을 구성하게 됨으로써 대상 자산이 큰 폭의 변동을 보일 경우 수익이 발생한다. 반면, Strangle 전략은 다른 행사 가격(풋<콜)의 ELW를 이용해 구성한다.

2) 주가연계 금융투자상품

주가연계 금융투자상품은 기존의 금융투자상품에 주식 관련 파생상품을 혼합한 형태의 복합상품으로 주가지수의 성과에 따라 수익률이 달라진다. 금융기관별로는 은행의 주가연계예금(Equity-linked Deposits : ELD), 증권사의 주가연계증권(Equity-linked Securities : ELS), 자산운용사의 주가연계펀드(Equity-linked Fund : ELF) 등이 판매되고 있다.

한편 주가연계 금융투자상품은 원금보장 여부에 따라 원금보장형과 원금손실 가능형으로 구분된다. 은행의 주가연계예금은 전액 원금보장형이며 주가연계 금융투자상품은 두 가지 유형이 다 가능하나 원금보장형이 많다. 또한 주가연계 금융투자상품은 수익실현 방식에 따라 녹아웃형(knock-out), 불스프레드형(bull spread), 디지털형(digital), 리버스컨버터블형(reverse convertible) 등으로 분류된다.

녹아웃형 및 불스프레드형은 계약기간 중 주가가 한 번이라도 약정한 수준에 도달하면 사전에 약정된 확정수익률로 수익을 지급하고 그렇지 못할 경우에는 주가 상승률에 따라 수익을 지급한다. 디지털형은 옵션만기일의 주가가 사전에 약정한 수준 이상 또는 이하에 도달하면 확정수익을 지급하고 그렇지 못하면 원금만 지급한다. 리버스컨버터블형은 옵션만기일의 주가가 사전에 약정한 수준 이하로만 하락하지 않으면 일정 수익을 보장한다.

(1) ELS의 수익구조

ELS는 기초자산인 특정 주가의 가격이나 종합주가지수의 성과에 따라 수익률(이자금액)이 달라진다. 우선 판매사는 원금의 일정 부분(프리미엄)으로 주가지수에 대한 옵션을 매입한다. 프리미엄을 제외한 원금은 주로 국공채 등 안전자산에 투자되어 만기에 투자자의 투자원금 상환에 충당된다. ELS의 수익변동은 옵션 수익에 의존하게 되는데, ELS는 프리미엄으로 매입하는 옵션의 형태에 따라 다양한 종류의 ELS가 존재할 수 있다. 이때 프리미엄을 얼마나 사용하여 옵션을 매입하느냐가 중요하다. 예를 들어, 원금보장형 ELS를 만들기 위해서는 원금 100%에서 5%를 제외한 95%를 1년 만기 국채에 투자한다면(1년 만기 국채수익률이 약 5%대로 가정한다면) 만기에는 원금에 해당하는 100이 상환된다($100 \fallingdotseq 95 \times (1+0.0526)$). 그리고 프리미엄인 5%는 수익률 제고를 위한 옵션 매입에 사용된다. 물론 프리미엄 부분에 투자금액을 조금 더 활용하여 원금의 8%으로 옵션을 매입한다면, 옵션의 예상 수익은 더욱 커질 수 있으나 원금보장의 가능성이 먼저의 예보다 작은 ELS구조가 된다.

표 2-8 주가연계증권의 주요 수익구조

유형	수익구조
Knock-out형	투자기간 중 사전에 정해둔 주가 수준에 도달하면 확정된 수익으로 조기상환되며, 그 외의 경우에는 만기 시 주가에 따라 수익이 정해지는 구조
Bull Spread형	만기 시점의 주가 수준에 비례하여 손익을 얻되 최대 수익 및 손실이 일정 수준으로 제한되는 구조
Digital형	만기 시 주가가 일정 수준을 상회하는지 여부(상승률 수준과는 무관)에 따라 사전에 정한 두가지 수익 중 한가지를 지급하는 구조
Reverse Convertible형	미리 정한 하락폭 이하로 주가가 하락하지만 않으면 사전에 약정한 수익률을 지급하며 동 수준 이하로 하락하면 원금에 손실이 발생하는 구조

❶ Knock-out형

ㄱ. 구조 : 투자기간 중 기초자산의 가격이 한번이라도 경계지수 이상으로 상승하면 만기 시 고정수익률로 상환. 투자기간 중 기초자산의 가격이 한번도 경계지수 이상 상승하지 않는 경우 만기지수가 행사지수보다 높으면 원금 대비 지수상승률에 참여율을 곱한 만큼을 만기에 수익으로 지급

ㄴ. 구분 및 구성 : 원금보장형과 원금비보장형으로 구분되며 "채권+Knock-out call option 매수"로 구성

ㄷ. 예시

　　a. 만기 시점의 기초자산의 가격이 기준 가격 보다 낮을 경우 : 0%(원금보장형)

b. 만기 시점까지 기초자산의 가격이 기준 가격보다 높은 한계 가격(30%) 이 상 상승한 적이 없는 경우 : 기초자산 상승률×참여율

c. 만기까지 한 번이라도 한계 가격 이상 상승한 적이 있는 경우 : 고정수익 (Rebate)

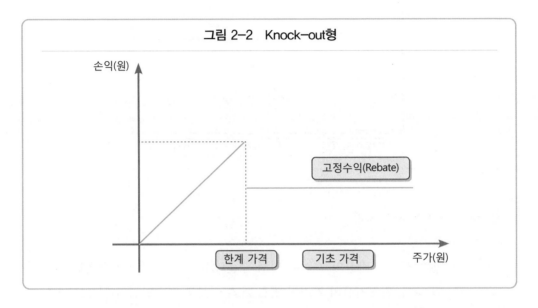

그림 2-2 Knock-out형

❷ Bull Spread형

ㄱ. 구조 : 만기 시 기초자산의 가격이 일정 수준 이하이면 하한 수익률(Floor Rate) 수취, 이후 일정 수준까지는 주가지수 상승률에 비례하여 참여율만큼의 수익 을 향유하며, 그 이상의 구간에서는 수익률에 상한(Cap)이 존재하는 구조

ㄴ. 구분 및 구성 : 채권+낮은 행사 가격 call option 매수+높은 행사 가격 call option 매도

ㄷ. 예시

a. 만기 시점의 기초자산의 가격이 기준 가격보다 낮을 경우 : Floor rate

b. 만기 시점의 기초자산의 가격이 기준 가격의 100% 이상 120% 이하인 경 우 : 기초자산의 상승률×참여율

c. 만기 시점의 기초자산의 가격이 기준 가격의 120% 초과 상승한 경우 : Cap rate

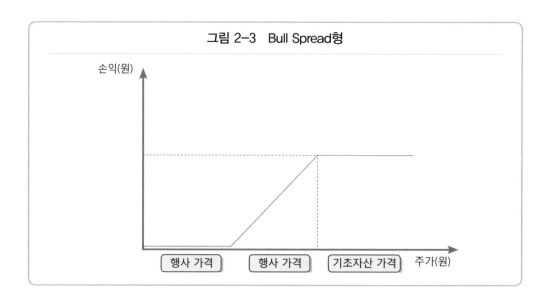

그림 2-3 Bull Spread형

③ Reverse Convertible형

ㄱ. 구조

　　a. 만기 시 기초자산의 가격이 일정 수준(전환 가격) 이상이면 고정된 높은 수익 수취, 기초자산의 가격이 전환 가격 이하로 하락하면 수익규모 감소, 기초자산의 가격이 일정 수준 이하로 하락하면 손실이 발생

　　b. 외가격 put option 매도가 내재된 것으로 투자자의 포지션은 put option 매도와 유사함

ㄴ. 구분과 구성 : 채권＋put option 매도

ㄷ. 예시

　　a. 만기 시점의 기초자산의 가격이 전환 가격 이상일 경우 : 액면×(100%＋기준수익률) → 최대수익 확정지급

　　b. 만기 시점의 기초자산의 가격이 전환 가격 이하일 경우 : 액면×(100%＋기준수익률)×승수(승수 : 만기 가격/전환 가격)

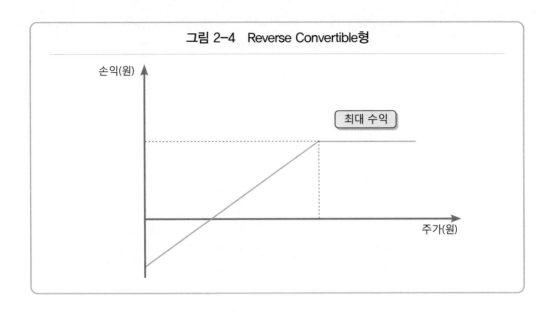

그림 2-4 Reverse Convertible형

손익(원)

최대 수익

주가(원)

❹ Digital형

ㄱ. 구조

    a. 만기 기초자산의 가격이 당초 정해진 수준 이상으로 상승할 경우 : 주가 상승률에 관계없이 고정된 수익을 향유하고, 하락할 경우엔 원금을 보장해주거나 하한(Floor)을 설정(Call형)

    b. 만기 기초자산의 가격이 당초 정해진 수준 이하로 하락할 경우 : 주가 하락률에 관계없이 고정된 수익을 향유하고, 상승할 경우엔 원금을 보장해주거나 하한(Floor)을 설정(Put형)

ㄴ. 구분 및 구성 : 채권＋Digital Call(or Put) 옵션 매수

ㄷ. 예시

    a. 만기 시점의 기초자산의 가격이 기준 가격 대비 상승하는 경우 : 고정된 수익

    b. 기초자산의 가격이 기준 가격 대비 하락하는 경우 : 0%(원금보장)

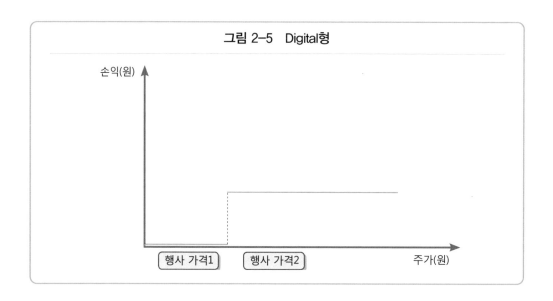

그림 2-5 Digital형

손익(원)

행사 가격1   행사 가격2   주가(원)

⑤ 조기상환형 ELS

2004년 하반기에 본격적으로 등장한 조기상환형 ELS는 통상 만기가 2년이나 3년으로 설계되었으며, 발행 후 6개월 단위로 기초자산의 주가가 사전에 정해진 조기상환 가격 수준 이상으로 상승하면 사전에 약정한 수익을 액면금액과 함께 투자자에 지불하고 계약이 종료되는 형태이다. 만약 6개월 후 조기상환 시점에 기초자산의 주가가 조기상환 가격 수준 미만이면 다음 조기상환 시점으로 순연되며, 계속 조기상환이 되지 않고 만기까지 간다면 만기상환조건에 따라 상환금액이 결정된다. 만기 시점에 만기수익상환조건을 달성하지 못한다면 원금손실이 발생하게 된다. 조기상환구조는 저금리 상황에서 원금보장형 구조의 설계가 어렵게되면서 좀 더 매력적인 추가 수익을 투자자에게 제시하고자 만기를 장기화하여 제시수익률을 높이되, 다양한 장외파생상품을 사용하여 조기상환조건을 삽입함으로써 시장에서 주력상품으로 성장하였다.

조기상환형 스텝다운 ELS는 대표적인 원금비보장형 ELS이므로 금융투자상품 투자위험도 분류상 보통 고위험 또는 초고위험 상품으로 분류된다. 일반적으로 원금까지 손실을 볼 수 있는 원금비보장형 금융투자상품은 고위험 이상으로 분류하여 투자자들이 해당 상품의 투자위험을 사전적으로 판별할 수 있도록 고지한다.

최초의 조기상환형 ELS는 KOSPI 200지수 또는 시가총액 최상위 주식 등 1개의 기초자산으로 설계되었으나, 본격적으로 조기상환형 ELS가 판매되기 시작하는 2006년 이후에는 기초자산 개수가 2개인 경우가 대부분이었다. 기초자산이 2개인 조기상환형 ELS는 보통의 경우 두 기초자산 중 주가가 더 낮은 기초자산의 가격을 기준으로 수익상환조건이 결정되는 'worst performer'의 조건을 주로 사용한다. 2013년부터는 기초자산이 3개인 경우도 점점 더 증가하고 있다.

ELS와 ELB의 기초자산으로는 2008년 글로벌 금융위기와 2011년 유로존 금융위기 이전에는 주식 종목형과 주가지수형이 골고루 판매되었으나 두 번의 금융위기 이후에 대형 주식을 기초자산으로 하는 주식 종목형 ELS의 손실사례가 증가하면서 주가지수를 기초자산으로 하는 ELS가 크게 증가하였다[19년 중 주가지수형 ELS·ELB 발행금액(85.2조원)은 전체 ELS·ELB 발행액(99.9조원)의 85%, 20년 중 주가지수형 ELS·ELB 발행금액(47조원)은 전체 ELS·ELB 발행액(69조원)의 68%]. ELS의 기초자산으로 주로 사용되는 기초자산은 국내지수인 KOSPI200지수뿐만 아니라 해외지수인 HSCEI지수, EuroStoxx50지수, S&P 500지수, NIKKEI지수 등이 있다.

ㄱ. 조기상환형 스텝다운 ELS (녹인(Knock-In)형)

2004년 하반기에 등장하여 지금까지도 발행되는 ELS의 주종을 차지하는 상품 중 가장 보편적으로 판매되고 있는 구조는 조기상환형 스텝다운(Autocall Stepdown) ELS이다.

조기상환형 스텝다운 ELS는 매 조기상환 시점마다 일정 비율씩 조기상환 가격 수준을 낮춰줌으로써 조기상환의 가능성을 높인 구조이다. 현재 판매되고 있는 조기상환형 스텝다운 ELS는 원금손실 발생조건인 녹인(Knock-In, 보통 KI라고 줄여서도 많이 사용한다)이 있는 경우와 없는 경우의 2가지 형태가 있다.

녹인(Knock-In)은 손실 발생할 가능성이 생겨났다는 의미이므로 녹인이 발생한 ELS가 그 시점에 해당 하락분만큼 손실이 확정된 것은 아니며, 녹인이 발생한 ELS라도 그 다음 조기 또는 만기상환 시점에 다시 기초자산이 재상승하여 상환조건을 달성하면 원금과 수익금액을 모두 지급받을 수 있다.

다음은 조기상환형 스텝다운 ELS 상품의 수익구조 그래프이다. 기초자산은 KOSPI200지수와 HSCEI지수이며, 3년 만기로 6개월마다 일정 비율씩 조기상환 가격 수준이 낮아지는 상환조건이 주어진 조기상환형 스텝다운 ELS이다. 조기상환조건은 6개월마다 최초 기준 가격의 90%−90%−85%−85%−80%−80%로 설정되어 있고, 원금손실 발생조건인 녹인(Knock-In)은 최초 기준 가격의 55%로 정해진 원금비보장형 구조이다.

녹인(KI)조건이 있는 조기상환형 스텝다운 ELS의 만기 시 수익구조는 다음과 같다.

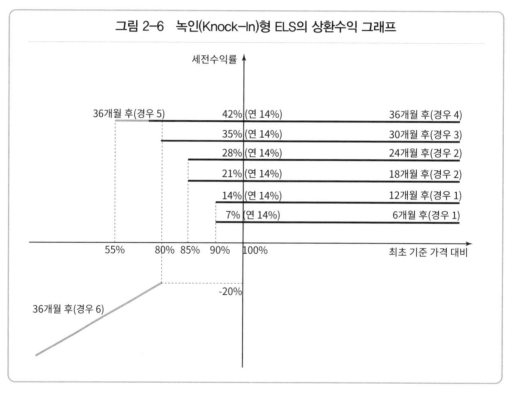

그림 2-6　녹인(Knock-In)형 ELS의 상환수익 그래프

손익구조(조기상환)	
(1) 1차, 2차 조기상환평가일에 두 기초자산의 조기상환 평가 가격이 모두 최초 기준 가격의 90% 이상인 경우	원금＋연 14% 수익 지급
(2) 3차, 4차 조기상환평가일에 두 기초자산의 조기상환 평가 가격이 모두 최초 기준 가격의 85% 이상인 경우	원금＋연 14% 수익 지급
(3) 5차 조기상환평가일에 두 기초자산의 조기상환 평가 가격이 모두 최초 기준 가격의 80% 이상인 경우	원금＋연 14% 수익 지급

손익구조(만기상환)	
(4) 위 (1)~(3) 상환조건에 해당하지 않고, 만기평가 시 두 기초자산의 만기 평가 가격이 모두 최초 기준 가격의 80% 이상인 경우	원금＋연 14% 수익 지급 (42%의 만기수익률)
(5) 위 (1)~(4) 상환조건에 해당하지 않고, 만기평가일까지 두 기초자산 중 어느 하나도 최초 기준 가격의 55% 미만으로 하락한 적이 없는 경우(투자기간 중 원금손실 발생조건인 낙인(KI)을 터치한 적이 없는 경우)	원금＋연 14% 수익 지급 (42%의 만기수익률)
(6) 위 (1)~(5) 상환조건에 해당하지 않고, 만기평가일까지 두 기초자산 중 어느 하나라도 최초 기준 가격의 55% 미만으로 하락한 적이 있는 경우(투자기간 중 원금손실 발생조건인 낙인(KI) 터치한 적이 있는 경우)	원금 손실 (손실률＝기초자산 중 하락폭이 큰 기초자산의 하락률 적용)

ㄴ. 조기상환형 스텝다운 ELS (노녹인(No Knock-In)형)

조기상환형 스텝다운 ELS중 만기 전 투자기간 중에 원금손실 발생조건인 녹인(KI)이 없는 노녹인(No Knock－In) 구조도 있다. 노녹인(No KI)형은 녹인을 없애는 대신에 만기 상환조건을 녹인형의 녹인 수준으로 낮추어서 안전성을 보강하였다. 앞 사례에서 녹인형 ELS(만기 상환조건 80%, 녹인 55%)는 만기를 포함하여 투자기간 내내 기초자산 가격이 최초 기준가격의 55% 이상이어야 만기 시 수익상환이 되지만, 노녹인형 ELS(만기 상환조건 55%)는 기초자산의 만기 평가가격만 최초 기준가격의 55% 이상이면 만기시 수익상환이 된다. 따라서 만기, 기초자산, 다른 조기상환 조건이 동일하고 만기 상환조건만 녹인형 ELS의 녹인 수준과 같은 노녹인형 ELS는 녹인형 ELS 보다 안전성이 높은 반면에 제시 수익률은 낮은 편이다.

❗ 예시

다음은 녹인(KI)조건이 없는 조기상환형 노녹인 스텝다운 ELS(No Knock－In Stepdown ELS) 상품의 수익구조 그래프이다. 기초자산은 KOSPI200지수와 HSCEI지수이며, 3년 만기로 6개월마다 일정 비율씩 조기상환 가격 수준이 낮아지는 조기상환형 스텝다운 ELS이다. 조기상환조건은 6개월마다 최초 기준 가격의 90%－90%－85%－85%－80%－60%로 설정되어 있다. 만기 전 원금손실 발생조건인 녹인(Knock－In) 조건은 없지만, 조기상환이 되지 않고 만기 시 마지막 상환조건인 최초 기준 가격의 60% 미만인 경우에는 원금손실이 발생할 수 있다.

녹인(KI)조건이 없는 노녹인형 조기상환형 스텝다운 ELS의 만기 시 수익구조는 다음과 같다.

손익구조(조기상환)	
(1) 1차, 2차 조기상환평가일에 두 기초자산의 조기상환 평가 가격이 모두 최초 기준 가격의 90% 이상인 경우	원금＋연 12% 수익 지급
(2) 3차, 4차 조기상환평가일에 두 기초자산의 조기상환 평가 가격이 모두 최초 기준 가격의 85% 이상인 경우	원금＋연 12% 수익 지급
(3) 5차 조기상환평가일에 두 기초자산의 조기상환 평가 가격이 모두 최초 기준 가격의 80% 이상인 경우	원금＋연 12% 수익 지급
손익구조(만기상환)	
(4) 위 (1)~(3) 상환조건에 해당하지 않고, 만기평가 시 두 기초자산의 만기평가가격이 모두 최초 기준 가격의 60% 이상인 경우	원금＋연 12% 수익 지급 (36%의 만기수익률)
(5) 위 (1)~(4) 상환조건에 해당하지 않고, 만기평가 시 두 기초자산 중 어느 하나라도 최초 기준 가격의 60% 미만인 경우	원금 손실 (손실률＝기초자산 중 하락폭이 큰 기초자산의 하락률 적용)

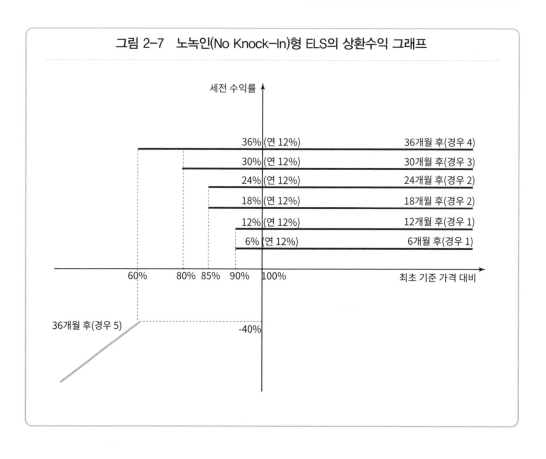

그림 2-7   노녹인(No Knock-In)형 ELS의 상환수익 그래프

ㄷ. 조기상환형 월지급식 스텝다운 ELS

2010년에 등장한 조기상환형 월지급식 스텝다운 ELS는 매월 지정된 날짜에 최초 기준 가격의 일정 수준(보통 50~65% 수준) 이상이면 월쿠폰을 지급하는 조건을 첨가한 구조로서 월지급식 또는 월수익지급식이라고 부르고 있다. 기존 조기상환형 스텝다운 ELS가 매 4개월 또는 6개월마다 조기상환조건이 부여된 것과 달리 조기상환형 월지급식 스텝다운 ELS는 기존 조기상환조건에다가 매월 수익이 지급되도록 구조를 첨가하여 안전성을 보강한 구조이므로 다른 수익상환조건이 유사한 조기상환형 스텝다운 ELS보다 제시수익률이 조금 낮은 편이다.

월지급식 ELS는 저금리 환경하에서 매 월 지정된 날짜에만 일반적인 상환 수준보다 낮은 월수익지급조건(최초 기준 가격의 50~65% 이상)을 충족하면 수익이 주기적으로 지급되고, 조기 및 만기상환 시점에 상환도 가능하다는 장점 때문에 기존 조기상환형 스텝다운 ELS의 투자자들 중 안전성을 보다 중요시하는 투자자들에게 선호되는 구조이다.

(2) 금융업권별 주가연계상품 비교

❶ 증권사의 주가연계증권(ELS) : 주가연계증권은 투자자로부터 조달한 자금의 대부분을 우량채권에 투자하고 일부를 주가지수옵션, 주식워런트증권 또는 주가지수선물 등을 매입하여 운용하는 금융상품으로 만기 시 원리금 지급액이 기초자산의 변동에 따라 달라지는 증권. 투자원금과 수익이 주가지수 또는 개별 주가에 연계되어 결정. 주가연계증권은 증권사가 원금의 일정 수준을 보장하며 공모 또는 사모방식으로 발행. 다만, 만기 시에는 원금의 일정 비율 지급이 보장되나 만기 이전 중도상환 시에는 추가적인 투자원금의 손실을 초래할 수 있음

❷ 자산운용사의 주가연계펀드(ELF) : 투자원금과 수익이 주가지수 또는 개별 주가에 연동되는 투자신탁상품. 주가연계증권과 마찬가지로 운용자산의 대부분은 국공

표 2-9　주가연계 금융상품의 비교

	ELS	ELD	ELF
발행주체	증권사(인가증권사)	은행	자산운용사, 투신사
투자형태	증권 매입(청약)	예금 가입	펀드 매수
자금운용구조	채권, 주식워런트증권, 주가지수옵션, 주가지수선물	대출금, 증권, 주가지수옵션	펀드(금융공학기법으로 포트폴리오 조정)
수익상환방법	사전에 정해진 조건에 따라 결정(원금보장형, 원금비보장형)	사전에 정해진 조건에 따라 결정(원금 100% 보장형 이상만 가능)	운용성과에 따라 실적배당(원금보존추구형, 원금비보장형)
상환보장 여부	발행사가 지급보장(발행사 신용도 중요)	초과수익은 은행이 지급보장(원금 보장)	신탁재산 신용도 및 운용성과에 따라 지급
중도해지 등 가능 여부	중도상환 가능, 원금손실 가능	중도해지 가능, 원금손실 발생 가능	중도환매 가능 (원금손실 가능)
장점	증권사가 제시한 수익을 달성할 수 있도록 상품구성	중도해지 가능, 원금손실 발생 가능	중도환매 가능 (원금손실 가능)
단점	추가 수익 없음	추가 수익 없음	제시수익 보장없음
예금자보호 여부	없음	5천만 원 한도로 보호	없음

채에 투자하여 원금을 보전하고 나머지는 일부자산을 주가와 연계되는 파생상품에 투자함으로써 초과수익을 확보하는 구조화된 상품

주가연계펀드는 실적배당상품이므로 실제펀드의 운용실적에 따라 사전에 약속한 수익보다 더 많이 나올 수도 있고 적게 나올 수도 있음

❸ 은행의 주가연계예금(ELD) : 주가연계예금은 주가지수 상승률에 연동하여 사전에 약정한 금리를 지급하는 정기예금의 일종으로 주가지수 하락 시에도 원금지급이 보장되는 금융상품. 주가연계예금은 조달자금을 주로 대출금 및 증권으로 운용하면서 운용예상수익 중 일부를 주가지수옵션에 투자하였다가 주가지수상승 시에는 옵션 행사를 통해 수익을 실현하여 이자를 지급. 주가지수 전망에 따라서 주가지수 상승형, 하락형 또는 횡보형 등 다양한 구조의 상품구성이 가능

❹ 파생연계증권과 파생연계펀드 : 파생연계증권(DLS, Derivative Linked Securities)은 비상장증권의 일종으로, 주로 증권사에서 발행하고 판매. 자본시장법에서는 기초자산의 가격·이자율·지표·단위 또는 이를 기초로 하는 지수 등의 변동과 연계하여 미리 정하여진 방법에 따라 지급하거나 회수하는 금전 등이 결정되는 권리가 표시된 증권으로 정의

DLS는 기초자산 가격이 정해진 만기일까지 일정한 범위 내에서 움직이면 약정된 수익을 얻는 증권이고, 파생연계펀드(DLF, Derivative Linked Fund)는 펀드 형태로 투자하는 펀드상품. 기초자산은 금리, 통화(환율), 금, 은, 원유, 곡물 등 다양하며, 이를 토대로 다양한 구성이 가능

4 증권예탁증권

증권예탁증권이란 채무증권, 지분증권, 수익증권, 투자계약증권, 파생결합증권을 예탁받은 자가 그 증권이 발행된 국가 외의 국가에서 발행한 것으로서 그 예탁받은 증권에 관련된 권리가 표시된 증권을 말한다(자본시장법 제4조 제8항). 다만, 위의 채무증권, 지분증권, 수익증권, 투자계약증권, 파생결합증권, 증권예탁증권 중 어느 하나에 해당하는 증권에 표시될 수 있거나 표시되어야 할 권리는 그 증권이 발행되지 않은 경우에도 증권으로 본다(자본시장법 제4조 제9항).

참고로 증권예탁증권은 주식예탁증서(Depository Receipts, DR)라고도 한다. 국내 기업이 발행한 주식을 외국인이 매입하려면 시차 문제, 환전 문제, 언어 사용 문제 등 불편함을 감수해야 한다. 따라서 이러한 어려움을 해결하고 해외투자자에게 편의를 제공하기 위해 국내기업이 발행한 주식을 국내 원주보관기관에 맡기고 이를 근거로 해외 예탁기관(Depository)이 발행하여 해외시장에서 유통시키는 것이 해외 DR이다(반대로 외국법인이 국내에서 외국에 보관된 원주를 근거로 발행하는 것은 KDR이라고 함). DR은 발행되는 시장에 따라 ADR(American DR), EDR(European DR), GDR(Global DR) 등으로 구분된다.

5 펀드상품

1) 집합투자기구 개념

(1) 집합투자기구 정의

① 집합투자기구는 펀드로, 집합투자증권은 수익증권으로, 투자회사는 뮤추얼펀드로 보면 되고, ② 펀드를 운용하는 자산운용사는 금융투자업 중 집합투자업 인가를 받은 집합투자업자이며, ③ 펀드를 판매하는 판매업자는 금융투자업 중 집합투자증권의 매

매중개업 인가를 받은 투자매매업자·투자중개업자이며, ④ 한 회사가 집합투자업과 매매중개업 인가를 모두 받은 경우 펀드 운용과 펀드 판매를 함께 할 수 있으며 펀드 판매의 경우 특히 자사가 직접운용하는 펀드 외 타사가 운용하는 펀드 모두 판매 가능하다.

❶ '집합투자' 정의

집합투자란 2인 이상의 투자자로부터 모은 금전 등을 투자자부터 일상적인 운용지시를 받지 아니하면서 재산적 가치가 있는 투자대상 자산을 취득·처분, 그 밖의 방법으로 운용하고 그 결과를 투자자 또는 각 기금관리주체에게 배분하여 귀속시키는 것을 말한다. 단, 아래 3가지 경우 중 어느 하나라도 해당되는 것은 제외한다.

ㄱ. 「부동산투자회사법」, 「선박투자회사법」, 「문화산업진흥기본법」, 「산업발전법」, 「벤처투자 촉진에 관한 법률」, 「여신전문금융업법」, 「소재·부품·장비산업 경쟁력 강화를 위한 특별조치법」 등의 법률에 따라 사모의 방법으로 금전등을 모아 운용·배분하는 것으로서 일반투자자(전문투자자 및 기획재정부령에 의한 재정기금관리·운용법인 및 공제사업 영위 법인이 아닌 자)의 총수가 49인 이하인 경우

ㄴ. 「자산유동화에 관한 법률」 제3조의 자산유동화계획에 따라 금전등을 모아 운용·배분하는 경우

ㄷ. 그 밖에 행위의 성격 및 투자자 보호의 필요성 등을 고려하여 투자자예탁금을 예치 또는 신탁받아 운용·배분하는 경우, 신탁업자가 수탁한 금전을 공동으로 운용하는 경우, 투자목적회사가 그 업무를 하는 경우, 종금사가 어음관리계좌 업무를 하는 경우 등에 해당하는 때

❷ '집합투자기구' 구성형태

'집합투자기구'란 집합투자를 수행하기 위한 기구로서 구성 형태는 다음과 같다.

ㄱ. 투자신탁

집합투자업자인 위탁자가 신탁업자에게 신탁한 재산을 신탁업자로 하여금 그 집합투자업자의 지시에 따라 투자·운영하게 하는 신탁 형태의 집합투자기구(투자신탁)

ㄴ. 투자회사

a. 「상법」에 따른 주식회사 형태의 집합투자기구(투자회사)

b. 「상법」에 따른 유한회사 형태의 집합투자기구(투자유한회사)

c. 「상법」에 따른 합자회사 형태의 집합투자기구(투자합자회사)

ㄷ. 투자조합

　　a. 「민법」에 따른 조합 형태의 집합투자기구(투자조합)

　　b. 「상법」에 따른 익명조합 형태의 집합투자기구(투자익명조합)

❸ 기타 용어 정의

ㄱ. '사모집합투자기구' : 집합투자증권을 사모로만 발행하는 집합투자기구로서 일반투자자(전문투자자 및 기획재정부령에 의한 재정기금관리·운용법인 및 공제사업 영위 법인이 아닌 자)의 총수가 49인 이하인 것을 말함

ㄴ. '집합투자재산' : 집합투자기구의 재산으로 투자신탁재산, 투자회사재산, 투자유한회사재산, 투자합자회사재산, 투자조합재산 및 투자익명조합재산을 말함

ㄷ. '집합투자증권' : 집합투자기구에 대한 출자지분이 표시된 것을 말하며 투자신탁의 경우에는 수익권을 말함

ㄹ. '집합투자자총회' : 집합투자기구의 투자자 전원으로 구성된 의사결정기관으로서 수익자총회, 주주총회, 사원총회, 조합원총회 및 익명조합원총회를 말함

(2) 집합투자증권 정의

집합투자증권은 집합투자기구에 대한 출자지분(투자신탁의 경우에는 수익권)이 표시된 것이다. 즉, 집합투자기구가 발행한 지분증권 또는 수익증권에 대하여 집합투자와 관련된 규정을 적용받게 된다. 자본시장법상 집합투자증권을 발행할 수 있는 집합투자기구는 투자신탁, 투자회사, 투자유한회사, 투자합자회사, 투자익명조합, 투자조합, 사모투자전문회사 등 7개가 있으며 투자신탁을 제외한 집합투자기구의 투자자의 지위는 출자지분이 표시된 지분증권 소유자가 되나 투자신탁의 투자자의 지위는 수익권이 표시된 수익증권 소유자가 된다. 집합투자증권은 금융투자상품이며 과거 간접투자자산운용업법에 의해 발행 및 판매되었던 펀드상품(뮤추얼펀드 포함)에 해당된다. 따라서 향후 집합투자기구나 집합투자증권에 대해서는 운용과 판매가 일반화된 수익증권펀드(투자신탁)와 뮤추얼펀드(투자회사)로 이해되기도 한다.

2) 집합투자기구 종류

(1) 집합투자기구의 종류

집합투자기구는 집합투자재산의 운용대상에 따라 증권집합투자기구, 부동산집합투자기구, 특별자산집합투자기구, 혼합자산집합투자기구, 단기금융집합투자기구의 5종류로 분류할 수 있다. 각각의 집합투자기구가 투자할 수 있는 자산의 종류는 〈표 2-10〉과 같다.

표 2-10 **투자대상에 따른 집합투자기구의 종류**

구분	증권	부동산	특별자산	단기금융	혼합자산
증권	○	○	○	○	○
파생상품	○	○	○	×	○
부동산	○	○	○	×	○
실물자산	○	○	○	×	○
특별자산	○	○	○	×	○

❶ 증권 집합투자기구

ㄱ. 기본요건

집합투자재산의 50%를 초과하여 '증권'에 투자하는 집합투자기구로서 부동산 집합투자기구, 특별자산 집합투자기구에 해당하지 아니하는 집합투자기구를 말한다. 이때 증권에는 아래 대통령령으로 정하는 증권을 제외하며, 대통령령으로 정하는 증권 외의 증권을 기초자산으로 하는 파생상품은 포함된다.

ㄴ. 제외 증권

a. 다음 어느 하나에 해당하는 자산이 신탁재산, 집합투자재산 또는 유동화자산의 100분의 50 이상을 차지하는 경우에는 그 수익증권, 집합투자증권 또는 유동화증권

i. 부동산

ii. 지상권·지역권·전세권·임차권·분양권 등 부동산 관련 권리

iii. 「기업구조조정 촉진법」 제2조제3호에 따른 채권금융기관(이에 준하는 외국 금융기관과 「금융산업의 구조개선에 관한 법률」에 따른 금융기관이었던 자로서 청산절차 또는 「채 무자 회생 및 파산에 관한 법률」에 따른 파산절차가 진행 중인 법인을 포함)이

채권자인 금전채권(부동산을 담보로 한 경우만 해당)

    iv. 특별자산

b. 「부동산투자회사법」에 따른 부동산투자회사가 발행한 주식

c. 「선박투자회사법」에 따른 선박투자회사가 발행한 주식

d. 「사회기반시설에 대한 민간투자법」에 따른 사회기반시설사업의 시행을 목적으로 하는 법인이 발행한 주식과 채권

e. 「사회기반시설에 대한 민간투자법」에 따른 하나의 사회기반시설사업의 시행을 목적으로 하는 법인이 발행한 주식과 채권을 취득하거나 그 법인에 대한 대출채권을 취득하는 방식으로 투자하는 것을 목적으로 하는 법인(같은 법에 따른 사회기반시설투융자회사는 제외)의 지분증권

f. 특정한 부동산을 개발하기 위하여 존속기간을 정하여 설립된 회사가 발행한 증권

g. 부동산, 그 밖에 금융위원회가 정하여 고시하는 부동산 관련 자산을 기초로 하여 「자산유동화에 관한 법률」 제2조제4호에 따라 발행된 유동화증권으로서 그 기초자산의 합계액이 「자산유동화에 관한 법률」 제2조제3호에 따른 유동화자산 가액의 100분의 70 이상인 유동화증권

h. 「한국주택금융공사법」에 따른 주택저당채권담보부채권 또는 주택저당증권(「한국주택금융공사법」에 따른 한국주택금융공사 또는 제79조제2항제5호가목부터 사목까지의 금융기관이 지급을 보증한 주택저당증권)

i. 부동산투자목적회사가 발행한 지분증권

j. 「해외자원개발 사업법」 제14조의2 제1항 제2호에 따른 해외자원개발 전담회사와 특별자산에 대한 투자만을 목적으로 하는 법인(외국법인을 포함)이 발행한 지분증권·채무증권

❷ 부동산 집합투자기구

ㄱ. 기본요건

집합투자재산의 50%를 초과하여 부동산에 투자하는 집합투자기구를 말한다. 이때 부동산에는 부동산을 기초자산으로 한 파생상품, 부동산 개발과 관련된 법인에 대한 대출, 그 밖에 대통령령으로 정하는 방법으로 부동산 및 대통령령으로 정하는 부동산과 관련된 증권에 투자하는 경우가 포함된다.

ㄴ. 대통령령으로 정하는 방법

　① 부동산의 개발, ② 부동산의 관리 및 개량, ③ 부동산의 임대, ④ 지상권·지역권·전세권·임차권·분양권 등 부동산 관련 권리의 취득, ⑤ 「기업구조조정 촉진법」 제2조 제3호에 따른 채권금융회사가 채권자인 금전채권의 취득 등이다.

ㄷ. 대통령령으로 정하는 부동산 관련 증권

　① 부동산 및 관련 권리, 금전채권(부동산 담보)을 기초자산으로 하는 신탁의 수익증권·집합투자증권·유동화증권, ② 부동산 투자회사 주식, ③ 부동산 개발회사가 발행한 증권, 부동산·부동산 관련 자산을 기초로 발행된 유동화증권, 금융회사가 지급보증한 주택저당채권담보부채권·주택저당증권, 부동산 투자회사가 발행한 지분증권에 투자하는 증권 등이다.

❸ 특별자산 집합투자기구

집합투자재산의 50%를 초과하여 특별자산에 투자하는 집합투자기구를 말한다. 이때 특별자산이란 증권 및 부동산을 제외한 투자대상 자산을 말한다.

❹ 혼합자산 집합투자기구

집합투자재산을 운용함에 있어서 증권 집합투자기구, 부동산 집합투자기구, 특별자산 집합투자기구의 규정의 제한을 받지 아니하는 집합투자기구를 말한다. 혼합자산 집합투자기구는 법령상 주된 투자대상 및 최저 투자한도 등에 대한 제한이 없어 어떠한 자산이든지 투자비율 제한 없이 투자 가능하다는 장점은 있으나 환매금지형 집합투자기구로 설정하여 설립해야 한다는 제한이 있다.

❺ 단기금융 집합투자기구(MMF)

ㄱ. 기본요건

　집합투자재산 전부를 대통령령으로 정하는 단기금융상품에 투자하는 집합투자기구로서 대통령령으로 정하는 방법으로 운용되는 집합투자기구를 말한다. 2023년 공모펀드 경쟁력제고방안의 일환으로 자본시장법령 개정을 통해 외화 MMF가 도입되었다. 외화표시 MMF는 단기 채권·어음 등 외화 단기금융상품에 투자하는 MMF이며 외화로 납입과 환매가 이루어진다. 원화표시 MMF와 동일한 수준으로 규율하며, 다만 외화자산의 특성을 감안하여 일부 별도의 규정이 존재한다. MMF의 안정적인 운용을 위해 편입자산의 만기·신용등급, 분산투자, 유동성 요건 등은 원화 표시수준으로 정하였으며, 편입자산의 안전성과 환금성을 위해 표시화폐를 OECD가입국, 싱가포르, 홍콩, 중

국으로 제한하였고, 신규 MMF 설정요건을 원화에 비해 완화하였다. 2023년 말 기준으로 법인 MMF만 출시되어 판매되고 있다.

ㄴ. 대통령령으로 정하는 단기금융상품

원화로 표시된 자산으로서 ① 남은 만기가 6개월 이내인 양도성 예금증서, ② 남은 만기가 5년 이내인 국채증권, 남은 만기가 1년 이내인 지방채증권, 특수채증권, 사채권(자본시장법 제71조 제4호에 따른 주권 관련 사채권 및 사모의 방법으로 발행된 사채권은 제외) 및 기업어음증권. 단, 환매조건부매수의 경우에는 남은 만기의 제한을 받지 아니한다. ③ 남은 만기가 1년 이내인 어음(기업어음증권은 제외), ④ 금융회사에 대한 30일 이내의 단기대출, ⑤ 만기가 6개월 이내인 금융기관 또는 「우체국예금·보험에 관한 법률」에 따른 체신관서에의 예치, ⑥ 다른 단기금융 집합투자기구의 집합투자증권, ⑦ 단기사채 등이 있다.

외화(경제협력개발기구(OECD) 가입국가(속령은 제외), 싱가포르, 홍콩, 중화인민공화국의 통화로 한정)로 표시된 위 ①~⑦의 금융상품과 이에 준하는 것으로서 금융위원회가 정하여 고시하는 금융상품이 투자대상이 된다.

ㄷ. 대통령령으로 정하는 방법으로 운용

a. 증권을 대여하거나 차입하는 방법으로 운용하지 아니할 것

b. 남은 만기가 1년 이상인 국채증권에 집합투자재산의 5% 이내로 운용할 것

c. 환매조건부매도는 집합투자기구에서 보유하고 있는 증권총액의 100분의 5 이내일 것

d. 각 단기금융집합투자기구 집합투자재산의 남은 만기의 가중평균된 기간이 다음 범위 이내일 것

 i. 개인 MMF : 75일

 ii. 법인 MMF 중 집합투자규약에 장부가격으로 평가하지 않음을 명시한 MMF : 120일

 iii. 그 밖의 MMF : 60일

e. MMF의 집합투자재산이 다음의 구분에 따른 기준을 충족하지 못하는 경우에는 다른 집합투자기구를 설정·설립하거나 다른 MMF로부터 운용업무 위탁을 받지 않을 것. 다만 「국가재정법」 제81조에 따른 여유자금을 통합하여 운용하는 MMF 및 그 MMF가 투자하는 MMF를 설정·설립하거나 그 운용업무의 위탁을 받는 경우에는 이를 적용하지 않는다.

i. 개인투자자 대상 원화 MMF : 3천억 원 이상

　　　ii. 개인투자자 대상 외화 MMF : 1천 5백억 원 이상

　　　iii. 법인투자자 대상 원화 MMF : 5천억 원 이상

　　　iv. 법인투자자 대상 외화 MMF : 2천 5백억 원 이상

　f. 하나의 MMF에서 원화와 외화 단기금융상품을 함께 투자하지 않을 것

　g. 투자대상 자산의 신용등급 및 신용등급별 투자한도, 남은 만기의 가중평균 계산방법, 그 밖에 자산운용의 안정성 유지에 관하여 금융위원회가 정하여 고시하는 내용을 준수 할 것 등의 방법으로 운용해야 함

ㄹ. 금융위원회가 정하는 MMF 운용 규정

　a. 집합투자업자는 단기금융 집합투자기구의 집합투자재산을 ① 자산의 원리금 또는 거래금액이 환율·증권의 가치 또는 증권지수의 변동에 따라 변동하거나 계약 시점에 미리 정한 특정한 신용사건 발생에 따라 확대 또는 축소되도록 설계된 것이나, ② '①'과 같이 원리금 또는 거래금액, 만기 또는 거래기간 등이 확정되지 아니한 것 등에 해당하는 자산에 운용해서는 안 됨

　b. 단기금융 집합투자기구의 집합투자재산으로 운용할 수 있는 채무증권(양도성예금증서 및 금융회사가 발행·매출·중개한 어음 및 채무증서 포함)은 취득 시점을 기준으로 신용평가업자의 신용평가등급이 최상위등급 또는 최상위등급의 차하위등급 이내이어야 함. 둘 이상의 신용평가업자로부터 신용평가등급을 받은 경우에는 그중 낮은 신용평가등급을 적용

　c. 최상위등급 채무증권의 경우 각 집합투자기구 자산총액의 100분의 5, 차하위등급 채무증권의 경우 각 집합투자기구 자산총액의 100분의 2의 한도를 초과하여 동일인이 발행한 채무증권에 운용하여서는 안 됨. 단, 국채증권 및 정부가 원리금의 상환을 보증한 채무증권, 지방채증권 및 특수채증권은 제외

　d. 집합투자업자는 단기금융 집합투자기구의 위험을 체계적으로 관리할 수 있도록 위험의 정의 및 종류에 관한 사항, 위험측정방법에 관한 사항, 위험허용 수준에 관한 사항, 위험관리조직에 관한 사항, 그 밖에 단기금융 집합투자기구의 체계적 위험관리를 위하여 필요하다고 인정하는 사항이 포함된 '위험관리기준'을 제정하고 이를 준수할 수 있는 내부통제제도를 갖추어야 함

(2) 특수한 형태의 집합투자기구

❶ 환매금지형 집합투자기구

환매금지형 집합투자기구는 투자자가 집합투자기구에 투자한 이후 집합투자증권의 환매청구에 의하여 그 투자자금을 회수하는 것이 불가능하도록 만들어진 집합투자기구를 말한다. 환매금지형 집합투자기구는 존속기간을 정한 집합투자기구의 집합투자증권을 최초로 발행한 날부터 90일 이내에 그 집합투자증권을 증권시장에 상장하여야 한다.

ㄱ. 설정·설립

    a. 집합투자업자 등은 존속기간을 정한 집합투자기구에 대하여만 집합투자증권의 환매를 청구할 수 없는 집합투자기구를 설정·설립할 수 있음

    b. 집합투자업자 등은 집합투자기구를 투자대상 자산의 현금화가 곤란한 사정 등을 고려하여 ① 부동산 집합투자기구를 설정 또는 설립하는 경우, ② 특별자산 집합투자기구를 설정 또는 설립하는 경우, ③ 혼합자산 집합투자기구를 설정 또는 설립하는 경우, ④ 각 집합투자기구 자산총액의 100분의 20을 초과하여 금융위원회가 정하여 고시하는 시장성 없는 자산에 투자할 수 있는 집합투자기구를 설정 또는 설립하는 경우에는 환매금지형 집합투자기구로 설정 또는 설립하여야 함

    c. 시장성 없는 자산이란 ① 부동산(부동산을 기초로 한 파생상품이나 부동산과 관련된 증권 등 시가 또는 공정가액으로 조기에 현금화 가능한 경우 제외), ② 특별자산(관련 자산의 특성 등을 고려하여 시가 또는 공정가액으로 조기에 현금화가 가능한 경우 제외), ③ 증권시장 또는 외국시장에 상장된 증권, 채무증권, 파생결합증권, 모집 또는 매출된 증권, 환매청구할 수 있는 집합투자증권 등에 해당하지 않는 증권을 말함

ㄴ. 추가 발행 사유

환매금지형 집합투자기구는 기존 투자자의 이익을 해할 우려가 없는 등 다음에서 정하는 때에만 집합투자증권을 추가로 발행할 수 있다.

    a. 환매금지형 집합투자기구로부터 받은 이익분배금의 범위에서 그 집합투자증권을 추가로 발행하는 경우

    b. 기존 투자자의 이익을 해칠 염려가 없다고 신탁업자로부터 확인을 받은 경우

c. 기존 투자자 전원의 동의를 받은 경우

d. 기존 투자자에게 집합투자증권의 보유비율에 따라 추가로 발행되는 집합
투자증권의 우선매수기회를 부여하는 경우

ㄷ. 상장 및 기준 가격 산정

a. 투자신탁의 집합투자업자 또는 투자회사는 신탁계약 또는 정관에 투자자
의 환금성 보장 등을 위한 별도의 방법을 정하지 않은 경우에는 환매금지
형 집합투자증권을 최초로 발행한 날부터 90일 이내에 증권시장에 상장해
야 함

b. 집합투자증권을 추가발행 할 수 없는 환매금지형 집합투자기구는 기준 가
격 산정, 기준 가격 공고·게시의무가 면제

❷ 종류형 집합투자기구

존속기간이 짧고 소규모 투자기구가 양산되면, 그로 인해 투자자에게 눈에 보이
지 않는 손실이 돌아간다는 것을 부정할 수 없다. 이 문제를 해결하기 위한 방법
으로 종류형 집합투자기구가 도입되었는데, 그럼으로써 그동안 소규모 투자기구
양산의 원인 중 하나였던 판매회사 보수 차이로 인한 신규 투자기구 설정이라는
문제가 어느 정도 해소될 수 있게 됐다.

ㄱ. 설정·설립

a. 집합투자업자 등은 같은 집합투자기구에서 판매보수의 차이로 인하여 기
준 가격이 다르거나 판매수수료가 다른 여러 종류의 집합투자증권을 발행
하는 '종류형 집합투자기구'를 설정하여 설립할 수 있음

b. 종류형 집합투자기구는 집합투자자 총회의 결의가 필요한 경우로서 특정
종류의 집합투자증권의 투자자에 대하여만 이해관계가 있는 경우에는 그
종류의 투자자만으로 종류 집합투자자 총회를 개최할 수 있음

ㄴ. 등록신청서 및 투자설명서

a. 투자신탁의 집합투자업자 또는 투자회사 등은 종류형 집합투자기구가 설
정 또는 설립된 경우 등록신청서에 ① 여러 종류의 집합투자증권별 판매
수수료와 판매보수에 관한 사항, ② 여러 종류의 집합투자증권 간에 전환
할 수 있는 권리를 투자자에 주는 경우 그 전환에 관한 사항, ③ 각 종류의
집합투자재산이 부담하는 비용에 관한 사항, ④ 여러 종류의 집합투자증권
별 취득 자격에 제한이 있는 경우 그 내용, ⑤ 여러 종류의 집합투자증권별

환매수수료에 관한 사항, ⑥ 여러 종류의 집합투자증권의 기준 가격 산정 방법에 관한 사항, ⑦ 종류 집합투자자 총회에 관한 사항을 기재하여야 함

종류형 집합투자기구로 변경하려는 경우에도 등록신청서의 사항을 포함하여 변경등록 해야 한다.

b. 투자신탁의 집합투자업자 또는 투자회사 등은 종류형 집합투자기구의 투자설명서에 ① 종류형 집합투자기구의 집합투자증권의 종류, ② 각 종류의 집합투자증권별 판매보수, 판매수수료 및 환매수수료의 금액, 부과방법 및 부과기준, ③ 투자자가 각 종류의 집합투자증권 간 전환할 수 있는 경우 전환절차, 전환조건, 전환방법 등 전환에 관한 사항을 기재하여야 함

ㄷ. 전환 및 비용부담

a. 여러 종류의 집합투자증권 간에 전환하는 경우에 그 전환 가격은 각 종류의 집합투자증권의 기준 가격으로 하여야 함. 이 경우 전환을 청구한 투자자에게 환매수수료를 부과해서는 안 됨

b. 투자매매업자 또는 투자중개업자는 종류형 집합투자기구의 집합투자증권을 판매하는 경우 판매수수료나 판매보수가 다른 여러 종류의 집합투자증권이 있다는 사실과 각 종류별 차이를 설명하여야 함

c. 집합투자업자 등은 종류형 집합투자기구의 집합투자증권 투자자가 직접 또는 간접으로 부담하는 수수료 등 비용은 판매보수, 판매수수료, 환매수수료를 제외하고는 각 종류의 집합투자증권별로 같도록 해야 함. 다만, 종류 집합투자자 총회의 운용비용 등 특정집합투자증권에 대해서만 발생한 비용은 예외

d. 투자신탁이나 투자익명조합의 집합투자업자 또는 투자회사 등은 종류형 집합투자재산 운용에 따라 발생한 이익금을 각 종류의 집합투자재산 총액에 비례하여 해당 집합투자재산에 분배해야 함

❸ 전환형 집합투자기구

전환형 집합투자기구란 다양한 자산과 투자전략을 가진 투자기구를 묶어 하나의 투자기구 세트를 만들고 투자자로 하여금 그 투자기구 세트 내에 속하는 다양한 투자기구 간에 교체투자를 할 수 있게 한 것이다. 이러한 전환형 집합투자기구의 투자자는 적극적인 의사결정으로 투자자산과 방법을 달리하여 투자자산을 운용할 수 있다.

ㄱ. 설정·설립

    a. 집합투자업자 등은 복수의 집합투자기구 간에 각 집합투자기구의 투자자가 소유하고 있는 집합투자증권을 다른 집합투자기구의 집합투자증권으로 전환할 수 있는 권리를 투자자에게 부여하는 구조의 '전환형 집합투자기구'를 설정·설립할 수 있음

    b. 이 경우 ① 복수의 집합투자기구 간에 공통으로 적용되는 집합투자규약이 있어야 하며, ② 집합투자규약에 투자신탁, 투자회사, 투자유한회사, 투자합자회사, 투자조합, 투자익명조합, 사모투자전문회사의 집합투자기구 간의 전환이 금지되어 있을 것의 요건을 갖추어야 함

ㄴ. 등록

    a. 전환형 집합투자기구가 설정 또는 설립된 경우 등록신청서에 전환이 가능한 집합투자기구에 관한 사항을 기재하여야 한다. 전환형 집합투자기구로 변경하려는 경우에도 전환이 가능한 집합투자기구에 관한 사항을 기재하여 변경등록 하여야 함

    b. 전환하는 경우에 그 전환가격은 각 집합투자기구의 집합투자증권의 기준가격으로 하며, 전환을 청구한 투자자에게 환매수수료를 부과하지 않음

❹ 모자형 집합투자기구

모자형 집합투자기구는 동일한 집합투자업자의 투자기구를 상하구조로 나누어 하위투자기구(子집합투자기구)의 집합투자증권을 투자자에게 매각하고, 매각된 자금으로 조성된 투자자기구의 재산을 다시 상위투자기구(母집합투자기구)에 투자하는 구조를 말한다. 이 경우 실제 증권에 대한 투자는 상위투자기구에서 발생한다.

ㄱ. 설정·설립

    a. 집합투자업자 등은 다른 집합투자기구(모집합투자기구)가 발행하는 집합투자증권을 취득하는 구조의 집합투자기구(자집합투자기구)를 설정·설립할 수 있음

    b. 이 경우 ① 자집합투자기구가 모집합투자기구의 집합투자증권 외 다른 집합투자증권을 취득하는 것이 허용되지 아니할 것, ② 자집합투자기구 외의 자가 모집합투자기구의 집합투자증권을 취득하는 것이 허용되지 아니할 것, ③ 자집합투자기구와 모집합투자기구의 집합투자재산을 운용하는 집합투자업자가 동일할 것 등의 요건을 갖추어야 함

ㄴ. 등록

    a. 모자형 집합투자기구가 설정 또는 설립된 경우 등록신청서에 자집합투자기구가 취득하는 모집합투자기구의 집합투자증권에 관한 사항을 기재하여야 하며 투자매매업자 또는 투자중개업자는 모집합투자기구의 집합투자증권을 투자자에게 판매하면 안 됨

    b. 모자형 집합투자기구로 변경하려는 경우에도 자집합투자기구가 취득하는 모집합투자기구의 집합투자증권에 관한 사항을 포함하여 변경등록

    c. 변경을 하려는 투자신탁의 집합투자업자나 투자회사 등은 집합투자기구의 자산 전부를 새로이 설정 또는 설립되는 모집합투자기구에 이전하고, 이전한 자산금액에 상당하는 모집합투자기구의 집합투자증권을 변경되는 자집합투자기구에 교부하여야 함. 이때 둘 이상의 집합투자기구의 자산을 합하여 한 개의 모집합투자기구로 이전하거나 한 개의 집합투자기구의 자산을 분리하여 둘 이상의 모집합투자기구로 이전하는 것은 안 됨

    d. 투자신탁의 집합투자업자나 투자회사 등은 투자설명서를 작성하는 경우 ① 모집합투자기구에 관한 사항으로서 집합투자기구의 명칭, 투자목적·투자방침·투자전략 등 자본시장법 시행령 제127조 제1항 제3호 각 목의 사항과, ② 자집합투자기구 각각의 보수·수수료 등 투자자가 부담하는 비용에 관한 사항을 기재하여야 함

ㄷ. 의결권 행사 등 기타

    a. 자집합투자기구는 모집합투자기구의 집합투자자총회 의결사항과 관련하여 자집합투자기구의 집합투자자 총회에서 의결된 찬반비율에 비례하여 의결권을 행사하여야 함

    b. 사모집합투자기구가 아닌 자집합투자기구는 사모형 모집합투자기구의 집합투자증권을 취득할 수 없음

    c. 자집합투자기구의 집합투자업자가 자산운용보고서를 작성하는 경우 모집합투자기구에 관한 사항으로서 법정 기재사항을 자산운용보고서에 기재하여야 함

⑤ 상장지수 집합투자기구(ETF)

일반적인 개방형 집합투자기구는 투자자가 언제든지 환매청구를 해서 투자자금을 회수할 수 있기 때문에 유동성을 확보를 위해 증권시장에 상장할 필요가 없다.

하지만 ETF(상장지수집합투자기구, Exchange Traded Fund)는 그렇지 않다. ETF는 개방형투자기구이나 그 집합투자증권이 증권시장에 상장되어 있고, 투자자는 시장에서 보유 증권을 매도하여 투자자금을 회수할 수 있다.

ㄱ. 상장지수 집합투자기구 요건

    a. 증권에 관하여 그 종류에 따라 다수 종목의 가격 수준을 종합적으로 표시하는 지수 중 ① 거래소, 외국거래소에서 거래되는 증권 종목의 가격 수준을 종합적으로 표시하는 지수일 것, ② 지수가 증권시장을 통하여 투자자에게 적절히 공표될 수 있을 것, ③ 지수구성 종목이 10종목 이상일 것, 하나의 종목이 그 지수에서 차지하는 비중(직전 3개월 평균 시가총액 기준)이 100분의 30을 초과하지 아니할 것, 지수를 구성하는 종목 중 시가총액 순으로 100분의 85에 해당하는 종목은 직전 3개월간 시가총액의 평균이 150억 원 이상이고 직전 3개월간 거래대금 평균이 1억 원 이상일 것 등 요건을 갖춘 지수의 변화에 연동하여 운용하는 것을 목표로 해야 할 것

    b. 수익증권 또는 투자회사 주식의 환매가 허용될 것

    c. 수익증권 또는 투자회사 주식이 해당 투자신탁의 설정일 또는 투자회사의 설립일부터 30일 이내에 증권시장에 상장될 것 등 요건을 갖춘 집합투자기구를 '상장지수 집합투자기구(Exchange Traded Fund)'라 함. 투자신탁이나 투자회사 외 다른 형태에 대해서는 상장지수 집합투자기구를 허용하지 않고 있으며 상장지수 집합투자기구의 설정·추가설정 또는 설립·신주발행하는 경우에 다른 집합투자기구의 금전납입의무에도 불구하고 예외적으로 증권으로 납입이 가능하도록 인정하고 있음. 이는 현물 바스켓으로 상장지수 집합투자기구의 설정·설립이 이루어짐을 반영한 것임

ㄴ. 지정 참가회사

    a. 지정 참가회사란 증권을 대상으로 투자매매업(인수업 제외)·위탁매매업을 영위하는 자로서 상장지수 투자신탁의 집합투자업자 또는 상장지수 투자회사와 지정 참가계약을 체결한 자를 말함

    b. 주요 역할은 ① 상장지수 집합투자기구의 설정(해지)·추가 설정(일부 해지) 또는 설립(해산)·신주발행(주식 일부 소각)을 집합투자업자에게 요청하는 업무, ② 투자자가 납부한 금전, 증권 등을 투자신탁 계약 또는 투자회사 정관에서 정한 수량(설정 단위)에 상당하는 자산으로 변경하기 위한 증권의 매

매나 위탁매매업무, ③ 상장지수 집합투자기구의 집합투자증권이 증권시장에서 원활하게 거래되도록 하고 그 가격이 해당 집합투자증권의 좌수 또는 주수 당의 순자산가치에 수렴되도록 하는 업무 등이 있음

ㄷ. 환매

  a. 상장지수 집합투자기구의 투자자는 그 집합투자증권을 판매하는 투자매매업자 또는 투자중개업자에게 설정 단위별로 환매를 청구할 수 있음. 다만, 그 집합투자증권 판매업자가 해산·인가취소, 업무정지, 천재·지변으로 인한 전산장애, 그 밖에 이에 준하는 사유로 정상업무를 영위하는 것이 곤란하다고 금융위원회가 인정하는 경우와 집합투자증권을 판매한 투자매매업자 또는 투자중개업자가 지정 참가회사인 경우에 지정 참가회사에 환매를 청구할 수 있음

  b. 환매청구를 받은 판매업자는 지정 참가회사에 대하여 그 집합투자증권의 환매에 응할 것을 요구하여야 함. 다만, 지정 참가회사가 해산 등으로 환매와 관련한 업무를 할 수 없는 경우에는 판매업자는 집합투자업자에게 직접 환매에 응할 것을 청구할 수 있음

  c. 환매를 청구받거나 요구받은 지정 참가회사는 상장지수 투자신탁의 집합투자업자나 상장지수 투자회사에 대하여 지체 없이 환매에 응할 것을 요구하여야 함. 투자자·판매업자·지정 참가회사가 환매를 청구하거나 요구하는 경우에 환매에 응하여야 하는 집합투자업자가 해산 등으로 환매에 응할 수 없는 때에는 신탁업자에 이를 직접 청구할 수 있음

  d. 환매에 응할 것을 요구받은 집합투자업자, 신탁회사는 지체 없이 환매에 응하여야 함. 환매청구를 받은 날의 집합투자재산의 운용이 종료된 후의 집합투자재산을 기준으로 일부 해지 또는 일부 소각에 의하여 설정 단위에 해당하는 자산(증권으로 지급이 곤란한 자산을 보유하고 있는 경우 제외)으로 환매에 응하여야 함

  e. 환매를 청구받거나 요구받은 판매업자, 지정참가회사, 집합투자업자 또는 신탁업자가 해산 등으로 집합투자규약에 정해진 날까지 환매할 수 없게 된 경우에는 환매를 연기하고 그 사실을 지체 없이 투자자에게 통지하여야 함

ㄹ. 상장폐지 및 운용특례

    a. 상장지수 집합투자증권의 상장은 증권상장규정에 정하는 바에 따르며 상장폐지 사유는 ① 추적오차율이 100분의 10을 초과하여 3개월 동안 지속되는 경우, ② 상장지수 집합투자기구가 목표로 하는 지수를 산정할 수 없거나 이용할 수 없게 되는 경우임. 상장이 폐지된 경우에는 상장폐지일부터 10일 이내에 상장지수 집합투자기구를 해지하거나 해산하여야 하며 해지일이나 해산일부터 7일 이내에 금융위원회에 보고. 이 경우 금융위원회의 승인이 필요한 투자신탁 해지규정을 적용하지 않음

    b. 상장지수 집합투자기구의 집합투자재산을 ① 자산총액의 100분의 30까지 동일종목의 증권에 투자가능, ② 동일법인 등이 발행한 지분증권 총수의 100분의 20까지 투자가능. 일반적인 경우 동일종목 증권투자제한은 100분의 10, 계열회사 전체 주식에 펀드자산총액의 100분의 10까지임

6   기타 금융투자상품

1) 증권사 CMA

CMA(Cash Management Account) : 현금자산 관리계좌의 총칭이다. 입출금이 자유로우면서 주식·채권·펀드·신탁매입자금으로의 이체, 급여 이체, 카드결제자금 이체, 각종 공과금 이체, 은행 ATM(자동화 기기)을 이용한 입·출금(업무마감시간 이후 포함) 서비스 제공 등으로 편리성을 높임과 동시에 상대적 고수익을 제시하는 상품이다.

증권회사에서 판매 가능한 상품 중 현금을 받아 운용하여 고수익을 제공하면서 입출금이 자유로운 상품은 MMF, RP, MMW(수시입출금 가능 랩), 발행어음 등 4가지 정도가 있다. 이를 활용하여 입출금이 자유로운 4가지 상품에다 각종 부가서비스를 제공하여 편리성을 높인 상품이 증권사 CMA이다. 증권사 CMA는 수익을 지급해주는 모계좌가 어떤 상품이냐에 따라 MMF형, RP형, MMW형(투자일임형), 발행어음으로 나눌 수 있다.

2) 랩어카운트

(1) 랩어카운트 정의

랩어카운트(wrap Account)는 증권회사가 투자자의 투자성향과 투자목적 등을 정밀하게 분석하고 진단한 후 고객에게 맞도록 주식, 채권, 수익증권, 뮤추얼펀드 등의 다양한 투자수단을 대상으로 가장 적합한 포트폴리오를 추천하는 종합자산관리계좌이다. 랩어카운트는 1970년대 말 미국에서 개발되었으며 투자환경이 점점 복잡해지고 투자자의 수요도 다양화, 고도화되면서 이를 겨냥한 랩어카운트는 미국 증권사들의 주력상품으로 자리 잡게 되었다.

❶ 자문형 랩어카운트

증권사나 투자자문사의 자문을 받아 운용되는 증권사의 랩어카운트 상품이다. 자문은 증권사나 투자자문사 모두 할 수 있으나 최근에 인기를 끌고 있는 것은 투자자문사의 자문을 얻어 운용되고 있는 것이 대부분이다. 또한 자문형 랩은 자문사가 종목추천 등의 자문만 제공하고 고객이 이에 따라 투자를 하는 것이 원래 유형인데, 투자자문사가 고객들의 계좌를 같은 포트폴리오에 맞춰 집합적으로 운용하는 경우도 있다.

❷ 일임형 랩어카운트

일임형 랩어카운트는 일임투자자산운용사가 고객의 투자와 관련한 완전한 일임 및 대리권을 가진다는 점에서 자문형 랩어카운트와 다르다. 자문형 랩어카운트는 고객의 돈을 받아 투자자문을 하는 수준에 그치나, 일임형 랩어카운트는 증권사가 고객의 성향에 따라 주식이나 채권, 주식형 펀드 등 투자자의 자산 포트폴리오 구성에서 운용까지 모든 자산운용 업무를 대신해 준다.

(2) 랩어카운트의 특징

❶ 랩어카운트 장·단점

기존 영업과 랩 서비스를 이용한 영업에는 대상고객, 영업방식, 자산운용방식 등 여러 가지 측면에서 서로 다른 점들이 있는데 요약하면 다음과 같다.

표 2−11 랩어카운트의 장·단점

구분	장점	단점
증권 회사	• 자산기준의 운용수수료 수입 가능 • 안정적인 수익기반 확보 • 이익상충 적음(고객의 신뢰획득 가능) • 고객의 관계 긴밀화 및 장기화 • 영업사원의 독립성 약화	• 영업직원의 재교육 등 업무에 대응하기 위한 시스템구축 비용 소요 • 수수료 수입총액의 감소 우려
영업 직원	• 이익상충 문제 해결(고객 유인 효과)	• 회사로부터 독립성 약화 • 수입감소 우려
고객	• 이익상충 가능성 적음 • 소액으로 전문가의 서비스 가능 • 맞춤형 상품으로 고객니즈 충족 • 다양한 서비스 이용 가능	• 주가 하락 시 상대적으로 수수료 부담 증가 • 일괄 수수료로 불필요한 서비스 대가 지불
투자 자문사	• 고객저변의 확대 • 수수료와 무관한 신축적 운용 가능 • 사무비용 절감	• 운용보수의 감소 • 시장 상황에 관계없이 수수료 이상의 운용성적 요구 부담

❷ 다른 펀드와의 차이점

주식형 수익증권은 증권투자대행기관(자산운용회사)이 다수의 투자자들로부터 공동출자한 기금을 형성하고 이를 유가증권에 분산 투자한 후 투자수익을 분배하도록 하는 증권투자신탁이며, 뮤추얼펀드(투자회사)는 증권 등을 투자목적으로 하는 상법상의 주식회사로서 투자자는 뮤추얼펀드가 발행하는 주식을 소유함으로써 주주로 투자하게 된다.

반면에, 랩어카운트는 증권사 등이 투자자에게 가장 적합한 증권 포트폴리오에 관한 상담 결과에 따라 자산을 운용(또는 자산운용회사를 소개)해 주고 이에 부수되는 주문집행, 결제 등의 업무를 일괄 처리해 주며, 잔고평가금액에 근거한 일정 비율의 수수료를 받는 '자산종합관리계좌'를 말한다.

(3) 랩어카운트의 유형

랩어카운트는 자산운용방식, 투자대상, 일임의 정도 등에 따라 다양한 종류가 존재하지만 일반적으로 펀드형 랩(Mutual Funds형) 및 컨설턴트 랩(Consultant형)으로 구분된다.

❶ 펀드형 랩(Mutual Funds Wrap)

고객이 일임투자자산운용사와의 상담을 통해 고객의 성향 및 투자목적 등을 파악하여 고객에게 가장 적합한 우수 펀드로 최적의 포트폴리오를 구성하는 투자전략을 제안하여 준다.

❷ 컨설턴트 랩(Consultant Wrap)

고객의 보다 적극적이고 다양한 투자스타일을 반영하기 위하여 일임투자자산운용사와의 상담을 통하여 최적의 포트폴리오 및 개별 주식에 대한 투자전략을 제시해준다. 새로운 투자대상이 계속 출시됨에 따라 컨설턴트 랩의 투자대상도 더욱 다양해지고 있다.

❸ 자문사 연계형 랩

자문사 연계형 랩이란 증권사가 고객으로부터 투자자금을 랩계좌로 받은 후 투자자문계약을 맺은 외부의 우수한 투자자문사로부터 자문을 받아 랩계좌에서 운용하는 상품을 의미한다. 이의 장점으로는 ① 특화된 분야의 전문성 있는 자문사 선정을 통하여 운용성과 제고가 가능하고, ② 고객 니즈에 부합하는 다양한 운용스타일의 상품제공이 가능하고, ③ 펀드 대비 적은 주식종목으로 운용하므로 탄력적 시장대응이 가능하다는 점 등이 있다. 반면 주의할 점으로는 ① 펀드 대비 분산투자 정도가 낮고 소수 종목에 집중투자되는 경향이 있으므로 시장 하락기에 리스크 관리에 더욱 만전을 기해야 하며, ② 자문사별 운용스타일을 잘 분석하여 자신의 투자목적에 맞는 상품을 선택하거나 운용스타일별 분산투자를 해야 한다는 점 등이 있다.

section 04 주요 보장성 금융상품

1 연금보험

연금보험은 장래 노후생활 준비는 물론 장기 저축성 상품으로서도 큰 장점을 가진 상품이다. 연금으로 수령하는 경우 종신형, 상속형, 확정형 등 다양한 지급방법을 선택할 수 있다. 연금보험에는 적립금을 시중 금리 변화를 반영하여 공시이율로 부리하는 것도 있고, 펀드처럼 적립금을 주식과 채권에 투자해서 불려 나가는 것도 있다. 10년 이상 유지하면 보험차익(만기 또는 중도해지 시 수령하는 금액 중에서 납입보험료를 초과하는 금액)에 대한 이자소득세 비과세하는 혜택도 부여된다.

2　종신보험

종신보험은 보장기간이 평생(종신)이며 사망원인에 관계없이 사망보험금이 지급되는 대표적인 보장성보험 상품이다. 각 개인의 재무상황 및 필요성에 따라 맞춤형으로 설계하여 각종 특약을 조립함으로써 다양한 질병과 사고에 대해 보장받을 수 있다. 종신보험은 획일적으로 만들어진 상품이 아니며 고객의 개인별 니즈와 재정상태에 맞춰 다양한 방식으로 설계할 수 있다.

3　건강보험

건강보험은 갑작스러운 질병이나 사고로 발생하는 의료비 부담 완화를 위한 보험상품이다. 건강보험은 보험금을 산정하는 방식에 따라 정액보장보험과 실손보장보험으로 나눌 수 있다. 종신보험과 마찬가지로 개인의 건강상태와 재무상황을 종합적으로 고려해 특약을 부가하는 방식으로 자신에 맞는 보험을 설계할 수 있다.

4　변액보험

변액보험은 보험의 기능에 투자의 기능을 추가한 일종의 간접투자 상품으로 보장도 받으면서 투자수익도 기대할 수 있는 보험상품이다. 일반적으로 보장금액이 가입 당시 정해져 있는 정액보험과 달리 변액보험은 지급되는 보험금이 투자수익에 따라 달라지는 것이 특징이다.

다른 보험과 마찬가지로 변액보험도 가입자의 니즈와 재정상황에 맞춰 다양한 특약을 부가할 수 있다. 변액보험의 가장 큰 특징은 인플레이션으로 인한 보장자산가치 하락에 대한 보완기능이다. 변액보험에는 크게 가입자가 사망했을 때 보험금을 주는 변액 종신보험과 사망자가 생존해 있는 동안 연금을 받을 수 있는 변액연금보험이 있다.

5 연금저축

노후준비와 함께 절세까지 할 수 있는 금융상품으로 연금저축이 있다. 연금저축은 크 게 보험, 신탁, 펀드가 있는데, 현재 신탁은 신규로 가입할 수 없다. 연금저축 가입자는 한해 1,800만 원을 저축할 수 있고, 저축금액에 대해 최대 600만 원까지 세액공제혜택 이 주어지는데, 세액공제율은 16.5%(총급여 5,500만 원, 종합소득 4,500만 원 초과시 13.2%)이다. 저축금액은 55세 이후에 연금으로 수령할 수 있는데, 이때 연금소득세(세율 3.3~5.5%)가 부과된다.

6 장기저축성보험

장기저축성보험은 보험회사에서 판매하는 저축성 보험상품으로서 저축기능과 보장 성 기능을 겸한 실세금리연동형 또는 금리확정형 상품이다. 기본적인 위험보장과 함께 최저금리 보장기능이 있어 장기적으로 목돈을 마련하거나 목돈을 안정적으로 운용하기 에 좋은 상품이며 10년 이상 가입 시에는 비과세 혜택도 받을 수 있다.

7 CI보험

CI(Critical Illness)보험이란 갑작스러운 사고나 질병으로 중병상태가 계속될 때 보험금 의 일부를 미리 지급받을 수 있는 보험이다. CI보험이 보장하는 질병 또는 수술로는 중 대한 암, 중대한 심근경색증, 중대한 뇌졸중, 말기 신부전증 등의 질병과 관상동맥우회 술, 대동맥 수술, 심장판막 수술, 장기 이식 수술 등의 수술이 있고, 보험금 지급사유가 발생하면 사망보험금의 통상 50~80%를 미리 지급받을 수 있으며, 사망 시에 나머지 잔 여액을 사망보험금으로 지급받을 수 있다.

8 실손의료보험

실손의료보험은 보험가입자의 상해 또는 질병으로 인하여 입원, 통원치료 시에 발생한 의료비를 보장하는 실손보상형 보험이다. 의료기관이 환자에게 청구하는 진료비는 그 진료행위가 국민건강보험의 보장대상인지 여부에 따라 급여와 비급여로 구분되며, 급여부분은 다시 국민건강보험 부담과 환자본인 부담으로 구분된다. 실손의료보험은 입원 및 통원 시 실제 발생한 진료비에 대해 "급여 중 환자 본인부담금＋비급여 의료비－일정 수준의 본인부담금"의 금액을 실비로 보장하는 상품이다.

section 05 기타 금융상품

1 재산형성 목적 금융상품

(1) 개인종합자산관리계좌(Individual Savings Account : ISA, 조세특례제한법 제91조의18, 제129조의2)

개인종합자산관리계좌는 저금리·저성장 시대에 개인의 종합적 자산관리를 통해 국민의 재산증식을 지원하려는 취지로 도입된 절세 계좌이다. ISA의 특징은 다음과 같다 : ① 한 계좌에서 다양한 금융상품을 담아 운용할 수 있다. 예를 들면, 국내상장 주식, 펀드, 파생결합증권, 예·적금 등을 편입시킬 수 있다. ② 일정기간 경과 후 여러 금융상품 운용 결과로 발생한 이익과 손실을 통산한 후 순이익을 기준으로 세제혜택이 부여된다. ③ 기존 소장펀드나 재형저축보다 가입자격이 완화됐다.

❶ 가입자격

ISA에 가입하려면 다음 2가지 조건을 동시에 충족해야 함

－만 19세 이상(근로소득자는 15세 이상)의 거주자 또는 직전연도 근로소득이 있는

만 15세 이상인 대한민국 거주자

－직전 3개년 중 1회 이상 금융소득종합과세 대상이 아닌 자

② ISA 요건과 세제 혜택

ISA 가입요건에 따라 일반형, 서민형, 농어민형으로 나뉨. 일반형은 만 19세 이상 또는 직전연도 근로소득이 있는 만 15세 이상의 대한민국 거주자가 가입대상이다. 서민형은 총급여가 5,000만 원 또는 종합소득이 3,800만 원 이하의 거주자가 가입할 수 있음. 농어민형은 종합소득이 3,800만 원 이하인 농어민이 가입할 수 있다.

가입 요건에 따라 세제혜택도 달라진다. 일반형의 경우 운용수익이 대해 200만 원까지 비과세되고, 이를 초과한 수익은 낮은 세율(9.9%)로 분리과세된다. 서민형과 농어민형은 비과세 한도가 400만 원으로 확대되며, 비과세 한도를 초과한 수익은 마찬가지로 분리과세(세율 9.9%)된다.

ISA의 의무가입기간은 3년이며, 의무가입기간이 지나면 중도해지 하더라도 앞서 설명한 세제혜택을 받을 수 있다. 납입한도는 연간 2,000만 원이며, 당해 연도에 납입한도를 채우지 못하는 경우 미불입 납입한도는 다음해로 이월된다(예를 들어 가입 첫해 1,000만 원을 납입했으면, 2년차에는 3,000만 원을 납입할 수 있다. 이 같은 방식으로 가입기간 동안 최대 1억 원을 납입할 수 있다). 그리고 납입금 한도 내에서 횟수에 제한 없이 중도인출할 수 있다.

표 2-12 **ISA의 종류와 특징**

종류	중개형 ISA	신탁형 ISA	일임형 ISA
투자가능상품	국내상장주식, 펀드, ETF, 리츠, 상장형수익증권, 파생결합증권, 사채, ETN, RP	펀드, ETF, 리츠, 상장형수익증권, 파생결합증권, 사채, ETN, RP, 예금	펀드, ETF 등
투자방법	투자자가 직접 상품 선택		투자전문가에게 포트폴리오 일임운용
보수 및 수수료	투자 상품별	신탁보수	일임수수료

의무가입기간이 경과하기 전에 중도해지 하더라도 법에서 정한 부득이한 사유에 해당하면 세제혜택을 받을 수 있다. 부득이한 사유는 가입자의 사망, 해외이주, 퇴직, 3개월 이상의 입원치료, 요양을 필요로 하는 상해, 사업장의 폐업, 천재지변 등이다.

❸ ISA 유형

ISA는 운용방식에 따라 중개형, 신탁형, 일임형으로 나뉨. 중개형과 신탁형은 가입자가 ISA에 담을 금융상품들을 직접 선택하고 투자규모를 결정하면 금융회사가 가입자의 지시대로 상품을 편입·교체한다. 금융회사가 가입자의 지시가 없으면 가입자의 계좌에 편입된 상품을 다른 상품으로 교체할 수 없다. 중개형과 신탁형 ISA는 편입시킬 금융상품을 직접 고르기 원하는 투자자에게 적합하다.

중개형 ISA와 신탁형 ISA에서 투자할 수 있는 상품이 조금 차이가 난다. 신탁형 ISA에는 리츠, ETF, 상장형 수익증권, ETN, 펀드, 파생결합증권, 사채, 예금, RP 등에 투자할 수 있다. 중개형 ISA도 예금을 빼면 신탁형 ISA에서 담을 수 있는 상품을 모두 담아서 투자할 수 있다. 그리고 추가로 국내 상장된 주식도 투자할 수 있다.

반면 일임형 ISA는 금융회사가 가입자의 위험성향과 자금운용목표를 고려하여 제시하는 모델 포트폴리오 중 하나를 선택하여 투자하는 방식이다. 일임형 ISA에 담을 금융상품들은 가입자가 선택한 모델 포트폴리오의 운용전략에 따라 금융회사의 전문운용인력이 가입자를 대신하여 선정한다.

금융회사는 가입자의 지시가 없어도 매 분기별로 투자된 자산의 수익성·안정성을 평가하여 자산재조정(리밸런싱)을 수행한다. 따라서 일임형 ISA는 전문가의 투자판단에 따라 운용하고 싶은 투자자에게 적합하다. ISA는 한 사람이 하나의 계좌만 개설할 수 있기 때문에 가입자는 중개형, 신탁형, 일임형 중 하나를 선택해서 가입해야 한다.

(2) 소득공제 장기펀드(소장펀드, 조세특례제한법 제91조의16, 제91조의20)

소득공제 장기펀드는 중산층 서민 근로자의 재산형성을 지원하기 위해 저축금액을 소득공제해 주는 펀드다. 자산총액의 40% 이상을 국내 증권시장에 상장된 주식으로 운용한다. 연간 납입한도는 600만 원이고, 납입액의 40%를 소득공제 해준다. 따라서 한해 최대 240만 원을 소득공제 받을 수 있다. 소득공제를 받기 위해서는 최소 5년 이상 가입하여야 하고, 가입 후 최장 10년까지 소득공제 혜택을 받을 수 있다. 가입한 후 5년이 지나지 않은 시점에 해지하는 경우 소득공제로 감면받은 세액 상당액(납입금액의 6.6%)을 추징받는다. 2015년 연말에 세제혜택 기한이 종료됨에 따라 지금은 새로 가입할 수 없지만, 기존 가입자는 계속해서 세제혜택을 누릴 수 있다.

소득공제 장기펀드는 가입 당시 직전 과세연도의 총급여액이 5,000만 원 이하인 근로소득자라면 누구나 가입할 수 있었다. 총급여액은 근로자가 1년 동안 회사로부터 받은 급여에서 야간근로수당, 6세 이하 자녀 보육수당, 업무 관련 학자금 등 비과세급여를 제외한 금액이다. 가입 후에 급여가 오르더라도 연간 총급여가 8,000만 원이 될 때까지는 소득공제 혜택을 받을 수 있다.

표 2-13 소득공제 장기펀드

구분	내용
가입 대상	총급여 5,000만 원 이하 근로자
세제 혜택	납입액의 40% 소득공제(연 240만 원 한도)
납입 한도	연간 600만 원(분기납입한도 없음) 2016년부터 한도 증액 불가
투자 기간	최소 5년~최장 10년
투자 방식	자유적립식
중도 해지	5년 내 중도 해지하는 추징세액 부과(납입금액의 6.6%)
가입 기한	세제혜택 일몰기한 종료에 따라 신규 가입 불가(2015년 12월 31일까지)
편입 상품	자산총액의 40% 이상을 국내 증권시장에 상장된 주식으로 운용하는 펀드
기타 사항	가입자의 총급여가 8,000만 원을 초과하는 해에는 세제혜택 없음 (단, 다음 해 총급여가 8,000만 원 이하로 하락하면 세제혜택 가능)

(3) 재형저축(조세특례제한법 제91조의14)

근로자, 서민, 중산층의 재산형성을 위한 상품으로 재형저축도 있다. 소득공제 장기펀드가 납입금액을 소득공제해 준다면, 재형저축은 이자와 배당소득에 대해 비과세 혜택을 준다. 재형저축에서 발생한 이자와 배당에는 세금을 부과하지 않고, 농어촌특별세 (1.4%)만 부과한다. 2015년 연말에 세제혜택 기간이 종료됨에 따라 신규 가입은 불가하지만, 기존 가입자는 계속해서 비과세 혜택을 받을 수 있다.

재형저축은 일반형과 서민형으로 나뉜다. 일반형은 연소득 5,000만 원 이하의 근로자와 종합소득이 3,500만 원 이하인 개인사업자가 가입 대상이었다. 서민형은 총급여 2,500만 원 이하의 근로자와 종합소득 1,600만 원 이하인 개인사업자가 가입할 수 있었다. 일반형과 서민형 모두 납입한도는 연간 1,200만 원(분기 300만 원)이다. 만기는 7년인데, 7년 이후 3년 이내의 범위에서 1회에 한해 추가연장이 가능하다. 중도에 해지하는 경우 이자와 배당소득에 대한 감면세액을 추징한다. 다만 서민형은 3년 이상 유지하면 중도해지 하더라도 비과세 혜택을 받을 수 있다.

표 2-14 **재형저축**

구분		내용
가입 대상	일반형	총급여 5,000만 원 이하 근로자, 종합소득 3,500만 원 이하 개인사업자
	서민형	소득형 : 총급여 2,500만 원 이하 근로자, 종합소득 1,600만 원 이하 사업자
세제 혜택		이자 및 배당소득세 비과세(농어촌특별세 1.5% 부과)
납입 한도		연간 1,200만 원(분기 300만 원)
투자 기간		7년(7년 후 3년 이내 범위 내에서 추가연장 1회 가능)
투자 방식		자유적립식
중도 해지		저축기간 내에 중도해지 하면 감면세액 추징
가입 기한		세제 혜택 일몰기간 종료에 따라 신규가입 불가(2015년 12월 31일까지)
상품 매수		재형저축 가입시 최초 가입한 상품을 만기시까지 보유
기타 사항		-가입 이후 소득이 증가해도 만기 때까지 비과세 혜택 유지 -하나의 계좌에서 하나의 펀드만 투자 가능

(4) 개인투자용국채(조세특례제한법 제91조의23)

개인투자용국채는 개인의 장기 자산형성 지원을 목적으로 하는 저축성 국채이다. 만기가 10년 이상인 개인투자용국채를 그 발행일부터 만기일까지 보유하는 경우, 매입액 2억 원까지 이자소득 14%를 분리과세한다. 개인투자용국채의 매입은 전용계좌(1명당 1개만 가입 가능)를 이용하여야 한다.

1) 특정금전신탁

위탁자(투자자)가 신탁계약에 의해 신탁재산인 금전의 운용방법을 수탁자(금융회사)에게 지시하고, 수탁자는 위탁자의 운용지시에 따라 신탁재산을 운용한 다음 수익자에게 그 실적을 배당해 주는 상품이다.

특정금전신탁은 크게 4가지 특징을 갖는다. 첫째, 투자자에게서 수탁 받은 금전을 고객이 지시하는 자산에 운용한다. 둘째, 투자자별로 투자자산을 구성하기 때문에 투자자가 직접 투자하는 것과 동일한 효과를 갖는다. 셋째, 실적배당상품으로 원금보전이 불가하다. 넷째, 계약사항에 대해 별도의 계약서를 발행한다.

2) 재산신탁

재산신탁은 신탁 인수 시 신탁재산으로 유가증권·금전채권·부동산 등을 수탁하여 신탁계약 내용에 따라 관리·처분·운용한 후 신탁 종료 시에 금전 또는 신탁재산의 운용현상 그대로 수익자에게 교부하는 신탁을 말한다. 재산신탁의 종류로는 수탁재산에 따라 유가증권신탁, 금전채권신탁, 동산신탁, 부동산 신탁, 지상권·전세권·부동산 임차권의 신탁 등으로 나눌 수 있다. 이 밖에 자본시장법상 허용되어 있는 수탁업무로는 동산신탁, 지상권의 신탁, 전세권의 신탁, 부동산 임차권의 신탁 등이 있으나 현재 취급실적은 거의 없다.

표 2-15 **금전신탁과 재산신탁 비교**

구분	금전신탁	재산신탁
수탁 재산	금전	금전 이외 다른 재산
주요 기능	재산형성	재산관리
운용 방식	합동운용 및 단독운용 모두 가능 (특정금전신탁은 단독운용)	단독운용만 가능
신탁재산 교부	현금교부원칙	운용현상대로 교부원칙

(1) 유가증권신탁

유가증권신탁은 유가증권관리신탁, 유가증권운용신탁, 유가증권처분신탁으로 구분된다. 유가증권관리신탁은 유가증권의 보관, 이자·배당금·상환금의 수령, 증자대금의 불입 등 유가증권의 관리를 목적으로 하는 신탁을 말한다. 유가증권운용신탁은 유가증권을 대여하여 대여료를 수취하거나 유가증권을 담보로 수탁자가 차입하여 운용하는 등 유가증권 운용수익을 목적으로 하는 신탁이며, 유가증권처분신탁은 수탁 유가증권을 처분하기 위한 신탁이다.

(2) 금전채권신탁

금전채권신탁은 수익자를 위해 금전채권의 추심·관리·처분을 목적으로 금전채권을 신탁하고 신탁 종료 시 수익자에게 원본과 수익을 금전으로 교부하는 신탁이다.

(3) 부동산 신탁

❶ 의의

ㄱ. 부동산 신탁은 인수하는 신탁재산의 형태가 토지 및 그 정착물인 부동산이며 신탁목적에 따라 관리, 처분, 담보, 토지신탁 등으로 구분한다. 토지신탁은 부동산 신탁회사만 취급 가능

ㄴ. 부동산 신탁회사는 부동산 소유자인 위탁자와 신탁계약을 체결하고 그 부동산을 관리·처분·개발함으로써 나오는 수익을 수익자에게 교부하고 그 대가로 수수료(신탁보수)를 취득

ㄷ. 부동산 신탁회사는 인가조건으로 그 수탁 가능 재산이 부동산 등으로 제한됨에 따라 현재 부동산을 수탁받아 그 관리, 처분, 개발을 대행하는 업무를 수행하고 부수업무로서 주로 부동산 컨설팅, 대리사무, 부동산 매매의 중개 등을 수행

ㄹ. 부동산 투자신탁 : 부동산 신탁과 유사 개념으로 부동산 투자신탁이 있음. 금전을 신탁받아 부동산에 투자하는 기존의 불특정금전신탁 상품을 일컫는 것으로서 현물인 부동산 자체를 신탁받는 부동산 신탁과는 근본적으로 차이가 있음

② 특징

ㄱ. 부동산의 관리, 처분, 개발에 신탁제도를 도입한 이유는 신탁재산은 독립성이 보장되고 강제집행 등이 금지되어 수익자 및 신탁재산의 보호에 만전을 기할 수 있기 때문임

ㄴ. 부동산 신탁제도는 부동산에 대한 전문성을 보유한 신탁회사가 부동산을 관리·개발함으로써 한정된 자원을 효율적으로 이용할 수 있음

ㄷ. 부동산 매매가 수반되지 않으므로 양도과정에서의 양도세 및 등록세 등 제반비용을 절감할 수 있음

③ 부동산 토지신탁

ㄱ. 토지신탁은 크게 분양형 토지신탁과 임대형 토지신탁으로 구분

ㄴ. 분양형 토지신탁 : 신탁토지에 택지조성, 건축 등의 사업을 시행한 후 이를 분양하여 발생한 분양수익을 수익자에게 교부하는 것을 목적으로 하는 신탁으로 우리나라 토지신탁의 주종을 이루고 있음

ㄷ. 임대형 토지신탁 : 토지신탁의 기본형으로 신탁토지에 택지조성, 건축 등의 사업을 시행한 후 일정기간 동안 임대하여 발생한 임대수익 및 원본을 수익자에게 교부하는 것을 목적으로 하는 신탁으로서 신탁기간 종료 시에는 처분하여 현금으로 교부하거나 잔존형태 그대로 교부함

④ 부동산 관리신탁

ㄱ. 관리신탁은 신탁회사가 위탁자인 소유자를 대신하여 부동산에 대한 일체의 관리를 수행하는 신탁으로 갑종관리신탁과 을종관리신탁으로 구분

ㄴ. 갑종관리신탁은 부동산에 관련된 복잡 다양한 권리의 보호와 합리적인 운용을 위하여 토지 및 건물의 임대차, 시설의 유지보수, 소유권의 세무, 법률문제, 수입금 등 제반사항에 대하여 종합적으로 관리운용함

ㄷ. 을종관리신탁 : 단순 소유권 보존만을 관리함

⑤ 부동산 처분신탁

ㄱ. 처분신탁은 신탁회사가 부동산 소유자를 대신하여 실수요자를 찾아 매각해 주는 신탁

ㄴ. 처분의 방법과 절차에 어려움이 있는 부동산, 매수자가 제한되어 있는 대형 부동산, 소유관리에 안전을 요하는 부동산 등이 주된 수탁대상임

⑥ 부동산 담보신탁

ㄱ. 담보신탁은 위탁자가 금융기관으로부터 대출을 받기 위하여 설정하는 신탁으로 위탁자가 자기소유 부동산을 신탁회사에 신탁하고 발급받은 수익권증서를 담보로 금융기관이 대출을 실행하고 신탁회사는 수탁 부동산을 관리하며 위탁자의 채무불이행 시 부동산을 처분하여 채권금융기관에 변제함

ㄴ. 담보신탁은 기본적으로 채무자의 신용을 보완한다는 점에서 기존의 저당권과 유사함

ㄷ. 저당권과 담보신탁의 차이 : 저당권 설정방식은 담보물 평가비용, 채무불이행 시 법원경매의 장기화, 저가경락 등으로 금융기관의 부담이 증가할 가능성이 있음. 반면 담보신탁은 전문성이 있는 신탁회사가 관리·처분함으로써 금융기관의 비용 절감 효과가 있음. 또한 저당권의 경우 후순위권리(임대차 및 저당권) 설정에 관여할 수 없으나 담보신탁은 소유권이 신탁회사로 이전되어 후순위권리설정에 관여하여 동 권리설정을 배제할 수 있음. 저당 부동산의 경우 채무자 파산 시 파산재단을 구성하여 처분이 제한될 수 있으나 담보신탁의 경우 신탁법상 파산재단을 구성하지 아니하여 신속한 채권회수가 가능

3 기타

(1) 양도성예금증서

① 의의 : 양도성예금증서(Certificate of Deposit : CD)는 정기예금에 양도성을 부여한 것으로서 무기명할인식으로 발행. 은행에서 발행된 증서를 직접 살 수 있고, 종합금융회사나 증권회사에서 유통되는 양도성예금증서를 살 수도 있음. 무기명 양도 가능하고, 할인식으로 발행

② 취급기관 : 은행, 종합금융회사, 증권회사

③ 발행대상 : 제한 없음

④ 수익률 : 실세금리 연동형 확정금리

⑤ 예치기간 : 30일 이상 제한 없음(91일이 일반적임)

⑥ 예치한도 : 제한 없음(보통 500만 원 이상)

⑦ 이자지급 : 예치기간 동안의 액면금액에 대한 이자를 액면금액에서 차감하여 발

행한 후 만기지급 시 증서소지인에게 액면금액을 지급(할인식)

⑧ 특징 : 증서의 만기 전에 은행에서의 중도해지는 불가능하며, 다만 유통시장(증권회사, 종합금융회사)을 통해서 매각하여 현금화할 수 있음. 또 만기 후에는 별도의 이자 없이 액면금액만을 지급받게 됨

(2) 표지어음

① 의의 : 금융기관이 기업으로부터 매입(할인)해 보유하고 있는 상업어음이나 외상매출채권을 다시 여러 장으로 쪼개거나 한데 묶어 액면금액과 이자율을 새로이 설정해 발행하는 어음. 은행 및 저축은행의 대표적인 단기상품 중 하나로 3개월 이상 6개월 이내의 단기 여유자금 운용에 유리한 상품

② 취급기관 : 은행, 종합금융회사, 상호저축은행

③ 거래금액 : 제한 없음(보통 500만 원 이상)

④ 저축기간 : 원어음의 최장 만기일 범위 내

⑤ 수익률 : 실세금리 연동형 확정금리

⑥ 이자계산 : 할인식(이자 선지급식)

⑦ 세금혜택 : 없음(일반세율 15.4% 적용)

⑧ 예금보호 여부 : 「예금자보호법」 등에 의거 보호

⑨ 참고사항 : 금융기관이 표지어음의 발행인 및 지급인이 되므로 안전성이 높은 편이며 일반적으로 일정 금액(1억 원 정도) 이상이면 우대금리를 적용함. 만기 전 중도해지가 불가능하나 배서에 의한 양도는 가능하며 할인매출의 특성상 만기 후의 경과기간에 대해서는 별도의 이자없이 액면금액만을 지급하는 데 유의하여야 함

(3) 발행어음

① 의의 : 종합금융회사나 증권금융회사가 영업자금 조달을 위해 자체 신용으로 융통어음을 발행하여 일반투자자에게 매출하는 형식의 금융상품으로, 자기발행어음 또는 자발어음이라고도 함

② 취급기관 : 종합금융회사, 증권금융

③ 가입한도 : 제한 없음(보통 최저 거래금액이 100만 원~500만 원 이상)

④ 예치기간 : 1년 이내(보통 90일)

⑤ 수익률 : 실세금리 연동형 확정금리

⑥ 이자계산 : 할인매출 또는 만기에 원리금을 지급

⑦ 세금혜택 : 일반과세(15.4%), 세금우대(9.5%), 생계형 비과세 중 선택 가능

⑧ 예금보호 여부 : 「예금자보호법」에 의거 보호

⑨ 참고사항 : 금융기관이 직접 발행하는 어음인 만큼 투자자 입장에서 예치기간이나 금액에 적합한 상품을 언제든지 구할 수 있다는 장점이 있음. 중도환매가 가능하나 일정 수준의 중도해지이율이 적용됨. 기업어음(CP)에 비해서 수익률은 다소 낮으나 기업어음과는 달리 예금자보호 대상임

(4) 연금저축

개인의 노후생활 및 장래의 생활안정을 목적으로 일정 금액을 적립하여 연금으로 원리금을 수령할 수 있는 장기 금융상품이다. 2001년 2월부터 신규 도입된 상품으로 취급기관별로 은행의 연금저축신탁, 보험사의 연금저축보험, 자산운용사의 연금저축펀드가 있다. 이중 은행의 연금저축신탁은 신규 판매가 중단된 상태다. 저축금액에 대한 소득공제혜택이 있으나 연금수령 시 소득공제분과 연금이자에 대해 세금이 부과된다.

연금저축은 가입대상에 제한이 없다. 가입자는 한해 최대 1,800만 원까지 연금저축에 적립할 수 있으며, 세액공제 한도는 연간 600만 원이다. 다만 연간 납입한도와 별도로 ISA 만기자금을 연금저축에 이체할 수 있고, 이렇게 이체한 금액의 10%(최대 300만 원)를 세액공제 받을 수 있다. 세액공제율은 소득에 따라 다르다. 종합소득이 4,500만 원(근로소득만 있는 경우 총급여 5,500만 원) 이하인 경우에는 세액공제 대상금액의 16.5%에 해당하는 세액을 공제받고, 이보다 소득이 많은 경우에는 13.2%를 세액공제 받을 수 있다.

적립금은 가입 후 5년이 경과하면 55세 이후에 연금으로 수령할 수 있다. 이때 금융회사는 연금을 지급하면서 연금소득세를 원천징수한다. 연금소득세율은 연금수령 당시 나이에 따라 다른데, 만 55세 이상 69세 이하는 5.5%, 만 70세 이상 79세 이하는 4.4%, 만 80세 이상은 3.3%의 세율을 적용한다. 다만 한해 연금소득이 1,500만 원을 초과하는 경우에는 분리과세(16.5%) 또는 종합과세를 선택하여야 한다. 연금저축을 중도해지 하면 기타소득세(16.5%)를 부과한다. 이때 기타소득은 다른 소득과 합산하지 않고 분리과세한다.

(5) 주택연금(역모기지론)

주택연금이란 고령자가 거주하는 주택을 담보로 금융기관이 제공하는 노후 생활자금을 매달 연금처럼 지급받는 대출을 말한다. 주택연금은 주택을 소유하고 있으나 별다른 소득원이 없는 고령자에게 도움이 되는 상품으로 2007년 7월부터 시행하고 있다.

① 상품특징 : 주택을 담보로 맡기고 연금 수령
② 대상 : 부부 중 연장자가 만 55세 이상
③ 대상주택 : 공시가격 9억 원 이하인 주택(주거용오피스텔도 가능)
④ 월지급금액 : 주택 가격과 가입 시점에 따라 다르며 가입 시점은 부부 중 나이가 적은 사람을 기준으로 함
⑤ 지급방식 : 종신방식, 확정기간방식, 대출상환방식 등
⑥ 대출금리 : 3개월 CD금리＋1.1%, COFIX＋0.85%
⑦ 취급기관 : 국민, 신한, 우리, 하나, 기업, 농협, 대구, 광주, 부산, 경남, 수협, 전북 은행/교보, 흥국생명
⑧ 보증료
  • 초기 보증료 : 주택 가격의 1.5%
  • 연보증료 : 보증잔액의 연 0.75%
⑨ 대출금 상환 : 대출금 상환은 주택연금 계약 종료 시 담보주택 처분 가격 범위 내로 한정

상환 시점	상환할 금액	비고
주택 가격＞대출잔액	대출잔액	남는 부분은 채무자(상속인)에게 돌려줌
주택 가격＜대출잔액	주택 가격	부족한 부분은 채무자(상속인)에게 청구하지 않음

금융기관에 저축이나 투자를 하면 이자나 배당 등 금융소득이 발생하게 되는데 이와 같은 금융소득에는 다른 소득과 마찬가지로 각종 세금이 부과된다. 금융소득에 부과되는 세금으로는 「소득세법」에 의한 소득세, 「지방세법」에 의한 지방소득세, 그리고 소득세가 감면되는 경우 「농어촌특별세법」에 따라 동 감면세액을 기준으로 부과되는 농어촌특별세가 있으며 이들 세금은 모두 금융기관이 고객에게 저축의 원리금이나 이자 등을 지급할 때 원천징수하고 있다. 한편, 이들 세금에 대한 감면 등의 특례는 대부분 「조세특례제한법」에 규정되어 있다.

현행 관련 세법에 의하면 세금감면혜택이 없는 일반저축상품에서 발생한 금융소득에 대해서는 소득세(14%)와 지방소득세(1.4% : 소득세액의 10%)를 합하여 15.4%의 세금이 부과되고 있다. (단, 개인별 금융소득이 연 2천만원을 초과하는 경우에는 다른 소득과 합산하여 종합과세)

절세 금융상품은 세금 혜택의 정도에 따라 비과세, 세액공제, 소득공제, 세금우대로 구분된다. 또한 절세 금융상품에 따라 판매회사가 다를 수 있다.

표 2-16 절세 금융상품 종류 및 절세 유형

금융상품	판매회사	절세 유형
ISA	은행, 증권사, 보험사	비과세, 분리과세
비과세해외 주식 투자전용펀드	은행, 증권사	비과세
연금저축(신탁/연금/보험)	은행, 증권사, 보험사	세액공제
퇴직연금(IRP/DC형) * 가입자 추가 납입분	은행, 증권사, 보험사, 근로복지공단	세액공제

주택청약종합저축	은행	소득공제
저축성보험	보험사	비과세
비과세 종합저축	전 금융회사	비과세
조합 출자금	농협, 수협, 산림조합, 신협	과세특례
조합 예탁금		과세특례
농어가 목돈마련저축		비과세

(1) ISA

구분	일반형	서민형	농어민형
가입요건	만 19세 이상 또는 직전 연도 근로소득이 있는 만 15~19세 미만의 대한민국 거주자	총급여 5,000만 원 또는 종합소득 3,800만 원 이하 거주자	종합소득 3,800만 원 이하 농어민
비과세 한도	200만 원	400만 원	400만 원
비과세 한도 초과분	분리과세(세율 9.9%)		
의무가입기간	3년		
중도인출	납입금 한도 내에서 횟수 제한 없이 중도인출 가능		
납입한도	연간 2천만 원, 총납입한도 1억 원 이하 (당해연도 미불입 납입한도는 다음 해로 이월 가능)		

(2) 비과세해외주식투자전용펀드

구분	내용
가입자격	거주자 개인
투자대상	해외상장주식에 직간접적으로 60% 이상 투자하는 집합투자기구
가입기한	2017년 12월 31일까지
계약기간	가입일부터 10년
납입한도	총 3,000만 원(전금융기관 합산)
세제혜택	가입일로부터 10년간 해외주식 매매차익, 평가차익, 환차익을 비과세

(3) 연금저축(신탁/펀드/보험)

구분		주요 내용
가입대상		누구나 가입가능
납입한도 (퇴직연금 합산)		연간 1,800만 원 +ISA계좌 만기금액＋1주택 고령가구 주택 다운사이징 차액(1억 원 한도)
세액공제 한도		연간 600만 원 +ISA 만기 전환금액의 10%(연간 최대 300만 원)
세액공제율		16.5%(종합소득 4,500만 원, 총급여 5,500만 원 이하자) 13.2%(종합소득 4,500만 원, 총급여 5,500만 원 초과자)
연금 수령	요건	가입후 5년 경과, 만 55세 이후
	연간 한도	$$연금수령한도 = \frac{과세기간개시일(연금개시신청일) 현재평가액}{(11 - 연금수령연차)} \times 120\%$$
	과세	연금 수령(연령별 차등 적용)

연금수령연령	일반 수령	종신형연금
55~69세	5.5%	4.4%
70~79세	4.4%	
80세 이상	3.3%	3.3%

연금외 수령시(중도해지, 연금수령한도 초과 인출금액)
－기타소득세 16.5%(분리과세)
－부득이한 사유에 해당되면 3.3~5.5% 세율로 분리과세
  (천재지변, 사망 또는 해외이주, 파산선고, 개인회생 등)

(4) 퇴직연금(DC, IRP)

구분	주요 내용
대상	퇴직연금(DC, IRP) 가입자
납입한도 (연금저축 합산)	연간 1,800만 원 +ISA계좌 만기금액＋1주택 고령가구 주택 다운사이징 차액(1억 원 한도)
세액공제 한도	연간 900만 원(연금저축 합산) +ISA 만기 전환금액의 10%(연간 최대 300만 원)
세액공제율	16.5%(종합소득 4,500만 원, 총급여 5,500만 원 이하자) 13.2%(종합소득 4,500만 원, 총급여 5,500만 원 초과자)

	요건	가입후 5년 경과, 만 55세 이후
연금 수령	연간 한도	연금수령한도 $= \dfrac{\text{과세기간개시일(연금개시신청일) 현재평가액}}{(11 - \text{연금수령연차})} \times 120\%$

연금 수령(연령별 차등 적용)

연금수령연령	일반 수령	종신형연금
55~69세	5.5%	4.4%
70~79세	4.4%	
80세 이상	3.3%	3.3%

연금외 수령시(중도해지, 연금수령한도 초과 인출금액)
- 기타소득세 16.5%(분리과세)
- 부득이한 사유에 해당되면 3.3~5.5% 세율로 분리과세
  (천재지변, 사망 또는 해외이주, 파산선고, 개인회생 등)

(5) 주택청약 종합저축

개요	민영주택 및 국민주택을 공급받기 위해 가입하는 저축 상품
가입대상	국민 개인(국내 거주하는 재외동포 포함), 외국인 거주자 1인 1통장만 가입 가능
저축방식	일시예치식, 적금 방식
적립금액	매월 2만 원 이상 50만 원 이하의 금액을 자유롭게 적립 - 잔액이 1,500만 원 미만이면 1,500만 원까지 일시예치 가능 - 잔액이 1,500만 원 이상이면 월 50만 원 이내에서 자유 적립
계약기간	입주자로 선정될 때까지(당첨 시)
소득공제	대 상 자 : 총급여액이 7,000만 원 이하 근로자인 무주택 세대주 공제한도 : 해당 과세연도 납부분(연간 300만 원 한도)의 40%(120만 원)
예금자보호	예금자보호법에 의해 보호되지는 않음. - 주택도시기금의 조성 재원으로 정부가 관리

(6) 저축성 보험(비과세 요건 및 한도)

일시납보험	월적립식보험	종신형 연금보험
계약기간 10년 이상 • 1인당 납입한도 　－2017년 3월 이전 : 2억 원 　－2017년 4월 이후 : 1억 원	• 계약기간 10년 이상 • 납입기간 5년 이상 • 보험료 월 150만 원 이하	• 계약자＝피보험자＝수익자 • 55세 이후 연금 개시 • 사망할 때까지 연금 수령 • 보증지급기간≤기대여명 • 피보험자 사망시 보험계약, 　연금재원 소멸 • 연간 연금수령한도를 초과하 　지 아니할 것

(7) 비과세종합저축

가입대상	65세 이상인 자, 장애인, 독립유공자와 유족 또는 가족, 상이자, 기초생활수급자, 5·18민주화운동부상자, 고엽제 후유증 환자
불입한도	1인당 5,000만 원
적용기한	2025년 12월 31일 이전 가입분 이자, 배당 소득
세제혜택	이자와 배당소득 비과세

(8) 조합출자금

가입대상	농민, 어민 등을 대상으로 한 금융기관에 대한 출자금
불입한도	1인당 2,000만 원 이하
적용기한	2025년 12월 31일까지 발생한 배당소득
세제혜택	2025년까지 발생한 배당소득 : 비과세 2026년에 발생한 배당소득 : 과세(세율 5%) 2027년 이후 발생한 배당소득 : 과세(세율 9%)

(9) 조합예탁금

가입대상	만 19세 이상의 거주자로서 농민, 어민, 농협 등의 조합원, 회원
불입한도	3,000만 원 이하
적용기한	2025년 12월 31일까지 발생된 이자소득
세제혜택	2025년까지 발생한 이자소득 : 비과세 2026년에 발생한 이자소득 : 과세(세율 5%) 2027년 이후 발생한 이자소득 : 과세(세율 9%)

(10) 농어가목돈마련저축

가입대상	농업인(2헥타르 이하 농지를 소유하거나 임차한 사람) 어업인(20톤 이하의 어선을 소유한 사람) 임업인(10헥타르 이하의 산림을 소유하거나 임차한 사람)
불입한도	연간 240만 원 이하 3~5년 저축계약
적용기한	2025년 12월 31일 이전 가입분 이자소득
세제혜택	이자소득 비과세

section 07 | 예금보험제도

금융기관이 예금의 지급정지, 영업 인·허가의 취소, 해산 또는 파산 등으로 고객의 예금을, 지급하지 못하게 될 경우 해당 예금자는 물론 전체 금융제도의 안정성도 큰 타격을 입게 된다. 이러한 사태를 방지하기 위하여 금융기관 예금 등을 정부가 일정한 범위 내에서 보장해 주는 것이 '예금보험제도'이다.

정부는 예금보험제도를 효율적으로 운영하기 위하여 1995년 1월 「예금자보호법」을 제정하고, 이 법에 따라 1996년 6월 예금보험공사를 설립하였다.

예금자보호를 위하여 예금보험공사는 평소에 금융기관으로부터 예금보험료를 받아 예금보험기금을 적립한 후, 금융기관이 예금을 지급할 수 없게 되면 금융기관을 대신하여 예금을 지급하게 된다.

「예금자보호법」에 의한 예금자보호제도가 적용되지 않는 금융기관들은 자체적으로 안전기금 등을 적립하는 등의 예금자보호를 위한 장치를 마련하고 있다.

1 「예금자보호법」에 의한 예금보험제도

(1) 보호대상 금융기관

현재 은행(농·수협중앙회, 지구별 수산업협동조합 중 은행법의 적용을 받는 조합, 외국은행 국내지점 포함)·자본시장법 제12조에 따라 증권을 대상으로 투자매매업·투자중개업의 인가를 받은 투자매매업자 및 투자중개업자·보험회사·종합금융회사·상호저축은행 등 5개 금융권이 「예금자보호법」의 적용을 받아 예금보험공사에 예금보험료를 납부하는 '예금보험가입금융기관'에 해당된다.

다만, 농·수협의 지역조합은 예금보험가입 금융기관이 아니며, 각 중앙회가 자체적으로 설치·운영하는 '상호금융예금자보호기금'을 통하여 예금자를 보호하고 있다.

(2) 보호대상 금융상품

예금보험에 의해 보호되는 저축상품은 예금보험가입 금융기관이 취급하는 '예금'만 해당된다. '예금'이란 금융기관이 만기일에 약정된 원리금을 지급하겠다는 약속 하에 고객의 금전을 예치 받는 저축상품을 말한다. 따라서, 실적배당 신탁이나 수익증권과 같이 고객이 맡긴 돈을 유가증권 매입이나 대출 등에 운용한 실적에 따라 원금과 수익(이자 상당)을 지급하는 '투자상품'은 '예금'이 아니다. 이러한 투자상품은 운용실적이 좋은 경우에는 큰 수익을 올릴 수 있지만, 운용실적이 나쁜 경우에는 원금도 손실을 볼 수 있다.

이렇게 예금보험가입 금융기관이 취급하는 저축상품 중에서도 「예금자보호법」에 의해 보호되는 것과 보호되지 않는 것이 있는데, 이를 구체적으로 알아보면 다음과 같다.

구분	보호대상	비보호대상
은행	• 보통예금, 기업자유예금, 별단예금, 당좌예금 등 요구불예금 • 정기예금, 저축예금, 주택청약예금, 표지어음 등 저축성예금 • 정기적금, 주택청약부금, 상호부금 등 적립식 예금 • 원금이 보전되는 금전신탁 등(예금보호대상 금융상품으로 운용되는 확정기여형 퇴직연금 및 개인퇴직계좌 적립금 등) • 외화예금	• CD, RP • 특정금전신탁 등 실적배당형 신탁 • 금융투자상품(수익증권, 뮤추얼펀드, MMF 등) • 은행발행채권 • 주택청약저축, 주택청약종합저축 등

투자매매업자, 투자중개업자	• 금융상품 중 매수에 사용되지 않고 고객계좌에 현금으로 남아 있는 금액 • 자기신용대주담보금, 신용거래계좌 설정보증금, 신용공여담보금 등의 현금잔액 • 원금이 보전되는 금전신탁 등(예금보호대상 금융상품으로 운용되는 확정기여형 퇴직연금 및 개인퇴직계좌 적립금 등)	• 금융투자상품(수익증권, 뮤추얼펀드, MMF 등) • 청약자 예수금, 제세금예수금, 선물·옵션 거래예수금, 유통금융대주담보금 • RP, 증권사 발행채권 • CMA(RP형, MMF형, MMW형) • 랩어카운트, ELS, ELW 등
보험회사	• 개인이 가입한 보험계약(단, 변액보험 제외), 퇴직보험계약 • 원금이 보전되는 금전신탁 등(예금보호대상 금융상품으로 운용되는 확정기여형 퇴직연금 및 개인퇴직계좌 적립금 등)	• 법인보험계약(보험계약자 및 보험료 납부자가 법인인 보험계약), 보증보험계약, 재보험계약 등 • 변액보험계약 주계약 등
상호저축은행	• 보통예금, 저축예금, 정기예금, 정기적금, 신용부금, 표지어음 등	• 저축은행 발행 채권(후순위채권) 등

주 : 정부, 지방자치단체(국공립학교 포함), 한국은행, 금융감독원, 예금보험공사, 부보금융기관이 가입한 금융상품은 보호되지 않는다.
자료 : 예금보험공사 홈페이지 참조

(3) 예금보험금이 지급되는 경우

예금보험에 가입한 금융기관이 예금의 지급정지, 영업 인·허가의 취소, 해산 또는 파산 등으로 고객의 예금을 지급할 수 없게 되는 경우를 '예금보험사고'라 하며, 이러한 '예금보험사고'가 발생한 경우에 예금보험공사가 해당 금융기관을 대신하여 예금을 지급하게 된다. 이를 경우 별로 알아보면 다음과 같다.

❶ 예금이 지급정지된 경우 : 금융기관의 경영이 악화되어 예금을 지급할 수 없는 상태에 빠지거나 금융감독당국이 예금의 지급정지명령을 내린 경우에는 해당 금융기관에 대한 재산실사 등을 통해 향후 경영정상화 가능성을 조사하게 되며, 그 결과 경영정상화가 불가능하다고 판단되면 예금보험공사가 대신 예금을 지급. 이렇게 예금이 지급정지된 경우에는 재산실사를 거쳐야 하기 때문에 예금이 지급정지된 날부터 예금보험공사가 예금을 대신 지급하기로 결정하는 날까지 통상 2개월에서 3개월 정도의 기간이 걸림

❷ 인가취소 · 해산 · 파산의 경우 : 금융기관이 감독당국으로부터 인(허)가를 취소당하거나 해산한 경우 또는 법원으로부터 파산선고를 받은 경우에는 예금자의 청구에 의하여 예금보험공사가 예금을 대신 지급

❸ 계약이전의 경우 : 계약이전이란 감독당국의 명령 또는 당사자 간의 합의에 따라 부실금융기관의 자산과 부채를 다른 금융기관으로 이전하는 것으로, 이 경우에는 모든 자산과 부채가 반드시 포괄승계되는 것은 아니며 구체적인 이전계약내용에 따라 승계되는 자산과 부채의 범위가 달라짐. 계약이전 결과 부실금융기관의 예금 중 일부가 다른 금융기관으로 승계되지 않을 수도 있는데, 이 경우 승계되지 않은 예금이 「예금자보호법」에 의한 보호대상예금이면 예금보험공사가 대신 지급

❹ 금융기관이 합병되는 경우 : 금융기관이 합병되는 경우에는 합병 전 금융기관의 모든 자산과 부채가 합병 후 금융기관으로 포괄 승계되므로, 합병 전 금융기관과 거래하던 예금자는 종전과 마찬가지로 합병 후 금융기관과 정상적인 예금거래를 할 수 있음. 다만 A금융기관과 B금융기관이 합병 시 1년까지는 각각의 보호금액한도 5,000만 원에 대해서 보호. 그러나 1년 경과 후는 1개 금융기관으로 보아 5,000만 원에 대해서만 적용.

(4) 보호한도

예금자보호제도는 다수의 소액예금자를 우선 보호하고 부실 금융기관을 선택한 예금자도 일정 부분 책임을 분담한다는 차원에서 예금의 전액을 보호하지 않고 일정액만을 보호하는 것이 원칙이다.

우리나라는 1997년 말 외환위기 이후 일시적으로 예금 전액을 보장하기도 하였으나 2001년부터는 예금보험 지급사유가 발생할 경우 원금과 소정의 이자를 포함하여 1인당 최고 5천만 원까지(2024년말 관련법 개정에 따라 1억 원으로 상향, 단 시행시기는 법 공포 이후 1년 이내에서 추후 결정) 예금을 보장받게 된다.

한편, 예금보험공사로부터 보호받지 못한 나머지 예금은 파산한 금융기관이 선순위채권을 변제하고 남는 재산이 있는 경우 채권자로서 파산절차에 참여하여 이를 다른 채권자들과 함께 채권액에 비례하여 배당받음으로써 그 전부 또는 일부를 돌려받을 수 있다.

앞에서 설명한 보호금액 한도는 예금의 종류별 또는 지점별 보호금액이 아니라 동일한 금융기관 내에서 예금자 1인이 보호받을 수 있는 총금액이다. 이때, 예금자 1인이라 함은 개인뿐만 아니라 법인도 대상이 된다.

예금의 지급이 정지되거나 파산한 금융기관의 예금자가 해당 금융기관에 대출이 있는 경우에는 예금에서 대출금을 먼저 상환(상계)시키고 남은 예금을 기준으로 보호한다.

(5) 예금보험 지급절차

예금보험사고가 발생하면 예금보험공사가 예금 등의 지급에 필요한 준비를 마친 후 지급의 시기 및 방법 등을 신문에 공고하게 된다. 따라서 예금보험사고가 발생한 금융기관과 거래하고 있는 예금자들은 신문에 공고된 내용에 따라 예금을 지급받으면 된다.

2 「예금자보호법」이 적용되지 않는 기관의 예금자보호

(1) 상호금융(지역농 · 축협, 지구별수협 및 지역산림조합)

「농업협동조합법」에 의한 지역농업협동조합 및 지역축산업협동조합, 「수산업협동조합법」에 의한 지구별수산업협동조합, 「산림조합법」에 의한 지역산림조합은 「예금자보호법」의 적용을 받는 해당 조합의 중앙회와는 달리 정부의 예금보호대상에서 제외(단, 지구별수협 중 「은행법」의 적용을 받는 조합은 보호대상임)된다.

그러나, 지역농협 및 지역축협, 지구별수협, 및 지역산림조합은 별도의 기금을 적립하여 고객의 예금을 보장하고 있는데, 2001년부터는 「예금자보호법」 적용 대상 금융기관과 형평을 맞추어 5,000만 원까지 보호해 주고 있다.

(2) 새마을금고

새마을금고의 경우에도 상호금융과 마찬가지로 별도의 기금을 적립하여 원리금을 합하여 최고 5,000만 원까지는 지급을 보장하고 있다.

(3) 우체국

우체국은 「예금자보호법」에 의한 보호대상기관이 아니지만, 「우체국예금·보험에관한법률」에 의하여 국가가 우체국예금 및 우체국보험금 전액에 대하여 지급을 보장한다.

(4) 신용협동조합

신용협동조합의 예금·적금에 대하여는 신용협동조합중앙회 내부의 신용협동조합 예금자보호기금에 의해 최고 5,000만 원까지 보호되고 있다. 그러나 1인당 1,000만 원 한도로 비과세 혜택이 주어지는 출자금은 보호대상에서 제외된다.

01 다음 금융상품 중 가입 시 확정된 실세금리를 보장받는 상품이 아닌 것은?

① CD ② RP

③ 표지어음 ④ CMA

02 다음 중 연금저축에 대한 설명으로 가장 적절한 것은?

① 저축금액에 대해 소득공제 혜택이 주어진다.

② 중도해지할 경우 기타소득세(16.5%)가 부과된다.

③ 적립금은 50세부터 연금으로 수령할 수 있다.

④ 연금저축을 다른 금융회사로 이전할 경우 세액공제 혜택이 중단된다.

03 다음 중 보험회사의 저축성보험에 대한 설명으로 가장 적절한 것은?

① 만 18세 이상인 개인이 가입가능하다.

② 분기 600만 원이내에서 적립가능하다.

③ 연금수령 시 이자소득분에 대해 5.5% 원천징수된다.

④ 10년 이상 유지하면 보험차익에 비과세 혜택이 주어진다.

04 집합투자재산을 운용할 때 증권, 부동산, 특별자산 집합투자구의 규정의 제한을 받지 않는 집합투자기구는?

① 혼합자산 집합투자기구 ② 특별자산 집합투자기구

③ 단기금융 집합투자기구 ④ 증권 집합투자기구

해설

01 ④ CMA는 가입 시 실세금리를 반영한 것이 아니라 실적배당률에 따라 수익률이 결정된다.

02 ② 연금저축은 55세 이후에 연금으로 수령할 수 있으며, 그 이전에 중도해지할 경우 기타소득세를 납부해야 한다.

03 ④ 저축성보험은 10년 이상 유지하면 비과세 혜택을 받을 수 있다.

04 ① 혼합자산 집합투자기구는 집합투자재산을 운용할 때 별다른 제한을 받지 않는다.

05 다음 중 기초자산의 가격 변동에 따라 미리 정해진 방법에 따라 수익률이 결정되는 금융상품으로 가장 적절하지 않은 것은?

① ELS
② ELW
③ ETF
④ ELD

06 다음 중 예금보호 대상 제외 상품에 해당되는 것은?

① 위탁자예수금
② 세금우대증권저축계좌의 현금잔액
③ 보증보험계약
④ 표지어음

07 다음 중 ISA에 대한 설명으로 가장 적절한 것은?

① 소득이나 나이와 무관하게 국내 거주자는 누구나 가입할 수 있다.
② 일반형 ISA 비과세 한도는 400만원이다.
③ 의무가입기간은 5년이다.
④ 납입금 한도 내에서 횟수 제한없이 중도인출할 수 있다.

08 다음 중 주식형 집합투자기구에 대한 설명으로 옳은 것은?

① 자산총액의 60% 이상을 주식으로 운용한다.
② 자산총액의 60% 이하를 주식으로 운용한다.
③ 자산총액의 50% 이상을 주식으로 운용한다.
④ 자산총액의 50% 이하를 주식으로 운용한다.

해설

05 ③ 파생결합증권에 대한 설명이다.
06 ③ 보증보험계약은 보호대상에서 제외된다.
07 ④ 납입금 한도 내에서 횟수 제한 없이 중도인출 가능하다.
08 ① 주식형 집합투자기구는 자산총액의 60% 이상을 주식으로 운용한다.

정답 01 ④ | 02 ② | 03 ④ | 04 ① | 05 ③ | 06 ③ | 07 ④ | 08 ①

part 02

유가증권시장 · 코스닥시장

chapter 01

증권시장 개요

section 01 증권시장의 개념

자금의 수요자와 공급자를 연결하여 금융거래가 이루어지는 금융시장은 일반적으로 금융상품의 만기에 따라 크게 단기자금의 거래가 이루어지는 단기금융시장과 장기자금의 거래를 위한 자본시장으로 구분할 수 있다. 자본시장은 다시 자금조달방법에 따라 자금의 수급이 공급자로부터 수요자에게 직접 연결되는 '직접금융방식'과 공급자로부터 금융중개기관을 거쳐 수요자에게 간접적으로 연결되는 '간접금융방식'으로 나눌 수 있다.

직접금융방식에 의한 장기자금의 수급은 증권을 매개로 하여 이루어지는데, 자금의 수요자는 자금의 공급자에게 증권을 발행하여 교부함으로써 자금을 제공하고, 투자의 대가로 배당 또는 이자 등을 지급받게 된다.

증권시장은 자본주의 경제체제를 상징하는 자본시장의 전형적인 형태로서, 자금의 수요자인 기업이나 정부, 지방자치단체 등이 자금의 공급자인 투자자로부터 증권을 매개로 하여 직접금융방식으로 필요자금을 조달하고, 자금을 공급한 투자자는 증권을 타인에게 자유롭게 매도함으로써 공급한 자금을 언제라도 회수할 수 있는 시장을 말한다.

증권시장의 구조

증권시장은 발행된 증권이 최초로 투자자에게 매각되는 '발행시장'과 이미 발행된 증권이 투자자들 사이에서 매매되는 '유통시장'으로 나눌 수 있다.

발행시장과 유통시장은 상호의존적이고 보완적인 관계를 가지고 있다. 즉 발행시장에서의 증권발행은 유통시장에서의 원활한 매매거래를 전제로 하고, 유통시장에서의 매매거래는 발행시장의 다양한 증권발행을 근원으로 하여 형성될 수 있기 때문이다.

1 발행시장

자금의 수요자에 의하여 발행되는 증권이 자금의 공급자인 투자자에게 매각됨으로써 자금이 투자자로부터 증권의 발행주체로 이전되는 일련의 과정을 발행시장이라 하고, 증권이 발행되어 최초로 투자자에게 매각되는 시장이기 때문에 '1차시장'이라고도 한다. 이러한 발행시장을 통하여, 발행주체는 직접금융방식으로 투자자로부터 장기산업자금을 조달하고, 투자자는 수익성 높은 투자대상에 자금을 투자하여 운용하거나 기업경영에 참여할 수도 있다.

2 유통시장

발행시장에서 자금을 제공하고 증권을 교부받은 투자자는 필요한 경우 증권을 다른 사람에게 양도함으로써 투자한 자금을 회수할 수 있어야 하는데, 이를 위해서는 다수의 투자자들 간에 2차적으로 증권의 매매거래가 이루어지는 시장이 필요하다.

증권시장에서 이러한 기능을 담당하는 유통시장은 발행시장을 통하여 발행된 증권이 투자자들 상호 간에 매매거래되는 '2차시장'으로 협의의 증권시장이라고도 한다. 발행시장에서 증권을 취득한 투자자는 유통시장을 통하여 이를 매각함으로써 투자자금을 회수하고, 수익성 높은 투자대상을 찾는 투자자들은 유통시장에서 이미 발행된 증권에 투자하는 방법으로 자산을 운용할 수 있다.

흔히 유통시장이라고 할 때는 거래소시장만을 의미하는 경우가 많았으나, 최근 정보통신기술의 발달과 함께 장외시장도 거래소시장처럼 조직화되어 감에 따라 그 경계가 점차 모호해져 가고 있다.

section 03 증권

증권시장에서는 증권을 매개로 하여 매매거래가 이루어지고 자본시장법령 및 기타 관련 규정의 적용을 받게 되기 때문에, 어떤 금융투자상품이 증권인지 여부는 매우 중요한 의미를 갖는다.

자본시장법에서 증권이란 내국인 또는 외국인이 발행한 금융투자상품으로서 투자자가 취득과 동시에 지급한 금전 등 외에 어떠한 명목으로든지 추가로 지급의무[1]를 부담하지 아니하는 것으로 정의하면서 다음과 같이 구분하고 있다.

1. 채무증권 : 국채증권, 지방채증권, 특수채증권, 사채권, 기업어음증권 그 밖에 이와 유사한 것으로서 지급청구권이 표시된 것
2. 지분증권 : 주권, 신주인수권이 표시된 것, 법률에 의해 직접 설립된 법인이 발행한 출자증권, 상법에 따른 합자회사·유한책임회사·유한회사·합자조합·익명조합의 출자지분, 그 밖에 이와 유사한 것으로서 출자지분 또는 출자지분을 취득할 권리가 표시된 것
3. 수익증권 : 신탁업자가 발행한 금전신탁계약에 의한 수익권이 표시된 수익증권,

---

1 옵션 등과 같이 투자자가 기초자산에 대한 매매를 성립시킬 수 있는 권리를 행사하게 됨으로써 부담하게 되는 지급의무는 예외로 한다.

투자신탁을 설정한 집합투자업자가 투자신탁의 수익원을 균등하게 분할하여 표시한 수익증권, 그 밖에 이와 유사한 것으로서 신탁의 수익권이 표시된 것

❹ 투자계약증권 : 특정 투자자가 그 투자자와 타인 간의 공동사업에 금전 등을 투자하고 주로 타인이 수행한 공동사업의 결과에 따른 손익을 귀속받는 계약상의 권리가 표시된 것

❺ 파생결합증권 : 기초자산의 가격·이자율·지표·단위 또는 이를 기초로 하는 지수 등의 변동과 연계하여 미리 정하여진 방법에 따라 지급금액 또는 회수금액이 결정되는 권리가 표시된 것

❻ 증권예탁증권 : ❶부터 ❺까지의 증권을 예탁받은 자가 그 증권이 발행된 국가 외의 국가에서 발행한 것으로서 그 예탁받은 증권에 관련된 권리가 표시된 것

chapter 02

발행시장 개요

발행시장의 의의

발행시장은 기업, 정부, 공공기관 등 자금의 수요자인 발행주체(발행인)가 증권을 발행하여 자금의 공급자인 최초의 투자자에게 이를 매각함으로써 자본이 투자자로부터 발행주체에게 이전되는 추상적인 시장을 일컫는다.[1]

---

1 발행시장을 추상적인 시장이라고 하는 이유는 물리적 장소에서 거래되는 유통시장과 달리 증권발행을 위한 일정한 장소가 필요하지 않기 때문이다.

발행시장은 기업의 장기자금 조달시장으로서 기업자본의 대규모화를 실현시키는 한편, 증권의 매각 및 취득과정을 통하여 기업의 소유구조 및 지배구조를 개선하고, 기업 상호 간의 연결을 촉진시키는 등 경제의 양적·질적 고도화를 유도하는 기능을 수행한다.

또한 통화정책당국에 의한 국공채 증권발행과 공개시장조작의 시행을 가능하게 함으로써 금융정책 및 경기조절의 기능을 수행하고, 발행된 증권의 매각과정에서 경쟁력을 갖춘 기업에 투자자금을 집중시켜 한정된 자원을 효율적으로 배분하는 기능과 투자자에게 성장성이 있는 기업에 투자할 수 있는 기회를 제공함으로써 소득분배를 촉진시키는 기능도 수행한다.

section 03 증권의 발행형태

발행시장에서의 증권발행형태는 투자자를 구하는 방법에 따라 '공모(모집과 매출)'와 '사모'로, 발행에 따른 위험부담과 사무절차를 누가 담당하느냐에 따라 '직접발행'과 '간접발행'으로 구분된다. 보통 거래소시장에 상장하기 위한 증권의 발행은 다수의 일반대중을 상대로 널리 투자자를 모집하는 공모와 발행사무 및 위험을 금융투자회사(증권회사)나 금융기관 등 전문적인 인수업자로 하여금 담당하게 하는 간접발행의 형태로 이루어진다.

1 공모(모집 · 매출)와 사모

(1) 공모

'공모'는 일반적으로 새로이 발행되거나 기 발행된 증권을 일반투자자에게 매각하여 분산시키는 행위를 말하는데, 이는 '모집'과 '매출'로 나누어 볼 수 있다.

자본시장법에서는 '모집'을 50인 이상의 투자자에게 새로 발행되는 증권의 취득의 청약을 권유하는 것으로, '매출'은 50인 이상의 투자자에게 이미 발행된 증권의 매도의 청약을 하거나 매수의 청약을 권유하는 것으로 정의하고 있다. 결국 모집과 매출의 차이는 공모대상인 증권이 신규로 발행되는 것인지(모집), 아니면 이미 발행된 것인지(매출)에 있으며, 모집을 하는 주체는 발행인임에 반해 매출을 하는 주체는 증권의 보유자가 된다.

한편, 공모의 적용 여부를 판단하는 50인 산출 대상에서 전문가와 연고자를 제외하도록 하고 있는데, 이는 이들 전문가와 연고자의 경우 전문적인 투자지식을 가지고 있거나 발행인과 밀접한 관계를 지니고 있어 스스로를 보호할 수 있다고 보기 때문이다.

표 2-1	증권의 모집과 매출 기준인 50인 산출 시 제외되는 자의 범위

① 전문가
- 전문투자자(국가, 한국은행, 은행·금융투자회사·보험사 등 금융기관, 금융감독원·거래소·예탁결제원·예금보험공사 등 자본시장법 시행령에서 정하는 자)
- 공인회계사법에 의한 회계법인
- 자본시장법에 따라 인가받은 신용평가회사
- 발행인에게 회계, 자문 등의 용역을 제공하고 있는 공인회계사, 감정인, 변호사, 변리사, 세무사 등 공인된 자격증을 소지하고 있는 자
- 중소기업창업지원법에 따른 중소기업창업투자회사
- 그 밖에 발행인의 재무상황이나 사업내용 등을 잘 알 수 있는 전문가로서 금융위원회가 정하여 고시하는 자

② 연고자
- 최대주주 및 발행주식 총수의 5% 이상을 소유한 주주
- 발행인의 임원 및 근로복지기본법에 따른 우리사주조합원
- 발행인의 계열회사와 그 임원
- 발행인이 주권비상장법인인 경우 그 주주
- 외국법령에 의해 설립된 외국기업인 발행인이 종업원의 복지증진을 위한 주식매수제도 등에 따라 국내 계열회사의 임직원에게 해당 외국기업의 주식을 매각하는 경우 그 국내 계열회사의 임직원
- 발행인이 설립 중인 회사의 경우에는 그 발기인
- 그 밖에 발행인의 재무상황이나 사업내용을 잘 알 수 있는 연고자로서 금융위원회가 정하여 고시하는 자

(2) 사모

'사모'란 새로 발행되는 증권의 취득의 청약을 권유하는 것으로서 모집에 해당하지 아니한 것을 말하며, 발행인이 특정의 수요자를 대상으로 증권을 발행하고 자금을 조달하는 방법을 의미한다. 발행주권을 발기인만을 대상으로 발행한다든가 또는 투자전문가나 연고자 등 특정의 소수에게 발행주식을 인수시키는 방법으로, 그 대상이 일반 대중이 아니라는 점에서 공모와 대비되는 개념으로 사모라 일컫는다.

2 직접발행과 간접발행

'직접발행'은 발행주체가 자기의 책임과 계산으로 발행위험을 부담하고 발행사무를 모두 담당하여 증권을 발행하는 것을 말하며, '직접모집' 또는 '자기모집'이라고도 한다. 이 경우 발행증권의 응모총액이 발행총액에 미달할 때에는 당해 발행주체가 이사회 결의를 통하여 잔량을 처리하여야 하므로, 당해 발행주체가 투자자를 모집할 능력이 충분하거나 발행규모가 적어 상대적으로 발행위험이 적고 발행사무가 비교적 간단한 경우에만 가능한 방법이다.

이에 비하여 '간접발행'은 발행주체가 중개인인 발행기관을 거쳐서 간접적으로 증권을 발행하는 방법으로, 전문적인 지식과 조직을 가지고 있는 금융투자회사나 금융기관 등의 전문기관에 발행업무를 의뢰하여 발행하므로 '모집발행'이라고도 한다. 이 경우 발행주체는 원칙적으로 발행 및 모집사무 또는 발행위험을 전문기관에 부담시키고, 이에 따른 수수료를 부담한다.

3 간접발행의 발행위험 부담

발행시장에서 주로 이용되는 간접발행은 발행위험의 부담 정도에 따라 다시 '모집주선', '잔액인수', '총액인수'의 방법으로 구분할 수 있다.

(1) 모집주선

'모집주선(best-effort basis)'은 발행기관이 수수료를 받고 발행인을 위하여 당해 증권의 모집 또는 매출을 주선하거나, 기타 직접 또는 간접으로 증권의 모집 또는 매출을 분담하는 방법으로 '위탁모집'이라고도 한다. 이 방법은 발행인이 스스로 발행위험을 부담하지만 모집업무와 같은 발행사무를 발행기관에 위탁하는 데에 그 특징이 있다. 발행기관은 발행사무만을 담당하고 소화되지 않은 증권은 발행인에게 되돌려 주게 되며, 간접발행방법 중 수수료가 가장 저렴하다.

(2) 잔액인수[2]

'잔액인수(stand-by agreement)'는 발행 및 모집사무와 인수위험을 분리하여 발행기관(인수기관)에 위임하는 방법으로, 일단 발행기관에 발행 및 모집사무를 위탁하고 일정기간 모집을 한 다음, 그 기간이 경과한 후 모집부족액이 발생하였을 경우 그 잔량에 대해서만 인수기관에 인수시키는 방식이다. 인수수수료는 발행기관이 부담하는 위험의 정도가 클수록 높다.

(3) 총액인수

'총액인수(firm commitment)'는 대표주관회사가 구성한 인수기관들의 집단인 인수단이 공모증권 발행총액을 자기의 책임과 계산하에 인수하고 이에 따른 발행위험(인수위험)과 발행 및 모집사무 모두를 담당하는 방법이다. 인수단은 인수를 위하여 많은 자금을 필요로 할 뿐 아니라 매출하기까지의 기간 중 매출잔량을 보유하여야 하므로 발행증권의 불리한 가격 변동에 따른 손해 등 모든 위험을 부담하게 된다. 간접발행의 대부분은 이 총액인수방식을 사용하며 인수기관의 부담이 큰 만큼 인수수수료율도 가장 높다.

---

section 04 | 발행시장의 조직

발행시장의 가장 간단한 형태는 자금을 조달하는 자인 발행주체(발행인)와 자금을 공급하는 자인 투자자로 구성된다. 그러나 대부분의 발행주체가 증권발행에 관한 지식이

---

2 인수란 제3자에게 그 증권을 취득시킬 목적으로, 자기의 책임과 계산 하에서 그 증권의 전부 또는 일부를 발행인으로부터 직접 매입하는 것을 말한다.

나 공모하려는 증권을 소화할 수 있는 능력을 모두 갖추기는 어려운 일이므로 발행주체와 투자자 사이에서 증권발행의 사무절차와 발행위험을 담당하는 전문기관, 즉 발행기관(인수기관)이 존재하게 된다.

1 발행주체(발행인)

발행주체란 발행시장에서 유가증권을 발행하는 자로서, 증권의 공급자인 동시에 자금수요의 주체가 되는 자를 말한다. 이에는 주권 및 사채권을 발행하는 주식회사, 국공채 증권을 발행하는 국가 및 지방공공단체, 그리고 특수채증권을 발행하는 특수법인 등이 있다.

2 발행기관(인수기관)

발행기관은 증권의 발행자와 투자자 사이에 개입하여 증권발행에 따른 사무처리 및 모집주선업무를 수행하고, 발행자를 대신하여 발행에 따르는 위험을 부담하는 기관을 말한다.

발행기관은 발행주체에게 조언을 하거나 사무적인 발행절차를 대행하고, 증권을 모집하거나 매출할 때 증권의 발행에 따르는 책임과 위험을 부담하며, 불특정 다수인으로부터 증권을 모집·매출하는 간사기능·인수기능·청약대행기능 등을 수행한다. 따라서 증권발행 과정에서 발생할 수 있는 책임과 위험을 분산하고 발행증권의 매출을 원활히 하기 위하여 여러 발행기관이 공동으로 증권의 발행에 참여하는 것이 보통이다.

이와 같이 공동으로 참여하는 기관 중 주관회사는 증권을 인수함에 있어서 인수회사를 대표하여 발행회사와 인수조건 등을 결정하고 인수 및 청약업무를 통할하는 회사를 말하며 인수회사는 제삼자에게 증권을 취득시킬 목적으로 다음의 어느 하나에 해당하는 행위를 하거나 그 행위를 전제로 발행인 또는 매출인을 위하여 증권의 모집·매출을 하는 회사를 말한다.

가. 그 증권의 전부 또는 일부를 취득하거나 취득하는 것을 내용으로 하는 계약을 체결하는 것

나. 그 증권의 전부 또는 일부에 대하여 이를 취득하는 자가 없는 때에 그 나머지를

취득하는 것을 내용으로 하는 계약을 체결하는 것

아울러, 발행회사로부터 증권의 인수를 의뢰받은 자로서 주관회사를 대표하는 회사를 대표주관회사라고 한다.

3 투자자

투자자는 발행시장에서 모집 또는 매출에 응하여 증권을 취득한 후 이를 다시 유통시장에서 매각하는 자를 말하는데, 투자의 형태에 따라 개인자격으로 증권투자를 하는 '개인투자자'와 법인의 형태를 취하고 있는 '기관투자자'로 나눌 수 있다.

자본시장법에서는 투자자를 '전문투자자'와 '일반투자자'로 구분하고 있다. '전문투자자'란 금융투자상품에 관한 전문성 구비 여부, 소유자산규모 등에 비추어 투자에 따른 위험 감수능력이 있는 투자자로서, 국가, 한국은행, 대통령령으로 정하는 금융기관, 주권상장법인 등이 해당되며, '일반투자자'는 전문투자자가 아닌 투자자를 말한다.

chapter 03

주식발행의 방법 및 절차

주식의 의미

주식(株式, share, stock)은 자본의 구성단위로서, 주식회사의 자본은 주식으로 분할하여야 하되 균등한 단위로 하여야 한다. 균등하게 나누는 방법은 금액으로 표시하는 방법(액면주식)과 전체 자본금에 대한 비율로 표시하는 방법(무액면주식)이 있다.

액면주식의 경우 1주의 금액(액면금액)은 100원 이상이어야 한다. 주권상장법인이 액면금액 5,000원을 초과하는 주권을 발행하는 경우 1만 원의 배수로 하여야 하고, 액면금액 5,000원 이하의 주권을 발행하는 경우에 1주의 금액은 100원, 200원, 500원, 1,000원, 2,500원, 5,000원으로 해야 한다. 무액면주식의 경우 1주의 금액이 정관 및 주권에 표시되지 않고 단지 자본금에 대한 비율로 표시한다. 주식회사는 정관으로 액면주식과 무액면주식을 선택할 수 있으나, 양자를 모두 발행할 수는 없다.

액면주식의 경우 발행주식의 액면총액이 회사의 자본금이 되지만, 무액면주식의 경우 발행 가격의 1/2 이상으로서 이사회 또는 주주총회가 임의로 정하는 금액이 자본금이 된다.

주식발행의 형태

주식의 발행은 다양한 형태로 가능하나, 크게 주식회사의 설립에 따른 주식발행, 기설립된 기업의 증자에 의한 주식발행, 기타 주식배당·전환사채권 및 신주인수권부사채권의 권리행사·합병 또는 주식병합 등에 의한 주식발행 등으로 나누어 볼 수 있다.

1 주식회사 설립 시 주식발행

신규로 주식회사를 설립하는 경우와 개인기업 또는 그 외의 형태로 존재하는 기업이 주식회사 형태로 전환되는 경우 주식발행이 이루어진다.

이 경우 발기인이 정관을 작성하고 공증인의 공증을 거쳐 설립등기를 하여야 하는데, 정관에는 상법에 규정된 여러 사항과 함께 주식발행에 관한 사항이 규정되어야 한다.

주식회사의 설립은 주주모집의 방법에 따라서 발기설립과 모집설립으로 나누어진다.

① 발기설립 : 발기설립은 주식회사의 발기인이 설립 시 발행되는 주식의 총수를 인수하여 회사를 설립하는 방법으로, 소수의 발기인만이 주식을 인수함과 동시에 회사의 설립이 이루어지는 비교적 간단한 방법

② 모집설립 : 회사 설립 시에 발행되는 주식 중 일부를 발기인이 인수하고, 나머지 부분에 대하여는 발기인 이외의 주주로부터 모집하는 방법

한편, 개인기업 또는 다른 기업형태로 존재하고 있던 기업이 그 기업조직을 주식회사 형태로 변경할 때에는 기업의 법률적 형태가 변경되는 동시에 신규로 주식이 발행된다.

2 기 설립기업의 증자에 의한 주식발행

증자에 의한 주식발행은 정관에 기재된 회사가 발행할 주식의 총수 중 미발행 주식의 범위에서 그 일부 또는 전부를 이사회의 결의에 의해서 발행하는 것이다. 증자에는 회사의 재무정책 관점에서 주식회사가 실질적으로 자본규모를 확대하기 위해 신주를 발행하여 주금을 납입(실질적 증자)하는 '유상증자'와 주금을 납입하지 않고 잉여금을 자본으로 전입함으로써 신주를 발행(형식적 증자)하는 '무상증자'로 분류할 수 있다. 유상증자의 경우, 주식발행과 함께 반드시 주금의 납입이 행하여지며 그 결과 회사의 자산이 실질적으로 증가한다. 그러나 무상증자의 경우는 주금의 납입이 현실적으로 수반되지 않는 대차대조표상 항목 간의 자금이동에 불과하여 회사자산의 실질적인 증가는 없고 잉여금의 감소와 자본금의 증가로 나타난다.

유상증자와 무상증자 모두 신주발행에 대한 효력은 주금납입일의 다음날에 발생한다.

3 기타 주식발행

유상증자, 무상증자 등 기업의 재무활동에 기인한 주식발행 이외에도, 회사의 이익을 현금이 아닌 주식으로 배당하기 위한 신주발행, 전환사채 또는 신주인수권부사채 등의 권리행사에 따른 신주발행, 기업합병 또는 주식분할에 의한 신주발행 등 다양한 형태의 주식발행이 존재한다.

section 03 주식의 분류

주주의 권리는 주주평등의 원칙에 의하여 소유주식의 수에 비례해서 정해지며, 각각의 주식의 내용을 이루는 권리는 모두 평등한 것이 원칙이다. 그러나 회사는 정관의 규정에 따라 권리의 내용이 각기 다른 종류주식을 발행할 수 있으며, 이 경우 정관에 각

표 3-1 　주식의 구분

구분		명칭	개념
액면표시		액면주	주식의 액면가액이 기재된 주식
		무액면주	주식의 액면가액이 기재되지 않은 주식
기명 여부		기명주	주주의 성명이 주권과 주주명부에 기재된 주식
		무기명주	주주의 성명이 주권과 주주명부에 기재되지 않은 주식
종류 주식	이익배당 및 잔여재산	보통주	이익배당이나 잔여재산분배에서 표준이 되는 주식
		우선주	이익배당이나 잔여재산분배에서 우선적 지위가 부여된 주식
		후배주	이익배당이나 잔여재산분배에서 열후적 지위에 있는 주식
		혼합주	이익배당에서는 우선적 지위가 부여되나 잔여배산분배에서는 열후적 지위에 있는 주식
	의결권	의결권주	의결권이 부여된 주식
		의결권제한주	정관이 정하는 일부사항에 대하여만 의결권이 없는 주식
		의결권배제주	의결권이 부여되지 않은 주식
	상환	상환사유부주식 (강제상환주식)	회사가 정관이 정하는 바에 따라 이익으로 소각할 수 있는 주식
		상환청구권부주식 (의무상환주식)	주주가 정관이 정하는 바에 따라 회사에 대하여 상환을 청구할 수 있는 주식
	전환	전환사유부주식 (강제전환주식)	회사가 정관이 정한 일정한 사유 발생시 주주의 인수주식을 다른 종류주식으로 전환할 수 있는 주식
		전환청구권부주식 (의무전환주식)	주주가 정관이 정하는 바에 따라 인수한 주식을 회사에 대하여 다른 종류주식으로 전환을 청구할 수 있는 주식

종류주식의 내용과 수를 정하여야 한다.

1 　보통주 · 우선주 · 후배주 · 혼합주

　특정 종류의 주식이 이익의 배당이나 잔여재산의 분배에 관하여 내용이 다를 때에 우선적 지위가 인정되는 주식을 우선주, 열후적 지위에 있는 주식을 후배주라 하고, 그 우선과 열후의 기준이 되는 주식을 보통주라 한다. 또한 이익배당에 있어서는 보통주에 우선하고, 잔여재산의 분배에 있어서는 열등한 지위에 있는 혼합주도 있다.

2   의결권주와 무의결권주

의결권이라 함은 주주총회에 상정되는 여러 안건에 대한 주주의 결정권을 뜻하는데, 주식에는 의결권이 부여되는 것이 일반적이다. 원칙적으로 의결권은 1주당 하나가 부여되는 것이지만, 정관이 정하는 바에 따라 의결권이 없는 주식과 일부사항에 대하여만 의결권이 없는 주식을 발행할 수 있다.

3   액면주와 무액면주

액면가액의 기재 여부에 따라 액면주와 무액면주로 구분할 수 있다. 액면주란 주권에 액면가액이 기재되어 있는 주식을 말하고, 무액면주란 액면가액이 기재되어 있지 않은 주식을 말한다.

4   기명주와 무기명주

주주의 성명이 주권과 주주명부에 표시되는가에 따라 기명주와 무기명주로 구분할 수 있다. 회사가 기명주식을 발행하는 경우에는 주주로서의 권리행사자를 명확하게 알 수 있어 주주관리가 편리하다는 이점이 있는 반면, 무기명주식은 신속하게 유통될 수 있다는 장점이 있다. 무기명주식 제도는 1963년 최초 제정된 상법부터 인정되어 왔으나, 상법 제정 이래 한 차례도 발행된 사례가 없어 기업의 자본 조달에 기여하고 있지 못하고, 소유자 파악이 곤란하여 양도세 회피 등 과세사각지대의 발생우려가 있다는 점에서, 2014년 개정 상법에 의하여 폐지되어 기명주식으로 일원화되었다.

5   상환주식

상환주식이라 함은 회사가 정관이 정하는 바에 따라 회사의 이익으로 소각할 수 있는 주식(상환사유부주식, 강제상환주식)과 정관이 정하는 바에 따라 주주가 회사에 대하여 상환을 청구할 수 있는 주식(상환청구권부주식, 의무상환주식)을 말한다.

6 　전환주식

　　전환주식이란 주주가 인수한 주식을 다른 종류의 주식으로 전환할 것을 청구할 수 있
는 주식(전환청구권부 주식, 의무전환주식)과 정관이 정한 일정한 사유 발생 시 회사가 주주
의 인수주식을 다른 종류주식으로 전환할 수 있는 주식(전환사유부주식, 강제전환주식)을 말
한다.

　　회사가 주주로부터 주식을 매입하여 소각한다는 측면에서 상환주식과 동일하지만,
상환주식의 경우 회사가 그 대가로 금전 또는 자산을 지급하는 반면, 전환주식의 경우
회사가 발행한 다른 종류주식을 지급한다는 점에서 차이가 있다.

section 04 　기업공개 절차와 실무

1 　기업공개의 의의

　　'기업공개(initial public offering : IPO)'란 개인이나 소수의 주주로 구성되어 있는 기업이
주식의 분산요건 등 거래소시장에 신규상장하기 위하여 일정 요건을 충족시킬 목적으
로 행하는 공모행위를 말한다.

　　기업공개는 결국 거래소시장에의 상장을 위한 준비단계라 할 수 있는데, 기업은 기업
공개 시 거래소의 다양한 상장요건을 충족시킬 수 있도록 일정한 절차를 밟아야 한다.

2 　기업공개 절차 : 상장 준비단계

(1) 외부감사인 지정

　　거래소의 유가증권시장에 상장하고자 하는 법인은 최근 3사업연도, 코스닥시장에 상

장하고자 하는 법인은 최근 1사업연도의 재무제표에 대해 외부감사인으로부터 감사를 받아야 한다.

이 경우 감사인과의 유착관계가 형성되지 않도록 상장희망 사업연도의 직전 사업연도 또는 당해 사업연도에 한하여 증권선물위원회가 지정한 회계감사인의 회계감사를 받아야 한다.

(2) 대표주관계약의 체결

기업공개를 통해 거래소시장에 상장하기 위해서는 금융투자회사와 대표주관계약을 체결해야 하며, 대표주관회사는 계약 체결 후 5영업일 이내에 이를 금융투자협회에 신고해야 한다.

(3) 정관 정비

❶ 수권주식수 조정 : 신주공모 또는 기타의 증자에 따른 발행주식수의 증가가 예정되어 있어 정관상의 수권주식수가 부족할 것으로 예상되는 경우 기업공개 전에 수권주식수를 늘려야 함

❷ 회사가 발행할 주식의 종류 : 보통주식 이외에 다양한 종류의 주식을 발행하기 위해서는 정관에 회사가 발행할 수 있는 각종 주식의 내용과 수를 정하여야 함

❸ 1주의 금액(액면가) : 1주의 금액이 5,000원 이하인 액면주식을 발행할 경우 권면액을 100원, 200원, 500원, 1,000원, 2,500원, 5,000원 중에서 하여야 하며 5,000원을 초과하는 경우에는 1만 원의 배수에 해당하는 금액으로 발행하여야 함

❹ 구주주 신주인수권의 배제 및 제약에 관한 조항 : 신주인수권은 구주주의 기본적인 권리로서 정관에 다른 정함이 없으면 주주는 신주가 발행될 경우 소유주식수에 비례하여 신주를 배정받을 권리를 가진다. 따라서 신주를 공모하기 위해서는 정관에 주주의 신주인수권을 배제하는 조항이 있어야 함

❺ 주주총회의 소집공고에 관한 사항 : 상법상 주주총회의 소집을 위해서는 회의일 2주 전에 회의의 목적사항을 기재하여 주주에게 서면 또는 전자문서로 통지하여야 함

❻ 명의개서대행제도의 채용에 관한 조항 : 주권신규상장법인은 명의개서업무에 관하여 명의개서대행회사와 계약을 체결하여야 하므로, 명의개서대리인에 관한 사항을 정하여야 함

❼ 신주의 배당기산일에 관한 사항 : 거래소는 주식의 종류별로 배당기산일이 다를 경우 그 사유가 해소될 때까지 당해 주권의 상장을 유예하고 있음. 이는 배당기산일이 다른 주식을 각각 별도의 종목으로 상장하는 경우 상대적으로 발행주식 수가 적은 신주의 유동성이 떨어져 주가도 왜곡될 가능성이 높기 때문임. 따라서 유·무상증자나 주식배당 등에 의하여 발행할 신주도 구주와 동일한 배당기산일이 적용되도록, 신주의 이익배당은 신주를 발행한 날이 속하는 사업연도의 직전 사업연도말에 발행된 것으로 본다는 내용을 정함으로써 새로이 발행되는 신주와 기발행된 구주를 병합할 수 있는 여건을 마련할 필요가 있음

❽ 주식등의 전자등록에 관한 사항 : 거래소에 주권을 상장하려고 하는 법인은 정관상 주식 전자등록·발행근거를 마련하고 주주명부상 권리자 대상공고(1개월 이상) 후 전자등록 신청 및 승인이 이루어져야 함

(4) 명의개서대행계약

주권상장법인은 은행, 특별법에 의해 설립된 법인, 정부가 50% 이상의 지분을 지닌 공공기관 등을 제외하고는 명의개서대행회사와 명의개서대행계약을 체결하여야 하므로, 기업공개에 앞서 이사회 결의를 거쳐 명의개서대행회사를 선정하고 명의개서대행계약을 체결해야 한다.

(5) 우리사주조합 결성 등

유가증권시장 주권상장법인 또는 주식을 신규로 유가증권시장에 상장하고자 하는 법인이 주식을 공모하는 경우에 당해 법인의 우리사주조합원은 공모하는 주식 총수의 20%를 우선적으로 주식을 배정받을 권리가 있다. 따라서, 기업공개를 통해 우리사주를 배정하고 유가증권시장에 상장하고자 하는 법인은 사전에 우리사주조합을 결성해야 한다.

다만, 코스닥시장에 상장하려는 법인의 경우에는 우리사주조합에 대한 우선배정이 의무화되지는 않았지만 정관의 규정에 따라 구주주의 신주인수권을 제한하여 조합원에게 우선 배정할 수 있다.

(6) 이사회(또는 주주총회)의 결의

❶ 신주모집의 경우 : 주권의 신규상장을 위해 신주를 발행하는 경우 주주총회 또는 이사회에서 신주의 종류와 수, 신주의 발행 가액과 납입예정일, 신주의 인수방법 등에 관한 사항을 정하여야 함

❷ 구주매출의 경우 : 증자 없이 구주매출을 통해 주권을 상장하는 경우에 구주주로부터 매출주식수 및 매출가액 등 구주매출에 관한 제반사항에 대한 위임을 받아 이사회 결의에 따라 매출

(7) 회계감리를 위한 상장예비심사신청계획 통보

대표주관회사는 상장을 희망하는 기업의 상장예비심사신청 계획을 거래소에 미리 통보해야 한다. 거래소는 상장예비심사신청 예정기업 목록을 금융감독원에 전달하여 회계감리대상에 포함되도록 하고 있으며, 금융감독원은 통보받은 기업 중 감리대상을 선정하여 회계감리를 실시한다.

감리결과 회계처리기준 위반행위가 확인되어 증권선물위원회로부터 검찰 고발, 증권발행 제한, 과징금 부과 조치를 받은 경우 상장예비심사신청을 기각할 수 있고, 이 경우 상장신청인은 기각일로부터 3년 이내에는 상장예비심사를 다시 신청할 수 없다.

(8) 상장신청 사전협의

거래소는 상장예비심사신청서 등의 부실기재를 사전에 예방하기 위해 상장예비심사신청서제출 전에 대표주관회사로부터 상장예비심사신청서 초안, 대표주관회사 종합의견, 기업실사(Due-Diligence) 체크리스트, 감사보고서를 제출받아 기재내용을 확인하고 있다.

---

3   기업공개 절차 : 상장 추진단계

1) 주권의 상장예비심사신청서 제출

기업공개를 위한 사전 준비 단계를 마친 법인은 거래소시장 상장을 위한 본격적인 기업공개 절차를 추진하기에 앞서 거래소에 주권의 상장예비심사신청서를 제출하여 상장적격여부에 대해 심사를 받아야 한다.

2) 증권신고서 등의 제출

상장예비심사 승인을 받은 상장신청인은 증권신고서를 금융위원회(금감원)에 제출하여야 한다. 증권신고서는 모집 또는 매출 개요, 증권의 발행인에 관한 사항을 일정한 형식에 따라 작성한 청약권유의 근간이 되는 공시서류로서, 동 신고서가 수리되어 효력이 발생되어야 공모를 진행할 수 있다.

(1) 증권신고서

증권신고서의 기재사항에 허위의 내용이 있거나 중요한 사항이 누락된 경우, 발행인, 대표주관회사, 회계법인 등은 손해배상책임을 부담할 수 있으므로, 대표주관회사 등은 실사의무(Due-Diligence)의 내용과 외부감사인의 의견, 변호사의 법률 검토의견 등을 근거로 상장신청인이 작성한 증권신고서의 기재내용을 검토하여야 한다.

(2) 정정신고서

금융위원회(금감원)는 증권신고서에 형식상 하자가 있거나 중요한 사항의 기재가 불충분하다고 인정한 때에는 그 이유를 제시하고 정정신고서의 제출을 명할 수 있고, 증권신고서 제출인도 청약일 개시 전에 신고서의 기재사항에 변경이 있는 때에는 정정신고서를 제출할 수 있다. 정정신고서가 제출된 때에는 그 정정신고서가 수리된 날에 당해 증권신고서가 수리된 것으로 본다. 금융위원회는 증권신고서가 형식적 요건을 갖추지 못한 경우, 증권신고서 중 중요사항에 관하여 거짓의 기재 또는 표시가 있거나 중요사항이 기재 또는 표시되지 아니한 경우를 제외하고는 수리를 거부하지 못한다.

공모 가격이 확정되는 경우에도 확정된 공모 가격과 수요예측 결과 등을 추가로 기재한 정정신고서를 제출해야 하며, 동 정정신고서는 처음 제출한 증권신고서의 효력발생에는 영향을 미치지 않는다.

(3) 승인효력 발생

증권신고서가 금융위원회에 제출되어 수리된 날부터 증권의 종류 또는 거래의 특성 등을 고려하여 자본시장법 시행규칙 제12조에서 정하는 기간이 경과한 날에 그 효력이 발생한다.

3) 예비투자설명서 및 투자설명서의 제출

(1) 예비투자설명서 제출

증권을 공모하고자 하는 기업은 증권신고서가 수리된 후 그 효력이 발생되기 전에 예비투자설명서를 작성하여 당해 증권의 청약을 권유하는 데 사용할 수 있다.

(2) 투자설명서 제출

투자설명서는 증권의 청약을 권유할 때 일반투자자에게 제공하는 투자권유문서이며 증권신고서의 내용을 더 이해하기 쉽게 작성하여 일반투자자에게 제시함으로써 올바른 투자판단을 돕는 문서이다.

투자설명서에는 증권신고서에 기재된 내용과 다른 내용을 표시하거나 그 기재사항을 누락하여서는 안 되며, 발행인은 투자설명서를 작성하여 발행회사의 본·지점뿐만 아니라 금융위원회, 거래소 및 청약사무를 취급하는 장소에 비치하고 일반인들이 공람할 수 있도록 해야 한다.

투자설명서에는 예비투자설명서의 기재사항에 증권신고서의 효력발생일 및 확정공모 가액을 추가 기재해야 한다. 또한 청약개시일까지 당해 증권신고서의 기재사항 중 일부가 변경될 수 있다는 것과 정부가 증권신고서의 기재사항이 진실 또는 정확하다는 것을 인정하거나 당해 증권의 가치를 보증 또는 승인하는 것이 아니라는 것 등을 기재한다.

4) 공모희망가격의 산정

기업공개에 있어서 공모 가격의 결정은 매우 중요한 사항 중의 하나로, 먼저 대표주관회사가 회사의 가치를 가장 적절하게 평가할 수 있는 분석방법을 사용하여 공모 희망가격을 일정 범위(밴드)를 정하여 제시한다.

5) IR과 수요예측

(1) IR(Investor Relations)

기업설명회(IR)는 주주, 투자자, 애널리스트 등에게 회사의 사업내용, 경영전략, 미래 비전 등에 관한 정보를 제공함으로써 기업의 이미지를 향상시키고 시장으로부터 적절한 평가를 받기 위하여 실시한다.

(2) 수요예측(Book Building)과 공모 가격 결정

수요예측이란 주식을 공모함에 있어 공모 가격을 결정하기 위하여 대표주관회사가 발행주식의 공모희망가격에 대한 수요 상황(매입희망 가격 및 물량)을 파악하는 것을 말한다. 수요예측은 공모주식 중 우리사주조합 배정분과 일반청약자 배정분을 제외한 기관투자자 배정분을 대상으로 실시한다.

대표주관회사와 발행회사는 이러한 수요예측 결과를 감안하여 최종적인 공모 가격을 결정하게 된다. 다만, 공모 예정금액이 50억 원 미만인 경우에는 수요예측 방법에 의하

그림 3-1   수요예측 절차

1. 수요예측 안내	2. IR 실시	3. 수요예측 접수
• 수요예측 안내 공고 • 경제신문 등에 게재 • 수요예측 참가신청서를 대표주관회사의 홈페이지에 안내	• 대규모 IR을 통해 기관투자자의 수요 진작 • 주요 자산운용사 등 수요가 많은 기관투자자들에게는 별도로 1:1 IR을 실시	• 기관투자자로부터 수요예측 온라인 접수 • 희망 가격 및 수량 기재 (가격 미제시도 가능)

4. 공모가액 결정	5. 물량배정	6. 수요예측 참가내역 및 배정물량 통보
• 수요예측 결과 및 주식시장 상황 등을 감안하여 대표주관회사 및 발행회사가 협의하여 확정 공모 가격을 결정	• 확정 공모 가격 이상의 가격을 제시한 수요예측 참여자들을 대상으로 "참여가격, 참여시점 및 참여자의 질적인 측면" 등을 종합적으로 고려한 후, 대표주관회사가 자율적으로 배정	• 수요예측 개별 참가내역은 공시하지 않으며, 배정물량은 대표주관회사 홈페이지를 통해 개별 통보 (수요예측 참여 계좌별 배정내역 조회)

지 않고 공모 가격을 결정할 수 있다.

6) 청약과 납입

(1) 청약

대표주관회사는 증권신고서 제출 후 청약일 전까지 증권신고서와 함께 제출한 투자설명서(예비투자설명서, 간이투자설명서 포함)의 내용에 따라 발행회사, 주관회사 및 인수회사, 청약사무취급회사 전원의 연명으로 청약안내를 공고하고, 증권신고서 효력발생 후 약 2일간 대표주관회사와 인수회사는 실명확인 절차를 거쳐 사전에 투자자에게 공시한 기준에 따라 청약을 접수한다.

(2) 배정

대표주관회사는 청약 마감 후 청약 결과를 집계하여 자체 배정기준에 따라 배정한다. 인수회사로부터 제출받은 청약단위별 집계표, 청약자별 명세서, 배정내역 등과 자체 청약결과를 종합하여 이중청약자를 검색하고 인수회사별로 배정내역을 점검한다.

대표주관회사는 당해 공모와 관련하여 발행회사 또는 인수회사에 용역을 제공하는 등 발행회사 또는 인수회사와 중대한 이해관계가 있는 자에 대해서는 공모주식을 배정할 수 없다. 대표주관회사는 발행회사와 협의하여 공모 예정주식을 초과하여 발행할 수 있는 초과배정옵션제도를 이용하여 시장 상황에 따라 공모규모를 조절할 수도 있다.

초과배정옵션제도(Green Shoe Option)

1. 개요
   초과배정옵션제도란 대표주관회사가 공모주식 수량을 초과하여 주식을 배정할 수 있는 옵션을 부여한 주식배정제도로 2002년에 도입되었다.

2. 제도내용 및 절차
   ㄱ. 초과배정옵션 계약의 체결 및 준수사항
   대표 주관회사가 발행회사와 초과배정옵션에 대한 계약을 체결하는 경우에는 아래사항을 준수해야 한다.
   • 초과배정 주식수량 : 공모주식 수량의 15% 이내

- 초과배정옵션의 행사일 : 매매개시일로부터 30일 이내
- 초과배정옵션의 행사에 따른 신주의 발행 가격 : 공모 가격

ㄴ. 초과배정

대표주관회사는 발행회사로부터 추가로 공모주식을 취득할 수 있는 옵션을 부여받는 계약을 체결한 후 이를 토대로 청약·배정 시 옵션분만큼 공모주식을 추가 배정(공매도)한다. 이때, 초과 배정 주식은 대주주등으로부터 차입해야 한다.

ㄷ. 초과배정주식 반환을 위한 주식매수

공모 완료 후 주가가 공모가 이상의 가격으로 상승하면 동 옵션을 행사하여 발행회사의 신주를 취득함으로써 초과배정된 순매도 포지션을 해소하고, 주가가 공모가 이하의 가격으로 하락하면 당해 주식을 시장에서 매수(시장조성)하여 순매도 포지션을 해소(옵션행사 포기)하면 된다.

출처: 증권인수업무 등에 관한 규정 제10조

(3) 납입

청약자별로 배정주식수가 확정된 후 대표주관회사 및 인수회사는 청약자의 납입금액을 청약증거금에서 대체시키고 초과청약증거금은 각 청약자에게 환불한다. 반대로 청약증거금이 납입예정금액보다 적은 경우 청약자는 그 미달금액을 추가로 납입해야 하며, 미납입된 청약분은 인수회사가 자기의 계산으로 인수해야 한다.

7) 증자등기 및 증권발행실적 보고

주금납입이 완료되면 발행회사는 주금납입증명서와 인수회사의 주식청약서, 총액인수 및 매출계약서 사본, 정관, 이사회의사록 사본 등을 첨부하여 납입일 익일부터 2주 이내에 본점소재지 관할 등기소에 자본금 변경등기를 해야 한다.

증권의 모집·매출이 완료되면 발행인은 지체 없이 금융위원회에 증권발행실적보고서를 제출해야 하고 그 사본을 거래소에 제출해야 한다.

8) 주권의 발행

청약단위별 배정주식수가 확정되면 명의개서대행회사는 예탁결제원에 전자등록하는 절차를 진행하여야 한다. 2019년 전자증권제도 전면도입 이후 유가증권, 코스닥, 코넥스 시장에 상장되는 주식은 실물주권을 발행하지 않는다.

1 유상증자의 의의

유상증자는 기업이 자금 등의 재산수요를 충족시키기 위해 주주에게 현금이나 현물로 출자시키는 행위이다. 즉, 유상증자는 주식을 발행함으로써 자기자본을 확충시키는 방법으로 기업의 재무구조를 개선하고 타인자본 의존도를 줄이는 가장 기본적인 방법으로 활용되고 있다.

2 유상증자의 방법

(1) 주주배정증자방식

주주에게 그가 가진 주식 수에 따라서 신주인수의 청약기회를 부여하는 방식이다. 가장 일반적인 유상증자의 방법은 신주의 인수권을 기존 주주(구주주)에게 부여하는 방식이다.

동 방식은 ① 주주의 지위, 특히 의결권의 비례적 지위의 변동을 막을 수 있고, ② 신주의 발행 가격이 시가와 차이가 있는 경우에도 주주의 재산상의 피해를 방지할 수 있으며, ③ 일반공모에 비해 발행비용이 적게 들고 절차가 비교적 간단하다는 등의 장점이 있는 반면에, 발행규모가 대규모인 경우에는 기존 주주들만으로 그 규모를 완전히 소화해 내지 못할 수 있다는 단점이 있다.

(2) 제3자배정증자방식

신기술의 도입, 재무구조의 개선 등 회사의 경영상 목적을 달성하기 위하여 특정한 자에게 신주인수의 청약기회를 부여하는 방식이다. 특별법, 회사의 정관, 주주총회 특별결의 등에 의해 특정의 제3자에게 신주인수권을 부여하는 경우로서 '연고자배정방식'이라고도 한다. 이는 기존 주주의 이해관계 및 회사의 경영권 변동에 중대한 영향을 미치므로, 정관에 특별히 정하거나 주주총회 특별결의를 거치도록 하는 등 엄격한 규제를 가하고 있다.

(3) 일반공모증자방식

기존 주주의 신주인수권을 배제하고 불특정 다수인에게 신주인수의 청약기회를 부여하는 방식으로 '완전공모'라고도 한다.

일반공모는 불특정 다수를 대상으로 신주를 모집하기 때문에 발행사무가 복잡해서 발행회사가 발행실무를 담당하기 어렵고, 발행된 주식을 전량 소화해 내지 못할 위험성도 내포하고 있다.

자본시장법은 불특정 다수인에 대한 신주배정방식에 따라 ① 불특정 다수인에 대한 신주배정, ② 우리사주조합 미청약분을 포함하여 불특정 다수인에 신주배정, ③ 주주우선배정 후 미청약분에 대해 불특정 다수인에 신주배정(주주우선공모증자), ④ 인수인(또는 주선인)이 합리적 기준에 의해 특정 유형의 자에게 신주를 배정하는 방식으로 분류하고 있다.

표 3-2 주주배정증자방식과 주주우선공모증자방식의 증자 비교

구분	주주배정증자방식	주주우선공모증자방식
실권위험	높다	낮다
실권주처리절차	이사회결의에 의한 실권주처리	일반투자자에 공모
증여세 부담	실권주이익에 대한 증여세 부담	증여세 면제
소요기간 및 일정	약 2개월	길다(10일 정도 더 소요)
신주발행비용	기본증자비용	인수수수료 추가
인수 및 모집사무분담	발행회사가 부담(직접모집)	대표주관회사가 부담(간접모집)
신주인수권증서 발행	필요함	필요함
효력발생기간	7일	10일
우리사주조합 우선배정분 청약	주주청약일 20일 전에 청약을 실시하여 실권분 주주배정 가능	주주우선청약분과 동시 청약(양쪽 실권분 모두 공모)

3 유상증자 발행 가격의 결정

(1) 주주배정방식 및 주주우선공모방식

주주배정 및 주주우선공모는 기존 주주에의 우선적 신주배정으로 신주 발행에 따른 구주주의 피해 유발 가능성이 적다는 점을 반영하여 발행주체가 발행 가격을 자유롭게 결정할 수 있도록 하고 있다.

(2) 일반공모방식

일반공모방식은 구주주의 신주인수권을 배제하고 전액 일반투자자에게 배정하는 형식이므로 구주주 피해를 최대한 줄이기 위해 발행 가격을 엄격히 제한하고 있다. 즉 청약일 전 제3거래일로부터 제5거래일까지의 가중산술평균주가를 기준주가로 하여 당해 기준주가의 70% 이상에서 발행 가격을 정하여야 한다.

(3) 제3자배정방식

제3자배정방식 유상증자의 경우에도 구주주에 대한 신주의 배정(신주인수권)을 배제하므로 발행 가격은 청약일 전 제3거래일로부터 제5거래일까지의 가중산술평균주가를 기준주가로 하여 산정한다. 다만, 구주주에게 공모참여의 기회가 주어지지 않는다는 점을 감안하여 기존 주주에게 피해를 주거나 신주를 배정받는 특정 투자자에게 과도한 특혜를 주지 않도록 그 발행 가격을 일반공모방식보다 엄격한 기준주가의 90% 이상으로 정하도록 하고 있다.

(4) 기업구조조정을 위한 경우 등 발행 가격 결정의 예외

기업구조조정을 위한 유상증자의 경우 대부분 제3자배정방식에 의하여 이루어진다. 이는 기업구조조정을 위한 유상증자의 경우 대부분 부실기업의 자기자본 확충을 위해 추진되기 때문에, 금융기관 같이 일정 수준 이상의 자금력을 갖춘 전문투자자의 투자유치를 통해 이루어지는 경우가 많기 때문이다. 따라서 이런 경우의 제3자배정방식의 유상증자나 일반공모방식의 유상증자 시 발행 가격의 결정에 융통성을 두어 원활한 구조조정과 기업개선작업이 이루어지게 하도록 하고 있다.

발행 가격 결정의 예외(할인율 한도를 적용하지 않음)

1. 금융위원회 위원장 승인을 얻어 해외에서 주권 또는 주권과 관련된 증권예탁증권을 발행하거나 외자유치 등을 통한 기업구조조정(출자관계에 있는 회사의 구조조정을 포함)을 위하여 국내에서 주권을 발행하는 경우
2. 기업구조조정촉진을 위한 금융기관협약에 의한 기업개선작업을 추진 중인 기업으로서 금융기관이 대출금 등을 출자로 전환하기 위하여 주권을 발행하는 경우나 채권금융기관 공동관리절차가 진행 중인 기업으로서 채권금융기관이 채권재조정의 일환으로 대출금 등을 출자로 전환하기 위하여 주권을 발행하는 경우
3. 정부, 정책금융공사 또는 예금보험공사의 출자를 위하여 주권을 발행하는 경우
4. 금융기관이 공동(1개 이상의 은행을 포함하여야 한다)으로 경영정상화를 추진 중인 기업이 경영정상화계획에서 정한 자에게 제3자배정증자방식으로 주권을 발행하는 경우
5. 회생절차가 진행 중인 기업이 회생계획 등에 따라 주권을 발행하는 경우

4 신주인수권증서의 발행

주권상장법인이 주주배정증자방식의 유상증자를 결의하는 때에는 신주인수권증서의 발행에 관한 사항을 정해서 주주의 요청에 의하여 신주인수권증서를 발행할 수 있도록 하여야 하고, 당해 신주인수권증서의 매매 및 매매의 중개를 담당할 금융투자회사(증권회사)도 정하여야 한다.

section 06 무상증자

무상증자는 이사회 또는 주주총회의 결의로 자본잉여금 전부, 이익준비금, 기업합리화적립금, 재무구조개선적립금 등 법정준비금을 자본에 전입하고 증가된 자본금에 해당하는 만큼의 신주를 발행하여 구주주에게 소유주식수에 비례하여 무상으로 배정·교부하는 방법이다.

따라서 무상증자는 자금조달을 목적으로 하지 않고 자본구성의 시정, 사내유보의 적정화 또는 주주에 대한 자본이득의 환원을 목적으로 총자산의 변화 없이 재무제표상의 항목 변경을 통해 신주를 발행하는 것이다.

section 07 **기타 주식발행**

1 주식배당

주식배당은 기업의 영업성과에 따라 발생한 이익잉여금을 자본으로 전입하여 회사의 이익을 주주에게 현금으로 배당하는 대신 신주를 발행하여 주는 것으로서, 사외유출될 자금을 자본화시켜 주식으로 지급하기 때문에 자산이 그만큼 유보되어 '이익의 자본화' 라고도 한다.

비상장법인의 경우 주식배당 한도는 이익배당총액의 1/2 이내로 제한되나, 주권상장법인의 경우에는 시장에서 형성된 시가가 액면가를 초과하는 경우에 한하여 이익배당의 전부를 주식배당으로 할 수 있다.

2 주식형 사채의 권리행사에 의한 주식발행

(1) 전환사채의 주식전환

전환사채권자가 전환권을 행사하여 사채를 주식으로 전환시킴으로써 주식을 발행하는 경우로 전환액에 상당하는 부채가 감소하고 자본이 증가하나 자산의 변화는 없다.

주권상장법인이 전환사채를 발행하는 경우 그 전환가액은 전환사채 발행을 위한 이사회결의일 전일을 기산일로 하여 그 기산일부터 소급한 1개월 가중산술평균주가, 1주일 가중산술평균주가 및 최근일 가중산술평균주가를 산술평균한 가액과 최근일 가중산술평균주가 및 청약일(청약일이 없는 경우에는 납입일) 전 제3거래일 가중산술평균주가 중 높은 가액(일반공모방식으로 발행하는 경우에는 낮은 가액) 이상으로 한다.

주권상장법인의 경우 전환사채발행 후 1년이 경과한 후 전환권을 행사할 수 있으나, 공모발행형식으로 발행하는 경우에는 발행 후 1개월이 경과한 후 전환권을 행사할 수 있다.

(2) 신주인수권부사채의 신주인수권 행사

신주인수권부사채권자가 신주인수권을 행사함으로써 신주를 발행하는 경우이다. 사채권과 신주인수권이 통합되어 있는 일체형과 이들을 분리하여 권리를 행사할 수 있는 분리형이 있는데, 분리형의 경우에는 사모의 방법으로 발행할 수 없도록 하고 있다.

주권상장법인의 경우 신주인수권 행사가액은 신주인수권부사채 발행에 대한 이사회 결의일 전일을 기산일로 하여 그 기산일부터 소급한 1개월 가중산술평균주가, 1주일 가중산술평균주가 및 최근일 가중산술평균주가를 산술평균한 가액과 최근일 가중산술평균주가 및 청약일(청약일이 없는 경우에는 납입일) 전 제3거래일 가중산술평균주가 중 높은 가액(일반공모방식으로 발행하는 경우에는 낮은 가액) 이상으로 한다.

(3) 전환주식의 전환권 행사

전환에 의하여 전환주식(구주식)이 소멸하고 새로운 종류의 신주식이 발행됨에 따라 신·구 양 주식의 발행주식수가 증감하는데, 전환 시에는 변경등기가 필요하다.

3 합병 등 기타 주식발행

(1) 합병에 의한 주식발행

합병으로 인하여 존속하는 회사가 소멸하는 회사의 주주에게 신주를 발행하여 교부하게 되는데, 그 배정에 관한 사항은 합병계약서에 기재되어 추후 주주총회의 승인을 받아야 한다.

(2) 주식병합에 의한 주식발행

주식병합의 경우 회사가 발행한 주식의 총수가 감소하고 1주의 금액이 변경된다. 이때, 주주의 권리는 단주에 의하여 소멸되지 않는 한 병합 후의 신주식에 존속하며 그 지분의 변동은 없으나, 회사는 1주의 금액이 변경된 신주식을 발행하여 교부하여야 한다.

(3) 주식분할에 의한 주식발행

주식분할은 주식병합과 반대되는 개념으로서 회사가 자본이나 재산을 변경시키지 아니하고 기존의 주식을 세분화하여 발행주식 총수를 증가시키는 절차이다. 분할에 의하여 발행되는 주식은 각 주주의 지분율에 따라 배분되므로 주주의 실질적인 지위에는 아무런 변화가 없다.

chapter 04

유통시장과 한국거래소

유가증권이 발행인으로부터 공모시장에 참여한 최초의 투자자에게 이전되는 시장이 발행시장이라면, 유통시장은 이미 발행된 유가증권이 투자자들 사이에서 매매거래를 통해 이전되는 시장이라 할 수 있다. 유통시장은 일정한 요건을 구비한 상장주식의 매매가 이루어지는 거래소시장과 비상장주식의 개별적인 거래가 이루어지는 장외시장으로 구분된다.

거래소시장은 일정한 장소에서 정해진 시간에 계속적으로 상장증권의 주문이 집중되어 경쟁매매원칙 등 일정한 매매거래제도에 따라 조직적·정형적으로 매매거래가 이루어지는 시장으로, 우리나라의 경우 자본시장법에 의해 설립된 거래소가 개설하는 시장을 말한다.

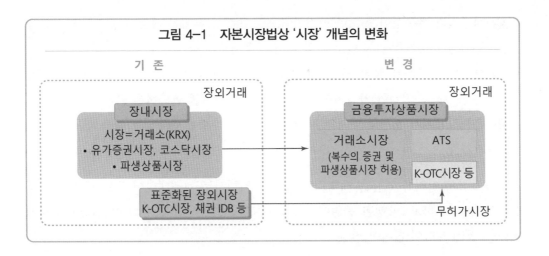

그림 4-1 자본시장법상 '시장' 개념의 변화

과거에는 한국거래소가 자본시장법에 의해 설립된 우리나라의 유일한 증권시장이었으나, 2013년 4월 자본시장법이 거래소 허가주의 체계로 개정됨에 따라 이제 법령에서 정한 일정한 요건을 갖추고 금융위원회의 허가를 받은 자는 누구나 거래소를 개설할 수 있게 되었다. 자본시장법상 '거래소'란 증권 및 장내파생상품의 공정한 가격 형성과 그 매매, 그 밖의 거래의 안정성 및 효율성을 도모하기 위하여 금융위원회의 허가를 받아 금융투자상품시장을 개설하는 자를 말하고, '거래소시장'이란 이러한 거래소가 개설하는 금융투자상품시장을 말한다.

한편 정보통신망이나 전자정보처리장치를 이용하여 거래소시장 외에서 상장주권 등의 매매체결업무를 수행할 수 있는 소위 대체거래소라고 불리는 다자간매매체결회사(Alternative Trading System : ATS) 설립도 가능하게 되었으며 이에 따라 2025년중 제1호 대체거래소인 넥스트레이드가 출범할 예정이다.

section 02 **유통시장의 기능**

유통시장은 다음과 같은 중요한 경제적 기능을 갖는다.

❶ 발행된 증권의 시장성과 유통성을 높여 투자자들의 투자를 촉진시킴으로써 발행 시장에서의 장기자본조달을 원활하게 함

② 시장성과 유통성이 높으면 적정가격으로 즉시 현금화가 가능해 증권의 담보력을 높여 줌으로써 증권을 담보로 한 차입을 용이하게 함

③ 다수의 투자자가 참여하는 자유경쟁시장인 유통시장에서 형성되는 증권의 가격은 공정하고 적정한 가격이라 할 수 있어 기업가치를 판단하는 근거가 됨

④ 유통시장에서 형성되는 가격은 발행시장에서 발행될 증권의 가격을 결정하는 근거가 됨

유통시장이 이러한 기능을 제대로 수행하기 위해서는 거래대상이 되는 증권의 발행물량이 많아야 하고, 발행된 증권이 다수의 투자자에게 분산·소유되어야 하며 증권의 매매·유통에 제약이 없어야 한다.

section 03 | 한국거래소

1 개설시장

한국거래소는 증권 및 장내파생상품의 공정한 가격 형성과 그 매매, 그 밖의 안정성과 효율성을 도모하기 위해 과거 증권선물거래소법에 의하여 설립된 법인이다. 개정 자본시장법에서는 한국거래소의 시장 개설 단위 전부에 대하여 개정 자본시장법에 의해 거래소 허가를 받은 것으로 보도록 하고 있으며, 현재 한국거래소가 개설하고 있는 시장은 유가증권시장, 코스닥시장 및 코넥스시장, 파생상품시장 등이 있다.

2 한국거래소의 회원

거래소의 회원이 아닌 자는 당해 거래소가 개설한 증권시장 및 파생상품시장에서의 매매거래를 하지 못한다. 다만, 회원관리규정에서 특정한 증권의 매매거래를 할 수 있도록 정한 경우에는 그 특정한 증권의 매매거래를 할 수 있다.

거래소의 회원은 거래소에 대한 결제이행책임의 부담 여부에 따라 ① 결제회원(자기의 명의로 성립된 증권의 매매거래나 장내파생상품거래 또는 매매전문회원으로부터 결제를 위탁받은 증권의 매매거래나 장내파생상품거래에 대하여 자기명의로 결제하는 회원), ② 매매전문회원(자기의 명의로 성립된 증권의 매매거래나 장내파생상품거래에 따른 결제를 결제회원에게 위탁하는 회원)으로 구분된다.

3 한국거래소의 주요 업무

거래소는 증권 및 장내파생상품의 매매 및 결제에 관한 업무, 증권의 상장 및 상장법인 공시에 관한 업무 등 자본시장법 또는 다른 법령에서 거래소가 운영할 수 있도록 한 경우와 별도의 인가를 받아 금융투자상품거래청산업을 영위하는 경우를 제외하고는 다른 업무를 할 수 없다. 한국거래소의 경우 금융위원회로부터 금융투자상품거래청산업 인가를 받아 법적 청산기관으로서의 기능을 수행하고 있다.

section 04 거래소시장의 구분

1 유가증권시장

유가증권시장은 종전의 한국증권거래소가 1956년에 개설한 시장을 계승한 것으로, 기업규모가 상대적으로 큰 기업들이 주로 상장되어 있는 우리나라 증권시장의 중심이 되는 시장이다.

현재 유가증권시장은 한국거래소가 특정 목적으로 가지고 운영하는 다른 증권시장(코스닥시장 및 코넥스시장)과는 달리 주권뿐만 아니라 지분증권, 채무증권, 수익증권, 파생결합증권 등이 상장되어 거래되고 있는 종합증권시장으로 운영되고 있다.

2 코스닥시장

코스닥시장은 중소기업 및 기술중심 기업의 자금조달을 지원하고 성장성이 큰 기업에 대한 투자자의 투자기회를 제공하기 위하여 운영하는 증권시장으로 다음과 같은 특징을 지니고 있다.

(1) 성장기업 중심의 시장

기업규모는 작지만 성장 잠재력이 높은 벤처기업, 유망중소기업 등이 용이하게 자금을 조달할 수 있는 시장이다.

특히 신생 벤처기업에 투자를 전문으로 하는 벤처금융(Venture Capital)회사들이 투자한 자금을 회수하고 새로운 유망 벤처기업을 발굴하여 지원할 자금조성의 장으로서 활용할 수 있어 벤처기업 등의 성장을 원활하게 하는 기능을 갖는다.

(2) 독립적 경쟁시장

코스닥시장은 유가증권시장의 보조적 시장이 아니라 독립된 경쟁시장이다.

(3) 금융투자업자의 역할과 책임이 중시되는 시장

코스닥시장의 상장기준은 유가증권시장에 비하여 완화된 수준이므로 우량종목 발굴에 대한 금융투자업자의 선별 기능이 중요하다. 특히, 설립 이후 실질적인 영업활동기간이 얼마 되지 않은 벤처기업의 경우 당해 기업에 대한 정보가 부족하므로 금융투자업자가 업종, 재무상황 등에 대한 분석정보의 제공이 필요하다.

(4) 투자자의 자기책임 원칙이 강조되는 시장

고위험·고수익(High Risk, High Return)의 새로운 투자수단을 제공해 주는 시장으로서 투자자의 자기책임 원칙이 중요하다.

3 코넥스시장

코넥스시장은 초기 중소기업에 대한 지원을 강화하기 위한 중소기업전용시장으로, 기술력을 갖춘 중소기업 지원을 위해 상장요건 및 공시의무 등을 최소화하여 유가증권시장 및 코스닥시장과 별도로 운영하고 있다.

chapter 05

상장제도

상장의 의의, 효과 및 혜택

1 상장의 의의

상장(Listing)이란 주식회사가 발행한 주권이 거래소[1]가 정하는 일정한 요건을 충족하여 증권시장에서 거래될 수 있는 자격을 부여하는 것을 말한다. 종종 '기업공개'라는 용어가 혼용되어 사용되는데, 이는 기업이 공모를 통하여 일반대중에게 발행주식을 분산시키는 상장 이전 단계를 의미한다.

---

1 현재 자본시장법에 의해 설립이 허가된 거래소는 한국거래소가 유일하므로, 한국거래소를 기준으로 설명한다. 이하 특별히 구별하여 사용하는 경우를 제외하고 거래소는 한국거래소를 지칭한다.

거래소에 상장되는 경우, 기업은 다음과 같은 효과를 기대할 수 있다.

(1) 직접자금 조달기회 및 능력의 증대

주권상장법인은 증권시장을 통해 유상증자와 해외 DR발행, 전환사채권, 교환사채권 발행 등 다양한 방법으로 일반대중으로부터 필요한 자금을 조달할 수 있다. 특히 기업 내용이 양호한 회사일수록 장기적·안정적이고 유리한 조건의 대규모 자본조달이 용이하다.

(2) 기업의 홍보효과와 공신력 제고

주권상장법인은 국내외 투자자를 비롯한 많은 사람들의 관심의 대상이 되며, 기업의 재무내용이나 경영상황이 신문, TV, 금융투자업계의 각종 자료 등을 통하여 국내외에 전달됨으로써 기업의 인지도를 제고할 수 있다.

또한 회사의 지명도와 상품을 연계함으로써 홍보효과를 증대시킬 수 있고, 해외진출 및 해외합작투자를 모색할 경우에 상장기업으로서의 지명도가 큰 도움이 될 수 있다.

(3) 종업원의 사기진작과 경영권의 안정효과

종업원에게 자사주식을 분배함으로써 종업원의 주인의식을 제고하여 생산성 향상을 도모할 수 있고, 종업원이 자사주식을 보유하게 되면 우호적인 주주집단이 되어 경영권을 안정시킬 수 있는 부수적인 효과도 얻을 수 있다.

(4) 투자자본의 회수효과

상장을 계기로 주권거래가 활성화됨과 동시에 주가 상승이 이루어질 가능성이 높기 때문에, 회사 설립자나 비상장 단계에서 투자한 투자자의 경우 투자자본을 회수할 기회가 제공된다.

(5) 소유와 경영의 분리 가속화

주권상장법인은 주식분산요건을 충족시켜야 하기 때문에, 지분분산이 원활히 이루어져 소유와 경영의 분리가 가속화하는 효과를 기대할 수 있다.

(6) 구조조정의 추진이 용이

주권상장법인은 기업분할 재상장제도, 지주회사 상장제도 등 기업의 구조조정과 관련된 제도를 적극적으로 활용하여 기업의 목적에 맞는 방법으로 구조조정을 추진할 수 있다.

3 상장기업의 혜택

(1) 주식 양도소득세 비과세

비상장주식의 경우 양도차익의 20%(중소기업의 주식을 소유한 소액주주의 경우 10%, 중소기업 이외의 기업의 주식을 소유한 대주주로서 1년 미만 보유한 경우 30%)를 세금으로 납부하여야 하나, 주권상장법인이 발행한 주식의 경우에는 대주주[2] 및 특수관계자 이외의 자의 증권시장을 통한 양도에 대해 양도소득세를 부과하지 않는다.

(2) 자본시장법상의 특례

❶ 주식매수청구권(법 제165조의5) : 상법에서의 주식매수청구권은 주식교환, 영업의 양도·양수 및 임대, 합병, 간이합병 등의 경우에만 인정되나, 자본시장법에서는 이외에도 상장법인의 간이주식교환, 주식이전, 분할합병 등의 경우에도 상장법인의 주주에게 주식매수청구권을 행사할 수 있도록 하고 있음. 이는 반대주주에 대한 정당한 보상을 통해 합병 등 회사의 중요 활동이 원활하게 이루어지도록 지배주주와 군소주주의 이해관계를 조정하기 위한 제도로서, 소액주주를 보다 두텁게 보호하기 위한 장치를 마련한 것임

❷ 주식의 발행 및 배정 등에 관한 특례(법 제165조의6) : 상법에서는 주주 외의 자에게 신주를 배정하는 것은 신기술의 도입, 재무구조의 개선 등 회사의 경영상 목적을 달성하기 위하여 필요한 경우로 한정하고 있으나, 자본시장법에서는 신주배정

---

2 일반적으로 대주주라고 하면 최대주주를 의미하나, 여기서 말하는 대주주는 소득세법 시행령 제157조에서 규정하고 있는 대주주를 말한다.

의 유형을 ① 주주배정방식, ② 제3자배정방식, ③ 일반공모방식 등으로 명확히 규정하여 회사는 신주배정방법의 틀 내에서 자유로운 자금조달 활동이 가능하도록 하고 있음

❸ 우리사주조합원에 대한 우선배정(법 제165조의7) : 유가증권시장 상장법인 또는 주식을 신규로 유가증권시장에 상장하고자 하는 법인이 주식을 공모하는 경우에 당해 법인의 우리사주조합원은 공모하는 주식 총수의 20%를 우선적으로 배정받을 권리가 있다. 이것은 코스닥시장 상장법인에게는 적용되지 않음[3]

한편, 우리사주조합원이 취득한 주식은 종업원지주제도의 취지에 따라 1년간 보유하도록 의무화하고 있으며, 한국증권금융(주)에 예탁된 주식은 퇴직하거나 예탁 후 1년이 경과한 경우 또는 주택구입이나 치료비 마련 등 예탁주식의 매각이 불가피한 사유가 발생한 경우에만 인출이 허용

❹ 액면미달발행에 대한 특례(법 제165조의8) : 상법에서는 주식의 액면미달 발행 시 법원의 인가를 받도록 되어 있으나, 주권상장법인은 법원의 인가 없이 주주총회 특별결의만으로 주식의 액면미달발행이 가능

❺ 조건부자본증권의 발행(법 제165조의11) : 주권상장법인은 상법에서 정하고 있는 주식관련사채(교환사채, 전환사채, 신주인수권부사채) 외에도 정관으로 정하는 바에 따라 이사회의 결의로 '전환형 조건부자본증권'과 '상각형 조건부자본증권'을 발행할 수 있음

❻ 이익배당의 특례(법 제165조의12) : 상법상에서는 이익의 배당은 주주총회의 승인을 받도록 하고 있고, 연 1회의 결산기를 정한 회사는 영업연도 중 1회에 한하여 이사회의 결의로 일정한 날을 정하여 그 날의 주주에 대하여 이익을 배당(중간배당)할 수 있도록 규정하고 있음. 그러나 주권상장법인은 정관에 그 근거규정을 두고 사업연도 개시일부터 3월, 6월, 9월의 말일에 주주에게 이사회 결의로써 금전으로 이익배당(분기배당)을 할 수 있음

❼ 주식배당의 특례(법 제165조의13) : 상법상 주식배당은 이익배당총액의 1/2을 초과하지 못하나, 주권상장법인의 경우에는 시가[4]가 액면가액 이상인 경우 이익배당총액에 상당하는 금액까지 주식배당을 할 수 있음

---

3 코스닥시장 상장법인은 우리사주조합에 대한 우선 배정이 법으로 강제되어 있지는 않으나, 대부분의 코스닥시장 상장기업도 상장 시 우리사주조합에 일정량을 우선 배정하고 있다.
4 사업연도 초일부터 주총 전일까지의 종가 평균과 주총 전일 종가 중 낮은 가액

⑧ 의결권이 없거나 제한되는 주식의 발행한도 특례(법 제165조의15) : 주권상장법인이 외국에서 주식을 발행하거나 외국에서 발행한 주권 관련 사채권, 기타 주식과 관련된 증권의 권리행사로 주식을 발행하는 경우, 국가기간산업 등 국민경제상 중요한 산업을 경영하는 법인 중 금융위원회가 의결권 없는 주식의 발행이 필요하다고 인정하는 경우 등의 의결권이 없는 주식은 상법상 의결권에 배제되는 종류주식의 발행한도(발행주식 총수의 1/4) 계산에 산입하지 않음. 다만, 위의 의결권 없는 주식과 상법에 따라 발행된 의결권이 없거나 제한되는 종류주식의 합은 발행주식 총수의 1/2을 초과해서는 아니 됨

(3) 기타 혜택

❶ 보증금 등의 대신 납부 : 국가, 지방자치단체 또는 정부투자기관에 납부할 보증금 또는 공탁금 중 입찰보증금, 계약보증금, 하자보수보증금 및 공탁금은 거래소에서 정한 대용 가격으로 평가하여 상장증권으로 대신 납부할 수 있음

❷ 주주총회 소집절차의 간소화 : 상법상 주주총회의 소집통지는 각 주주에게 서면 또는 전자문서로 하여야 하나, 주권상장법인은 의결권 있는 발행주식 총수의 1% 이하를 소유하는 주주에 대하여는 주주총회일 2주 전에 2개 이상의 일간신문에 각각 2회 이상 공고하거나 금융감독원 또는 거래소가 운영하는 전자공시시스템에 공고함으로써 주주총회 소집통지에 갈음할 수 있음

❸ 증권거래세 탄력세율 적용(증권거래세법 제8조 및 시행령 제5조) : 주권비상장법인의 주식을 양도하는 경우는 0.35%의 증권거래세율을 적용하나, 2025년 기준 유가증권시장을 통해 양도되는 주권에 대하여는 0%(농어촌특별세 0.15% 별도 부담), 코스닥시장 및 K-OTC시장[5]에서 양도되는 주권은 0.15%, 코넥스시장에서 양도되는 주권은 0.1%의 탄력세율을 적용

❹ 상속 및 증여재산의 평가기준(상속세 및 증여세법 제63조 및 시행령 제52조의2) : 상속 및 증여의 경우 주권비상장법인의 주식은 상속세 및 증여세법에서 정한 산식으로 평가하나, 주권상장법인의 주식의 평가는 평가기준일(상속개시일 또는 증여개시일) 전·후 각 2개월간의 거래소 최종 시세가액 평균으로 평가

---

5 K-OTC시장이란 한국금융투자협회가 자본시장법 제286조 제1항 제5호, 자본시장법 시행령 제178조 제1항 및 금융위원회의 「금융투자업규정」 제5-2조에 따라 증권시장에 상장되지 아니한 주권의 장외매매거래를 위하여 운영하는 장외시장을 말한다.

1 상장의 원칙

(1) 신청에 의한 상장

증권의 상장은 당해 증권의 발행인으로부터 상장신청이 있어야만 가능하다. 단, 거래소는 ① 증권의 상장신청서 등의 형식을 제대로 갖추지 아니한 경우, ② 증권의 상장신청서 등에 허위의 기재 또는 표시가 있거나 중요한 사항이 기재 또는 표시되지 않은 경우, ③ 증권의 상장신청이 공익과 투자자 보호 및 시장관리 측면에서 부적절하다고 판단되는 경우에 증권의 상장신청을 거부할 수 있다.

(2) 주권의 전부 상장

주권을 상장하고자 하는 경우 이미 발행한 주권 중 그 일부만을 상장신청할 수 없다. 다만 종류주식의 경우에는 종목별로 상장신청이 가능하며, 외국거래소에 이미 주권의 일부만을 상장한 법인은 증권시장에 잔여분 전부를 상장신청하여야 한다.

(3) 주권의 상장유예

주권을 상장하고자 하는 법인이 상장신청한 주권이 신주발행의 효력 등과 관련하여 소송의 분쟁이 발생한 경우와 주권의 배당기산일이 주권의 종류별로 동일하지 않은 경우에는 그 사유가 해소될 때까지 상장을 유예할 수 있다.

(4) 재무내용의 적용기준

거래소시장 상장과 관련하여 적용하는 재무내용에 관한 사항은 주식회사의 외부감사에 관한 법률에 의한 감사인의 감사보고서상 재무제표를 기준으로 한다. 다만, 감사인의 감사결과 회계처리기준 위반으로 한정의견이 제시된 경우에는 한정사항을 반영한 수정된 재무제표를 기준으로 한다.

2 대상증권

유가증권시장에 상장할 수 있는 증권은 자본시장법상 증권으로 국채증권, 지방채증권, 특수채증권, 사채권, 출자증권, 주권 또는 신주인수권증서, 수익증권 등이 있다.

section 03 상장절차

1 상장신청 사전협의

거래소는 상장예비심사신청서 등의 부실기재를 사전에 예방하기 위해 상장예비심사신청서 제출 전에 대표주관회사로부터 상장예비심사신청서 초안, 대표주관회사 종합의견, 실사의무(Due-Diligence) 체크리스트, 감사보고서를 제출받아 그 기재내용을 확인하고 있다.

외국주권 상장신청인은 상장예비심사신청서를 제출하기 통상 최소 1개월 전에 거래소와 반드시 사전협의를 실시하여야 한다. 이는 외국기업의 경우 국내기업과 제도적, 법률적 환경이 다르므로 사전협의 단계에서 당해 외국기업의 정관, 설립지 국가의 법조항 등을 검토할 시간이 필요하기 때문이다.

2 상장예비심사신청서 제출

거래소에 발행주권을 상장하고자 하는 법인은 신규상장 신청 전에 거래소에 주권의 상장예비심사신청서를 제출하여 상장적격 여부에 대해 심사를 받아야 한다. 12월 결산법인의 경우 결산확정, 외부감사보고서 제출 및 주주총회 일정을 감안하여 제출시기를 정해야 하며, 심사 신청시기가 당해 사업연도의 6월이 경과한 때에는 반기재무제표에 대한 외부감사인의 검토보고서를 제출하여야 한다.

상장예비심사신청서는 상장신청인의 재무내용을 포함하여 주요 사업과 해당 산업의 현황을 기술하고, 지배구조 및 이해관계자와의 거래 관련 사항 등을 기재한다.

3 상장예비심사 절차

(1) 상장예비심사신청서류 검토

상장심사는 상장신청인 및 대표주관회사가 제출한 상장예비심사 신청서류를 기반으로 상장예비심사를 신청한 기업이 상장규정에 명시되어 있는 상장요건(형식적 심사요건 및 질적 심사요건)을 충족하는지 검토하는 과정이다.

심사를 진행하면서 주요 심사 포인트가 결정되면 거래소는 해당 이슈에 대하여 대표주관회사와 상장신청인의 구체적인 의견을 요청하게 되는데, 이때 상장신청인과 대표주관회사는 주요 심사포인트에 대한 입장을 서면 또는 전자우편으로 제출할 수 있다.

(2) 상장공시위원회 심의

상장예비심사 결과는 회계·법률 등 각 분야의 전문가로 구성된 상장공시위원회의 심의를 거쳐 결정된다.

상장공시위원회의 심의 결과는 승인, 재심의 및 미승인으로 구분된다. 승인은 상장적격성이 인정된 것으로 상장신청인은 즉시 공모 및 신규상장 절차를 진행할 수 있으며, 재심의는 투자자 보호 등의 관점에서 일부 사안에 대해 보완 조치를 요구받은 것으로, 해당사항의 보완조치 완료 후 상장공시위원회의 심의 절차를 한번 더 거쳐야 한다. 미승인은 상장적격성을 인정하지 않는 것으로, 상장신청인은 미비사항(경영실적, 지배구조, 내부통제 시스템 등)을 대표주관회사의 도움을 받아 재정비한 이후, 다시 거래소에 상장예비심사신청서를 제출할 수 있다.

(3) 상장예비심사 결과의 통지

거래소는 상장예비심사신청일로부터 영업일 기준으로 45일(신속이전기업 30일, 외국기업 1차 상장 65일) 내에 그 상장예비심사 결과를 당해 상장예비심사신청인과 금융위원회에 문서로 통지하여야 한다. 다만, 상장예비심사신청서 및 첨부서류의 정정 또는 보완이 필요하거나 그 밖에 추가적인 심사가 필요한 경우에는 그 결과 통지를 연기할 수 있다.

한편, 상장예비심사 결과를 통지한 후 상장예비심사신청인이 다음의 어느 하나에 해당되어 당해 상장예비심사 결과에 중대한 영향을 미친다고 거래소가 인정하는 경우에는 당해 상장예비심사 결과에 관하여 그 효력을 인정하지 않을 수 있다. 이 경우 당해 상장예비심사신청인이 다시 증권의 상장을 신청하려면 상장예비심사신청서를 다시 제출하여 심사를 받아야 한다.

① 경영상 중대한 사실이 발생한 경우
② 투자자 보호에 중요한 사항이 상장예비심사신청서에 거짓으로 기재되거나 기재되지 않은 사실이 발견된 경우
③ 신규상장 신청인이 국내 회계기준 위반으로 증권선물위원회로부터 검찰 고발·검찰 통보·증권발행 제한 또는 과징금 부과 조치를 받은 경우
④ 투자설명서, 예비투자설명서, 간이투자설명서의 내용이 상장신청서와 다른 경우
⑤ 상장예비심사 결과를 통보받은 날로부터 6개월 이내에 신규상장신청서를 제출하지 않은 경우(다만 불가피한 경우 거래소 승인을 득하면 6개월 연장 가능)
⑥ 상장예비심사 신청일 후 상장일 전일까지 제3자배정방식으로 신주를 발행하는 경우

4 신규상장심사

상장을 준비하는 기업은 거래소로부터 두 번의 심사를 받아야 한다. 상장예비심사는 상장자격에 대한 심사를 뜻하며, 신규상장심사는 분산요건, 시가총액 요건 등의 충족 여부 심사를 말한다. 상장예비심사를 통과한 기업이 공모를 통하여 주식분산 요건을 충족하게 되면 신규상장을 신청하게 되고, 거래소는 최종적으로 신규상장심사를 진행한다.

거래소는 주식분산요건 등 상장예비심사 시 확인되지 않은 사항과 명의개서대행계약 체결 여부, 주금납입 여부 등을 확인한다. 또한 신규상장심사 시점을 기준으로 상장요건 충족 여부를 다시 검토하고, 상장신청인의 영업·경영환경 등에 중대한 변화가 발생하지 않았다면 공모를 통한 주식분산요건 충족 여부만 추가로 확인하고 있다.

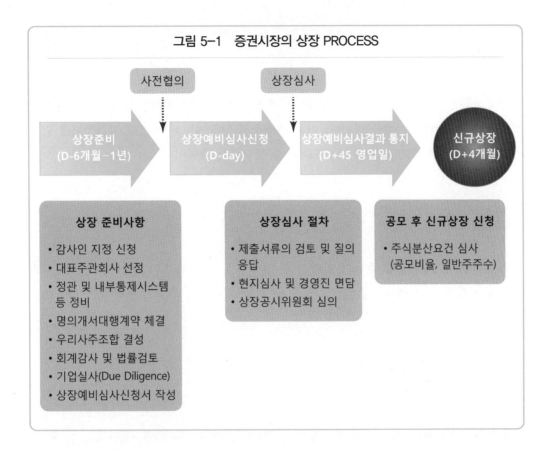

그림 5-1 증권시장의 상장 PROCESS

사전협의 → 상장심사

상장준비
(D-6개월~1년)

상장예비심사신청
(D-day)

상장예비심사결과 통지
(D+45 영업일)

신규상장
(D+4개월)

상장 준비사항
- 감사인 지정 신청
- 대표주관회사 선정
- 정관 및 내부통제시스템 등 정비
- 명의개서대행계약 체결
- 우리사주조합 결성
- 회계감사 및 법률검토
- 기업실사(Due Diligence)
- 상장예비심사신청서 작성

상장심사 절차
- 제출서류의 검토 및 질의 응답
- 현지심사 및 경영진 면담
- 상장공시위원회 심의

공모 후 신규상장 신청
- 주식분산요건 심사 (공모비율, 일반주주수)

상장의 종류

상장의 종류는 증권의 종류에 따라 주권, 외국주권 및 외국주식예탁증권, 채무증권(채권, 외국채무증권 포함), 신주인수권증권, 신주인수권증서, ETF(상장지수집합투자기구집합투자증권), 수익증권, 투자회사주권 및 부동산투자회사주권, 선박투자회사주권 및 주식워런트증권, 상장지수증권(ETN) 등의 상장이 있는데, 주권을 중심으로 상장의 종류를 살펴보면 그 내용은 다음과 같다.

1 신규상장

신규상장은 거래소에 주권이 상장되어 있지 아니한 주권의 발행인이 처음으로 증권시장에 주권을 상장하는 것을 말한다. 이는 거래소의 상장예비심사 결과 적격통보를 받은 법인이 모집·매출(공모)을 통해 자금조달한 후 상장하는 형태이다.

2 추가 상장

추가 상장은 기상장된 주권의 발행인이 유상 또는 무상증자, 기업합병, 전환사채권 등의 권리행사, 주식배당, 예탁증권 발행 등과 같이 새로이 주권을 발행하여 상장하는 것이다.

신주일괄상장신청제도

신주일괄상장신청이란 주권상장법인이 신주인수권증권, 신주인수권부사채권, 전환사채권의 권리 행사 또는 주식매수선택권의 행사로 인한 발행예정 총주식수에 대하여 권리행사 가능일 직전일까지 일괄하여 상장을 신청하는 것을 말한다.

3 변경상장

변경상장은 당해 주권의 종목(상호), 액면금액, 수량(자본감소, 병합 등으로 주식수 감소) 등이 변경된 경우 해당 종목명 등을 변경하는 것을 말한다.

4 재상장

재상장이란 ① 유가증권시장에서 상장이 폐지된 보통주권의 발행인이 상장폐지일부터 5년 이내에 해당 보통주권을 다시 상장하는 것(일반 재상장), ② 보통주권 상장법인의 분할이나 분할합병에 따라 설립된 법인의 보통주권을 상장하는 것(분할 재상장),[6] ③ 보통주권 상장법인 간의 합병에 따라 설립된 법인의 보통주권을 상장하는 것(합병 재상장)을 말한다. 재상장은 신규상장요건보다는 완화된 요건을 적용하며, 재상장을 신청할 수 있는 시기는 상장폐지된 법인의 경우 상장이 폐지된 날로부터 5년 이내, 분할·분할합병에 의해 설립된 법인은 분할·분할합병을 위한 이사회 결의 후에 지체 없이 하여야 한다.

다만, 코스닥시장에서는 일반 재상장의 경우를 재상장으로 분류하지 않고 합병 재상장 및 분할 재상장만을 재상장으로 인정하고 있다.

5 우회상장

우회상장은 주권상장법인이 주권비상장법인과의 합병, 포괄적 주식교환 및 중요한 영업의 양도, 주권비상장법인의 주요 출자자로부터의 중요한 자산(지분증권) 양수 및 현물출자로 인하여 경영권이 변동되고, 주권비상장법인의 지분증권이 상장되는 효과가 있는 경우를 말한다.

주권비상장법인 또는 당해 법인의 최대주주 등과 우회상장에 해당하는 거래를 하고자 하는 거래소상장법인은 우회상장 예비심사신청서를 거래소에 제출하여 그 심사를 받아야 한다. 이에 따라 우회상장신청인은 우회상장 해당 여부, 우회상장절차, 상장예비심사신청서 작성 등과 관련하여 거래소와 사전에 협의하여야 한다.

section 05 신규상장심사요건

1 신규상장심사요건의 개요

거래소의 상장심사요건은 크게 형식적 심사요건과 질적 심사요건으로 구분된다. 형식적 심사요건은 상장을 희망하는 기업의 영업활동 및 실적, 주주분포 등 상장예비심사

---

6 물적분할에 따른 분할이나 분할합병은 제외한다.

를 신청할 수 있는 자격요건(양적요건, 외형요건)으로 형식적 심사요건 미비 시에는 거래소에 상장예비신청을 할 수 없다.

질적 심사요건은 형식적 심사요건을 충족한다는 전제하에 거래소에서 심사하는 요건으로, 크게 기업의 계속성, 경영 투명성 및 안정성, 투자자 보호 등의 관점에서 심사한다.

2 상장심사요건

(1) 영업활동 기간

신규상장심사 신청인은 상장예비심사신청일 현재 설립 후 3년 이상 경과하고 계속적으로 영업을 하고 있어야 한다. 설립 후 경과연수는 법인등기부등본의 설립일을 기준으로 한다.

(2) 기업규모 및 상장예정주식수[7]

유가증권시장에 상장하고자 하는 기업의 경우에는 상장예비심사 신청일 현재 상장예정 보통주식 총수가 100만 주 이상이고, 자기자본이 300억 원 이상이어야 한다.

반면, 코스닥시장은 중소·벤처기업 중심의 시장이라는 점을 반영하여 유가증권시장에 비해 대폭 완화된 규모요건을 적용하고 있는데, 코스닥시장에 상장하고자 하는 기술성장기업은 상장예비심사 신청일 현재 자기자본이 10억 원 이상이거나 보통주식의 기준시가총액[8]이 90억 원 이상이어야 한다.

표 5-1 영업활동기간 및 기업규모 관련 유가증권시장과 코스닥시장 신규상장심사요건 비교(일반법인 기준)

요건	유가증권시장	코스닥시장
경과연수	3년 이상	면제
자기자본	300억 원 이상	–
상장주식수	100만 주 이상	–

---

7 상장예비심사 신청 후 모집 또는 매출하는 법인은 신규상장 신청일 현재의 자기자본 및 상장 예정 주식 총수를 기준으로 한다.

8 기준시가 총액＝공모 가격×상장 예정 주식수(시장이전기업 또는 2차상장 외국기업의 경우 증권시장 시세)

(3) 주식분산요건

증권시장은 다수의 투자자가 다양한 투자판단을 가지고 참여할 때, 원활한 매매거래와 공정 가격 형성이 가능하다. 이러한 측면에서 거래소는 신규상장법인에 대하여 일정한 규모의 주식분산이 이루어져 있을 것을 요구하고 있는데, 유가증권시장과 코스닥시장에서의 주식분산 요건은 〈표 2－2〉와 같다.

표 5－2 주식분산 관련 유가증권시장과 코스닥시장 신규상장심사요건 비교(일반법인 기준)

요건	유가증권시장	코스닥시장
주식분산	(1), (2) 요건을 모두 충족 (1) 아래의 지분요건 중 하나를 충족 • 일반주주 지분 25% 이상 or 일반주주 소유주식수 500만 주 이상 • 총공모지분 25% 이상 or 총공모주식수 500만 주 이상 • 심사 신청 후 공모지분이 10% 이상 & 자기자본(or 기준시가총액) 기준으로 일정 주식수 이상 • 국내외 동시공모 10% 이상 & 국내 공모 주식수 100만 주 이상 (2) 일반주주 500명 이상	(1), (2) 요건을 모두 충족 (1) 아래의 지분요건 중 하나를 충족 • 소액주주 지분 25% 이상으로서, 아래의 요건 중 하나를 충족 　－심사 신청일 현재 소액주주 지분이 25% 미만인 경우 → 신청 후 10% 이상 공모 & 공모 후 소액주주 지분 25% 이상 　－심사 신청일 현재 소액주주 지분이 25% 이상인 경우 → 신청 후 5% 이상 공모 & 공모 가액 10억 원 이상 • 심사 신청 후 공모지분이 10% 이상 & 자기자본(or 기준시가 총액) 기준으로 일정 주식수 이상 • 모집에 의한 소액주주 지분 25% 이상 or 10% 이상으로 자기자본(or 기준시가총액) 기준으로 일정 주식수 이상 • 공모 보통주식 총수가 발행주식 총수 및 보통주식 총수의 25% 이상 • 국내외 동시공모 20% 이상 & 국내 공모 주식수 30만 주 이상 (2) 소액주주 500명 이상

(4) 경영성과

상장은 거래소시장에서 거래될 수 있는 자격을 부여하는 것이므로, 투자자를 보호하기 위해서는 기업의 수익성 또는 성장성 측면에서 일정 수준이 충족되어야 한다. 이러한 측면에서 거래소는 신규상장기업에 대해 〈표 2－3〉과 같이 일정 수준의 경영성과를 요구하고 있는데, 코스닥시장의 경우 아직 규모는 적으나 성장 가능성이 큰 기업에 대해서도 상장을 통한 자금조달기회를 제공하기 위하여 매출액증가율 기준을 병행하고 있다.

| 표 5-3 | 경영성과 등 관련 유가증권시장과 코스닥시장 신규상장심사요건 비교(일반법인 기준) |

요건	유가증권시장	코스닥시장
매출액, 수익성, 기준시가 총액, 이익액, 자기자본	다음 ①~⑤ 중 어느 하나에 해당 ① 매출액 및 수익성 　• 최근 3 사업연도 평균 매출액 700억 원 이상 & 최근 사업연도 매출액 1,000억 원 이상 　• 수익성은 다음 중 하나를 충족 　　－이익액²⁾ 최근 30억 원 & 3년 합계 60억 원 이상 　　－자기자본이익률³⁾ 최근 5% 이상 & 3년 합계 10% 이상 　　－자기자본 1,000억 원 이상인의 경우 : (최근 자기자본이익률³⁾ 3% 이상 or 최근이익 50억 원 이상) & 최근 영업현금(＋) ② 매출액 및 시가총액 　최근 사업연도 매출액 1,000억 원 이상 & 기준시가 총액 2,000억 원 이상 ③ 이익액 및 시가총액 　최근 사업연도 이익액 50억 원 이상 & 기준시가 총액 2,000억 원 이상 ④ 시가총액 및 자기자본 　기준시가 총액 5,000억 원 이상 & 자기자본 1,500억 원 이상 ⑤ 기준시가 총액 1조원 이상	다음 ①~⑨ 중 어느 하나에 해당 (수익성 매출액기준) ① 법인세차감전계속사업이익 20억 원 & 시총 90억 원 ② 법인세차감전계속사업이익 20억 원 & 자기자본 30억 원 ③ 법인세차감전계속사업이익 있을 것 & 시총 200억 원 & 매출액 100억 원 ④법인세차감전계속사업이익 50억 원 (시장평가·성장성 기준) ⑤ 시총 500억 원 & 매출 30억 원 & 최근 2사업연도 평균 매출증가율 20% 이상 ⑥ 시총 300억 원 & 매출 100억 원 이상 ⑦ 시총 500억 원 & PBR 200% ⑧ 시총 1,000억 원 ⑨ 자기자본 250억 원

주 : 1) 연결재무제표 작성대상법인의 경우 연결재무제표 기준
　　2) 당해 사업연도의 영업이익/법인세비용차감전계속사업이익/당기순이익 중 적은 금액을 기준으로 함.
　　3) 자기자본이익률(ROE) = 당기순이익/자기자본×100

(5) 감사인의 감사의견

재무제표는 상장기업에 대한 가장 기본적인 공시자료로, 투자자 보호를 위해서는 그 진정성이 담보될 필요가 있다. 이에 따라 거래소는 상장희망기업에 대해 〈표 2-4〉와 같이 일정 수준 이상의 감사결과를 요구하고 있다.

표 5 - 4 **감사의견 관련 유가증권시장과 코스닥시장 신규상장심사요건 비교 (일반법인 기준)**

요건	유가증권시장	코스닥시장
감사의견*	− 최근 사업연도 : 적정 − 최근 사업연도 전 2사업연도 : 적정 or 한정 　(감사범위 제한에 따른 한정은 제외)	− 최근 사업연도 : 적정

* 연결재무제표 작성대상법인의 경우 연결재무제표에 대한 감사의견 포함

(6) 주식양도의 제한

거래소시장에 상장되기 위해서는 주식의 자유로운 유통이 보장되어야 하므로 주식의 양도에 대한 제한이 없어야 한다. 그러나 법령 또는 정관 등에 의하여 주식의 양도가 제한되는 경우로서 그 제한이 거래소시장에서의 매매거래를 저해하지 않는다고 인정되는 때에는 양도제한의 불가피성을 인정하고 있다.

3 주권의 질적 심사요건

거래소는 상장희망법인 중 형식적 심사요건을 충족한 법인의 주권을 상장하는 것이 적합한지에 대하여 다음과 같은 사항을 종합적으로 고려하여 심사한다.

❶ 기업의 계속성 : 거래소에 상장하고자 하는 법인은 영업, 재무상황 및 경영환경 등에 비추어 기업의 계속성이 인정되어야 함. 이를 위해 거래소는 상장신청인의 영업의 계속성, 재무안정성 유지 여부 등을 심사

❷ 경영의 투명성 및 안정성 : 거래소 상장법인은 기업지배구조, 내부통제제도, 공시체계 및 특수 관계인과의 거래 등에 비추어 경영투명성이 인정되어야 함. 또한 지분 당사자 간 관계, 지분구조 변동 내용·기간 등을 감안한 기업경영의 안정성 유지도 주된 심사기준임

❸ 상법상의 주식회사 : 상장하고자 하는 법인의 법적 성격과 운영방식 측면에서 상법상 주식회사로 인정될 수 있어야 함. 또한 소액주주가 상법에 따라 권리를 충분히 행사할 수 있도록 운영되어야 함

❹ 투자자 보호 및 공익실현 : 투자자 보호는 거래소 상장심사의 가장 기본이 되는 항목으로, 상장 전 증자나 주식거래, 상장업무 관련 이해관계자의 주식투자 등

으로 경영안정성 및 주주이익이 침해되지 않아야 함. 또한 상장신청인의 업종이 선량한 풍속 그 밖의 사회질서에 위반하지 않고 상장 후 매매거래의 충분한 유동성을 확보할 수 있는 등 투자자 보호와 공익실현을 해치지 않는다고 인정되어야 함

⑤ 기타 투자자 보호 및 거래소시장의 건전한 발전을 저해하지 않는다고 인정되어야 함

4 신규상장요건의 적용 특례

(1) 공공적법인등[9]에 대한 상장심사요건의 적용 특례

거래소가 공익 실현과 투자자 보호를 위하여 공공적법인등의 신속한 상장이 필요하다고 인정하는 경우에는 해당 공공적법인등에 대하여 다음과 같은 최소한의 상장심사요건만을 적용하고 나머지 요건과 주권의 질적 심사요건을 적용하지 않을 수 있다.

① 공공적법인 및 민영화 대상 공기업 : 주식양도제한 요건
② 특수법인 및 정부지배 공공기관 : 주식분산요건(유가증권시장의 경우에만 해당) 및 주식양도 제한요건

(2) 지주회사에 대한 상장심사요건의 적용 특례(유가증권시장)

다음의 ①, ②, ③ 모두를 충족하는 지주회사에는 영업활동기간 요건, 경영성과 요건을 적용하지 않는다.

① 모든 상장 자회사의 발행주식 총수를 소유하고 있을 것
② 상장 자회사의 주식 가격 합계가 전체 자회사의 주식 가격 합계에서 차지하는 비중이 75% 이상일 것

---

9 "공공적법인등"이란 다음 각 목의 어느 하나에 해당하는 자를 말한다.
 • 자본시장법 제152조 제3항에 따른 공공적 법인("공공적법인")
 • 특별한 법률에 따라 직접 설립된 법인("특수법인")
 • 「공공기관의 운영에 관한 법률」 제4조 제1항 제3호에 따른 공공기관 중 정부가 100분의 50 이상의 지분을 가진 기관("정부지배공공기관")
 • 「공기업의 경영구조 개선 및 민영화에 관한 법률」 제2조에 따른 법인("민영화 대상 공기업")

❸ 상장 자회사 중 주식 가격이 가장 작은 회사보다 주식 가격이 큰 비상장 자회사가 있는 경우에는 해당 비상장 자회사가 상장심사요건 중 수익성 요건과 감사의견 요건을 충족하고 있을 것

(3) 벤처기업 및 기술성장기업에 대한 특례(코스닥)

벤처기업이란 첨단의 신기술과 아이디어를 개발하여 사업에 도전하는 창조적인 중소기업으로, 개인 또는 소수의 창업인이 위험성은 크지만 성공할 경우 높은 기대수익이 예상되는 신기술과 아이디어를 독자적인 기반 위에서 사업화하려는 신생중소기업을 말한다.

거래소는 벤처기업이 보다 용이하게 자금을 조달할 수 있도록 지원함으로써 우리나라 경제의 미래 성장기반을 마련하고 벤처기업의 성장과실을 투자자가 함께 공유할 수 있도록, 벤처기업의 코스닥시장 상장요건을 일반기업의 요건보다 완화하여 적용하고 있다.

또한 벤처기업 중에서 기술성 등에 관한 전문평가기관의 평가를 받고 전문평가기관의 평가결과가 A등급 이상인 기술력과 성장성이 인정되는 기술성장기업에 대해서는 경영성과 요건과 자기자본이익률 요건을 적용하지 않는 등 신규상장심사요건의 특례를 적용하고 있다.

요건	일반기업	벤처기업	기술성장기업
자기자본	-	-	10억 원 이상
시가총액	-	-	90억 원 이상
경영성과, 시장평가 (택일)	① 법인세차감전계속사업이익 20억 원 & 시총 90억 원 ② 법인세차감전계속사업이익 20억 원 & 자기자본 30억 원 ③ 법인세차감전계속사업이익 있을 것 & 시총 200억 원 & 매출액 100억 원 ④ 법인세차감전계속사업이익 50억 원 ⑤ 시총 500억 원 & 매출 30억 원 & 최근2사업연도 평균 매출증가율 20% 이상	① 법인세차감전계속사업이익 10억 원 & 시총 90억 원 ② 법인세차감전계속사업이익 10억 원 & 자기자본 15억 원 ③ 법인세차감전계속사업이익 있을 것 & 시총 200억 원 & 매출액 50억 원 ④ 법인세차감전계속사업이익 50억 원 ⑤ 시총 500억 원 & 매출 30억 원 & 최근2사업연도 평균 매출증가율 20% 이상	〈기술평가특례〉 -전문평가기관의 기술 등에 대한 평가를 받고 평가 결과가 A등급 & BBB 등급 이상 일 것

⑥ 시총 300억 원 & 매출액 100억 원 이상	⑥ 시총 300억 원 & 매출액 50억 원 이상	〈성장성 추천〉
⑦ 시총 500억 원 & PBR 200%	⑦ 시총 500억 원 & PBR 200%	－상장주선인이 성장성을 평가하여 추천한 중소기업
⑧ 시총 1,000억 원	⑧ 시총 1,000억 원	일 것
⑨ 자기자본 250억 원	⑨ 자기자본 250억 원	

(4) 코넥스 신속이전 상장

코넥스기업 활성화를 위해 코넥스 신속이전 상장요건을 별도로 두고 있으며, 총 6개의 Track과 신속합병상장을 통한 이전상장이 있다. 공통으로 적용되는 요건은 ① 코넥스 상장 후 1년 경과, ② 지정자문인(상장주선인) 추천, ③ 기업경영의 건전성 충족의 3가지이다. 트랙별로 최근사업연도 이익, 소액주주수 등에서 차이가 있다.

5 상장주권의 의무보유

'의무보유'란 기업공개 시 주식의 안정적인 수급을 통해 공정한 주식 가격 형성을 도모하고, 내부자의 불공정한 차익거래로부터 다수의 소액투자자들을 보호하기 위해 일정한 요건에 해당하는 주주들의 주식매도를 일시적으로 제한하는 것으로, 신규상장기업 핵심 주주들의 책임경영 원칙을 확립하기 위한 제도라 할 수 있다. 이는 주식양도를 전면적 또는 영구적으로 제한하거나 주식양도 시 이사회의 승인을 요구하는 것이 아니므로 강제적인 주식양도제한과는 구별된다.

유가증권시장의 최대주주와 특수관계인은 상장 후 최소 6개월간, 제3자배정으로 신주를 취득한 주주는 주식 발행일로부터 1년 또는 상장일로부터 6개월 중 긴 기간 동안 보유주식을 한국예탁결제원에 의무보호예수하여야 하며, 코스닥시장은 기술성장기업에 대해 보다 엄격한 의무보유 요건을 적용하고 있다.

구분	대형법인[1]	일반 · 벤처기업	기술성장기업
① 최대주주 및 특수관계인 (최대주주가 명목회사인 경우, 그 명목회사의 최대주주 및 특수관계인)	6개월	6개월	1년
② 상장예비심사신청일전 1년 이내에 ㅡ제3자배정으로 주식등[2]을 취득한 자 ㅡ최대주주등의 소유주식등을 취득한 자[3]	6개월	6개월	1년
③ 벤처금융 및 전문투자자 (투자기간 2년 미만)	미적용	1개월[4]	
④ 상장주선인	미적용	3개월[5] (모집·매출한 주식의 3% : 최대 10억 원)	
⑤ SPAC 상장예비심사신청일 현재 주주등	주권 상장일로부터 상장법인 또는 비상장법인과 의 합병기일 후 6월		

주 : 1) 자기자본 1,000억 원 또는 기준시가총액 2,000억 원 이상인 대형기업
2) CB/BW의 신주 전환을 포함
3) 최대주주등의 보유주식등을 코넥스시장을 통하여 취득한 물량에 대하여는 매각제한 미적용
4) 코넥스 상장법인의 경우 벤처금융/전문투자자에 대한 매각제한 1월 미적용
5) 외국기업의 경우 모집·매출 주식의 5%(최대 25억 원)를 6개월간 보호예수. 다만, 적격 해외증권시장에 상장한 후 3년 이상 경과한 외국기업은 미적용

6 우회상장 심사요건

(1) 의의

'우회상장(Back-door listing)'이란 비상장기업이 상장기업에 대한 기업결합(합병, 주식교환 등)과 경영권 변동을 통해 실질적으로 상장되는 효과가 발생하는 것을 의미한다. 거래소는 부실한 비공개법인의 우회상장을 원천적으로 차단하여 주권상장법인의 재무건전성을 유지하고, 매각제한을 통해 주권비상장법인의 최대주주 등의 부당한 상장차익 획득을 방지하기 위하여 우회상장 관리제도를 운영하고 있다.

(2) 우회상장 관리대상

거래소는 주권비상장법인을 상대방으로 하는 합병, 영업·자산양수, 포괄적 주식교환, 현물출자 등으로 보통주권 상장법인의 경영권이 변동되고 주권비상장법인의 지분증권이 상장되는 효과가 있는 경우를 우회상장 관리대상으로 보고 있다.

❶ 기업합병 : 상장기업과 비상장기업이 합병하면서 비상장기업은 소멸되고 합병신주를 인수한 비상장기업의 최대주주가 합병법인의 지배권을 취득하는 경우

❷ 포괄적 주식교환 : 비상장기업의 지분을 모두 상장기업에 이전하여 100% 자회사가 되면서, 교환비율만큼 상장기업의 신주를 취득한 비상장기업의 최대주주가 지배권을 취득하는 경우

❸ 영업양수 : 상장기업이 비상장기업의 중요한 영업을 양수하고, 상장기업의 제3자배정 증자(주식이전)를 통하여 비상장기업의 최대주주가 상장기업의 지배권을 취득하는 경우

❹ 자산양수 : 상장기업이 비상장기업의 최대주주 등으로부터 비상장기업이 발행한 주식등 지분증권을 양수하고, 상장기업의 제3자배정 증자를 통하여 비상장기업의 최대주주가 상장기업의 지배권을 취득하는 경우

❺ 현물출자 : 비상장기업의 주주가 상장기업의 제3자배정 유상증자에 참여하면서 주식납입대금을 비상장기업 지분증권(현물)으로 납입하고 지배권을 획득하는 경우

(3) 우회상장법인의 심사기준

거래소는 상장적격성을 충족하지 못하는 비상장법인의 우회상장 방지를 위해 신규상장에 준하여 형식적 요건을 심사하고, 상장부적격 기업의 시장 진입을 차단하기 위해 우회상장 추진 비상장법인(사업부문)에 대해서 '기업계속성', '경영투명성', '경영안전성', '투자자 보호 및 시장 건전성' 등 신규상장 수준의 질적심사제도를 운영하고 있다.

(4) 우회상장법인의 의무보유

보통주권의 우회상장과 관련하여 우회상장 대상법인의 주요 출자자, 상장예비심사 신청일 전 1년 이내에 우회상장 대상법인이 제3자배정 방식으로 발행한 주식을 취득한 자, 우회상장 대상법인의 주요 출자자가 소유하는 주식 등을 취득한 자 등은 자신이 소유하는 당해 주식 등을 신규상장에 준하여 의무보유해야 한다.

(5) SPAC(Special Purpose Acquisition Company, 기업인수목적회사)

거래소는 부적격 기업의 시장 진입을 막기 위해 우회상장 기준을 엄격히 운영하는 한편, 우량 비상장기업의 건전한 우회상장 기회 및 다양한 증시 진입수단을 제공하기 위해 SPAC제도를 도입하였다. SPAC은 다른 법인과의 합병을 목적으로 설립한 기업인수목적회사로서, SPAC 설립 후 공모 및 상장을 통해 자금을 마련하고 일정기간 내 비상장기업과의 합병을 통해 해당 기업의 가치 상승 이익을 투자자에게 환원하는 기능을 수행한다.

표 5-5 우회상장과 SPAC의 비교

구분	우회상장	SPAC
시장 건전성	경영권 취약 또는 자금난에 시달리는 상장기업이 악용함에 따라 한계기업의 퇴출지연 및 시장 건전성 저해 우려	현금(공모자금)을 보유하고 있는 회사로서 재무구조가 투명하므로 합병으로 인한 시장 건전성 저해 가능성 낮음
재무구조 개선	IPO에 비하여 자금조달 효과 미미 (기업결합을 통한 경영권 변동)	SPAC과의 기업결합을 통해 SPAC이 보유한 공모자금조달 효과 (자금조달 기능 및 재무구조개선 효과)
비상장기업 우량성	부실한 비상장기업이 역합병을 통해 자동으로 상장함으로써 비상장회사의 잠재적 부실을 떠안을 수 있음	우량한 비상장기업을 인수합병의 대상으로 함에 따라 부실기업의 시장 진입 가능성이 낮음

section 06 재상장 절차

1 주권재상장 신청인

'재상장'이란 거래소시장에서 상장이 폐지된 보통주권을 다시 상장하거나 보통주권 상장법인의 분할, 분할합병, 합병으로 설립된 법인의 보통주권을 상장하는 것을 의미하는데, 일반재상장, 분할재상장, 합병재상장으로 구분한다. 다만, 코스닥시장에서는 분할재상장 및 합병재상장만을 규정하고, 일반재상장에 대해서는 규정하지 않고 있다.

이에 따라 주권 재상장을 신청할 수 있는 자는 ① 유가증권시장에서 상장폐지된 후 5년이 경과하지 않은 주권의 발행인(유가증권시장에 한함), ② 주권상장법인의 분할 또는 분할합병(분할합병은 상대회사가 당해 거래소시장 주권상장법인인 경우에 한함)에 따라 설립된 법인, ③ 주권상장법인 간의 합병에 의해서 설립된 법인에 한한다.

2 재상장 신청기간

유가증권시장에서 상장폐지된 법인의 경우 상장폐지일로부터 5년 이내에, 분할·분할합병(물적분할은 제외)에 따라 설립된 법인은 분할·분할합병을 위한 이사회 결의 후 지체없이 상장신청하여야 한다.

3 상장예비심사

재상장신청인 중 상장폐지된 법인 및 인적분할에 의하여 설립된 법인은 재상장신청 전에 상장예비심사를 받아야 한다.

4 상장폐지된 주권발행인의 재상장요건[10]

유가증권시장에서 상장폐지된 기업이 상장폐지 후 5년 이내에 다시 상장하기 위해서는 〈표 2-6〉의 재상장요건을 충족하여야 한다.

---

10 상장폐지된 기업의 재상장 관련 규정은 유가증권시장에서 상장폐지된 기업에 한한다. 코스닥시장에서는 일반재상장에 대해 규정하고 있지 않아, 상장폐지된 후 다시 상장을 추진하는 기업의 경우 신규상장에 준하여 상장요건을 충족하여야 한다.

표 5-6　유가증권시장의 일반재상장 심사요건

요건	유가증권시장 재상장요건
상장폐지 후 경과연수	5년 이내
자기자본	300억 원 이상
상장주식수	100만 주 이상
주식분산	■ 다음의 지분요건 중 모두 충족 ① 일반주주의 소유주식 요건이 다음의 하나를 충족 　• 일반주주지분 20% 이상 또는 일반주주 소유주식수 400만 주 이상 　• 일반주주지분 10% 이상으로서 자기자본 또는 기준시가총액을 기준으로 일정 주식수 이상 ② 일반주주 500명 이상
매출액 및 수익성 & 기준시가총액 (택일)	■ 다음의 경영성과 중 어느 하나를 충족 ① 매출액 및 수익성이 다음 모두를 충족 　• 최근 사업연도 매출액 1,000억 원 이상 　• 최근 사업연도 영업이익, 법인세차감전계속사업이익 및 당기순이익이 있고 이익액이 다음 어느 하나에 해당 　　－최근 사업연도 이익액 30억 원 이상 　　－최근 사업연도 자기자본이익률 5% 이상 ② 매출액 및 시가총액 　최근 사업연도 매출액 2,000억 원 이상 & 기준시가총액 4,000억 원 이상
감사의견	• 최근 사업연도 : 적정 • 최근 사업연도 전 1년 : 적정 or 한정(감사범위 제한에 따른 한정은 제외)
합병 등	• 상장폐지 후 합병을 한 사실이 없을 것(소규모합병 제외)
사외이사 등	• 재상장신청일 현재 사외이사 선임의무 및 감사위원회 설치의무 충족
매각제한	• 최대주주 등 소유주식 : 상장후 6개월간 • 상장예비심사신청 전 1년 이내 제3자 배정 신주 : 발행일로부터 1년간(단, 그날이 상장일로부터 6개월 이내인 경우에는 상장후 6개월간)

주 : 당해 사업연도의 영업이익/법인세비용차감전계속사업이익/당기순이익 중 적은 금액을 기준으로 함.

5　분할 및 분할합병으로 인한 재상장법인의 재상장요건

거래소 상장법인의 분할이나 분할합병(물적분할은 제외)에 따라 신설된 법인의 주권을 상장하는 경우, 다음의 요건을 충족하여야 한다.

요건	유가증권시장	코스닥시장
영업활동 기간	이전 대상 영업부문 3년 이상	-
기업규모	• 자기자본 100억 원 이상이고 재상장예정 보통주식수 100만 주 이상	• 자기자본 30억 원 이상
매출액 등	• 최근 사업연도 매출액 300억 원 이상이고, 이익액 25억 원 이상	• 법인세차감전계속사업이익이 있고 이전 영업무문에 대한 성과가 다음의 하나를 충족 　－최근 사업연도 자기자본이익률 : 10% 이상 　－최근 사업연도 당기순이익 : 20억 원 이상 　－최근 사업연도 매출액 : 100억 원 이상
유통주식수	-	• 100만 주 이상
감사의견 등	• 감사인의 검토보고서와 감사보고서의 검토의견과 감사의견이 모두 적정	(좌동)
기타	• 재상장신청일 현재 사외이사 선임 의무와 감사위원회 설치 의무를 충족하고 있을 것 • 주식양도 제한이 없을 것	(좌동)

주 : 코스닥시장은 벤처기업의 경우 기업규모, 매출액 요건은 1/2로 축소하여 적용

상장증권의 매매거래정지제도

1　매매거래정지제도의 취지

매매거래정지제도는 당해 상장법인의 주권에 중대한 영향을 미칠 사유가 발생할 경우 당해 법인이 발행한 주권의 매매거래를 정지시키고 투자자에게 해당 사실을 공표한후 매매거래를 재개하여 공익과 투자자를 보호하기 위한 제도이다.

2 매매거래 정지사유 및 정지기간

근거	정지사유	정지기간
공시규정 유 §40 코 §37	1. 조회공시 답변공시 기한 내 불응	조회공시 답변공시까지
	2. 기업의 주가/거래량에 중대한 영향을 미칠 수 있는 중요내용 공시	당해 공시 시점부터 30분*
	3. 불성실공시법인 지정(유가 : 벌점 10점 미만 제외, 코스닥 : 벌점 8점 미만 제외)	지정일 당일
	4. 풍문·보도 관련 거래량 급변 예상	조회 공시 시점~답변공시 후 30분이 경과한 때까지*(단, 조회결과를 공시한 후에도 해당풍문 등이 해소되지 아니하는 경우 매매거래 재개 연기 가능)
상장규정 유 §153 코 §18	5. 관리종목 지정	1일간(예외 : 사업보고서 미제출과 회생절차 개시신청의 경우 사업보고서 제출 시, 회생절차개시결정일까지)
	6. 상장폐지기준 해당	사유를 확인한 날부터 정지사유 해소 인정 시까지
	7. 주식병합 또는 분할 등을 위한 구주권 제출 요구 시	정지사유 해소 인정 시까지
	8. 우회상장 관련 공시 (상장 - 비상장법인의 합병, 포괄적 주식교환, 영업 또는 자산양수 등)	확인서 제출 시까지 단, 우회상장 대상으로 확인된 경우 우회상장 예비심사신청서 제출일까지
	9. 상장폐지실질심사대상 사실 확인	사유를 확인한 날부터 정지사유 해소 인정 시까지
	10. 공익과 투자자 보호 등	정지사유 해소 인정 시까지
업무규정 유 §26 코 §25	11. 매매거래 폭주로 인해 매매거래 시킬 수 없다고 인정되는 경우	호가상황 및 거래상황을 감안하여 거래 재개 시기 결정
	12. 거래내용이 현저히 공정성을 결여할 우려가 있는 경우	1일(거래소가 필요하다고 인정하는 경우 5일 이내)
	13. 투자경고종목 또는 투자위험종목 중 시장감시위원회가 요청한 경우	요청받은 기간

* 다만, 공시시점이 당일 정규시장 매매거래시간 종료 60분 전 이후인 경우 다음 매매거래일부터 재개하며, 당일 정규시장 매매거래개시시간(09:00) 이전인 경우에는 매매거래 개시 후 30분이 경과(09:30)한 후 재개

1 의의

거래소시장은 다수의 투자자가 참여하여 매매거래하는 곳이므로, 투자자가 믿고 투자할만한 일정 요건을 갖춘 기업에 대해 투자 적격성과 관련한 엄격한 심사를 거쳐 상장을 하게 된다. 따라서, 기상장법인이 기업내용의 변화 등으로 그 적격성을 상실하는 경우 거래소는 신속히 당해 법인의 발행주식을 거래대상에서 제외함으로써 투자자를 보호할 필요성이 있다.

상장폐지는 거래소시장에 상장된 증권에 대하여 매매거래대상이 될 수 있는 적격성을 상실시키는 조치라고 한다면, 관리종목지정은 상장기업의 영업실적 악화 등으로 기업부실이 심화되거나, 유동성 부족 또는 기업지배구조 등이 취약하여 상장폐지 우려가 있다고 판단되는 경우 사전예고단계로서 투자자의 주의를 환기시키기 위한 조치이다.

상장폐지는 당해 주권상장법인의 신청에 의하는 경우도 있으나(신청폐지), 거래소의 직권(상장폐지기준)에 의하여 상장을 폐지하는 경우가 일반적(직권폐지)이다. 당해 주권상장법인이 상장폐지를 신청하는 경우 거래소는 상장공시위원회의 심의를 거쳐 상장폐지 여부를 결정한다.

2 관리종목 지정 및 상장폐지기준

유가증권시장과 코스닥시장의 관리종목 지정 및 상장폐지 기준은 〈표 2−7〉과 같다.

표 5-7 유가증권시장과 코스닥시장의 관리종목 지정 및 상장폐지 기준

요건	유가증권시장 퇴출요건	코스닥시장 퇴출요건
매출액	[관리] 최근년 50억 원 미만 (지주회사의 경우 연결매출액 기준)	[관리] 최근년 30억 원 미만(지주회사는 연결기준) * 기술성장기업, 이익미실현기업은 각각 상장후 5년간 미적용
	[퇴출] 2년 연속 (실질심사)	[퇴출] 2년 연속 (실질심사)
법인세비용 차감전 계속사업손실	–	[관리] 자기자본 50% 이상(&10억 원 이상)의 법 인세비용차감전계속사업손실이 최근 3년 간 2회 이상 & 최근 사업연도 법인세비용 차감전계속사업손실 발생 * 기술성장기업 상장후 3년 미적용, 이익미실현 기업 상장후 5년 미적용
		[퇴출] 관리종목 지정 후 자기자본 50% 초과 & 10 억 원 이상의 법인세비용차감전계속사업 손실 발생 (실질심사) 관리종목지정 후 재차 발생시

자본잠식
/
자기자본
	[관리]
	최근년말 자본잠식률 50% 이상
		[관리]
		(A) 사업연도말 자본잠식률 50% 이상
		(B) 사업연도말 자기자본 10억 원 미만
		(C) 반기보고서 기한 경과 후 10일 내 미
		    제출 or 검토(감사)의견 부적정·의견
		    거절·범위 제한 한정

	[퇴출]
	최근년말 완전자본잠식
		[퇴출]
		• 최근년말 완전자본잠식
		• A or C 후 사업연도말 자본잠식률 50%
		  이상
		• B or C 후 사업연도말 자기자본 10억
		  원 미만
		• A or B or C 후 반기말 반기보고서 기
		  한 경과 후 10일 내 미제출 or 감사의견
		  부적정·의견거절·범위 제한 한정

시가총액	[관리] 보통주 시가총액 50억 원 미만 30일간 지속	[관리] 보통주 시가총액 40억 원 미만 30일간 지속
	[퇴출] 관리종목 지정 후 90일간 "연속 10일 & 누적 30일간 50억 원 이상"의 조건을 충 족하지 못하는 경우	[퇴출] 관리종목 지정 후 90일간 "연속 10일 & 누적 30일간 40억 이상"의 조건을 충족하 지 못하는 경우
사외이사등	[관리] • 사외이사수가 이사 총수의 1/4 미만 등 • 감사위원회 미설치 또는 사외이사수가 감사위원의 2/3 미만 등(자산총액 2조 원 이상 법인만 해당)	[관리] 사외이사/감사위원회 구성요건 미충족
	[퇴출] 2년 연속	[퇴출] 2년 연속
회생절차 개시신청	[관리] 법원에 회생절차개시 신청	[관리] 법원에 회생절차개시 신청
	[퇴출] 회생절차 기각 시 상장적격성 실질심사 로 이관	[퇴출] 회생절차 기각 시 상장적격성 실질심사 로 이관
파산신청	[관리] 파산 신청	[관리] 파산 신청
	[퇴출] 법원의 파산선고 결정	[퇴출] 법원의 파산선고 결정
감사(검토) 의견	[관리] • 반기보고서 부적정, 의견거절 • 감사보고서 감사범위 제한으로 인한 한정	[관리] 반기보고서 부적정, 의견거절, 범위 제한 한정 or 반기보고서 기한 경과 후 10일 내 미제출
	[퇴출] • 감사보고서 부적정, 의견거절 • 감사보고서 범위 제한 한정 2년 연속	[퇴출] 감사보고서 부적정, 의견거절, 범위 제한 한정
거래량	[관리] 반기 월평균거래량이 유동주식수의 1% 에 미달	[관리] 분기 월평균거래량이 유동주식수의 1% 에 미달
	[퇴출] 2반기 연속	[퇴출] 2분기 연속
지분분산	[관리] 일반주주 200인 미만 or 일반주주지분 10% 미만	[관리] 소액주주 200인 미만 or 소액주주지분 20% 미만
	[퇴출] 2년 연속	[퇴출] 2년 연속 (이의 신청 신규 허용)

불성실공시	[관리] 최근 1년간 공시위반 관련 벌점 합계 15점 이상	[관리] 최근 1년간 공시위반 관련 벌점 합계 15점 이상
	[퇴출] • 관리종목 지정 후 최근 1년간 누계벌점이 15점 이상 추가(상장적격성 실질심사) • 관리종목 지정 후 고의, 중과실로 공시의무 위반(상장적격성 실질심사)	[퇴출] (실질심사대상)
공시서류	[관리] 분기, 반기, 사업보고서 기한 내 미제출	[관리] (A) 분기, 반기, 사업보고서 기한 내 미제출 (B) 정기주총 미개최 or 재무제표 미승인

	[퇴출]
	• 분기, 반기, 사업보고서 2회 연속 미제출
	• 사업보고서 제출기한 후 10일 내 미제출
	  (이의신청 신규 허용)
		[퇴출]
		• 2년간 3회 분기, 반기, 사업보고서 미제출
		• 사업보고서 제출기한 후 10일 내 미제출
		• A(미제출 상태 유지) or B 후 다음 회차에 A or B
		  (이의신청 신규 허용)

기타 (즉시퇴출)	• 최종 부도 또는 은행거래정지 • 법률에 따른 해산사유 발생 시 • 주식양도제한을 두는 경우 • 당해 법인이 지주회사의 완전자회사가 되는 경우 • 우회상장 시 우회상장 관련 규정 위반 시	• 최종 부도 또는 은행거래정지 • 피흡수합병등 해산사유 발생 시 • 정관 등에 주식양도제한을 두는 경우 • 유가증권시장 상장을 위한 경우 • 우회상장 시 우회상장 관련 규정 위반 시

3 상장적격성 실질심사

(1) 의의

상장적격성 실질심사제도는 매출액 부풀리기 등 임시방편적 수단을 통해 상장폐지기준을 회피하려는 기업, 중요내용 공시의무를 위반하여 투자자의 시장 신뢰를 훼손하는 기업, 또는 임직원의 배임·횡령 등으로 기업의 계속성 점검이 요구되는 기업 등을 대상으로 당해 기업의 상장을 유지하는 것이 적정한지 여부를 판단하는 제도이다.

(2) 상장적격성 실질심사 대상

거래소는 〈표 2-8〉과 같은 사유에 해당하는 보통주권 상장법인에 대하여 상장적격성 실질심사를 실시한 결과 기업의 계속성, 경영의 투명성, 그 밖에 공익 실현과 투자자

보호 등을 종합적으로 고려하여 필요하다고 인정하는 경우에는 해당 보통주권을 상장 폐지한다.

표 5-8 상장적격성 심사 대상

유가증권시장	코스닥시장
• 불성실공시로 관리종목 지정된 법인 　－불성실공시 누계벌점이 최근 1년간 15점 이상 추가된 경우 　－기업경영에 중대한 영향을 미칠 수 있는 사항에 대해 고의 또는 중과실로 공시의무를 위반하여 불성실공시법인으로 지정된 경우	• 불성실공시로 관리종목 지정된 법인 　－관리종목 지정 후 누계벌점이 최근 1년간 15점 이상 추가된 경우
• 회생절차개시 신청법인으로 관리종목 지정된 법인 　－회생절차개시신청 기각, 회생절차개시결정 취소, 회생계획 불인가 또는 회생절차폐지결정시	• 회생절차개시 신청법인으로 관리종목 지정된 법인 　－회생절차개시신청 기각, 회생절차개시결정 취소, 회생계획 불인가 또는 회생절차폐지 결정 시
• 주권의 상장 또는 상장폐지심사와 관련한 제출서류에 투자자 보호와 관련하여 중요한 사항이 거짓으로 적혀 있거나 빠져있는 사실이 발견된 경우	• 상장신청서 및 첨부서류내용 중 중요사항의 허위기재 또는 누락내용이 투자자 보호를 위하여 중요하다고 판단되는 경우
• 기업의 계속성, 경영의 투명성, 기타 공익과 투자자 보호 등을 종합적으로 고려하여 상장폐지가 필요하다고 인정되는 경우 　－증자나 분할 등이 상장폐지요건을 회피하기 위한 것으로 인정되는 경우 　－당해 법인에게 상당한 규모의 횡령·배임 등과 관련된 공시가 있거나 사실 등이 확인된 경우 　－국내 회계기준을 중대하게 위반하여 재무제표를 작성한 사실이 확인되는 경우 　－주된 영업이 정지된 경우 　－자본잠식으로 상장폐지 사유에 해당하여 특수목적 감사보고서를 제출하여 사유해소가 확인된 경우 　－거래소가 투자자 보호를 위해 상장폐지가 필요하다고 인정하는 경우	• 기업의 계속성, 경영의 투명성 또는 기타 코스닥시장의 건전성 등을 종합적으로 고려하여 상장폐지가 필요하다고 인정되는 경우 　－증자나 분할 등이 상장폐지요건을 회피하기 위한 것으로 인정되는 경우 　－자기자본의 5% 이상 횡령/배임 혐의 확인(임원은 3% 이상 또는 10억 원 이상) 　－외감법상 분식회계의 중대한 위반이 확인된 경우 　－주된 영업의 정지 　－자구감사보고서를 제출하여 상장폐지사유를 해소한 경우 　－자기자본의 50% 이상 손상차손 발생 시 　－관리/투자주의환기종목의 경영권 변동, 제3자배정 증자대금 6월 내 재유출 시 　－거래소가 투자자 보호를 위해 상장폐지가 필요하다고 인정하는 경우

(3) 상장적격성 실질심사 절차

거래소는 보통주권 상장법인이 상장적격성 실질심사 기준 중 어느 하나에 해당하는 사실을 확인한 경우에는 즉시 당해 상장법인의 매매거래를 정지시키고, 15일(영업일을 기준) 이내에 당해 사실이 기업심사위원회 심의대상이 되는지 여부를 결정해야 한다. 다만, 추가 조사가 필요한 경우에는 15일 이내에서 그 기간을 연장할 수 있다.

거래소가 심의대상으로 결정한 경우에는 20일 이내에 심의위원단 중에서 심의위원을 선정하고 기업심사위원회를 개최하여 그 법인이 상장적격성을 유지하고 있는지를 심의한다.

거래소는 상장적격성 심사대상 여부의 심사 또는 상장적격성 여부의 심의에 필요하다고 인정하는 경우에 해당 상장법인에 대하여 관련 자료의 제출 또는 관계자의 의견진술을 요청하거나 현지조사를 실시할 수 있다.

4 상장폐지절차

(1) 상장폐지 우려 예고

거래소는 보통주권 상장법인이 관리종목으로 지정되는 경우, 증권시장에 참여하는 다수의 투자자를 보호하기 위해 해당 상장법인이 상장폐지 사유에 해당될 우려가 있다는 사실을 상장폐지 사유에 해당될 때까지 예고할 수 있다.

(2) 상장공시위원회 심의

상장폐지 사유에 해당하는 경우에는 상장폐지의 사유와 근거, 상장폐지에 대하여 이의신청을 할 수 있다는 내용 등을 해당 주권상장법인에 서면으로 알려야 한다. 당해 통지를 받은 주권상장법인이 상장폐지 결정에 대하여 이의가 있는 경우에는 그 통지를 받은 날부터 15영업일 이내에 거래소에 이의를 신청할 수 있다. 다만, 일부 상장폐지사유[11]의 경우에는 이의를 신청하지 못한다.

거래소는 상장법인의 이의신청이 있는 경우에는 상장공시위원회 등의 심의를 거쳐 상장폐지 또는 개선기간 부여 여부 등을 결정하고, 부여된 개선기간이 종료된 경우에는

11 　유가증권시장 : 자본잠식(전액), 시가총액 미달, 해산, 지주회사 편입
　　코스닥시장 : 자본잠식(전액), 해산, 최종 부도·은행거래 정지, 시가총액 미달, 이전상장

개선계획의 이행 여부 등에 대한 심의를 거쳐 상장폐지 여부를 결정한다. 다만, 거래소는 주권상장법인이 개선계획을 이행하지 않는 경우, 또는 영업활동에 필요한 자산을 보유하지 않거나 주된 영업이 중단되는 등 계속기업으로서의 존립이 어렵다고 인정되는 경우 등에는 상장공시위원회의 심의를 거쳐 상장폐지의 시기를 단축할 수 있다.

(3) 상장폐지의 유예

계속기업 가정에 대한 불확실성으로 감사의견 부적정 또는 의견거절이 발생하여 상장폐지 사유에 해당하는 상장법인이 정리매매를 시작하기 전에 해당 사유가 해소되었음을 증명하는 감사인의 의견서를 제출하는 경우에 거래소는 상장공시위원회의 심의를 거쳐 반기보고서의 법정 제출기한까지 상장폐지를 유예할 수 있다. 상장폐지가 유예된 보통주권 상장법인의 반기재무제표에 대하여 감사인의 감사의견이 적정이거나 한정(감사범위 제한으로 한정인 경우를 제외)인 경우에 거래소는 해당 상장폐지 사유가 해소된 것으로 본다.

우회상장기준 위반에 해당하는 보통주권 상장법인이 정리매매를 시작하기 전에 우회상장에 해당하는 거래를 취소하는 결의나 결정을 하는 경우에 거래소는 그 결의나 결정사항이 이행되는 날까지 상장폐지를 유예할 수 있다. 이에 따라 상장폐지가 유예된 보통주권 상장법인이 해당 결의나 결정사항을 이행한 사실이 확인된 경우에 거래소는 상장폐지 사유가 해소된 것으로 본다.

(4) 정리매매기간의 부여

상장폐지결정이 된 종목은 투자자에게 최종 매매기회를 주기 위해 7일 동안 정리매매를 할 수 있도록 한 후 상장을 폐지한다.

section 09 **상장수수료 및 연부과금**

1 상장수수료

상장신청인은 당해 주식회사의 주식 및 채권을 유가증권시장에 상장하기 위하여는 소정의 상장수수료를 납부해야 하는데 국채증권, 지방채증권, 통화안정증권 등의 경우는 그 납부를 면제하고 있다.

2 연부과금

연부과금은 정기납부와 수시납부로 구분되는데, 정기납부의 경우 상장증권의 발행인은 발행한 증권의 상장이 계속되는 한 소정의 연부과금을 매년 1월에 납부해야 하는데, 상장증권 중 국채증권, 지방채증권, 통화안정증권, 상장일로부터 존속기간이 1년 미만인 채무증권(채권) 등에 대해서는 면제하고 있다.

chapter 06

기업내용 공시제도

section 01 의의

기업내용 공시제도란 상장법인의 기업내용을 투자자 등 이해관계자들에게 정기 또는 수시로 공개하여 증권시장 내의 투자자 간 정보 불균형을 해소함과 더불어 당해 기업의 주가가 공정하게 형성되고 시장에서의 거래가 원활히 이루어질 수 있도록 하는 제도로서, 발행시장에서의 모집·매출이나 유통시장에서의 거래에서 투자자들이 공정한 투자판단을 할 수 있도록 하는 정보제공 수단이다.

1 기업공시제도의 역할

기업내용 공시제도는 상장법인으로 하여금 기업내용을 투자자에게 신속·정확하게 제공하도록 하여 정보 형평을 통한 증권시장의 효율성을 실현시키는 제도로, 내부자거 래 등 불공정거래행위 방지 및 기업활동에 대한 사회적 감시기능을 수행한다. 즉, 모든 투자자가 기업내용을 공평하게 알 수 있도록 합리적인 투자판단자료를 제공함으로써, 증권거래의 공정성을 도모하고 다수의 투자자를 보호하는 역할을 담당하고 있다.

2 기업내용 공시의 요건

기업내용 공시제도가 증시 투명성을 통한 효율적 자원배분과 투자자 보호라는 본래 목적을 달성하기 위해서는 다음과 같은 조건들이 필요하다.

① 정보의 정확성 및 완전성 : 공시되는 정보가 정확하고 완전하여 투자판단자료로 서의 신뢰성이 있어야 함

② 공시의 신속성 및 적시성 : 공시되는 정보가 최신의 것으로 당시의 상태를 적시에 파악할 수 있어야 함

③ 공시내용 이해 및 접근 용이성 : 공시되는 정보를 투자자가 용이하게 접근하고 이 해할 수 있어서 투자의사 결정에 필요한 정보를 언제든지 쉽게 이용할 수 있어 야 함

④ 공시내용 전달의 공평성 : 투자자 간에 정보의 비대칭성이 발생하지 않도록 모든 투자자에게 공평하게 전달될 수 있도록 해야 함

section 02 기업내용 공시제도의 개요

1 자본시장법 및 관련 규정상의 공시

기업내용 공시제도는 일반적으로 발행시장 공시제도와 유통시장 공시제도로 구분된 다. 발행시장 공시는 증권의 발행인으로 하여금 당해 증권과 증권의 발행인에 관한 모

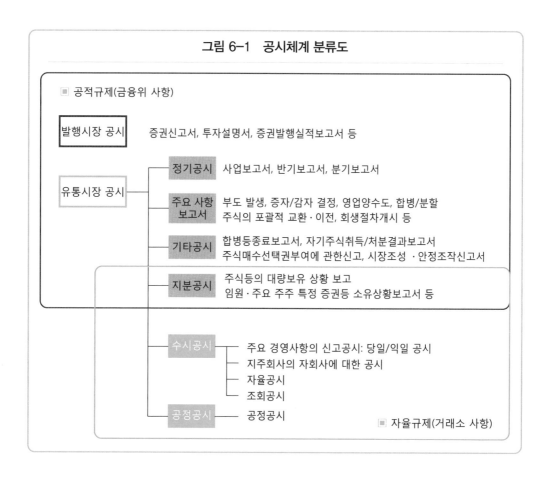

그림 6-1 공시체계 분류도

■ 공적규제(금융위 사항)

| 발행시장 공시 | 증권신고서, 투자설명서, 증권발행실적보고서 등 |

유통시장 공시

정기공시	사업보고서, 반기보고서, 분기보고서
주요 사항 보고서	부도 발생, 증자/감자 결정, 영업양수도, 합병/분할 주식의 포괄적 교환·이전, 회생절차개시 등
기타공시	합병등종료보고서, 자기주식취득/처분결과보고서 주식매수선택권부여에 관한신고, 시장조성 ·안정조작신고서
지분공시	주식등의 대량보유 상황 보고 임원·주요 주주 특정 증권등 소유상황보고서 등

| 수시공시 | 주요 경영사항의 신고공시: 당일/익일 공시 지주회사의 자회사에 대한 공시 자율공시 조회공시 |
| 공정공시 | 공정공시 |

■ 자율규제(거래소 사항)

든 정보를 투명하게 전달하도록 하는 공시로서 증권을 모집·매출하는 경우에 신고·공시하는 증권신고서, 투자설명서, 증권발행실적보고서 등의 공시를 들 수 있다.

반면, 유통시장 공시는 증권시장에 공급된 증권이 투자자 간에 이루어지는 거래와 관련하여 기업의 경영내용을 알리도록 하는 공시로서 이에는 정기공시, 수시공시, 주요사항보고서, 기타 공시가 있다.

2 공시매체 및 공시방법

공시내용을 전달해 주는 매체로서는 금융감독원 및 한국거래소의 전자공시시스템, 증권정보단말기(거래소가 정한 요건을 갖춘 단말기), 증권시장지 등이 있다.

거래소시장 상장법인이 제출하는 모든 신고사항은 전자문서에 의한 방법으로 제출이 가능하며, 이 경우 전자문서 제출인 또는 제출대행인을 등록하여야 한다.

주요 경영사항 공시

1 주요 경영사항 공시의 의의

주요 경영사항 공시란 수시로 발생하는 기업의 경영정보 중 투자자의 투자판단에 중요한 영향을 주는 사실 또는 결정 내용을 적시에 공시하게 함으로써 투자자가 투자판단에 필요한 기업정보를 인지하고 투자 여부를 결정할 수 있도록 하기 위한 제도이다.

주요 경영사항 공시는 그 중요성에 따라 당일 공시사항과 익일 공시사항으로 구분하여 운영하고 있는데, 당일 공시사항은 사유발생 당일(당일 18 : 00시 또는 익일 7 : 20분) 내에 공시하여야 하고, 익일 공시사항의 경우 사유발생 익일(익일 18 : 00시 또는 익익일 7 : 20분)까지 공시하여야 한다.

2 주요 경영사항 공시대상

상장법인은 다음의 사실 또는 결정내용을 사유발생 당일(일부는 익일) 공시하여야 한다.

① 영업의 정지, 주요 거래처와의 거래중단 등 영업 및 생산활동 사항
② 증자 또는 감자결정, 이익소각 결정, 자기주식 취득 또는 처분의 결정 등 발행증권 관련 사항
③ 신규시설투자, 유형자산의 취득·처분, 타법인 출자 결정 등 투자활동 사항
④ 채무인수 및 면제 결정, 타인을 위한 담보제공 또는 채무보증 등 채권·채무 관련 사항
⑤ 재해 발생, 임·직원 등의 횡령·배임 발생 등 기업손익에 중대한 영향을 미칠 사항
⑥ 감사보고서의 접수, 주식배당의 결정, 회계처리위반 등 결산 관련 사항
⑦ 합병, 영업양수도, 경영위임, 분할, 분할합병, 물적분할 등의 결정 등 지배구조 관련 사항
⑧ 부도 발생, 당좌거래정지, 파산 신청, 법원으로부터 파산선고 등 기업 존립에 영향을 미치는 사항

⑨ 증권발행에 대한 효력 관련 소송, 주총 무효소송 등 기업과 관련된 소송에 관한 사항

⑩ 주주총회 소집을 위한 이사회 또는 주주총회 등 주주총회 관련 사항

⑪ 그 밖에 영업·생산활동, 재무구조 또는 기업경영활동 등에 관한 사항으로서 주가 또는 투자자의 투자판단에 중대한 영향을 미치거나 미칠 수 있는 사실 또는 결정

section 04 자율공시

주권상장법인은 공시의무사항이 아닌 경우에도 회사의 경영·재산 및 투자자의 투자판단에 중대한 영향을 미칠 수 있다고 판단되는 사항이나 장래계획에 관한 사항, 또는 투자자에게 알릴 필요가 있다고 판단되는 주요 경영사항에 대해 그 발생 사실 또는 결정내용을 사유발생일 다음날까지 자율적으로 공시할 수 있다. 자율공시한 내용을 변경 또는 번복하는 경우에도 불성실공시법인으로 지정된다.

section 05 조회공시

거래소가 상장법인의 기업내용에 관한 풍문·보도의 사실 여부에 대하여 당해 법인에 공시를 요구하거나, 상장법인이 발행한 주권 등의 가격이나 거래량의 현저한 변동에 따라 중요한 미공개정보의 유무 여부에 대한 공시를 요구하는 경우 당해 법인이 일정기간 내에 공시하는 방법이다.

풍문 등의 조회공시를 요구받은 시점이 오전인 경우에는 오후까지, 오후인 경우에는 그 다음날 오전까지 공시하여야 하나 부도, 해산, 영업활동정지 등 상장폐지기준에 해

당하는 풍문 및 보도 등과 같이 조회공시 요구 시 매매거래 정지조치가 취해지는 사항
은 다음날까지 공시하여야 한다.

section 06 **공정공시**

1   공정공시 도입 배경

공정공시제도는 주권상장법인의 특정인에 대한 선별적인 미공개정보 제공행위를 금
지하여 투자자 간 정보의 공평성을 확보하고 미공개정보를 이용한 불공정거래 가능성
을 예방하는 등 수시공시제도의 미비점을 보완하기 위한 제도이다.

2   공정공시제도의 내용

기업(공정공시정보 제공자)이 공시되지 않은 중요정보(공정공시 대상정보)를 특정인(공정공시
정보 제공대상자)에게 선별적으로 제공하고자 하는 경우, 모든 시장참가자들이 이를 알 수
있도록 그 특정인에게 제공하기 전에 이를 공시하여야 하는 공정공시 의무가 발생한다.

(1) 공정공시 대상정보

공정공시 대상정보는 장래 사업계획·경영계획, 매출액 등 경영실적에 대한 전망 또
는 예측치, 신고기한이 도래하지 않은 수시공시 의무사항 등 4가지 범주로 구분한다.

❶ 장래 사업계획 또는 경영계획
❷ 매출액, 영업손익, 법인세비용차감전계속사업손익, 당기순손익 등에 대한 전망
   또는 예측
❸ 사업·반기·분기보고서 등 정기보고서 제출 전의 매출액, 영업손익, 법인세비용차
   감전계속사업손익, 당기순손익 등 영업실적

④ 수시공시 관련 사항으로서 그 신고기한이 경과되지 아니한 사항

(2) 공정공시정보 제공자

공정공시정보 제공자는 당해 법인, 공정공시 대상정보에 접근 가능한 포괄적 지위자 및 직원 등 3가지 범주로 구분한다.

① 상장법인 및 그 대리인
② 상장법인의 임원(이사, 감사 또는 사실상 동등 지위자 포함)
③ 정보대상 접근이 가능한 상장법인의 직원(공정공시대상정보와 관련이 있는 업무수행부서 및 공시업무 관련부서를 말함)

(3) 공정공시정보 제공대상자

공정공시정보 제공대상자는 국내외 투자업 종사자 및 타인에 비해 공정공시 대상정보에 접근이 용이한 자 등 5가지 범주로 구분한다.

① 투자매매업자, 투자중개업자, 집합투자업자 등과 그 임·직원 및 이들과 위임 또는 제휴관계가 있는 자
② 전문투자자 및 그 임·직원
③ 신문·통신 등 언론사 및 그 임·직원
④ 증권정보사이트 등의 운영자 및 그 임·직원
⑤ 공정공시 대상정보를 이용하여 증권의 매수, 매도가 예상되는 주주

(4) 공정공시 시한

공시시한은 원칙적으로는 정보를 선별제공하기 전까지이나, 사안별로 제공시한을 구체적으로 정해 운영하고 있다.

① IR 등 경우 : 기업설명회 등 개시 시점 전까지
② 보도자료 배포 시 : 보도자료 배포 전까지
③ IR, 기자간담회 등 진행 중 미신고 공정공시 대상정보 제공 시 : 행사 종료 후 지체 없이 신고

(5) 공정공시의무의 적용 예외

거래소는 다음의 경우에는 공정공시의무의 예외로 인정하고 있다.

① 보도목적의 언론 취재에 응하여 언론사에 공정공시대상정보를 제공하는 경우
② 변호사, 공인회계사, 세무사, 인수계약을 한 주관회사, 대출계약한 금융기관 등
해당 상장법인과의 위임계약에 따른 수임업무의 이행과 관련하여 비밀유지의무
가 있는 자에 공정공시대상정보를 제공하는 경우
③ 금융위의 허가를 받은 신용평가기관이나 S&P나 Moody's 같은 외국의 신용평가
기관에 정보를 제공하는 경우 등

다만, 보도내용에 새로운 정보가 있을 경우에는 거래소가 동 보도와 관련하여 조회공
시를 요구할 수 있으며, 기자간담회 등을 통해 기업이 보도자료를 제공한 경우에는 공
정공시 적용대상이 된다.

한편, 공정공시 대상정보 중에서 전망·예측정보에 대해서는 면책조항을 적용한다.
따라서 예측정보의 공시방법으로 공시하는 경우에는 사후에 실제치가 공시한 내용과
다른 경우에도 공시번복 및 공시변경에 따른 불성실공시법인으로 지정하지 않는다. 다
만, 공정공시의무 자체를 위반한 경우에는 불성실공시의 조치대상에 해당한다.

---

section 07 기업설명회(IR)

---

1 IR 개념

IR(Investor Relations)은 주권상장법인의 경영내용, 사업계획 및 전망 등에 대한 설명회
로서 공개적으로 실시하여야 하며, 설명자료의 작성은 공정성과 객관성을 유지해야
한다.

2   IR 관련 자료 신고

거래소시장 주권상장법인은 IR을 실시하는 경우 그 일시, 장소, 설명회 내용 등을 문서로 거래소에 신고하여야 하고, 거래소는 이를 공시실 등을 통하여 투자자에게 제공할 수 있다. 거래소는 설명회 내용이 실제 사실과 상당히 다르다고 인정되는 경우 사실여부의 확인을 요구할 수 있으며, 그 결과 중대한 차이가 인정되는 경우에는 불성실공시법인으로 지정할 수 있다.

3   IR의 운영에 대한 권고, 지도 및 후원

거래소와 상장회사협의회, 한국IR협의회는 거래소시장 상장법인의 IR 활동에 대한 사항을 권고, 지도 및 후원할 수 있다.

section 08   공시책임자

주권상장법인은 공시의무사항과 기타 주가에 영향을 줄 수 있는 기업내용을 자발적으로 성실하게 공시하여야 하며, 이를 위반함으로써 발생하는 사태에 대해서는 당해 주권상장법인이 전적으로 책임을 지게 된다.

책임의 명확화와 효율적인 적시공시를 위하여 공시책임자 1인을 지정하여야 하며, 이 경우 공시를 성실히 이행하겠다는 내용의 서류를 첨부하여 거래소에 등록하여야 한다. 또한 주권상장법인은 당해 법인의 신고 또는 공시업무를 담당하는 공시담당자를 지정하여 거래소에 등록하여야 하고, 공시책임자와 공시담당자는 신규등록 또는 상장일로부터 6개월 이내에 소정의 공시 관련 교육과정을 이수하여야 한다.

1 불성실공시제도의 의의 및 유형

(1) 불성실공시제도의 의의

불성실공시제도란 주권상장법인이 거래소 공시규정에 의한 신고의무를 성실히 이행하지 않거나 이미 신고한 내용을 번복 또는 변경하여 공시불이행, 공시번복 또는 공시변경의 유형에 해당된 경우 당해 주권상장법인을 불성실공시법인으로 지정하는 제도이다.

(2) 불성실공시의 유형

유형	내용
공시불이행	• 공시의무사항을 기한 내에 신고하지 아니하는 경우 • 공시내용이 허위인 경우
공시번복	• 이미 공시한 내용을 전면 취소, 부인 또는 이에 준하는 내용(조회공시 부인 후 일정 기간 내에 확정공시 등) 등을 공시하는 경우
공시변경	• 기공시한 내용의 중요한 사항을 변경하여 공시하는 경우

2 불성실공시에 대한 조치

(1) 불성실공시법인 지정

거래소는 주권상장법인의 신속하고 정확한 공시를 담보하기 위해, 공시의무를 위반하는 경우 지정예고 및 이의신청 절차 등을 거쳐 불성실공시법인으로 지정한다.

공시불이행, 공시번복, 공시변경에 해당하는 경우 불성실공시법인 지정예고 및 벌점 부과를 하고, 당해 법인은 이에 대한 이의가 있는 경우 통보받은 날로부터 7일 이내에 거래소에 이의신청을 할 수 있다. 이 경우 거래소는 신청일로부터 10일 이내에 유가증권시장상장·공시위원회의 심의를 거쳐 심의일로부터 3일 이내에 불성실공시지정 여부, 부과벌점 및 공시위반제재금의 부과 여부를 결정하여야 한다. 한편, 당해 법인의 이의

신청이 없는 경우 이의신청기간 종료일 다음날 불성실공시법인으로 지정하고 지정당일 1일간 당해 종목에 대하여 매매거래를 정지한다.

(2) 불성실공시법인에 대한 제재

❶ 매매거래정지 : 불성실공시법인으로 지정된 경우, 거래소는 해당 법인이 발행한 주권의 매매거래를 1일간 정지. 다만, 부과벌점이 10점 미만(코스닥 시장은 8점)인 경우에는 매매거래를 정지시키지 않을 수 있음

❷ 불성실공시법인 지정사실 및 부과벌점의 공표 : 거래소는 불성실공시법인에 대해 증권시장지 및 증권정보단말기 등의 시세표상에 '不' 또는 '불성실공시법인'이라는 표시를 하여, 당해 법인이 불성실공시법인으로 지정되었음을 투자자에게 공표. 공표기간은 5점 미만인 경우 1주일, 5점~10점 미만 2주일, 10점 이상 1개월 등으로 벌점 수준별로 차등화하여 적용

❸ 공시위반제재금 부과 : 거래소는 불성실공시법인에 대하여 총 10억 원(코스닥시장은 5억 원) 한도에서 공시위반제재금을 부과할 수 있음

❹ 불성실공시법인에 대한 개선계획서 제출 요구 : 거래소는 누계벌점이 15점 이상인 법인에 대하여 향후 공시의무 위반 재발방지에 대한 기업의 개선계획서 및 이행보고서의 제출을 요구할 수 있음

❺ 공시책임자 및 공시담당자 교육 : 불성실공시법인의 공시책임자 및 공시담당자는 거래소가 실시하는 불성실공시 재발방지 및 예방을 위한 교육을 의무적으로 이수하여야 함

❻ 관리종목 지정 및 상장적격성 실질심사 : 불성실공시와 관련하여 과거 1년간 이내에 누계벌점이 15점 이상이 되는 경우에는 관리종목으로 지정이 되고, 관리종목 지정 후 1년 이내 불성실공시법인 지정 등으로 인한 누계벌점이 15점 이상이 되거나 기업경영에 중대한 영향을 미칠 수 있는 사항에 대하여 고의나 중과실로 공시의무를 위반하여 불성실공시법인으로 지정된 경우 상장적격성 실짐심사 대상이 됨

❼ 공시책임자 등 교체 요구 : 거래소는 고의 또는 상습적인 불성실공시 행위자에 대해서는 공시책임자 등의 교체를 요구할 수 있음

chapter 07

매매거래제도

주식시장매매제도의 의의

증권시장에서는 거래 상대방을 상호 인지하지 못하는 다수의 투자자가 매매거래에 참여하므로 시장의 공정성·효율성·안정성을 도모하기 위한 관련 제도의 표준화가 필요하다. 이에 따라, 자본시장법은 증권시장에서의 수탁 및 매매제도 등 매매거래와 관련된 사항을 거래소의 업무규정으로 정하도록 하고 있으며, 거래소가 업무규정을 제정 또는 개정하는 경우에는 금융위원회의 승인을 받도록 하고 있다.

거래소의 업무규정은 거래소 회원의 의무 등을 정한 것으로서, 일반투자자에 대한 직접적인 구속력은 없다. 다만, 거래소 회원이 업무규정 준수를 위해 필요한 사항을 일반투자자에게 요구함으로써, 업무규정은 일반투자자에게도 간적접으로 의무를 부과하는 효과를 지니고 있다.[1]

---

1 거래소시장의 매매거래에 참여할 수 있는 자는 거래소 회원에 국한되고, 모든 금융투자업자가 거

업무규정에서 정하고 있는 증권시장의 주요 제도는 크게 4가지로서 다음과 같이 구분할 수 있다.

❶ 수탁제도 : 계좌 개설, 수탁방법, 위탁증거금, 수수료 등 거래소 회원이 투자자(위탁자)로부터 매매거래를 수탁하는 방법과 절차에 관한 사항
❷ 매매제도 : 매매거래시간, 매매거래일, 매매계약체결의 원칙 등 증권시장의 구체적인 매매거래 방법과 절차에 관한 사항
❸ 시장관리제도 : 종목별 매매거래정지, 배당락·권리락 조치, 공매도 관리 등 상장증권의 공정한 가격 형성과 안정적 시장운영에 관한 사항
❹ 청산결제제도 : 체결된 내역에 대하여 투자자와 회원사 간, 회원사와 거래소 간의 결제방법 및 결제불이행 시의 처리 방법 등에 관한 사항

section 02 매매거래의 수탁

거래소시장에서 매매할 수 있는 자는 금융위원회로부터 금융투자업 인가를 받은 금융투자회사(투자매매·중개업자, 즉 증권회사)로서 거래소의 회원인 자로 한정하고 있다. 따라서 일반투자자가 거래소시장에서 증권을 매매하고자 할 경우에는 거래소의 회원인 금융투자회사에 주문을 위탁하여야 하며, 이는 회원의 입장에서는 수탁을 하게 되는 것이다.

최근에는 전자통신기술의 발달로 인하여 수탁방법과 수탁장소의 개념이 크게 변화하고 있다. 1997년 이전에는 금융투자회사의 본점, 지점, 기타의 영업소 이외의 장소를 매매거래의 수탁장소로 할 수 없도록 하고 수탁의 방법도 문서, 전화, 팩스 등에 의한 수탁으로 한정하였으나, 현재에는 이러한 수탁장소와 방법에 대한 제한이 크게 완화되어 컴퓨터나 휴대폰을 이용한 주문도 가능하게 되었다.

래소 회원인 것은 아니므로, 본 장에서는 금융투자회사라는 용어 대신 "회원"이라는 용어로 서술한다.

회원이 투자자로부터 매매거래를 위탁받아 이를 처리하고자 할 때에는 매매거래계좌 설정약정서에 의하여 사전에 해당 투자자 명의의 매매거래계좌를 설정하여야 한다. 이는 회원과 투자자 간의 매매거래 위탁에 관한 계약이 성립한다는 것을 의미하는 것으로, 동 계약에 따라 회원사는 매매거래의 명의인으로, 투자자는 해당 매매거래의 계산 주체로서 매매거래가 이루어진다. 매매거래계좌의 설정약정서는 회원과 투자자 간의 계약관계를 서면으로 명시하여 상호 간의 분쟁을 방지함과 동시에 투자자가 사전에 위탁계약 조건을 확인하도록 하는데 그 의의가 있다.

(1) 회원의 고객정보 파악

회원은 계좌 설정(또는 투자권유) 전에 해당 투자자에 관한 정보를 조사하고 이를 기초로 투자대상 상품에 대한 적합성을 파악하여야 한다. 이를 위해 회원은 우선 투자자의 금융투자상품에 대한 전문성 구비 여부 및 보유자산 규모 등을 고려하여 '전문투자자'와 '일반투자자'로 구분하고, '일반투자자'에 대해서는 회원이 계좌 개설 전에 면담 등을 통해 투자목적, 재산상태, 투자경험 등을 파악하고 동 내용을 서면, 녹취, 전자통신 등에 의한 방법으로 확인하여야 한다. 회원은 이러한 절차를 통하여 일반투자자의 투자 특성을 파악하여 해당 투자자의 특성에 적합한 상품에 대해서만 투자를 권유할 수 있고, 계좌 설정 시 투자자로부터 성명, 주민등록번호, 주소 등 필요한 사항을 확인하고 기록·유지하여야 한다.

(2) 매매거래수탁에 관한 약관

매매거래수탁에 관한 약관이란 회원이 위탁자와 매매거래계좌를 설정할 때 사용하는 표준화된 계약 내용으로, 회원은 다수의 위탁자와 매매거래계좌를 설정하므로 위탁자별로 계약내용을 달리 적용하는 것은 현실적으로 불가능하다는 점을 반영하여, 표준화된 약관을 만들어 각각의 계좌 설정 시에 일괄 적용하고 있다.

동 약관에는 관계법령·거래소의 업무 관련 규정 등의 준수에 관한 사항, 회원의 수탁 거부 및 제한 등에 관한 사항, 위탁증거금 등의 징수에 관한 사항 등이 포함되어야 한다.

회원은 계좌 설정 시 약관의 중요 내용을 위탁자에게 설명하여야 하고, 위탁자가 요구하는 경우에는 약관을 해당 위탁자에 교부하여야 한다. 또한 약관을 새로 정하거나 변경한 때에는 그 내용을 시행일로부터 5매매거래일 이내에 거래소로 통보하여야 한다.

한편, 자본시장법은 금융투자협회가 금융투자업의 영위와 관련된 표준약관을 제정할 수 있도록 하고 있으며, 이에 따라 금융투자협회가 제정한 매매거래계좌설정약관을 대부분의 회원사가 표준약관으로 사용하고 있다.

(3) 주문방법 등에 대한 공표 및 설명

회원은 주문의 생성·접수·점검·제출 관련 서비스 항목과 방법을 홈페이지 등에 공표하고, 회원이 위탁자와 매매거래계좌를 설정할 때에는 위탁자가 자신에게 적합한 주문방법 등을 선택할 수 있도록 해당 내용을 설명하여야 한다. 한편, 회원이 주문방법 등을 정하거나 변경하는 경우에는 홈페이지 등에 공표하는 즉시 거래소에 통보하여야 한다.

3 매매거래의 수탁

(1) 수탁의 방법

회원이 위탁자의 매매거래 주문을 수탁 처리할 수 있는 방법은 다음과 같이 크게 3가지로 구분할 수 있다.

❶ 문서에 의한 수탁 : 회원의 영업점(지점)에서 이루어지는 수탁방법으로, 회원은 위탁자가 수탁의 내용(종목명, 매수/매도 구분, 가격, 수량 등)을 기재하고 기명날인 또는 서명한 주문표에 의해 매매거래의 위탁을 받는 방법

❷ 전화 등에 의한 수탁 : 회원이 전화·전보·팩스 등으로 주문을 받는 방법을 말함. 이 경우 회원(주문접수자)은 위탁자 본인임을 확인한 후 별도의 주문표를 작성하고 직접 기명날인·서명하여야 하며, 위탁자의 주문사항을 입증할 수 있는 자료(녹음 등)를 일정기간 보관하여야 함

❸ 전자통신방법에 의한 수탁 : 회원은 HTS(Home Trading System), 무선통신(MTS), 인터넷 홈페이지 등의 전자통신방법에 의해 주문을 수탁할 수 있음. 이 경우 회원은

해당 위탁자와 사전에 「전자통신방법에 의한 수탁에 관한 계약」을 체결하여야 하며, 회원이 제공하는 시스템은 위탁자 본인 확인, 체결내용 조회 등 안전한 금융거래를 위한 요건을 갖추어야 함

회원은 전자금융감독규정에서 정하는 요건을 충족하는 정보보호시스템(침입차단시스템)을 마련하여야 하고, 모든 위탁자의 주문이 해당 시스템을 경유하도록 하여야 한다.

(2) 수탁의 거부

회원은 공익과 투자자 보호 또는 거래질서의 안정을 위하여 다음과 같은 주문의 위탁 등이 있는 경우에는 수탁을 거부하여야 한다. 이 경우 회원은 수탁의 거부 이유를 주문표 및 주문내용을 기록한 문서에 기재하여야 하며, 그 사실을 위탁자에게 통지하여야 한다.

1 자본시장법상 내부자의 단기매매 차익반환의무(제172조), 미공개정보이용행위의 금지(제174조), 시세조종 및 부정거래행위 금지(제176조, 제178조) 규정에 위반하거나 위반할 가능성이 있는 매매거래의 주문
2 공매도호가 제한 또는 공매도호가 가격 제한 규정에 위반하는 주문
3 공익과 투자자 보호 또는 시장거래질서의 안정을 위하여 필요한 경우

한편, 결제일까지 결제대금을 납부하지 아니한 위탁자(미수위탁자)에 대하여는 약관이 정하는 바에 따라 신규주문의 수탁 또는 현금 및 증권의 인출을 거부하거나 제한할 수 있다.

4 고객주문정보의 이용금지

회원이 위탁자로부터 매매거래의 위탁을 받은 때에는 그 위탁받은 매매거래를 행하기 전에 자기가 직접 또는 간접으로 이해관계를 가지는 계산으로 매매거래(front running)를 할 수 없고, 위탁자로부터 매매거래의 위탁을 받지 아니하고 위탁자의 재산으로 매매거래(임의매매)를 할 수 없다. 이는 투자매매업과 투자중개업을 함께 수행하고 있는 회원이 선량한 관리자로서의 의무를 충실히 하도록 하기 위한 것이다.

5 위탁증거금의 징수

1) 의의

'위탁증거금'이란 회원이 고객으로부터 증권의 매매거래를 수탁하는 경우 해당 위탁자의 결제이행을 담보하기 위해 징수하는 현금 또는 증권을 말한다. 즉, 위탁주문이 체결된 후에 결제를 이행하지 않을 가능성에 대비하여 회원이 채권확보를 위한 담보를 해당 위탁자로부터 미리 징수하는 것이다.

위탁증거금은 회원이 각사의 영업 및 리스크관리 정책에 따라 자율적으로 정할 수 있으나, 위탁증거금 징수율 등 징수기준을 정하거나 변경한 때에는 시행일로부터 5매매거래일 이내에 거래소로 통보하여야 한다. 다만, 거래소는 천재지변 및 경제사정의 급격한 변동 등으로 결제가 정상적으로 이루어지지 아니하는 경우에는 일시적으로 위탁증거금의 최저 징수율을 정할 수 있다.

2) 대용증권

(1) 의의

대용증권은 투자자가 보유한 증권의 활용도를 높이기 위해 현금에 갈음하여 위탁증거금으로 사용할 수 있도록 거래소가 지정한 증권을 말하는데, 회원은 거래소가 산출·공표하는 증권의 대용 가격 사정비율 이내에서 대용증권을 위탁증거금으로 충당할 수 있으며, 전체 증거금 중 대용증권으로 징수할 수 있는 비율도 자율적으로 정할 수 있다. 대용증권은 국가·지방자치단체 또는 공공기관에 납부하는 각종 보증금 및 공탁금으로 납부할 수 있고, 금융기관의 신용거래보증금으로도 사용할 수 있다.

(2) 대용증권의 지정

현재 대용증권으로 사용할 수 있는 증권은 상장주권, 상장지수집합투자기구 집합투자증권(ETF), 상장지수증권(ETN), 상장채무증권, 상장외국주식예탁증권(DR), 자본시장법에 의한 수익증권 및 비상장투자회사주권(사모는 제외), 기타 상장수익증권 등이다. 다만 관리종목, 정리매매종목, 투자경고종목 및 투자위험종목, 상장폐지 사유에 해당하거나 상장폐지실질심사 심의 등을 위해 매매거래가 정지된 종목 등은 대용증권으로 사용할 수 없다.

(3) 대용 가격의 산정

증권의 대용 가격은 거래소가 발표하는 증권별 기준시세 및 최대 사정비율 이내에서 회원사가 자율적으로 산정하여 적용한다. 거래소는 대표지수(유가증권 : 코스피200, 코스닥 : 코스닥 150) 편입 여부 및 유동성 위험 등을 기준으로 사정비율을 차등하여 적용하고 있다.

표 7-1   대용 가격 산출을 위한 기준 가격 및 사정비율

대상증권	기준시세	종목별 구분	사정비율	산출주기
상장주권, DR	당일 기준 가격	• 유가증권 : KOSPI200지수 구성종목 중 일평균거래대금이 상위 50%에 해당되는 종목* • 코스닥 : 코스닥150지수 구성종목 중 일평균거래대금이 상위 50%에 해당되는 종목*	80%	일별
		일평균거래대금 하위 5%에 해당되는 종목*	60%	
		코넥스시장 상장종목	60%	
		그 밖의 종목	70%	
ETF	당일 기준 가격	국채/지방채/특수채/금융채/CD로 구성된 ETF	95%	
		일반 사채권/CP(주식 관련 사채권 제외)가 포함된 ETF	85%	
		• 주식 관련 사채권 및 주가연계증권이 포함된 ETF • KOSPI200지수, KOSPI50지수, KRX100지수를 각각 기초지수로 하는 ETF	80%	
		그 밖의 종목	70%	
ETN	당일 기준 가격		70%	
상장채무증권	직전 5매매 거래일 종가평균	국채·지방채 등	95%	주별
		기타 사채	85%	
		주식 관련 사채	80%	
수익증권, 비상장 뮤추얼 펀드	직전 7일(상장수익증권의 경우 20일)간 NAV 평균	채권형 이외	70%	월별
		채권형	80%	

* 주권(DR 포함)의 사정비율은 매 분기말에 산정하여 다음 분기에 적용하고, 이때 일평균거래대금은 매 분기말 기준으로 과거 1년간의 거래실적을 기준으로 산출

3) 위탁증거금 징수의 특례

(1) 의의

거래소는 과도한 투기적 매매거래에 따른 증권시장의 불안정성을 완화할 수 있도록 다음과 같이 일부 예외적인 경우에 한해 위탁증거금을 100% 징수하도록 의무화하고 있다.

❶ 상장주식수가 5만 주 미만인 종목의 매도주문을 수탁한 경우
❷ 시장감시위원회에서 투자경고종목 또는 투자위험종목으로 지정한 종목에 대해 매수주문을 수탁한 경우
❸ 결제일에 매수대금 또는 매도증권을 납부하지 않은 투자자의 주문을 수탁한 경우(미수동결계좌)

미수거래에 대한 이해

일반적으로 투자자는 매매거래일(T)에 증거금을 우선 납입하고 결제일(T+2)에 잔금을 결제하지만, 투자자가 결제일에 매수대금 또는 매도증권을 납입하지 않을 경우 미수(未收)가 발생하게 된다. 이때 주문을 수탁한 회원사는 해당 투자자를 대신하여 거래소와의 결제를 완료함으로써 증권시장에서 결제불이행이 발생하지 않도록 조치한다. 회원은 투자자가 미수를 해소하지 않을 경우(예 : 매수증권을 매도하지 않거나 결제잔금을 납입하지 않을 경우), 결제일 익일에 반대매매를 실시하여 대납금액에 대한 채권을 회수할 수 있다.

(2) 미수동결계좌의 지정

회원은 결제일까지 결제자금을 납부하지 아니한 위탁자의 매매거래계좌를 '미수동결계좌'로 지정하여 다음의 기간 동안 매수의 경우는 매수금액 전부(현금에 한함)를, 매도의

경우는 매도증권 전부를 위탁증거금으로 징수하여야 한다.

❶ 매수대금을 미납한 경우 : 다음 매매거래일부터 30일간
❷ 매도증권을 미납한 경우 : 다음 매매거래일부터 120일간

결제일 전 보유주식을 매도하여 매수포지션이 해소된 경우에도 결제일(T+2)에 결제 잔금이 납입되지 않으면 미수동결계좌로 지정되며, 미수를 발생시킨 투자자에 대해서는 정보공유를 통해 모든 회원사에서 '미수동결' 조치하도록 하여 제도의 회피 가능성을 차단하고 있다. 다만, 투자자 불편 최소화를 위해 미수발생 금액이 소액(10만 원)인 경우 등은 적용 대상에서 제외되고, 미수동결계좌로 지정된 경우에도 미수를 해소한 후에는 매도금액 범위 내에서 결제일 전에 재매수할 수 있다.

> ⚠ 예시

▶ 매수한 다음날 매도한 경우

아래의 예에서 결제일(T+2)에 60만 원을 현금으로 납입하지 않을 경우 미수가 발생하여 미수동결계좌로 지정되고, 위탁자가 T+3일에 매도대금(110만 원)을 결제하면 미수가 해소되고 계좌잔고(50만 원) 범위 이내에서 신규 매수가 가능하다.

	T	T+1	T+2	T+3	T+4	T+5
계좌잔고	40	−	(−60)	50		
매매/결제	매수 100	매도 110	미수발생	미수해소		
비고				동결계좌 지정(30일)		

---

6   위탁수수료의 징수

회원은 투자자로부터 주문을 수탁하여 매매거래가 성립되면 매매체결 서비스를 제공해 준 대가로 결제시점에 투자자로부터 일정 수준의 위탁수수료를 징수하는데, 그 징수 기준은 회원이 자율적으로 정할 수 있다. 다만, 회원이 위탁수수료 징수기준을 정하거나 변경한 때에는 동 내용을 시행 전에 투자자에 공표하여야 하고, 시행일로부터 5매매 거래일 내에 거래소로 통보하여야 한다.

section 03 | 시장운영

1 매매거래일 및 매매거래시간

(1) 매매거래일 및 휴장일

거래소의 매매거래일은 월요일부터 금요일까지이며 휴장일은 다음과 같다. 휴장일에는 매매거래뿐만 아니라 청산결제도 이루어지지 않는다.

① 『관공서의 공휴일에 관한 규정』에 의한 공휴일
② 근로자의 날 (5월 1일)
③ 토요일
④ 12월 31일(공휴일 또는 토요일인 경우, 직전의 매매거래일)
⑤ 기타 시장관리상 필요하다고 인정하는 날

(2) 매매거래시간

거래소의 호가접수시간 및 매매거래시간은 〈표 4－2〉와 같다.

한편, 거래소는 시장관리상 필요한 경우 매매거래시간을 임시 변경할 수 있으며, 연초 개장일, 대학수학능력시험일 등에는 매매거래시간을 변경하여 운영하고 있다.

표 7－2   거래소의 호가접수시간 및 매매거래시간

구분	호가접수시간	매매거래시간
정규시장	08：30~15：30(7시간)	09：00~15：30(6시간 30분)
(주가지수·주식 파생상품시장)	(08：30~15：45)	(08：45~15：45)
시간외시장		
(장 개시 전)	08：00~09：00(1시간)	08：00~09：00(1시간)*
(장 종료 후)	15：30~18：00(2시간 30분)	15：40~18：00(2시간 20분)

* 단, 장 개시 전 종가매매는 08：30~08：40(10분)

2 매매수량단위

일반적으로 시장의 유동성 및 투자자의 거래편의 제고를 위해서는 매매수량단위를 작게 설정하는 것이 바람직하나, 이는 호가건수 증가에 따른 매매체결 지연 등 매매거래의 비효율을 야기할 수 있고, 소량의 거래가 수시로 발생함에 따라 적정 투자규모 관리의 어려움이 있을 수 있다. 이에 따라 각국의 증권시장은 그 역사와 전통, 시장 제반 여건 및 규모 등을 고려하여 다양한 형태로 매매수량단위를 설정하여 운영하고 있다.

거래소는 투자자의 매매거래 편의를 위하여 매매수량단위를 1주로 운영하고 있으나, 주식워런트증권(ELW)의 경우에는 매우 낮은 수준으로 가격이 형성되는 당해 증권의 성격을 감안하여 10주 단위로 매매거래하고 있다.

3 호가 가격 단위

호가 가격 단위(Tick Size)란 종목별로 가격이 표시되는 최소 단위이며, 동시에 가격이 한 번에 변동할 수 있는 최소 단위를 의미한다. 호가 가격 단위가 작을수록 가격 변동에 따른 거래비용(시장 충격 비용)을 줄일 수 있으나, 거래 가능한 가격이 세분화되어 균형 가격을 찾는 데 많은 시간이 소요되는 등 거래의 효율성을 저해할 수 있다. 이에 따라, 거래소는 투자자의 거래비용 및 거래의 효율성 등을 고려하여 가격대에 따라 호가 가격 단위를 다르게 정하고 있다.

표 7-3 거래소의 호가 가격 단위

구분		유가증권시장/코스닥시장/코넥스시장
	2,000원 미만	1원
2,000원 이상	5,000원 미만	5원
5,000원 이상	20,000원 미만	10원
20,000원 이상	50,000원 미만	50원
50,000원 이상	200,000원 미만	100원
200,000원 이상	500,000원 미만	500원
500,000원 이상		1,000원

※ ELW는 상품의 특성상 가격 범위와 무관하게 5원 단위를 일괄 적용

4 가격제한폭 및 기준 가격

1) 가격제한폭

(1) 의의

가격제한폭제도는 상장증권의 가격이 하루에 변동할 수 있는 등락폭을 상하 일정범위로 제한하는 장치이다. 증권시장의 자유경쟁에 의한 가격 형성이라는 기본원리를 감안하면 가격 형성에 관하여 인위적 제한을 하는 것은 바람직하지 않은 측면이 있다. 그러나 주식시장에 외부충격이 있는 경우 일시적인 수급의 편중이나 심리적인 요인 등에 의해 주가가 불안정해지고 단기간에 급등락하게 됨에 따라 선의의 투자자가 불측의 손실을 입을 우려가 있다. 이에 따라, 거래소에서는 가격의 급등락을 완화하기 위해 가격제한폭제도를 운영하고 있으며, 세계 주요 선진시장에서도 시장 급변 시 투자자 주의를 환기시키기 위한 다양한 형태의 가격 안정화 장치를 두고 있다.

(2) 거래소의 가격제한폭제도

유가증권시장과 코스닥시장에서는 주식, DR, ETF, ETN, 수익증권의 공정한 가격 형성을 도모하고 급격한 시세변동에 따른 투자자의 피해방지 등 공정한 거래질서 확립을 위해 하루 동안 가격이 변동할 수 있는 폭을 기준 가격 대비 상하 30%로 제한하고 있다.

즉, 주가의 당일 변동 가능 범위는 기준 가격에 상하 30% 범위 이내에서 가장 가까운 호가 가격 단위에 해당하는 가격으로 제한된다. 예를 들어, 기준 가격이 10,000원인 종목의 상한가는 13,000원(기준 가격 대비 30%)이나, 기준 가격이 9,990원인 종목의 상한가는 12,950원(기준 가격 대비 29.6%)으로 결정된다. 다만, 본질적으로 가격 변동의 폭이 큰 정리매매종목, 주식워런트증권(ELW), 신주인수권증서, 신주인수권증권의 경우에는 균형 가격의 신속한 발견을 위하여 가격제한폭제도를 적용하지 않고, 기초자산 가격 변화의 일정 배율(음의 배율도 포함)로 연동하는 레버리지ETF는 그 배율만큼 가격제한폭을 확대하여 적용하고 있다.

2) 기준 가격

(1) 의의

기준 가격은 가격제한폭을 정하는 데 기준이 되는 가격으로서, 거래소에서는 일반적으로는 전일 종가를 기준 가격으로 하고 있다. 그러나 유상증자, 무상증자, 주식배당, 주식분할 및 주식병합 등이 이루어지는 경우에는 해당 이벤트 발생 전후의 변화된 주식가치를 기준 가격에 반영하기 위하여 일정한 산식을 통해 산출된 적정 이론 가격으로 기준 가격을 조정하고 있다.

 예시

▶ 주식분할

전일 종가가 10,000원이었던 종목이 주식을 1 : 10으로 주식분할(1주를 10주로 분할)하는 경우 익일 기준 가격은 1,000원으로 조정된다. 동 종목의 주식분할 전 총발행주식수가 1,000주이면 주식분할 후 주식수는 10,000주가 되고, 가격조정으로 인해 해당 종목의 시가총액은 변동이 없다.

* 주식분할 전 시총 (10,000,000원 = 10,000원 × 1,000주)
* 주식분할 후 시총 (10,000,000원 = 1,000원 × 10,000주)

한편, 적정 기업가치를 거래소가 평가하기 곤란한 신규상장·자본금감소 종목 등의 경우에는 시장에서 평가를 받아 형성된 시초가를 당일 기준 가격으로 적용함으로써 신속한 균형 가격 발견을 도모하고 있다. 다만, 신규상장종목 중에서도 집합투자기구에 해당하는 투자회사(뮤추얼펀드), 부동산투자회사(리츠) 및 선박투자회사의 주권, 수익증권은 직전 공모가를 최초 기준 가격으로 하고, ETF 및 ETN은 주당 순자산가치(NAV)를 최초 기준 가격으로 하고 있다.

(2) 기세

특정 종목에 중요정보가 발생하는 경우에는 매도 또는 매수 일방의 호가만 제출되어 매매거래가 체결되지 않을 수 있다. 이때 유입된 일방의 호가를 인정하지 않으면, 당일의 기준 가격과 가격제한폭이 다음 날에도 그대로 적용되어 중요정보가 계속해서 주가에 반영되지 못하고 시장에서 원활한 매매거래가 이루어질 수 없게 될 위험성이 있다.

이러한 문제점을 해소하기 위하여 거래소에서는 기세제도를 운영하고 있다.

기세는 정규시장 종료 시까지 매매거래가 성립되지 아니한 종목 중 당일 기준 가격 대비 낮은(높은) 매도(매수)호가가 있는 경우 가장 낮은(높은) 매도(매수)호가의 가격을 그날의 종가(즉, 다음 매매거래일의 기준 가격)로 인정하는 제도로, 가격제한폭이 있는 우리 시장에서 시장의 흐름을 주가에 반영하는 기능을 수행한다.

다만, 상장주식수가 적은 일부 우선주가 기세로 인해 연일 상한가를 기록하는 등의 문제가 발생함에 따라 보통주식의 기준가격을 1.5배 초과하는 종류주식의 경우에는 매수호가에 의한 기세를 인정하지 않고 있다.

section 04 매매거래의 종류

매매거래의 종류는 매매계약 체결일과 결제일의 시간적 간격에 따라 당일결제거래, 익일결제거래 및 보통거래로 구분된다. 당일결제거래는 매매계약을 체결한 당일에 결제하는 거래를 말하며, 익일결제거래는 매매계약을 체결한 다음 날(익일)에 결제하는 거래를, 보통거래는 매매계약을 체결한 날로부터 기산하여 3일째 되는 날(T+2)에 결제하는 거래를 말한다.

주권의 경우 모두 보통거래로 매매를 체결하고 있으나, 예외적으로 주권상장법인이 정부 등으로부터 시간외대량매매의 방법으로 자기주식을 취득하는 경우에 한하여 당일결제거래를 허용하고 있다. 한편, 채무증권(채권)은 모두 당일결제거래만 가능하나, 국채전문유통시장의 매매거래의 경우에는 익일결제거래로 매매거래가 이루어진다.

1   호가(주문)의 종류

(1) 지정가주문

지정가주문은 시장에서 가장 일반적으로 이용되는 주문형태로서, 투자자가 지정한 가격 또는 그 가격보다 유리한 가격으로 매매거래를 하고자 하는 주문이다. 즉, 투자자가 거래하고자 하는 최소한의 가격 수준을 지정한 주문으로, 매수 지정가주문의 경우 투자자가 지정한 가격이나 그보다 낮은 가격, 매도 지정가주문의 경우 투자자가 지정한 가격이나 그보다 높은 가격이면 매매거래가 가능하다.

> **! 예시**
>
> 정규시장의 매매거래시간 중 매수지정가주문이 10,000원이면 10,000원 이하의 가격, 매도지 정가주문이 10,000원이면 10,000원 이상의 가격에 상대방 주문이 있으면 즉시 매매체결이 이 루어진다.

지정가주문은 투자자가 지정한 가격보다 불리한 가격으로 체결되지 않는다는 장점이 있지만, 동 가격에 부합하는 상대주문이 없는 경우에는 매매체결이 가능한 상대주문이 유입될 때까지 매매거래가 이루어지지 않는 단점이 있다.

(2) 시장가주문

시장가주문은 종목과 수량은 지정하되 가격은 지정하지 않는 주문유형으로, 체결가 격과 무관하게 현재 시장에서 거래가 형성되는 가격으로 즉시 매매거래를 하고자 하는 주문을 말한다. 일반적으로 시장가주문은 지정가주문에 우선하여 매매체결되고, 주문 수량 전량이 해소될 때까지 매매체결 순서가 가장 우선하는 상대방 주문부터 순차적으 로 체결이 이루어진다. 다만, 상한가매수주문과 시장가매수주문 또는 하한가매도주문 과 시장가매도주문 간에는 가격 측면에서 우선순위가 동일하므로 시간우선원칙에 따라 매매체결 우선순위가 결정된다.

시장가주문은 매매거래가 신속히 이루어진다는 장점이 있으나, 상대방 주문이 충분하지 않은 상태에서는 현재가와 현저히 괴리된 가격으로 체결될 위험이 있다. 따라서 정리매매종목, 신주인수권증서, 신주인수권증권, ELW, 수익증권 및 채권과 같이 가격제한폭이 없는 종목 등의 경우에는 시장가주문을 허용하지 않고 있다.

(3) 조건부지정가주문

조건부지정가주문은 접속매매 방식이 적용되는 정규시장의 매매거래시간(09 : 00~15 : 20) 중에는 지정가주문으로 매매거래에 참여하지만, 당해 주문수량 중 매매체결이 이루어지지 않은 잔여수량은 종가 결정을 위한 매매거래(장종료 전 10분간 단일가매매) 시 자동으로 시장가주문으로 전환되는 주문이다.

정규시장 중에는 지정가주문의 가격 보장기능이 유지되며, 종가결정을 위한 단일가매매 개시 전까지 체결이 되지 않은 경우에는 시장가주문으로 전환되어 매매체결률을 제고하는 장점이 있다. 하지만, 상한가(하한가)로 지정하는 매수(매도)의 조건부지정가호가는 장종료 단일가매매 시 매매체결의 우선순위가 오히려 낮아지는 결과가 초래되므로 투자자의 편익을 위해 입력을 제한하고 있다.

(4) 최유리지정가주문

최유리지정가주문은 상대방 최우선호가의 가격으로 즉시 체결이 가능하도록 하기 위해 주문접수 시점의 상대방 최우선호가의 가격으로 지정되는 주문형태이다. 즉, 매도의 경우 해당 주문의 접수 시점에 호가장에 기재되어 있는 가장 높은 매수주문의 가격, 매수의 경우 해당 주문의 접수 시점에 호가장에 기재되어 있는 가장 낮은 매도주문의 가격으로 지정가주문한 것으로 보아 매매체결에 참여하는 주문이다. 동 주문유형은 시장가주문처럼 전량 체결될 때까지 상대방 주문과 계속하여 체결하는 것은 아니고, 매매체결원칙상 가장 우선하는 상대방 주문과 즉시 체결된 후 남은 잔량은 체결된 가격으로 주문한 것으로 호가가 유지된다.

(5) 최우선지정가주문

최우선지정가주문은 해당 주문의 접수 시점에 호가장에 기재되어 있는 자기 주문 방향의 최우선호가 가격으로 지정되어 주문이 제출되는 주문유형이다. 매도의 경우 해당 주문의 접수 시점에 가장 낮은 매도주문의 가격, 매수의 경우 당해 주문의 접수 시점에 가장 높은 매수주문의 가격으로 지정가 주문한 것으로 보아 매매체결에 참여하는 주문이다.

 예시

▶ 최유리지정가주문 및 최우선지정가주문

• 호가상황

매도주문(수량)	가격	매수주문(수량)
100	10,150	
①200	10,100	
	10,050	
	10,000	②200
	9,950	100

☞ 최유리지정가 매수주문 300주 제출 : 10,100원으로 가격이 지정되어 ①번 주문과 200주가 즉시 체결되고 잔량 100주는 10,100원 매수지정가주문으로 남게 됨

☞ 최우선지정가 매수주문 300주 제출 : 10,000원으로 가격이 지정되어 매수주문이 입력되고 체결량 없이 시간상으로는 ②번 주문에 비해 후순위가 됨

(6) 목표가주문

투자자가 특정 지정 가격이 아닌 당일의 거래량 가중평균 가격(VWAP) 등 향후에 결정될 가격 또는 그와 근접한 가격으로 매매체결을 원하는 경우, 회원이 재량으로 투자자가 목표로 하는 가격에 최대한 근접하여 체결될 수 있도록 하는 주문유형이다.

다만, 목표가 주문과 관련된 호가유형은 별도로 존재하지 않기 때문에 회원사는 투자자가 정한 목표 가격의 달성을 위해 투자자 주문을 지정가호가 또는 시장가호가 등의 형태로 분할하여 제출하여야 한다.

(7) 경쟁대량매매주문

투자자가 일정 요건을 충족하는 수량의 주문에 대하여 종목 및 수량은 지정하되 체결가격은 당일의 거래량 가중평균 가격(VWAP)으로 매매거래를 하고자 하는 주문유형이다. 이는 시장 충격을 최소화하기 위한 대량매매제도의 한 유형으로서 최소수량요건 등이 적용되며 정규시장과는 별도의 시장에서 비공개로 매매체결이 이루어진다.

> **주문의 조건부여**
>
> 투자자는 지정가, 시장가, 최유리지정가주문, 경쟁대량매매주문에 대하여 다음의 조건을
> 부여할 수 있다.
> ① IOC(Immediate or Cancel) : 거래소에 주문이 제출된 즉시 체결 가능한 수량은 체결하고
>   미체결잔량은 취소
> ② FOK(Fill or Kill) : 거래소에 주문이 제출된 즉시 전량 체결시키되 전량 체결이 불가능한
>   경우에는 주문수량 전량을 취소
>   * 다만, 조건부지정가주문과 최우선지정가주문 및 코넥스시장 상장종목의 경우 위 조
>   건을 부여할 수 없음.

2 호가의 제출

회원이 거래소시장에 호가를 제출할 때에는 종목, 수량, 가격, 매도/매수 구분, 호가유형 등을 입력하여야 하고, 회원은 계좌 개설 시에 위탁자의 실지명의를 확인하여 그에 맞는 투자자분류 코드를 입력하여야 한다. 호가입력 시 차액결제거래(CFD)와 연계된 매매거래인 경우 그 구분과 차액결제를 체결한 투자자를 기준으로 투자자분류코드를 입력하여야 한다.

표 7-4 투자자분류 체계

구분	투자자분류	비고
①	금융투자업자	금융투자업자의 고유재산 운용
②	보험회사	보험법에 의해 설립된 보험회사
③	집합투자기구	공모펀드와 사모펀드로 분류
④	은행	은행법에 의해 설립된 은행
⑤	기타 금융기관	①~④를 제외한 금융기관
⑥	연금, 기금 및 공제회	법률에 의해 설립된 기금 및 기금 관리법인
⑦	국가, 지방자치단체, 국제기구 및 공익기관	공익 목적의 자금을 운영하는 기관 포함
⑧	기타법인	①~⑦번에 해당하지 않는 일반 법인
⑨	개인	—

※ ①~⑦ 해당하는 법인의 매매동향 정보는 합산하여 '기관투자자'로 공표

회원이 거래소에 호가하기 전에는 호가의 적합성을 반드시 직접 점검하도록 의무화하고 있으며, 거래소는 거래소 시스템에 도착한 호가의 유효성 등을 별도로 점검하고, 관련 법규를 위반한 호가 등은 자동적으로 거부처리한다.

3 호가의 접수 및 효력

회원이 거래소에 제출한 호가는 호가접수시간 내에서 거래소가 접수한 때로부터 매매거래가 성립될 때까지 유효하다. 호가의 접수시기는 호가의 효력발생 시점으로, 동일한 가격의 호가 간 매매체결 우선순위를 결정하는 요소로서 중요한 의미를 가진다.

정규시장의 호가접수시간에 접수된 호가는 시간외시장에서는 그 효력을 인정하지 않으므로, 시간외매매에 참여하기 위해서는 별도의 호가를 제출하여야 한다. 또한, 거래소에 접수된 호가는 당일의 매매거래시간 이내에서만 호가의 효력이 인정된다.

다만, 주문의 경우는 회원이 주문의 유효기간을 별도로 정할 수 있어 다음날 또는 수일 동안 유효한 조건의 주문을 활용할 수 있고, 주문을 집행할 시기를 별도로 정할 수도 있다.

4 호가의 취소 및 정정

회원은 이미 제출한 호가 중 매매거래가 성립되지 아니한 수량(잔량)의 전부 또는 일부를 취소할 수 있다. 수량의 일부를 취소하는 경우 시간상의 우선순위는 변화가 없다.

회원은 이미 제출한 호가의 가격 또는 호가의 종류를 정정할 수 있다. 호가를 정정하는 경우 시간상 우선순위는 정정호가 접수 시점으로 변경된다. 다만, 수량을 증가하는 방식으로 호가를 정정할 수는 없고, 이를 위해서는 원하는 수량만큼 신규의 호가를 제출하여야 한다.

1　매매체결방법

일반적으로 증권시장의 매매체결방법은 매도·매수자 간의 경쟁관계에 따라 다음과
같이 구분된다.

❶ 경쟁매매 : 복수의 매도자와 매수자 간의 가격 경쟁에 의한 매매거래
❷ 상대매매 : 매도자와 매수자 간의 가격 협상에 의한 매매거래
❸ 경매매(입찰매매) : 단일의 매도자와 복수의 매수자 또는 복수의 매도자와 단일의
　 매수자 간 경쟁입찰에 의한 매매거래

국내 증권시장의 일반적인 매매체결은 매도·매수 수급에 의한 균형 가격을 가장 효
율적으로 반영하는 경쟁매매방법을 채용하고 있고, 세부적으로는 「단일 가격에 의한 개
별경쟁매매」와 「복수 가격에 의한 개별 경쟁매매」로 구분하고 있다. 이와 더불어, 일정
수량 이상의 대량주문 또는 비공개거래를 원하는 주문 등은 별도의 방식으로 체결될 수
있도록 특례제도를 운영하고 있다.

1) 단일 가격에 의한 개별 경쟁매매

(1) 개요

단일 가격에 의한 개별 경쟁매매(Periodic Call Auction, 단일가매매)는 일정 시간 동안 접수
한 호가를 하나의 가격으로 집중 체결하는 방식이다. 이러한 방식은 매매거래의 연속성
이 단절된 경우(시가) 또는 주가 급변 가능성이 높은 경우(종가) 등에 다수의 시장참가자
주문을 통해 새로운 균형 가격을 신속히 발견하는 데 효율적인 제도이다.

표 7-5	단일가매매 적용 대상 및 참여호가의 접수시간
단일가매매 적용대상	참여호가의 접수시간
• 장 개시 시점의 최초 가격	• 호가접수 개시부터 장 개시까지 (08 : 30~09 : 00)
• 시장의 임시정지 후 재개 시의 최초 가격	• 매매거래 재개 시점부터 10분간 (전산장애 시에는 상황에 따라 결정)
• 시장의 매매거래중단(CB) 및 종목별 매매거래정지 후 재개 시의 최초 가격	
• 장 종료 시의 가격	• 장 종료 10분 전부터 장 종료 시까지 (15 : 20~15 : 30)
• 시간외단일가매매시장의 가격	• 시간외단일가매매시장 개시시점부터 종료 시까지(16 : 00~18 : 00) 10분 단위
• 정리매매종목, 단기과열종목	• 호가접수 개시 시점부터 장 종료 시까지 (장 개시 시점부터 30분 단위로 체결)

(2) 매매체결 방법

단일가매매는 체결순위가 우선되는 호가부터 순차적으로 누적한 매도호가의 합계수량과 매수호가의 합계수량이 일치하는 가격(합치 가격)으로 호가의 체결 우선순위에 따라 합치되는 호가 간에 매매거래를 체결한다. 합치 가격이 되기 위해서는 다음의 수량의 매매체결이 가능해야 한다.

① 합치 가격에 미달하는 매도호가와 이를 초과하는 매수호가의 전 수량
② 합치 가격의 호가 간에는 매도호가 또는 매수호가 어느 일방의 전 수량을 체결하고 타방의 호가는 매매수량단위 이상의 수량

합치 가격이 2개 이상일 경우에는, 직전의 가격과 동일한 가격이 있는 경우에는 그 가격, 직전의 가격과 동일한 가격이 없는 경우에는 직전의 가격에 가장 가까운 가격으로 합치 가격을 결정한다.

예시

▶ 단일가매매방식에 의한 매매체결

• 호가상황

매도				가격	매수		
				15,400	●1,000		
	○	○		15,350	●300		
○	○	○		15,300	●200	●300
④○ 2,000	③○ 1,000	②◐ 500	①● 100	15,250	①● 100	②● 200	
		150●		15,200	○	○	
	500●	500●		15,150	○		
		500●		15,100	○	○	○
		150●		15,050			

*○ : 미체결 호가　◐ : 일부 체결호가　● : 전량체결호가

☞ 가장 높은 가격의 매수호가(15,400원) 및 가장 낮은 가격의 매도호가(15,050원)로부터 차례대로 매매거래를 체결하여 가장 많은 수량을 체결할 수 있는 15,250원이 합치 가격으로 결정되며, 15,250원의 호가 간에는 접수된 순서대로 매매거래를 체결함

2) 복수 가격에 의한 개별 경쟁매매

(1) 개요

단일가매매가 적용되지 아니하는 정규매매거래시간에는 모두 '복수 가격에 의한 개별 경쟁매매(Continuous Auction, 접속매매)' 방식으로 매매체결이 이루어진다. 이 방식은 매매체결이 가능한 가격대의 주문이 유입되면 즉시 매매거래를 체결하기 때문에 매매거래시간 중에는 복수의 가격이 계속적으로 형성된다. 이러한 매매방식은 시장 상황에 대한 정보가 주가에 신속히 반영되고 투자자가 시황 변화에 능동적으로 대처할 수 있다는 장점이 있다. 다만, 유동성 수준이 낮은 종목 등에도 동일하게 접속매매를 적용하는 경우 균형 가격을 벗어난 일부 주문에 의해 가격이 급변할 수 있으며, 가격의 변동성도 증가하는 등 부작용이 발생할 우려가 있다.

(2) 매매체결 방법

접속매매는 단일가매매에 의해 체결 가능한 모든 매수·매도호가 간 거래가 이루어져 더 이상 매매체결이 이루어질 수 없는 상황에서 시작된다. 이후 가격 조건이 일치하는 주문이 신규(또는 정정)로 유입되면 가격우선과 시간우선 원칙에 따라 매매거래를 즉시 체결시킨다. 한편, 매매체결 조건이 성립되는 매도호가와 매수호가 간의 가격괴리(예 : 매도호가 가격이 매수호가 가격보다 낮은 경우)가 있으면 먼저 접수된 호가(선행호가)의 가격으로 매매거래가 체결된다.

 예시

▶ 접속매매 방식에 의한 매매체결

〈예 1〉

매도	가격	매수	체결 결과
	10,400		
②200	10,350		
	10,300	①200	
③200	10,250		〈1〉 ①~③ : 10,300원 200주
	10,200		
	10,150		

* ①~③은 호가접수 순서임

〈예 2〉

매도	가격	매수	체결 결과
	10,600	①500	
	10,550		
	10,500		
	10,450		〈1〉 ①~③ : 10,600원 200주
③200	10,400		〈2〉 ①~④ : 10,600원 200주
	10,350	②200	
	10,300		
④200	10,250		

* ①~④은 호가접수 순서임

〈예 3〉

매도	가격	매수	체결 결과
	10,600	①100	
	10,550		
	10,500	⑤300	
	10,450		〈1〉 ①~③ : 10,600원 100주
③200	10,400		〈2〉 ②~④ : 10,350원 200주
	10,350	②200	〈3〉 ③~⑤ : 10,400원 100주
	10,300		
④200	10,250		

* ①~⑤은 호가접수 순서임

3) 경매매(코넥스시장)

매도측 또는 매수측의 어느 한쪽이 단수이고 또 다른 한쪽은 복수일 때 이루어지는 매매거래 방식으로서, 최대주주 등에 집중되어 있는 지분을 초기에 분산하고 매도자가 원하는 가격으로 거래하기에 효과적이다. 코넥스시장에서는 매도측이 단수인 경우로서 일정한 요건에 따른 경우 경매매 방식을 매매체결 방법으로 허용하고 있다.

2 매매체결원칙

증권시장에서는 다수의 호가 간에 보다 빨리, 보다 유리한 가격으로 매매거래를 성립시키기 위한 경쟁이 불가피하다. 따라서 거래소는 매매체결 우선순위와 관련하여 일정한 원칙을 다음과 같이 정하고 있다.

1) 가격우선원칙

매수호가의 경우 가격이 높은 호가가 가격이 낮은 호가에 우선하고, 매도호가의 경우 가격이 낮은 호가가 가격이 높은 호가에 우선한다. 시장가호가는 지정가호가에 우선한다. 다만, 가격제한폭제도를 적용하고 있기 때문에 매도시장가호가와 하한가의 매도지정가호가, 매수시장가호가와 상한가의 매수지정가호가 간에는 가격우선원칙에 있어서는 동일한 순위로 간주된다.

2) 시간우선원칙

가격이 동일한 호가(시장가호가 포함) 간에는 먼저 접수된 호가가 나중에 접수된 호가에 우선한다.

 예시

▶ 매매체결원칙적용

- 가격우선원칙에 따라 ①번 매수호가와 매도호가가 가장 우선적으로 체결되며, 가격이 동일한 호가 간에는 시간우선원칙에 따라 먼저 접수된 ②번 호가가 나중에 접수된 ③번 호가보다 우선 체결된다.

매도주문(수량)	가격	매수주문(수량)
	20,150	①10 (가장 높은 매수주문)
	20,100	②200, ③300
③80, ②100	20,050	
①20 (가장 낮은 매도주문)	20,000	

* ①, ②, ③ 번호는 체결순서임

3) 시간우선원칙의 예외(동시호가)

(1) 예외 적용의 경우

거래소는 단일가매매 방식으로 시가(始價) 등을 결정하고 있다. 이 경우에도 일반적으로는 '가격우선원칙'과 '시간우선원칙'이 적용되지만, 예외적으로 시가 등이 상·하한가로 결정되는 경우에는 단일가매매에 참여한 상한가매수호가 또는 하한가매도호가(시장가호가 포함)간에는 동시에 접수된 호가로 간주하여 시간상 우선순위를 배제하고 있다.

이를 동시호가(同時呼價)제도라고 하고 시가 결정뿐만 아니라 Circuit Breakers(CB) 또는 Volatility Interruption(VI) 발동, 전산장애 또는 풍문 등에 의한 거래 중단 후 재개시의 최초 가격이 상·하한가로 결정되는 경우에도 적용된다. 그러나 종가(終價)결정 또는 시간외단일가매매 시에는 동시호가제도를 적용하지 않는다.

(2) 예외 적용의 이유

시가(始價) 등이 상·하한가로 결정되는 상황에서는 가격제한폭으로 인해 투자자는 상·하한가보다 더 우선하는 가격으로의 주문제출(정정)이 불가능하다. 따라서 이들 호가 간에는 더 이상 가격우선의 원칙을 적용할 여지가 없기 때문에 시간우선원칙에 따라 매매를 체결시킨다면 상·하한가로 주문을 제출하였음에도 불구하고 시간상 후순위인 투자자는 어떠한 방법으로도 매매거래가 체결되지 못하는 불리한 상황에 처할 수밖에 없다. 예를 들어, 시가가 상한가로 결정되는 경우 최초로 매수주문을 제출한 투자자가 대량의 주문을 제출한다면 시간상 2순위, 3순위 투자자의 매매체결은 사실상 어려워진다. 따라서, 다수의 투자자에게 거래기회가 제공될 수 있도록, 이들 호가를 동시에 제출된 호가로 보아 시간우선의 원칙을 배제하는 것이다.

(3) 예외시의 체결원칙

❶ 위탁자우선의 원칙 : 회원사가 투자매매업(자기매매)과 투자중개업(위탁매매)을 겸업함에 따라 발생할 수 있는 이해상충을 방지하기 위해, 동시호가 시에는 위탁자주문을 회원사의 자기매매 주문보다 우선하여 체결

❷ 수량우선의 원칙 : 위탁매매 또는 자기매매 호가 간에는 주문수량이 많은 호가부터 우선적으로 수량을 배분하여 매매거래를 체결. 이는 시장이 불안정한 상황에서 투자자의 주문수량에 비례하여 체결수량을 공평하게 배분하기 위한 것임

❸ 접수순 : 동일한 수량의 위탁주문 간에는 호가장에 접수순에 따라 배분

(4) 동시호가 시 체결수량 배분방법

주문수량이 많은 주문부터 적은 순으로 〈표 4−6〉의 각 수량단위를 배분하고 단일가매매 호가접수시간에 접수된 일방의 주문 전량이 체결될 때까지 동일한 순서로 배분을 순차적으로 실시한다. 동시호가가 적용된 주문수량이 전량 체결될 때까지는 정규시장에서도 동 배분방식을 계속 적용한다.

표 7-6	동시호가 배분방법
차수	배분수량
1차 배분	매매수량단위의 100배(100주)
2차 배분	잔량의 1/2
3차 배분	잔량

3 매매체결방법의 특례

1) 신규상장종목 등의 최초 가격 결정방법

(1) 개요

전일 종가가 없거나 기업의 인적분할에 의한 재상장이나 변경상장, 자본금 감소 등으로 기업내용에 큰 변화가 있는 경우에는 기존의 기준 가격에 기초한 가격제한폭으로는 균형 가격 발견이 지연될 개연성이 크다. 이에 따라 거래소에서는 기준 가격이 없는 종목에 대해 새로이 기준 가격을 결정하는 방법과 기업내용이 크게 변동된 종목에 대해 기준 가격을 재평가하는 방법을 별도로 정하고 있다,

기준 가격 재평가 필요종목은 당해 종목 평가 가격의 일정 범위 내에서 매매개시 전 호가접수시간(08 : 30~09 : 00) 중 제출된 매도·매수호가에 의해 체결된 최초 가격을 기준 가격으로 한다(시가기준가종목). 다만, 일반 종목과 다른 점은 최초 가격(기준 가격) 결정 시의 호가범위를 넓게 설정하여 가격 결정이 이루어질 수 있는 폭을 확대해준다는 점이다.

최초 가격(기준 가격)이 결정된 이후에는 당해 기준 가격을 기준으로 설정된 가격제한폭 이내에서 일반종목과 동일하게 접속매매가 이루어진다.

(2) 평가 가격 설정기준

평가 가격이란 기준 가격을 새로이 정하거나 재평가하는 경우 최초 가격 결정을 위해 제출할 수 있는 호가범위의 기준이 되는 가격이다.

발행시장에서 1차적으로 공모가에 의해 평가를 받은 신규상장종목의 경우에는 해당 공모가를 평가 가격(기준가격)으로 하고, 기업내용의 변화가 있는 경우(기업분할, 자본감소 등)에는 이론 가격을 평가 가격으로 한다. 평가 가격 결정을 위한 객관적인 기준이 없는

경우에는 해당 종목의 주당순자산가치를 평가 가격으로 하고 있다.

(3) 호가범위

기준 가격을 새로이 정하는 경우 신속한 균형 가격 발견을 위해 가격 결정의 폭을 확대해 주는 반면, 비정상적 호가에 의해 최초 가격이 기업의 적정가치와 크게 괴리되는 문제를 최소화하기 위해 호가가능 범위를 일정 수준으로 제한하고 있다.

신규상장목 등의 호가범위는 평가 가격(기준가격)의 60~400% 범위로 한다. 예를 들어, 평가 가격(기준가격)이 10,000원으로 정해지면 신규상장일 시초가 결정 시 참여할 수 있는 호가범위는 6,000~40,000원으로 제한된다.

다만, 기업분할에 따른 재상장종목 및 변경상장종목, 종류주식의 상장 등의 경우에는 평가 가격의 50~200% 범위를 적용하고, 제3자배정 유상증자, 합병·영업자산 양수 등을 통해 저가의 대규모 신주를 발행하는 경우 등에는 1원~ 200%를 적용하여 기업내용 변화내용에 대한 투자자의 다양한 투자판단을 유연하게 수용할 수 있도록 하고 있다.

2) 정리매매종목의 매매체결방법

상장폐지가 확정된 종목의 경우 주주에게 상장폐지 전 마지막 환금의 기회를 부여하기 위하여 7일간(매매거래일 기준)의 정리매매 기간을 부여하고 있다. 정리매매종목은 정규시장 매매거래시간(09 : 00~15 : 30) 중 30분 단위 단일가매매 방법으로 매매거래(1일 14회)가 이루어지고, 가격제한폭은 적용되지 않는다.

4 특수한 형태의 매매체결방법

1) 시간외매매

(1) 개요

시간외매매란 정규시장의 매매거래시간 이전 또는 이후의 시간에 매매거래를 체결하는 제도로, 우리 증권시장에서는 매매체결방법에 따라 시간외종가매매, 시간외대량·바스켓매매, 시간외단일가매매로 구분된다. 시간외매매는 정규시장에서 매매거래기회를 갖지 못한 투자자에게 추가적인 매매거래 기회를 부여하고, 대량매매와 같이 일반경쟁매매를 통해 수용하기 어려운 특수한 매매수요를 수용하기 위한 제도이다.

시간외매매는 주권(DR 포함), ETF 및 ETN에 대해서만 적용하고, 지정가호가 이외의 다른 유형의 호가는 허용되지 않는 특징이 있다.

표 7-7 **시간외시장의 구분**

구분	매매거래시간	호가접수시간	매매거래유형
장 개시 전 시간외시장	08 : 30~08 : 40	08 : 30~08 : 40	시간외종가매매
	08 : 00~09 : 00	08 : 00~09 : 00	시간외대량·바스켓매매
장 종료 후 시간외시장	15 : 40~16 : 00	15 : 30~16 : 00	시간외종가매매
	16 : 00~18 : 00	16 : 00~18 : 00	시간외단일가매매
	15 : 40~18 : 00	15 : 40~18 : 00	시간외대량·바스켓매매

(2) 시간외종가매매

시간외종가매매는 종가를 확인한 이후 당해 가격으로 매매하고자 하는 투자자의 수요를 수용하기 위한 제도로서, 장 종료 후 또는 장 개시 전에 일정 시간 당일 종가(장 개시 전 시간외종가매매는 전일 종가)로 매도·매수호가를 접수하여 양방향 호가가 있는 경우 접수순에 따라 즉시 매매거래를 체결한다.

표 7-8 **시간외종가매매 방법**

구분	주요 내용
거래대상	• 주권, DR, ETF, ETN(정규시장 매매거래 미형성 종목 제외)
체결 가격	• 당일(장 개시 전 시간외시장의 경우 전일) 종가
매매체결원칙	• 매수·매도 호가 간에 시간우선원칙으로 매매체결
정정·취소	• 매매체결 전까지 취소 가능(가격정정은 불가능)

(3) 시간외단일가매매

시간외단일가매매는 장 종료 후에 10분 단위 단일가매매방식으로 매매거래를 체결하는 시장이다.

시간외단일가매매 방법

구분	주요 내용
거래대상	• 주권, DR, ETF, ETN(정규시장 매매거래 미형성 종목 제외)
가격 범위	• 당일 종가를 기준으로 상·하 ±10% 범위 이내의 가격 (당일 가격제한폭 범위 이내)
가격 결정방법	• 16 : 00 이후부터 매 10분 단위로 주문을 제출받아 단일가로 매매체결(총 12회 단일가 체결)
정정·취소	• 매매체결 전까지 정정 및 취소 가능

※ 다만, 정리매매종목 및 단기과열종목의 경우 30분 단위

(4) 시간외대량 · 바스켓매매

시간외시장에서 일정 수량 이상의 개별 종목 또는 주식집단을 매매 당사자 간 합의된 조건(가격, 수량)으로 매매거래를 체결하는 제도이다. 시간외대량매매는 매도·매수 쌍방의 합의된 대량매매가 시장의 충격 없이 원활히 처리될 수 있도록 하고, 시간외바스켓매매는 다수의 종목을 대량매매하는 기관투자자들이 포트폴리오를 새로 구성하거나 해소하는 데 도움을 주기 위하여 도입되었다. 한편, 대량매매 및 바스켓매매(장중 대량·바스켓매매 포함)는 호가제출 전에 거래소에서 운영하는 대량매매네트워크(K-BloX)를 통해 신청하여야 한다.

시간외대량·바스켓매매 방법

구분	주요 내용
거래대상	• 주권, DR, ETF, ETN(정규시장 매매거래 미형성 종목 제외)
거래시간	• 시간외시장 매매거래시간(08 : 00~09 : 00, 15 : 40~18 : 00)
가격 범위	• 당일의 가격제한폭 범위 이내
주문방법	• 주문내용이 일치하는 매도·매수 쌍방주문 (거래소 K-Blox를 통해 신청)
최소주문수량	• 시간외대량 　유 정규시장 매매수량단위의 5,000배(ETF의 경우 500배) 또는 1억 원 이상 　코 5,000만 원 이상 • 시간외바스켓 　유 5종목 이상으로서 10억 원 이상 　코 5종목 이상으로서 2억 원 이상
체결 가격	• 매수·매도 당사자 간 합의한 가격

정정·취소	• 매매체결 전까지 정정 및 취소 가능
회원요건	• 매도·매수 중 어느 일방은 단일회원

2) 정규시장 대량매매제도(장중대량 · 바스켓매매)

(1) 의의

대량의 거래가 정규시장에 유입되는 경우 주가 급등락 등 시장에 충격을 유발할 수 있고, 주가급변에 따라 투자자 역시 본인이 원하는 가격으로 거래를 할 수 없는 불편함이 존재한다. 이에 따라, 거래소는 대량매매의 시장 영향을 줄이고, 대량매매 수요자의 매매 편의 및 원활화를 도모하기 위해, 기존에 시간외시장에서만 가능하였던 대량매매를 정규시장의 매매거래시간 중에도 가능하도록 확대하였다.

(2) 매매제도

표 7 – 11 **장중대량·바스켓매매 방법**

구분	주요 내용
거래대상	• 주권, DR, ETF, ETN(정규시장 매매거래 미형성 종목 제외)
거래시간	• 정규시장의 매매거래시간(09 : 00~15 : 30)
가격 범위	• 호가제출 직전까지 형성된 당일 최고 가격~최저 가격
주문유형	• 주문내용이 일치하는 매도·매수 쌍방주문 (거래소 K − Blox를 통해 신청)
주문수량	• 대량매매 　유 매매수량단위의 5,000배(ETF의 경우 500배) 또는 1억 원 이상 　코 5,000만 원 이상 • 바스켓매매 　유 5종목 이상으로서 10억 원 이상 　코 5종목 이상으로서 2억 원 이상
체결 가격	• 매도·매수 쌍방 당사자 간 합의한 가격
정정·취소	• 매매체결 전까지 정정 및 취소 가능
회원요건	• 매도·매수회원 중 어느 일방은 단일 회원

3) 경쟁대량매매제도

(1) 의의

경쟁대량매매는 익명거래를 원하는 투자자의 일정 규모 이상의 대량호가를 정규시장 호가와는 별도로 집중시켜 비공개로 매매거래를 체결하는 제도이다. 이는 기존의 대량 매매제도가 가진 단점(투자자의 매매전략 관련 정보 노출)을 보완함으로써 시장에 잠재된 대량거래 수요를 수용하고, 이를 통해 시장참가자의 거래비용(대량거래의 시장 충격 비용)을 완화하는 데 그 목적이 있다.

(2) 매매방법

경쟁대량매매는 특정 투자자 간에 합의된 가격과 수량으로 매매거래하는 기존의 대량매매와는 달리 '시간우선원칙'이 적용되는 경쟁매매방식이다. 즉, 투자자는 상대방 탐색 및 가격 협상 없이 일정 요건에 부합하는 대량호가를 제출하고(K-Blox 신청 불필요), 거래소는 매수·매도 쌍방의 호가가 접수되는 즉시 먼저 접수된 호가부터 우선하여 체결한다. 이때, 체결되는 가격은 해당 종목의 거래량가중평균가격(VWAP)으로서 거래소가 장 종료 후에 산출하여 각 당사자에게 통보한다. 경쟁대량매매 호가의 수량 및 체결정보는 공개하지 않지만, 종목별로 경쟁대량매매를 위한 매도·매수호가의 유·무 정보는 최소한의 거래정보로서 정규시장의 매매거래시간 중에 한하여 공개하고 있다.

표 7-12 경쟁대량매매 방법

구분	주요 내용
대상종목	주식, DR, ETF, ETN(관리종목과 정리매매종목은 제외)
매매거래 시간	(시간외시장) 08 : 00~09 : 00 (정규시장) 09 : 00~15 : 00
매매체결 방법	• 양방향 주문이 있는 경우 즉시 매매를 체결하는 경쟁매매(접속매매) 방식 • 시간우선원칙에 따라 먼저 접수된 주문부터 전량 체결
체결 가격	• 시간외시장 : 당일(all day) VWAP* • 정규시장 : 체결 시점(match point) 직후부터의 VWAP** 　* 정규시장 개시 시점부터 장 종료 시까지의 총거래대금÷총거래량 　** 체결 시점부터 장 종료 시까지의 총거래대금÷총거래량 • 정규시장 중 거래 미형성 등으로 경쟁대량매매에 적용할 VWAP이 없는 경우는 당일 종가(종가가 없는 경우 기준 가격)를 적용

주문 요건	• 최소호가 규모
	  유 5억 원 이상 (기준 가격 × 호가수량)
	  코 2억 원 이상
	• 매매수량단위
	  유 100주
	  코 1주

chapter 08

시장관리제도

매매거래의 중단

1 주식시장의 매매거래중단(Circuit Breakers)

(1) 개요

매매거래중단[Circuit Breakers(CB)] 제도는 증시의 내·외적 요인에 의해 시장 상황이 급격히 악화되는 경우 시장참여자들에게 냉정한 투자판단의 시간(Cooling-Off Period)을 제공하기 위해 증권시장 전체의 매매거래를 일시적으로 중단하는 제도이다. 주가급락 시에는 기업가치의 적정성에 대한 판단보다는 시장 분위기에 편승한 매매주문의 쏠림현상이 심화되고, 이로 인해 시장 실패 가능성이 높아지게 되므로 투자자 보호 및 증권시장의 안정화를 위한 장치가 필요하다.

(2) 제도의 기본방향

CB는 주가급락 시 투자자가 심리적 안정을 찾을 수 있도록 하기 위한 제도이므로 주가급등 시에는 발동하지 않는다. 또한 빈번한 주식시장의 매매거래중단은 오히려 시장의 불확실성을 증폭시키고 투자자의 혼란을 가중시킬 수 있으므로 심리적 공황상태와 같은 극단적인 상황에서만 발동되도록 엄격한 기준을 적용하고 있다.

(3) 주요 내용

❶ 발동요건 : 주가지수(유가증권시장은 코스피지수, 코스닥시장은 코스닥지수)가 직전 매매거래일의 종가지수와 대비하여 각각 8%, 15%, 20% 이상 하락하여 1분간 지속되는 경우 다음과 같이 CB를 발동. 다만, 동일 발동조건으로는 1일 1회에 한하여 발동하며, 장 종료 40분 전(14:50) 이후에는 발동하지 않음. 다만, 아래 'ㄷ'의 경우는 장 종료 40분 전 이후에도 발동.

　ㄱ. 1단계 매매거래중단 : 주가지수가 직전 매매거래일의 최종 수치보다 8% 이상 하락하여 1분간 지속되는 경우(20분간 매매거래중단 후 재개)

　ㄴ. 2단계 매매거래중단 : 'ㄱ'에 따라 매매거래를 중단·재개한 후에도 직전 매매거래일의 최종 수치보다 15% 이상 하락하고 1분간 지속되는 경우(20분간 매매거래중단 후 재개). 다만 1단계 매매거래중단 시점의 주가지수 수치보다 1% 이상 하락하지 아니하거나, 1% 이상 하락하였으나 1분간 지속되지 아니한 경우는 제외.

　ㄷ. 3단계 매매거래중단 : 'ㄴ'에 따라 매매거래를 중단·재개한 후에도 직전 매매거래일의 최종 수치보다 20% 이상 하락하고 1분간 지속되는 경우(매매거래중단 후 즉시 당일의 매매거래 종결). 다만 2단계 매매거래중단 시점의 주가지수 수치보다 1% 이상 하락하지 아니하거나, 1% 이상 하락하였으나 1분간 지속되지 아니한 경우는 제외.

❷ 발동효과 : 주가지수가 8%, 15% 하락하여 CB가 발동되면 증권시장의 모든 종목(채권은 제외) 및 주식 관련 선물·옵션시장의 매매거래를 20분간 중단(호가접수 중단)하고, 20% 이상 하락하여 발동된 경우에는 당일 장을 종료. 다만, 신규호가접수가 중단된 경우에도 호가의 취소는 가능(위 'ㄷ'의 3단계 매매거래중단이 발동된 경우는 취

소호가를 포함한 모든 호가접수가 불가능)

③ 발동해제(매매거래재개) : 매매거래중단 후 20분이 경과된 때에 매매거래를 재개. 재개시 최초의 가격은 재개시점부터 10분간 호가를 접수하여 단일가매매방법에 의하여 결정하며, 그 이후에는 접속매매 방법으로 매매를 체결

2 종목별 매매거래정지제도

(1) 개요

특정 종목과 관련한 풍문 등으로 인하여 투자자에게 기업정보를 충분히 주지시킬 수 있는 시간이 필요하거나 매매거래의 폭주로 인하여 시장에서 정상적인 매매체결이 불가능한 경우, 거래소는 해당 종목의 매매거래를 일시적으로 정지할 수 있다. 이는 투자자의 주의를 환기시키고 시장에서의 안정적인 매매거래를 도모하기 위한 조치이다.

(2) 매매거래정지 사유

① 매매거래가 폭주하여 신속하게 매매거래를 성립시킬 수 없다고 인정되는 종목
② 투자유의종목으로 지정된 종목
③ 그 밖에 시장관리상 필요하다고 인정되는 경우

한편, 매매거래가 정지된 주권을 기초자산으로 하는 신주인수권증서, 신주인수권증권 및 ELW의 매매거래도 정지될 수 있다.

(3) 매매거래재개

① 호가폭주로 인한 중단의 경우 : 호가상황 및 매매거래상황을 감안하여 매매거래 재개시기를 결정
② 투자유의종목으로 지정되어 중단된 경우 : 그 다음 매매거래일. 다만, 시장상황 등을 감안하여 거래소가 투자자보호를 위하여 필요하다고 인정하는 경우에는 매매거래의 개시시기를 달리 정할 수 있음
③ 시장관리상 필요한 경우 : 시장 상황을 감안하여 매매거래 재개시기를 결정

3 단일가매매 임의연장(Random End, 랜덤엔드)

랜덤엔드는 모든 단일가매매 시 가격 결정을 위한 호가접수시간을 정규 마감시간 이후 30초 이내의 임의시간까지 연장하여, 매매체결 시점이 임의적으로 결정되도록 하는 제도이다. 이는 단일가매매시간 중 허수성 호가에 의한 가격 왜곡 문제를 방지하여 선의의 투자자 피해를 최소화하고 시장의 투명성 제고 및 균형 가격 발견 기능을 강화하기 위한 것이다.

4 변동성 완화장치(Volatility Interruption, VI)

(1) 의의

변동성 완화장치는 예상치 못한 갑작스러운 주가의 급변으로부터 투자자를 보호하기 위한 가격 안정화 장치 중 하나로, 개별 종목에 대해 일정한 가격 범위를 설정하고 체결 가격이 동 가격 범위를 벗어날 경우 발동된다. 이는 비정상적인 주가 급등락이 우려되는 경우 단일가매매방식으로의 매매체결방법 변경을 통해 투자자에게 주가급변의 이유 등 제반 상황을 파악할 수 있는 냉각기간(Cooling-Off Period)을 제공함으로써 투자자에게 불측의 손실을 예방할 수 있도록 하기 위함이다. 가격제한폭은 주가급변 시 제한폭을 초과하는 가격대에서의 매매거래를 제한하는 직접적인 가격 규제인 반면, 변동성 완화장치는 시장참가자로 하여금 주가급변 상황에 대해 주의를 환기시킴으로써 주가 변동을 완화시키는 간접규제라 할 수 있다.

(2) 종류

변동성 완화장치는 크게 동적(Dynamic) VI와 정적(Static) VI로 구분할 수 있다. 동적 VI는 특정 호가에 의한 단기간의 가격 급변을 완화시키기 위한 것으로, 직전 체결 가격을 기준으로 체결 가격이 변함에 따라 연속적으로 가격 범위(Dynamic Price Range)를 설정하므로, 특정 호가에 의한 순간적인 수급불균형이나 주문착오 등으로 인한 일시적 변동성 완화에 효과적이다. 반면, 정적 VI는 특정 단일호가 또는 여러 호가로 야기되는 누적적이고 보다 장기간의 가격 변동을 완화하기 위한 장치로, 전일 종가 또는 장중의 새로

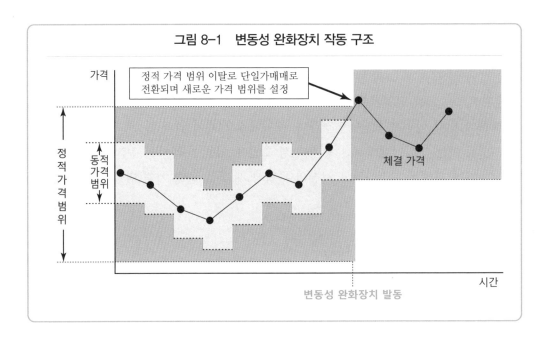

그림 8-1　변동성 완화장치 작동 구조

운 단일 가격 등을 기준으로 가격 범위(Static Price Range)를 보다 넓게 설정하므로 큰 폭의 가격 변동을 완화하는 데 효과적이다. 다만, 투자자 편의 제고 등을 위해 다른 가격안정화장치와 중복 시에는 원칙적으로 중복적용을 배제한다. 예를 들어 매매거래중단(Circuit Breakers) 발동시 기 발동된 변동성완화장치는 취소된다.

(3) 주요 내용

❶ 동적 VI (Dynamic Volatility Interruption)

동적 VI는 특정 호가에 의해 주가가 직전 체결 가격(참조 가격)보다 일정 비율 이상 변동할 때 발동되며, 그 구체적인 발동기준은 다음과 같음

단일가매매 시 동적 VI가 발동되면 당해 단일가매매를 위한 호가접수시간이 2분간 연장되고, 접속매매 시 동적 VI가 발동되면 매매방식이 단일가매매로 전환되어 2분간 매매거래 없이 호가를 접수하여 당해호가간 매매거래를 체결. 단일가매매 이후에는 다시 접속매매방식으로 환원. 접속매매, 종가단일가매매시간 및 시간외단일가 매매시간에 적용되며, 시가단일가매매시간에는 적용되지 않으며, 정리매매종목, 단기과열종목 등에 대해서도 발동되지 않음

❷ 정적 VI (Static Volatility Interruption)

정적 VI는 호가제출 시점 직전에 체결된 단일가 체결 가격을 참조 가격(reference

price)으로 하여, 동 참조 가격 대비 10% 이상 변동한 경우 발동. 정적 VI가 발동되면, 동적 VI와 동일하게 매매체결방식이 2분간 단일가매매으로 전환. 정적 VI는 종목 및 세션의 구분 없이 10% 발동요건이 적용되며, 시가단일가 매매 및 종가단일가 매매시에도 발동될 수 있음

표 8-1　동적 변동성 완화장치 발동요건

구분		접속매매시간 (09:00~15:20)	종가단일가 매매시간 (15:20~15:30)	시간외시간 (16:00~18:00)
주식	ETF/ETN			
KOSPI200 구성종목	KOSPI200/100/50, KRX100, 인버스, 채권	3%	2%*	3%
유가증권일반 종목/코스닥 종목	레버리지, 섹터·해외지수, 상품 등 기타지수	6%	4%*	6%

* 주식관련(주가지수, 개별주식, ETF) 선물·옵션 최종 거래일 기초자산(주가지수인 경우 그 구성종목)의 종가결정 시 1%로 축소하여 적용

section 02　안정적 주가 형성을 위한 시장관리제도

1　프로그램매매 관리제도

1) 프로그램매매의 정의

프로그램매매는 일반적으로 시장분석, 투자시점 판단, 주문제출 등의 과정을 컴퓨터로 처리하는 거래기법을 통칭한다. 즉, 투자자는 시장 상황별로 실행할 투자전략을 사전에 미리 수립하여 그 내용을 컴퓨터에 프로그래밍하고, 해당 요건 발생 시 컴퓨터가 자동으로 주문을 처리하는 매매방식이다. 그러나 거래소는 프로그램매매 관리의 목적을 고려하여 지수차익거래와 비차익거래로 구분하여 정의하고 있다.

지수차익거래는 주식시장과 파생상품시장의 가격 차이를 이용하여 이익을 얻을 목적으로, KOSPI200지수(코스닥은 코스닥150지수) 구성종목의 매수와 동시에 또는 매수의 전·후에 KOSPI200 선물·옵션(코스닥은 코스닥150지수 선물·옵션)을 매도하는 전략 또는 그 반대의 매매거래 전략을 말한다.

비차익거래는 동일인이 일시에 KOSPI지수 구성종목 중 15종목 이상(코스닥의 경우 코스닥150지수 구성종목 중 10종목 이상)을 매수 또는 매도하는 거래를 말한다. 즉, 지수차익거래와 달리 파생상품시장과의 연관성 여부와 관계없이 일시에 매매하고자 하는 주문이 일정 규모 이상인 경우 비차익프로그램매매에 해당한다.

2) 프로그램매매의 관리 필요성

프로그램매매는 시장에 풍부한 유동성을 제공하고 가격 발견 기능의 효율성을 제고하는 순기능이 있다. 반면, 시황 변화에 따른 기계적 투자전략으로서 시장이 불안정할 경우에는 변동성을 심화시킬 우려가 있으며, 특히, 선물·옵션 최종 거래일에는 기존의 차익거래 포지션을 해소하기 위한 매매가 집중됨에 따라 주가급변의 위험이 확대될 수 있다. 따라서 거래소는 파생상품시장과 연계된 과도한 프로그램매매가 주식시장에 주는 충격을 완화하고, 투자자 보호 및 시장의 안정적 관리를 도모하기 위하여 프로그램매매에 대한 시장관리방안을 마련하고 있다.

3) 프로그램매매호가의 관리

(1) 프로그램매매호가 구분 표시

거래소는 프로그램매매의 투명성 확보를 위해 회원(투자자)의 호가제출 시 프로그램매매 해당 여부(차익거래와 비차익거래 구분)를 입력하도록 하여 프로그램매매호가를 관리하고 관련 통계를 시장에 공표하고 있다.

(2) 프로그램매매호가 효력의 일시정지 제도(Sidecar)

사이드카는 파생상품시장에서 선물 가격이 급등락할 경우 프로그램매매가 주식시장에 미치는 충격을 완화하기 위해, 주식시장 프로그램매매호가의 효력을 일시적으로 정지시키는 제도이다.

❶ 발동기준 : 각 시장별로 다음의 기준에 해당하면 사이드카가 발동

　ㄱ. 유가증권시장 : 코스피200지수선물 가격이 기준가 대비 5% 이상 변동하여 1분 간 지속되는 경우

　ㄴ. 코스닥시장 : 코스닥150지수선물 가격이 6% 이상 변동하고 코스닥150지수가 3% 이상 변동하여 1분간 지속되는 경우

　ㄷ. 매수·매도 구분 없이 1일 1회에 한해 발동되며, 장 개시 후 5분이 경과한 시점부터 발동기준을 계산하므로 실제로는 장 개시 후 6분 이후부터 발동 될 수 있음

❷ 발동효력 : 상승의 경우에는 프로그램 매수호가, 하락의 경우에는 프로그램 매도 호가(취소 및 정정호가 포함)의 효력을 5분 동안 정지

❸ 해제기준

　ㄱ. 프로그램매매호가의 효력정지 시점부터 5분이 경과한 경우

　ㄴ. 장종료 40분 전인 경우

　ㄷ. 프로그램매매호가의 효력정지시간 중 주식시장 매매거래 중단(Circuit Breakers) 또는 임시정지된 경우에는 매매거래가 재개된 경우

표 8-2	서킷브레이커 및 사이드카 비교	

구분	서킷브레이커	사이드카
요건	• 코스피(코스닥)지수가 기준 가격 대비 8%, 15%, 또는 20% 이상 하락하여 1분간 지속 • 동일 발동요건은 1일 1회에 한함(장 종료 40분 전 이후에는 발동하지 않음)	• 코스피200(코스닥150)지수선물 가격이 기준 가격 대비 5%(6%) 이상 상승하거나 하락하여 1분간 지속 (코스닥시장은 코스닥150지수도 3% 이상 변동한 경우에만 발동) • 1일 1회에 한함(장 개시 후 5분 전, 장 종료 40분 전 이후에는 발동하지 않음)
효력	• 주식시장 및 관련 파생상품시장 20분간 매매거래정지(20% 요건 발동 시에는 장 종료) • 신규호가 접수 거부(취소호가 가능) • 매매거래정지 해제 시 10분간 단일가매매	• 프로그램매매호가의 효력을 5분간 정지 • 신규 취소 및 정정호가의 효력도 정지

(1) 의의

단기과열종목 지정제도는 미확인된 정보 등의 시장 확산으로 인한 불특정 다수 투자자의 추종매매로 특정 종목의 주가가 단기간에 급등락을 반복하는 단기과열 현상을 예방하기 위한 제도이다. 이러한 단기과열종목은 특정 불공정거래 세력에 의해 이루어진 것이 아니라 주로 불특정 다수 투자자의 추종매매에 의해 발생한 것이어서 기존의 시장감시장치로는 이런 현상에 적절히 대응할 수 없어 도입되었다.

(2) 단기과열종목의 지정 및 지정해제

유가증권시장 및 코스닥시장의 상장주권 및 DR이 다음의 단기과열지표에 따라 적출되는 경우 지정예고조건 및 지정 조건 충족시 지정예고 또는 단기과열종목으로 지정한다.

❶ 당일 종가가 직전 40매매거래일 종가의 평균 대비 30% 이상 상승
❷ 최근 2거래일 평균 회전율이 직전 40매매거래일 회전율의 평균의 600% 이상
❸ 최근 2거래일 평균 일중변동성이 직전 40매매거래일 일중변동성의 평균의 150% 이상
❹ 당일 종가를 기준으로 종류주식의 가격과 해당 보통주식의 가격간 괴리율[(종류주식가격 − 해당 보통주식가격)/해당 보통주식가격 * 100]이 50%를 초과

상장 주권 등이 ❶~❸ 요건에 모두 해당하여 최초 적출된 날의 다음 매매거래일로부터 10매매거래일 이내에 동일 요건으로 재적출되는 경우 단기과열종목 지정예고를 하고, 그 후 10매매거래일 이내에 다시 동일요건을 충족하는 경우(단, 당일 종가가 예고일 전일 및 직전매매거래일 종가 대비 상승한 경우에 한함) 또는 지정예고의 ❹ 요건에 해당하여 지정예고된 날부터 10매매거래일 이내에 다시 동일 요건을 충족하는 경우 단기과열종목으로 지정한다.

단기과열종목 지정일부터 3매매거래일이 종료하는 날의 다음 매매거래일에 지정을 해제하나, 지정예고 ❶~❸ 요건에 모두 해당되어 단기과열종목으로 지정된 종목의 경우 지정정료일 종가가 지정일 전일의 종가보다 20% 이상 높은 경우에는 지정기간을 3매매거래일만큼 연장한다. 지정예고의 ❹ 요건에 해당되어 단기과열종종목으로 지정된

종목의 경우 지정종료일의 종가를 기준으로 여전히 ❹ 요건에 해당하는 경우 3거래일간 지정요건을 연장한다. 이 경우, 이후에도 지정종료일에 ❹ 요건에 계속 해당되면 지정연장을 반복한다.

(3) 단기과열종목의 매매체결방법

단기과열종목으로 지정되면 3일간 30분 단위 단일가매매 방식을 적용하여 매매거래를 체결한다. 이 경우, 시간외 단일가매매의 경우에도 체결주기가 10분에서 30분으로 변경된다. 지정가호가, 시장가호가, 경쟁대량매매호가에 한하여 호가제출이 허용되고, 지정가호가 및 시장가호가에 대해서는 IOC, FOK 조건입력이 제한된다.

3 시장경보제도

(1) 개요

거래소(시장감시위원회)는 투기적이거나 불공정거래의 개연성이 있는 종목 또는 주가가 단기간에 비정상적으로 급등하는 종목의 경우 투자자의 주의를 환기하기 위해 시장경보제도를 운영하고 있다. 『투자주의종목 → 투자경고종목 → 투자위험종목』으로 연결되는 3단계 지정제도는 일반투자자의 추종매매를 억제하고 불공정거래의 확산을 사전에 차단하기 위한 경보조치이다.

(2) 지정요건

❶ 투자주의종목 : 거래소는 일정 기준에 해당하는 소수계좌 거래집중종목 등 투기적이거나 불공정거래 개연성이 있는 종목을 투자주의종목으로 지정. 이는 일반투자자의 뇌동매매를 방지하고 잠재적 불공정거래 행위자에 대한 경각심을 고취시키기 위함으로, 지정예고 없이 1일간 지정되며 익일 자동해제

❷ 투자경고종목 : 특정 종목의 주가가 비정상적으로 급등하는 경우, 투자자의 주의를 환기시키고 불공정거래를 사전에 예방하기 위하여 투자경고종목으로 지정. 단기(5일) 또는 중장기(15일) 기준으로 주가가 급등하면서 당해기간 중 특정 계좌의 시세관여율이 높은 경우 등에 투자경고종목으로 지정예고되고, 이후에도 주가상승률이 과도하게 높아 투자경고종목 지정요건에 해당하는 경우에는 투자경고종

목으로 지정. 지정일로부터 10일 이후의 날로서 주가 급등 등이 해소되어 지정해
제요건에 해당하는 경우에 해제

❸ 투자위험종목 : 투자경고종목 지정에도 불구하고 투기적인 가수요 및 뇌동매매가
진정되지 않고 주가가 지속적으로 상승할 경우, 거래소 시장감시위원회는 동 종목
을 투자위험종목으로 지정예고하고, 이후에도 주가 상승이 지속되어 투자위험종목
의 지정요건에 해당하는 경우 투자위험종목으로 지정하여 관리. 지정일부터 10일
이후의 날로서, 주가 급등 등이 해소되어 지정해제요건에 해당하는 경우에 해제

(3) 제한조치

투자경고·위험종목으로 지정되는 경우 신규의 신용거래가 제한되며, 회원사는 해당
종목의 매수주문에 대해 위탁증거금을 100% 징수하여야 하고, 대용증권으로 사용할 수
없다. 또한, 투자경고종목으로 지정된 이후에도 주가가 계속 상승하는 경우, 투자위험
종목으로 지정되는 경우 등에는 매매거래가 정지될 수 있다.

---

section 03 | 공정한 주가 형성을 위한 시장관리제도

---

1 공매도 관리

1) 의의 및 관리 필요성

(1) 의의

공매도(short selling, 空賣渡)는 자본시장법에서 소유하지 않은 증권을 매도하는 것으로
정의하고 있는데, 투자자는 자신이 보유한 증권의 가격 하락에 따른 손실을 회피(헤지)
하거나, 고평가된 증권의 매도를 통한 차익을 얻기 위해 이를 활용하고 있다.

(2) 관리 필요성

공매도는 주식시장에 추가적인 유동성을 공급하여, 가격 발견의 효율성을 제고하고 투자자의 거래비용을 절감한다. 또한 부정적인 정보가 가격에 빠르게 반영될 수 있도록 하여 주가 버블 형성을 방지하고 변동성을 줄이는 등 순기능이 있어, 세계 대부분의 증권시장에서는 공매도를 수용하고 있다.

그러나 소유하지 않은 증권을 매도하여 결제일에 결제불이행 발생의 우려가 있고, 시장 불안 시 공매도가 집중될 경우 주가 하락 가속화 등 안정적인 시장운영에 위험요인으로 작용할 수 있다. 이에 따라, 각국의 증권시장에서는 공매도에 따른 잠재적인 위험을 관리하기 위한 다양한 제도를 도입하고 있다.

2) 공매도 관리

(1) 결제불이행 위험 방지를 위한 시장관리방안

❶ 차입 공매도의 예외적 허용 : 자본시장법에서는 매도증권의 차입 여부에 따라 소유하지 않은 증권의 매도(무차입 공매도)와 차입한 증권으로 결제하고자 하는 매도(차입 공매도)로 구분하여 정의하고 있으며, 일정한 방법 및 가격 등에 따라 이루어지는 차입 공매도만 예외적으로 허용. 즉, 투자자는 주문을 제출하기 이전에 신용대주거래 또는 대차거래 등에 의하여 차입한 증권에 대해서만 공매도할 수 있음

ㄱ. 대주거래 : 개인투자자 등이 회원사 또는 증권금융회사가 보유하고 있는 주식을 신용으로 차입하는 거래

ㄴ. 대차거래 : 기관투자자 등이 한국예탁결제원 또는 한국증권금융 등의 중개기관을 통해 거래 당사자 간 주식을 빌리고(borrow) 빌려주는(lending) 거래

한편, 자본시장법은 현재 증권을 소유하고 있지 않지만 결제일까지 소유하게 될 예정으로 결제불이행의 우려가 없는 증권의 매도에 대해서는 공매도가 아닌 것으로 간주함으로써 공매도 규제가 적용되지 않는 범위를 명확히 하고 있음

자본시장법상 공매도로 보지 않는 경우

- 매수계약 체결 후 결제일 전에 해당 증권을 다시 매도하는 경우
- 주식 관련 채권(전환사채·교환사채·신주인수권부사채 등)의 권리행사, 유·무상증자, 주식배

당 등으로 취득할 주식이 결제일까지 상장되어 결제가 가능한 경우 그 주식의 매도
• 기타 다른 보관기관에 보관하고 있는 증권을 매도하거나, DR에 대한 예탁계약의 해지
로 취득할 주식 및 ETF 환매청구에 따라 교부받을 주식 등의 매도로서 결제일까지 결
제가 가능한 경우 등

❷ 공매도호가의 방법 : 회원이 위탁자로부터 매도 주문을 수탁할 때에는 i) 공매도
여부를 확인하고, ii) 공매도일 경우 해당 증권의 차입 여부를 확인하여야 함. 이
는 문서, 전자통신, 전화 녹취 등 다양한 방법으로 할 수 있으며, 확인한 내용은 3
년 이상 보관하여야 함. 회원은 공매도를 구분 표시하여 호가를 제출하여야 하고,
공매도 규정을 위반하는 주문에 대해서는 수탁을 거부하여야 함

한편, 회원이 위탁자로부터 공매도를 하지 않는다는 확약서(공매도 미실행 확약서)
를 제출받고 해당 위탁자 계좌에서 공매도 주문이 제출되지 않도록 전산조치를
한 경우에는 위의 확인절차를 생략할 수 있도록 하여 보유주식을 별도 보관하는
투자자의 거래 편의를 제고하고 있음

❸ 공매도호가의 사후 관리 : 회원은 결제일에 직접 또는 보관기관의 통보내용을 통
해 위탁자의 결제부족 여부를 확인한 경우 위탁자로부터 해당 매매거래와 관련
된 차입계약서 등을 제출받아 공매도 관련 법규의 위반 여부를 확인하고, 동 기록
을 3년 이상 보관·유지하여야 함

또한, 공매도 관련 법규 위반규모 및 빈도가 〈표 5-3〉의 기준에 해당하는 위
탁자에 대해서는 20일에서 60일간 공매도 주문수탁 시 차입계약서를 징구하거나
매도증권을 사전에 입고하도록 수탁강화 조치를 취하여야 함

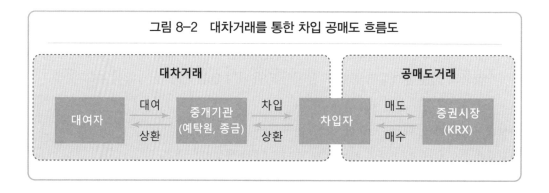

그림 8-2 대차거래를 통한 차입 공매도 흐름도

표 8 - 3   공매도 관련 법규 위반에 따른 수탁 강화 조치

빈도 \ 위반규모	5억 원 이하	5억 원 초과~ 10억 원 이하	10억 원 초과
1거래일	–	40일간 매도증권 사전납부	80일간 매도증권 사전납부
2~4거래일	40일간 매도증권 사전납부	80일간 매도증권 사전납부	120일간 매도증권 사전납부
5거래일 이상	80일간 매도증권 사전납부	120일간 매도증권 사전납부	120일간 매도증권 사전납부*

* 모든 매도주문시(일반매도, 차입공매도, 기타매도) 매도증권 사전납부 확인(이외에는 차입공매도 주문을 수탁하는 경우에만 사전납부)

(2) 시장 불안 방지를 위한 시장관리방안

❶ 공매도호가의 가격 제한(Uptick Rule) : 공매도는 원칙적으로 직전 가격 이하의 가격으로 호가할 수 없으나, 가격이 상승하는 경우(직전 가격이 그 직전 가격보다 높은 경우)에는 예외적으로 직전 가격으로 호가할 수 있도록 허용하고 있음. 그리고 상대매매(장중대량매매 등) 방식 등에는 가격 제한을 적용하지 않음

> **예시**

▶ 공매도 시 직전 가격으로 호가할 수 있는 경우

직전가 :	① 10,000 →	② 9,980 →	③ 9,980 →	④ 9,990 →	⑤ 9,990
	–	×	×	○	○

* ④번, ⑤번의 가격 형성(체결) 후에는 직전가인 9,990원에 공매도 호가 가능

❷ 공매도 금지조치 : 극단적인 시황급변 등으로 시장의 안정성 및 공정한 가격 형성을 저해할 우려가 있는 경우에는 거래소가 금융위원회의 승인을 받아 상장증권의 전부 또는 일부에 대해 차입 공매도를 제한할 수 있음

❸ 공매도 과열종목 지정제도 : 공매도가 평상시보다 급증하고, 주가 하락이 동반되는 종목의 경우에는 투자자에게 주의를 환기하기 위하여 해당 적출된 종목을 공개하고, 익일 1일간 공매도 거래를 금지하고 있음. 다만, 주식시장의 유동성공급호가 및 시장조성호가, ELW·ETF·ETN 상품의 유동성공급에 발생되는 리스크 헤지를 위한 헤지거래 목적의 호가, 파생상품시장의 시장조성을 위한 헤지거래 목적의 호가는 예외적으로 공매도 호가를 허용하고 있음

(3) 공매도 거래의 투명성 강화

❶ 공매도 거래현황 공표 : 거래소는 공매도 거래의 투명성 제고를 위해 회원에게 공매도를 별도로 구분하여 표시하도록 하고, 공매도로 표시된 거래현황을 집계하여 종목 및 업종별 공매도 거래현황 등을 공표

❷ 대차잔고 현황 공표 : 협회는 예탁결제원, 증권금융 및 증권회사를 통한 대차거래 현황을 집계하여 종목 및 투자자별 대차잔고 등을 공표

❸ 공매도잔고 보고 및 공시 : 공매도 순보유잔고비율이 발행주식 총수의 0.01% 이상이며 순보유잔고평가액 1억 원 이상이거나, 순보유잔고비율 관계없이 순보유잔고평가액이 10억 원 이상인 투자자는 당해 기준에 해당하게 된 이후 2영업일 오후 6시까지 인적사항, 보유한 순보유잔고 등을 금융위원회 및 거래소에 보고하여야 함. 또한 공매도 순보유잔고 비율이 발행주식 총수의 0.5% 이상인 투자자는 공시의무가 발생하며, 투자자는 공시의무 발생 이후 2영업일 오후 6시까지 인적사항, 종목명 및 최초 공시의무 발생일 등을 공시하여야 함

❹ 공매도 종합 포털 : 공매도 관련 투자자 간 정보 비대칭을 해소하고, 공매도에 대한 올바른 이해를 위하여 공매도와 관련된 종합적인 정보를 한 곳에 망라하여 공매도 종합 포털 사이트(http://short.krx.co.kr)를 개설하여 운영. 본 사이트는 공매도 제도, 공매도 관련 통계, 오해와 진실, 자주하는 질문 등으로 구성

2 자기주식매매

(1) 자기주식의 개요

자기주식이란 법인이 자기가 발행한 주식 중 일부를 자기계산으로 취득하여 보유하고 있는 경우를 말한다.

자본시장법은 상장법인의 자기주식 취득을 폭넓게 허용하고 있지만, 과도한 자기주식 취득의 경우에는 자본충실을 저해할 수 있다는 점에서 취득재원 및 취득방법 등을 제한하고 있다. 또한, 증권시장을 통해 자기주식을 취득·처분하는 경우에도 내부정보 이용 등의 불공정거래를 예방하고 시장(가격)에 미치는 영향을 최소화하기 위해 자기주식 매매에 대해 별도로 관리하고 있다.

(2) 자기주식 취득 관리

❶ 취득수량 한도 : 현재 자기주식을 취득할 수 있는 수량 한도는 없으며, 취득재원이 충분한 경우에는 이론상 100% 취득도 가능

❷ 취득재원 : 상장법인이 자기주식을 취득할 수 있는 금액은 직전 사업연도말 재무제표를 기준으로 상법상 이익배당한도에서 직전 사업연도말 이후 발생한 자기주식 취득 및 처분(신탁계약 체결 및 해지 포함) 금액과 주총에서 결의된 이익배당금액 등을 가감하여 산정

❸ 취득방법 : 자기주식은 증권시장에서 매매를 통하여 취득하거나, 장외에서 공개매수의 방법으로 취득할 수 있음. 이는 상장법인이 공개된 시장에서 자기주식을 취득하도록 하여 일반주주의 환금기회를 보장하기 위함임

❹ 취득(처분)절차 : 상장법인이 자기주식의 취득 또는 처분(신탁계약의 체결 및 해지 포함)을 결의한 경우에는 주요 사항 보고서(자기주식취득신고서 또는 처분신고서)를 금융위원회와 거래소에 제출하여야 함. 자기주식을 취득할 수 있는 기간은 이사회 결의사항 공시 후 익일부터 3개월 이내이고, 처분 기간은 이사회 결의일 익일부터 3개월 이내. 자기주식의 취득(처분)을 완료하거나 취득(처분)기간이 만료된 때에는 그날부터 5일 이내에 결과보고서를 금융위에 제출하여야 함

(3) 자기주식 매매방법

❶ 자기주식매매거래계좌 설정 : 상장법인이 자기주식의 매매거래를 위탁하기 위해서는 특정 회원사에 자기주식매매거래계좌를 별도로 설정하여야 하고, 동 계좌에서는 자기주식 외의 종목을 거래할 수 없음

❷ 자기주식매매신청서 제출 : 자기주식을 매매하기 전에 그 내용(종목, 수량)을 미리 공시하도록 하고 있음. 이에 따라, 자기주식매매를 위탁받은 회원은 취득·처분 전일의 정규시장 종료 후부터 18시까지 자기주식매매신청서를 거래소에 제출하여야 함

❸ 호가 및 가격 제한 : 회원은 자기주식 매매거래 당일에 상장법인으로부터 주문을 접수한 후 다음의 가격 범위 이내로 장 종료 30분 전(15 : 00) 이전까지 호가제출을 완료하여야 함. 매매거래시간 중에 자기주식에 대한 가격 제한 범위 내에서의 가격 정정은 허용되나, 이미 제출된 호가의 취소는 불가하고 이러한 가격 제한으로 인해 자기주식매매에 대해서는 지정가주문만 허용

구분	매수	매도
장 개시 전 호가	• 전일종가~전일종가의 +5%	• 전일종가~전일종가보다 2호가단위 낮은 가격
장중호가	• 직전 가격과 최우선매수호가의 가격 중 높은 가격으로부터 ±5호가 가격 단위	• 직전 가격과 최우선매도호가의 가격 중 낮은 가격으로부터 ±5호가 가격 단위

※ 장중 호가를 제출하기 전까지 매매체결이 이루어지지 않은 종목의 경우에는 당일 기준 가격을 "최고 가격" 및 "직전 가격"으로 적용

④ 수량제한 : 1일 최대 주문 가능 수량은 종목별로 총발행주식수의 1% 이내에서 신고한 취득(처분)예정수량의 10%에 해당하는 수량과 최근 1개월간 일평균거래량의 25%에 해당하는 수량 중 많은 수량 이내

⑤ 시간외대량매매를 통한 자기주식 매매 : 자기주식을 처분하는 경우에는 시간외대량매매에 의한 방법으로도 가능. 이때 처분할 수 있는 가격 범위는 당일(장개시전 시간외시장의 경우는 전일) 종가를 기준으로 ±5% 이내(당일 상·하한가 이내)

시간외대량매매의 방법을 통한 자기주식의 취득은 정부 등으로부터 자기주식을 취득하는 경우 또는 정부가 지도·권고 등을 하고 금융위가 승인한 경우에만 가능. 이때, 매수 가격의 범위는 일반적인 시간외대량매매의 가격 범위와 동일하지만, 정부·예금보험공사로부터 자기주식을 취득하거나 금융위 승인에 따라 취득하는 경우에는 가격제한(가격제한폭 포함)이 적용되지 않음

(4) 신탁계약을 통한 자기주식 매매

신탁계약을 통하여 자기주식을 매매하는 경우에도 상장법인이 직접 매매하는 것과 동일하게 관리하고 있다. 다만, 신탁계약의 특성을 감안하여 1일 주문수량한도는 해당 기업 총발행주식수의 1% 범위 이내 요건만을 적용하고 있다.

또한, 신탁계약을 통한 빈번한 자기주식의 취득·처분행위를 방지하기 위하여 자기주식의 취득 후 1개월간 처분이 금지되며, 처분 후 1개월간 취득이 금지된다.

(5) 자기주식매매의 특례

시장 상황 급변 등으로 투자자 보호와 시장 안정 유지를 위하여 필요한 경우, 자기주식 취득을 보다 용이하게 할 수 있도록 거래소는 금융위원회의 승인을 받아 수량제한을 면제하는 특례조치를 취할 수 있다. 동 특례조치가 취해진 경우 자기주식의 일일 주문

수량은 취득신고 주식수 이내까지 확대된다.

거래소는 투자판단의 기초자료가 되는 시장의 호가내용을 실시간으로 모든 시장참가자에게 공개함으로써 회원사의 서비스 품질 및 시장의 가격 발견 기능의 효율성을 제고하고 있다. 거래소에서는 매매체결방법에 따라 다음과 같이 호가내용을 공개하고 있다.

① 접속매매 : 매도·매수별 최우선호가의 가격을 포함한 10단계 우선 호가 가격, 그 가격대별 호가수량 및 해당 호가의 합계 수량
② 단일가매매 : 예상체결 가격 및 수량, 매도·매수별 예상최우선호가의 가격을 포함한 3단계 우선호가의 가격 및 수량

거래소는 호가정보 외에도 투자자별 거래현황 등 투자자의 투자판단에 참고가 될 수 있는 다양한 정보를 홈페이지 등을 통해 공개하고 있다.

section 04 합리적 매매거래 지원을 위한 시장관리제도

1 배당락 및 권리락

1) 배당락

(1) 개요

배당락이란 해당 사업연도에 대한 기업의 이익배당을 받을 권리가 소멸하였음을 의미하며, 배당락 조치는 동 권리가 소멸되었음을 투자자에게 주지시켜 주기 위한 공시를 의미한다.

(2) 배당락 조치시기

상장기업은 해당 사업연도의 최종일(12월 결산법인의 경우 12월 31일)에 주식을 보유하고 있는 주주에 대해 배당금을 지급한다. 이때 12월 31일을 기준으로 주주를 확정하기 위해 주주명부를 폐쇄하고 명의개서를 정지하게 되는데 거래소에서는 연말 휴장일을 감안하여 직전 매매거래일인 12월 30일을 실제 '기준일'로 보고 있다. 12월 30일이 공휴일인 경우에는 직전 매매거래일을 기준일로 하고, 기준일이 매매거래정지기간인 경우에는 매매거래정지 해제 전일을 기준일로 한다.

하지만, 증권시장에서는 실제 증권의 결제가 매매체결일 이후 2일째 되는 날(T+2)에 이루어지기 때문에 주주명부에 등록되기 위해서는 '기준일' 2일 전까지 해당 주식을 매수하여야 한다. 즉, 12월 28일까지 주식을 매수하여야 하고 '배당락일'이 되는 12월 29일에는 해당 주식을 매수하더라도 당해연도의 배당을 받을 권리가 없다.

 예시

▶ 12월 결산법인의 배당락 조치 일정

(3) 배당락일 기준 가격 조정

주식배당의 경우 배당 전·후 1주당 가치 변화를 주가에 반영하기 위하여 일정한 산식으로 배당락 조치일의 기준 가격을 새로이 정하고 있다.

- 배당락 기준 가격 $= \dfrac{\text{배당부 종가} \times \text{배당전 주식수}}{\text{배당 후 주식수}}$

다만, 현금배당의 경우, 배당락일까지 해당 기업의 배당금이 확정되지 않은 상태이므로 이론 가격을 산출하는 것이 곤란하다는 점을 반영하여 현금배당에 대해서는 기준 가격 조정을 하지 않고 있다. 주식배당에 대해 배당락 시 기준 가격을 조정하는 것은 주식배당의 경우 주가 희석 효과가 크고 해당 기업으로 하여금 기준일 10일 전까지 그 예정 내용을 공시하도록 하여 기준 가격을 조정할 수 있는 기준이 명확하기 때문이다.

2) 권리락

(1) 개요

권리락이란 주식회사가 주주배정 증자를 하는 경우 해당 증자에 따른 신주를 배정받을 수 있는 권리가 소멸되었음을 시장참가자에게 알려주기 위한 조치이다. 권리락 조치는 기존 주주의 권리에 변경이 발생하여 이를 알려주기 위한 것이므로 주주에게 신주를 배정하는 방법에 의한 증자의 경우에만 적용한다.

(2) 권리락 조치시기

권리락 시기는 배당락의 경우와 마찬가지로 보통거래의 결제시한을 감안하여 신주배정 기준일 전일이 된다. 즉, 신주배정 기준일 2일 전(권리부)까지 해당 주식을 매수한 투자자는 신주인수권을 가지게 된다.

(3) 권리락 기준 가격

권리락일 기준 가격은 권리락 전·후의 1주당 가치 변화를 주가에 반영하기 위해 이론 가격으로 조정하고 있다.

$$\text{권리락 기준 가격} = \frac{(\text{권리부 종가} \times \text{증자 전 주식수}) + \text{신주납입금액}^*}{\text{증자 후 주식수}}$$

* 무상증자의 경우 신주납입금액을 "0"으로 한다.

2	착오매매 정정

1) 개요

착오매매 정정은 회원사가 투자자(위탁자)의 주문을 처리하는 과정에서 착오로 주문내용과 다르게 처리한 경우에 거래소가 회원사의 신청을 받아 매매계약 체결내용을 정정하는 것을 말한다.

2) 주요 내용

(1) 착오매매의 정의

회원 착오매매는 회원이 투자자의 주문(종목, 수량, 가격, 매수·매도구분 등)과 다르게 호가하여 이루어진 매매계약체결로 정의하고 있다. 즉, 매매체결을 전제로 하므로 회원이 투자자의 주문을 누락하거나 주문 내용보다 적은 수량을 호가한 경우에는 착오매매에 포함되지 않는다.

(2) 착오매매 정정방법

종목, 수량, 가격 및 매도·매수 구분 등에 대한 착오매매의 경우 착오분을 회원사 자기상품(회원사 자기의 계산으로 증권을 매도·매수하는 행위)으로 인수하여 정정하고, 회원시스템 장애 등에 의한 위탁매매·자기매매 구분착오의 경우에는 그 구분에 맞도록 정정한다.

(3) 착오매매 정정절차

회원사는 착오매매 발생 시 당일(T일)부터 그 다음 매매거래일 15 : 00까지 정정신청서(전자문서)를 거래소에 제출하여야 하고, 거래소는 건별로 즉시 정정확정 후 착오매매 정정내역을 반영하여 결제자료를 산출한다.

3 대규모 착오매매 방지 및 구제

1) 개요

증권시장에서 대규모 착오주문이 발생하는 경우 시장 전체의 리스크로 전이되는 것을 방지하기 위하여 호가일괄취소 제도 및 대규모 착오매매 구제제도를 '16. 6월부터 운영하고 있다.

2) 주요 내용

(1) 호가일괄취소(Kill Switch) 제도

회원이 사전에 신고한 알고리즘거래 계좌 등에서 프로그램 오류 등으로 인한 착오주문 발생 시, 회원이 신청할 경우 해당 계좌의 미체결 호가를 일괄취소하고 호가접수 취소 해제를 신청하기 전까지 추가적인 호가접수를 차단한다.

(2) 대규모 착오매매 구제제도

착오매매로 인하여 손실금액이 100억 원 이상인 경우 회원의 신청을 받아 호가 및 거래패턴 등을 종합적으로 고려하여 착오매매 구제 여부를 결정한다. 착오매매 구제가 결정되면, 착오매매 체결 가격이 직전 가격 대비 ±10%를 초과하는 체결분에 대하여 결제 가격을 ±10%로 조정(ELW의 경우 ±15% 초과 시 ±15%로 조정)하여 착오매매로 인한 대규모 손실을 축소할 수 있도록 하고 있다.

chapter 09

청산결제제도

청산 및 결제의 개념

1　청산 · 결제의 개요

증권시장에서 매매거래가 이루어진 후 투자자는 회원과, 회원은 거래소와 결제를 함으로써 매매거래가 종결된다. 우리 증권시장에서는 주권의 경우 매매거래일로부터 2거래일(T+2일)에, 국채의 경우 매매거래일로부터 1거래일(T+1일)에, 환매조건부채권 및 일반채권의 경우 매매거래일 당일(T일)에 결제하도록 하고 있다.

(1) 청산의 의미

청산(Clearing)은 거래소가 회원 간에 성립된 매매거래에 개입하여 매도자에 대해서는 매수자, 매수자에 대해서는 매도자가 됨으로써, 중앙거래당사자(CCP)의 지위에서 매도·매수자 간(CCP와 회원 간) 채권·채무를 차감하여 확정하고 결제기관에 결제지시를 하며 결제가 이행되기까지 결제를 보증하는 일련의 절차를 말한다.

(2) 청산의 이점

❶ 결제리스크 축소 : 청산기관이 결제이행을 보장하고 동시에 차감을 통해 결제규모 및 결제건수가 축소됨으로써 거래상대방의 리스크가 해소

❷ 거래활성화 및 익명성 보장 : 회원은 청산기관의 신용을 믿고 매매에 참여하므로 신속한 매매가 가능하고, 거래상대방이 아닌 청산기관과 직접 결제를 하게 되므로 익명성이 보장

❸ 체계적 위험(Systemic risk) 차단 : 일부 회원의 결제대금 납부지연 시 청산기관이 즉시 유동성을 투입함으로써 시장의 연쇄적인 결제 지연 또는 결제불이행 발생을 차단

❹ 자기자본비율규제상의 편익 : 파생상품시장의 경우 결제이행능력이 충분한 청산기관을 이용하게 되어 상대방리스크를 "0"으로 처리할 수 있어 회원의 신용도가 향상

(3) 우리나라 증권시장의 청산 제도

우리 증권시장에서는 거래소가 채무인수의 방식으로 CCP 역할을 수행한다. 자본시장법은 거래소가 증권시장 업무규정에 결제방법을 정하고, 회원이 거래소에 손해배상공동기금을 적립하는 한편, 회원의 증거금과 회원보증금을 채무변제에 충당하도록 하고 있다. 거래소는 회원의 매매거래 위약으로 발생하는 손해에 관하여 배상책임을 지고, 거래소의 다른 채권자에 대한 우선권을 부여하는 등 거래소가 실질적인 CCP의 기능을 수행할 수 있도록 근거도 마련하고 있다.

3 결제

(1) 의의

결제(Settlement)는 청산과정을 통해 확정된 CCP와 회원 간의 채무를 증권의 인도 및 대금의 지급을 통해 이행함으로써 매매거래를 종결시키는 것이다. 증권의 인도는 계좌 간 대체방식으로 예탁결제원을 통해 이루어지고 대금의 지급은 계좌 간 이체방식으로 결제은행을 통해 이루어진다.

현재 결제의 안정성 및 국제 정합성을 제고하기 위해 주식, 국채 및 환매조건부채권 거래에 따른 대금결제는 중앙은행을 통하며, 일반채권 거래에 따른 대금결제는 시중은행을 통해 이루어지고 있다.

(2) 결제방법

우리나라의 주식결제는 원칙적으로 증권과 대금을 실질적으로 수수하는 실물결제방식, 회원별·종목별로 매도·매수를 차감하여 잔액이나 잔량만 수수하는 차감결제방식 및 매매당사자 간 직접 결제하지 않고 결제기구에서 집중적으로 결제하는 집중결제방식을 택하고 있다. 대금을 차감하는 경우 유가증권시장과 코스닥시장을 포함하여 차감할 수 있다. 다만, 거래소가 정하는 종목의 경우에는 차감하지 않고 매도증권과 매수대금을 납부하게 하는 전량결제방식도 예외적으로 운용할 수 있다.

4 청산 및 결제 프로세스

(1) 매매확인

매매가 체결된 후 매매당사자 사이에 매매조건에 대한 확인이 이루어진다. 이 경우 착오매매의 정정 등으로 매매거래 내역이 변경된 때에는 변경된 매매거래를 확인한다.

(2) 면책적 채무인수

거래소는 결제회원이 매매거래에 관하여 부담하는 채무를 면책적으로 인수하고, 당해 결제회원은 거래소가 인수한 채무와 동일한 내용의 채무를 거래소에 부담하는 방법으로 결제한다.

(3) 차감 및 결제증권·결제대금의 확정

증권은 종목별·회원별로 매수수량과 매도수량을 차감하여 수수할 수량을 확정하며, 대금은 회원별로 매도대금과 매수대금을 차감하여 수수할 대금을 확정한다.

(4) 결제내역의 통지

거래소는 결제증권 및 결제대금의 확정내역(결제자료)을 결제회원 및 예탁결제원에 통보한다.

(5) 결제증권·결제대금의 수수

결제회원은 결제증권과 결제대금을 결제시한(16시)까지 결제계좌에 납부하여야 하며, 거래소는 결제개시 시점(9시) 이후에 조건을 충족한 회원순으로 당해 매도대금 또는 매수증권을 지급한다.

(6) 결제지시 및 계좌대체

거래소는 결제개시 시점(9시) 후 예탁결제원에 대하여 결제계좌에서 수령할 결제회원 계좌로의 증권인도 또는 대금지급을 지시한다. 이때 결제지시의 주체는 청산기관인 거래소이고, 결제지시의 상대방은 대체시스템운영자(예탁결제원)가 된다. 대금이체의 경우에는 이체시스템운영자가 결제은행이지만 자본시장법에서 계좌이체를 통한 대금지급 업무를 예탁결제원이 수행하도록 정하고 있어 증권대체 및 대금이체를 위한 결제지시의 대상은 모두 예탁결제원이 된다.

(7) 예탁결제원의 결제이행·불이행결과 통지

거래소는 결제의 안정성 제고를 위해 매일 예탁결제원으로부터 9시에서 결제 종료시까지 전자적 방법으로 결제 진행상황 파악에 필요한 사항을 통지받아 결제위험을 파악하며, 필요시 관련 조치를 취하고 있다.

1　이연결제제도의 개념

이연결제제도(CNS : Continuous Net Settlement)란 결제개시 시점(9시)부터 결제시한(16시)까지 납부된 결제증권을 납부 즉시 수령 가능한 회원에게 인도하고, 결제시한까지 미납된 증권은 익일로 이연한 후 익일 결제할 증권과 차감하여 익일에 결제함으로써 증권결제를 결제시한에 종결하는 제도이다.

결제증권을 거래소에 납부하여야 할 결제회원이 결제시한까지 결제증권을 결제계좌에 납부하지 않은 경우 증권미납부(Fail)로 확정이 되고, 거래소는 회원에게 Fail 확정내역 및 이연결제대금 내역을 통보한다. 해당 회원은 이연결제대금을 17시까지 거래소에 납부하고 거래소는 이를 증권을 수령하지 못한 결제회원에게 지급한다.

결제증권을 결제시한까지 미납부·미수령 시 증권 및 이연결제대금을 다음날 결제내역과 차감하여 다음날 최종 결제내역을 확정하고, 그 최종 결제내역을 회원에게 통보한다.

 예시

▶ 결제이연 시 익일 결제내역 산출

구분	당일 Fail 현황	익일 결제내역	익일 최종 결제내역
증권	증권미납부회원 甲 (100주 미납부)	납부 1,000주인 경우	1,100주 납부
		수령 1,000주인 경우	900주 수령
	증권미수령회원 乙 (100주 미수령)	납부 1,000주인 경우	900주 납부
		수령 1,000주인 경우	1,100주 수령
대금	증권미납부회원 甲 (이연결제대금 100원 납부)	납부 1,000원인 경우	900원 납부
		수령 1,000원인 경우	1,100원 수령
	증권미수령회원 乙 (이연결제대금 100원 수령)	납부 1,000원인 경우	1,100원 납부
		수령 1,000원인 경우	900원 수령

이연결제제도 도입으로 결제시한까지 납부되지 않은 증권의 결제는 익일로 이연되지만, 결제시한을 준수하지 않는 증권 미납부(Fail)를 최소화하기 위한 제도적 장치로서 주식시장의 경우 증권결제지연손해금을 부과하고 있다.

표 9−1 상품별 결제지연손해금 산출방법

구분			손해율	손해율 감경
결제대금	주식 결제대금		2/10,000	50%(15분 내 완납)
	국채 결제대금		1/10,000	−
	이연결제대금		2/10,000	50%(15분 내 완납)
	Buy−in 대금		2/10,000	50%(15분 내 완납)
결제증권	주식등	일반	20/10,000	−
		기준일	100/10,000	−
	ETF		5/10,000	−

결제리스크 관리제도

1 결제이행 재원

(1) 손해배상공동기금

손해배상공동기금(이하 공동기금이라 함)은 결제회원이 증권시장에서의 매매거래의 위약으로 인하여 발생하는 손해를 배상하기 위하여 거래소에 적립한 기금이며, 결제회원은 공동기금의 적립범위 내에서 회원의 결제불이행으로 인하여 발생하는 손해배상에 관하여 연대책임을 진다.

공동기금은 증권시장과 파생상품시장의 위험도 차이를 감안하여 양 시장을 구분하여 적립·사용되고 있으며,[1] 거래소의 재산과 구분 계리되며 안전한 운용을 위하여 국채 등 특정 상품으로만 운용되고 있다.

(2) 결제적립금 등 거래소 자산

거래소는 청산기관으로서 모든 회원의 채무를 면책적으로 인수하여 모든 회원에 대한 결제상대방이 되어 결제이행을 보증한다. 이를 위해 거래소는 자산 중 일부를 결제적립금(현재 4,000억 원)으로 적립하고 있고, 이와 별도로 은행 및 증권금융회사와 신용한도(Credit Line)를 설정하여 결제이행재원을 확보하고 있다.[2]

(3) 회원보증금

회원은 증권시장 또는 파생상품시장에서의 매매거래와 관련하여 발생할 수 있는 채무의 이행을 보증하기 위해 거래소에 보증금을 예치하여야 한다. 보증금 규모는 1백만 원을 최저한도로 하여 거래소 이사회에서 정하도록 하고 있다.

2 결제불이행 예방제도

(1) 결제위험의 파악 및 관리

거래소는 결제회원에 대해 결제가 곤란하다고 예상되는 대금·증권의 현황 및 사유 등의 통지를 요구할 수 있다.

(2) 결제이행보증을 위한 유동성 공급

결제회원이 보통결제거래(주식)의 결제대금을 16시까지 납부하지 아니한 경우 및 익일결제거래(국채)의 결제대금을 17시까지 납부하지 아니한 경우 거래소는 지체 없이 결제이행재원으로 유동성을 공급한다.

---

1 2016년 이후 스트레스 테스트에 따른 시장별 위험액을 기반으로 공동기금 전체 규모를 주기적으로 변경·운용하고 있다.
2 2016년 이후부터는 회원의 결제불이행 시, 결제불이행 회원의 증거금 및 공동기금 적립금을 사용한 후 타회원의 공동기금 사용 전에 거래소의 결제적립금 일부를 사용하는 제도가 도입된다.

(3) 증권결제의 특례

거래소는 결제가 현저하게 곤란하다고 인정되는 경우에는 현금 또는 유사한 종목의 증권으로 결제할 수 있는 특례를 마련하고 있다.

3 결제불이행 시의 처리

1) 결제불이행 시 처리절차

(1) 결제불이행 시 조치

거래소는 결제회원이 결제를 이행하지 아니하거나 그 우려가 있다고 인정되는 경우에는 일정한 기간을 정하거나 그 사유가 소멸될 때까지 매매거래의 전부 또는 일부의 정지, 해당 결제회원이 거래소로부터 수령할 예정인 증권의 전부 또는 일부나 현금의 전부 또는 일부를 지급정지하거나 해당 결제회원의 채무인수를 하지 아니할 수 있다.

(2) 일괄청산

거래소는 지급정지된 현금 및 증권으로 해당 회원에 대한 채권회수에 충당하거나, 해당 결제회원이 거래소에 납부할 결제증권 및 결제대금과 상계할 수 있다. 거래소는 지급정지한 증권을 매도하거나 지급정지한 현금으로 증권을 매수할 수 있다.

(3) 결제불이행에 따른 손실보전

결제회원이 증권시장에서 증권의 매매거래에 따른 채무를 이행하지 아니하는 경우 결제불이행 회원이 증권의 매매거래와 관련하여 거래소에 예탁한 증거금, 보증금 그 밖에 당해 결제회원이 수령할 금전 등과 함께 해당 결제회원의 공동기금을 사용하여 손실을 보전한다.

(4) 결제불이행 회원에 대한 구상권 행사

거래소는 회원의 매매거래의 위약으로 인하여 발생하는 손해에 관하여 배상의 책임을 진다. 거래소가 손해를 배상한 때에는 위약한 회원에 대하여 그 배상한 금액과 이에 소요된 비용에 관하여 구상권을 갖는다.

(5) 금융위에 대한 보고

거래소가 회원의 매매거래의 위약으로 인하여 발생하는 손해를 배상한 때에는 그 사실을 금융위원회에 보고하여야 한다.

(6) 거래소 소속직원의 파견

거래소는 결제를 불이행한 결제회원에 대하여 필요하다고 인정하는 때에는 소속직원을 파견하여 결제를 원활히 진행하도록 지원할 수 있다.

(7) 결제불이행에 따른 조치의 해지

거래소가 기간을 정하지 않고 채무불이행 결제회원의 거래를 정지한 경우 해당 결제회원은 거래정지의 사유가 해소된 때 거래소에 대해 거래정지 조치의 해지를 신청할 수 있다.

2) 결제회원의 파산(회생)절차 개시에 따른 위험관리

결제회원의 파산(회생)절차가 개시되는 경우 '채무자회생 및 파산에 관한 법률'에 의하여 증권시장의 청산결제제도를 보호하며, 지급결제제도(증권대체 포함)의 결제완결성을 보장하고 있다.

❶ 청산(각종 차감)제도의 보호 : 증권 및 파생금융거래의 참가자에 대하여 파산(회생)절차가 개시된 경우 청산결제제도를 운영하는 자(거래소)가 정한 바에 따라 효력이 발생하며 해제, 해지, 취소 및 부인의 대상이 되지 않음

❷ 결제완결성의 보장 : 한국은행이 지정하는 지급결제제도의 참가자에 대하여 파산(회생)절차가 개시된 경우 그 지급결제제도를 운영하는 자가 정하는 바에 따라 효력이 발생

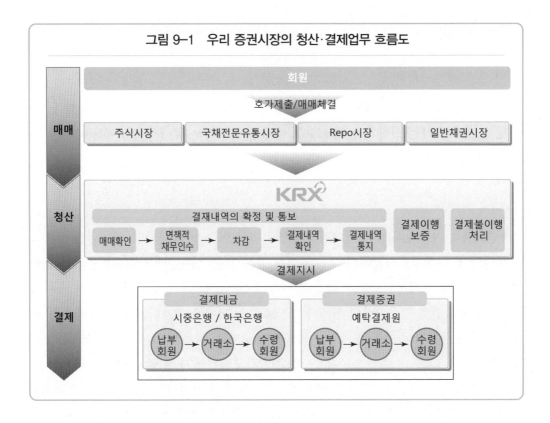

그림 9-1   우리 증권시장의 청산·결제업무 흐름도

4 증권시장의 거래증거금

1) 의의

자본시장법은 증권회사가 증권시장 및 파생상품시장에 거래증거금을 예치하도록 규정하고 있으나, 기존에는 파생상품시장에만 운용하고 있었다. 이에 IMF는 증권시장에 거래증거금 제도를 운용하고 있지 않는 것을 대표적인 금융시장 관련 국제 기준(PFMI: Principle for Financial Market Infrastructures) 미충족 사항으로 지적하고 이행을 권고한 바 있다. 또한 가격제한폭이 기존 15%에서 30%로 확대되어 위기상황에서 CCP의 결제 이행능력을 제고할 수 있는 추가 위험관리수단을 확보할 필요가 있어 2017. 9월 증권시장에도 거래증거금을 도입하게 되었다.

2) 주요 내용

(1) 부과대상 종목

거래증거금을 부과하는 종목은 상장주식, 증권상품(ELW, ETN, ETF)으로 한정한다. 거래 당일 결제를 하는 일반채권 및 REPO, 다음날 결제하는 국채의 경우에도 증거금 부과대상에서 제외한다.

(2) 산출방법

증권회사의 자기계좌 및 위탁계좌 그룹별로 순위험증거금액과 변동증거금을 산출하여 합산한다. 순위험증거금액은 각 그룹별로 종목별 순매수·순매도 순위험증거금을 산출하고, 각각의 포지션별로 증거금을 합산하여 큰 금액으로 산출한다. 여기서 순위험증거금은 종목별로 매수수량의 합계와 매도수량의 합계를 상계하고 남은 순매수와 순매도 수량에 종목별 종가와 증거금률을 곱하여 구한다. 다음으로 변동증거금액은 장종료시점에서 각 그룹 내 종목별 순매수 및 순매도 포지션에 대해 당일 종가로 환산한 손익을 산출한다. 순위험증거금액은 향후 발생할 수 있는 잠재적인 리스크 익스포져(Risk Exposure)를 커버하기 위한 것이고, 변동증거금은 당일 발생한 손익을 반영하기 위한 항목이라고 볼 수 있겠다.

표 9-2 **거래증거금 산출 산식**

구분	위탁계좌그룹			
① 거래종목	甲계좌	A종목 매수 50	乙계좌	A종목 매도10 B종목 매도10
② 순포지션	순매수	A종목 40주 × 종가	순매도	B종목 10주 × 종가
③ 거래증거금액	순위험증거금	MAX[Σ(순매수 × 증거금률), (Σ순매도 × 증거금률)]		
	변동증거금	순위험증거금 산출 포지션의 해당일 손익		

(3) 통지 및 납입시한

거래소는 매 거래일 20시까지 거래증거금 소요액을 회원증권사에게 통지하고, 회원증권사는 다음 매매거래일 15시까지 동 증거금액을 납부하여야 한다. 거래증거금은 현금, 외화 및 대용증권으로 납부할 수 있다.

(4) 증거금 납부 불이행 시 처리

회원증권사가 거래증거금의 납부를 이행하지 않거나 불이행 우려가 있는 경우 위에서 살펴본 결제를 불이행한 것과 동일하게 처리하게 된다.

(5) 위탁증거금의 사용 제한

투자자의 위탁증거금 보호를 위해 거래증거금(위탁계좌분)을 회원의 재산으로 납부하도록 하고, 이를 담보하기 위해 위탁증거금의 거래증거금 사용을 제한하고 있다.

chapter 10

시장감시

자본시장법은 증권시장이나 파생상품시장에서의 불공정거래를 예방하고 그 규제를 효율적으로 수행하기 위해 여러 가지 규제와 함께 자율규제기관(Self-Regulatory Organization : SRO)인 거래소 시장감시위원회(시감위)에 불공정거래의 예방활동, 시장감시, 이상거래의 심리 및 회원감리와 분쟁조정을 할 수 있는 권한을 부여하고 있다. 시감위는 거래소 내부의 조직으로서, 회원에 대한 제재결정의 공정성 및 시장업무와의 이해상충 소지를 차단하기 위하여 법으로 업무의 독립성이 보장되어 있다.

시장감시위원회는 불공정거래의 사전예방을 위해 불공정거래의 우려가 있는 불건전매매에 대한 예방조치요구, 이상급등·불건전종목에 대한 단계적 시장경보제도, 주가급변·풍문 등에 대한 조회공시 요구, 사이버 시장감시 및 투자유의안내(Investor Alert)와 투자자교육 등의 활동을 한다.

불공정거래의 사후감시 활동으로는 이상거래 혐의가 있다고 인정되는 종목(이상거래 혐의종목)을 선정하기 위하여 상장종목 및 장내파생상품의 거래나 그 주문호가의 상황 또는 이와 관련된 제보·공시·풍문·보도를 감시 및 분석하는 시장감시 활동을 하며, 이를 통해 이상거래혐의종목으로 적출된 혐의종목을 대상으로 매매내역을 분석(심리)하여 자본시장법상 불공정거래 혐의가 있는 경우 금융위원회에 통보한다.

또한 회원에 대한 매매거래와 관련된 업무·재산상황·장부·서류 등의 감리를 통하여 회원이 거래소의 업무 관련 규정 또는 시장감시규정 등을 위반한 경우 직접 제재조치를 할 수 있다.

section 02 불공정거래 예방활동

시장감시위원회는 불공정거래 우려가 있는 불건전 거래자에 대하여 해당 회원사로 하여금 유선·서면경고, 수탁거부 예고 및 수탁거부 등의 예방조치를 취하도록 요구한다. 또한 특정 계좌에 의해 불건전거래가 집중되거나 단기에 이상급등하는 종목에 대한 투자위험을 시장에 알리기 위하여 투자주의종목 → 투자경고종목 → 투자위험종목으로 연결되는 단계적 시장경보제도를 운영하고 있다. 그리고 주가가 급변하거나 풍문 등이 발생하는 경우에는 시장에 조회공시를 요구하여 풍문의 진위 여부 등에 대한 정보를 시장에 제공하고 투자자 유의사항 안내 및 투자자 교육 등의 활동을 하고 있다.

section 03   시장감시 및 심리

시장감시위원회는 미공개 중요정보 이용행위 등 법령 등에서 규정된 불공정거래행위 금지를 위반할 염려가 있는 것으로, 증권시장 또는 파생상품시장에서의 공정한 거래질서를 해칠 염려가 있는 경우에는 관련 매매거래 상황을 파악하여 심리 대상을 적출하고 (시장감시), 이상거래 혐의 여부 판별을 위한 심리 업무를 수행한다.

거래소는 심리를 위하여 필요한 경우 회원에 대하여 이상거래 등과 관련된 보고, 자료제출 또는 관계자의 출석·진술을 서면으로 요청할 수 있으며, 신속한 자료징구 등을 위하여 필요한 경우에는 시장감시요원이 회원의 본점, 지점 및 영업소를 직접 방문하여 요청할 수 있다.

section 04   회원 감리

회원감리는 거래소의 업무 관련 규정의 준수 여부를 확인하기 위하여 회원의 업무나 재산상황, 장부서류 그 밖의 물건을 조사하는 것을 말한다. 감리대상의 주요 유형은 선행거래·재산상 이익제공 등 회원의 금지행위, 허수성호가·종가관여·가장통정성매매주문 등 공정거래질서 저해행위 및 공매도규정·호가입력사항 등 업무 관련 규정 위반행위 등이 있다.

거래소의 회원감리 실시방법에는 연간 감리계획에 따라 정기적으로 실시하는 정기감리와 그때마다 필요하다고 인정하여 실시하는 수시감리가 있다. 또한 회원으로부터 징구한 자료나 관계자로부터 청취한 내용을 조사하는 서면감리와 감리요원이 당해 회원의 본점, 지점 또는 영업소 등에 실제로 임하여 필요한 사항을 직접 조사하는 실지감리의 방법이 있다.

이상거래 심리 및 회원 감리 결과에 따른 조치

거래소는 이상거래 심리 및 회원감리 결과 불공정거래 등 법령 위반혐의가 있다고 판단되는 경우 금융위원회에 통보하여야 하며, 거래소 업무 관련 규정 위반행위 등의 경우에는 회원에 대한 자율규제로서 시장감시위원회가 직접 해당 회원에 대한 징계 및 그 임·직원에 대한 징계요구를 할 수 있다.

회원에 대한 징계는 ① 제명, ② 6개월 이내의 회원자격의 전부 또는 일부 정지, ③ 6개월 이내의 매매거래의 전부 또는 일부 정지, ④ 10억 원 이하 1,000만 원 이상의 회원 제재금 부과, ⑤ 경고, ⑥ 주의 및 약식제재금(200만 원 이하) 등이 있다.

또한 위반행위와 관련 임직원에 대하여는 ① 임원의 해임·직무정지·경고 또는 주의요구, ② 직원의 면직·정직·감봉·견책·경고 또는 주의요구 등의 징계를 요구할 수 있다. 회원 및 그 임직원은 징계 또는 징계요구 결정 고지를 받은 날로부터 30일 이내에 시감위에 이의신청을 할 수 있다.

거래소의 분쟁조정

1 **거래소의 분쟁조정제도의 개요**

자본시장은 불특정 다수인이 참가하는 매우 복잡하고 전문적인 시장으로서 수많은 증권 관련 분쟁이 발생함에 따라, 관련 분쟁의 신속하고 효율적인 해결을 도모할 필요성이 증대되고 있다. 이에 따라, 조정기관의 다양화를 통해 투자자에 대한 양질의 분쟁조정서비스 이용기회를 확대하고자 자율규제기관인 거래소로 하여금 증권 관련 분쟁을 해결하도록 하고 있다.

거래소의 분쟁조정은 유가증권시장, 코스닥시장에서의 매매거래 및 파생상품시장에서의 매매거래와 관련하여 발생한 분쟁을 대상으로 한다.

분쟁조정을 신청한 후 당사자 간의 자율적인 합의가 성립되지 않거나 합의권고가 적당하지 않다고 인정되는 경우 분쟁조정 접수일로부터 30일 이내에 시장감시위원회에 회부하고, 시장감시위원회는 회부 후 30일 이내에 조정심의 및 조정결정을 하여야 한다. 분쟁조정 당사자는 시장감시위원회의 조정결정을 통지받은 날부터 15일 이내에 조정안에 대한 수락의 의사표시를 하여야 조정이 성립된다. 조정이 성립되는 경우 그 법적 효력은 민법상 화해계약이 성립된 것으로 본다.

2 거래소 분쟁조정제도의 특징

거래소(시감위)의 분쟁조정제도를 이용하는 경우 소송 등 법적 절차를 거치지 않고 자율적인 분쟁해결을 도모할 수 있다. 즉 증권시장 또는 파생상품시장 관련 분쟁은 주문수탁, 주문처리 등 매매체결 관련 사항이 다수이므로 시장을 개설·운영하는 거래소가 자율조정하는 것이 분쟁해결의 효율성을 도모할 수 있다.

한편 거래소 분쟁조정기구를 이용하면 별도의 비용부담 없이 간편하고 신속한 분쟁의 해결이 가능하게 된다. 또한 증권 또는 파생상품 관련 분쟁해결의 전문성과 공정성을 도모할 수 있다.

3 불공정거래 피해자 소송지원

거래소는 증권·파생상품시장에서 발생한 불공정거래로 피해를 입은 투자자의 민사적 구제지원을 강화하기 위하여 소송지원센터를 구축하여 소송지원서비스를 제공하고 있다. 소송지원대상은 증권·파생상품시장에서 불공정거래로 인하여 손해를 입은 일반투자자이며, 매매체결·호가정보 등 소송 기초자료 및 법률 상담 등을 제공한다. 또한 거래소는 법원감정촉탁기관으로서 소송 진행 중인 사건에 대하여 소송당사자가 법원에 불공정거래 손해액 감정을 신청하면 법원의 감정채택 결정 및 감정촉탁의 절차를 거쳐 손해액을 감정하고 있으며, 저렴하고 전문적인 감정서비스를 제공함으로써 피해자의 소제기 비용·부담을 경감시키는 데 기여하고 있다.

01 다음 중 발행시장의 기능에 대한 설명으로 적절하지 않은 것은?

① 경제의 질적 고도화
② 자금조달의 원활화
③ 투자수단의 제공
④ 자본의 집중

02 다음 중 발행시장의 형태에 대한 설명으로 적절하지 않은 것은?

① 사모란 발행주체가 특정의 수요자를 대상으로 증권을 발행, 자금을 조달하는 방법이다.

② 간접발행방법 중 모집주선방법은 발행주체가 인수위험을 지고 발행 및 모집사무는 제3자인 발행기관에게 위탁하여 발행하는 방법이다.

③ 간접발행 중 인수단이 발행총액을 인수하고, 이에 대한 위험부담을 지는 것을 잔액인수방법이라 한다.

④ 공모의 경우는 간접발행의 형태가, 사모의 경우는 직접발행의 형태가 일반적이다.

03 다음 중 발행시장의 조직에 대한 설명으로 옳지 않은 것은?

① 발행시장의 조직은 발행주체, 발행기관, 투자자로 구성된다.

② 발행기관은 주관회사, 인수단, 청약기관으로 그 역할을 달리하고 있다.

③ 인수는 자기책임과 계산 하에서 증권을 발행주체로부터 직접 매입하는 것이다.

④ 청약기관은 자기책임과 계산으로 투자자를 대신하여 인수단에 직접 청약을 하는 역할을 수행한다.

해설

01 ④ 발행시장의 기능으로서는 자금조달의 원활화, 경제의 양적·질적 고도화, 경기조절 역할, 투자수단의 제공 등을 들 수 있다.

02 ③ 간접발행은 발행위험의 부담 정도에 따라 모집주선, 잔액인수, 총액인수 등으로 구분할 수 있는데, 이 중에서 총액인수방법은 인수단이 발행총액을 인수하고 이에 따른 발행위험 및 발행사무 모두를 담당하는 방법으로 가장 보편적으로 사용되고 있다.

03 ④ 청약기관은 자기책임과 계산으로 하지 않고 투자자를 대신하여 인수단에게 직접 청약하는 역할을 수행한다.

04 다음 중 공모주식의 발행 가격 결정에 대한 설명으로 적절하지 않은 것은?

① 발행 가격은 원칙적으로 수요예측의 결과를 감안하여 정한다.

② 대표주관회사는 자신 또는 인수단에 참여한 증권회사의 고객만을 대상으로 공모주식을 배정할 수 있다.

③ 최종 공모 가격은 발행회사가 결정한다.

④ 공모 예정금액이 50억 원 미만인 경우는 인수회사와 발행회사 간에 정한 단일 가격으로도 공모 가격을 결정할 수 있다.

05 다음 중 주주우선공모증자방식과 주주배정증자방식을 비교한 것 중 잘못된 것은?

① 실권위험은 주주우선공모방식에 비해 주주배정방식이 높다.

② 실권주는 주주배정방식의 경우 이사회의 결의에 의해, 주주우선공모방식의 경우 일반투자자 공모로 처리된다.

③ 소요기간 및 일정에서는 주주우선공모방식이 주주배정방식보다 긴 경향이 있다.

④ 인수 및 모집사무는 두 방식 모두 대표주관회사가 부담한다.

06 다음 중 유상증자 발행 가격의 결정과 관련된 설명으로 적절하지 않은 것은?

① 주주배정방식의 경우 증자 시 할인율이 자율화되었다.

② 일반공모증자방식의 경우 1, 2차 발행 가격을 구하고 이 중 높은 가격을 최종 발행 가격을 정한다.

③ 제3자배정증자방식의 발행 가격은 기준주가의 90% 이상으로 정하고 있다.

④ 기업구조조정을 위한 유상증자의 경우 그 발행 가격을 예외적으로 적용할 수 있다.

해설

04 ③ 최종 발행 가격은 수요예측의 결과를 감안하여 대표주관회사를 포함한 인수회사와 발행회사가 협의하여 자율적으로 정한다.

05 ④ 인수 및 모집사무는 주주배정방식은 발행회사가, 주주우선공모방식은 대표주관회사가 각각 부담한다.

06 ② 일반공모방식은 1, 2차 발행 가액의 구분 없이 청약일 과거 제3거래일로부터 전 제5거래일까지의 가중 산술평균주가를 기준주가로 하여 산출한다.

정답 01 ④ | 02 ③ | 03 ④ | 04 ③ | 05 ④ | 06 ②

07 다음 중 한국거래소에 관한 설명으로 적절하지 않은 것은?

① 허가주의를 채택하고 있다.

② 거래소는 회원제조직으로서 민법상 비영리사단법인의 형태이다.

③ 원칙적으로 거래소의 회원이 아닌 자는 거래소시장에서의 매매거래를 하지 못한다.

④ 거래소가 개설하는 주식 관련 시장은 유가증권시장, 코스닥시장, 코넥스시장, 파생상품시장이다.

08 다음 중 증권의 상장제도에 관한 설명으로 옳지 않은 것은?

① 기상장된 법인이 유상 또는 무상증자 등으로 새로이 발행한 주권을 상장하는 것을 추가 상장이라고 한다.

② 상장폐지된 기업이 재상장하는 경우에는 상장예비심사를 생략할 수 있다.

③ 공모상장의 경우 상장예비심사를 거친 후 공모절차를 거친다.

④ 유가증권시장에서 상장폐지된 법인의 경우 폐지일로부터 5년 이내에 재상장을 신청할 수 있다.

09 다음은 공모상장 시의 절차를 표시한 것이다. 옳은 것은?

ⓐ 공모(증권신고서 제출)　　ⓑ 주권상장 예비심사신청서 제출
ⓒ 상장예비심사결과 통지　　ⓓ 주권 신규상장신청서 제출
ⓔ 상장승인

① ⓐ → ⓑ → ⓒ → ⓓ → ⓔ
② ⓑ → ⓒ → ⓐ → ⓓ → ⓔ
③ ⓑ → ⓐ → ⓒ → ⓓ → ⓔ
④ ⓓ → ⓑ → ⓒ → ⓐ → ⓔ

해설

01　② 거래소는 상법상 주식회사이다.

02　② 재상장도 상장예비심사를 거쳐야 한다.

03　② 상장절차: 주권 상장예비심사신청서 제출 → 상장예비심사결과 통지 → 공모(증권신고서 제출) → 주권 신규상장신청서 제출 → 상장승인 및 매매개시

10 다음 중 주권의 상장폐지제도에 대한 설명으로 옳지 않은 것은?

① 상장폐지는 거래소의 직권에 의해서만 한다.

② 관리종목 지정은 상장폐지 우려가 있음을 사전에 예고하는 단계라 할 수 있다.

③ 상장폐지가 결정되면 투자자에게 최종 매매기회를 주기 위해 7일 동안 정리매매를 할 수 있게 한다.

④ 상장폐지 해당 전에 해당 법인에 대하여 사전에 상장폐지 우려가 있음을 예고할 수 있다.

11 다음 중 코스닥시장에서 매매를 할 수 있도록 변경 또는 추가 상장해야 하는 사유로 적절하지 않은 것은?

① 코스닥시장상장법인의 상호를 변경한 경우

② 유상증자로 인한 신주발행을 한 경우

③ 코스닥시장 상장법인으로부터 분할 또는 분할합병에 의하여 새로운 법인이 설립된 경우

④ 액면분할 또는 액면병합을 한 경우

12 다음 중 기업공시제도의 의의에 관한 설명으로 적절하지 않은 것은?

① 투자자에게 투자판단에 필요한 정보를 제공하기 위함이다.

② 기업정보를 공개하는 것은 당해 기업의 자율적인 의사에 따르므로 반드시 의무를 지는 것은 아니다.

③ 내부자거래 등 불공정거래를 예방하기 위함이다.

④ 증권시장의 공정한 거래질서를 유지하기 위함이다.

해설

04 ① 상장법인의 신청에 의한 상장폐지도 가능하다.

05 ③ 재상장사유이다.

06 ② 공개기업은 투자자로부터 필요한 자금을 조달하므로 기업정보를 공개할 의무를 부담한다.

정답 01 ② | 02 ② | 03 ② | 04 ① | 05 ③ | 06 ②

채권시장

chapter 01

채권의 기초

채권의 의의

수많은 가계와 기업 그리고 정부를 포함한 경제주체들로 이루어진 시장경제는 자금의 잉여와 부족을 겪는 경제주체들이 공존하기 마련이다. 경제 전체적 관점에서 볼 때 일반적으로 자금부족 주체는 기업부문, 자금잉여 주체는 가계부문으로 대별될 수 있으나, 개별 경제주체별로 보면 해당 경제주체의 상황에 따라 자금의 잉여상태 혹은 자금부족상태에 있을 수도 있다.

전체 경제주체들을 자금의 과부족 상태에 따라 구분할 경우 자금부족 주체는 부족자금의 조달필요성이 있는 반면, 자금잉여 주체들은 잉여자금을 운용할 필요가 있다. 금융은 자금잉여 주체들의 잉여자금을 자금부족 주체들에게 이전시켜 주는 과정을 포함함으로써, 경제 내의 모든 경제주체들의 자금에 대한 상호 필요성, 즉 금융 욕구(financial needs)를 충족시켜 주는 역할을 한다.

이 경우 자금잉여 주체(자금공급자)는 자금부족 주체(자금수요자)에게 자금을 대여하는 대신, 자금수요자는 자신이 차입한 자금에 대한 청구권을 자금공급자에게 지급하게 된다.

이 청구권은 자금수요자에게는 금융부채가 되는 반면, 자금공급자에게는 금융자산이 되는데, 이와 같은 금융 청구권은 자금공급자와 자금수요자의 금융 욕구를 반영하게 된다. 그런데 금융 욕구란 자금융통의 대상, 자금융통의 기간 및 이자율, 융통된 자금에 대한 이자 및 원금의 지급방식 등에 따라 금융주체별로 다양한 측면을 지니게 되기 때문에 이를 반영하는 금융 청구권(financial claims)의 종류도 다양해지는 것이다.

이와 같은 금융 청구권 중 정해진 자금의 융통기간 동안 일정한 이자 및 원금의 지급을 약속하는 것을 확정이자부 증권(fixed-income securities)이라고 하고, 이는 다시 자금융통기간의 장·단기에 따라서 CP, 전자단기사채, CD 등과 같은 단기 확정이자부 증권과 채권과 같은 장기 확정이자부 증권으로 나눌 수 있다.

따라서 채권이란 일반적으로 비교적 장기의 자금조달을 목적으로 하는 경제주체가 차입기간 동안 약속된 방식에 의해 확정이자 및 원금의 지급을 약속한 금융상품이라고 할 수 있다.

---

section 02 **채권의 기본적 구조와 분류**

---

1 채권의 기본적 구조

(1) 채권의 정의

채권이란 정부, 지방자치단체, 특별법에 의해 설립된 법인 및 「상법」상의 주식회사 등이 투자자들로부터 비교적 장기의 자금을 일시에 대량으로 조달하기 위해 발행하는 채무표시 증권이다. 채권은 기업어음증권과 함께 「자본시장과 금융투자업에 관한 법률」(이하 '자본시장법'이라 한다)의 분류상 채무증권에 포함된다(자본시장법 제4조 제3항).

(2) 채권의 기본적 특성

❶ 발행자격의 법적 제한 : 채권은 누구나 발행할 수 있는 것이 아니고, 발행주체의 자격요건 및 발행요건 등이 법으로 제한되어 있음. 따라서 보통의 차용증서와는 달리 법적인 제약과 보호를 받게 됨

❷ 이자지급 증권 : 기업의 수익성 여부에 따라 배당의 크기가 달라지는 주식과는 달리 채권은 발행 시 약속된 대로 확정이자율 또는 여타 이자율 결정기준에 의해 이자가 확정적으로 지급되는 채무증서

❸ 기한부 증권 : 주식발행에 의한 영구적인 자본조달과는 달리, 채권발행에 의한 자금조달은 한시적이며, 따라서 채권은 원리금에 대한 상환기간이 정해져 있음

❹ 장기증권 : 채권은 장기의 자금을 조달하기 위한 증권이므로 CD, 전자단기사채, CP 등 여타 채무표시 증권에 비해 상대적으로 장기의 상환기간을 지니고 있음

(3) 채권 관련 기본 용어

❶ 액면가 : 채권의 권면에 표시된 금액으로, 지급이자 산출을 위한 기본단위

❷ 표면이율 : 채권권면에 기재된 이율로 발행자가 액면금액에 대해 이자지급단위로 지급하는 이자율을 의미하며 발행 시점에 결정

　　표면금리라고 불리기도 하며 할인방식에 의한 채권의 경우 발행이율 혹은 발행할인율로 지칭되기도 함. 일반채권의 경우 표면이율이 확정되면 채권에서 발생하는 미래 현금흐름도 확정

❸ 발행일과 매출일 : 채권의 신규 창출 기준일을 발행일이라고 한다면, 매출일은 실제로 채권이 신규 창출된 날짜를 의미. 예컨대 제1종 국민주택채권의 발행일은 매월 말일이지만 실제 특정 월 발행 제1종 국민주택채권의 매출은 그 달의 초일부터 말일까지 이루어짐. 이 경우 해당 월에 신규 창출된 채권은 동일한 발행일을 가지나 매출일은 서로 다름

❹ 만기기간 : 채권의 발행으로부터 원금상환이 이루어지기까지의 기간

❺ 경과기간 : 채권의 발행일 혹은 매출일로부터 매매일까지의 기간

❻ 잔존기간 : 기발행된 채권을 매매할 경우 매매일로부터 만기일까지의 기간

❼ 이자지급 단위기간 : 표면이율이 동일할 경우에도 실제 이자는 만기에 한꺼번에 지급되기도 하지만 경우에 따라서는 일정한 단위기간마다 나누어 지급되기도 함. 이 경우 이자가 나뉘어 지급되는 단위기간을 이자지급 단위기간이라고 함. 예컨

대 표면이율이 6%인 채권의 경우 이자지급 단위기간이 6개월이면 매 6개월마다 3%씩의 이자가 지급되며, 이자지급 단위기간이 3개월이면 매 3개월마다 1.5%씩의 이자가 지급

⑧ 만기수익률 : 시장수익률, 유통수익률 혹은 수익률이라고 불리는데, 채권의 수급에 의해 채권의 시장 가격을 결정하는 이자율의 일종으로 '채권의 만기까지 단위기간별로 발생하는 이자와 액면금액에 의해 이루어지는 현금흐름의 현재가치의 합을 채권의 가격과 일치시키는 할인율'로도 정의. 주식시장에서 주식 가격이 계속 변하듯 채권시장에서는 만기수익률이 계속해서 변하면서 채권 가격을 변화시킴

⑨ 단가 : 채권시장에서 형성된 만기수익률에 의해 결정된 채권매매 가격을 의미하며, 일반채권의 경우 액면 10,000원을 기준으로 산정

2 채권의 종류

채권의 발행조건인 발행주체, 원리금 상환기간, 이자지급방법, 원금상환방법, 발행통화의 종류 및 보증 여부 등은 채권의 분류기준이 된다. 채권 발행 시 특별히 첨부된 옵션이 없는 한 이들 발행조건들은 발행 시점에서 만기 시까지 유지되는 채권의 기본구조를 결정지을 뿐만 아니라 채권매매 시 채권 가격을 결정짓는 기본정보를 내포하게 된다.

(1) 발행주체에 따른 분류

채권은 발행주체에 따라 국채, 지방채, 특수채, 금융채, 회사채 등으로 구분된다. 상세한 내용은 chapter 3에서 살펴보겠다.

(2) 보증여부에 따른 분류

원리금의 적기상환이 이루어지지 않을 때 발행자 이외에 제3자가 원리금 상환을 보장하느냐에 따른 분류이다. 제3자의 원리금 상환보장이 된 회사채를 보증사채, 그렇지 않은 회사채를 무보증사채라고 한다. 그 밖에 부동산이나 유가증권 등을 원리금 지급의 담보로 제공하는 담보부사채도 있다.

❶ 담보부 사채 : 부동산, 동산, 유가증권 등을 담보로 하여 기업이 발행하는 사채로 국내에는 1962년 「담보부사채신탁법」을 통해 제도화되었으나, 1970년대 초부터 국내 회사채 시장이 보증사채 위주로 형성되면서 담보부 사채의 비중은 미미한 상황

❷ 보증사채 : 원금상환 및 이자지급을 발행회사 이외의 금융기관 등 제3자가 보장하는 회사채를 의미

　우리나라의 경우 1972년부터 시행된 공모를 통한 회사채 발행 시 보증제도가 도입된 이후 1998년 초반까지는 대부분의 기업들이 보증사채를 발행하여 왔으나, IMF금융위기 이후 보증금융기관의 신뢰문제가 대두되면서 1998년 중반 이후부터는 우량 대기업을 중심으로 한 무보증사채의 비중이 사채발행의 대부분을 차지하게 되었음

❸ 무보증사채 : 원리금 상환에 대하여 금융기관의 보증이나 물적 담보의 공여 없이 발행회사가 자기신용을 근거로 발행하는 회사채

　무보증사채는 일반적으로 보증사채나 담보부사채에 비해 원리금 적기지급 안정성이 떨어진다고 간주되므로 신용도가 우수한 기업에 의해서만 발행되는 경향이 있음

　이때 기업의 신용도는 객관적인 신용평가기관에 의하여 평가되며, 우리나라의 경우 무보증사채를 공모 발행하기 위해서는 2개 이상의 복수평가를 받아야 함

(3) 이자 및 원금상환방법에 따른 분류

이자지급방법과 원금상환방법은 채권의 현금흐름을 결정하는 요인이다. 채권의 현금흐름은 현시점에서 향후 만기 시점까지 각 시점마다 지급되는 이자 및 원금의 크기를 나타내기 때문에 투자의 기본적 결정요인일 뿐만 아니라 시장 만기수익률로 할인되어 채권 가격을 결정하는 기초정보이기도 하다.

우리나라에서 일반적으로 채권에 적용하고 있는 이자지급방법은 만기일에 이자를 일시에 지급하는 복리채 및 단리채, 이자 선지급방식에 의한 할인채 그리고 일정기간마다 이자를 지급하는 이표채 등이 있다. 이와 같은 이자지급방식을 사용하는 채권들은 그 원금이 모두 만기 시에 지급되는 형태를 띠고 있다.

그 밖에 원금상환방식에 따라 만기상환일 이전이라도 발행자가 원금을 임의로 상환할 수 있는 채권과 채권의 보유자가 발행자에게 원금의 상환을 요구할 수 있는 채권도 있다.

전자를 수의상환채권(callable bond), 후자를 수의상환청구채권(putable bond)이라고 한다.

❶ 복리채 : 채권 발행 후 만기까지 이자지급 단위기간의 수만큼 복리로 이자가 재투자되어 만기 시에 원금과 이자가 한꺼번에 지급되는 채권. 연단위로 표시되는 채권의 표면이율이 동일하더라도 재투자 횟수가 커지면 채권의 만기상환금액은 증가

ㄱ. 연단위 재투자 복리채 : 전환기간이 1년인 복리채로서 제1종 국민주택채권, 지역개발채권 등이 이에 해당. 액면금액 F, 연단위 표면이율 i, 그리고 만기연수가 N인 채권의 만기상환금액(S)은

$$S = F \times (1+i)^N$$

예컨대 만기기간 5년, 표면금리 2%인 연단위 복리채의 경우, 액면금액 10,000원을 기준으로 한 이 채권의 만기상환 원리금액은

$$10,000 \times (1+0.02)^5 = 11,040$$

ㄴ. 3개월 단위 복리채 : 재투자 단위기간 3개월, 재투자 횟수 연 4회인 복리채로서 금융채들 중에서 복리채로 발행되는 채권들이 이에 해당. 액면금액 F, 연단위 표면이율 i, 재투자 횟수 m번, 그리고 만기연수가 N인 채권의 만기상환금액(S)은

$$S = F \times \left(1 + \frac{i}{m}\right)^{m \times N}$$

예컨대 만기기간 3년, 표면이율 8%인 3개월 단위 재투자 복리채의 만기상환 원리금액은

$$10,000 \times \left(1 + \frac{0.08}{4}\right)^{4 \times 3} = 12,683 \, (\text{원 미만 절상})$$

으로 동일한 만기기간 및 표면이율을 지닌 연단위 재투자 복리채의 만기상환금액인 12,597.12$[=10,000 \times (1+0.08)^3]$보다 큼을 알 수 있음

과거에는 산업금융채권 등과 같은 금융특수채들이 3개월 복리방식으로 많이 발행되었으나 최근에는 거의 발행되고 있지 않음

❷ 단리채 : 발생된 이자가 재투자되는 과정을 거치지 않는, 즉 단리방식에 의한 이

자금액이 원금과 함께 만기에 일시에 지급되는 원리금지급방식. 액면금액 F, 연단위 표면이율 i, 그리고 만기연수가 N인 채권의 만기상환금액(S)은

$$S = F \times (1 + i \times N)$$

예컨대 표면이율 2%인 3년만기 단리채의 만기상환금액은 이자 600원(＝10,000원×0.02×3)과 원금 10,000원의 합인 10,600원임. 이 단리방식에 의한 지급이자는 이자에 대한 이자가 발생하지 않기 때문에 만기와 표면이율이 같더라도 복리방식에 의한 이자금액보다 적음. 최근 단리채로 발행되는 일반 채권은 많지 않으나, 은행채의 일부와 주택금융공사 MBS와 같은 자산유동화증권이 단리채로 발행

❸ 할인채 : 만기 시까지의 총이자를 채권 발행 혹은 매출 시에 미리 공제하는 방식으로 선지급하는 형태의 채권. 따라서 만기 시에는 채권의 투자원금에 해당하는 액면금액만을 지급. 이와 같은 채권에는 할인방식으로 발행되는 통화안정증권, 금융채 등이 있음

예컨대 표면이율이 2%이고 만기기간이 3년인 할인채에 대한 이자는 액면 10,000원당 600원이 됨. 그런데 이 채권의 이자는 발행일에 선지급되므로 액면금액 10,000원에서 선지급되는 이자부분을 제외한 9,400원으로 발행시장에서 실질적으로 취득 가능. 일반적으로 액면 10,000원을 기준으로 할 때 발행기관에서 취득할 수 있는 할인채의 발행가액은 다음과 같은 방식으로 구해짐

$$발행가액 = 10,000 \times (1 - i \times N)$$

앞에서 설명된 복리채, 단리채 및 할인채는 일단 발행이 되면 만기 시점을 제외하고는 현금흐름이 발생하지 않음

❹ 이표채 : 정해진 단위기간마다 이자를 주기적으로 지급하는 방식의 채권. 실제로 채권의 권면에 이표가 붙어 있고 매 이자지급일에 이 이표를 떼어 내서 이자를 지급받는 형태를 취하고 있음. 국채 및 금융채 일부와 대부분의 회사채가 이표채의 형태를 취하고 있음

우리나라의 일반사채와 이표채로 발행되는 통화안정증권은 주로 매 3개월 단위로 이자가 지급되므로, 매기 지급되는 이자액은 표면이율의 1/4에 해당하는 금리가 액면에 적용된 금액. 예컨대 표면이율이 10%이고 만기가 3년인 회사채

의 경우 매 3개월마다 지급되는 이자금액은 액면 10,000원을 기준으로 250원(= 10,000×0.1/4)이므로 이 채권의 발생이자 및 지급원금에 의한 현금흐름은 다음과 같음

전통적인 일반사채와는 달리 자산유동화증권(Asset-Backed Securities)은 이자지급 단위기간이 1개월인 경우가 많음. 이에 비해 국고채와 같은 주요 국채를 이표채로 발행할 경우는 이자지급 단위기간을 6개월로 하고 있음

따라서 2006년 3월 10일 발행된 만기기간 20년인 국고채권의 현금흐름은 다음과 같은 시간선상에 표시할 수 있음. 이 채권의 표면이율은 5.75%이다. 따라서 이 채권을 발행 후 만기까지 보유하면 매 6개월마다 287.5원($=10,000\times\frac{0.0575}{2}$)과 만기 시 10,000원의 액면금액을 지급받게 됨

(4) 만기기간에 따른 분류

채권의 발행 이후 만기까지의 기간을 기준으로 나눈 분류이다. 우리나라의 경우 통상적으로 발행 이후 만기기간이 1년 이하인 채권을 단기채라고 하고, 1년 초과 10년 미만의 채권을 중기채라고 하며, 10년 이상의 채권을 장기채라고 한다.

❶ 단기채 : 통화안정증권, 금융채 중 일부
❷ 중기채 : 대부분의 회사채 및 금융채를 포함한 특수채와 제1종 국민주택채권과 국고채권 중의 일부를 포함
❸ 장기채 : 일부 장기 회사채, 국고채권(10년, 20년, 30년, 50년)

그러나 원래는 장기채권이라고 할지라도 발행 이후 시간이 경과하여 만기까지의 잔존기간이 줄어들면 중기채 혹은 단기채라고 지칭하기도 하기 때문에 채권의 실제 투자 시에는 채권의 발행일 및 만기일을 확인할 필요가 있다.

(5) 표시통화에 의한 분류

❶ 자국통화표시 채권 : 발행국가의 법정통화로 채권의 권리를 표시한 채권으로 우리나라의 경우 원화표시에 의해 채권이 발행. 우리나라에서 발행되더라도 내국인들에 의해 발행되는 원화표시 채권인 국내채(domestic bond)와는 달리 외국인들에 의해 발행되는 원화채권이 외국채(foreign bond)이다. 국내 발행 외국채를 아리랑본드(Arirang Bond)라고 부르고 있는데 국가마다 자국 내에서 외국인이 발행하는 자국 통화 표시 외국채를 구분하는 고유한 명칭이 있음. 미국의 양키본드(Yankee bond), 중국의 팬더본드(Panda bond), 일본의 사무라이본드(Samurai bond), 영국의 불독본드(Bulldog bond) 등이 대표적

❷ 외화표시 채권 : 자국 통화 이외에 타국의 통화로 채권에 관련된 권리를 표시한 채권. 국내에도 원화 이외에 달러, 엔화 그리고 유로 등 해외통화 표시로 채권들이 발행되는데 이들 채권은 광의의 유로본드(Euro bond)에 속함. 유로본드는 자국 내에서 발행되는 타국 통화표시 채권들을 포함하는데 이를 발행하는 국가별로 통용되는 명칭이 있음

우리나라의 경우 김치본드(Kimchi Bond), 일본의 쇼군본드(Shogun 또는 Geisha bond) 등이 이에 해당된다. 중국의 딤섬본드(Dim sum bond)는 중국 이외의 지역에서 위안화 표시로 발행되는 채권을 포괄적으로 의미. 이와 같은 유로본드와 외국채를 포괄하여 국제채(International bond)라고 함

(6) 자산유동화증권

「자산유동화에 관한 법률」에 따라 발행되고 있는 자산유동화증권(ABS : Asset-Backed Securities)은 유동화의 대상이 되는 각종 채권 및 부동산·유가증권 등의 자산에서 발생하는 집합화된 현금흐름을 기초로 원리금을 상환하는 증서이다.

(7) 금리변동부채권

금리변동부채권(Floating Rate Note : FRN)은 일정 단위기간마다 정해진 기준금리에 연동된 표면이율에 의해 이자를 지급하는 채권이다. 이 채권은 지금까지 설명된 전형적인 일반채권과는 달리 기준금리의 변동에 따라 매 단위기간마다 표면이율이 변화하기 때문에, 표면이율에 의해 결정되는 미래 이자금액에 의한 현금흐름이 발행 시에는 확정될

수 없는 채권이다.

연동되는 기준금리로는 CD(양도성 예금증서)수익률 및 국고채의 시장수익률들이 주로 사용되며, 기준금리에 일정한 스프레드가 가감되어 표면이율이 결정되는 방식을 띠고 있다.

예컨대 매 3개월 단위 3년 만기 이표채가 CD수익률을 기준으로 0.6%(60 basis points)의 가산금리가 붙는 방식으로 표면이율이 결정되는 금리변동부 이표채일 때, 발행 시 기준금리 결정 시점의 CD수익률이 6%라면 발행 3개월 후 첫 번째 이표일에 지급 받는 이자 금액은 액면 10,000원당 165원$(10,000 \times \frac{0.06 + 0.006}{4})$이다.

두 번째 이표이자금액은 발행 시점에서는 알 수 없고, 두 번째 이표이자 기준일(첫 번째 이표이자 지급일 직전)의 CD수익률에 따라 결정되며, 두 번째 이표일(발행 후 6개월 시점)에 지급된다. 그 이후의 이표이자도 기준금리가 정해지는 각 시점의 CD수익률 수준에 따라 결정된다.

이처럼 금리변동부채권의 이자율은 시장의 기준이 되는 지표금리의 변동에 연동되기 때문에 표면이율이 확정되어 있는 일반채권에 비해 수익률 변동 위험에서 벗어날 수 있는 장점이 있다.

그러나 이것이 수익률 변동에서 발생하는 모든 위험에서 벗어날 수 있음을 의미하는 것은 아닌데, 이는 채권 발행자의 신용변동 때문이라고 할 수 있다. 즉 금리변동부채권의 지표금리에 가산되는 금리는 지표금리가 되는 채권의 발행자와 금리변동부채권의 발행자의 신용위험의 차이 때문이라고 할 수 있는데 일반적으로 이 가산금리는 금리변동부채권의 발행 시점에 확정되어 만기까지 유지된다. 그러나 금리변동부채권의 발행 이후 채권 발행자의 신용위험이 발행 시점보다 더 커지게 되면 가산금리가 실제로 높아져야 하나 가산금리 자체는 고정되어 있기 때문에 변동금리부채권의 가격 하락을 발생시킨다.

이와 같은 금리변동부채권은 다양한 방식으로 변용되기도 하는데, 이들로는 역금리 변동부채권(Inverse FRN), 양기준 금리변동부채권(Dual Indexed FRN), 그리고 디지털옵션 금리변동부채권(Digital Option FRN) 등을 들 수 있다.

chapter 02

발행시장과 유통시장

발행시장

1 채권 발행시장의 개요

채권의 발행시장에서 자금을 조달하려는 채권 발행자는 신규 창출한 채권을 직접 투자자에게 매각하거나, 전문적인 발행기관에게 전반적인 발행업무를 의뢰하여 이 발행기관이 발행 채권을 투자자들에게 매출하게 한다. 전자를 직접발행 그리고 후자를 간접발행이라고 한다.

(1) 채권 발행자

정부, 지방자치단체, 특별법에 의해 설립된 법인 그리고 주식회사 등 채권의 신규창출을 통하여 자금을 조달하려는 금융주체를 의미한다.

(2) 발행기관

채권 발행에 대한 제반업무를 수행하고 발행에 수반된 위험과 판매기능을 담당하는 전문기관으로 다음과 같다.

① 주관회사 : 증권을 인수함에 있어서 인수회사를 대표하여 발행회사와 인수조건 등을 결정하고 인수 및 청약업무를 통할하며, "대표주관회사"란 발행회사로부터 증권의 인수를 의뢰받은 자로서 주관회사를 대표하는 회사를 말함
② 인수회사 : 제삼자에게 증권을 취득시킬 목적으로 다음의 어느 하나에 해당하는 행위를 하거나 그 행위를 전제로 발행인 또는 매출인을 위하여 증권의 모집·매출을 하는 회사를 말함
  ㄱ. 그 증권의 전부 또는 일부를 취득하거나 취득하는 것을 내용으로 하는 계약을 체결하는 것
  ㄴ. 그 증권의 전부 또는 일부에 대하여 이를 취득하는 자가 없는 때에 그 나머지를 취득하는 것을 내용으로 하는 계약을 체결하는 것

2 채권의 발행방법

채권의 발행방법은 발행 채권에 대한 투자자의 대상범위에 따라 사모발행과 공모발행으로 구분된다. 발행방식은 발행기관의 발행업무 대행 여부 및 발행기관의 미발행 채권에 대한 위험부담 여부 등에 따라 세분된다.

(1) 사모발행

채권 발행자가 직접 소수의 투자자와 사적 교섭을 통하여 채권을 매각하는 방법이다. 이 경우 투자자는 주로 은행, 투자신탁회사, 보험회사, 저축은행 등과 같은 기관투자자들이 일반적이며, 발행자는 유동성이 낮은 회사채의 발행기업인 경우가 많다. 자본시장법에 따르면 발행을 위한 모집의 대상이 50인 미만일 경우에는 사모로 간주된다. 다만 금융투자상품에 대한 전문성과 일정한 자산규모 등을 갖춰 위험감수능력을 갖춘 전문투자자는 사모여부 판단기준인 50인에 포함되지 않는다. 대표적인 전문투자자로는 금

융기관과 연기금 등 기관투자자들이 있다.

(2) 공모발행

불특정 다수의 투자자를 대상으로 채권을 발행하는 방법인 공모는 투자자에게 직접 채권을 매출하는 직접발행방식과 함께 발행기관을 통한 간접발행방식으로 이루어진다.

❶ 직접발행 : 채권의 발행조건을 발행 전에 미리 결정하고 발행하는지 여부에 따라 매출발행과 공모입찰발행으로 구분

　ㄱ. 매출발행 : 채권의 만기기간, 발행이율, 원리금지급방법 등 발행조건을 미리 정한 후 일정기간 내에 개별적으로 투자자들에게 매출하여 매도한 금액 전체를 발행총액으로 삼는 방식. 산업금융채권 등 금융채가 발행기관에 의해 창구매출

　ㄴ. 공모입찰발행 : 미리 발행조건을 정하지 않고 가격이나 수익률을 다수의 투자자들로부터 입찰응모를 받아, 그 결과를 기준으로 발행조건을 결정하는 방법. 이 방식으로 발행하는 대표적인 채권들로는 국고채 및 통화안정증권 등이 있으며 이 채권들에 대한 입찰응모자격은 정부로부터 국고채전문딜러로 지정되거나 한국은행과 약정을 맺은 금융기관들로 한정. 입찰방식은 크게 경쟁입찰과 비경쟁입찰로 나누어지며, 경쟁입찰은 다시 복수 가격(수익률) 경매방식과 단일 가격(수익률) 경매방식으로 분류

　　a. 복수 가격(수익률) 경매방식 : Conventional Auction 혹은 American Auction 이라고 불리는 방식으로 내정 수익률 이하에서 각 응찰자가 제시한 응찰 수익률을 낮은 수익률(높은 가격)순으로 배열하여 최저 수익률부터 발행예정액에 달할 때까지 순차적으로 낙찰자를 결정하는 방법. 낙찰자는 응찰시 제시한 수익률로 채권을 인수하게 되므로 복수의 낙찰 가격이 발생하게 된다. 2000년 8월 16일 이전에 국고채권 등의 발행 시 사용

　　b. 단일 가격(수익률) 경매방식 : 발행기관이 내부적으로 정한 내정수익률 이하에서 낮은 수익률 응찰분부터 발행예정액에 달하기까지 순차적으로 낙찰자를 결정. 이때 모든 낙찰자에게는 낙찰된 수익률 중 가장 높은 수익률이 일률적으로 통일 적용됨으로써 단일한 가격으로 발행이 이루어짐. 이 방식은 일반적으로 Dutch Auction이라 불리며 예금보험(상환)기금채권을

포함한 대다수의 비금융 특수채들이 이 방식에 의한 전자입찰로 발행

c. 차등 가격 경매(낙찰)방식 : 발행자의 입장에서 볼 때 단일 가격 경매방식은 평균 낙찰수익률보다 높은 발행수익률을 적용해야 하기 때문에 상대적으로 더 많은 채권 발행비용을 지불해야 하는 문제점을 발생시킴. 한편 복수 가격 경쟁방식은 평균 낙찰수익률보다 낮은 수익률로 낙찰되는 것을 원치 않는 잠재적 응찰자들의 응찰의욕을 감퇴시켜 발행시장을 위축시킬 가능성을 낳게 됨

이에 대한 개선방안으로 2009년 9월부터 차등 가격 낙찰방식의 경매제도가 국고채 발행에 도입. 이 방식은 최고 낙찰수익률 이하 응찰수익률을 5bps 간격으로 그룹화하여 각 그룹별로 최고 낙찰수익률을 적용하는 방식

예컨대 응찰수익률의 간격을 5bps(베이시스 포인트 : 0.015%)로 할 경우 최고 낙찰수익률이 5.055%이고 응찰수익률을 (5.055%~5.040%), (5.035%~5.020%), (5.015%~5.000%) 등으로 그룹화할 경우 경매방식별 낙찰수익률은 다음 표와 같음

기관	응찰 금리	낙찰금리		
		차등가격 낙찰방식 (Differential Pricing Auction Method)	단일가격 낙찰방식 (Dutch)	복수가격 낙찰방식 (Conventional)
A	5.005%	A, B : 5.010%	모두 5.055%	A : 5.005%
B	5.010%			B : 5.010%
C	5.025%	C, D : 5.030%		C : 5.025%
D	5.030%			D : 5.030%
E	5.040%	E, F, G : 5.055%		E : 5.040%
F	5.050%			F : 5.050%
G	5.055%			G : 5.055%

d. 비경쟁입찰 : 당해 경쟁입찰에서 국고채를 인수한 국고채전문딜러는 경쟁 입찰 시행일부터 3영업일까지 비경쟁입찰을 통해 국고채를 인수할 수 있는 권한을 부여받음. 경쟁입찰과 달리 비경쟁입찰에서는 해당 입찰 최고 낙찰금리로 국고채를 인수받을 수 있음

일반인도 국고채전문딜러로 지정된 기관에 계좌를 개설한 후 국고채전

문딜러를 통해 국고채 인수를 신청할 수 있음. 일반인의 최소응찰금액은 10만 원이며, 최대응찰금액은 10억 원으로 그 금액에 제한이 있음. 정부는 응찰에 참여한 일반인에게 발행예정금액의 20% 범위 내에서 국고채를 우선적으로 배정

❷ 간접발행 : 발행기관을 통하여 불특정 다수의 투자자들에게 채권을 발행하는 이 방식은 발행 매출액이나 모집액이 발행하고자 했던 총액에 미달되는 부분에 대한 부담을 누가 지느냐에 따라 위탁모집, 잔액인수방식과 총액인수방식으로 구분

ㄱ. 위탁발행(Best-efforts Agreement) : 발행인의 대리인 자격 또는 발행기관 자신의 명의로 채권을 발행하는 이 방식은 모집 혹은 매출된 채권액이 발행하고자 했던 총액에 미치지 못할 경우 이 부분을 발행자가 부담

ㄴ. 잔액인수발행(Standby Underwriting) : 발행기관에 의하여 발행자 명의로 된 채권을 모집, 매출하는 것으로 만약 매출 또는 모집액이 발행하고자 했던 총액에 미달할 때에는 발행기관이 그 잔액을 책임인수한다는 계약하에 이루어지는 채권 발행 방식

ㄷ. 총액인수발행(Firm commitment Underwriting) : 발행 채권 총액을 발행기관이 모두 인수한 후 이 기관들의 책임하에 모집 또는 매출하는 방식. 발행조건과 모집 또는 매출 시의 가격차이에 의하여 발생하는 손익은 인수발행기관에 귀속. 2012년 도입된 수요예측제도로 공모회사채 발행 시에 발행기관이 실질적으로 부담해야 할 인수물량은 수요예측 미달분에 국한

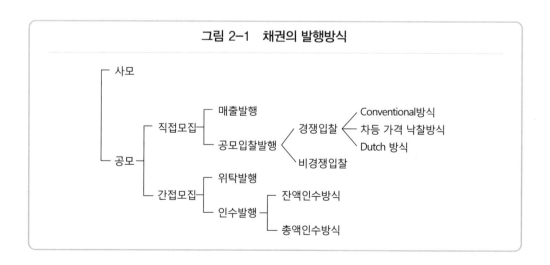

그림 2-1 채권의 발행방식

1   채권 유통시장의 개요

채권은 일반적으로 은행예금과는 달리 만기 전까지 채권 발행자에게 원금의 상환을 요구할 수 없다. 따라서 채권 투자자는 투자한 채권을 현금화할 수 있는 기능이 필요하다. 채권의 유통시장은 채권의 만기 전에 투자채권을 현금화하려는 기존 투자자들과 이들에 의해 공급되는 채권에 투자하려는 새로운 투자자들 간의 수요에 의해 채권의 거래가 이루어지는 메커니즘을 의미한다. 발행시장을 제1차 시장이라고 한다면 유통시장은 제2차 시장이라고 할 수 있다.

2   유통시장의 기능

일반적으로 채권유통시장은 첫째, 채권의 유동성을 부여해 주고 둘째, 채권의 공정한 가격 형성을 가능하게 하며 셋째, 발행시장에서 신규로 창출되는 채권의 가격결정에 지표를 제공하는 등의 기능을 수행한다.

3   채권의 매매방법

채권을 거래하기 위해서는 증권회사에서 계좌 개설 후 장내거래 혹은 장외거래를 통하여 매매할 수 있다. 채권거래는 주식거래와는 달리 장외거래의 비중이 현저하게 높은 것이 특징이다.

(1) 장내거래

장내거래는 한국거래소(이하 '거래소'라 한다)에서 경쟁매매를 통하여 이루어지는 매매를 의미한다. 따라서 거래 가능 채권은 상장채권으로 제한되어 있으며, 거래시간 및 거래조건 등이 규격화되어 있다. 장내거래는 국고채전문딜러(PD)를 중심으로 형성된 국채

전문유통시장과 불특정 다수의 투자자들로 이루어지는 일반채권시장 거래로 구분할 수 있다.

❶ 국채전문유통시장 : 국고채전문딜러란 국채시장조성을 위해 국채를 대량으로 매매할 수 있는 금융투자회사 및 은행들로 구성된 국채의 자기매매인가 기관투자자들을 의미. 이 국고채전문딜러들 중심으로 거래소시장을 통하여 이루어지는 경쟁매매 메커니즘이 국채전문유통시장임

　ㄱ. 시장참가자 : 국채전문유통시장의 참가자는 거래소의 채무증권회원 인가를 취득한 은행과 금융투자회사이고, 연금, 보험,기금 등의 기타 금융기관 및 일반투자자도 위탁 참여가 가능

　ㄴ. 거래대상채권 : 국채전문유통시장에서 거래되는 채권은 국고채권(외평채 포함)뿐만 아니라 통화안정증권, 예금보험기금채권인데, 국고채권은 시장조성을 위해 특별하게 취급되는 지표종목과 비지표종목으로 구분. 지표채권은 유동성이 풍부하여 유통시장을 통한 지표금리의 형성에 가장 적합하다고 판단되는 채권으로, 경쟁입찰을 통하여 발행된 명목 국고채권 중 만기별로 가장 최근에 발행된 종목과 물가연동국고채권 중 가장 최근에 발행된 종목을 말함

　ㄷ. 호가 및 매매수량단위 : 국채전문유통시장은 지정가호가방식을 채택하고 있음. 호가 가격 단위는 잔존만기별로 다르며, 잔존만기가 10년 이상일 경우 1원, 2년 이상 10년 미만일 경우는 0.5원, 2년 미만일 경우 0.1원임. 호가수량단위는 액면 1만 원이며 매매수량단위는 10억 원의 정수배. 호가는 국채지표종목에 한해 조성호가와 매매호가로 구분. 이 중에서 조성호가는 전문딜러 또는 예비전문딜러가 매도 및 매수호가를 동시에 하는 양방의 조성호가와 국고채전문딜러가 하는 매도 또는 매수호가인 일방의 조성호가로 구분. 그리고 매매호가는 시장참가자가 조성호가와의 매매체결을 위해 모든 국고채전문딜러가 할 수 있는 일방의 호가를 말함. 조성호가와 매매호가는 국고채 지표종목에 한해 적용되는 구분으로, 비지표종목과 통화안정증권, 예금보험기금채권의 경우에는 별도의 호가구분을 적용하지 않음

　ㄹ. 매매체결 : 인터넷 주문환경의 KTS(KRX Trading System for government securities)에 의한 완전자동매매체결방식을 이용한 복수 가격에 의한 개별 경쟁매매원칙(동시호가제도 없음)에 따라 체결이 이루어짐

ㅁ. 매매확인 및 결제 : 다자간 차감결제 및 집중결제방식에 의한 익일결제방식을 채택. 다만, 결제일이 지준일 마감일일 경우에는 결제일의 다음 영업일을 결제일로 함

    a. 대금결제 : 한국은행 BOK-Wire 자금이체방식

    b. 국채결제 : 예탁결제원 예탁자 계좌간 대체방식

❷ 일반채권시장 : 거래소에 상장된 국채, 지방채, 특수채, 전환사채, 신주인수권부사채, 교환사채, 일반 사채권 등 모든 채권이 거래되는 시장으로 시장참가에 자격 제한이 없어 모든 투자자가 참여할 수 있는 시장. 2007년 8월 소규모 금액으로도 거래가 가능한 소매채권시장을 개설하였으나, 소매채권과 일반채권시장에서 동일 채권이 동시에 거래됨에 따른 유동성 분산, 가격발견 기능 저하 등을 해소하기 위하여 2014년 3월부터 양 시장을 통합·운영

ㄱ. 매매시간 : 주식의 장내거래와 마찬가지로 토요일과 공휴일이 제외된 거래일의 오전 9시에서 오후 3시 30분까지 개장

ㄴ. 호가 및 가격폭 제한 : 채권에 대한 매매거래를 하기 위하여 매도 또는 매수의 의사표시를 하는 행위를 호가라고 하는데, 장외시장에서는 호가가 수익률로 이루어지는 것이 일반적. 이에 비해 거래소시장에서는 채권에 대한 매매호가가 액면 10,000원 기준으로 가격 호가로 이루어짐. 한편 채권시장은 주식시장과는 달리 가격제한폭 제도가 없는 것이 특징. 그러나 주문자의 입력 오류를 방지하기 위하여 호가 입력제한을 두고 있음

ㄷ. 매매수량단위 : 매매수량단위란 거래소 채권시장에서 거래될 수 있는 최저 액면금액인 동시에 그의 정수배를 의미. 현재 거래소에서는 1,000원 단위로 매매를 체결

ㄹ. 매매체결방법 및 거래의 결제 : 개별 경쟁매매방식으로 매매가 이루어지고 있으며 가격우선의 원칙, 시간우선의 원칙에 의해 매매가 이루어짐. 개별 경쟁매매방식은 다시 단일 가격에 의한 개별 경쟁매매와 복수 가격에 의한 개별 경쟁매매로 구분

ㅁ. 시장조성제도 : 일반채권시장에는 일반투자자의 채권매매가 원활하게 이루어질 수 있도록 유동성을 공급하는 시장조성자가 있음

❸ 장내 채권거래 동향 : 채권시장의 주 참여자들은 기관투자자들이고 이들 간의 채권매매는 대규모 자금거래의 성격을 가짐. 대부분의 해외 채권시장에서는 채권거

래가 장외거래를 중심으로 이루어지고 국내 채권시장도 장외거래의 비중이 높을 편임. 하지만 우리나라의 경우는 채권의 장내유통도 매우 활발한 편임. 다만 대부분의 거래는 국채전문유통시장에서 이루어지는 국고채 거래에 집중되어 있음.

(2) 장외거래

거래소가 개설한 시장 이외에서 상대매매를 통해 이루어지는 채권거래를 채권의 장외거래라고 한다. 장외거래에는 일반적으로 증권회사를 통해 이루어지는 대 고객 상대매매와 IDB(Inter-Dealer Broker)들을 통해 이루어지는 국채딜러 간 장외거래로 구분할 수 있다.

① 대 고객 상대매매

ㄱ. 거래대상채권 : 장외매매의 대상은 상장 및 비상장채권을 모두 포함. 단, 관계 법령에 의한 첨가소화채권(매매일 기준으로 당월 및 전월에 발행된 제1종 국민주택채권, 서울도시철도채권, 지역개발공채 및 지방도시철도채권)은 소액 국공채의 한국거래소 거래제도에 따라 액면 5천만 원 이하의 경우 원칙적으로 장내거래를 통해 매매 하도록 되어 있음. 또한 전환사채도 장내거래를 하도록 되어 있음

ㄴ. 매매장소 및 매매시간 : 일반적으로 증권회사의 영업점 내에서 영업시간 중에 매매

ㄷ. 호가 및 가격제한폭 : 일단 수익률로 호가한 후, 액면 10,000원당 수익률로 환산한 가격을 기준으로 원단위로 더하거나 빼는 방식으로 형성. 가격제한폭은 없음

ㄹ. 매매수량단위 : 제한이 없음. 주로 100억 원 단위로 거래됨

ㅁ. 결제방법 : 채권 장외거래에 따른 결제는 매도자와 매수자가 협의하여 매매 계약을 체결한 날 익일부터 30영업일 이내에 할 수 있으나 익일 결제가 보편적으로 이루어지고 있음. 다만, 환매조건부채권매매, 개인 및 일반법인을 상대로 한 소매채권매매 및 단기금융집합기구(MMF) 편입채권 등의 경우는 매매 계약을 체결한 날에 결제(당일 결제)를 행할 수 있음

수도결제방법은 채권의 계좌대체와 결제대금의 수취를 분리하여 처리하는 결제방식과 증권과 대금의 결제를 동시에 하는 채권동시결제제도(Delivery Versus Payment : DVP)가 있음. 현재는 채권은 예탁원의 예탁자 계좌부상의 계좌 간에 대체하고, 대금은 한국은행이나 은행을 통한 자금이체를 함으로써 결제

불이행의 위험을 제거할 수 있는 후자의 방식이 원칙

ㅂ. 장외거래 수수료율 : 위탁자 간의 매도 및 매수를 직접 연결시키는 중개매매 시에는 수수료가 부과되기도 하나, 대부분의 장외거래는 증권회사의 상품거래를 통한 자기매매형식을 띠고 있음. 이러한 형식을 가진 장외거래는 일반적으로 수수료가 부과되지 않음

② 채권딜러 간 장외거래 : 장외거래는 투자자 구분이나 거래대상채권의 제한이 없기 때문에 모든 채권거래가 대 고객 상대매매를 통해 이루어질 수 있음. 그런데 증권사는 자기매매가 가능하기 때문에 대 고객을 상대로 한 상대매매가 순수한 중개목적 이외에 자기매매의 목적으로 사용될 가능성이 존재. 이에 자신의 채권 포지션 없이 중립적인 위치에서 채권딜러들 간의 중개업무를 수행하기 위한 채권자기매매업자 간 채권중개전문회사(Inter-Dealer Broker)가 2000년 중반에 설립되었음

IDB의 중개대상이 되는 채권은 장외거래대상채권들이며, 컴퓨터 스크린이나 유선을 통한 매매중개 과정의 시장호가는 공표

이 같은 과정을 통해 종목별로 매수호가와 매도호가가 일치하는 매매에 한하여 체결되는 단순중개 외에도 필요할 경우 IDB 자기계정을 통한 매수 및 매도에 의한 매매중개에 의해서도 매매가 이루어질 수 있음

③ 채권전문자기매매업자 : 채권전문자기매매업자란 매도 및 매수수익률 호가를 동시에 제시하는 방법으로 해당 채권의 거래를 원활하게 하는 역할을 수행하는 채권 투자매매업을 영위하는 금융기관. 일정한 재무건전성과 채권거래 실적을 가진 금융기관들 중에서 금융감독원장이 지정

채권전문자기매매업자는 회사채 5종목 및 금융채 2종목 이상을 포함한 9종목 이상의 채권에 대하여 거래 가능한 날의 3분의 2 이상 기간 동안 지속적으로 시장조성을 하여야 함

채권전문자기매매업자는 호가를 제시한 채권에 대하여는 투자자의 매매주문에 응하여야 하되, 체결되는 수익률은 매도수익률호가와 매수수익률호가의 범위 (국채 20bp, 기타 40bp) 이내여야 함

④ 채권거래 전용시스템(K-Bond)

ㄱ. K-Bond 도입 연혁 : 장외매매는 투자자와 증권회사 혹은 증권회사와 증권회사 간의 상대매매를 통해 이루어지며 이와 같은 거래과정에는 유선 및 인

터넷 메신저 등이 사용되어 왔음. 하지만 사설 메신저 등으로 이루어지는 정보교환은 이해관계를 달리하는 시장참여자들별로 구성된 메신저 그룹 간에 발생하는 폐쇄성에 가로 막혀 시장분할 및 거래 정보에 대한 투명성 문제를 발생시켰음. 따라서 장외 채권시장의 거래정보 투명성 제고를 위해 채권 장외거래 리포팅 시스템이 가동되게 되었음. 이 시스템은 사후적 투명성 확보를 위해 2000년 7월에 도입된 채권 장외거래내역 통보 및 공시('15분 룰')와 사전적 투명성 확보를 위해 2007년 12월에 도입된 채권 장외호가집중 시스템(Bond Quotation System : BQS)을 근간으로 운용되었음. 한편 2010년 4월에는 기존의 장외거래 관련 시스템을 발전시켜 국내 채권시장에 적합한 채권거래 전용시스템인 프리본드를 도입

2017년 3월에는 채권 장외시장에서 가격발견 기능과 거래 효율성을 향상시켜 장외 채권거래의 규모와 유동성을 높이기 위해 기존 프리본드를 대체하는 채권거래지원시스템인 K-Bond를 도입. K-Bond에서 시장참여자들이 제시하는 실시간 호가정보 및 거래내역 등은 K-Bond 및 채권정보센터(www.kofiabond.or.kr)를 통해 공시

a. 채권 장외거래내역 통보 및 공시('15분 룰') : 증권회사가 장외시장에서 투자자와 채권을 거래한 경우, 매매계약 체결 시점부터 일정 시간(15분) 이내에 거래 관련 사항(종목명, 수익률, 단가, 거래량, 거래 성격 등)을 협회에 통보

또한 협회는 보고받은 채권 장외거래 관련 정보를 기초로 다음 정보를 공시

- 장외거래 대표수익률(거래대금 가중평균수익률)
- 종류별·잔존기간별 가중평균수익률, 거래량, 거래대금
- 종목별 수익률, 거래량, 거래대금
- 기타 채권 장외거래 관련 정보

b. 채권 장외호가집중 시스템(Bond Quotation System : BQS) : 사설메신저를 통해 장외시장에서 거래되는 거래액 50억 원 이상의 모든 채권에 대한 매도 및 매수 호가 정보를 협회에 실시간 통보하고 협회는 이를 실시간으로 시장에 공시함으로써 가격발견 기능을 제고하고 시장 유동성 제고에 기여하기 위한 제도

호가 통보는 금융투자회사, 은행, 채권매매전문중개회사(IDB)로부터

이루어지며 협회는 이를 채권정보센터(Bond Information Service)와 Check, Informax 등 국내 정보 밴더사들뿐만 아니라 블룸버그, 로이터 등을 통해 실시간으로 공시

ㄴ. K-Bond 주요 내용

a. 개요 : K-Bond란 채권 장외시장에서 금융투자회사 또는 주요 시장참여자 간의 매매·중개를 위한 호가 탐색과 거래상대방과의 협상을 지원하기 위하여 가격발견 기능과 거래의 효율성을 향상시켜 장외 채권거래의 규모와 유동성을 높이기 위해 협회에 의해 운용되는 채권거래 지원시스템

여기서 참여자란 '금융투자회사의 영업 및 업무에 관한 규정'의 사전 신고·등록제에 의거, 채권거래 브로커, 딜러, 매니저, 트레이더 등 채권거래에 특화된 시장 관계자들로서 협회에 시스템 사용을 신청하고 협회가 이를 승인한 자를 의미

b. 기능 : K-Bond는 시장참여자들이 호가를 제시할 수 있는 메신저 기능(대화방 포함), 제시되는 호가와 체결정보의 공시 기능, 채권의 발행정보 탐색 기능, 회사채 발행 가격결정을 위한 수요예측 기능을 제공

- 메신저 기능 : 다수의 참여자들이 거래의 호가를 제시하는 대화방 기능, 당사자 간의 호가 형성을 위한 1 : N 및 1 : 1 메신저 기능, 주요 거래자의 호가 정보를 볼 수 있는 M보드 기능 등[1]
- 공시기능 : 장외 채권시장에서 실시간으로 제시되는 호가 및 체결정보 등 공시화면 제공
- 수요예측 기능 : 공모 무보증회사채 발행 시 K-Bond의 수요예측 기능을 활용하여 발행금리와 금액을 결정(수요예측 등록 → 수요예측 참여 → 배정 → 통지 단계별로 관련 화면기능 제공)

c. 특징 : K-Bond는 채권거래자가 속한 회사가 제출한 K-Bond 사용 신고서에 근거해 협회가 승인한 시장참여자만이 K-Bond에 참여하여 호가정보의 교환, 협상 등을 할 수 있음. 또한 교신상대방만의 정보를 파악할 수 있는 개별 사설 메신저와는 달리 K-Bond는 시스템상에서 거래하는 시장 전체 참여자들의 정보를 파악할 수 있음

---

1 다수의 시장참여자와 교환한 호가를 본인의 대화창 한 화면에서 확인할 수 있는 편리한 기능

(3) 거래절차

채권투자를 위한 계좌 개설 및 거래를 위한 기본 절차는 기본적으로 주식과 같은 여타 유가증권거래의 경우와 크게 다르지 않다. 일반투자자는 계좌를 개설한 증권회사를 통해 거래를 수행한다(HTS).

거래소의 일반채권시장을 이용하여 매매할 경우 당일 결제가 이루어진다. 또한 장외거래의 경우도 일반법인이나 개인투자자가 50억 미만의 소액거래를 할 경우에는 당일 결제를 할 수 있다.

chapter 03

채권시장의 분류와 특성

채권의 구분 및 채권시장의 변화

1 채권의 구분

자본시장법에서는 국채증권(이하 국채라 한다), 지방채증권(이하 지방채라 한다), 특수채증권(이하 특수채라 한다), 사채권(이하 회사채라 한다)과 기업어음증권 등을 채무증권으로 정하고 있다. 국채는 국가가 공공목적을 달성하기 위해 차입함으로써 생기는 금전적 채무증권을 말한다.

지방채는 지방자치단체가 재정수입의 부족을 보충하거나 특수목적을 달성하기 위해 자금을 차입함으로써 생기는 금전적 채무증권을 말한다.

특수채는 특별한 법률에 의하여 설립된 법인이 발행한 채권을 의미한다. 특수채는 한국은행이 발행하는 통화안정증권(통안채), 특별법에 의해 설립된 특수은행(한국산업은행, 한국수출입은행 등)이 발행한 금융특수채, 나머지 특별법에 의해 설립된 기관이 발행하는 비금융특수채가 있다. 비금융특수채에는 지방공기업법에 의해 설립된 지방공기업이 발행한 지방공사채가 포함된다.

회사채는 민간기업이 신규투자, 기업운영 또는 기 발행 회사채의 차환 등에 필요한 자금을 조달하기 위해 발행한 채권을 의미한다. 민간기업의 분류에 따라 일반회사채와 금융회사채로 구분되며, 금융회사채는 다시 은행채와 기타 금융회사채로 구분된다. 기타 금융회사채의 발행주체는 대부분 여신전문금융회사이며 이는 카드사와 캐피탈사로 나누어진다. 금융특수채와 금융회사채를 총체적으로 포괄하여 금융채라고 부르기도 한다.

2 채권시장의 변화

2023년 말 기준 우리나라 채권의 발행잔액은 2,716조 원이다. 1997년 말 외환위기 당시 채권잔액이 238조 원임을 감안하면 11.4배 성장하였다. 채권시장이 성장하면서 시장의 특징을 구분짓는 것은 외환위기와 글로벌 금융위기 등 두 번의 위기와 공기업의 부채 감축을 시작한 2013년이다.

1기 : 1998년 외환위기가 발생하기 전으로 채권시장의 태동기를 의미한다. 회사채와 금융채 발행량이 전체 발행잔액의 36%와 28%를 차지하는 등 국채와 공사채의 발행 비중이 높지 않은 시기였다.

2기 : 1998년 외환위기 이후 2008년 금융위기 발생 전까지의 기간으로 국가의 재정확보를 위해 국채와 통안증권의 발행이 증가되었던 시기다. 이 기간 잔액의 평균 증가율은 국채와 통안채 각각 26.2%와 22.1%로 빠른 증가세를 보였다.

3기 : 금융위기 이후 경기부양을 위한 공사채 발행이 증가하던 2008년부터 기업부채 감축계획이 시작된 2013년까지의 시기다. 이 시기에 정부는 공기업을 통한 경기부양을 시도하였고, 일반기업들은 경기회복을 예상하고 설비투자를 위한 자금조달을 늘렸다. 공사채와 회사채의 잔액 증가가 빨랐던 시기이며, 각각의 잔액의 평균 증가율은 18.4%와 6.6%였다. 이 시기는 경기회복이 더디면서 부동산 경기가 위축되어 금융사의 대출수요가 줄어 금융채 발행이 정체를 보였다.

4기 : 2013년 이후부터 최근까지의 시기이며, 공기업 부채감축계획으로 공사채 잔액 및 비중은 축소되며 코로나19로 인해 국채발행이 급증한 구간이다.

<table>
<tr><td>**3**</td><td>**섹터별 투자주체**</td></tr>
</table>

채권시장의 주요 투자자는 주로 기관투자자라고 할 수 있다. 최근 개인투자자의 비중은 늘고는 있으나 대규모 자금운용의 대상인 채권시장은 기관투자자 중심으로 편성되는 경향이 강하다. 기관투자자의 중심을 이루고 있는 것은 금융기관과 연기금 등이라고 할 수 있다. 최근에는 해외투자자의 비중도 높아지고 있다. 2022년 말 기준 외국인 투자잔고는 228.5조원을 기록하고 있다.

금융기관은 물론 연기금들도 궁극적인 채권투자 자금조달은 해당 기관들의 부채를 통해 이루어지고 있기 때문에, 이들 기관들의 채권투자는 부채의 성격, 특히 만기에 좌우되는 경향이 크다. 즉 자산부채관리(ALM) 차원의 투자가 이루진다고 할 수 있다.

이들 기관 중 비교적 부채의 만기가 장기인 투자기관들은 장기채 선호현상을 보이게 되고, 단기 부채구성이 높은 기관들은 단기채 선호현상을 보이게 된다. 전자는 주로 보험사나 연기금이 이에 해당되고, 후자는 자산운용사, 은행 등을 들 수 있다.

하지만 해당 기관의 부채 듀레이션이 단기적이라고 하더라도 수익률 확보를 목적으로 하는 경우라면 적극적인 운용을 위해서 장기채와 신용물들을 운용한다. 채권펀드들을 운용하는 자산운용사들이 이에 해당된다고 할 수 있다.

<table>
<tr><td>section 02</td><td>**국채**</td></tr>
</table>

<table>
<tr><td>**1**</td><td>**국채의 종류와 발행시장**</td></tr>
</table>

(1) 국채의 종류

현재 발행되고 있는 국채는 국고채권, 재정증권, 외국환평형기금채권, 국민주택채권이 있다. 국고채권은 공공자금관리기금을 근거로 발행되는 국채이며 공공목적에 필요

표 3-1	국채 종류별 발행목적 및 방법		
구 분	**발행 목적**	**발행 방법**	**만기**
국고채	재원 조달	경쟁입찰	2, 3, 5, 10, 20, 30, 50년
재정증권	일시 부족 자금 조달	경쟁입찰	1년 이내
외국환평형 기금채권	민간의 원활한 외화채권 발행여건 조성	경쟁입찰	발행시 결정
국민주택채권	국민주택사업 재원조달	첨가소화	5년

한 자금을 확보 공급하기 위해 발행된다. 재정증권은 「국고금관리법」에 근거해 국고금 출납상의 일시 자금 부족을 해소하기 위해 발행하는 국채다. 외국환평형기금채권은 외국환거래법에 근거하며 외환수급을 조절하여 외환거래의 원활화를 위해 발행되는 국채다. 국민주택채권은 국민주택건설의 재원 마련을 위해 발행되는 채권이다. 국채의 대부분을 차지하고 있는 것은 국고채이지만 국민주택채권도 첨가소화방식으로 발행되고 있다.

(2) 국고채 발행방법 및 절차

우리나라 국고채는 기획재정부장관이 발행하고 발행사무는 한국은행이 대행한다. 발행은 국고채권의 발행 및 국고채전문딜러 운영에 관한 규정에 따른 국고채전문딜러제도를 활용한다. 국고채전문딜러는 국고채에 대한 투자매매업을 허가 받은 기관(국채딜러) 중 자금력과 시장운영의 전문성을 갖춘 전문기관으로 국고채에 대한 시장조성기능을 담당한다. 기획재정부장관이 지정 운영하고 있으며 국고채 인수 등에 관하여 우선적인 권리를 부여 받는 대신 국고채 전문유통시장에서 시장조성자로 호가제시, 거래 등의 의무를 수행한다.

국채는 유동성 제고, 안정적이고 장기적인 지표금리의 형성 및 국채발행 비용 절감 등을 위해 만기가 2년 국채는 3개월, 만기가 3년, 5년, 10년 국채는 6개월 단위로, 만기가 20년, 30년 국채는 1년 단위로, 만기가 50년과 물가연동국채는 2년 단위로 만기일과 표면금리를 단일화하여 통합해, 종목당 발행규모를 대형화했다(국채통합발행제도). 통합발행이란 일정기간 내에 발행하는 채권의 만기와 표면금리 등 발행조건을 동일하게 하여 이 기간 동안 발행된 채권을 단일한 종목의 채권으로 취급하는 제도를 말한다. 예를 들어 2015년 6월 10일에 발행된 신규로 3년 만기 국고채는 2015년 6월 2일, 7월 7일, 8월 4일, 9월 1일, 10월 6일, 11월 3일에 동일한 조건으로 통합발행되어 발행시기는 다르지

표 3-2　국고채전문딜러 현황

구분	기관명
증권사(11개)	교보증권, 대신증권, DB금융투자, 미래에셋증권, 삼성증권, 신한투자증권, 한국투자증권, KB증권, NH투자증권, 메리츠증권, 키움증권
은행(7개)	KB국민은행, IBK기업은행, 농협은행, 산업은행, 하나은행, 스탠다드차타드은행, 크레디 아그리콜(서울지점)

만 유통시장에서는 동일 종목으로 거래되는 것이다. 2016년 처음 발행된 만기 50년 국채는 2020년 2월부터 격월로 정례 발행하였다.

이처럼 정례발행되는 국고채는 원금과 이자가 분리되어 각각의 무이표채권으로 유통시장에서 거래될 수 있는데 이를 국고채 원금이자 분리제도 또는 STRIPS(Separate Trading of Registered Interest and Principal of Securities, STRIPS)라고 한다. 이 제도는 2006년 3월에 도입되었다.

2　국채의 규모와 유통

국채는 2023년 말 기준 발행잔액이 10,786.7조 원으로 유동성이 가장 좋은 시장을 이루고 있다. 이러한 유동성과 더불어 다양한 만기의 풍부한 상장잔액은 각기 다른 목적의 투자자들의 수요를 충족시켜주고 있다. 은행 등의 기관투자자들이 안정적 캐리 수익을 이끌어낼 수 있는 한편, 최장 50년에 이르는 국채 만기는 듀레이션 측면에서 확장적인 자산 포트폴리오 구성을 가능케 한다. 따라서, 국채 시장은 보험사 및 연기금 등이 선호하는 장기자산의 주요 공급처이기도 하다.

특히, 국채 시장에서는 신용시장과 달리 외국인 투자자들의 영향력이 크게 작용한다. 외국인 투자자들의 국채 보유 잔액은 2023년 말 기준 약 220조 원으로 전체 국채 상장 잔액에서 약 20.4% 정도를 차지하고 있다. 각 만기의 국채 수익률은 국내 모든 금융상품의 지표로 사용되어 현물 시장뿐만 아니라, 국채선물 시장에서도 외국인 투자자들의 거래가 활발히 이루어지면서 시시각각 모든 채권 금리의 방향성에 지대한 영향을 미친다.

1　지방채의 종류와 발행시장

(1) 지방채의 종류

지방채는 발행방법에 따라 증권발행채와 증서차입채로, 채권을 인수하는 자금원에 따라 정부자금채, 지방공공자금채, 민간자금채 등으로 나뉜다. 구체적인 지방채로는 도시철도채권과 지역개발채권이 있다.

도시철도채권은 「도시철도법」에 따라 지하철건설자금을 조달하기 위하여 지방자치단체가 발행하는 채권이다. 현재, 서울 부산 대구 광주 대전에서 발행된 채권이 있다. 채권의 발행주체는 지하철공사가 아닌 지방자치단체가 된다.

지역개발채권은 「지방자치법」, 「지방공기업법」, 「지역개발기금설치조례」 등에 의거하여 지역개발기금의 재원조달용으로 발행되는 채권이다. 현재 18개 지방자치단체에서 만기 5년 일시상환의 조건으로 발행되고 있다.

(2) 발행 방법 및 절차

매년도 지방채를 발행하고자 하는 지방자치단체의 장 및 지방자치단체조합의 장은 발행예정 연도의 전년도에 '지방채발행 종합계획'을 수립하고 지방채발행계획(정기분)을 9월 말까지 행정자치부장관에게 제출한다. 또한 행정자치부장관은 지방채발행계획(정기분) 중 승인대상사업과 지방채인수사업에 대하여는 해당 중앙행정기관의 장과 협의하여 10월 31일까지 승인 및 결과를 통보한다.

2　지방채의 규모와 유통

지방채는 2023년 말 기준 발행잔액이 29조 원 수준으로 발행량이 적고 투자자 간의 거래가 활발하지 않다. 국내 지방재정 자립도가 50%를 하회하는 등 지방정부의 중앙정부에 대한 높은 의존도를 고려하면, 지역개발기금 조달 등의 특수한 목적을 제외하고는 지방채의 발행 유인은 크지 않다. 따라서, 전체 채권시장에서 지방채의 중요도는 제한적인 수준에 머물고 있다.

section 04 **특수채**

1   특수채의 종류와 발행시장

특수채는 특별한 법률에 의하여 설립된 법인이 발행한 채권을 의미한다. 특수채로는 한국은행이 발행하는 통화안정증권, 특별법에 의해 설립된 특수은행(한국산업은행, 한국수출입은행 등)이 발행한 금융특수채와 특수은행을 제외한 특별법에 의해 설립된 기관이 발행하는 비금융특수채로 구분된다.

(1) 통화안정증권

한국은행이 통화량을 조절하기 위해 금융기관과 일반인을 대상으로 발행하는 특수채다. 3개월마다 금융시장 여건과 시중 유동성 사정을 감안하여 금융통화위원회에서 발행한도를 결정하는 것을 원칙으로 한다. 한국은행은 경상수지 흑자(적자) 또는 외국인투자자금 유입(유출) 등으로 시중의 유동성이 증가(감소)할 경우 통화안정증권을 순발행(순상환)하여 유동성을 흡수(공급)한다. 공모 또는 상대매출방식으로 발행된다.

(2) 금융특수채

한국산업은행, 한국수출입은행, 중소기업은행, 수산업협동조합중앙회, 농협은행 등이 있다. 법률적 분류는 금융특수채지만, 실무적인 분류는 은행채로 분류해 발행량과 만기액을 분석하는 것이 일반적이다. 발행방법은 매출발행형식의 직접발행과 인수발행방식의 간접발행이 있다. 발행한도는 각각 설립법에 명시되어 있다.

(3) 비금융특수채

「공사 공단의 설립에 관한 법률」에 의해 발행되는 채권을 말하며, 일반적으로 공사채라는 용어로 불리기도 한다. LH공사, 한국도로공사, 수자원공사 및 철도시설관리공단 등이 대표적인 발행기관이다. 용지보상채권이나 한국토지주택공사가 발행하는 토지주택채권은 매출형식으로 발행되고, 일반적인 비금융특수채는 공사 공단에서 간접발행방식을 택한다. 발행한도는 설립근거법에 명시되어 있다.

(4) 지방공사채

지방공기업은 「지방공기업법」(제49조)에 의해, 지방자치의 발전과 주민의 복리증진에 기여하기 위한 목적으로 설립된다. 이 지방공기업이 발행한 채권이 지방공사채이며 특수채로 분류된다.

2   특수채 유통

공사채들은 정부보증채도 있지만 신용등급을 가지고 있는 것들도 있다. 이들 중 비금융특수채로 분류되는 공사채들은 대부분이 매우 높은 등급을 가지고 있거나 정부 출자 혹은 투자기관이기 때문에 국채에 근접하는 수익률이 형성된다. 거래는 활발하지 않다.

section 05   회사채

1   회사채의 종류와 발행시장

회사채는 민간기업이 경영을 위한 신규 또는 차환 등에 필요한 자금을 조달하기 위해 발생한 채권을 의미한다. 비금융회사가 발행하는 일반회사채와 금융회사가 발행하는 금융회사채가 있다. 금융회사채는 발행주체에 따라 은행채와 기타 금융회사채로 나뉜다. 기타 금융회사채는 주로 여전채이며 여전채는 카드채와 캐피탈채로 나뉜다.

2 회사채의 발행 방법

(1) 사모와 공모

50인 이상의 투자자가 채권 취득의 청약을 권유받은 경우를 공모발행이라고 하고, 50인 미만인 경우 사모발행이라 한다. 회사채를 공모발행하는 경우 대부분 금융투자회사를 통한 총액인수방식(간접발행)을 이용한다. 공모가액이 10억 원 이상인 경우 투자자 보호를 위해 금융위원회에 증권신고서를 제출해야 한다.

(2) 직접발행과 간접발행

직접발행은 발행기업이 금융투자회사를 통하지 않고 직접 발행사무를 처리해 스스로 발행위험을 부담하는 것이다. 간접발행은 위험부담을 금융투자회사로 이전하면서 모든 발행사무를 위임하는 것이다. 간접발행은 인수회사의 위험부담 정도에 따라 총액인수, 잔액인수 및 위탁모집으로 구분한다.

3 회사채 발행절차

회사채는 대부분 무보증 형태로 발행되며, 공모발행하는 경우 대부분 금융투자회사의 총액인수를 통해 액면발행되며 다음 과정을 거쳐 발행된다.

(1) 신용평가

2개 이상의 신용평가회사로부터 해당 무보증사채에 대해 신용등급을 평가 받아야 한다. 자산유동화법에 따른 유동화사채의 경우에는 1개 이상의 신용평가가 의무이다. 신용등급은 발행사의 발행이율(표면이자율) 결정에 영향을 미친다. 신용평가회사들은 회사채 발행 시점에서 발행내용이 확정된 경우 신용등급을 공시한다.

표 3-3	회사채 발행 절차		
절차		대상처	일정
주관회사 선정 및 발행조건 협의		주간사	D-40
이사회 결의		-	D-30
대표주관계약 체결 및 협회 신고		주간사, 금융투자협회	D-29
기업실사		-	D-25
신용평가회사의 신용등급 평가		신용평가회사	D-7
수요예측		주간사	D-5
사채모집위탁계약 및 원리금지급대행 계약		수탁회사, 은행	D-3
최종 총액인수(매출) 계약		인수단	D-1
증권신고서 제출		금융위원회(금융감독원)	D
사채청약안내 공고		신문	D
거래소 상장 신청 및 예탁결제원 등록 청구		한국거래소, 예탁결제원	D+2
증권신고서의 효력 발생		-	D+8
투자설명서의 작성 및 공시		-	D+8
사채청약 및 납입		납입 은행	D+9
채권상장		한국거래소	D+9
증권발행실적보고서의 제출		금융위원회(금융감독원)	D+12

(2) 수요예측

발행조건(주로 금리) 결정을 위해 주관회사가 기관투자자들을 대상으로 공모 희망금리 밴드를 제시하고, 기관투자자들의 매입 희망금리 및 희망물량을 토대로 투자수요를 파악하는 절차다. 2012년 4월 시행되었으며, 만기별 투자수요가 파악되면 실제 금리가 결정된다. 수요예측 수준에 따라 실제 발행될 채권의 인기 정도를 파악할 수 있고, 채권투자에 대한 투자자의 투자심리가 반영되기 때문에 채권시장의 현황을 파악하는 수단으로 활용된다.

4 회사채 잔액 현황

2023년 말 일반회사채의 발행잔액은 약 370.8조 원 수준으로 전체 채권 발행규모의 약 14%를 차지하고 있다. 회사채의 발행은 기업의 투자확대, 운전자금 확대, 차환발행, M&A등 대규모 자금이 소요될 때 발행이 증가된다. 경제규모와 조달시장의 채권이용 비중이 커질 경우에도 발행이 증가한다.

IMF 금융위기 이전 대부분을 차지하던 보증사채 시장에서는 보증기관을 투자의 기준으로 삼았으나 금융위기 이후 급속도로 무보증사채로 전환되면서 기업의 신용 수준에 따른 평가에 의한 투자가 보편화되었다. 2000년대 초반까지는 BBB등급의 무보증사채도 비교적 원활하게 발행되었으나, 서브프라임 금융위기 이후로는 A등급 회사채조차도 원활한 발행이 이루어지고 있지 않다.

이에 따라 2023년 말 기준 일반회사채 발행잔액 중 AA등급 이상의 채권은 전체 발행 일반회사채의 62% 수준을 보이고 있다. 투기등급 회사채의 발행비중은 매우 미미하여 중소기업들의 회사채 발행을 통한 자금조달이 원활하지 않음을 보여주고 있다.

chapter 04

채권투자분석

section 01 채권의 수익과 위험

1 채권의 투자수익

채권 역시 유가증권의 일종이므로, 채권의 투자수익은 채권의 매입(인수)금액과 채권의 매도(상환)금액과의 차이에 의해 좌우된다. 이러한 차이를 발생시키는 원인은 투자기간과 만기수익률의 변화라고 할 수 있다. 다만, 채권 중에서 일정기간마다 이자를 지급받는 채권에 투자했을 경우는 발생이자금액 및 이 이자를 재투자하여 추가로 발생하는 이자부분도 투자수익의 결정요소로 간주한다.

(1) 채무불이행 위험과 신용변동위험

채권 발행자가 약속된 이자와 원금을 상환하지 않는 채무불이행 위험 혹은 신용위험이 클수록 채권 발행 시에 위험프리미엄이 반영되어 발행수익률이 높아진다. 또한 발행 이후에 신용등급의 변화 등으로 발생하는 채무불이행 위험의 변화도 유통시장의 만기 수익률에 반영되어 수익률 변화의 주요 원인이 된다.

(2) 가격 변동 위험

채권의 시장 가격은 만기 시까지 약속된 이자와 원금의 흐름을 채권시장의 수요와 공급에 의해 결정되는 만기수익률로 할인한 것이라고 할 수 있다. 따라서 채권투자 후 만기수익률이 상승하면 채권 가격은 하락하고, 만기수익률이 하락하면 채권 가격이 상승하게 된다.

이는 채권투자 후 시장 만기수익률이 투자 시의 예측과 다르게 나타날 경우 가격 변동의 위험이 발생하고 예측에 대한 오차가 커질수록 이 위험은 더욱 증가함을 의미한다.

(3) 재투자위험

채권은 비교적 만기가 긴 금융청구권이며, 이자지급방식도 다양하다. 원리금 일시상환채권과는 달리 만기까지 여러 번에 걸쳐 단위기간별로 이자지급이 이루어지는 채권은 중도에 지급받는 이자를 어떠한 수익률로 재투자하느냐에 따라 채권투자에 의한 최종 투자수익률에 차이가 발생한다. 수익률 변동 위험이라 함은 가격 변동 위험과 재투자 위험을 포함하는 개념이다.

(4) 유동성 위험

유통시장의 시장참여자 수가 많지 않아 거래량이 크지 않고 거래 가격이 불연속적으로 형성되는 유가증권의 경우 투자유가증권을 현금화하는 데 어려움을 겪게 될 뿐만 아니라 거래 시 가격상의 불이익을 겪을 가능성이 커진다. 또한 시장 만기수익률의 기준이 되는 거래의 기본단위가 매우 큰 채권시장에서는 소액투자는 상대적으로 유동성 위험에 노출되는 경향이 있다.

(5) 인플레이션 위험

만기까지의 수익률이 확정된 채권의 경우 인플레이션은 채권으로부터 얻어지는 이자수입의 실질가치, 즉 구매력을 감소시킨다. 이와 같은 위험은 채권의 만기가 길수록 커지는 경향이 있으며, 이 위험을 피하기 위해서는 확정금리 지급채권보다는 금리연동부 이자지급채권에 대한 투자가 유리하다. 우리나라에서도 다양한 변동금리부채권(FRN)들이 발행되어 왔으며 2007년 3월부터 물가연동국고채권도 발행되고 있다. 한편 변동금리국고채의 경우 발행 근거규정은 마련되었으나, 아직까지 발행된 사례는 없다.

(6) 환율 변동 위험

투자한 채권의 가치가 외화로 표시된 경우 해당 외화의 가치가 변동하면 채권의 실질가치도 변동하게 된다. 예컨대 달러표시 채권에 투자한 후 달러의 가치가 상승하면 달러 가격에 의한 채권 가격에는 변화가 없더라도 원화에 의한 채권 가치는 증가하게 되고, 반대로 달러 가치의 하락은 원화에 의한 채권 가치를 감소시키게 된다.

(7) 수의상환 위험

일부 채권의 경우는 만기 전이라도 채권의 발행자가 원금을 상환할 수 있는 권리인 수의상환권(call option)이 부여되기도 한다. 이러한 수의상환권은 채권 발행 시 지급하기로 한 이자율보다 시장금리가 낮아질 경우 행사된다. 이 경우 투자자는 상환된 원금을 과거보다 낮은 금리로 운용해야 하며, 이는 투자수익에 대한 불확실성이 증대됨을 의미한다. 따라서 발행 시 결정되는 표면이율은 일반적으로 수의상환권이 없는 같은 조건의 일반채권보다 수의상환채권의 경우가 더 높게 형성된다. 이 금리차이는 수의상환권을 보유하게 된 채권 발행자가 채권투자자에게 지불하는 일종의 프리미엄(option premium)이라고 할 수 있다.

3 채권시장의 수익률 변동요인

(1) 채권시장 내적요인

① 신규 발행 채권 공급량(국공채, 사채, 해외기채)

② 신규 발행 채권의 소화환경(금융기관 및 개인투자자의 자금사정)

③ 발행조건과 유통수익률과의 괴리

④ 금융기관의 수신고 및 자금포지션 현황

⑤ 연기금, 공제회, 사업법인의 채권운용

⑥ 외환동향과 외국인의 채권운용

⑦ 콜, 어음 및 장단기 채권수익률

⑧ 신금융상품과 대상채권

⑨ 국채선물, 옵션 및 스왑과 같은 금리파생상품시장 동향

⑩ 기관투자자의 회계 및 결산방법

⑪ 국채 차환 문제

(2) 채권시장 외적요인

① 국내요인

ㄱ. 총수요동향(소비지출, 설비투자, 수출 등)

ㄴ. 기업의 생산활동(생산, 출하, 재고동향 등)

ㄷ. 물가

ㄹ. 국제수지와 환율

ㅁ. 금융정책(재할인율, 지급준비율, 공개시장조작 등)

ㅂ. 재정정책(중앙정부 및 지방자치단체 등)

ㅅ. 정기예금 및 대출금리

ㅇ. 제2금융권 금리 동향

ㅈ. 자금수급(통화공급, 금융기관 예대동향 등)

ㅊ. 기업금융환경(기업의 단기유동성, 설비투자자금 수요 등)

② 해외요인

ㄱ. 해외경제동향(미국·일본·유럽 등)

ㄴ. 해외 주요 원자재 가격 동향

ㄷ. 주요국의 금융정책, 재정정책

ㄹ. 주요국 금리동향

ㅁ. 국제투기자금 및 연기금 등의 자금운용방향

ㅂ. 주요 연구기관들의 경제동향예측 등

section 02 채권 가격 결정과정

일반 채권은 발행조건에 의해 결정된 확정된 현금흐름을 발생시키는 유가증권이다. 만기 이전에 채권을 거래하게 되면 이와 같은 현금흐름 수취권에 대한 가치 평가의 필요성이 생긴다. 현재 우리나라의 채권 실무에서는 채권의 가치를 채권 가격보다는 만기수익률(YTM : Yield to Maturity)에 의해 호가할 뿐만 아니라 실제 거래를 한다. 따라서 채권 유통을 이해하기 위해서는 시장 만기수익률과 채권 가격의 관계를 명확히 이해할 필요가 있다.

1 채권 가격과 만기수익률

채권의 매입(매도)은 현재 일정한 원금을 조달해 주는(조달하는) 대가로 미래에 약속된 이자와 원금을 받는(주는) 대신 이를 대신할 금융청구권을 양도받는(하는) 것이라고 할 수 있다.

즉 채권매매는 금융거래적 성격을 동반하고 있으며, 금융거래란 융통된 자금에 대한 이자지급과 원금상환의 과정을 포함하게 된다. 이 경우 채권거래는 만기에 상환될 원리금(현금흐름 S)이 먼저 결정된 상태에서 이자율(r) 및 기간(n)이 정해진 다음 차입할 원금(P)이 산출되는 과정을 밟게 된다.

$$P = \frac{S}{(1 + r)^n}$$

여기서 P는 n년 후에 원리금으로 현금 S를 지급하는 대신에, n년 후에 S를 지급받을 수 있는 권리를 표시한 채권을 양도하고 현재 조달하는 원금이다.

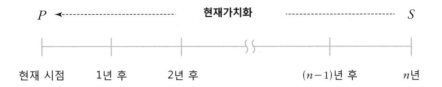

그런데 이와 같은 과정을 통해 도출된 P는 결국 n년 후의 만기상환금액 S를 일정한 할인율로 할인한 현재가치이자 이 채권의 가격(단가)이라고 할 수 있다. 이때 채권의 현금흐름을 현재가치화하는 할인율을 만기수익률이라고 한다.

이표이자 등에 의해 만기상환 전에도 현금흐름이 발생하는 경우까지 고려된 만기수익률의 개념은 '채권의 각 만기별 이자들 및 원금으로 이루어진 현금흐름의 현재가치의 합을 채권의 가격과 일치시키는 할인율'로 파악되기도 한다. 이때 할인의 대상이 되는 현금흐름은 채권 발행 시 이미 확정된 원리금의 지급방법과 만기까지의 잔존기간에 의하여 주어지게 된다.

따라서 궁극적으로 채권 가격은 일정한 할인율, 즉 만기수익률에 의해 결정된다고 할 수 있다. 이 경우 만기수익률은 이자율의 한 종류이기 때문에 거시적으로는 경제 전체의 이자율 결정과정에 의하여 영향을 받으나, 보다 직접적으로는 채권시장의 수요와 공급에 영향을 미치는 여러 가지 요인들에 의해 결정된다.

2 채권 가격의 계산

채권 가격의 산출이란 채권의 발행조건에 의해 만기까지 발생되는 현금흐름을 만기수익률로 할인하여 현재가치화시키는 과정으로 요약할 수 있다. 그런데 채권의 발행조건에서 살펴보았듯이 현재 우리나라에서 발행되는 채권들은 채권 발행 후 현금흐름이 만기에 한 번 발생하는 채권과 여러 번에 걸쳐 발생하는 채권으로 나뉜다.

연단위 복리채, 3개월 단위 복리채, 단리채, 할인채는 이자지급방식의 차이에도 불구하고 일단 채권이 발행되면 추후 발생되는 현금흐름이 오로지 만기에 한 번뿐인 만기일시상환채권이다. 이에 비해 이표채 및 거치채는 만기까지 여러 번 원리금의 현금흐름이 발생하는 복수 현금흐름 채권이다. 현재 우리나라에서 거래되고 있는 채권들은 위의 두 가지 분류에 의해 채권 가격 산정방법에 있어 차이를 보이고 있다.

또한 채권의 가격은 결제일을 기준으로 산정된다. 최근에 기관 투자자들 간에 일반적으로 이루어지는 익일 결제를 기준으로 할 경우, 매매에 대한 결정이 당일 이루어지더라도 매매 단가의 산정은 실제로 결제가 이루어지는 다음날을 기준으로 산출된다. 물론 당일 결제 매매의 경우는 당일을 기준으로 단가가 산정된다.

(1) 만기 일시상환채권(복리채, 단리채, 할인채)

복리채, 단리채, 할인채는 만기까지 남은 잔존기간에 따라 연단위 기간은 연단위 복리로, 나머지 연단위 미만 기간은 단리로 할인하여 채권 가격을 계산한다.

$$P = \frac{S}{(1+r)^n \left(1+r \times \dfrac{d}{365}\right)}$$

즉, 현재 시점에서 만기까지의 기간이 n년 d일 남은 만기상환금액 S인 채권을 만기수익률 r로 할인한 채권 가격(P)을 나타낸 것이다. 그리고 d는 연간 실제일수를 나타낸다. 따라서 평년의 경우는 365일이지만 윤년의 경우는 366일이 된다. 실무에서는 채권 액면 10,000원당 산출된 값을 원미만 절사하여 단가로 사용한다.

이와 같은 방식은 채권시장에서 관행적으로 사용되고 있는 계산방법으로 차입원금 (P)에 대한 원리금(S)의 지급을 주어진 이자율(r)로 하되, 총 차입기간 중 연으로 정제되는 기간(n)은 복리로, 그 나머지 잔여일수(d)는 단리로 이자지급을 약속한 금융과정과 동일한 의미를 지니고 있다. 만약 d=365, 즉 평년을 가정한다면

$$S = P \times (1+r)^n \left(1+r \times \frac{d}{365}\right)$$

이와는 달리 이론적 방식으로 불리는 채권 계산방법은 연단위 이하의 기간도 복리로 계산함으로써 할인방식의 일관성을 꾀하고 있다.

$$P = \frac{S}{(1+r)^n (1+r)^{\frac{d}{365}}} = \frac{S}{(1+r)^{n+\frac{d}{365}}}$$

이 방식은 할인방식에 대한 논리적 일관성에도 불구하고 그 계산과정의 복잡성으로 일반 유통시장의 채권거래에서는 사용되지 않고 있다.

① 제1종 국민주택채권 2017 – 10을 2017년 10월 31일에 만기수익률 2.492%에 매입하여 2019년 7월 29일에 만기수익률 2.010%에 매도할 경우 매입 가격 및 매도 가격을 산출하시오.

- 발행일 : 2017년 10월 31일 ・ 만기일 : 2022년 10월 31일
- 표면이율 : 1.75% ・ 원리금지급방법 : 연단위 복리, 만기 일시상환

ㄱ. 만기상환금액 : $10,906(원) = 10,000 \times (1 + 0.0175)^5$

ㄴ. 매입 가격 : 잔존기간이 5년 0일이므로

$$P = \frac{10,906}{(1 + 0.02492)^5} = 9,643 \,(원 미만 절사)$$

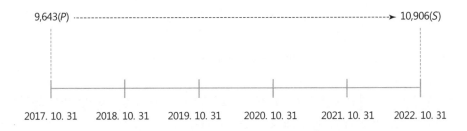

ㄷ. 매도 가격 : 만기일까지의 잔존기간이 3년 94일이므로

$$P = \frac{10,906}{(1 + 0.02010)^3 \left(1 + 0.02010 \times \dfrac{94}{365}\right)} = 10,221 \,(원 미만 절사)$$

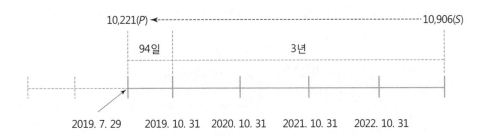

② 단리채 : 다음 조건의 채권을 2019년 10월 21일에 시장 만기수익률 1.500%에 매매 시 매매 단가는?

• 발행일 : 2019년 9월 30일	• 만기일 : 2020년 9월 30일
• 표면이율 : 2.0%	• 원리금지급방법 : 단리식, 만기 일시상환

ㄱ. 만기상환금액 : 10,200(원) = 10,000 × (1 + 0.02 × 1)

ㄴ. 매입 가격 : 잔존기간이 345일, 연간 일수는 366일(2019년 9월 30일~2020년 9월 31일)이므로

$$P = \frac{10,200}{\left(1 + 0.0150 \times \dfrac{345}{366}\right)} = 10,057 \text{(원 미만 절사)}$$

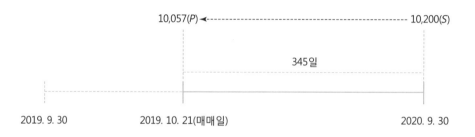

❸ 할인채 : 통화안정증권 DC019−1231−1820(182일물)을 2019년 8월 20일에 시장 만기수익률 1.310%에 매매 시 매매 가격은?

• 발행일 : 2019년 7월 2일	• 만기일 : 2019년 12월 31일
• 표면이율 : 1.528%	• 원리금지급방법 : 이자선지급, 원금 만기상환

ㄱ. 만기상환금액 : 10,000(원)

ㄴ. 매입 가격 : 발행일 이후 49일 경과하여 잔존기간이 133일이고, 연간 일수가 365일이므로

$$P = \frac{10,000}{\left(1 + 0.01310 \times \dfrac{133}{365}\right)} = 9,952 \text{(원 미만 절사)}$$

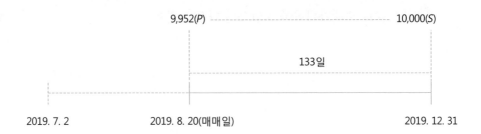

(2) 복수 현금흐름 채권(이표채, 거치채 등)

원리금 지급에 의해 만기까지 여러 번 현금흐름이 발생하는 이표채와 거치채같은 복수 현금흐름 채권의 가격계산은 기본적으로 만기 일시상환채권의 계산방법을 현금흐름의 횟수만큼 반복적으로 시행하여 합산하는 방법을 사용한다. 다만, 이자지급 단위기간이 1년 이하인 경우는 각 현금흐름별로 이자지급 단위기간으로 정제되는 잔존기간에 대해서는 이자지급 단위기간의 복리로 현재가치화하고, 이자지급 단위기간 이하의 나머지 잔존기간에 대해서는 이자지급 단위기간에 대한 단리로 할인한다.

❶ 연단위 이자지급 이표채

> • 표면이율 : 10%   • 만기기간 : 3년 만기
> • 이자지급 단위기간 : 매 1년 후급

위와 같은 조건의 이표채가 잔존기간 2년 100일 남았을 때 시장 만기수익률 11.5%로 거래하는 매매 가격을 산출해 보자.

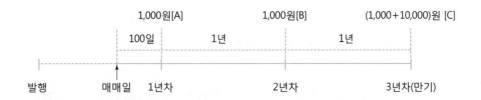

매매일을 기준으로 볼 때 첫 번째 현금흐름 1,000원[A]은 100일 후에, 현금흐름 1,000원[B]은 1년 100일 후, 현금흐름 11,000원[C]은 2년 100일 후에 발생

이자지급 단위기간이 1년이므로 이들 현금흐름을 연단위 잔존기간에 대하여서는 복리방식으로, 연단위 이하의 잔존기간에 대하여서는 단리방식으로, 각각을

만기수익률로 현재가치화하여 합하면 다음과 같음

$$P_A = \frac{1,000}{\left(1 + 0.115 \times \frac{100}{365}\right)} \qquad = 969.455원$$

$$P_B = \frac{1,000}{(1 + 0.115)^1 \left(1 + 0.115 \times \frac{100}{365}\right)} \qquad = 869.467원$$

$$P_C = \frac{11,000}{(1 + 0.115)^2 \left(1 + 0.115 \times \frac{100}{365}\right)} \qquad = 8,577.699원$$

$$P(채권가격) = P_A + P_B + P_C \qquad\qquad = 10,416.6원$$

결국 이 채권의 가격(P)은 각기의 현금흐름을 현재가치화하여 이들을 모두 합한 값인 10,416.6원($=P_A+P_B+P_C$)이라고 할 수 있음

2 6개월 단위 이자지급 이표채

▶ 국고채권 01875 − 2906(19−4) KR103502G966

다음 채권을 2019년 8월 20일 시장 만기수익률 1.250%로 거래하는 세전 매매가격을 산출해 보자.

• 발행일 : 2019. 6. 10   • 만기일 : 2029. 6. 10
• 표면이율 : 1.875%   • 이자지급 단위기간 : 매 6개월 후급
• 매기 이자지급금액 : 93.75원

만기일까지 총 20번의 현금흐름이 발생하고, 매매일에서 첫 번째 이자락(2019년 12월 10일)까지의 잔여일수가 112일, 매매일이 포함되는 이자지급 단위기간의 총 일수가 183일이므로, 이 채권의 세전 단가는

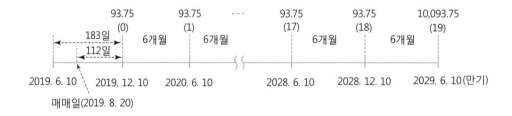

매매일을 기준으로 볼 때 첫 번째 현금흐름 93.75원이 112일 이후 발생하고 이후 만기까지 6개월마다 93.75원의 이자와 만기 시 원금 10,000원이 발생. 이자지급 단위기간이 6개월(연 2회 지급)이므로, 각기의 현금흐름을 6개월 단위기간으로 남은 잔존기간에 대하여서는 복리방식으로, 6개월 이하인 112일에 대하여서는 단리방식으로 $\dfrac{\text{만기수익률}}{\text{이자지급 횟수}}$의 할인율로 현재가치화하여 이들을 모두 합하면

$$P = \frac{93.75 + \dfrac{93.75}{\left(1 + \dfrac{0.01250}{2}\right)^{1}} + \dfrac{93.75}{\left(1 + \dfrac{0.01250}{2}\right)^{2}} + \cdots + \dfrac{93.75}{\left(1 + \dfrac{0.01250}{2}\right)^{18}} + \dfrac{10,093.75}{\left(1 + \dfrac{0.01250}{2}\right)^{19}}}{\left(1 + \dfrac{0.01250}{2} \times \dfrac{112}{183}\right)}$$

$$= 10,611 \text{(원 미만 절사)}$$

③ 3개월 단위 이자지급 이표채

- 표면이율 : 9% • 만기기간 : 3년 만기
- 이자지급 단위기간 : 매 3개월 후급
- 매기 이자지급금액 : 225원$\left(= 10,000 \times \dfrac{0.09}{4}\right)$

위와 같은 조건의 이표채가 잔존기간 2년 9개월 60일 남았을 때 시장 만기수익률 10.0%로 거래하는 매매 가격을 산출해 보자.

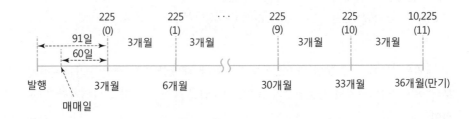

매매일을 기준으로 볼 때 첫 번째 현금흐름 225원이 60일 이후 발생하고 이후 만기까지 3개월마다 225원의 이자와 만기 시 원금 10,000원이 발생. 이자지급 단위기간이 3개월(연 4회 지급)이므로, 각기의 현금흐름을 3개월 단위기간으로 남은 잔존기간에 대하여서는 복리방식으로, 3개월 이하인 60일에 대하여서는 단리방

식으로 만기수익률/이자지급횟수$\left(=\dfrac{0.1}{4}\right)$의 할인율로 현재가치화하여 이들을 모두 합하면

$$P = \frac{225}{\left(1+\dfrac{0.1}{4}\right)^0\left(1+\dfrac{0.1}{4}\times\dfrac{60}{91}\right)} + \frac{225}{\left(1+\dfrac{0.1}{4}\right)^1\left(1+\dfrac{0.1}{4}\times\dfrac{60}{91}\right)} +$$

$$\cdots + \frac{225}{\left(1+\dfrac{0.1}{4}\right)^{10}\left(1+\dfrac{0.1}{4}\times\dfrac{60}{91}\right)} + \frac{10,225}{\left(1+\dfrac{0.1}{4}\right)^{11}\left(1+\dfrac{0.1}{4}\times\dfrac{60}{91}\right)}$$

이 됨. 그러므로

$$P = \frac{225 + \dfrac{225}{\left(1+\dfrac{0.1}{4}\right)^1} + \dfrac{225}{\left(1+\dfrac{0.1}{4}\right)^2} + \cdots + \dfrac{225}{\left(1+\dfrac{0.1}{4}\right)^{10}} + \dfrac{10,225}{\left(1+\dfrac{0.1}{4}\right)^{11}}}{\left(1+\dfrac{0.1}{4}\times\dfrac{60}{91}\right)}$$

$$=9,825\text{(원)} \; [\text{원 미만 절사}]$$

 예시

▶ SK텔레콤76-1(KR6017671977)

- 발행일 : 2019년 7월 29일
- 만기일 : 2022년 7월 29일
- 표면이율 : 1.404%
- 이자지급 단위기간 : 매 3개월 후급
- 신용등급 : AAA
- 매기 이자지급금액 : $3.51\left(=-10,000\times\dfrac{0.01404}{4}\right)$

위 채권을 2019년 8월 20일 만기수익률 1.374%로 매매할 경우 세전 단가를 구하면 매매일로부터 이자지급일까지의 잔존일수가 70일, 매매일이 속한 이자지급 단위기간의 총 일수가 92일이므로

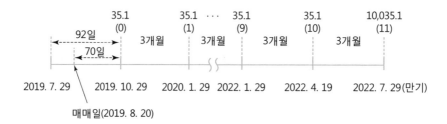

$$P = \frac{35.1 + \dfrac{35.1}{\left(1 + \dfrac{0.01374}{4}\right)^1} + \dfrac{35.1}{\left(1 + \dfrac{0.01374}{4}\right)^2} + \cdots + \dfrac{35.1}{\left(1 + \dfrac{0.01374}{4}\right)^{10}} + \dfrac{35.1}{\left(1 + \dfrac{0.01374}{4}\right)^{11}}}{\left(1 + \dfrac{0.01374}{4} \times \dfrac{70}{92}\right)}$$

$= 10,017$(원 미만 절사)

이 된다.

3 채권 가격과 수익률의 관계(말킬의 채권 가격 정리)

채권 가격은 채권의 현금흐름, 잔존만기, 수익률 등에 의해 영향 받는다. 현금흐름을 결정짓는 요인은 표면이자율, 액면가액, 이자지급방법이 있다. 채권 가격에 영향을 미치는 변수를 차례대로 살펴본다.

(1) 채권 가격과 채권수익률은 역의 관계이다

채권수익률(금리가)이 상승하면 채권 가격은 하락하고 채권수익률이 하락하면 채권가격은 상승한다. 이는 채권의 가격이 미래 현금흐름에 대한 할인가치를 반영하기 때문이다.

(2) 채권만기가 길수록 채권수익률 변동에 대한 채권 가격 변동폭이 커진다

채권수익률이 낮아지면 만기가 긴 채권의 가격이 만기가 짧은 채권보다 더 상승하고, 채권수익률이 높아지면 만기가 긴 채권의 가격이 만기가 짧은 채권보다 더 하락한다. 만기가 길수록 수익률 변동폭에 대한 가격 변동폭이 확대되므로, 만기가 길수록 위험에

표 4-1 **수익률별 채권 가격**

수익률(%)	채권 가격(원)
7	11,256
8	10,817
9	10,399
10	10,000
11	9,619
12	9,256
13	8,909

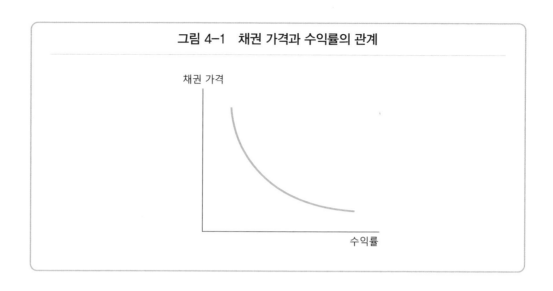

그림 4-1　채권 가격과 수익률의 관계

채권 가격

수익률

대한 보상치로 더 높은 이자율이 요구되는 것이다.

(3) 채권수익률 변동으로 인한 채권 가격 변동은 만기가 길수록 커지나, 그 증감률은 체감한다

아래 사례에서 보듯이 채권만기가 길수록 가격 변동율이 커지지만, 만기 증가폭(2배, 3배)에 비해 가격 변동율의 증가폭이 떨어진다. 금리가 8%에서 6%로 하락할 경우 채권 가격은 높아지지만 3년물과 6년물의 변동폭 차이는 4.48%pt(9.83%−5.35%)이지만 6년물과 9년물의 차이는 3.77%pt(13.6%−9.83%)로 만기가 길어질수록 변동 폭은 축소된다. 따라서 증감률이 만기에 정확히 비례하는 것이 아니라 체감적으로 반응함을 알 수 있다.

표 4-2　수익률 변동에 따른 채권 가격 변동

	수익률	3년물 가격	6년물 가격	9년물 가격
변동 전 수익률	8%	10,000원	10,000원	10,000원
변동 후 수익률	6%	10,535원	10,983원	11,360원
가격 변동률		5.35%	9.83%	13.60%

참고 : 액면이자 8%, 이자지급주기 12개월 이표채 가정

(4) 만기가 일정할 때 채권수익률 하락으로 인한 가격 상승폭은 같은 폭의 채권수익률 상승으로 인한 가격 하락폭보다 크다

채권 가격은 채권수익률에 대해 우하향의 함수관계를 갖고 있어 수익률 상승 시 채권 가격은 하락한다. 그러나 하락 정도는 수익률 변동폭에 비례적으로 발생하는 것이 아니라 체감적이다. 이를 채권의 볼록성(Convexity)이라고 하며 이로 인해 동일한 수익률 변동폭에 대해 채권 가격 상승폭은 하락폭보다 크게 된다. 앞선 사례에서 3년물 기준으로 수익률이 8%에서 2% 하락한 6%가 되는 경우에는 가격 상승폭이 5.35%이나, 2% 상승한 10%가 되는 경우를 계산해 보면 9,503원으로 가격 하락폭은 4.97%가 된다. 금리 변동 위험이 상하방으로 동일한 수준이라면 채권 가격의 예상 상승폭이 예상 하락폭을 상회하므로 일반적인 경제상황에서 채권투자유인이 존재한다.

(5) 표면이자율이 낮은 채권이 높은 채권보다 일정한 수익률 변동에 따른 가격변동률이 크다

이자를 포함한 현금흐름 분포 중 장기에 비중이 클수록, 이표이자가 낮을수록 할인의 승수효과 때문에 가격 변동 폭이 커진다. 이는 여타 조건이 동일한 경우 표면이자율이 낮은 채권이 보다 높은 매매 차익을 얻기에 유리함을 의미한다. 〈표 4-3〉은 표면이율이 각각 8%, 10%, 그리고 12%인 3개월 후급 이표채권들이 잔존기간이 5년인 상태에서 수익률이 12%에서 8%로 동일하게 하락한 경우를 나타낸 것이다. 수익률의 변동이 동일하더라도 표면이율이 높은 채권(12%)의 가격 변동률이 가장 작음을 알 수 있다. 수익률의 변동이 동일하더라도 표면이율이 높은 채권(12%)의 가격 변동률(16.35%)이 표면이율이 10%, 8%인 경우의 가격 변동률(16.86%, 17.48%)보다 작게 나타남을 볼 수 있다.

표 4-3 표면이율별 수익률 변동에 대한 채권 가격 변동

표면이율(%)	수익률(%)	가격(원)	가격 변동폭(원)	가격 변동률(%)
8	12	8,512	1,488	17.48
	8	10,000		
10	12	9,256	1,561	16.86
	8	10,817		
12	12	10,000	1,635	16.35
	8	11,635		

chapter 05

채권투자전략

적극적 투자전략

1 수익률 예측전략

수익률 하락 예측 시 채권의 매입, 수익률 상승 예측 시 보유채권을 매각하는 방법으로 기대수익률도 높지만 수반되는 위험도 큰 운용전략이다. 이 전략은 듀레이션이 큰 채권을 이용한다. 예컨대 향후 수익률 곡선의 전반적인 하향이동이 예상된다면 만기기간이 길고 표면이율이 낮은 채권을 매입하고, 반대로 수익률 곡선의 상향이동이 예상된다면 보유하고 있던 만기기간이 긴 저표면이율 채권을 매각하고 유동자산의 보유를 늘린다.

(1) 시장 불균형을 이용한 동종 채권 간 교체전략

발행조건, 시장성, 질적 등급 등 거의 모든 조건이 상호 대체될 수 있는 동질적인 채권들이면서도 그 중 한 채권이 일시적인 발행물량 증대와 같은 단기적인 시장의 불균형으로 다른 채권들과 가격이 서로 다르게 형성되었을 때 가격이 낮게 형성된 채권으로 교체하는 전략으로 일종의 재정거래라고 할 수 있다.

(2) 스프레드를 이용한 이종 채권 간 교체전략

채권들의 질적 등급 등에 따른 만기수익률 간의 스프레드가 일시적으로 확대되거나 축소될 경우 이 시점을 이용하여 교체매매를 하는 전략이다. 만약 수익률 스프레드가 확대되면 상대적으로 만기수익률이 낮아진(채권 가격이 높아진) 채권을 매도하고, 상대적으로 만기수익률이 높아진(채권 가격이 낮아진) 채권을 매입하였다가 스프레드가 다시 줄어들면 매도한 채권은 매입하고 매입했던 채권은 매도한다. 반대로 수익률 스프레드가 축소되면 앞의 경우와 반대의 포지션을 취하는 교체매매를 함으로써 투자수익을 극대화할 수 있다.

3   수익률 곡선의 형태를 이용한 전략

수익률의 전반적인 상승이나 하락과 같은 비교적 단순한 예측에 기초를 두는 수익률 예측전략에 비해, 이 전략들은 수익률 곡선 자체의 이동이나 형태의 변화에 대한 예측을 기초로 채권의 포트폴리오를 교체하여 투자수익을 확보하려는 전략들이다.

(1) 수익률 곡선 타기 전략

만기(잔존기간)가 커질수록 우상향하되 증가율은 체감하는 수익률 곡선의 형태가 투자기간 동안 변동없이 유지된다고 예상될 때 사용하는 전략이다.

이 경우 투자기간과 만기가 일치하는 장기채를 매입하여 만기상환받는 것보다 매입한 채권을 일정기간 후에 매도한 후 다시 장기채를 재매입하는 투자를 반복하면 투자수

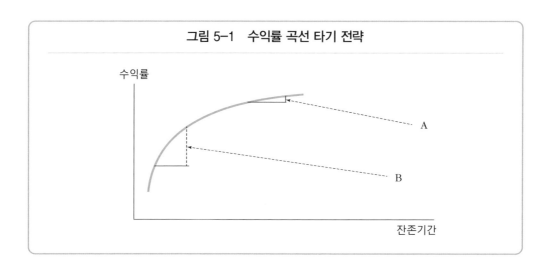

그림 5-1 수익률 곡선 타기 전략

익률을 증대시킬 수 있다.

예컨대 10년 투자 시, 10년 만기 채권에 투자하여 만기상환받을 경우는 매입 시의 만기수익률만이 실현되나, 이 채권을 1년 경과 후 매도하여 다시 10년 만기채권에 재투자하여 다시 1년 보유 후 매도하는 방법을 반복하면 채권의 보유에 의한 이자소득 외에 10년 만기채가 1년 경과 후 나타나는 만기수익률 하락에 의한 가격 차이도 반복적으로 획득할 수 있다. 이러한 투자효과를 롤링효과(rolling effect)라고 한다.

(2) 나비형 투자전략

현재 평평한 형태를 띠고 있는 수익률 곡선이 향후 중기물의 수익률은 상승하고 단기물과 장기물의 수익률은 상대적으로 하락함으로써 수익률 곡선의 형태가 나비형 모양을 나타낼 것으로 예측할 때 취하는 전략이다.

포트폴리오에서 장·단기물의 비중을 늘리고 중기물을 매도함으로써 중기물의 비중을 축소시키는 방식을 취한다. 이처럼 단기물과 장기물의 비중이 매우 높고 중기물의 비중이 매우 낮은 포트폴리오를 바벨형 포트폴리오(barbell portfolio)라고 한다.

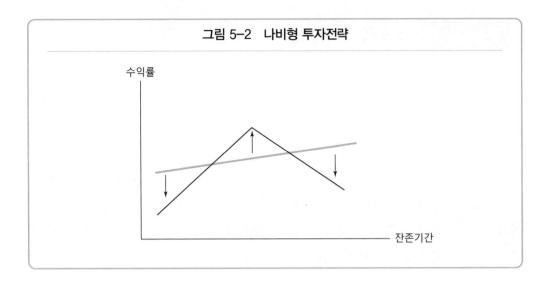

그림 5-2 나비형 투자전략

수익률

잔존기간

(3) 역나비형 투자전략

현재 평평한 형태를 띠고 있는 수익률 곡선이 향후 중기물의 수익률은 하락하고 단기물과 장기물의 수익률은 상대적으로 상승함으로써 수익률 곡선의 형태가 역나비형 형태를 띨 것으로 예측할 때 취하는 전략이다.

포트폴리오에서 장·단기물의 비중을 줄이고 중기물을 매입함으로써 중기물의 비중을 확대시키는 방식을 취한다.

다른 잔존기간을 지닌 채권의 보유 없이 중기물과 같이 일정 잔존기간을 지닌 채권들로만 포트폴리오를 구성한 경우를 불릿형 포트폴리오(bullet portfolio)라고 한다.

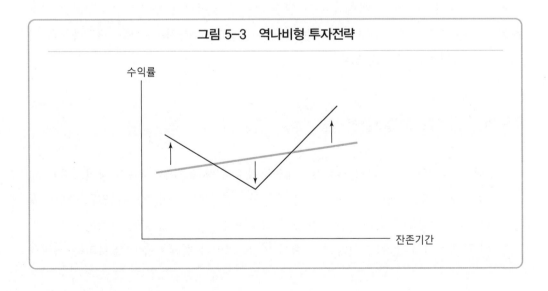

그림 5-3 역나비형 투자전략

수익률

잔존기간

1   만기보유전략

채권을 매입 후 만기까지 보유하는 매우 단순한 전략이다. 수익률 예측이 특별히 필요치 않고, 특정 포트폴리오를 전제로 하지도 않는다. 이 전략은 수익률이 비교적 안정적인 시장구조하에 있고, 현금의 순유입이 지속적으로 발생하는 금융기관에서 시장의 평균적인 수익률을 얻고자 할 때 선호되는 전략이다.

2   인덱스전략

채권의 인덱스전략(indexing)이란 채권투자의 성과가 일정한 채권지수를 따를 수 있도록 채권 포트폴리오를 구성하는 것이다. 운용대상 채권 포트폴리오가 추구하는 채권지수는 시장 전체 채권들을 대상으로 하는 지수들(Broad-Based Market Indexes), 일정 분야별(발행주체별, 발행지역별, 고수익 고위험별 등) 채권들을 대상으로 하는 지수(Specialized Market Indexes)나 투자자들이 원하는 투자목적에 맞추어진 채권들로 이루어진 지수들(Customized Benchmarks) 중에서 선택할 수 있다.

포트폴리오를 구성하는 채권의 수가 일정 수준을 넘어서면 채권 인덱스펀드는 복제하고자 하는 지수의 수익률을 따라가는 경향이 있지만, 주가지수 인덱스펀드에서와 같이 추적 오차가 발생할 수도 있다.

3   현금흐름 일치전략

채권에서 발생하는 현금흐름 수입이 채권투자를 위해 조달된 부채의 상환흐름과 일치하거나 상회하도록 채권 포트폴리오를 구성하는 전략이다. 이 전략은 일치시켜야 할 현금흐름이 단순할수록 효과적인 포트폴리오를 구성할 수 있고, 일단 구성된 포트폴리오는 이를 변경시킬 필요가 없다는 장점이 있다. 그러나 현금흐름이 일치되는 채권을 구하기 어려울 수가 있고, 부채의 현금흐름이 복잡할 경우 채권 선택의 어려움뿐만 아니라 해당 채권의 취득비용도 높을 수 있다는 단점이 있다.

4 사다리형 및 바벨(아령)형 만기운용전략

전통적으로 간편하게 사용되어 온 전략들로 수익률 예측에 대한 부담없이 포트폴리오의 잔존기간별 비중만을 관리하는 방식이다.

(1) 사다리형 만기운용전략

포트폴리오의 채권별 비중을 각 잔존기간별로 동일하게 유지하는 방법이다. 매 기마다 포트폴리오 내의 일정 비중의 채권이 만기상환되므로 일정한 유동성을 확보할 수 있고, 만기상환된 금액은 다시 장기채권에 투자됨으로써 투자기간 동안 평준화된 투자수익률의 확보가 가능해진다. 예컨대 5년이라는 투자기한이 설정되었을 경우 잔존기간이 1년, 2년, 3년, 4년, 5년인 채권이 각각 20%씩인 포트폴리오를 구성한다.

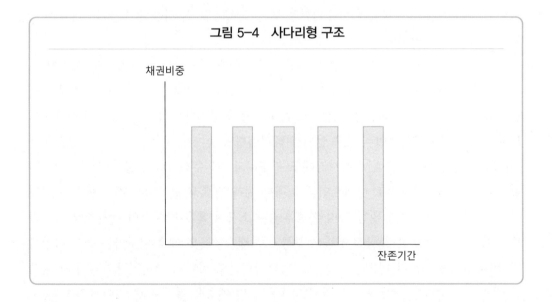

그림 5-4   사다리형 구조

(2) 바벨(아령)형 만기운용전략

일반적으로 사다리형 운용전략을 구사하기 위해서는 다양한 만기의 채권들이 필요하

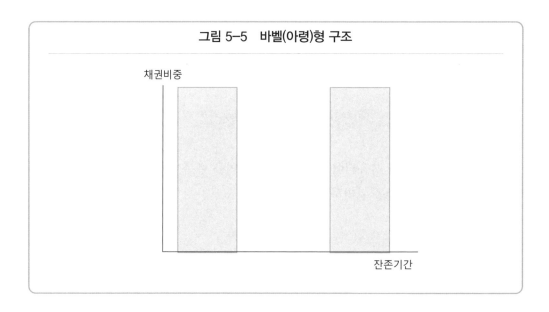

그림 5-5 바벨(아령)형 구조

다. 그러나 이와 같은 채권 포트폴리오 구성을 위한 채권취득이 용이하지 않거나, 가능하더라도 높은 비용이 수반될 수 있다. 이 경우 보유채권만기의 단순화를 통해 포트폴리오 구성비용을 최소화함과 동시에 사다리형 전략에서와 같이 미래 수익률의 예측 없이도 투자기간 동안의 평균적인 수익률을 달성하려고 할 때 사용할 수 있는 전략이 바벨(아령)형 운용전략이다.

바벨형 운용전략은 채권 포트폴리오에서 중기채를 제외시키고 단기채와 장기채 두 가지로만 만기를 구성하는 전략이다. 이는 기대수익률과 위험은 낮은 대신 유동성이 큰 단기채와 위험은 크나 높은 수익률의 확보가 가능한 장기채의 장점을 동시에 이용하여 투자기간 동안의 평균적인 수익을 얻기 위해서이다.

이와 같이 만기구조를 단순화시킴에도 불구하고, 이 운용전략이 궁극적으로 사다리형 운용전략과 마찬가지로 미래수익률에 대한 예측 필요성 없이 투자기간 동안의 평균적인 수익률을 달성하기 위한 목적일 경우에는 소극적 혹은 방어적인 투자전략으로 간주된다. 그러나 적극적·소극적 전략의 분류가 미래수익률의 예측 여부라는 점을 감안하면, 비록 포트폴리오가 바벨(아령)형으로 나타나더라도 나비형 투자전략의 경우와 같이 장·단기물의 수익률 하락, 중기물의 수익률 상승의 예측을 전제로 한 것이라면 이는 소극적 혹은 방어적인 투자전략으로 간주할 수 없다.

5 면역전략

매입 후 만기까지 보유하면 매입 시의 만기수익률이 실현되는 만기 일시상환채권은 채권의 잔존기간과 투자기간을 일치시킴으로써 투자목표를 달성할수 있을 뿐만 아니라 투자기간 동안 발생할 수 있는 수익률 변동에 의한 가격 변동 위험도 피할 수 있다.

그러나 이표채와 같이 투자기간 동안 현금흐름이 여러 번 발생하는 채권에 투자해야만 하는 경우는 채권의 잔존기간과 투자기간을 일치시키더라도 수익률 변동의 위험을 완전히 제거할 수 없다.

이와 같은 수익률 변동 위험을 제거하고 투자목표를 달성하기 위한 방법이 면역전략이다. 이는 투자기간과 채권 포트폴리오의 듀레이션을 일치시킴으로써 수익률 상승(가격하락) 시 채권 가격 하락(수익률상승)분과 표면이자에 대한 재투자수익 증대(감소)분을 상호 상쇄시켜 채권투자 종료 시 실현수익률을 목표수익률과 일치시키는 전략이다.

chapter 06

새로운 형태의 채무 증권

section 01 자산유동화 증권(ABS)

1 자산유동화란

자산유동화란 금융기관 또는 일반기업이 보유한 자산으로부터 발생하는 현금흐름만을 담보로 자금을 조달(Financing)하는 기법을 말한다. 협의의 의미로는 ① 금융기관 및 일반기업 등이 보유하고 있는 ② 특정 자산 일부 또는 전부(기초자산)를 단독으로 또는 비슷한 속성의 다른 자산과 집합(Pooling)하여 ③ 이를 원 자산보유자와 분리된 특수목적회사(SPV)에 양도하고, ④ SPV는 양수한 자산의 현금흐름 및 신용도를 바탕으로 증권(Asset Backed Securities, 유동화증권)을 발행하는 일련의 행위를 말한다.

자산유동화증권이란 기초자산에서 발생하는 현금흐름으로 원리금의 상환을 표시한 증권을 의미한다. 일반적인 채권이 발행기관(무보증채) 또는 보증기관(보증채)의 원리금 상환능력을 기초로 발행되는데, 유동화증권은 자산보유자로부터 완전 매각(true sale)된 유동화자산(기초자산)의 현금흐름을 기초로 발행된다.

3   자산유동화증권 발행의 장단점

(1) 장점

❶ 유동성 확보 및 자금조달수단의 다변화 : 은행차입, 회사채 발행 그리고 유상증자 이외의 추가적인 자금조달 수단이 될 수 있음. 자금의 시장조달이 어려워진 경우 보유하고 있는 자산을 기초로 자금을 조달할 수 있는 것임

❷ 비유동성 자산의 처분 : 부동산 등 처분하기 어려운 자산의 경우 증권화하여 보다 원활하게 매각할 수 있음

❸ 낮은 조달비용 : 유동화의 대상이 되는 자산이 우량하거나, 신용보강을 통해 신용 도가 높아진 경우 이를 기초로 발행되는 ABS가 발행 주체보다 높은 신용등급을 부여 받을 수 있음

❹ 규제 차익 : 은행 등 금융기관의 경우 보유자산의 위험도를 반영하여 일정 수준의 자본규모(BIS비율 등)를 유지해야 함. 이때 자산을 일부 이전(양도)하는 등 위험자산 규모를 줄여 자본에 대한 부담을 줄일 수 있음. 또한 은행 등 금융기관은 특정 기 업(또는 기업집단)에 대한 신용제공 한도가 있는데, 해당 자산을 양도함으로써 신용 공여 규모를 축소시켜 위험을 제한할 수 있음

(2) 단점

❶ 높은 부대비용 : 복잡한 금융구조가 필요하기 때문에 법률 회계 자문비용이 발생 하고, 조달주체는 실행 및 유지관리를 위한 비용 부담이 상대적으로 큼. 따라서 ABS의 신용도가 자산보유자의 신용도보다 높지 않을 경우 조달비용이 오히려 높

아질 가능성이 있음. 또한, 고정 부대비용이 높아 소규모의 ABS발행의 어렵고, 대
규모 자금조달에 더 유리

❷ 위험의 일부는 자산보유자에게 잔존 : 일부 유동화 구조의 경우 자산보유자가 최
후순위/Equity Tranche 일부를 보유하는 방식으로 이루어짐. 이때 자산보유자는
후순위증권에 대한 위험의 일부/전부를 부담. 그리고 IFRS에서는 위험의 일부가
자산보유자에게 잔존하는 경우 경제적으로 양도가 아닌 것으로 간주될 위험도
있음

❸ 규모가 커질 경우 자금조달 주체에 부담 : 우량자산의 유동화에 지나치게 의존할
경우 자금조달 주체는 상대적으로 질이 낮은 자산만을 보유하게 되어 큰 부담이
될 수 있음. 더불어, 기존 선순위 채권 보유자의 채권 상환순위가 우량자산이 빠
져나감으로써 상대적으로 후위로 밀려날 수 있어 기존 채권자의 권리를 침해할
수 있음

❹ 자금조달 시점의 경직성 : 자산유동화의 경우 그 구조의 복잡성으로 인하여 은행
차입에 비해 유연성이 떨어질 수 있음

4 자산유동화증권 발행 구조

자산유동화증권 발행을 위해 자산보유자(originator)는 기초자산을 모아서 이를 자산유
동화회사(SPV)에 양도한다. 자산유동화회사는 양도받은 기초자산을 담보로 발행한 자산
유동화증권을 일반투자자에게 매각하고. 매각대금을 자산보유자에게 자산양도의 대가
로 지급한다.

5 유동화 구조도

자산유동화증권 발행에는 자산보유자, 자산유동화회사, 자산관리자 및 신용평가기관
등이 참가한다. 자산보유자는 보유하고 있는 기초자산을 자산유동화회사에 양도하여
자산유동화회사로 하여금 자산유동화증권을 발행하게 하고 자산유동화증권의 매각대
금을 양도한 기초자산에 대한 대가로 받음으로써 자금을 조달한다. 대출채권을 가진 금
융기관이나 외상매출채권을 가진 기업이 자산보유자의 전형적인 예이며「자산유동화에

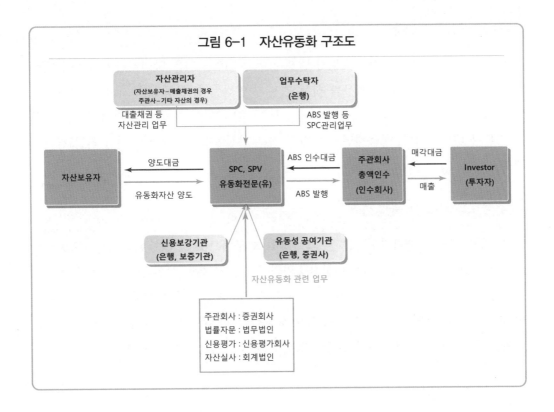

그림 6-1 자산유동화 구조도

관한법률」및「한국주택금융공사법」에서는 자산보유자를 금융기관 등 일정한 기관으로 제한하여 자산유동화를 악용할 소지를 사전에 예방하고 있다.

(1) 자산보유자(Originator)

자금조달의 필요가 있는 주체로서 자산유동화의 대상이 되는 자산을 보유하고 있는 주체이다. 자산보유자는 자산유동화를 통하여 자금조달원을 다양화하거나 보다 좋은 조건으로 자금을 조달하고자 한다.

(2) 발행기관(Issuer)

유동화증권을 발행하기 위하여 특별히 설립된 회사(Special Purpose Vehicle)를 말한다. 자산보유자로부터 유동화자산을 양수하고 이를 기초로 유동화증권을 발행하는 업무만을 영위하는 회사로 임직원이 없는(paper company) 형태다. 자산유동화가 이루어지기 위해서는 이 SPV는 자산보유자의 자산으로부터 파산절연(Bankruptcy Remote)된 상태여야 한다.

(3) 자산관리자(Servicer)

자산관리자는 유동화자산으로부터 발생하는 수입(현금 등)을 발행기관인 SPV를 대신하여 회수하거나 추심하는 업무를 하는 기관을 일컫는다. 보통 외부기관에 위탁을 하며 매출채권 유동화 이외의 유동화에서는 보통 ABS 주관사가 자산관리자역할을 겸하는 경우가 대부분이다. 매출채권 유동화의 경우 자산보유자가 자산관리자 역할 겸하도록 한다.

(4) 업무수탁자(Trustee)

유동화증권의 발행기관인 SPV는 명목상의 회사이므로 SPV가 유동화자산으로부터 회수되는 현금의 보관 및 관리, 유동화증권의 원리금지급 및 상환 등 제반 업무 처리를 위탁받아 수행하는 기관이 필요하다. 이 업무를 업무수탁자가 수행하는데 보통 은행이 이 역할을 한다. 시중 은행들의 신용도가 최상위권이 대부분이며 업무수탁자의 신용등급이 유동화증권의 신용등급에 일종의 상한선(Ceiling) 역할을 하기 때문이다.

(5) 신용평가회사

SPV가 발행하는 자산유동화증권에 대한 신용등급을 부여하는 역할을 하며 자산보유자/주관기관이 목표로 하는 신용등급이 있는 경우 목표로 하는 신용도에 적합한 구조를 만들기 위하여 구조화 단계에서 자산보유자 및 주관사와 함께 구조화에 참여한다.

(6) 신용보강기관

유동화 자산 자체의 신용도가 목표 신용등급에 미달할 경우 우량한 외부 기관(은행, 캐피탈사, 증권사, 보증보험사)이 ABS 상환을 위한 자금을 지원하거나 이를 보증하는 역할을 제공함으로써 SPV발행 ABS의 목표 등급을 부여 받도록 한다. 유동화 대상 자산의 신용도에 따라 신용보강 규모가 달라질 수 있다.

(7) 유동성기관(Liquidity Provider)

유동화 자산 자체의 신용도를 높이는 용도보다는 자산으로부터 발생하는 일시적인 Cash-flow의 불일치, ABCP 차환발행 구조의 경우 시장 상황에 의하여 ABCP의 시장 소화가 원활하지 않을 경우에 대비하여 일시적인 자금을 지원하거나 ABCP를 대신 매입해주는 역할을 하는 기관이며 주로 금융기관이 수행한다. 금융기관의 신용공여약정 (C/L : Credit Line), ABCP 매입보장 약정 등이 이에 해당된다.

6 신용보강(Credit Enhancement)

신용보강이란 자산유동화증권의 만기 시까지 기초자산의 가치에 부정적인 영향을 미칠 수 있는 여러 가지 상황을 분석하여 기대손실 규모를 파악한 다음 이러한 손실에도 불구하고 원리금의 가치가 보전될 수 있도록 안전망을 갖추는 것을 말한다. 자산유동화증권은 이러한 신용보강에 힘입어 상대적으로 높은 신용등급으로 발행되는 것이 일반적이다.

신용보강장치는 크게 외부신용보강장치와 내부신용보강장치로 분류된다. 외부신용보강장치는 은행 또는 신용보증기관의 지급보증이나 은행의 신용공급 등과 같이 제3자의 지급능력에 의존하여 해당 자산유동화증권의 신용등급을 높이는 것이다. 지급을 보증한 기관의 신용도가 신용보강 장치의 신뢰성에 직접적으로 영향을 미친다.

한편, 내부신용보강장치는 자산유동화증권을 설계할 때부터 위험요소가 경감될 수 있도록 원리금의 지급조건을 조정하거나 자산보유자가 스스로 보증하는 방법이다. 가장 전형적인 방법은 자산유동화증권을 선·후순위로 구조화(subordination 또는 credit tranching)하는 것이다. 동일한 자산을 기초로 발행되는 ABS를 상환 우선순위와 해당 Cash-flow에 대한 우선 변제권을 차등한 수종의 ABS Tranche를 발행한다. 선순위/후순위로 나누거나 복잡한 구조의 경우 선/중/후순위로 차등이 되는 Tranche의 ABS를 발행한다. 상환 우선권은 선＞중＞후순위의 순서로 이루어지며 손실은 후＞중＞선순위 순서로 흡수된다. 발행금리는 선순위＜중순위＜후순위로 결정된다.

선·후순위 구조화 이외에도 현금흐름 차액적립, 초과담보 등이 내부신용보강장치의 예가 된다.

7 자산유동화증권의 종류

자산유동화증권은 주로 기초자산의 성격에 따라 여러 가지로 분류된다.

(1) CBO(Collateralized Bond Obligation)

신규 발행 채권에 기초한 발행시장 CBO(Primary CBO)와 이미 발행된 채권에 기초한 유통시장 CBO(Secondary CBO)로 나뉜다. P－BCO(primary CBO)는 신용도가 낮아 채권시장에서 회사채를 직접 발행하기 어려운 기업의 회사채 차환발행을 지원하기 위해 도입된 것이다. 다수의 기업이 신규로 발행하는 회사채를 증권회사가 먼저 총액/사모방식으로 인수하여 이를 SPC에 양도하면 SPC가 신용보강 후 발행시장 CBO를 발행하여 투자자에게 매각함으로써 인수자금을 조달하는 구조다. 정부의 회사채 신속인수제 시행 중 회사채 차환을 원활하게 하기 위해 신용보증기금이 보증 지원하는 방법은 P－CBO의 형태이다.

유통시장 CBO는 금융기관이 투기등급 채권을 SPC에 매각하고 SPC는 신용을 보강한 다음 CBO를 발행하여 투자자에게 매각함으로써 자금을 조달하는 구조다. 주로 투자신탁회사가 부실채권을 기초로 자금을 조달하기 위하여 유통시장 CBO를 발행한다.

(2) CLO(Collateralized Loan Obligation)

CLO는 금융기관의 대출채권을 기초자산으로 발행하는 자산유동화증권을 의미하는데 무수익 대출채권 등을 포함하는 기존 대출채권을 유동화하는 CLO와 신규 대출채권을 기초로 하는 발행시장 CLO(primary CLO)가 있다.

우리나라의 경우 일반 CLO가 대부분 무수익채권을 기초자산으로 하여 발행되고 있는데 무수익대출채권(NPL : non－performing loan)을 기초로 하는 CLO를 NPL 자산유동화증권이라고도 한다. NPL 자산유동화증권은 외환위기 이후 급증한 부실채권을 처분하여 금융기관의 재무건전성을 높이기 위해 발행되고 있는데, 금융기관은 부실채권을 SPC에 양도함으로써 직접 유동화하거나 한국자산관리공사에 매각한다. NPL 자산유동화증권은 자산자체의 현금흐름이 없으므로 담보의 처분, 채권추심 등을 통해 얻어질 수 있는 현금흐름을 기초로 상품구조를 설계하며 신용보강은 수탁은행의 신용공급과 선·후순위 구조로 이루어진다. 한국자산관리공사가 발행하는 NPL 자산유동화증권은 채권은행에 대한 환매요구권이 신용보강에 이용된다.

한편 발행시장 CLO는 은행이 다수의 기업에 대한 신규 대출채권을 SPC에 매각하고, SPC가 이를 기초로 CLO를 발행하여 자금을 조달하는 구조다. 발행시장 CLO의 신용보강은 주로 수탁은행의 신용공급에 의해 이루어지며 신용보증기금은 이 신용공급에 대해 지급을 보증한다.

(3) CDO(Collateralized Debt Obligation)

CDO의 기초자산은 Debt로, 앞서 설명한 CLO와 CBO를 포함한 개념이다.

(4) 합성 CDO(Synthetic CDO)

합성 CDO는 기존 CDO와는 달리 자산의 소유권이 자산 소유자의 장부에 그대로 남아 있고 자산과 관련한 신용위험만이 제3자에게 이전되는 것이다. 이 때문에 채무자와의 관계에 변화가 없으며 자산의 규모에 비해 유동화증권의 규모도 작아 발행이 쉽고 비용도 적게 들고 신용위험 외에 대출과 관련된 금리위험, 통화위험 등 여타 위험에 대해서도 효과적으로 헤징이 가능하다는 장점이 있다.

SPC는 계약담보자산(채권)에서 발생되는 원리금과 신용파생계약(기초자산의 신용등급이 하락하거나 디폴트 상황에 놓일 경우 손실을 지급한다는)에 따라 수취하는 수수료로 투자자에게 원리금을 상환하게 되며, 신용파생계약에 의한 신용사건이 발생하는 경우 합성 CDO의 원리금 지급보다 우선하여 금융회사에 손실금을 지급한다.

(5) ABCP(Asset-Backed Commercial Paper)

ABCP는 CP의 형태로 발행되는 자산유동화증권을 의미한다. 우리나라의 경우 자금

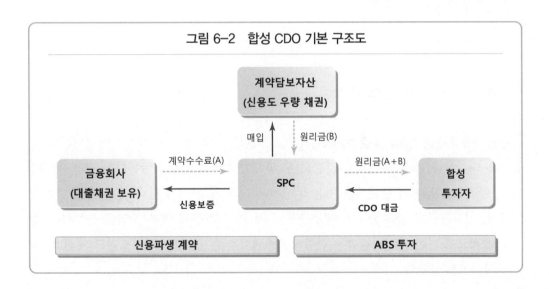

그림 6-2 합성 CDO 기본 구조도

이 필요한 기간 동안 유동화증권을 1회 발행하는 것이 아니라 단기 유동화증권을 발행해 필요 기간까지 차환하는 방법을 주로 활용한다. ABCP는 장단기금리차에 따른 자금조달비용이 절감되는 효과를 누릴 수 있다.

(6) ABSTB(Asset-Backed Short Term Bond)

자산이 담보된 전자단기사채를 의미하며, ABCP와는 달리 증권이 전자단기사채(STB)의 형태로 발행되는 것을 말한다.

(7) 주택저당대출채권유동화증권(MBS : Mortgage-Backed Securities)

MBS는 주택저당채권을 기초로 발행된 자산유동화증권을 말한다. 우리나라의 경우 한국주택금융공사법에 의해 주택저당채권을 기초로 주택저당증권(MBS) 또는 주택저당채권 담보부채권(MBB : mortgage-backed bond)을 발행할 수 있다. MBB는 추후 설명할 이중상환청구권부채권(커버드본드)의 일종이다. 주택저당채권의 유동화는 주택저당채권을 가진 금융기관으로부터 채권을 양도받아 유동화회사의 신탁계정에 신탁하고 신용을 보강한 후 주택저당증권을 발행하는 절차를 거친다.

---

section 02 신종자본증권

1 신종자본증권이란

신종자본증권은 '일정 수준 이상의 자본요건'을 충족한 경우 자본으로 인정되는 채무증권을 의미한다. 자본의 성격을 갖출 경우 부채가 자본으로 인정받는다는 것을 의미한다. 일반적으로 부채와 구분되는 자본의 성격은 크게 세 가지가 있다. 후순위성, 만기의 영구성, 이자지급의 임의성이다. 채무증권이 세 가지 가운데 일부 조건을 충족시킬 경우 회계적으로 자본으로 인정받는 신종자본증권이 되는 것이다. 하이브리드 채권(hybrid bond)이라고도 불린다.

채무증권이 회계적 자본으로 인정받는 세 가지 요건은 다음과 같다. 세 가지 요건 중 일부만 충족시켜도 회계적으로 자본으로 인정받을 수 있다. 한편 신용평가사는 신용평가 목적상 인정요건의 충족 정도에 따라 발행 채권의 일부만을 자본으로 인정하고 있다.

(1) 후순위성

일반적으로 자본이 부채보다 상환시기가 늦다. 주주는 차입금 상환 이후의 잔여지분에 대한 권리가 발생하기 때문이다. 따라서 상환 시기가 늦어질수록 자본에 가깝다. 기업의 회사채의 상환 순서는 담보채권, 선순위채권, 후순위채권의 순서를 지니는데, 신종자본증권은 후순위채보다 더 후순위 성격을 지녀야 한다. 즉, 채권 발행 시 상환 조건에 '후순위채권보다 후순위로 상환'이라는 문구가 있으면 자본에 가까운 것이다.

(2) 만기의 영구성

일반적으로 부채는 만기가 있지만 자본은 만기가 없다. 만기가 없거나 영구성이 있다면 자본으로 인식한다. 현실적으로 채권 발행 시 만기가 30년 이상이며 만기 시 동일한 조건으로 연장 가능하다면 만기의 영구성은 충족하는 것으로 본다. 또한, 일정기간 후 금리의 상승(step-up)조건이 없거나, 발행사의 콜옵션이 없거나, 투자자의 상환 풋옵션이 없다면 자본의 성격이 강한 것으로 본다.

(3) 이자지급의 임의성

일반적으로 자본의 경우 배당의 결정은 기업의 의사결정에 따른다. 배당 여부와 규모는 정해져 있지 않다. 채무증권에도 이자의 지급이 정해져 있지 않고 발행사의 의지에 따른다면 자본으로 보는 것이다. 이자 유예조건이 있거나 이자를 비누적적으로 지급할 경우 자본의 성격이 강한 것으로 본다.

신종자본증권은 2004년 한국에 도입되어 한국외환은행이 최초로 발행하였다. 코코본드와 조건부자본증권 등도 신종자본증권의 일종이다.

3 코코본드

코코본드(CoCoBond, Contingent Convertible Bond)는 자본잠식이 심해지는 등 유사시 자본으로 전환될 수 있는 채권을 의미한다. 유럽의 재정위기 시 은행이 자본을 확충하기 위해 2009년부터 활성화된 채권이다. 바젤III가 시행되기 전에는 후순위채권, 신종자본증권과 분류기준이 다른 별개의 증권으로 불렸다.

4 조건부자본증권

신종자본증권 가운데 ① 은행 또는 금융지주회사가 발행하고, ② 은행업감독규정에 정의된 바젤III 기준상 자본으로 전환되거나 상각되는 채권을 의미한다. 은행이 발행한다는 점에서 일반 신종자본증권보다 협의이며 상각의 요건도 포함하고 있다는 점에서 이론적 의미의 CoCo본드와는 차이가 있다.

조건부자본증권은 발행 당시 객관적이고 합리적인 기준에 따라 미리 정하는 사유가 발생하는 경우 주식으로 전환되거나(전환형) 원금의 상환과 이자지급 의무가 감면되는(상각형) 조건이 붙은 금융회사채를 말한다. 조건부자본증권은 은행업감독업무시행세칙에 나타난 용어이며 금융지주회사나 은행이 발행하는 채무증권에 관한 것이다. 바젤III기준 자본으로 인정받을 수 있는 증권은 크게 신종자본증권(Tier1 인정)과 후순위채권(Tier2 인정)으로 나뉜다.

바젤II는 은행의 BIS비율 산출 시 자기자본을 기본자본(Tier1)과 보완자본(Tier2)으로 분류하였으나, 바젤III는 자기자본을 보통주자본(Tier1), 기타 기본자본(Tier2)과 보완자본(Tier3)으로 세분화하였다. 이와 함께 자본으로 인정하던 신종자본증권 및 후순위채에 대해 일정한 요건을 충족할 경우에만 자본으로 인정하기로 요건을 강화했다. 기존의 신종자본증권 및 후순위채에 대해 2013년 12월부터 90%까지, 2014년 1월부터 80%까지 자본으로 인정하는 등 자본인정 한도를 매년 최대 10%p씩 차감함에 따라 은행권의 인정자본이 축소되므로, 이를 상쇄하기 위해 은행의 조건부자본증권 발행 수요가 증가할 수 있다.

조건부자본증권 투자는 은행의 높은 크레딧에도 불구하고 후순위채보다 상환 순위가 낮아 상대적으로 높은 금리를 취할 수 있다는 장점이 있다. 그러나 은행의 자본력이 약

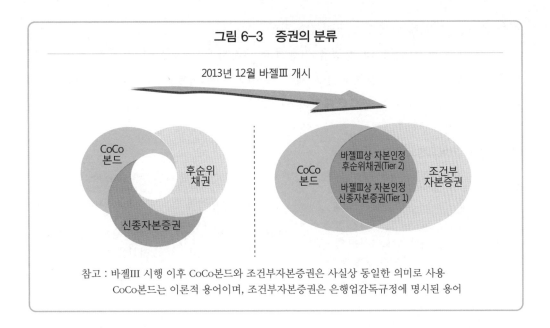

그림 6-3 증권의 분류

2013년 12월 바젤Ⅲ 개시

CoCo
본드

후순위
채권

신종자본증권

CoCo
본드

바젤Ⅲ상 자본인정
후순위채권(Tier 2)

바젤Ⅲ상 자본인정
신종자본증권(Tier 1)

조건부
자본증권

참고 : 바젤Ⅲ 시행 이후 CoCo본드와 조건부자본증권은 사실상 동일한 의미로 사용
CoCo본드는 이론적 용어이며, 조건부자본증권은 은행업감독규정에 명시된 용어

해질 경우에는 이자지급이 정지되거나 주식에 투자한 것보다 먼저 전액 손실을 인식할 수 있다는 단점이 있다.

이중상환청구권부채권(Covered Bond)

1 이중상환청구권의 정의와 성격

이중상환청구권부채권(커버드본드, Covered Bond)은 발행기관에 대한 상환청구권과 함께 발행기관이 담보로 제공하는 기초자산집합에 대하여 제3자에 우선하여 변제받을 권리를 가지는 채권이다. 발행기관 파산 시 담보자산이 발행기관의 도산절차로부터 분리되어 투자자는 담보자산에 대한 우선변제권을 보장받고, 담보자산의 상환재원이 부족하면 발행기관의 다른 자산으로부터 변제받을 수 있다. 또한 담보부사채와는 달리 정기적인 자산건전성 점검을 통해 담보자산을 교체 또는 추가하여 만기 시까지 커버풀의 담보력을 유지할 수 있게 되어 담보력이 강해진다.

우리나라는 커버드본드의 발행을 지원하고 투자자에게 이중상환청구권을 보장하기 위해 2014년 1월 「이중상환청구권부 채권 발행에 관한 법률」(이하 '이중상환채권법'이라 함)을 제정하였고, 이에 법정 담보부채권이 되었다.

표 6 - 1　커버드본드 유사 개념 비교

	커버드본드	담보부사채	유동화증권
발행주체	금융회사(은행)	금융회사, 일반기업	금융회사, 적격 일반기업
발행구조	'발행주체가 직접 발행하거나, 담보자산을 양도받은 SPC가 발행(보증)'	'발행주체가 직접 발행 (담보부 신탁 설정)'	'자산보유자가 SPC에 자산을 양도하여 발행'
회계처리	On – Balance	On – Balance	Off – Balance
파산절연	×	×	×
우선변제권	○	제한	○
발행기관청구권	○	○	×

참고 : 발행기관 파산 시 변제권이 인정되나, 회생절차가 개시되는 경우 회생계획에 따라 담보권 행사 제한

2　커버드본드의 장단점

(1) 장점

❶ 장기 은행채 투자가 가능 : 은행이 발행하는 채권은 대부분 무담보은행채(SB, Straight Bond). 후순위채나 신종자본증권은 만기가 각각 5~10년, 30년으로 일반적으로 SB보다 길지만 후순위성격이 강해 투자자 입장에서는 꺼려지기 마련. 은행이 커버드본드를 발행한다면 투자자 입장에서는 우수한 신용의 장기채를 투자할 수 있는 기회가 생기는 것임

❷ 금리 상승 시 은행은 조달금리를 인하 : 금리가 상승하거나 은행의 신용도가 낮아져 조달금리가 높아질 경우 우량자산을 담보로 제공하면서 높은 신용등급을 받아 낮은 금리로 자금조달이 가능. 위기 시 상대적으로 안정적인 자금조달이 가능

❸ 은행이 커버드본드에 투자할 경우 고유동성자산으로 분류 : 은행이 투자한 타은행이 발행한 커버드본드는 고유동성자산으로 인정받음. 커버드본드는 바젤III 규정에 의해 LCR(Liquidity Coverage Ratio) 산정 시 고유동성 자산으로 분류. 은행이 발행

한 채권(SB, 후순위채, 신종자본증권)의 주요 투자자가 은행인 것을 감안하고, 고유동성을 인정받는다면 국내 은행은 유럽의 경우와 같이 커버드본드의 주요 투자자가 될 수 있음

(2) 단점

① 커버드본드 발행이 급격히 증가하는 경우 담보제공을 위해 적격자산에서 제외되는 가계신용대출, 중소기업대출은 실행이 위축될 수 있음
② 담보로 제공된 우량자산에 우선변제권이 인정됨에 따라 발행기관이 부실화되는 경우 예금자 및 일반채권자 등이 상대적으로 불리해질 수 있음
③ 저금리 상황에서는 커버드본드 발행이 활발하지 않을 것 : 상대적으로 우량자산을 담보로 제공하면서 조달금리를 낮추는 것이 커버드본드 발행의 목적이나, 금리가 낮을 경우에는 조달금리 축소 폭이 크지 않을 수 있음

3   적격 발행기관(이중상환채권법 제2조 제2호)

적격 발행기관은 커버드본드를 발행할 수 있는 자를 말하며, 기관요건으로 금융회사, 즉 은행, 산업은행, 수출입은행, 기업은행, 농협은행, 수산업중앙회, 주택금융공사 등을 발행에 적격한 기관으로 정의하고 있다(법 제2조제1호).

4   기초자산의 종류(이중상환채권법 제5조)

기초자산집합(커버풀, Cover pool)은 투자자의 우선변제권을 위해 커버드본드의 원리금의 상환을 담보하는 자산을 말한다. 커버풀의 담보가치 유지를 위해 커버풀 총평가액은 커버드본드 발행잔액의 105% 이상(최소 담보비율)을 유지해야 하며, 유동성자산은 총평가액의 10%를 초과할 수 없다.

표 6-2   기초자산의 적격요건

커버풀 구성자산		적격요건
기초자산	주택담보대출	• 주택법상 주택을 담보로 함 • LTV 70% 이하, DTI 70% 이하 • 1순위 (근)저당권의 설정 • 대출금 전액에 대한 저당권 설정 • 채무자가 파산, 법정관리, 워크아웃 상태가 아닐 것
	국가·지자체·공공법인 대출	
	국채, 지방채, 특수채	
	선박·항공기 담보대출	• LTV 70% 이하 • 일정 금액 이상의 보험가입
	안정적 현금흐름의 우량자산	• 자산유동화법에 따른 모기지 ABS • 주택금융공사의 MBS 또는 MBB • 원리금 지급순위가 1순위 • 기초자산이 주택담보대출의 요건 충족
유동성 자산	현금	
	CD(만기 100일 이내)	
	3개월 내 현금화 자산	• 금융위가 정한 국가의 국채 • 금융위가 정한 외국 금융회사의 CD • (외국)금융기관 예·적금
기타자산	기초·유동성 자산의 회수금	
	기초·유동성 자산의 관리·처분상 취득 재산	
	위험회피용 파생상품거래의 채권	

section 04   전환사채

1   전환사채의 정의

전환사채(convertible bonds : CB)란 전환사채를 보유한 투자자가 일정기간 동안 일정한 가격으로 발행기업의 주식으로 바꿀 수 있는 권리가 부여된 유가증권이다. 투자자의 입장에서 보면 투자기간 동안 전환대상이 되는 주식의 가격이 상승하면 전환권의 행사를 통하여 주가 상승의 효과를 누릴 수 있고, 반대로 주가가 낮은 상태로 있으면 확정된 표면이자 및 만기상환금액에 의한 안정적 투자수익을 획득할 수 있다. 전환사채 발행기업의 입장에서 보면 주가 상승 시 일반채권이 지니지 못한 주가 상승 차익실현의 기회를 투자자에게 제공하는 대신 일반적으로 일반채권에 비해 상대적으로 낮은 표면이자를 지급함으로써 자금조달 비용을 낮추는 장점을 지닐 수 있는 것이다.

2 전환사채 투자 여부 판단 기준

전환사채의 특징은 채권 보유자에게 발행기업의 주식을 매입할 수 있는 권리가 부여된다는 점에서 비롯된다. 따라서 전환사채에 대한 투자 여부는 궁극적으로 전환대상 주식의 미래 가격에 대한 예측에 달려있다고 볼 수 있으며, 전환사채에 대한 투자는 사실상 전환대상 주식에 대한 간접투자라고 할 수 있다. 따라서 전환사채의 투자가 지니는 의미를 파악하기 위해서는 전환대상 주식에 직접 투자하는 것과 비교 가능해야 하는데, 이를 위해서는 전환주수와 Parity에 대한 기본개념을 중심으로 한 각종 투자지표들을 이용할 수 있어야 한다.

(1) 전환 가격(Conversion price)과 전환주수(Conversion ratio)

전환 가격(혹은 전환가액)이란 전환사채를 주식으로 전환할 때 전환 대상 주식 1주당 지불하여야 할 가격을 의미하며, 전환 주수는 일정한 액면금액당 전환되는 주식의 숫자를 의미한다. 즉,

$$\text{전환 주수} = \frac{\text{액면금액}}{\text{전환 가격}}$$

으로 표현될 수 있다. 이때의 전환 가격을 액면전환 가격(Par conversion price)이라고도 한다.

(2) 전환 가치(Conversion value)

전환 가치('패리티가치'라고도 함)는 전환된 주식들의 시장가치를 나타내며, 일반적으로 전환 주식의 시가를 전환 주수로 곱한 것으로 표시된다. 만약 액면 10,000원인 전환사

채의 전환 주수가 2주일 때 주당 시가가 4,500원이라면 전환 가치는 9,000원이 된다. 즉,

$$전환\ 가치(Conversion\ value) = 패리티가치(Parity\ value)$$
$$= 주식의\ 시장\ 가격 \times 전환\ 주수$$
$$= 4,500(원) \times 2 = 9,000(원)$$

(3) 전환 프리미엄(Conversion Premium)

실무에서 괴리라고도 하는 전환 프리미엄 혹은 시장 전환 프리미엄(Market Conversion Premium)은 전환사채의 시장 가격과 전환 가치와의 차이를 나타낸 것이다. 예컨대 앞에서 제시된 전환사채를 발행시장에서 액면금액으로 취득했다면 전환 프리미엄은 1,000원이다. 즉,

$$전환\ 프리미엄 = 시장\ 전환\ 프리미엄 = 괴리$$
$$= 전환사채의\ 시장\ 가격 - 전환\ 가치$$
$$= 10,000 - 9,000 = 1,000$$

이는 전환사채를 통해 간접매입하는 경우 전환 대상 주식을 유통시장에서 직접 매입하는 것보다 주당 500원의 프리미엄을 지불한 것이라고 할 수 있다.

그러나 만약 이 전환사채를 유통시장에서 11,000원에 매입하였으며, 이때의 주가가 5,300원이라면 전환 가치는 10,600원이어서 전환 프리미엄은 400원이다. 이 경우 전환 대상 주식을 유통시장에서 직접 매입하는 것보다 주당 200원의 프리미엄을 지불한 것이라고 할 수 있다.

전환 프리미엄을 전환 가치로 나눈 것을 전환 프리미엄률 혹은 괴리율이라고 한다. 앞에서 제시된 경우 발행시장에서 취득한 경우는 괴리율이 11.11%이고, 유통시장에서 매입한 경우의 괴리율은 3.78%이다.

괴리율이 음의 값이 나온다는 것은 전환사채에 투자한 후 곧바로 전환하여 전환차익을 볼 수 있는 재정거래가 가능함을 의미한다. 그러나 대부분의 경우는 예제에서 볼 수 있는 바와 같이 괴리(율)는 양의 값을 띠고 있는데, 이는 전환 대상 주식을 직접 사는 것보다 전환사채를 통한 투자를 할 때는 현재 주식 가격에 일정한 프리미엄을 지불함을 의미한다.

전환사채의 경우 일반적으로 양의 전환 프리미엄이 발생하며, 전환 프리미엄의 성격은 미래에 오를 수 있는 주식 가격의 가능성을 취득한 권리 비용인 옵션 프리미엄과 동

일하다.

(4) 패리티(Parity)

전환 대상 주식의 시가 대비 전환 가격을 백분율로 나타낸 것으로 전환사채를 전환할 경우에 전환 차익이 발생하는가를 판단하는 지표라고 할 수 있다.

$$\text{패리티}(\text{Parity}) = \frac{\text{주식의 시장 가격}}{\text{전환 가격}} \times 100(\%)$$

만약, (액면)전환 가격이 5,000원인데 주가가 5,300원이면 패리티는 106이 된다. 이는 전환에 의한 수익률이 6%임을 의미한다.

만약 어떤 전환사채의 가격이 액면 10,000원을 기준으로 표시된다면 (parity × 100) = 주식의 시장 가격 × 전환 주수 = 전환 가치가 된다. 따라서 전환사채의 가치에 전환권의 가치가 반영된다는 점을 감안하면 전환사채의 가격은 일반적으로 발표되고 있는 parity에 100을 곱한 값보다 커야 됨을 알 수 있다. 만약 전환사채의 가격이 (parity × 100)보다 작다면 투자 직후 전환하여 전환 차익을 볼 수 있는 재정거래가 가능하기 때문이다. 결과적으로 위에서 예시된 전환사채의 값은 액면 10,000원당 10,600원 이상은 되어야 함을 의미한다.

또한 이 지수는 투자된 전환사채를 전환할 것인가의 여부도 결정하는 지표로 작용한다. 만약 발행시장에서 전환사채를 액면 가격으로 취득했다면 (parity × 100)이 10,000을 넘을 경우 전환 차익을 발생시키겠지만, 만약 유통시장에서 다른 가격으로 취득하였다면 이 가격과 (parity × 100)을 비교하여야 한다. 만약 전환사채를 액면 10,000원당 12,000원에 매입하였다면 (parity × 100)가 12,000 이상이 되어야 전환 차익이 발생한다.

이는 액면 10,000원당 전환 주수가 2주일 때 액면 전환 가격은 주당 5,000원이더라도 시장 전환 가격(전환사채의 시장 가격/전환 주수)은 주당 6,000원이기 때문이다. 이 경우 전환 사채 투자 후 전환까지의 소요기간 동안 발생하는 금융비용을 감안하지 않더라도 전환에 의한 차익이 발생하려면 전환 대상 주식의 가격이 최소 6,000원 이상이 되어야 함을 의미하는 것이다.

지금까지 설명된 전환사채의 옵션적 성격으로 실제로 주가가 상승하게 되면 전환사채의 투자자는 전환권을 행사하여 전환 차익을 얻겠지만, 만약 주가가 (시장)전환 가격 이하로 유지되더라도 전환사채의 투자자는 채권으로써의 전환사채가 갖는 특성에 기인하는 단위기간별 이자와 만기보장상환액을 상환받는다. 만기보장상환액은 전환사채의 발행회사가 전환사채의 만기보유자에게 전환사채의 발행기간 동안 저금리의 자금을 사용한 것에 대한 보상으로 액면금액과 함께 지급하는 금액이다.

이와 같은 전환사채의 특성들을 감안할 때 전환사채의 가치는 주가가 전환 가격보다 높으면 전환 가치 이상이 되고 주가가 전환 가격 이하가 되더라도 전환사채의 가치는 최소한 채권가치 이상은 된다. 따라서 전환사채의 가치는 다음과 같이 표현된다.

전환사채의 최소가치 = Max(채권가치, 전환 가치)

이때 전환사채의 실제 가치와 전환사채의 최소가치와의 차이는 결국 전환권에 대한 가치라고 할 수 있으며, 이는 옵션 프리미엄과 동일한 성격을 지닌다고 할 수 있다.

section 05 신주인수권부사채

신주인수권부사채(BW : Bond with Warrants)는 채권의 발행회사가 발행하는 신주식을 일정한 가격(행사 가격)으로 인수할 수 있는 권한이 부여된 회사채를 말한다. 신주인수권부사채의 소유자는 발행회사의 주식을 일정한 가격으로 취득할 수 있는 권한을 가진다는 점에서 전환사채와 동일한 권리를 가지기 때문에 신주인수권부사채의 가치평가를 위한 분석은 전환사채의 분석방법을 대부분 원용할 수 있다.

표 6-3 **전환사채와 신주인수권부사채**

구분	전환사채(CB)	신주인수권부사채(BW)
부가된 권리	전환권	신주인수권
권리행사 후 사채권	전환권 행사 후 사채 소멸	신주인수권 행사 후에도 사채 존속
추가 자금 소요 여부	전환권 행사 시 추가 자금 불필요	신주인수권 행사를 위한 별도의 자금 필요
신주 취득 가격	전환 가격	행사 가격
신주 취득의 한도	사채 금액과 동일	사채 금액 범위 내

그러나 전환권 행사 후 사채가 소멸되는 전환사채와는 달리 신주인수권부사채는 신주인수권의 행사 후에도 사채가 유지된다. 따라서 신주인수권 행사를 위해서는 별도의 주금이 필요하기도 하다.

교환사채

교환사채(Exchangeable Bond : EB)는 사채 소유자에게 사채발행 후 일정기간이 경과하면 사채의 만기 전 일정기간까지 교환 가격으로 사채를 발행한 회사가 보유하고 있는 주식으로 교환청구할 수 있는 권리가 부여된 채권이다.

교환 시에는 발행사가 보유한 자산(보유 주식)과 부채(교환사채)가 동시에 감소하는 특징을 지니고 있다. 따라서 권리행사 시 추가적인 자금이 소요되지 않는다는 점에서 신주인수권부사채와는 차이가 있다. 또한 권리가 행사되더라도 발행회사의 자본금 증대가 일어나지는 않는다는 점에서 전환사채와도 차이가 있다.

기업어음(CP)과 전자단기사채(STB)

1 **기업어음**

(1) 기업어음(Commercial Paper : CP)

기업들이 단기 운용자금을 조달하기 위하여 발행하는 융통어음이다. 이들 중 증권회사 및 종금사에 의해 거래되는 투자대상 어음은 일정한 등급 이상의 신용평가를 받은 기업들에 의해 발행된 것들이다.

자본시장법에서는 일정 요건을 갖춘 기업어음을 여타 채권들과 같이 하나의 채무증권으로 명시하고 있다(법 제4조 제3항). 기업어음 역시 만기 전에는 발행기업으로부터의 중도환매가 불가능하기 때문에 유통시장의 거래를 통하여 유동성을 확보하게 된다.

기업어음은 채권과 달리 표면이율이 없고, 만기는 제한이 없으나 만기가 1년 이상이면 증권신고서를 제출해야 한다.

(2) 기업어음의 등급

발행기관은 신용평가기관 중 2개 이상의 기관으로부터 복수 신용평가등급을 받는다. 등급은 원리금의 적기상환능력 우열도에 의해 결정되며, A1등급에서 D등급까지 구분된다. 등급 중 A2등급부터 B등급까지는 당해 등급 내의 우열에 따라 + 또는 −부호를 부가한다.

(3) 등급감시 및 평가 종류

등급감시(Credit Watch)는 등급에 영향을 미치는 특정 사건이나 환경의 변화가 발생하여 기존 등급을 재검토할 필요가 있다고 판단될 때 부여된다. 통상적으로 검토기간은 90일을 초과하지 않는 것이 원칙이나 부득이한 경우 검토기간을 연장할 수 있고, 등급감시 기호는 다음의 3가지 종류가 있다.

표 6-4 등급감시 종류

종류	내용
↑ (상향)	등급상향검토
↓ (하향)	등급하향검토
◆ (미확정)	등급의 방향성을 판단하기 어려운 사유 발생 시

(4) 기업어음의 매매방식 및 원천징수

매매 가격은 할인율을 감안하여 다음과 같이 계산된다.

$$매매\ 가격 = 액면금액 \times \left(1 - 할인율 \times \frac{잔존일\ 수}{365}\right) \ \text{(원 미만 절상)}$$

CP의 투자소득에 대한 세금의 원천징수는 CP 매입 시 세금을 원천징수하는 선취방식과 매입했던 CP를 매도하거나 만기 시에 원천징수하는 후취방식이 있다. 현재 CP매매에서는 선취방식의 과세방식이 일반적으로 사용되고 있는데 이는 CP가 채권이나 CD 와는 달리 명시적인 표면이율이 없기 때문이다.

> **!** 예시

- 액면금액 : 5,000,000,000원
- 만기일 : 2××5년 12월 21일
- 발행일 : 2××5년 6월 12일
- 매매할인율 : 4.70%

[매입] 일반법인이 위와 같은 조건을 지닌 CP를 발행일에 매입할 때의 매매 가격과 선취대상 세금을 산출하고 이 CP를 만기상환받을 경우의 세전 및 세후 투자수익률은?(연단위 기간은 365일로 계산)

4,876,383,562(P) | 192일 | 5,000,000,000(S)
2××5. 6. 12(매매일) | 2××5. 12. 21(만기일)

① 매매 가격 : $5,000,000,000 \times \left(1 - 0.047 \times \dfrac{192}{365}\right) = 4,876,383,562$(원)

② 선취대상 세금(일반법인의 경우) : 17,306,300원 (10원 미만 절사)

　$= (5,000,000,000 - 4,876,383,562) \times 0.14$

③ 세후 취득 가격 : 4,893,689,862(원) = 4,876,383,562 + 17,306,300

④ 연단위 산술평균 투자수익률(만기상환 시)

　ㄱ. 세전 : $4.82(\%) = \dfrac{5,000,000,000 - 4,876,383,562}{4,876,383,562} \times \dfrac{365}{192} \times 100$

　ㄴ. 세후 : $4.13(\%) = \dfrac{5,000,000,000 - 4,893,689,862}{4,893,689,862} \times \dfrac{365}{192} \times 100$

[매도] 위 기업어음을 만기보유 못한 채 2××5년 9월 12일에 4.5%에 매도했을 경우의 매매 가격 및 세후 수령액을 산출하면?

만기까지의 잔존일 수가 100일이므로

① $5,000,000,000 \times \left(1 - 0.045 \times \dfrac{100}{365}\right) = 4,938,356,164$(원)

　중도 매도 시에는 선납했던 세금(17,306,300원)을 되돌려 받는 대신 실제 보유일 수 동안 발생한 수익에 대한 세금을 원천징수의 형태로 납입하게 된다.

이 세금계산에는 매입금리가 적용된다. 보유기간은 92일이므로

② 과표 : $59,232,876 = 5,000,000,000 \times 0.047 \times \dfrac{92}{365}$

③ 원천징수세금 : $59,232,876 \times 0.14 = 8,292,600$ (10원 미만 절사)

④ 세후 가격 : $4,930,063,564(원) = 4,938,356,164 - 8,292,600$

⑤ 최종 수령금액 : $4,947,369,864(원) = 4,930,063,564 + 17,306,300$

2 전자단기사채(Short-Term Bond)

(1) 전자단기사채의 의의

전자단기사채는 사채권으로 전자단기사채법에서 정한 요건을 갖추고 전자적 방식으로 등록한 채무증권을 말한다. 전자단기사채의 요건은 발행금액 1억 원 이상, 만기 1년 이내, 발행금액 전액·일시 납입, 주권 관련 권리 부여 금지 및 「담보부사채신탁법」의 물상담보 금지를 요구한다. 기업어음과는 달리 만기 1개월 이내로 발행되는 전자단기사채 투자에서 발생하는 소득은 원천징수 대상이 되지 않는다. 지방채 및 특수채도 동일한 방식으로 발행할 수 있다. 전자단기사채는 전자적으로 등록되므로 실물증권의 발행이 금지된다(전자단기사채법 제14조).

(2) 전자단기사채법 실행 배경 및 변화

정부는 콜시장의 은행 간 시장으로 재편하고, 기업어음(CP)의 불완전판매 문제를 해결하는 등 단기금융시장의 구조개선을 위해 2011년 1월 「전자단기사채등의 발행 및 유통에 관한 법률」을 제정하고 2013년 1월부터 시행했다. 그 결과 단기자금 조달이 CP와 전자단기사채로 다양화되었고, 콜시장 참여가 제한된 금융투자업자의 전자단기사채발행물량이 크게 증가하였다. 만기 3개월 이내의 전자단기사채에 대해 증권신고서 제출의무가 없어 신속한 자금조달이 가능하기 때문에, 3개월물 이내의 초단기물(7일물 이내) 발행이 급증하였다.

전자단기사채법은 2019년 9월 폐지되고 관련 내용은 전자증권법(주식·사채 등의 전자등록에 관한 법률)에 흡수되었다.

표 6-5	기업어음과 전자단기사채 비교	
구분	기업업음(CP)	전자단기사채
개념	기업이 자금조달을 목적으로 발행한 약속어음(실물)	만기 1년 이하 등 일정한 설립요건을 갖추고 전자적 방식으로 발행되는 사채(실물 없음)
근거	자본시장법	전자단기사채법(전자증권법)
발행	전량 종이어음으로 발행	등록기관(예탁결제원)의 전자단기사채시스템을 통해 전자적으로 발행
유통	금융투자회사를 통해 유통되는 경우 예탁결제원에 집중예탁되며, 그 외 별도의 규제 없음	등록기관 또는 계좌관리기관 계좌부상 대체기재 방식 • 1억 원 이상 분할유통 가능 • 질권설정, 신탁재산표시 가능
결제	예탁 CP에 한하여 CP와 대금의 동시결제(DVP) 가능	동시결제(DVP) 가능
발행정보 공개	예탁결제원 등	예탁결제원 증권정보포털에 공개

01 다음 중 채권에 대한 설명으로 옳지 않은 것을 모두 묶어 놓은 것은?

> ㉠ 잔존기간은 발행일에서 만기일까지를 의미한다.
> ㉡ 만기수익률이란 채권 발행 시에 발행자가 지급하기로 한 이자율을 의미한다.
> ㉢ 단가란 액면 10,000원당 시장에서 거래되는 가격이다.
> ㉣ 선매출이란 발행일 이전에 일정기간 동안 채권이 판매되는 것을 의미한다.

① ㉠, ㉡   ② ㉡, ㉢
③ ㉢, ㉣   ④ ㉣, ㉠

02 다음 중 이표채권에 대한 설명으로 옳지 않은 것을 모두 묶어 놓은 것은?

> ㉠ 일정기간마다 채권의 매도자가 표면이자를 지급한다.
> ㉡ 일반 회사채는 이표채 형태의 발행비중이 가장 크다.
> ㉢ 투자 시 가격 변동 위험과 재투자위험이 존재한다.
> ㉣ 지급이자는 매입 시의 만기수익률을 기준으로 산정된다.

① ㉠, ㉡   ② ㉡, ㉢
③ ㉢, ㉣   ④ ㉣, ㉠

해설

01 ① ㉠ 발행일에서 만기일까지의 기간은 만기기간이다. ㉡ 채권 발행 시에 발행자가 지급하기로 한 이자율은 표면이율이다. ㉢ 단가란 액면 10,000원당 시장에서 거래되는 가격이다. ㉣ 선매출이란 발행일 이전에 일정기간 동안 채권이 판매되는 것을 의미한다.

02 ④ ㉠ 이표채에 대한 표면이자는 채권의 매도자가 아닌 발행자가 지급한다. ㉡ 일반회사채는 이표채의 형태로 발행되며, 할인, 복리 등의 원리금 만기 시 일시상환방식이 사용되지 않는다. ㉢ 이표채에 투자하면 수익률 변동 시에 채권의 가격 변동 위험과 채권에서 발생된 표면이자에 대한 재투자위험이 발생한다. ㉣ 지급이자는 채권 발행 시에 결정된 표면이율에 따라 지급된다.

03 다음 중 채권 발행방식의 설명으로 옳지 않은 것들로만 묶여진 것은?

> ㉠ Dutch방식은 경쟁입찰방식 중의 한 가지이다.
> ㉡ 무보증회사채는 매출발행의 비중이 가장 높다.
> ㉢ Conventional방식은 복수의 낙찰수익률이 생긴다.
> ㉣ 총액인수방식은 직접발행방식이다.

① ㉠, ㉡   ② ㉡, ㉢
③ ㉢, ㉣   ④ ㉡, ㉣

04 다음 중 우리나라의 국채시장에 관한 설명으로 옳지 않은 것을 모두 묶어 놓은 것은?

> ㉠ 국고채는 발행기관들에 의한 총액인수방식으로 발행된다.
> ㉡ 국고채권, 국민주택채권은 대표적인 국채이다.
> ㉢ 국채통합발행제도(fungible issue)가 도입되어 있다.
> ㉣ 국고채는 동일조건의 일반회사채보다 높은 수익률로 거래된다.

① ㉠, ㉡   ② ㉡, ㉢
③ ㉢, ㉣   ④ ㉠, ㉣

해설

03 ④ ㉠ Dutch방식은 conventional 방식과 함께 경쟁입찰방식이다. ㉡ 회사채는 간접모집의 일종인 총액인수방식에 의해 발행된다. ㉢ Conventional 방식은 복수의 낙찰수익률이 생긴다. ㉣ 총액인수방식은 발행의 위험을 발행기관이 지는 간접발행방식이다.

04 ④ ㉠ 국고채는 직접모집방식에 의해 발행된다. ㉡ 재정증권, 국고채, 국민주택채권 등은 대표적인 국채이다. ㉢ 국채통합발행제도(fungible issue)가 도입되어 있다. ㉣ 국채는 신용위험이 낮기 때문에 동일조건의 일반회사채보다 낮은 수익률로 거래된다.

05 표면이율 3%, 만기기간 5년, 만기상환금액이 11,592원인 연단위 복리채를 잔존기간이 2년 250일 남은 시점에서 유통수익률 7.0%에 매매하려고 한다. 유통시장의 관행적 방식에 의한 세전 가격의 산정방법은?

① $P = \dfrac{11,592(1+0.03)^5}{(1+0.07)^2\left(1+0.07\times\dfrac{250}{365}\right)}$ 　② $P = \dfrac{11,592(1+0.03)^5}{\left[1+0.07\times\left(2+\dfrac{250}{365}\right)\right]}$

③ $P = \dfrac{11,592}{(1+0.07)^2\left(1+0.07\times\dfrac{250}{365}\right)}$ 　④ $P = \dfrac{10,000(1+0.03)^5}{\left[1+0.07\times\left(2+\dfrac{250}{365}\right)\right]}$

06 다음 조건을 지닌 이표채를 발행당일에 유통수익률 8%로 매매하려고 할 때 관행적 방식에 의한 세전 단가는?

> ㉠ 발행일 : 2××2년 6월 21일 　　㉡ 만기일 : 2××5년 6월 21일
> ㉢ 이자지급방법 : 매 3개월 후급 　㉣ 표면이율 : 6%

① $P = \sum\limits_{t=1}^{3}\dfrac{600}{(1+0.08)^t} + \dfrac{10,600}{(1+0.08)^3}$ 　② $P = \sum\limits_{t=1}^{6}\dfrac{300}{\left(1+\dfrac{0.08}{2}\right)^t} + \dfrac{10,300}{\left(1+\dfrac{0.08}{2}\right)^6}$

③ $P = \sum\limits_{t=1}^{12}\dfrac{150}{\left(1+\dfrac{0.08}{4}\right)^t} + \dfrac{10,150}{\left(1+\dfrac{0.08}{4}\right)^{12}}$ 　④ $P = \sum\limits_{t=1}^{12}\dfrac{150}{\left(1+\dfrac{0.08}{4}\right)^t} + \dfrac{10,000}{\left(1+\dfrac{0.08}{4}\right)^{12}}$

---

05 ③ 관행적 방식에 의한 만기 시 일시상환채권의 가격산정방법은

$P = \dfrac{S}{(1+r)^N\left(1+r\times\dfrac{d}{365}\right)}$ 이다.

복리채인 이 채권은 표면이율과 만기기간이 제시되어 있으나 만기상환금액(11,592원) 자체가 제시되어 있기 때문에 할인의 대상이 되는 금액은 $S = 11,592$이다. 또한 $r = 0.07$, 잔존연수(N) = 2, 잔존일수(d) = 250이므로 정답은 ③이다.

06 ④ 이표채의 단가는 매기의 현금흐름을 이자지급단위로 정제되는 잔존기간에 대해서는 이자지급단위기간 복리로, 이자지급단기기간 이하의 잔존기간에 대해서는 이자지급단위기간 단리방식으로 현재가치화한 값이다. 이 채권의 이자지급단위기간은 3개월이므로 3월단위 복할인 방식을 사용한다. 다만 ③번의 경우는 마지막 이표금액을 중복 계산한 것이다.

07 다음 중 6개월 단위 이자후급 국고채권에 대한 설명으로 옳지 않은 것을 묶은 것은?

> ㉠ 국채전문유통시장(IDM)에서만 거래할 수 있다.
>
> ㉡ 만기기간이 20년인 채권도 발행되고 있다.
>
> ㉢ 같은 조건의 일반회사채보다 낮은 수익률로 거래된다.
>
> ㉣ 매입 후 만기보유하면 매입 시의 만기수익률이 실현된다.

① ㉠, ㉡　　　　　　　　　　　② ㉡, ㉢

③ ㉢, ㉣　　　　　　　　　　　④ ㉣, ㉠

08 다음 채권의 발행 당일 수익률이 10%일 때의 듀레이션은 2.78년이다. 다른 조건은 이 채권과 동일하나 표면이율이 10%인 채권의 듀레이션은?

> ㉠ 발행일 : 2××2년 6월 22일
>
> ㉡ 만기일 : 2××5년 6월 22일
>
> ㉢ 표면이율 : 8%
>
> ㉣ 이자지급방법 : 매년단위 후급

① 3.0년　　　　　　　　　　　② 2.83년

③ 2.78년　　　　　　　　　　　④ 2.74년

해설

07 ④ ㉠ 최근 발행된 기준물 등 의무적으로 장내거래를 해야 하는 종목들이 있으나, 모든 국고채를 국채 전문 유통시장에서 거래해야 하는 것은 아니다. ㉡ 2006년부터는 만기기간이 20년인 최장기 국고채 권도 발행되기 시작하였다. ㉢ 국고채는 신용위험이 회사채보다 작기 때문에 동일조건의 일반회사채 보다 낮은 수익률로 거래된다. ㉣ 이표채의 경우는 매입후 만기보유하더라도 재투자수익률이 매입 시 만기수익률과 동일하지 않으면 매입 시의 만기수익률이 실현되지 않는다.

08 ④ 이표채의 듀레이션은 다른 조건이 일정할 경우 표면이율이 커질수록 감소한다. 따라서 이 문제 예 제의 채권의 표면이율이 8%이고 이 채권의 듀레이션이 2.78년인데, 알고자 하는 채권의 표면이율은 10%이므로 2.78년보다 작아야 한다.

09 다음 보기에 제시된 채권들은 연단위 후급이표채들이다. 듀레이션이 작은 채권의 순서대로 나열된 것은?

	표면이율(%)	잔존기간(년)	시장수익률(%)
채권A	5	4	5
채권B	6	4	5
채권C	6	4	6
채권D	6	3	6

① A < B < C < D

② D < B < A < C

③ D < C < B < A

④ D < A < B < C

10 잔존기간이 4년 남은 복리채권이 수익률 7.0%일 때의 단가가 9,736원이다. 수익률이 0.5%포인트 상승할 경우 듀레이션의 개념을 이용해 추정한 이 채권의 가격 변동폭(DP)은?

① $\Delta P = -\dfrac{4}{(1+0.07)} \times 0.005 \times 9,736$

② $\Delta P = \dfrac{4}{(1+0.07)} \times 0.005 \times 9,736$

③ $\Delta P = -\dfrac{3.87}{(1+0.07)} \times 0.005 \times 9,736$

④ $\Delta P = \dfrac{3.87}{(1+0.07)} \times 0.005 \times 9,736$

해설

09 ③ 이표채의 듀레이션은 잔존기간이 작을수록, 표면이율이 높을수록, 시장수익률이 높을수록 작게 나타난다. 실제 이들 채권의 듀레이션을 산출해 보면 채권A = 3.72(년), 채권B = 3.68(년), 채권C = 3.67(년), 채권D = 2.83(년)이다.

10 ① (Macaulay) $Duration = -\dfrac{\dfrac{\Delta P}{P}}{\dfrac{\Delta r}{1+r}}$ 로 정의된다. 따라서 $\Delta P = -\dfrac{Duration}{(1+r)} \times \Delta r \times P$ 이다.

그런데 문제의 채권은 만기 시 일시상환채권이므로 잔존기간과 듀레이션은 동일하다. 따라서 위 조건에서 듀레이션 = 4, $1+r = 1+0.07$, $\Delta r = 0.005$로 주어진 것이다.

11 다음 볼록성에 대한 설명으로 옳지 않은 것들로만 묶여진 것은?

> ㉠ 다른 조건이 일정하다면 수익률의 수준이 낮을수록 볼록성은 작아진다.
> ㉡ 특정 수익률 수준에서 산출된 듀레이션이 같은 두 채권의 경우, 수익률이 상승하게 되면 볼록성이 큰 채권이 볼록성이 작은 채권보다 높은 가격을 갖게 된다.
> ㉢ 다른 조건이 일정하다면 표면이율이 낮은 이표채가 표면이율이 높은 이표채보다 볼록성이 크다.

① ㉠   ② ㉡
③ ㉠, ㉡   ④ ㉡, ㉢

12 표면이율이 8%인 할인채를 잔존기간이 3년 남은 시점에서 8,150원에 매입 후 만기 상환받았다. 이 투자의 연단위 실효수익률은?

① $\sqrt{\dfrac{8,150 \cdot (1 + 0.08)^3}{10,000} \times \dfrac{1}{3}}$

② $\dfrac{10,000 - 8,150}{8,150} \times \dfrac{1}{3}$

③ $\sqrt[3]{\left[\dfrac{8,150 \cdot (1 + 0.08)^3}{10,000} - 1\right]}$

④ $\sqrt[3]{\dfrac{10,000}{8,150}} - 1$

13 다음 중 만기수익률(Yield to Maturity)에 대한 설명으로 옳은 것들만을 모두 고른 것은?

> ㉠ 채권에서 발생하는 현금흐름의 현재가치를 채권의 가격과 일치시키는 할인율로도 정의된다.
> ㉡ 모든 채권은 매입 후 만기까지 보유할 경우 매입 시의 만기수익률이 실현된다.
> ㉢ 할인채는 만기수익률과 현물수익률(spot rate)이 동일하다.

① ㉠, ㉡
② ㉡, ㉢
③ ㉠, ㉢
④ ㉠, ㉡, ㉢

14 잔존기간이 3년 남은 할인채를 만기수익률 5%에 매입하여 2년이 경과한 후 만기수익률 7%에 매도하였다. 액면 10,000원 단위로 산정한 손익금액은? (가장 가까운 값을 구하시오.)

① 707원 수익 발생
② 21원 수익 발생
③ 21원 손실 발생
④ 707원 손실 발생

15 현시점에서 만기가 2년인 이자율($_0R_2$)이 7%, 만기가 3년인 이자율($_0R_3$)이 8%라고 하면 향후 2년 후의 1년 만기 내재선도이자율($_2f_1$)은?

① 7.53%
② 8.89%
③ 9.08%
④ 10.03%

해설

13 ③ ㉠ 만기수익률에 대한 정의를 설명한 것이다. ㉡ 이표채는 만기 전에 발생되는 이자를 어떻게 재투자하느냐에 따라 실효(현)수익률이 달라지기 때문에 비록 매입 후 만기까지 보유한다고 하더라고 매입 시 만기수익률이 실현된다고 보장할 수 없다. ㉢ 할인채와 같이 현금흐름이 한번 발생하는 채권의 만기수익률은 곧 현물수익률이다.

14 ① 매입단가: $P_b = \dfrac{10,000}{(1+0.05)^3} = 8,638.38$,

매도단가: $P_s = \dfrac{10,000}{(1+0.07)^1} = 9,345.79$.

따라서 액면 10,000원당 707원(=9,345−8,638) 수익 발생

15 ④ $(1+{_2f_1}) = \dfrac{(1+{_0R_3})^3}{(1+{_0R_2})^2} = \dfrac{(1+0.08)^3}{(1+0.07)^2} = 0.10028$ 이므로 ${_2f_1}$는 10.03%이다.

16 다음 중 추후 수익률 곡선의 수평적 하락 이동을 확신할 경우 투자수익률 극대화를 위해 취하는 적극적 채권운용방식은?

① 현금 및 단기채의 보유비중을 늘린다.

② 국채선물의 매도 포지션을 늘린다.

③ 표면이율이 낮은 장기채의 보유비중을 증대시킨다.

④ 채권 포트폴리오의 듀레이션을 감소시킨다.

17 다음 중 채권운용전략에 관한 설명으로 옳지 않은 것들로만 모두 고른 것은?

> ㉠ 나비형 투자전략을 수행하려면 중기물을 중심으로 한 불릿(bullet)형 포트폴리오를 구성하여야 한다.
>
> ㉡ 현금흐름 일치전략은 향후 예상되는 현금유출액을 하회하는 현금유입액을 발생시키는 채권 포트폴리오를 구성하는 전략이다.
>
> ㉢ 면역전략은 투자시한과 채권의 듀레이션을 일치시켜 운용수익률을 목표 시점까지 고정시키려는 전략이다.
>
> ㉣ 수익률 곡선 타기 전략은 수익률 곡선이 우하향할 때 그 효과가 극대화된다.

① ㉠, ㉡, ㉢

② ㉡, ㉢, ㉣

③ ㉠, ㉡, ㉣

④ ㉠, ㉡, ㉢, ㉣

16 ③ ① 현금 및 단기채와 같은 유동성이 높은 자산의 비중 증대는 수익률 상승이 예상될 때 취해야 할 전략이다. ② 국채선물의 매도 포지션을 늘리는 것은 듀레이션을 줄이는 효과를 가져온다. ③ 수익률 곡선의 수평적 하락 이동은 채권의 가격 상승을 의미한다. 이 경우 가격 상승 효과가 가장 높은 채권은 표면이율이 낮고 잔존기간이 긴 장기채라고 할 수 있으며, 이는 곧 듀레이션이 큰 채권들이라고 할 수 있다. ④ 포트폴리오의 듀레이션 감소는 가격 상승 효과를 감소시켜 투자수익을 감소시킨다.

17 ③ ㉠ 나비형 투자전략을 수행하려면 바벨(barbell)포트폴리오를 구성해야 한다. ㉡ 현금흐름 일치전략은 향후 예상되는 부채의 현금유출액 이상이 되도록 현금유입액을 발생시켜 부채상환의 위험을 최소화시키는 채권 포트폴리오를 구성하는 전략이다. ㉢ 면역전략은 투자시한과 채권의 듀레이션을 일치시켜 운용수익률을 목표 시점까지 고정시키려는 전략이다. ㉣ 수익률 곡선 타기전략은 수익률 곡선이 우상향할 때 그 효과를 볼 수 있다.

18 다음 중 옳지 않은 설명으로 묶인 것은?

> ㉠ 전환사채의 전환권 행사 시에는 신규로 주금을 납입하여야 한다.
> ㉡ 우리나라에서는 분리형 신주인수권부사채가 발행된다.
> ㉢ 교환사채는 발행회사가 보유하고 있는 주식으로 교환할 수 있는 권리가 부여된 채권이다.
> ㉣ 수의상환채권(callable bond)이란 채권 보유자가 채권의 발행자에게 조기상환을 청구할 수 있는 권리가 첨부된 채권이다.

① ㉠, ㉡　　　　② ㉡, ㉢　　　　③ ㉢, ㉣　　　　④ ㉣, ㉠

19 패리티가 140인 전환사채의 전환 대상 주식의 주가가 7,000원이라면 이 전환사채의 액면 전환 가격은?

① 5,000원　　　② 7,000원　　　③ 10,000원　　　④ 14,000원

20 다음 중 수의상환채권(callable bond) 및 수의상환청구채권(putable bond)에 대한 설명으로 적절하지 않은 것은?

① 수의상환채권의 수의상환권은 채권투자자에게 부여된 권리이다.
② 수의상환청구채권의 수의상환청구권은 금리가 상승할수록 행사 가능성이 커진다.
③ 다른 조건이 같다면 수의상환청구채권의 가치는 일반채권의 가치보다 크다.
④ 금리가 하락할수록 수의상환권의 가치는 증가한다.

해설

18　④ ㉠ 전환사채의 전환권 행사 시에는 주금이 사채금액으로 대체된다. ㉡ 우리나라에서는 분리형 신주인수권부사채가 발행된다. ㉢ 교환사채는 발행회사가 보유하고 있는 주식으로 교환할 수 있는 권리가 부여된 채권이다. ㉣ 수의상환채권(callable bond)이란 채권 발행자가 채권의 보유자에게 조기에 원리금을 상환할 수 있는 권리가 첨부된 채권이다.

19　① $parity = \dfrac{\text{전환 대상 주식의 주가}}{\text{전환 가격}} \times 100 = \dfrac{7,000}{\text{전환 가격}} \times 100 = 140.$
따라서 전환 가격은 5,000원임

20　① 수의상환채권의 수의상환권은 채권 발행자에게 부여된 권리이다. ② 금리가 상승하면 수의상환권을 행사하여 원금을 회수한 후 보다 높은 수익률로 투자가 가능해지기 때문에 수의상환권 행사 가능성이 높아지게 된다. ③ 수의상환청구채권의 가치＝일반채권의 가치＋수의상환청구권(풋옵션)의 가치 ④ 금리가 하락할수록 수의상환권의 가치는 증가한다.

정답　01 ① | 02 ④ | 03 ④ | 04 ① | 05 ③ | 06 ④ | 07 ④ | 08 ④ | 09 ③ | 10 ① | 11 ① | 12 ④ | 13 ③ | 14 ① |
15 ④ | 16 ③ | 17 ③ | 18 ④ | 19 ① | 20 ①

part 04

코넥스시장, K-OTC시장

certified securities investment advisor

chapter 01

코넥스시장

코넥스시장의 개요

1 **코넥스시장의 의의**

코넥스(KONEX, Korea New Exchange)는 자본시장을 통한 초기 중소·벤처기업의 성장지원 및 모험자본 선순환 체계 구축을 위해 2013년 7월 개설된 초기·중소기업전용 신시장이다. 코넥스시장은 유가증권시장 및 코스닥시장과 마찬가지로 거래소가 개설하는 증권시장으로서, 코넥스시장에 상장된 기업은 유가증권시장 및 코스닥시장의 상장법인과 동일하게 주권상장법인의 지위를 갖게 된다. 다만 코넥스시장은 중소기업만 상장이 가능하고 공시의무가 완화되어 있는 등 유가증권시장 및 코스닥시장 상장법인과 몇 가지 차이점이 있다. 또한, 코넥스 시장 활성화 방안(2022.1.1.)에 따른 후속조치로서 기본예탁금을 폐지하고 신규상장 법인이 분산요건을 충족하는 경우 지정자문인과의 유동성공급계약 체결의무를 면제할 수 있도록 유동성공급제도를 개선하였다.

(1) 상장대상의 제한 및 진입기준 완화

코넥스시장은 초기 중소기업에 특화된 시장으로서 중소기업만 상장이 가능하다. 또한 유가증권시장 및 코스닥시장 상장과 달리 공모, 사모, 직상장 등 다양한 형태의 상장이 가능하며, 기술력 있는 중소기업의 상장을 지원하기 위하여 상장요건을 최소화하였다.

(2) 상장회사 부담 완화

코넥스시장은 유가증권시장 및 코스닥시장과 비교하여 공시의무, 기업지배구조 등의 측면에서 상장법인의 부담을 대폭 완화하였다. 공시의무의 경우 수시공시 항목을 축소하고, 분·반기보고서 제출을 면제하는 등 공시범위를 완화하였다.

(3) 기업성장 및 경쟁력 강화를 위한 M&A 지원

코넥스시장은 M&A 등 구조조정을 지원하는 시장이다. 초기 중소기업은 M&A 등을 통한 기업성장 및 경쟁력 강화가 매우 중요하므로, 코넥스시장을 통한 활발한 M&A의 지원 및 원활한 지분매각을 위하여 비상장법인 간 합병요건(우회상장 포함)을 완화하고, 대량매매제도와 경매매제도 등을 도입하였다.

section 02   코넥스시장의 상장제도

1   상장제도 개요

코넥스시장은 초기 중소·벤처기업의 자본시장 진입과 자본시장을 활용한 자금조달이 용이하고 원활히 이루어질 수 있도록 유가증권시장 및 코스닥시장보다 진입요건을 크게 완화하고 있다.

(1) 지정기관투자자 제도의 도입

코넥스시장은 2015년 7월 기술평가기업을 위한 상장특례제도와 함께 지정기관투자자 제도를 도입했다. 지정기관투자자는 중소기업 증권에 대한 전문적인 가치평가 능력 및 투자실적 등을 고려하여 거래소가 지정하는 기관투자자이다.

지정기관투자자 또는 다수의 지정기관투자자들이 6개월 이상 투자하고 기업이 발행한 주식 등의 전체 수량의 현재 10% 이상(투자자가 다수인 경우, 합산하여 20% 이상)을 보유하거나 해당 기업의 주식 등에 30억 원 이상을 투자한 중소기업 중 상장특례제도를 활용하여 코넥스시장에 상장하고자 하는 기업은 지정기관투자자(다수인 경우 전원)로부터 특례상장에 대한 동의를 얻어야 한다.

한편, 지정기관투자자는 특례상장에 동의한 피투자기업이 코넥스시장에 상장 후 1년 이내에 지정자문인 계약을 체결할 수 있도록 후원하는 등의 역할을 수행한다.

(2) 지정자문인의 상장적격성 판단 (특례상장은 제외)

코넥스시장에 상장하고자 하는 기업은 증권에 대한 인수업 인가를 받은 모든 금융투자업자(거래소 회원)와 지정자문인 선임계약을 체결한 이후에 신규상장신청이 가능하다. 유가증권시장 및 코스닥시장에서는 거래소가 상장희망기업의 상장적격성을 심사하는 반면, 코넥스시장 상장에서는 지정자문인이 기업의 상장적격성을 판단하고 거래소에 의한 심사는 최소화하였다. 또한 상장적격성 판단을 지정자문인이 상장신청 전에 완료함으로써 상장신청 이후 신규상장까지 소요기간을 15영업일 이내로 크게 단축하였다. 다만, 일정 요건을 갖춘 기술평가기업 또는 크라우드펀딩 기업의 경우 특례상장제도에 따라 지정자문인 선임계약 없이도 상장이 가능하다.

(3) 회계기준 및 지배구조 준수의무 완화

유가증권시장 및 코스닥시장에 상장하고자 하는 기업들은 의무적으로 증권선물위원회로부터 외부감사인을 지정받고 한국채택국제회계기준(K-IFRS)을 도입하여야 하나, 코넥스시장에서는 이 의무를 면제하고 있다. 또한 2013년 11월 자본시장법령 개정을 통해 코넥스상장법인에 대한 사외이사(자산총액이 2조원 미만인 경우) 및 상근감사 선임 의무를 면제하여 상장유지 부담을 경감하였다.

(4) 상장주권의 의무보유 완화

코넥스시장은 코넥스시장 상장기업의 자유로운 M&A, 자금조달 편의성 및 투자자금의 원활한 회수를 위해 유가증권시장 및 코스닥시장과 달리 상장주권의 의무보유 의무를 부과하고 있지 않다. 다만, 특례상장으로 상장한 기업(스타트업기업부 소속 상장사)에 한하여 상장에 동의한 기관투자자는 6개월간 의무보유를 해야 한다.

2 상장요건

(1) 외형요건

성장 초기 중소·벤처기업이 코넥스시장에 원활히 상장할 수 있도록 매출액·순이익 등의 재무요건을 적용하지 않는 등 초기 중소·벤처기업 실정에 부합하지 않는 요건은 폐지하거나 완화하였다. 증권의 자유로운 유통과 재무정보의 신뢰성 확보를 위한 최소한의 요건만 적용한다.

표 1-1 **코넥스시장 외형요건**

구분	내 용
상장 대상 기업	중소기업에 해당될 것
주권의 양도제한	정관 등에 양도제한의 내용이 없을 것 * 다만, 법령 또는 정관에 의해 제한되는 경우로서 그 제한이 코넥스시장에서의 매매거래를 저해하지 않는다고 인정되는 경우 예외
감사의견	최근 사업연도 감사의견이 적정일 것
지정자문인	지정자문인 1사와 선임계약을 체결할 것 (특례상장은 제외)
액면가액	100원, 200원, 500원, 1,000원, 2,500원, 5,000원 중 하나일 것

(2) 질적요건 (공익·투자자 보호 관련 부적격 사유 등)

거래소는 지정자문인이 제출한 상장적격성 보고서를 토대로 공익과 투자자 보호에 부적합한 사유가 없는지에 대해 질적심사를 수행한다. 지정자문인이 신규상장신청기업에 대해 사전에 상장적격성을 심사하므로 거래소에 의한 상장심사는 최소화하고 있다.

코넥스시장에 상장을 희망하는 기업은 자금조달의 필요성 및 규모 등을 고려하여 공모나 사모 또는 직상장 중에서 해당 기업의 실정에 적합한 상장방법을 선택할 수 있다. 코넥스시장에서 직상장의 경우 상장신청 이후 최초 매매거래 개시일까지 소요기간은 약 15영업일에 불과하여, 약 4개월이 소요되는 코스닥시장에 비해 매우 신속한 상장이 가능하다. 다만, 공모나 사모 방식을 통한 상장의 경우에는 직상장의 경우에 비해 소요기간이 다소 늘어날 수 있다.

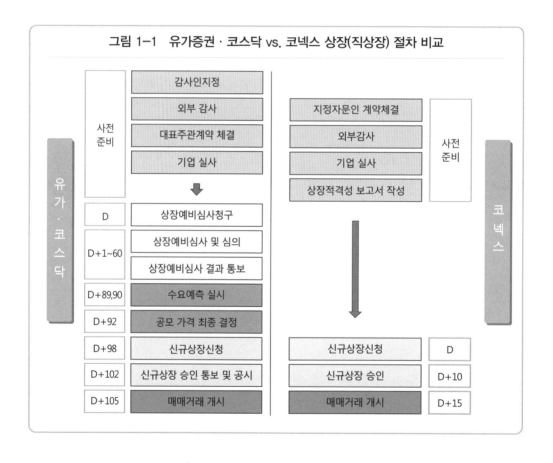

그림 1-1 유가증권 · 코스닥 vs. 코넥스 상장(직상장) 절차 비교

4 지정자문인 제도

코넥스시장에 상장하고자 하는 기업(특례상장제도를 이용하는 기업은 제외)은 거래소가 선정한 지정자문인 중 1개사와 지정자문인 선임계약을 체결하여야 신규상장신청이 가능하다. 지정자문인은 상장예정법인의 상장적격성 심사뿐 아니라 상장 후 자문·지도, 공시·신고 대리, 기업의 정보 생성 및 시장에서의 유동성 공급 업무를 담당함으로써 기업의 후견인 역할을 수행한다.

코넥스상장법인은 상장기간 동안 지정자문인과의 선임계약을 유지하여야 하며, 만약 계약을 해지하는 경우 30일(영업일 기준) 이내에 다른 지정자문인과 신속히 지정자문인 계약을 체결하지 않으면 상장폐지 요건에 해당된다.

5 특례상장제도

코넥스시장은 일정한 요건을 충족하는 기술평가기업[1] 또는 크라우드펀딩 기업[2]이 지정자문인 선임 없이 코넥스시장에 상장할 수 있도록 하는 특례상장제도를 도입하였다. 코넥스시장에 주권을 신규상장하려는 기술평가기업은 상장희망일부터 45일 전에, 크라우드펀딩 기업은 상장희망일부터 15일 전에 신규상장신청을 하여야 한다.

거래소는 상장공시위원회의 심의 등을 거쳐서 심사결과를 확정한다.

코넥스시장은 특례상장기업이 일반상장기업과 쉽게 구분될 수 있도록 별도의 소속부 제도를 운영하고 있으며 지정자문인을 통해 상장한 기업은 일반기업부, 지정자문인 없이 특례상장을 통해 상장된 기업은 특례상장의 유형에 따라 스타트업기업부 또는 크라우드펀딩기업부로 배정된다. 특례상장기업은 상장일로부터 1년 이내에 지정자문인 계약을 체결하고 그 계약을 유지하여야 한다. 상장기업이 동 기간이 경과한 후에도 지정자문인 계약을 체결하지 못하는 경우 상장이 폐지되나 상장공시위원회 심의를 거쳐 1년 범위 내에서 상장폐지 유예가 가능하다.

---

1 기술평가기업이란 「중소기업기본법」 제2조에 따른 중소기업으로서 기술신용평가기관으로부터 코넥스시장 상장규정 시행세칙에서 정하는 기술평가등급 이상을 받은 기업을 말한다.
2 크라우드펀딩 기업이란 법 제9조제27항 각 호 외의 부분에 따른 온라인소액투자중개(이하 "온라인소액투자중개"라 한다)의 방법으로 증권을 발행한 기업을 말한다.

그림 1-2 기술특례상장 절차

기술등급평가 (BB 이상) / 지정기관투자자의 특례상장 동의 ▷ 신규상장신청 ▷ 상장심사 ▷ 전문가 회의 (필요 시) ▷ 상장공시 위원회 심의 ▷ 심사결과 확정

한편, 특례상장기업은 지정자문계약 기간이 6개월을 경과한 시점부터 코스닥시장으로 신속이전 상장이 가능하며, 벤처금융 또는 전문투자자가 2년 미만 투자한 주식 등에 대하여 이전 상장 후, 1개월간 매각이 제한된다. 다만, 이전 상장기업의 코넥스 상장기간이 1년 이상이거나, 코넥스 상장기간이 1년 미만이어도 코넥스시장에서 주식을 취득한 경우에는 매각제한의무가 면제된다.

표 1-2 기술특례상장 대상 기업의 외형요건

구분	요건
투자유치	거래소가 지정하는 기관투자자(지정기관투자자)가 10% 이상 지분을 보유하거나 30억 원 이상 투자(6개월 이상)
기술력	기술신용평가기관 또는 기술전문평가기관으로부터 일정 수준(BB) 이상 기술등급 확보
투자자 동의	지정기관투자자의 특례상장 및 지분 매각 제한 동의

표 1-3 크라우드펀딩 특례상장 대상 기업의 외형요건

구분	일반 크라우드펀딩기업	KSM등록 크라우드펀딩기업
펀딩규모	3억원 이상 (추천기업 : 1억원 이상)	1.5억원 이상 (추천기업 : 0.75억원 이상)
참여 투자자수	50인 이상 (전문투자자 2인 포함)	20인 이상 (전문투자자 2인 포함)

6 상장폐지

코넥스시장의 상장폐지요건은 유가증권시장 및 코스닥시장의 상장폐지 요건과 유사하다. 다만 초기 중소·벤처기업의 취약한 재무상태 및 높은 경영성과 변동성 등을 고려하여 재무상태 및 경영성과와 관련한 상장폐지 요건은 적용하지 않고 있으나, 지정자문인 계약 여부를 퇴출요건에 추가하여 부실기업의 신속한 퇴출을 유도하고 있다. 상장유지가 곤란하다고 판단되는 기업에 대해서는 지정자문인 선임 계약 해지를 통해 퇴출을 유도함으로써 투자자 보호가 가능하도록 하였다.

표 1-4 **코넥스시장의 주요 상장폐지 요건**

구분		요건
즉시 상장 폐지	특례상장기업의 지정자문인 미선임	특례상장후 1년 경과시까지 지정자문인 계약 미체결
	감사의견	부적정, 의견거절, 감사범위제한으로 인한 한정
	분산요건미달	최근 사업연도(신규상장일이 속하는 사업연도는 제외)말 최대주주 등의 지분을 제외한 주식이 5% 미만
	자본전액잠식	상장 이후 10년 경과 법인의 자본전액잠식 발생
	공시서류 미제출 등	사업보고서 미제출
	기업설명회 미개최	2반기 연속 또는 3년 내 4회 이상 미개최
	이전 상장	유가증권·코스닥시장 상장을 위한 상장폐지 신청
	포괄적주식교환	주식의 포괄적 교환 등으로 상장법인이 다른 법인의 완전자회사가 되는 경우
	기타	−어음 또는 수표의 부도/은행 거래정지 −해산사유(피흡수합병, 파산선고 등) 발생 −지정자문인 선임계약 해지 후 30영업일 내 미체결 −정관 등에 따른 주식의 양도제한
위원회 심의 후 상장폐지 결정		−불성실공시(최근 1년간 누계벌점이 15점 이상) −회생절차개시신청 −상장 관련 서류의 허위기재 또는 누락 −횡령·배임, 회계부정, 주된 영업정지 등

1 개요

코넥스시장은 초기 중소·벤처기업 중심의 시장 특성을 반영하여 유가증권시장 및 코스닥시장에 부과되는 수시공시 의무사항 중 창업 초기 중소·벤처기업에 있어 중요성이 떨어지거나 정기공시 등과 중복되는 사항들을 대폭 축소하였다.

또한 자본시장법상 반기·분기보고서 제출의무를 면제하되, 초기 중소·벤처기업의 성장잠재력 판단에 필요한 다양한 형태의 기업 정보가 충분히 제공될 수 있도록 상장법인의 IR 개최(연 2회 이상, 분기보고서 대체) 및 지정자문인의 기업현황보고서 제출(반기보고서 대체)을 의무화하였다. 한편 코넥스상장법인의 공시인력 운용부담 완화, 기업정보제공의 전문성 및 신뢰성 제고 등을 목적으로 공시대리인 제도를 도입하였다.

2 공시제도

(1) 주요 경영사항의 의무공시

투자자의 투자판단에 중요한 영향을 주는 기업의 현재와 미래에 대한 주요 경영정보가 발생할 경우 상장법인은 의무적으로 투자자들에게 알려야 한다. 특히, 코넥스시장은 상장폐지 등 시장조치 관련 사항, 자본시장법상 주요 사항보고서 수준의 중요사항, 지배구조 변동사항 및 횡령·배임 등 건전성 저해행위를 중심으로 공시의무를 부과하고 있다. 이 중, 상대적으로 긴급성이 적은 사항은 발생일의 다음날까지 공시하도록 하였고, 재무비율을 기준으로 한 항목의 경우 코스닥시장보다 기준비율을 높여 성장형 초기기업의 특성을 반영하였다.

(2) 조회공시

코넥스상장법인의 중요한 경영사항과 관련된 풍문 또는 보도가 있을 경우 거래소는 투자자 보호를 위하여 그 사실 여부를 상장법인에 확인하여 공시하도록 하고 있다. 다만, 코넥스시장은 거래량이 많지 않은 점을 감안하여 코스닥시장과 달리 주가 및 거래량 급변에 따른 조회공시는 적용하지 않는다.

상장법인은 거래소의 조회공시 요구를 받은 경우, 확정, 부인, 미확정으로 구분하여 답변하여야 하며, 사안의 중요도에 따라 조회공시 요구와 함께 매매거래정지가 수반될 수 있다.

코넥스상장법인은 거래소의 조회공시 요구에 대하여 요구 시점이 오전인 경우 당일 오후까지, 요구 시점이 오후인 경우 다음날 오전까지 답변하여야 한다. 다만, 매매거래정지가 수반된 경우에는 요구 시점과 관계없이 다음날 오후 6시까지 답변할 수 있다.

(3) 자율공시

코넥스상장법인은 의무공시사항 외에 회사의 경영·재산 및 투자자의 투자판단에 영향을 미칠 수 있는 사항에 대하여 자율적으로 공시할 수 있다. 코넥스시장은 코스닥시장에 비해 의무공시사항이 대폭 축소된 만큼 자율공시 대상이 확대되었다. 다만, 자율공시사항인 경우에도 일단 공시한 이후에는 허위공시 등 불성실공시에 대한 책임이 부과된다.

(4) 기업설명회 개최 의무

코넥스상장법인은 기업설명회 개최 의무가 있다. 코넥스상장법인이 기업설명회를 개최할 경우 일시, 장소, 설명회 내용 등을 공시하여야 하며, 기업설명회 개최 결과를 개최일 익일까지 거래소에 신고하여야 한다.

상장법인은 반기마다 기업설명회를 개최하여야 하며, 2반기 동안 연속하여 개최하지 않거나 3년 동안 4회 이상 개최하지 않은 경우 상장폐지 사유에 해당된다.

3 불성실공시의 제재

(1) 불성실공시의 의의 및 유형

코넥스시장의 불성실공시제도는 유가증권시장 및 코스닥시장과 기본적으로 동일하게 불성실공시법인에 대한 벌점부여, 상장폐지 등이 유사하나, 제도 간소화 및 상장법인의 공시부담 완화를 위하여 공시불이행 및 공시번복에 한하여 적용하고 있다.

표 1-5	불성실공시 지정사유
구분	내용
공시불이행	• 공시의무사항을 기한 내에 신고하지 아니하는 경우 • 거짓으로 또는 잘못 공시하거나 주요 사항을 기재하지 아니하고 공시한 경우
공시번복	• 이미 공시한 내용을 전면 취소, 부인 또는 이에 준하는 내용(예 : 조회공시 부인 후 일정기간 내 확정공시) 등을 공시하는 경우 • 조회공시 부인 후 1월 이내에 기존 공시내용과 상반되는 내용을 결정하는 경우
공시변경	• 미적용

(2) 불성실공시법인 지정 및 제재

공시의무 위반사항에 해당하는 경우 불성실공시법인 지정예고 및 상장공시위원회 심의 등의 절차를 거쳐 벌점이 부과될 수 있다. 누계벌점이 일정 기준을 초과하는 경우 상장적격성 실질심사사유에 해당된다.

section 04 코넥스시장 매매제도

1 매매거래제도 개요

코넥스시장은 투자자의 거래편의 제고 및 매매제도의 안정적 운영을 위하여 원칙적으로 주 시장인 유가증권시장 및 코스닥시장과 동일하게 운영하고 있다. 주시장과 동일하게 운영되는 부분은 매매거래시간, 휴장·정지, 매매방법, 공매도제한, 청산·결제 및 위탁증거금 등이며, 매매방식도 유가증권시장 및 코스닥시장과 동일하게 연속경쟁매매 방식(접속매매방식)을 채택하고 있다.

다만, 거래가 활발하지 않고 공모·사모·직상장 등 다양한 상장유형이 있다는 코넥스 시장의 특성을 반영하여 경매매제도, 유동성공급자(LP) 지정 의무화 등을 마련하였다. 또한 코스닥시장에 비해 상장종목수도 많지 않고 차익거래 등도 발생하지 않으므로 매매거래제도를 단순하게 운영할 필요가 있다. 그래서 코스닥시장에 비해 호가종류도 단순화하였고 프로그램매매제도도 도입하지 않았다.

(1) 매매수량단위

매매수량단위는 투자자가 매수·매도 주문을 제출하는 데 적용되는 최저수량 단위로, 코넥스시장 매매수량단위는 유가증권·코스닥 정규시장과 동일하게 1주이다.

(2) 호가의 종류 및 호가 가격 단위

유가증권시장 및 코스닥시장의 경우 호가(주문) 종류가 7가지(지정가, 시장가, 최유리지정가, 최우선지정가, 조건부지정가, 목표가, 경쟁대량매매 호가)인 데 비해, 코넥스시장의 호가종류는 지정가호가 및 시장가호가 2가지로 최소화하였다. 한편, 매매거래 시간 중 호가 가격 단위는 유가증권 및 코스닥시장과 동일하게 7단계 체제로 운영되고 있다.

(3) 가격제한폭

코넥스시장은 1일 가격제한폭을 유가증권시장 및 코스닥시장(30%)과 달리 기준 가격 대비 상하 15%로 제한하고 있다. 다만, 시간외 대량매매의 경우에는 1일 가격제한폭을 기준가격대비 상하 30%로 확대적용하고 있다. 또한 본질적으로 가격 변동이 큰 정리매매종목의 경우 균형 가격의 신속한 발견을 위하여 가격제한폭을 적용하지 않고 있으며, 시장상황 급변 등 거래소가 시장관리상 필요하다고 인정하는 경우에는 가격제한폭은 달리 정할 수 있다.

(4) 매매체결

코넥스시장은 시장 개설 당시 개설 초기 30분 단위 단일가매매방식을 기본적인 매매체결방법으로 채택하였으나, '14.6.30일부터 유가증권시장 및 코스닥시장의 정규시장 매매체결방법과 동일하게 연속경쟁매매방식(접속매매방식)으로 변경하여 운영하고 있다.

(5) 동시호가제도

동시호가제도는 시간우선원칙의 예외로서 단일가매매에 시가 등을 결정하는 경우 시가 등이 상·하한가로 결정되는 때에 단일가매매에 참여한 상한가매수호가 또는 하한가매도호가(시장가호가 포함)를 동시에 접수된 호가로 간주하여 매매체결수량을 배분하는 제도이다. 코넥스시장에도 동시호가제도를 도입하고 있으며, 시가 결정 시 외에도 전산장애 또는 풍문 등에 의한 거래 중단 후 재개시의 최초가격이 상·하한가로 결정되는 경우에도 적용된다. 매매체결은 수량우선원칙에 따라 수량이 가장 많은 호가부터 수량이 적은 호가순으로 ① 매매수량단위의 100배, ② 잔량의 2분의1, ③ 잔량의 순서로 체결된다.

(6) 유동성공급자(LP)제도

코넥스시장의 경우 원활한 가격형성을 도모하기 위해 원칙적으로 지정자문인이 해당 종목에 대해 매수·매도 호가를 제출하는 유동성공급자(Liquidity Provider, LP) 역할을 하도록 의무화하였다. 다만, 코넥스시장의 경우 LP의무를 유가·코스닥 시장에 비해 대폭 완화하였다. 코넥스시장의 LP가 되기 위해서는 투자매매업 인가를 받은 거래소 결제회원으로서, 최근 1년 이내에 관련 법규를 위반하여 형사제재 및 영업정지 이상의 조치를 받은 사실이 없어야 한다.

표 1-6   **코스닥시장 · 코넥스시장 LP자격요건비교**

구분	코스닥시장	코넥스시장
업 요건	투자매매업 인가를 받은 결제회원	
인적 요건	유동성 공급업무를 담당하는 직원 지정	해당없음
결격사유(최근1년 이내)	유동성공급업무의 평가가 연속 가장 낮은 등급을 받은 경우	해당 없음
	관련 법규를 위반하여 형사제재 및 영업정지 이상의 조치를 받은 경우	

3   경매매제도

경매매는 증권의 매매거래 시 매도측 또는 매수측의 어느 한쪽이 단수이고 또 다른 한쪽은 복수일 때 이루어지는 매매로, 코넥스시장에서는 매도측이 단수(1인)이고 매수측이 복수인 경우에 한해 동 제도를 도입하고 있다. 이는 매수측이 단수, 매도측이 복수인 경우는 공개매수와 구조가 거의 동일하게 되어 자본시장법상 공개매수 규제의 회피 수단으로 악용될 우려가 있기 때문이다.

(1) 신청방법

회원은 경매매를 신청하기 위하여 거래소가 운영하는 대량매매등네트워크(이하 'K-Blox')를 통해 최저 매도 희망수량과 최저 입찰 가격을 입력해야 한다. 경매매를 신청하는 경우, 우선 최소 매도수량요건(상장주식 총수의 0.5% 및 2,500만원 이상)을 충족해야 하는데, 이는 경매매를 통해 주요 주주 등이 대량으로 보유한 지분을 효과적으로 분산할 수 있도록 지원하는 한편, 소량만 체결될 경우 지분변동신고의무 등의 부담만 발생할 우려가 있기 때문이다. 다만, 최저 매도 희망수량은 경매매 신청수량 이내에서 매매수량단위에 맞게 신청인이 자유롭게 정할 수 있다.

한편, 신청자는 최저 입찰 가격(매도 희망 가격)을 제시해야 한다. 이 경우 해당 가격은 정규시장의 가격에 영향을 미치지 않고 대량매매를 원활히 처리하도록 하기 위하여, 당일 가격제한폭 이내로 제한되고 있다. 거래소는 경매매제도의 활용성을 제고하기 위해 '20.9.7부터 경매매 신청기간을 직전 매매거래일(장종료 후부터 16시 30분까지)에서 경매매 3매매거래일 전일 및 직전매매거래일(17:30)로 변경하였다.

표 1-7   경매매 신청요건

구분	주요 내용
최소 신청수량	상장주식 총수의 0.5% 이상 매도로서 2,500만 원(기준 가격×신청수량) 이상의 매도
가격 범위	최저 입찰 가격(매도 희망 가격) 및 입찰 가격(매수호가)은 당일 가격제한폭 (기준 가격 ±15%) 이내
최저 매도 희망수량	최저 매도 희망수량 미만으로 매수주문 접수 시 전량 체결시키지 않음
신청방법	경매매 3매매거래일 전일 및 직전매매거래일(장종료 후부터 17시 30분까지)에 매도인은 회원사를 통해 거래소에 경매매를 신청*하고, 거래소는 해당 내용을 시장에 안내

* 종목별로 1일 1건만 신청 가능. 만약, 동일 종목에 대해 2건 이상의 경매매 신청이 있는 경우 먼저 접수된 신청만 유효

(2) 경매매 매수주문의 접수 및 매매체결

경매매는 당일 장 개시 전 시간외시장(08 : 00~08 : 30) 중에 매도호가 및 매수호가를 접

수한 후에 08 : 30에 매매체결되나, 과열방지 및 시세조종 우려 등으로 인해 접수된 호가현황은 공개되지 않는다.

경매매는 가격우선원칙 및 시간우선원칙에 따라 매도수량에 매수주문을 순차적으로 매칭시키고, 최저 매도 희망수량 이상으로써 매도수량 전부가 체결되는 해당 주문의 가격을 전체 주문 가격의 체결 가격으로 한다.

경매매 체결방법(예시)

매도수량 10,000주(최저 매도 희망수량 5,000주), 최저 입찰 가격 10,000원(기준 가격 10,000원)인 경우,

매수 가격	매수수량	비 고
11,000	3,000 / 2,000	전량체결(5,000주)
10,500	3,000	전량체결(3,000주)
10,300	4,000	부분체결(2,000주)*
10,000(최저 입찰 가격)	3,000	

* 먼저 접수된 주문부터 매매체결
☞ 매수주문을 순차적으로 매도수량과 매칭시킬 경우 10,300원에서 매도수량이 전량 체결되므로, 전체 경매매 체결 가격은 10,300원으로 결정

(3) 경매매 제외 사유

다음 중 어느 하나에 해당하는 경우에는 경매매 신청을 할 수 없다.

1 시가 기준가 종목의 매매거래 개시일
2 매매거래가 정지[3]된 종목의 매매거래 재개일
3 정리매매종목
4 배당락, 권리락, 분배락, 주식분할 또는 주식병합 종목(다만, 기준 가격의 변동이 없는 경우 경매매 가능) 등

---

3 거래정지 1일 이상, 장 개시 전 시간외거래 미해당 종목 등

코넥스시장은 초기 중소기업 중심의 시장으로서 어느 정도 위험 감수능력을 갖춘 투자자로 시장참여자를 제한할 필요가 있어 코넥스시장 투자자에 대하여 일정 금액 이상을 기본예탁금으로 예탁하도록 하고 있었으나 코넥스 시장 활성화 방안(2022.1.10, 금융위원회)에 따른 후속조치로서 기본예탁금 및 소액투자전용 계좌를 폐지하였다. 이에 따라, 거래를 처음 시작하는 일반투자자가 코넥스 시장의 특성 및 투자위험성 등을 충분히 인식할 수 있도록 증권사는 투자자 유의사항을 개인별 1회 고지하고 있다.

다만, 충분한 위험감수 능력이 있거나 중소기업에 대한 투자전문성이 인정되는 투자자는 투자자 유의사항 고지를 면제하고 있다.

〈투자자 유의 고지 면제 대상자〉

1. 자본시장법상 전문투자자
2. 자본시장법시행령 제6조제1항 각호의 어느 하나에 해당하는 법률에 따라 설립 또는 설정된 집합투자기구(창투조합 등)
3. 중소기업창업지원법에 따른 중소기업창업투자회사
4. 벤처기업육성에 관한 특별조치법 제13조에 따른 개인투자조합
5. 벤처기업육성에 관한 특별조치법 제2조의2제1항제2호 가목(8)에 해당하는 전문엔젤투자자
6. 분리과세 하이일드펀드에 해당하는 투자일임재산(랩어카운트, 투자일임계좌 등)
7. 금융투자업규정 제4－77조제7호에 따른 맞춤식 자산관리계좌(랩어카운트)를 통해 위탁하는 자
8. 근로복지기본법 제2조제4호에 따른 우리사주조합
9. 중소기업창업지원법 제2조제4호의2에 따른 창업기획자(엑셀러레이터)

chapter 02

K-OTC시장

K-OTC시장의 개요

1 K-OTC시장의 의의

K-OTC시장이란 한국금융투자협회(이하 '협회'라 한다)가 자본시장법 제286조 제1항 제5호, 자본시장법 시행령 제178조 제1항 및 금융위원회의 「금융투자업규정」 제5-2조에 따라 증권시장[1]에 상장되지 아니한 주권의 장외매매거래를 위하여 운영하는 장외시장을 말한다.

K-OTC시장은 거래소시장인 유가증권시장, 코스닥시장 및 코넥스시장과 달리 장외시장이다. 또한, 비상장주권의 매매거래를 위하여 법령에 근거하여 조직화되고 표준화

---

1 자본시장법 제8조의2 제4항 제1호에서는 증권의 매매를 위하여 거래소가 개설하는 시장을 '증권시장'으로 정의하고 있다.

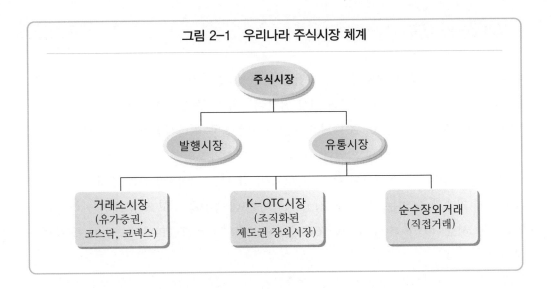

그림 2-1　우리나라 주식시장 체계

주식시장

발행시장　　유통시장

거래소시장
(유가증권,
코스닥, 코넥스)

K-OTC시장
(조직화된
제도권 장외시장)

순수장외거래
(직접거래)

된 장외시장이라는 점에서 투자자(매도자와 매수자) 사이에 1:1로 직접 매매하는 장외거래와도 구별된다.

한편, 자본시장법에서는 증권 또는 장내파생상품의 매매를 하는 시장을 금융투자상품시장이라고 정의하고 있다. 금융투자상품시장에는 거래소가 개설하는 거래소시장(증권시장 및 파생상품시장), 다자간매매체결회사(ATS), 협회가 개설하는 장외주식시장(K-OTC시장) 등이 포함된다.

2　K-OTC시장의 특징

❶ 비상장주식을 투명하고 원활하게 거래할 수 있는 공신력 있는 장을 제공하여 비상장주식 거래의 효율성과 편의성을 제고

❷ 비상장기업의 직접금융을 통한 자금조달을 지원하고 이들 기업이 발행한 주식의 환금성을 제고

❸ 비상장기업에 투자한 투자자가 투자자금을 회수하고 재투자를 위한 자금을 조성할 수 있는 수단을 제공

❹ 고위험·고수익을 추구하는 투자자에게는 유망기업이 발행한 주식을 거래소시장 상장 이전에 투자할 수 있는 새로운 투자기회를 제공

❺ 기존 장외주식 거래를 통해 발생할 수 있었던 불공정거래나 사기행위로부터 투자자 보호를 도모

협회는 비상장 중소·벤처기업의 직접금융 활성화를 위해 2005년 7월부터 프리보드 시장을 운영하여 왔으나, 주식거래 대상 기업이 소수의 중소기업 위주로 한정되어 시장의 역할이 크게 저하되었고, 2013년 7월 중소기업 전용 주식시장인 코넥스시장이 개설되면서 그 역할이 모호하게 되었다. 이에 중소·벤처기업의 직접금융 활성화에 중점을 두던 시장운영방식을 개선하여 중소기업을 포함한 모든 비상장법인의 주식을 투명하고 원활하게 거래할 수 있는 실질적인 장을 제공하는 데 중점을 두고 시장 개편을 추진하여, "K-OTC시장"[2]('14. 8. 25)과 "K-OTCBB"[3]('15. 4. 27), "K-OTC PRO"('17. 7. 17)를 개설하였다.

K-OTC시장에서는 사업보고서를 제출하거나 협회가 정한 공시의무 등을 준수하는 비상장법인의 주식이 거래되며, 호가게시판인 K-OTCBB에서는 공시 여부와 상관없이 예탁결제원에 주식이 예탁지정되어 있는 등 주식유통에 필요한 최소한의 요건을 충족하고 있는 모든 비상장주식의 거래가 가능하다. K-OTC PRO는 회원(전문투자자, 비상장기업 등) 간 비상장주식 거래 및 자금조달 수요 등을 공유하는 전문투자자 전용 회원제 장외거래플랫폼이다. 이하에서는 K-OTC시장에 대하여서만 서술하기로 한다.

---

(1) K-OTC시장 등록·지정의 의의

K-OTC시장에서 주권을 거래하기 위해서는 해당 주권이 K-OTC시장에 등록 또는 지정되어야 한다. 등록·지정이란 비상장주권에 대하여 K-OTC시장에서 거래될 수 있

---

2 협회가 운영하는 한국을 대표하는 장외주식시장(OTC : Over The Counter)의 약칭이다.
3 협회가 운영하는 한국 장외주식 호가게시판(Korea Over The Counter Bulletin Board)의 약칭이다.

는 자격을 부여하는 것으로, 유가증권시장이나 코스닥시장의 상장과 유사한 개념이다. 비상장기업의 신청에 따라 K-OTC시장에 진입하는 것을 '등록'이라고 하며, 기업의 신청 없이 협회가 직접 K-OTC시장의 거래종목으로서 자격을 부여(비신청지정제도)하는 것을 '지정'이라고 한다.

K-OTC시장에 비상장주권이 등록 또는 지정되면, 주권을 발행한 기업은 K-OTC시장 등록법인 또는 지정법인이 되고, 해당 주권은 K-OTC시장 등록종목 또는 지정종목이 된다.

(2) K-OTC시장 등록 · 지정법인의 혜택

등록·지정법인 입장에서는 자금조달(직접금융)이 원활해지고, 기업 홍보효과와 함께 대외 신인도가 높아질 수 있다. 또한, 코스닥시장 상장 시 우선심사권, 상장심사수수료 및 상장수수료 면제(지정법인에 한함), 주식 추가 분산의무 경감, 매각제한규제 완화 등의 혜택이 있다. 투자자 입장에서는 투자자금을 회수할 수 있는 기회가 제공되고, K-OTC시장에 등록·지정된 벤처기업과 중소기업, 중견기업 소액주주의 경우에는 양도소득세가 비과세된다.

2 신규등록요건 및 등록절차

K-OTC시장은 진입규제를 최소화한 장외시장으로서 엄격한 외형적 요건과 질적 요건이 있는 유가증권시장 및 코스닥시장과 달리 대체로 최소한의 재무요건, 감사의견 요건과 주식유통에 필요한 형식적 요건을 신규등록요건으로 정하고 있다.

K-OTC시장 등록신청회사는 등록신청서 및 첨부서류 등 등록신청서류를 갖추어 직접 신청하거나 지분증권(집합투자증권은 제외)의 인수업을 수행하는 금융투자회사를 통해 협회에 신규등록을 신청할 수 있으며, 협회는 등록신청회사로부터 신규등록신청이 있는 경우 등록신청일 다음날로부터 10영업일 이내에 등록 여부를 결정한다. 다만, 구비서류를 정정 또는 보완할 필요가 있거나 그 밖에 부득이한 사유가 발생하는 경우에는 등록결정을 연기할 수 있다. 신규등록 승인일의 다음날로부터 2영업일째가 되는 날에 매매거래를 개시한다.

(1) 최근 사업연도말 현재 자본전액잠식 상태가 아닐 것

감사보고서에 첨부된 재무제표를 기준으로 하되, 감사보고서에 수정사항이 있는 경우 이를 반영한 재무제표를 기준으로 하며, 최근 사업연도말 이후부터 등록신청일까지의 유상증자금액 및 자산재평가에 의하여 자본에 전입할 금액을 반영하여 산정한다.

(2) 최근 사업연도의 매출액이 5억 원 이상일 것(크라우드펀딩금액이 2억 원 이상인 크라우드펀딩기업은 매출액이 3억 원 이상일 것)

감사보고서에 첨부된 재무제표를 기준으로 하며, 감사보고서에 수정사항이 있는 경우 이를 반영한 재무제표를 기준으로 한다.

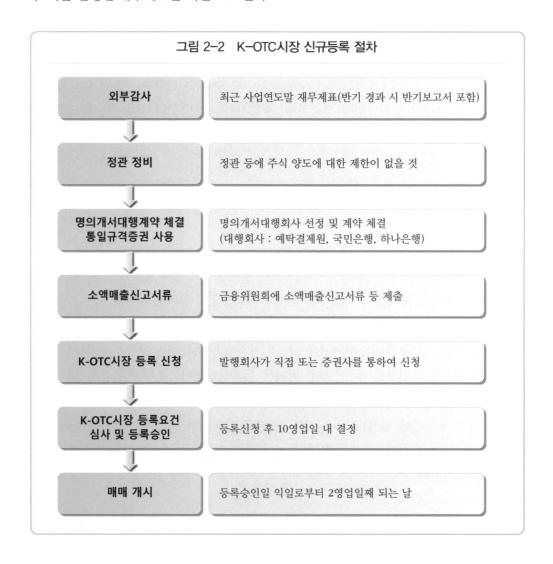

그림 2-2   K-OTC시장 신규등록 절차

외부감사	최근 사업연도말 재무제표(반기 경과 시 반기보고서 포함)
정관 정비	정관 등에 주식 양도에 대한 제한이 없을 것
명의개서대행계약 체결 통일규격증권 사용	명의개서대행회사 선정 및 계약 체결 (대행회사 : 예탁결제원, 국민은행, 하나은행)
소액매출신고서류	금융위원회에 소액매출신고서류 등 제출
K-OTC시장 등록 신청	발행회사가 직접 또는 증권사를 통하여 신청
K-OTC시장 등록요건 심사 및 등록승인	등록신청 후 10영업일 내 결정
매매 개시	등록승인일 익일로부터 2영업일째 되는 날

(3) 외부감사인의 감사의견이 적정일 것

최근 사업연도의 재무제표에 대하여 회계감사를 받아야 하며, 외부감사인의 감사의견이 적정의견이어야 한다. 신규등록 신청회사가 「주식회사의 외부감사에 관한 법률」에 따라 외부감사를 의무적으로 받아야 하는 법인이 아니더라도 K-OTC시장 신규등록을 위해서는 외부감사를 받아야 한다.

(4) 통일규격증권 발행이거나 전자등록된 주식일 것

예탁결제원이 자본시장법에 따라 정하는 증권등 취급규정에 따른 주권이거나, 「주식·사채 등의 전자등록에 관한 법률」에 따른 전자등록된 주식일 것

(5) 명의개서대행회사와 명의개서대행계약 체결

명의개서대행회사로는 예탁결제원, 국민은행, 하나은행이 있다.

(6) 정관 등에 주식양도의 제한이 없을 것

다만, 다른 법령에 따라 주식양도가 제한되는 경우로서 그 제한이 K-OTC시장에서의 매매거래를 해치지 아니한다고 협회가 인정하는 경우에는 예외로 한다.

(7) 상장폐지 사유로 매매거래 정지 중인 상장법인의 지분증권이 거래되는 효과가 있지 아니할 것

등록신청회사가 상장폐지 사유로 매매거래 정지 중인 상장법인으로부터 분할된 법인인 경우 등 협회장이 정하는 요건에 해당되지 아니할 것

(8) K-OTC 시장의 건전성과 투자자 보호 상 부적합한 사유가 없을 것 등

3 　신규지정요건 및 지정절차

K-OTC시장에서는 사업보고서 제출 등 일정한 요건을 충족하는 비상장법인의 주식을 해당 기업의 신청없이 협회가 직접 K-OTC시장 거래종목으로 편입시키고, 해당 기업을 지정기업부로 구분하고 있다.

지정기업부의 신규지정요건은 등록기업부의 신규등록요건을 모두 포함하며, 추가로 사업보고서 제출대상법인으로서 최근 사업연도 사업보고서를 금융위원회 제출하여 공시하고 있을 것, 해당 주권의 모집 또는 매출 실적 등이 있거나 K-OTC시장 지정동의서를 제출하였을 것, 해당 주권이 비상장주권일 것 등을 지정요건으로 하고 있다.

K-OTC시장 신규지정에는 기업의 지정신청절차가 없으며, 협회는 금융감독원 전자공시시스템상의 공시정보, 예탁결제원이 공표하는 증권정보 등을 통해 신규지정요건의 충족 여부를 직접 확인하여 해당되는 주권을 K-OTC시장에 지정할 수 있다.

(1) 최근 사업연도의 사업보고서를 금융위원회에 제출하여 공시하고 있을 것

해당 법인이 최근 사업연도의 사업보고서(반기결산일 경과 시 반기보고서 포함)를 금융위원회(금융감독원 전자공시시스템)에 제출하여 공시하고 있어야 한다. 지정기업은 협회 K-OTC시장에서 별도의 공시를 하지 않으므로, 투자자가 기업의 경영사항을 파악할 수 있도록 지정대상을 사업보고서 제출대상법인으로 한정한 것이다.

(2) 해당 주권을 모집 또는 매출한 실적 등이 있거나 지정 동의서를 제출하였을 것

해당 주권과 관련하여 다음 중 어느 하나에 해당되어야 한다.

❶ 해당 주권을 모집 또는 매출(소액공모 포함)한 실적이 있을 것
❷ 증권신고서 또는 소액공모공시서류를 금융위원회에 제출한 사실이 있을 것
❸ 해당 법인이 'K-OTC시장 지정동의서'를 협회에 제출하였을 것

동 요건은 K-OTC시장 지정으로 인하여 기업이 새로운 발행공시 의무를 부담하지 않도록 지정대상을 모집 또는 매출실적이 있는 법인으로 제한한 것이다. 다만 모집·매출 실적이 없는 법인이 K-OTC시장 지정 시 새로운 발행공시의무가 발생한다는 점을 인식하고 지정에 동의하는 경우에는 신규지정이 가능하도록 하고 있다.

(3) 해당 주권이 증권시장에 상장되어 있지 않을 것

증권시장에 상장되어 있지 않은 주권에 한하여 K-OTC시장에 지정할 수 있다.

(4) 신규등록요건을 동일하게 충족할 것

　최근 사업연도말 현재 자본전액잠식 상태가 아닐 것, 최근 사업연도의 매출액이 5억 원 이상(크라우드펀딩기업은 매출액이 3억 원 이상)일 것, 외부감사인의 감사의견이 적정일 것, 통일규격증권 발행(또는 주권의 전자등록), 명의개서대행회사와 명의개서대행계약 체결, 정관 등에 주식양도의 제한이 없을 것 등의 신규등록요건을 동일하게 충족하여야 한다.

표 2-1　K-OTC시장의 신규등록 및 신규지정 요건 비교

구분	신규등록	신규지정
개요	기업의 신청에 따라 K-OTC시장 등록기업부에 등록	기업의 신청 없이 협회가 직접 K-OTC시장 지정기업부에 지정(비신청지정제도)
자기자본	최근 사업연도말 현재 자본전액잠식 상태가 아닐 것	
매출액	최근 사업연도 매출액이 5억 원 이상일 것(크라우드펀딩기업은 3억 원 이상)	
감사의견	최근 사업연도의 재무제표에 대한 외부감사인의 감사의견이 적정일 것	
주식유통 관련	• 통일규격증권 발행(주권의 전자등록) • 명의개서대행회사와 명의개서대행계약을 체결하고 있을 것 • 정관 등에 주식양도에 대한 제한이 없을 것	
신규지정 특칙 및 우회거래 효과 관련	• 상장폐지 사유로 매매거래 정지 중인 상장법인의 지분증권이 거래되는 효과가 없을 것	• 최근 사업연도의 사업보고서(반기경과 시 반기보고서 포함)를 금융위원회에 제출하여 공시하고 있을 것 • 해당 주권 공모실적이 있거나 K-OTC시장 지정동의서를 제출하였을 것

---

section 03 # K-OTC시장 매매거래제도

1　매매거래제도 개요

(1) 매매거래의 유형

　일반적으로 매매거래방식은 크게 상대매매방식, 경쟁매매방식으로 구분할 수 있다. 거래소시장의 정규시장 매매거래 시간 중에 이루어지는 상장주식의 매매거래 방법은 경쟁매매방식으로 체결되지만, 장외거래는 원칙적으로 단일의 매도자와 매수자 간에 매매하는 상대매매방식이 적용된다.

(2) K-OTC시장의 매매방법

K-OTC시장은 호가중개시스템을 이용하여 호가를 집중한 상대매매방식이 적용되며, 다수의 매도자와 매수자 간의 개별적 교섭을 거치지 않고 매도호가와 매수호가의 가격만 일치하면 서로 일치하는 수량 범위 내에서 매매거래가 체결된다.

투자자의 매매주문은 금융투자회사(투자중개업자)를 통하여 협회의 호가중개시스템에 제출되고 가격이 일치하는 상대호가가 있는 경우 자동으로 체결된다.

K-OTC시장에는 경쟁매매방식, 시간외매매제도, 신용거래 등의 시장제도가 없으나, 그 밖에 매매거래를 위한 계좌의 개설, 주문제출, 결제, 호가 및 시세공표 등의 시장제도는 거래소시장과 유사하다.

표 2-2　K-OTC시장과 유가증권시장/코스닥시장 매매제도 비교

구분		K-OTC시장	유가증권시장/코스닥시장
매매방식		다자간 상대매매	경쟁매매
매매거래시간	정규시장	09 : 00~15 : 30	좌동
	시간외시장	없음	있음
가격제한폭		±30%	좌동
위탁증거금		현금 또는 주식 100%	금융투자회사 자율
결제전매매		가능	좌동
수도결제		매매체결일로부터 3영업일째 되는 날(T+2)	좌동
결제기관		예탁결제원	좌동
위탁수수료		금융투자회사 자율	좌동

2　매매거래제도 일반

(1) 매매거래시간 및 휴장일

매매거래시간은 오전 9시부터 오후 3시 30분까지 단일장으로 운영되며, 시초가나 종가 결정 시 단일가매매제도와 시간외매매제도는 도입되어 있지 않다. 휴장일은 토요일,

「관공서의 공휴일에 관한 규정」에 따른 공휴일, 근로자의 날, 연말의 1일이 있으며 그 밖에 협회가 필요하다고 인정하는 날에도 휴장이 가능하다.

(2) 호가수량단위 및 호가 가격 단위

K-OTC시장에서의 호가수량단위는 1주이고, 호가 가격 단위는 주권의 가격대별로 7단계로 세분화하고 있다.

표 2-3   **호가 가격 단위**

주식 가격	호가 가격 단위
2,000원 미만	1원
2,000원 이상 5,000원 미만	5원
5,000원 이상 20,000원 미만	10원
20,000원 이상 50,000원 미만	50원
50,000원 이상 200,000원 미만	100원
200,000원 이상 500,000원 미만	500원
500,000원 이상	1,000원

(3) 불합리한 호가 제한

협회는 매수호가 제출 시점에 가장 낮은 매도호가보다 5호가 가격 단위를 초과하여 높은 매수호가나, 매도호가 제출 시점에 가장 높은 매수호가보다 5호가 가격 단위를 초과하여 낮은 매도호가에 대하여 호가접수를 거부하고 있다.

상대매매방식에 따라 매도호가보다 높은 매수호가를 제출하거나, 매수호가보다 낮은 매도호가를 제출하는 것이 가능하지만, 지나치게 불합리한 호가제출을 제한함으로써 왜곡된 가격 형성을 방지하고 호가분산으로 인한 저조한 매매체결률을 개선하기 위한 제도이다.

(4) 가격제한폭

가격제한폭은 기준 가격에 0.3을 곱하여 산출한 금액(기준 가격의 호가 가격 단위 미만의 금액은 절사하여 적용)으로 하며, 기준 가격에 가격제한폭을 더한 가격인 상한가와 가격제한폭을 뺀 가격인 하한가 범위 내에서 주문을 낼 수 있다.

한편, 신규종목의 최초 매매거래 개시일에는 원활한 가격 형성을 위하여 가격제한폭의 특례를 두어, 기준 가격(주당순자산가치)의 30%(최저 호가 가격)와 500%(최고 호가 가격)에 해당하는 가격의 범위 내에서 호가를 접수하여 매매거래를 체결시킨다.

(5) 기준 가격

기준 가격이란 당일의 매매거래를 위한 가격제한폭을 설정할 때의 기준이 되는 가격을 말한다.

❶ 신규등록 및 신규지정 후 최초 매매개시 기준 가격 : 주당순자산가치
❷ 최초 매매개시 이후의 기준 가격 : 직전 영업일에 거래가 있는 종목은 직전 영업일의 거래량가중평균주가(직전일의 총거래대금÷직전일의 총거래주식수)를 기준 가격으로 적용. 직전 영업일에 거래가 없는 종목은 직전 영업일의 기준 가격을 당일의 기준 가격으로 하되, 직전 영업일에 기세가 있는 경우에는 그 기세를 당일의 기준 가격으로 함

기세제도는 직전 영업일의 장 종료 시까지 거래가 형성되지 않더라도 매매호가가 있는 경우 이를 주가에 반영함으로써 상대매매의 특성, 저유동성, 가격급등락의 최소화 등을 고려하여 도입된 제도이다.

3 매매거래의 절차

(1) 계좌의 설정

투자자가 K-OTC시장 종목을 매매거래하기 위해서는 미리 금융투자회사에 매매거래계좌를 개설하여야 하고, 금융투자회사는 계좌를 개설하고자 하는 투자자에게 주문방법, 증거금 납부, 위탁수수료에 관한 사항, 그 밖에 매매거래계좌설정약관의 중요내용 등을 충분히 설명하여야 한다.

(2) 투자자 유의사항 고지 및 확인

금융투자회사는 투자자로부터 최초로 K-OTC시장에서의 매매거래 주문을 받기 전에 투자자에게 유의사항을 고지하고 확인을 받아야 한다. 투자자 유의사항은 K-OTC

시장의 성격, 지정기업부의 특징, 매매방식, 공시 수준, 기업정보 확인방법, 비상장주식 투자위험성, 부정거래행위에 대한 조치사항, 법령에 따라 매출 신고의무가 발생하는 위탁자의 범위, 증권거래세제 및 양도소득세제, 그 밖에 투자자가 유의하여야 할 사항 등이다.

(3) 주문방법

투자자는 매매하고자 하는 종목, 매도·매수 구분, 가격과 수량 등을 주문표에 적어 금융투자회사에 위탁하여야 한다(지정가 주문만 가능). 주문표 이외에도 전화를 이용하거나, 컴퓨터 등의 전자통신방법(예 : 금융투자회사 주문시스템)을 통하여 매매주문을 위탁하는 방법도 가능하다.

(4) 매매거래의 수탁 거부

금융투자회사는 원칙적으로 투자자의 매매주문에 대해 수탁을 거부할 수 없다. 그러나 금융투자회사는 자본시장법 제178조(부정거래행위 등의 금지)를 위반하거나 위반할 가능성이 있는 주문, 그 밖에 공익과 투자자 보호 또는 K-OTC시장의 건전한 거래질서를 위하여 수탁거부가 필요하다고 판단되는 주문의 경우에는 주문의 수탁 거부 등 적절한 조치를 취하여야 한다.

(5) 위탁증거금의 납부

K-OTC시장 종목의 매매거래 후 투자자의 결제이행을 확보하기 위하여 협회는 금융투자회사에 대해 위탁증거금을 100% 징수하도록 하고 있다. 따라서 모든 투자자는 매수주문의 경우에 매수대금 전액을, 매도주문의 경우에 해당 매도증권 전부를 매매주문 시 위탁증거금으로 금융투자회사에 납부하여야 한다.

(6) 매매거래의 결제

K-OTC시장에서의 매매결제는 매매체결일을 포함하여 3영업일째 되는 날(T+2)에 예탁결제원을 통해 이루어지며, 결제시한은 해당 결제일 오후 4시로 정하고 있다. 결제방법은 매도·매수 투자자가 매매거래한 금융투자회사 상호 간에 예탁결제원을 통한 상대차감방식으로 이루어진다.

투자자가 K-OTC시장에서 매매를 하는 경우에 발생하는 비용은 매매주문을 처리한 금융투자회사에 지급하는 위탁수수료, 주식 매도 시 내야 하는 증권거래세와 양도소득세가 있다.

(1) 위탁수수료

금융투자회사가 K-OTC시장에서 매매주문 처리와 관련한 서비스를 제공한 대가로 투자자로부터 받는 수수료이다. 위탁수수료율은 개별 금융투자회사가 각각 자율적으로 정하고 있다.

(2) 증권거래세

K-OTC시장에서 주식을 매도하는 경우 2025년 기준 양도가액의 0.15%를 증권거래세로 납부해야 하며, 매매결제가 되는 때에 예탁결제원이 징수한다.

거래소시장에서 주권을 매도하는 경우에는 유가증권시장 증권거래세 0%, 코스닥시장 증권거래세 0.15%이다. 그 밖에 유가증권시장에서 양도되는 주식에 대해서는 농어촌특별세가 0.15% 부과되어 사실상 유가증권시장도 0.15%의 거래세가 부과되고 있다.

(3) 양도소득세

K-OTC시장에서 주식을 매도하는 경우 양도소득세 과세대상이 된다. 이 경우 양도주식이 ① 중소기업 주식이면 10%, ② 중소기업 이외의 기업 주식이면 20%, ③ 중소기업 이외의 기업 대주주가 1년 미만 보유한 주식이면 30%의 세율이 적용된다. 또한 대주주가 주식 양도 시(대기업은 2018년 1월 1일 이후 양도하는 분부터, 중소기업은 2019년 1월 1일 이후 양도하는 분부터 적용) 양도차익 3억 원 초과분에 대해서는 25%의 세율이 적용된다. 그러나, K-OTC시장 등록·지정법인이 벤처기업 또는 중소기업, 중견기업이고 해당 기업의 소액주주(대주주가 아닌 자. 이하 '소액주주')가 K-OTC시장을 통하여 주식을 양도하는 경우에는 양도소득세가 비과세된다.

표 2-4	주식시장 간 증권거래세, 양도소득세 비교		
구분	유가증권시장	코스닥시장	K-OTC시장
증권거래세	매도가액의 0% (농특세 0.15% 별도 부담)	매도가액의 0.15% (농특세 없음)	매도가액의 0.15% (농특세 없음)
양도소득세	• 소액주주의 장내양도 : 비과세 • 소액주주의 장외양도, 대주주 : 과세		• 벤처기업 소액주주의 K-OTC시장 　내 양도 : 비과세 • 중소기업 또는 중견기업 소액주주 　의 K-OTC시장 내 양도 : 비과세 • 이외의 경우 : 과세
	☞ 양도소득에 대한 세율 : 중소기업 주식 : 10%, 중견기업·대기업 주식 : 20%, 대주주가 주식 양도 시(대기업은 2018년 1월 1일 이후 양도하는 분부터, 중소기업은 2019년 1월 1일 이후 양도하는 분부터 적용) 양도차익 3억 원 초과분 : 25% 대기업 대주주가 1년 미만 보유한 주식 : 30%		

※ 소액주주는 직전 사업연도 종료일 현재 ① 유가증권시장 상장기업의 경우 지분율 1% 미만 또는 시가총액 10억 원 미만, ② 코스닥시장 상장기업의 경우 지분율 2% 미만 또는 시가총액 10억 원 미만, ③ K-OTC시장 벤처기업의 경우 지분율 4% 미만 또는 시가총액 40억 원 미만을 보유한 주주, K-OTC시장 중소기업 또는 중견기업의 경우 지분율 4% 미만 또는 시가총액 10억 원 미만을 보유한 주주를 말함

참고로 유가증권시장 및 코스닥시장에서 소액주주가 양도하는 경우에는 양도소득세가 비과세되며, 대주주가 양도하는 경우나 소액주주가 장외에서 양도하는 경우에는 양도소득세가 과세된다.

주식을 양도한 개인투자자는 주식 양도일이 속하는 반기[4]의 말일부터 2개월 이내에 관할 세무서에 예정신고 및 자진납부를 반드시 하여야 하며, 양도일이 속하는 연도의 다음 연도 5월 1일부터 5월 31일까지 양도소득세 확정신고·납부를 하여야 한다.

4　양도소득세 과세기간 : 매년 1월부터 12월까지(양도일이 속하는 반기의 말일부터 2개월 이내에 예정신고를 하여야 함('18.1.1시행, 소득세법 제105조))

1 K-OTC시장 공시제도 개요

K-OTC시장과 관련한 공시제도로는 발행시장 공시와 유통시장 공시가 있다. 발행시장 공시는 K-OTC시장에서 주식을 매도하는 행위가 매출에 해당됨에 따라 등록·지정법인이 부담하게 되는 자본시장법령에 따른 공시이며, 유통시장 공시는 협회가 등록법인에 대해 부과하는 K-OTC시장에서의 유통공시와 등록·지정법인 중 사업보고서 제출대상법인이 자본시장법령에 따라 금융위원회(금융감독원 전자공시시스템, 이하 동일)에 제출하는 유통공시가 있다.

K-OTC시장 등록법인은 K-OTC시장에서의 공시의무사항과 그 밖에 주가에 영향을 미칠 수 있는 기업 내용에 관한 사항을 자발적으로 성실하게 공시하여야 한다.

한편, 협회는 K-OTC시장 지정법인에게 협회에 대한 정기공시, 수시공시, 조회공시 등 새로운 유통시장 공시의무를 부과하지 않는다. 다만, 지정법인은 모두 사업보고서 제출법인으로서 금융위원회에 사업보고서, 분반기보고서, 주요 사항 보고서 등을 제출하여 유통공시를 하고 있으므로 투자자들은 투자판단 시 이러한 정보를 활용할 수 있다.

2 발행시장 공시

누구든지 증권을 공모(모집, 매출)하고자 하는 경우에는 먼저 자본시장법령에 따라 해당 증권의 발행회사가 금융위원회에 신고하여 발행공시를 하여야 한다.

불특정 다수의 투자자가 거래하는 K-OTC시장에서 주식 매도주문을 내는 행위도 증권의 '매출'[5]에 해당하므로 등록·지정법인은 발행공시를 하여야 한다. 다만 소액출자자가 K-OTC시장에서 매도하는 경우에는 특례를 통해 별도의 매출건별 신고 없이 거래가 가능하다(사업보고서 또는 '호가중개시스템을 통한 소액매출공시서류'로 갈음). 매출의 경우에 신고서 제출의무자는 매출하는 자(기존 주주 등)가 아니라 모집의 경우와 같이 증권 발행인(등록·지정법인)이 된다.

---

5 K-OTC시장과는 달리 투자자가 증권시장 및 다자간매매체결회사(ATS) 내에서 매도주문을 내는 행위는 증권의 매출에 해당하지 않는다(자본시장법 시행령 제11조 제4항).

(1) 증권의 모집 및 매출 시 신고서류

증권의 모집·매출 금액이 과거 1년 동안 10억 원 이상(공모예정금액 및 과거 1년간 증권신고서를 제출하지 아니한 공모금액 합계)인 경우 증권신고서를 금융위원회에 제출하여야 한다. 증권신고서에는 모집·매출에 관한 사항, 발행인에 관한 사항 등을 기재하고, 감사보고서 등 투자자를 보호하기 위하여 필요한 서류를 첨부하여야 한다.

한편, 모집가액 또는 매출가액이 10억 원 미만인 경우에는 소액공모공시서류를 금융위원회에 제출하여야 한다.

(2) K-OTC시장을 통한 소액출자자의 소액매출 시 특례

K-OTC시장의 거래 활성화를 도모하기 위하여 소액출자자[6]가 K-OTC시장에서 매출하는 경우에는 발행공시 특례를 두고 있다. 「증권의 발행 및 공시 등에 관한 규정」에서는 이를 '호가중개시스템을 통한 소액매출시의 특례'라고 한다.

즉, 신규등록신청 시 신규등록신청회사가 '발행인에 관한 사항을 기재한 서류'[7]('호가중개시스템을 통한 소액매출공시서류'라 한다) 및 감사보고서(반기 경과 시 반기검토보고서 포함)를 매출하는 날의 3일 전까지 금융위원회 및 협회에 제출한 경우에는 '소액공모공시서류' 제출의무를 이행한 것으로 본다.

신규등록이 된 이후에는 등록법인이 매 결산기별 및 매 반기별로 그 변동사항을 정정

---

6 해당 법인이 발행한 지분증권 총수의 1%에 해당하는 금액 또는 3억 원 중 적은 금액 미만의 지분증권을 소유하고 있는 주주(사업보고서 제출대상 법인의 경우에는 지분증권 총수의 100분의 10 미만의 지분증권을 소유하는 자)를 말하며, 발행인, 인수인, 최대주주 및 그 특수관계인은 소액출자자로 보지 않는다.

7 '발행인에 관한 사항을 기재한 서류'는 증권신고서의 '제2부 발행인에 관한 사항' 중에서 중요내용을 기재한 약식서류를 말한다.

하여 '호가중개시스템을 통한 소액매출공시서류'를 각각 결산기 경과 후 90일 및 반기 경과 후 45일 이내 제출하여야 하며, 감사보고서 또는 반기검토보고서를 각각 첨부하여야 한다. 이는 신규등록 이후 등록법인이 유통시장 공시로서 정기적으로 협회에 제출하여야 하는 정기공시사항과 동일한 내용이다.

한편, 신규등록신청회사 또는 등록법인이 사업보고서 제출대상법인에 해당하고 이미 사업보고서를 금융위원회에 제출(신규등록신청회사의 경우에는 K-OTC시장에서 소액출자자가 매출하는 날의 3일 전일까지)하여 공시하고 있는 경우에는 '호가중개시스템을 통한 소액매출공시서류' 및 감사보고서의 제출의무가 면제된다.

또한, 지정법인의 경우에는 모두 사업보고서 제출대상법인이므로 이미 사업보고서를 금융위에 제출하여 공시하고 있어 K-OTC시장에서 소액출자자가 매출 시 별도의 발행공시를 하지 않아도 되며, 지정법인은 등록법인과 달리 협회에 사업보고서 등을 제출할 의무도 없다.

3 **유통시장 공시**

K-OTC시장 등록법인은 K-OTC시장에서 주요 기업 내용을 공시하는 유통시장 공시를 하여야 한다. 공시유형은 정기공시, 수시공시, 조회공시가 있다. 한편, 사업보고서 제출대상법인은 자본시장법령에 따라 사업보고서 등을 금융위원회에 제출하여 공시할 의무가 있다.

(1) 정기공시

정기공시는 투자자에게 정기적으로 일정기간 동안의 재무상태, 영업실적 등 기업 내용을 공시하는 제도이다. 협회는 투자자 보호를 위해 등록법인에 대해 연 2회(매 결산기, 매 반기)의 정기공시를 하도록 하고 있다.

❶ 사업보고서 제출대상법인에 해당하지 않는 경우 : 등록법인은 ① 매 결산기 경과 후 90일 이내에 '발행인에 관한 사항을 기재한 서류'(감사보고서 첨부, 이하 '결산기 정기공시서류')를, ② 매 반기 경과 후 45일 이내에 '발행인에 관한 사항을 기재한 서류'(반기검토보고서 첨부, 이하 '반기 정기공시서류')를 금융위원회와 협회에 제출

❷ 사업보고서 제출대상법인에 해당하는 경우 : 자본시장법령에 따른 사업보고서 제

출대상법인에 해당하는 등록법인은 금융위원회에 제출하는 사업보고서, 반기보고서, 분기보고서 중 사업보고서(감사보고서 첨부)와 반기보고서(반기검토보고서 첨부)를 협회에 제출. 제출기한은 위와 동일하며, 분기보고서는 협회에 제출하지 않아도 됨

한편, 지정법인은 K–OTC시장에서의 유통공시 의무는 없으나, 모두 사업보고서 제출대상법인에 해당하므로 자본시장법령에 따라 금융위원회에 사업보고서, 반기보고서, 분기보고서 제출의무가 있다. 지정법인은 등록법인과 달리 협회에 사업보고서 등을 제출할 의무가 없음

(2) 수시공시

수시공시는 등록법인이 경영활동과 관련된 사항으로서 투자의사 결정에 영향을 미치는 주요 사실 또는 결정내용을 지체 없이 신고하도록 함으로써 기업정보의 최신성과 신속성을 확보하고 투자자를 보호하기 위한 제도이다.

❶ 수시공시사항 : 등록법인의 수시공시사항은 장외시장의 특성을 감안하여 주권상장법인보다는 공시사항을 축소하여 운영

수시공시사항은 내용의 중요성에 따라 당일 공시사항과 익일 공시사항(1일 이내 공시사항)으로 구분되며, 등록법인은 주요 경영사항을 전자문서 등의 방법으로 신고하고, 협회는 공시내용을 호가중개시스템 및 인터넷을 통하여 공시

수시공시사항(★표는 당일 공시사항, ◎표는 익일 공시사항)

① 발행한 어음 또는 수표가 부도로 되거나 은행과의 거래가 정지 또는 금지된 때 및 은행과의 거래가 재개된 때 (★)
② 주된 영업활동이 정지된 때 (★)
③ 「채무자 회생 및 파산에 관한 법률」에 따른 다음의 어느 하나에 해당하는 사실이나 법원의 결정이 있은 때 (★)
　가. 회생절차 개시신청·개시신청기각·개시결정·개시결정취소
　나. 회생계획안의 결의를 위한 관계인집회의 소집 및 관계인집회의 결과
　다. 회생계획 인가·불인가
　라. 회생절차 종결신청·종결결정·폐지신청·폐지결정

마. 파산신청·파산신청기각·파산선고

④ 본점소재지, 대표이사(대표집행임원 포함), 상호 또는 사업목적을 변경하기로 한 때 (◎)

⑤ 타법인과의 합병, 중요한 영업의 양도·양수, 기업분할 또는 분할합병에 관한 결정이나 이사회의 결의가 있은 때 (★)

⑥ 관계법률 등에 따른 해산사유가 발생한 때 (★)

⑦ 증자 또는 감자에 관한 결정이 있은 때 (★)

⑧ 주식분할, 주식병합 또는 액면주식과 무액면주식의 상호 전환에 관한 결정이 있은 때 (◎)

⑨ 회사채(전환사채, 신주인수권부사채 등 포함) 발행에 관한 결정이 있은 때 (◎)

⑩ 등록법인의 경영·재산 등에 중대한 영향을 미칠 신물질 또는 신기술에 관한 특허권을 취득하거나 양수 또는 양도하기로 결정한 때 (◎)

⑪ 등록해제신청을 결정한 때 (◎)

⑫ 주식배당에 관한 이사회 결의가 있은 때 (◎)

⑬ 중간배당에 관한 이사회 결의가 있은 때 (◎)

⑭ 주주총회 개최를 위한 이사회 결의가 있은 때 및 그와 관련한 주주총회가 종료된 때 (◎)

⑮ 최대주주(「금융회사의 지배구조에 관한 법률」 제2조 제6호 가목에 따른 최대주주를 말한다. 이 경우 "'금융회사'는 "법인"으로 보고, "발행주식(출자지분을 포함한다. 이하 같다)"은 "발행주식"으로 본다)가 변경된 때 (◎)

⑯ 중소기업, 중견기업 및 벤처기업 지위의 취득, 상실 등과 관련하여 협회장이 정하는 사항이 발생한 때 (◎ 또는 ★)

⑰ 임직원 등의 횡령·배임 혐의를 확인한 때 및 횡령·배임금액 상환(고소취하 포함) 등의 진행사항이 확인되거나 횡령·배임 혐의의 사실 여부가 확인된 때. 다만, 임원이 아닌 직원 등의 경우에는 횡령·배임 금액이 협회장이 정하는 규모 이상인 경우에 한정 (★)

⑱ 등록법인 또는 그 임직원(퇴임 또는 퇴직한 임직원을 포함)을 금융위원회의 「외부감사 및 회계 등에 관한 규정」에 따라 증권선물위원회 등이 검찰고발 또는 검찰통보 조치하거나 검찰이 회계처리기준 위반행위로 기소한 사실 또는 그 결과가 확인된 때 (★)

⑲ 그 밖에 ①~⑱에 준하는 사항으로서 투자자의 투자판단에 중대한 영향을 미칠 수 있는 사항이 발생하거나 결정된 때 (★ 또는 ◎)

❷ 주요 사항보고서 : 사업보고서 제출대상법인에 해당하는 등록법인과 지정법인은 그 법인의 경영·재산 등에 관하여 중대한 영향을 미치는 사항(예시 : 부도, 은행거래정지 등)이 발생한 경우 자본시장법령에 따라 사유발생일 다음날까지 '주요 사항보고서'를 금융위원회에 제출(자본시장법 제161조, 같은 법 시행령 제171조).

'주요 사항보고서' 제도는 K-OTC시장 등록법인이 협회에 신고해야 하는 수시공시의무와는 성격이 다른 법정공시

그림 2-3 K-OTC시장의 공시체계

발행 공시 (최초 매출 시)	① 소액출자자 매출 시 • 호가중개시스템을 통한 소액매출공시서류 • 감사보고서(반기검토보고서 포함) • 매출 3일 전까지 제출 ※ 사업보고서 제출법인은 상기서류 제출 면제	② 10억 원 미만 매출 시 • 소액공모공시서류 • 감사보고서(반기검토보고서 포함) • 상기서류를 매출 3일 전까지 제출 • 소액공모실적보고서	③ 10억 원 이상 매출 시 • 증권신고서 ※ 신고서 심사 (효력발생기간 15일) • 증권발행실적보고서

※ 소액출자자와 소액출자자 이외의 출자자가 함께 매출하는 경우에는 매출금액에 따라 ① + ②
　또는 ① + ③의 서류를 제출하여야 함

유통 공시		사업보고서 제출대상법인이 아닌 법인(등록법인만 해당)	사업보고서 제출대상법인 (등록법인, 지정법인)
	정기 공시	• 결산기 및 반기 경과 시마다 (매6개월)호가중개시스템을 통한 소액매출공시서류(감사보고서 또는 반기검토 보고서 포함) 제출 • 금융위원회와 협회에 각각 제출	• 사업보고서, 반기보고서, 분기보고서 제출 • 금융위원회에 분기별로 해당 서류 제출 • 등록법인은 협회에도 사업 보고서와 반기보고서 제출 (분기보고서 제외)
	수시 공시	• 협회에 주요 경영사항 신고	• 금융위원회에 주요 사항 보고서 제출 • 등록법인은 협회에 주요 경영사항 신고
	조회 공시	• 등록법인은 협회에 조회공시 의무 (1일 이내)	

(3) 조회공시

조회공시는 투자자 보호를 위해 등록법인에 관한 풍문, 보도가 있거나 주가급변 시 등록법인에게 관련 기업내용을 공시토록 하는 제도이다.

협회는 수시공시사항 또는 이에 준하는 사항에 대한 풍문 또는 보도 등의 사실여부를 확인할 필요가 있거나 등록종목의 주가 등이 일정한 기준에 해당하여 중요정보의 유무를 확인할 필요가 있는 경우, 등록법인에게 기업내용에 관한 공시를 요구할 수 있다. 등록법인은 조회공시를 요구받은 날로부터 1일 이내에 관련 사실에 대해 공시내용을 문서로 작성하여 전자문서 등의 방법으로 협회에 제출하여 공시하여야 한다.

section 05 K-OTC시장 시장관리제도

1 불성실공시법인 지정제도

(1) 불성실공시 유형

K-OTC시장 등록법인의 불성실공시 유형으로는 공시불이행, 공시번복, 허위공시가 있다. 공시불이행은 등록법인이 공시시한까지 공시사항을 신고하지 않는 경우이고, 공시번복은 이미 공시한 내용을 전면 취소, 부인 또는 이에 준하는 내용을 공시하는 경우이며, 허위공시는 사실과 다른 허위의 내용을 공시하는 경우이다.

(2) 불성실공시에 대한 제재

협회는 등록법인에 대하여 신속하고 정확한 공시를 촉구하고 투자자의 주의를 환기하기 위하여 불성실공시에 대한 제재조치를 하고 있다. 불성실공시법인으로 지정하는 경우 일정기간 동안 매매거래를 정지시키며, 이후 불성실공시 횟수에 따라 투자유의사항으로 공시하거나 등록해제 조치를 하여 공시제도의 실효성을 강화하고 있다.

지정법인의 경우에는 K-OTC시장에서 공시의무가 없으므로 불성실공시법인 지정 대상이 아니다. 다만, 사업보고서, 반기보고서를 법정제출기한까지 금융위원회에 제출하지 않은 경우 매매거래정지, 투자유의사항 안내, 지정해제(일정한 요건 해당 시) 등의 조치를 하고 있다.

협회는 투자자 보호 및 K-OTC시장을 관리하기 위한 수단으로 일정기간 등록·지정 종목의 매매를 정지하는 매매거래정지제도와 투자주의, 경고, 위험 종목을 지정·공표하는 단계별 시장경보제도를 운영하고 있다.

매매거래정지 사유와 그 정지기간은 〈표 2-5〉와 같다.

표 2-5 **매매거래정지사유 및 정지기간**

사유		매매거래정지기간
등록법인이 불성실공시를 하거나 지정법인이 반기보고서를 제출기한 내에 미제출한 경우 (단, 아래의 정기공시서류 미제출, 해제사유 발생의 경우는 제외)		1영업일간
정기공시서류 미제출	결산기 정기공시서류(지정법인은 사업보고서)를 제출기한 내에 미제출한 경우	제출기한 다음날부터 제출일까지
	반기 정기공시서류(지정법인은 반기보고서)를 최근 4개 사업연도에 1회 이상 제출기한 내에 미제출한 법인이 최근 반기에도 제출기한까지 미제출한 경우	
등록·지정해제사유(거래소시장 상장 제외) 발생 시		해당 사유 확인일과 그 다음 3영업일간
등록법인에 대하여 등록해제사유에 해당하는 내용의 조회공시 요구 시		조회공시를 요구한 때부터 조회공시에 대한 결과를 공시한 날까지
회생절차 관련	회생절차 개시 신청	해당 사유 확인일부터 법원의 회생절차 개시 결정이 확인된 날까지
	회생계획안의 결의를 위한 관계인집회가 소집되는 경우	해당 관계인집회일의 2영업일 전부터 관계인집회의 결과가 확인된 날까지
주식분할, 주식병합 또는 액면주식과 무액면주식의 상호 전환 등을 위하여 주권의 제출이 요구되는 경우		사유 해소 시까지
호가폭주 등 피할 수 없는 사유로 K-OTC시장 전체의 장애 발생이 우려되는 경우		사유 해소 시까지
임직원 등의 횡령·배임과 관련하여 수시공시사항에 해당하는 혐의가 공시를 통하여 확인되는 경우		해당 혐의 확인일과 그 익영업일
수시공시사항에 해당하는 회계처리기준(외부감사법 제5조 제3항의 회계처리기준을 말한다. 이하 같다) 위반행위가 공시를 통하여 확인되는 경우		해당 사실 확인일부터 감사인의 감사의견이 적정인 감사보고서의 제출일까지

시장관리상 필요하다고 인정되는 경우	
– 투자경고종목으로 지정된 후에도 주가가 급등하는 경우 – 투자위험종목으로 지정된 경우 – 투자위험종목으로 지정된 후에도 주가가 급등하는 경우	1영업일
그 밖에 투자자 보호를 위하여 필요하다고 인정되는 경우	1영업일

※ 원활한 시장운영과 투자자 보호를 위하여 필요한 경우에는 매매거래정지기간 연장 가능
※ 지정법인의 사업보고서, 반기보고서 미제출은 금융위원회(금융감독원 전자공시시스템)에 미제출한 것을 말함

한편, 등록·지정법인이 증권시장에 상장하여 K–OTC시장에서 등록·지정이 해제되는 경우에는 매매거래정지 없이 상장 전일까지 매매거래가 이루어진다.

3 안내사항 공시

협회는 소속부 변경, 신규등록·지정, 변경(추가)등록·지정 및 등록·지정해제 종목, 매매거래정지 및 재개 등 투자자들의 투자판단에 영향을 미칠 수 있는 사항이나 임시휴장, 시장의 임시정지 및 매매시간의 변경 등 시장운영에 관한 사항 등을 안내사항으로 투자자에게 공시한다.

4 투자유의사항 공시

(1) 개념

협회는 투자자 보호를 위하여 등록·지정법인이 일정한 사유에 해당하는 경우 투자유의사항으로 공시하고 있다. 지정법인이 투자유의사항에 해당하는지 여부는 금융감독원 전자공시시스템, 예탁결제원 증권정보포털 등에 공개된 기업정보를 통하여 확인한다.

(2) 공시사유

① 최근 사업연도말 현재 자본잠식 상태인 경우
② 최근 사업연도의 매출액이 5억 원 미만인 경우(크라우드펀딩기업의 경우 3억 원)
③ 최근 사업연도의 재무제표에 대한 외부감사인의 감사의견이 부적정, 의견거절이

거나 감사범위제한으로 인한 한정인 경우

④ 법원에 회생절차개시를 신청한 경우, 회생사건이 계속되어 있는 경우, 법원의 회생절차개시결정 취소, 회생계획불인가 및 회생절차폐지 결정이 있는 경우

⑤ 최근 결산기 정기공시서류(지정법인은 사업보고서)를 제출기한까지 제출하지 아니한 경우, 반기 정기공시서류(지정법인은 반기보고서)를 최근 4개 사업연도에 1회 이상 제출기한까지 제출하지 아니한 경우

⑥ 등록법인이 최근 2년간 불성실공시법인으로 지정된 횟수가 4회 이상인 경우

⑦ 등록법인이 소액주주 주식분산기준에 미달(최근 사업연도말 현재 소액주주 수 50인 미만 또는 소액주주 총지분율이 1%에 미달)하는 경우

⑧ 임직원 등의 횡령 배임 혐의와 관련하여 수시공시사항에 해당하는 혐의가 등록법인의 공시를 통하여 확인되는 경우. 이 경우 협회는 소송결과 공시 등을 통하여 해당 혐의의 사실 여부가 확인될 때까지 투자유의사항으로 공시

⑨ 그 밖에 투자자보호를 위하여 협회가 필요하다고 인정하는 경우

5 부정거래행위 예방활동

협회는 부정거래행위 등의 우려가 있는 계좌와 관련된 금융투자회사에게 예방조치를 요구할 수 있으며, 예방조치를 요구받은 금융투자회사는 해당 위탁자에게 경고, 주문수탁의 거부 등 부정거래행위 등의 예방을 위한 적절한 조치를 취하여야 한다. 금융투자회사는 부정거래행위 예방조치를 취한 경우 그 결과를 매 분기의 종료 후 다음 달 10일까지 협회에 통보하여야 한다. 다만, 금융투자회사가 위탁자의 주문수탁을 거부한 경우에는 해당 일의 다음 영업일까지 해당 내용을 협회에 통보하여야 한다.

1 　등록 · 지정해제의 의의

등록·지정해제는 등록·지정법인이 발행한 주권이 K−OTC시장에서 거래되지 못하
도록 거래대상에서 배제하는 조치를 말하며, 유가증권시장이나 코스닥시장의 상장폐지
와 유사한 개념이다.

2 　등록 · 지정해제 사유

(1) 부실화되거나 정기공시서류를 미제출한 기업

❶ 발행한 어음 또는 수표가 거래은행에 의하여 최종 부도로 결정되거나 거래은행
과의 거래가 정지된 경우

❷ 최근 사업연도말을 기준으로 자본전액잠식 상태인 경우. 다만, 결산기 정기공시
서류(지정법인은 사업보고서)의 제출기한까지 유상증자 또는 자산재평가에 의하여 자
본전액잠식 상태를 해소하였음이 확인된 경우는 제외

❸ 최근 사업연도 매출액이 1억 원 미만이거나 최근 2개 사업연도에 연속하여 매출
액이 5억 원(크라우드펀딩기업의 경우 3억 원) 미만인 경우

❹ 최근 사업연도의 재무제표에 대한 외부감사인의 감사의견이 부적정, 의견거절이
거나 최근 2개 사업연도에 연속하여 감사범위 제한으로 인한 한정인 경우

❺ 주된 영업이 6개월 이상 정지되어 잔여사업 부문만으로는 실질적인 영업을 영위
하기 어렵거나 영업의 전부가 양도되는 경우

❻ 「채무자 회생 및 파산에 관한 법률」에 따른 법원의 회생절차개시신청 기각, 회생
절차 개시 결정 취소, 회생계획 불인가 및 회생절차 폐지 결정이 있는 경우. 다만,
같은 법 제287조에 따라 채무를 완제할 수 있음이 명백하여 법원이 회생절차 폐
지 결정을 하는 경우에는 적용하지 아니함

❼ 정기공시서류 제출과 관련하여 다음의 어느 하나에 해당하는 경우

ㄱ. 결산기 정기공시서류(지정법인은 사업보고서)를 제출기한까지 제출하지 아니하고 그 다음날부터 30일 이내에도 제출하지 아니한 경우. 지정법인의 경우에는 금융위원회(금융감독원 전자공시시스템)에 제출하지 아니한 것을 말함(이하 반기보고서의 경우에도 동일)

ㄴ. 반기 정기공시서류(지정법인은 반기보고서. 이하 동일)를 최근 4개 사업연도에 1회 이상 제출기한까지 제출하지 아니한 법인이 최근 반기에 반기 정기공시서류를 제출기한까지 제출하지 아니하고 그 다음날부터 15일 이내에도 제출하지 아니한 경우

(2) 조직변경, 경영방침 변경 등으로 인한 경우 등

❶ 타법인에 피흡수 합병되는 경우
❷ 법률에 따른 해산사유가 발생하는 경우
❸ 증권시장에 상장되는 경우
❹ 주식유통 관련 기본요건(통일규격증권 또는 전자등록 주식 사용, 명의개서대행계약 체결, 정관 등에 주식양도의 제한이 없을 것)을 충족하지 못하게 되는 경우

각 등록해제 사유에 준하는 사유로서 기업의 계속성 또는 K-OTC시장의 건전성, 기타 투자자 보호를 위하여 협회가 필요하다고 인정하는 경우. 다만, 동 조치에 이의가 있는 기업은 그 통지를 받은 날로부터 7일 이내에 등록해제 사유에 대한 이의신청을 할 수 있다.

(3) 등록법인 특칙

❶ 등록신청서와 첨부서류의 내용 중 중요한 사항의 허위기재 또는 누락내용이 투자자 보호를 위해 중요하다고 판단되는 경우
❷ 등록법인이 불성실공시법인으로 지정된 경우로서 해당 불성실공시법인 지정일로부터 소급하여 과거 2년 이내에 불성실공시법인으로 지정된 횟수가 6회 이상인 경우. 즉, 최근 2년간 불성실공시 횟수가 6회 이상인 경우 등록해제 사유에 해당
❸ 최근 사업연도말 현재 보통주식의 소액주주(발행주식 총수의 1% 미만 소유 주주) 수가 50인 미만이거나 소액주주가 소유하고 있는 보통주식의 총수가 해당 등록법인이

발행한 보통주식 총수의 1%에 미달하는 경우. 다만, 동 해제요건은 신규등록일이 속하는 사업연도의 다음 사업연도말부터 적용

④ 등록법인이 K-OTC시장 등록해제를 신청하는 경우

⑤ 임직원 등(퇴임 또는 퇴직한 임직원을 포함. 이하 같음)의 횡령·배임 혐의가 관련 소송결과 공시 등을 통하여 사실로 확인된 경우. 다만, 횡령·배임금액이 협회장이 정하는 규모 이상인 경우에 한함

(4) 지정법인 특칙

① 신규 지정의 근거가 된 지정기업의 사업보고서와 첨부서류의 내용 중 중요한 사항이 허위기재 또는 누락되어 해당 허위 기재 또는 누락된 내용을 정정하여 사업보고서에 반영할 경우 신규지정 요건을 미충족한 사실이 확인된 경우

② 자본시장법령에 따라 파산 등의 사유로 사업보고서 제출 면제사유가 발생한 경우

3   등록 · 지정해제 절차

등록·지정해제는 ① 등록·지정법인이 등록·지정해제 기준에 해당하여 협회가 등록·지정을 해제하는 경우(직권 해제), ② 등록법인의 신청에 따라 등록을 해제하는 경우(신청에 의한 등록해제)의 2가지 유형으로 구분할 수 있다.

한편, 지정법인의 경우에는 기업의 신청절차 없이 협회가 직접 그 발행 주권을 K-OTC시장 거래종목으로 지정하므로, 지정법인의 신청을 통한 해제절차도 없다.

4   등록 · 지정해제 주권의 정리매매

K-OTC시장에서 등록·지정해제되는 주권은 등록·지정해제 사유발생 시 해당 사유 확인일과 그 다음 3영업일 간의 매매거래정지 후 10일(영업일 기준)을 초과하지 아니하는 범위 내에서 해당 주권의 매매가 허용된다. 이를 정리매매라 하는데 등록·지정해제되는 주식을 가진 투자자들에게 마지막으로 주식을 처분할 수 있는 기회를 주기 위한 것이다.

거래소시장(증권시장)에 상장하는 경우에는 매매거래정지 절차를 거치지 않는다.

01 다음 중 K-OTC시장에 관한 설명으로 적절하지 않은 것은?

① K-OTC시장은 한국금융투자협회가 비상장주권의 매매를 위하여 운영하는 장외시장이다.

② K-OTC시장은 「자본시장과 금융투자업에 관한 법률」에 근거하여 개설된 조직화된 장외시장이다.

③ K-OTC시장은 투자자들이 비상장주권을 보다 투명하고 원활하게 거래할 수 있도록 하기 위해 개설되었다.

④ K-OTC시장 등록·지정법인의 소액주주가 K-OTC시장을 통하여 주권을 양도하는 경우에는 모두 양도소득세가 비과세된다.

02 K-OTC시장의 등록기업부와 지정기업부에 관한 설명으로 적절하지 않은 것은?

① 등록기업부에 등록하기 위해서는 기업의 신청행위가 있어야 하나, 지정기업부는 기업의 신청행위 없이 한국금융투자협회가 직접 거래대상종목을 지정한다.

② 지정기업부 신규지정 요건은 대부분의 등록기업부의 신규등록 요건을 포함하며, 이외에 사업보고서 제출, 공모실적이 있을 것 또는 지정동의서를 제출하였을 것 등의 요건이 추가된다.

③ 지정기업부에 소속된 지정기업은 K-OTC시장에서의 공시의무가 없다.

④ 지정기업부에 소속된 지정법인은 해제신청을 통해 지정해제될 수 있으나, 등록기업부에 소속된 등록법인은 해제신청을 통해 등록해제될 수 없다.

해설

01 ④ 중소기업, 중견기업 및 벤처기업의 소액주주가 K-OTC시장을 통하여 해당 기업 주식을 양도하는 경우에만 양도소득세가 비과세된다.

02 ④ 등록법인은 신청에 통해 등록해제될 수 있으나, 지정법인은 신청을 통해 지정해제될 수 없다.

03 K-OTC시장의 신규등록요건 및 신규지정요건에 관한 설명으로 옳지 않은 것은?

① 벤처기업의 경우에도 외부감사인의 감사의견이 적정이어야 한다.

② 최근 사업연도말 현재 자본잠식 상태가 아니어야 한다.

③ 최근 사업연도의 매출액이 5억 원(크라우드펀딩기업은 3억 원) 이상이어야 한다.

④ 통일규격 증권을 발행하고 명의개서대행계약을 체결하고 있어야 하며, 원칙적으로 정관 등에 주식양도의 제한이 없어야 한다.

04 다음 중 K-OTC시장 등록법인의 공시제도에 관한 설명으로 적절하지 않은 것은?

① 등록법인의 공시에는 정기공시, 수시공시, 조회공시, 공정공시 제도가 있다.

② 정기공시서류는 매 결산기 경과 후 90일 이내와 매 반기 경과 후 45일 이내에 각각 제출하여야 한다.

③ 수시공시는 전자문서 등의 방법으로 한국금융투자협회에 신고하여야 한다.

④ 조회공시는 한국금융투자협회로부터 조회공시 요구를 받은 날로부터 1일 이내에 공시하여야 한다.

05 다음 중 코넥스시장의 불성실공시 지정사유에 해당하지 않는 것은?

① 공시의무사항을 기한 내에 신고하지 아니하는 경우

② 공시내용 중 일부사항을 일정 범위 내에서 변경하여 공시하는 경우

③ 주요 사항을 기재하지 아니하고 공시하는 경우

④ 이미 공시한 내용을 전면 취소하는 경우

해설

03 ② 최근 사업연도말 현재 자본전액잠식 상태가 아니어야 한다.

04 ① K-OTC시장은 공정공시제도가 도입되어 있지 않다.

05 ② 코넥스시장의 불성실공시제도는 공시불이행, 공시번복에 한하여 적용하고 있으며 공시내용 중 일부 사항을 일정 범위를 초과하여 변경하여 공시하는 경우는 공시번복으로 간주

06 **다음 중 K-OTC시장의 등록해제 및 지정해제 제도에 관한 설명으로 적절하지 않은 것은?**

① K-OTC시장의 등록해제, 지정해제란 유가증권시장 또는 코스닥시장의 상장 폐지와 유사한 개념이다.

② 최근 사업연도말을 기준으로 자본전액잠식 상태인 경우 등록해제, 지정해제 요건에 해당한다.

③ 최근 2년간 불성실공시법인으로 지정된 횟수가 6회 이상인 경우 등록해제, 지정해제 요건에 해당한다.

④ 지정법인이 사업보고서를 제출기한까지 금융위원회에 제출하지 아니하고 그 다음날부터 30일 이내에도 제출하지 아니한 경우 지정해제 요건에 해당한다.

07 **다음 중 K-OTC시장의 매매거래 비용에 대한 설명으로 적절하지 않은 것은?**

① K-OTC시장에서의 매매주문 처리와 관련한 금융투자회사의 위탁수수료율은 금융투자회사가 각각 자율적으로 정하고 있다.

② 벤처기업 소액주주가 K-OTC시장에서 해당 벤처기업 주식을 매도하는 경우 양도소득세가 비과세된다.

③ 중소기업 소액주주가 K-OTC시장에서 해당 중소기업 주식을 매도하는 경우 양도소득세가 비과세된다.

④ K-OTC시장에서 주식을 매도하는 경우 매도자가 직접 관할 세무서에 증권거래세를 신고납부하여야 한다.

08 **다음 중 코넥스시장과 코스닥시장의 매매거래제도 중 다른 것은?**

① 매매수량단위 ② 호가 가격 단위
③ 가격제한폭 ④ 매매체결방식

해설

06 ③ 최근 2년간 불성실공시법인으로 지정된 횟수가 6회 이상인 경우는 등록해제요건에만 해당된다.
07 ④ K-OTC시장의 증권거래세는 예탁결제원이 매도자로부터 거래징수하여 관할 세무서에 납부한다.
08 ③ 코넥스시장은 코스닥시장(30%)과 달리 1일 가격제한폭을 기준 가격 대비 상하 15%로 제한

정답 01 ④ | 02 ④ | 03 ② | 04 ① | 05 ② | 06 ③ | 07 ④ | 08 ③

part 05

증권분석
(경기·기본적·
기술적)의 이해

securities investment solicitor

chapter 01

증권분석의 체계

증권분석의 개요

　주식의 투자가치는 그 주식으로부터 발생하는 미래 현금흐름의 현재가치에 의해 결정된다. 즉, 해당 기업의 미래 기대이익과 투자위험을 반영하는 할인율에 의해서 주식의 투자가치가 결정된다고 할 수 있다.

　통상적으로 주식의 투자가치 결정을 위해 주식 가격을 예측하는 방법에는 기본적 분석과 기술적 분석에 의한 접근방법이 있다. 기본적 분석에서는 시장에서 형성되는 주식의 가격이 그 주식을 발행한 기업의 가치에 의하여 결정된다고 본다. 즉, 현재 수익성이 우수하고 미래 성장 가능성이 높은 기업의 주식은 시장에서 높은 가격으로 거래가 될 것이고 수익성도 낮고 성장잠재력도 부족한 기업이 발행한 주식은 낮은 가격으로 거래가 될 것이라는 것이다. 기본적 분석은 기업의 진정한 가치―이것을 기업의 내재가치(intrinsic value) 또는 본질가치(fundamental value)라고 한다-를 찾아내고 이렇게 찾아낸 진정한 가치가 시장에 반영될 것으로 기대하게 된다. 예를 들어 A기업의 내재가치가 1,000원인데 이 기업이 발행한 주식의 시장 가격이 800원이라면 시장 가격은 기업의 내재가치를 반영하기 위하여 1,000원으로 상승할 것이라 보는 것이다. 따라서 기본적 분석에서는 영향을 미칠 수 있다고 생각되는 거시경제변수, 산업변수, 기업 자체 변수들을 살펴보게 된다.

반면 기술적 분석에서는 주가가 시장에서의 수요와 공급에 의해서 결정되며, 수요와 공급은 시장에 참여하는 투자자들의 심리상태에 의하여 결정된다고 본다. 그리고 투자자들의 심리상태는 증권시장에서 나타나는 여러 현상들을 살펴보면 알 수 있다는 것이다. 따라서 기술적 분석은 시장에서 나타나는 거래량이나 가격의 변화 등을 살펴봄으로써 향후 수요와 공급의 변화를 예측하게 된다. 또한 기술적 분석에서는 주가 움직임이 일정한 패턴을 가지고 있기 때문에 과거 주가 움직임을 분석함으로써 미래 주가의 변동 추이를 예측할 수 있는 것으로 가정한다.

본 절에서 설명하고자 하는 기본적 분석으로 돌아와 살펴보면 기업의 미래 이익 흐름은 식 (1-1)에서 볼 수 있는 것처럼 그 기업이 생산하는 제품들의 판매량, 판매 가격 및 제반 원가의 영향을 받게 된다.

$$
\begin{aligned}
\text{이익} &= \text{매출액} - \text{매출원가} \cdot \text{비용} \\
&= (\text{판매량} \times \text{판매단가}) - f(\text{판매량 또는 생산량}) \quad\quad (1-1)
\end{aligned}
$$

기업의 이익 흐름을 좌우하는 이같은 요소들에 영향을 주는 원천적 요인들은 다음과 같이 3가지 측면으로 나누어 볼 수 있다(〈그림 1-1〉 참조).

첫째는 거시경제적 요인들이다. 이를테면 그 나라 경제의 경기순환 국면, GDP 성장률, 1인당 국민소득, 주요 원자재 가격, 인플레이션, 이자율 수준 등은 그 기업의 매출액과 매출원가에 영향을 주어 궁극적으로 기업의 이익 흐름에 영향을 미친다.

둘째는 산업적 요인들이다. 특정 기업이 속하는 당해 산업의 수요 성장률, 시장규모, 경쟁구조, 비용구조, 제품수명 사이클의 단계, 정부의 지원, 노사관계 등의 요인들은 당해 산업의 유망성을 결정하며 궁극적으로는 특정 기업의 이익 흐름에 영향을 주게 된다.

셋째는 기업적 요인들이다. 비록 유망한 산업 내에 진출하고 있더라도 각 기업의 경쟁력, 생산성, 자산이용의 효율성, 재무효율성 등에 따라 이익창출 능력은 큰 차이를 보

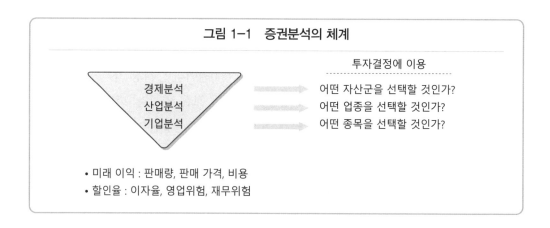

그림 1-1 증권분석의 체계

투자결정에 이용

경제분석
산업분석
기업분석

어떤 자산군을 선택할 것인가?
어떤 업종을 선택할 것인가?
어떤 종목을 선택할 것인가?

- 미래 이익 : 판매량, 판매 가격, 비용
- 할인율 : 이자율, 영업위험, 재무위험

이게 된다.

이 같은 이익 흐름뿐만 아니라 이익의 불확실성 또한 여러 가지 국민경제, 산업, 기업적 요인들에 의해서 영향받게 된다. 즉, 이익 흐름의 위험도도 이자율 수준, 인플레이션, 산업위험, 재무위험 등의 영향을 받게 되므로 이에 대한 평가를 위해서도 국민경제, 산업, 기업적 요인에 대한 분석이 필요하다.

결론적으로 이야기하면 기본적 분석의 목적인 과소 또는 과대평가된 증권을 판별해 내기 위해서는 당해 주식의 미래 이익 흐름과 그 불확실성을 추정할 필요가 있는데, 이를 위해서는 이의 원천적인 요인이 되는 경제-산업—기업적 요인들을 다각적으로 고려하여야 하는 것이다.

이러한 측면에서 기본적 분석에서는 경제—산업—기업분석의 체계(economy-industry-company framework)에 따라 증권분석을 행하고 있다.

주식을 발행한 기업의 본질(내재)가치를 찾아내기 위하여 우리는 기업 자체에 대한 분석(기업분석), 해당 기업이 속한 산업에 대한 분석(산업분석), 그리고 산업이 영위되는 경제에 대한 분석(경제분석)을 행하게 된다. 분석의 과정에서 기업분석 → 산업분석 → 경제분석의 순으로 분석을 행하는 것을 bottom-up 방식이라 하며, 반면에 경제분석 → 산업분석 → 기업분석의 순으로 행하는 것을 top-down 방식이라 한다. 이것을 기업가치분석의 3단계 분석(three stage analysis)이라 하는데, 일반적으로 top-down 방식을 따른다. 대개 경제분석을 통하여 경제의 흐름과 증권시장의 움직임에 대한 이해를 하게 되고, 산업분석을 통하여 유망한 업종의 선택을 하게 되며, 기업분석을 통하여 유망한 종목을 선정한다고 할 수 있다.

기본적 분석에서 경제-산업-기업분석의 체계에 따른 증권분석을 중요시하는 또 다른 이유는 투자결정의 여러 국면에서 기초자료로 활용되기 때문이다. 다시 〈그림 1-1〉에서 보는 것처럼 투자결정의 첫 국면은 채권, 주식, 부동산 등 여러 가지 자산군(Asset Class)들로 어떻게 포트폴리오를 구성(자산배분)하며 주식에 대한 투자비중을 얼마로 하느냐를 결정하는 것이다. 이를 위해서는 경기순환, GDP 성장률, 이자율 동향 등에 대한 분석과 예측이 필요하게 되므로 경제분석의 내용이 중요한 정보로 활용된다. 투자결정의 다음 국면은 주식을 투자대상으로 결정한 경우 어떤 산업의 주식이 유망하고, 과소·과대평가되어 있는지를 판단하는 것이다. 따라서 산업분석이 중요해진다.

끝으로 투자결정의 마지막 국면은 특정 산업 내 특정 주식의 선택으로 좁혀지는데, 이를 위해서는 업계에서의 경쟁적 지위, 경영능력 등을 평가하여 어떤 특정 기업의 주식이 동종 산업 내에서 투자가치가 높은가를 판단(종목 선정)하는 기업분석이 철저히 이루어질 필요가 있다.

section 02 경제분석

증권분석에서의 경제분석(economy analysis)은 기업의 미래 이익 흐름과 주가에 영향을 주는 미래 국민경제의 총체적 활동 수준과 경기변동의 방향을 예측하는데 초점이 모아지고 있다. 본 절에서는 미래 이익 흐름과 주가에 영향을 주는 주요 거시경제변수에 대해서 살펴본다.

1 국내총생산(GDP)

국내총생산은 일국의 경제활동에 의해서 창출된 최종 재화와 용역의 시장가치로서 그 나라의 경제력, 경제성장률, 국민소득 평가의 기초가 되고 있다. 또한 국민경제의 흐름을 일관성 있게 체계적으로 나타내므로 경제동향을 분석하는 대표적인 도구가 되고 있으며, 결과적으로 주식 가격의 움직임과 연관이 깊은 것으로 알려지고 있다. 제조부문으로 좁혀서 경제활동의 수준을 측정하는 것으로는 산업생산(industrial production)이 있다.

2   이자율과 주가

투자결정 시 가장 중요하게 고려되는 거시경제변수는 시중이자율 수준이다. 시중이자율이 높아지면 주식에 대한 대체투자수단의 수익률이 높아짐을 의미하므로 주식의 투자매력도가 떨어진다. 또한 이자율이 상승(하락)하면 요구수익률 즉, 할인율이 상승(하락)하게 되므로 주식 가격이 하락(상승)하는 효과도 있다.

또한 이자율 수준은 기업의 금융비용에 부담을 주므로 기업의 미래 이익에도 큰 영향을 미치게 된다. 뿐만 아니라 타인자본 의존도가 높은 기업은 경기상황이나 성장전망에 따라서 이익의 큰 변동성을 보인다.

그러면 시중이자율의 수준과 변동은 어떤 요인에 의해서 영향을 받는가? 이자율 모형에 관한 여러 가지 주장들을 종합하여 보면 시중금리는 시중자금에 대한 수요와 공급에 의해서 결정되는데 시중자금의 수급은 다음과 같은 요인들에 의해서 영향을 받는다.

(1) 자금공급자들의 소비에 대한 시차선호도

이자율이 높을수록 미래소비의 선호도가 높아져 자금공급자들은 현재 소비를 줄이고 자금대여(저축)를 늘린다. 반대로 이자율이 낮으면 현재 소비를 늘리고 저축을 줄일 것이다.

(2) 기업들이 생산기회에 대해서 갖는 자본의 한계효율

기업과 같은 자금부족 주체의 입장에서는 이자율이 낮을수록 투자기업의 수익성이 높아지므로 자금수요가 많아지게 된다.

(3) 국내총생산(미래소득)

국내총생산의 증가는 기업의 투자와 가계 소비의 증가를 의미하므로, 국내총생산이 증가할 것으로 예상되면 시중이자율이 상승하게 된다.

(4) 통화공급량을 결정하는 중앙은행의 통화정책

자금의 공급은 중앙은행의 통화공급량에 의해서 원천적으로 좌우되므로 이자율 수준을 결정한다.

(5) 구매력 감소를 가져오는 미래 기대 인플레이션

지속적인 물가상승이 예상되면 화폐의 구매력이 감소되어 채권과 같이 고정적인 현금흐름을 발생시키는 자산의 가치가 떨어지게 된다. 전반적인 채권가치의 하락은 곧 시중금리의 상승을 의미한다. 따라서 기대 인플레이션이 증가하면 이자율이 상승하게 된다.

이들 요인에 의해서 시중금리가 변동하면 주가는 이와 반대방향으로 움직이게 된다.

---

3   인플레이션

인플레이션이란 일반적으로 물가가 지속적으로 상승하거나 화폐가치가 지속적으로 하락하는 현상을 말하는 것으로 화폐의 구매력을 감소시키는 결과를 가져온다. 인플레이션은 시중이자율을 상승시켜 가격을 하락시킬 수도 있다. 한편 주식투자는 인플레이션 헤지(inflation hedge)역할을 하는 것으로 믿어져 왔지만 이에 반하는 여러 가지 증거들이 제시되고 있다.

(1) 명목수익률과 실질수익률

인플레이션이 주가에 미치는 영향을 분석하기 위해서는 먼저 명목수익률과 실질수익률의 관계를 파악할 필요가 있다. 명목수익률(nominal rate of return)은 인플레이션에 의한 화폐가치의 변동이 고려되지 않은 현금흐름으로부터 계산된 명목상의 투자수익률이다. 반면 실질수익률(real rate of return)은 화폐가치의 변동(구매력 감소)을 고려하여 계산된 투자수익률을 말한다.

이 두 가지 수익률의 관계를 보기 위해서 이제 기초물가지수를 C_o, 기말물가지수를 C_1, 명목수익률을 R^N, 실질수익률을 R^r, 물가상승률을 $C(=C_1/C_o-1)$라고 표시하면 다음 관계가 성립한다.

$$1 + R^r = \frac{C_o(1 + R^N)}{C_1} = \left(\frac{1}{1+C}\right)(1 + R^N)$$

$$\therefore (1+R^N)=(r+R^r)(1+C) \tag{1-2}$$

$$R^N = R^r + C + R^r \cdot C$$

식 (1-2)의 우변 마지막 항의 값 $R^r \cdot C$는 매우 미미한 값이므로 무시하면 다음과 같이 바꿔 쓸 수 있다. 즉, 명목수익률은 실질수익률과 기대 인플레이션의 합으로 이루어지는데 이것을 피셔효과(Fisher effect)라고 한다.

명목이자율≈실질이자율+기대 인플레이션 (1-3)

투자자들의 관심은 명목수익률보다는 화폐가치의 변동이 감안된 실질수익률에 있게 되는데, 투자자들의 기대실질수익률은 식 (1-3)에 기초하여 볼 때 기대명목수익률에서 기대 인플레이션을 뺀 값이 되어야 할 것이다.

(2) 인플레이션과 주식가치평가

인플레이션만큼 기업의 명목현금흐름이 증가하는 한 주식 가격은 인플레이션에 의해서 영향을 받지 않는다. 그러나 투자수익의 구성내용, 자기자본순이익률, 사내유보율, 주가수익배수(PER)는 인플레이션의 영향을 받게 된다. 먼저 투자수익의 구성내용에 관해서 보면 명목성장률이 증가되므로 시세차익수익률의 증가가 필요하게 된다.

한편 명목매출액은 인플레이션율만큼 증가하더라도 매출원가는 역사적 취득원가 기준으로 기록되므로 회계보고이익은 과대계상이 되어 결과적으로 자기자본순이익률(ROE)은 증가하는 것으로 나타나고, 사내유보율은 명목성장률의 증가 때문에 증가될 필요가 있게 된다. PER는 주당 이익이 과대계상되므로 하락하는 것으로 나타나게 된다.

한편 인플레이션이 투자자산의 가치에 미치는 영향은 인플레이션의 크기 못지 않게 궁극적으로 실제 인플레이션(real inflation)이 기대 인플레이션(expected inflation)과 어느 정도 어떻게 차이 나느냐에 달려있다. 왜냐하면 양자에 차이가 생기게 되면 투자수익이 화폐성자산(monetary asset)으로 고정되어 있는 투자자는 그렇지 않은 투자자보다 훨씬 큰 영향을 받기 때문이다.

실제 인플레이션이 기대 인플레이션보다 더 높은 경우, 순화폐성자산가치(화폐성자산-화폐성부채)가 정(+)인 기업이나 개인은 순채권자 입장이 되어 부가 감소하게 되고, 순화폐성자산가치가 부이면 순채무자 입장이 되므로 이득을 보게 된다.

환언하면 실제 인플레이션이 기대 인플레이션을 초과하게 되면 채권자는 손실을 보게 되고, 채무자는 이득을 보게 되는데, 이때 차이의 발생 정도가 커질수록, 또한 장기가 될수록 득실 폭은 더욱 커진다. 물론 실제 인플레이션이 기대 인플레이션보다 낮게 되면 반대의 상황이 된다.

(3) 인플레이션 헤지에 대한 평가

전통적으로 투자대상으로서 주식은 인플레이션 헤지능력이 있는 것으로 믿어왔다. 그러나 70년 이후 세계 각국이 높은 인플레이션을 경험하면서, 오히려 높은 인플레이션 환경에서는 실질 주식투자수익률이 하락할 수밖에 없다는 비판적 평가가 많아지고 있다. 그 이유는 다음과 같은 측면에서 찾아볼 수 있다.

첫째, 인플레이션이 지속되면 감가상각비, 재고자산 등이 과소평가될 수밖에 없기 때문에 이익이 상대적으로 과대계상되는데 이는 법인세의 추가적인 부담, 즉 현금유출을 초래한다. 결과적으로 재투자금액을 감소시켜 기업의 성장성을 감소시키는 한 요인이 될 뿐 아니라 주주의 부가 유출되는 만큼 투자수익률을 하락시키게 된다.

둘째, 인플레이션은 투자환경의 불확실성을 더해주고 명목이자율을 상승시켜 대체투자자산(부동산, 금 등)의 상대적 수익률을 상승시킴으로써 투자자의 요구수익률을 상승시킨다. 이는 결국 주식 가격의 하락을 초래한다.

거시적으로 보면 실질적으로 낮아진 기업이익과 더불어 낮은 주가는 기업의 자본비용을 높이게 되고 이는 수익성 있는 투자기회를 줄이는 결과가 된다. 이러한 과정은 재투자금액의 감소, 기업의 성장률 둔화로 이어지고 나아가 국민경제를 침체시키는 악순환을 초래하기도 한다.

셋째, 개인투자가 입장에서 보면 현행 세제하에서 인플레이션은 또 다른 형태의 세금이 되므로 납세 후 실질투자수익률을 낮춘다. 예를 들어, 인플레이션이 없는 경우의 투자수익률이 10%일 때 자본소득세율이 20%로 가정하면 납세 후 투자수익률은 $10\% \times (1-0.2) = 8.0\%$가 된다. 이때에는 인플레이션이 없으므로 납세 후 투자수익률과 실질투자수익률이 같다. 그러나 물가상승률이 5%이고 이를 보전하여 명목수익률이 15%가 되었다면 납세 후 투자수익률은 $15\% \times (1-0.2) = 12\%$이지만, 인플레이션이 감안된 실질수익률은 $12\% - 5\% = 7\%$가 된다.

결국 인플레이션은 투자자의 납세 후 실질투자수익률을 감소시키고 결과적으로 투자자의 투자의욕을 줄이기도 한다. 이는 민간부문의 부가 정부부문으로 이전되는 것을 의미하며, 인플레이션이 높을수록 이와 같은 부의 이전효과는 확대된다.

자국 통화의 타국 통화에 대한 교환비율인 환율이 변동하게 되면 자국 생산제품의 국제경쟁력에 영향을 주게 되므로 환율은 개별 기업 수익성의 주요 결정요인이 된다.

환율은 기본적으로 외환시장에서의 수요·공급뿐만 아니라 국제수지, 물가, 금리 등의 복합적인 요인에 의해 결정된다.

일반적으로 자국 통화가 평가절하되면 자국 소비자들이 외국 수입품에 대해서 지불하는 대가는 늘게 되지만, 반대로 타국 소비자들은 동일한 구매에 대해서 작은 대가를 지불하게 된다. 결과적으로 환율의 절하는 수입을 감소시키고 수출을 증가시키는 효과가 있다. 따라서 환율이 상승(평가절하)하면 수출비중이 높은 기업은 대외경쟁력 및 채산성이 강화되는 장점이 있다.

반면에 환율은 인플레이션율에도 영향을 미치게 되는데, 만약 환율이 절하되면 수입제품의 원가를 상승시키게 되므로 국내 제품 가격을 상승시키고 인플레이션율을 높인다. 특히 달러화 표시 부채가 큰 기업은 급격한 환율 상승으로 인하여 상당한 환차손을 안게 된다.

한편 일국의 무역에 있어서 수출과 수입 사이에 불균형이 발생하는 것은 환율의 움직임에 의해서 영향을 받기도 하지만, 반대로 무역적자나 흑자는 환율의 움직임에 영향을 미치게 되므로 기업수익성을 좌우하는 한 요인이 된다. 이를테면 계속적인 무역적자는 무역결제에 있어서 자국 통화에 대한 수요보다도 타국 통화에 대한 수요가 많은 것을 뜻하므로 자국 통화의 가치를 하락시키게 된다. 결과적으로 제품 가격과 인플레이션율에 영향을 주어 기업수익성을 좌우하게 된다. 환율과 주가와의 관계는 일반적으로 부(−)의 상관관계가 있는 것으로 나타나고 있다.

이 밖에도 증권시장과 연관하여 일국의 거시경제에 미치는 요인은 수요와 공급에 충격을 주는 사건(event) 중심으로 분석될 수 있다. 수요충격 요인(demand shock)으로는 세율의 인하, 통화량의 증가, 정부지출의 증가, 수출수요의 증가 등을 들 수 있다. 한편 공급충격 요인(supply shock)으로는 기업의 생산능력과 제품원가에 영향을 주는 사건으로서, 원유가의 상승, 농작물의 흉작, 노동인구구성의 변화, 임금변화 등을 들 수 있다.

앞으로 전개될 거시경제의 상황에 대한 예측을 위해서는 앞서 설명한 거시경제변수 자체에 대한 분석과 함께 국내 생산과 소비, 이자율, 물가 등에 영향을 주는 정부의 재정정책 및 중앙은행의 통화정책에 대한 충분한 고려가 필요하다.

(1) 정부의 재정정책

정부지출과 세제변화와 관련되는 정부의 재정정책은 경제의 수요측면에 영향을 줌으로써 경기활성화를 촉진시키거나 과열경기의 진정에 사용된다. 정부가 사회간접자본에 대한 투자를 크게 늘리는 등 적자예산을 편성하여 세출을 증가시키고 세율은 인하시키게 되면 수요를 진작시키게 된다. 반면에 정부차입을 증가시키는 재정적자는 상대적으로 민간부문의 차입기회를 감소(crowd out)시킴으로써 이자율을 상승시키는 작용을 할 수 있으므로 경제에 미치는 순효과는 상반되게 나타나기 쉽다.

(2) 중앙은행의 통화정책

통화정책은 시중통화량의 조절을 통하여 이자율에 영향을 줌으로써 궁극적으로 투자와 소비수요를 변경하는 것을 목표로 하고 있다. 통화공급의 증가는 시중이자율을 하락시킴으로써 투자와 소비수요를 증가시키는 측면이 있다. 그러나 통화공급의 증가는 물가상승을 유발하게 되므로 장기적으로는 그 효과가 상쇄된다. 통화정책의 수단으로는 국채의 매각과 매입, 시중은행의 지불준비금의 변경, 정책금리의 변경 등이 이용되고 있다.

6　경기순환과 주가

1) 경기순환

주가는 경제활동의 광범위한 움직임과 연관되어 변동하므로 앞으로 전개될 경기순환 사이클을 예측하여 주가 동향을 예측하려는 시도를 많이 하게 된다.

한 나라의 국민경제 전체의 활동 수준은 반복적인 규칙성을 지니고 변동하는 경향

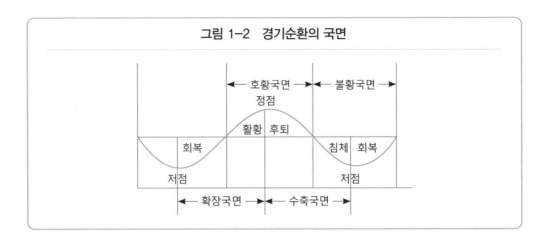

그림 1-2 경기순환의 국면

이 있는데 이를 경기순환(business cycle)이라고 한다. 일반적으로 경기순환의 국면은 〈그림 1-2〉와 같이 호황과 불황 또는 확장과 수축으로 2분할 수 있고 세분하면 회복 → 활황 → 후퇴 → 침체의 4개 국면으로 나누어 볼 수 있다.

이 같은 경기순환은 여러 가지 유형이 있는 것으로 분석되고 있다. 기업의 재고증감과 관련이 있다고 보는 단기순환, 설비투자의 변동과 관련이 있다고 보는 중기순환, 획기적인 기술혁신에 의해서 야기된다고 보는 장기순환 등으로 구분하기도 한다.

경기순환을 초래하는 원인에 대해서는 여러 가지 학설이 있지만, 국민경제의 총수요의 변화와 생산주체의 비용함수나 생산함수의 변화가 가져오는 경제의 수급불균형이 주된 경기순환의 원인이라고 할 수 있다.

경기순환의 각 국면은 여러 가지 특성을 지니게 되는데 일반적으로 다음과 같이 요약할 수 있다.

경기회복이 시작되기 전에는 매출액과 재고가 불황 수준에 머물러 있고 상당한 초과설비능력이 존재하게 된다. 경기후퇴가 계속됨에 따라 일반적으로 통화당국의 주도에 의해서 신용조건이 완화되고 이자율이 하락한다. 경기 진작을 위한 정부지출 증가는 경제운영에 강력한 지주역할을 하며, 주식시장도 침체기를 마치고 안정기에 접어든다. 곧이어 소비자는 최악의 상태가 끝났다고 인식하고 긴축생활을 완화한다. 그래서 새로운 경기회복이 시작되면 매출액이 상승하기 시작하고 이익에 대한 기대가 호전됨에 따라 경영자는 생산증대계획을 세우기 시작하여 작업시간과 고용을 늘린다. 이에 따라 근로자의 소득이 증가하고 개인의 소비지출이 늘어난다. 또한 매출액과 이익이 증가함에 따라 경영자는 생산시설을 확장한다. 이러한 자본재의 구입은 자본재산업에 더 많은 고용

기회와 수입의 기회를 제공하고 근로자에 의한 소비를 창출한다. 이와 같은 경제활동의 확장상황은 계속 누적된다.

이제 노동력, 기계 그리고 원재료가 최대한으로 이용되면서 시설조업도는 최고에 달한다. 이들 생산요소에 대한 수요는 가격과 임금에 상승 압박을 가한다. 경영자는 재고와 매출채권, 고정자산으로 인한 소요자금 조달을 위해 차입을 증가시킨다. 이로 인해 이자율이 상승하고 비용이 판매 가격보다 빠른 속도로 상승하게 되어 수지가 악화된다. 이는 생산능력이 잠재적 수요를 넘어섰다는 것을 의미하므로 경영자는 공장설비에 대한 주문을 줄임과 아울러 재고비율을 감소시키며 근로자수를 줄인다. 소비자는 수입이 감소함에 따라 내구재의 구입을 억제한다. 이 같은 경제수축의 누적된 과정은 경기후퇴의 방향으로 움직인다.

그동안 우리나라에서의 경기순환은 재정경제부와 한국은행의 통계자료에 근거할 때 1972년부터 최근까지 10번의 단기순환이 있었던 것으로 분석되고 있다. 이 단기순환은 〈표 1−1〉에서 보는 것처럼 저점에서 정점까지 보통 40~80개월 동안 진행되는 것으로 나타나고 있다. 70년 이후의 경기순환 주기를 보면 그 평균은 49개월로써 확장국면은 33개월, 수축국면은 18개월 가량인 것으로 나타나고 있다.

표 1−1 우리나라에서의 단기 경기순환

구분	기준순환일			지속기간(개월)		
	저점(T)	정점(P)	저점(T)	확장국면	수축국면	전순환
제1순환	1972. 3	1974. 2	1975. 6	23	16	39
제2순환	1975. 6	1979. 2	1980. 9	44	19	63
제3순환	1980. 9	1984. 2	1985. 9	41	19	60
제4순환	1985. 9	1988. 1	1989. 7	28	18	46
제5순환	1989. 7	1992. 1	1993. 1	30	12	42
제6순환	1993. 1	1996. 3	1998. 8	38	29	67
제7순환	1998. 8	2000. 8	2001. 7	24	11	35
제8순환	2001. 7	2002.12	2005. 4	17	28	45
제9순환	2005. 4	2008. 1	2009. 2	33	13	46
제10순환	2009. 2	2011. 8	2013. 3	30	19	49
제11순환	2013. 3	2017. 9*	−	54	−	−
평균순환기간	−	−	−	33	18	49

자료: 통계청, *는 잠정치

2) 주가의 경기순환에의 선행성

주가는 경기변동이 있기 수개월 전부터 이를 반영하는 것으로 알려지고 있다. 증시의 약세시장에 뒤이어 경기후퇴가 일어나고 또 강세시장에 뒤이어 경기회복이 일어났던 실증적 증거가 많다. 따라서 경기후퇴 또는 경제성장의 둔화가 예측된다면 투자자는 경기후퇴 수개월 앞서서 증권시장의 침체가 선행될 가능성이 높다고 판단할 수 있다. 또한 반대로 경기회복이 예측된다면 이에 앞서서 증권시장이 강세시장으로 전환될 것으로 판단할 수 있다. 결국 정확한 경기예측이 이루어지면 주가동향 예측이 가능해질 수 있는 것이다.

3) 경기예측의 방법

(1) 실사조사에 의한 예측

미래 경기변동을 예측하는 방법의 하나는 정부부문, 기업부문, 가계부문에서의 핵심적인 의사결정자들에게 직접 그들의 정부지출이나 투자계획, 민간소비지출에 대하여 설문조사를 하여 경기변동의 방향을 예측하는 것이다. 즉, 정부, 기업, 가계 모든 부문에 대하여 다음 사항을 중심으로 설문하는 것이다.

❶ 정부부문 : 중앙정부 및 지방자치단체의 예산, 중점사업
❷ 기업부문 : 설비투자계획, 내구재에 대한 신규주문계획, 비주거용건설계약, 주거용건설계획(분양계획, 주택자금융자), 재고투자
❸ 가계부문 : 내구재에 대한 소비자의 구매의사, 소비자금융, 주택구입계획, 소비재에 대한 구매계획

　실사조사 가운데서 가장 자주 실시되고 경기동향을 잘 반영하는 것으로 알려진 것은 기업실사조사인데, 이는 시장경제의 주체인 기업가에게 경기(상승, 보합, 하락)에 대한 판단이나 전망에 대하여 실사조사하거나 구체적인 설비 투자계획 등에 대하여 조사하는 방법이다.

기업실사조사의 결과는 기간 간 상호 비교가 용이하도록 계량화한 기업실사지수(business survey index:BSI)를 작성하여 예측에 이용한다. 이 지수는 다음 식과 같이 구하는데, 기준치 100을 경기전환점으로 보고, 이 지수가 100을 초과할 때 경기상승국면으로,

그리고 100 미만일 때 경기하강국면으로 판단한다.

$$BSI = \frac{(상승\ 응답업체수 - 하락\ 응답업체수)}{전체\ 응답업체수} \times 100 + 100 \qquad (1-4)$$

BSI는 경기변동의 방향을 파악하는데 도움이 되나, 경기변동의 속도나 진폭은 판단할 수 없으며, 지수 자체를 호·불황의 정도로 해석해서는 안 된다는 점에 주의할 필요가 있다. 또한 BSI는 응답자가 호황에서는 낙관적으로, 불황에서는 비관적으로 지나치게 민감한 반응을 보이는 경향이 있으므로 실제의 경기상황보다도 과소 또는 과대 예측된다는 한계점이 있을 수 있다.

(2) 경기종합지수에 의한 예측

경기종합지수는 미래 경기동향을 예측하기 위해서 경제의 각 부문을 고용, 생산, 투자, 소비, 수출입, 재고, 물가, 통화부문으로 나누고 각 부문의 활용 수준을 나타내는 개별 지표를 선정한 다음, 경기와의 시차 정도(cyclical-timing)에 따라서 선행지표(leading indicators), 동행지표(coincident indicators), 후행지표(lagging indicators)로 분류하여 작성되고 있다. 경기종합지수의 구성지표들의 경제적 중요도, 경기대응성, 통계적 적합성 등을 고려하여 〈표 1-2〉에서 보는 것처럼 19개의 각 부문 구성지표를 선행 7개, 동행 7개, 후행 5개로 분류하고 있다.

이들 구성지표들에 대하여 전월 대비 증감률을 계산하고 이에 따라 가중치를 주어 가중평균함으로써 경기종합지수를 산출하게 된다. 이 때 전월 대비 증감률이 (+)인 경우에는 경기상승, (-)인 경우는 경기하강을 의미하게 되는데, 그 증감률의 크기에 따라 경기변동의 진폭까지도 예측할 수 있게 된다.

표 1-2 **경기종합지수의 구성지표**

선행지표(7)	동행지표(7)	후행지표(5)
재고순환지표, 경제심리지수, 기계류 내수 출하지수, 건설수주액(실질), 수출입물가비율, 코스피지수, 장단기금리차,	비농림어업취 취업자수, 광공업생산지수, 서비스업생산지수, 소매판매액지수, 내수출하지수, 건설기성액(실질), 수입액(실질)	취업자수, 생산자제품재고지수, 소비자물가지수변화율(서비스), 소비재수입액(실질), CP 유통수익률

산업분석

주식의 투자가치를 결정짓는 원천적 요인의 두 번째는 산업적 요인이다. 각 산업마다 경쟁의 강도나 경기변동에 대한 대응능력에 있어서 차이가 나므로 산업적 요인들이 경영성과를 크게 좌우하게 되며, 산업 간의 투자수익률에 있어서도 뚜렷한 차이를 보이는 경우가 많다. 사실 기업의 장기적 수익성과 위험, 경쟁력은 원천적으로 그 기업이 속해 있는 산업의 여러 가지 특성에 의해 결정되는 부분이 매우 크므로 최근에는 증권분석에서 산업분석을 중요시하고 있다.

주식투자에서 산업분석은 여러 산업 중에서 어떤 업종이 경쟁력이 높고 유망한 것인지에 대한 평가기준을 마련해 주며, 특정 산업 내에서 어떤 경쟁업체가 더욱 유망한 것인지에 대한 비교기준을 제공해준다. 본절에서는 산업분석의 이론적 틀이 된다고 볼 수 있는 산업의 경쟁 구조분석과 제품 수명주기이론에 대하여 설명한다.

1 산업의 경쟁구조 분석

기업이 속해 있는 특정 산업은 그 기업의 경영성과를 좌우하는 중요한 기업환경이다. 당해 산업의 경쟁 강도에 따라 기업의 성장성, 수익성 그리고 위험이 크게 영향을 받는다. 따라서 기업의 미래성과를 예측하기 위해서는 산업의 경쟁강도를 결정짓는 구조적 요인에 대한 분석이 중요하다.

포터(M. E. Porter)는 특정 산업의 경쟁강도가 〈그림 1−3〉에 예시된 5가지의 구조적 경쟁요인들에 의해 좌우된다고 보고 있다. 이들 5가지 구조적 경쟁요인들 ─ 진입장벽, 대체 가능성, 현존 경쟁업체 간의 경쟁강도, 구매자의 교섭력, 공급자의 교섭력 ─ 의 총체적인 힘에 의해서 그 산업에서 기대할 수 있는 궁극적인 이윤잠재력이 결정된다고 보고 있다.

(1) 진입장벽

진입장벽(barriers to entry)이란 신규 진입을 막는 장애요인으로, 특정 산업에 새로 진출하고자 하는 기업들의 진입을 어렵게 만드는 장벽을 의미한다. 따라서 특정 산업의 진

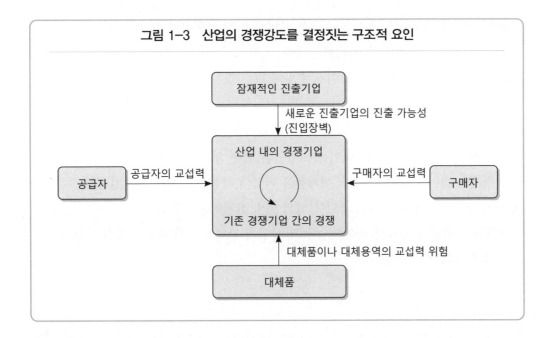

그림 1-3 산업의 경쟁강도를 결정짓는 구조적 요인

입장벽이 높을수록 해당 산업에 이미 진출해 있는 기업들이 수익성과 영업위험 측면에서 유리하다. 다음과 같은 경우는 진입장벽이 높은 것으로 알려지고 있다.

① 규모의 경제가 잘 나타나는 경우
② 제품 차별화가 잘 이루어지는 경우
③ 진출에 소요자본이 막대한 경우
④ 기존 판매망이 견고한 경우
⑤ 기존 진출업체의 절대비용 우위가 큰 경우
⑥ 정부의 규제가 많은 경우

(2) 현존하는 경쟁기업 간의 경쟁강도

특정 산업 내의 기존 경쟁기업들은 가격경쟁, 신제품소개, 대고객서비스의 강화나 품질보증 등 여러 가지 방법을 통하여 시장에서의 유리한 위치를 차지하기 위한 경쟁을 벌인다. 다음과 같은 경우는 기존 경쟁업체 간의 경쟁강도가 높은 경향이 있다.

① 경쟁기업의 수가 많은 경우
② 산업의 성장이 완만한 경우

③ 가격경쟁의 가능성이 높거나 제품 차별화가 잘 이루어지지 않는 경우
④ 고정비가 높은 비중을 차지하는 경우
⑤ 시설확장이 대규모로 이루어질 수밖에 없는 경우

(3) 대체 가능성

특정 산업에서 경영활동을 벌이는 기업들은 넓은 의미에서 대체품을 생산하는 산업들과 경쟁을 벌이고 있는 셈이다. 대체품은 기업의 가격을 결정하는데 일정한 상한선을 제시하며 이로 인해 그 기업이 속한 산업의 이익 잠재력을 제한한다.

그리고 대체품의 품질이 우수할수록 그 산업에 가해지는 대체품의 가격 상한선의 압력이 더욱 강해지는 것이다.

(4) 구매자의 교섭력

구매자(최종 소비자나 중간단계의 생산·판매업자)들은 구매가격을 인하시키거나 품질향상 및 서비스 증대를 요구하고 공급기업들을 서로 경쟁시키는 방법 등으로 구매대상 산업과의 경쟁을 벌이는데, 이러한 행위는 모두 그 산업의 수익성을 감소시키는 결과를 초래한다. 구매자 산업과 공급자 산업과의 관계에서 어느 쪽이 가격 결정, 품질조건, 결제조건 등에 있어서 교섭력(bargaining power)이 강한지에 따라서 당해 산업의 수익성은 구조적으로 영향을 받을 수밖에 없다.

다음과 같은 경우는 구매자 집단(산업)의 교섭력이 강력하다고 볼 수 있다.

① 구매자의 집중도가 공급자 집중도에 비하여 높은 경우
② 제품이 규격화되어 있거나 제품 차별화가 거의 되어 있지 않을 경우
③ 구매자의 후방적 계열화 가능성이 높을 경우

(5) 공급자의 교섭력

공급자(산업)는 매출 공급 가격의 인상이나 제품 및 서비스의 질을 하락시키는 위협 등으로 교섭력을 강화시킬 수 있는데, 그만큼 상대 산업의 이익 잠재력은 잠식된다. 특히 구매업자가 비용 상승분을 제품가격 인상으로 흡수할 수 없는 경우는 공급자의 교섭력이 크게 강화되게 된다. 공급자의 교섭력을 강화시키는 여건은 다음과 같이 구매자들을 강력하게 만드는 경우와 반대의 상황이 될 것이다.

❶ 공급능력이 몇 개 안 되는 소수기업에 의해 집중되어 있고 또한 구매자 산업보다 집중되어 있을 경우

❷ 공급자의 제품이 차별화되어 있거나 교체비용이 소요될 경우

❸ 공급자에게 전방적 계열화(forward integration)의 가능성이 높을 경우

2 제품 수명주기 이론에 의한 산업분석

어느 제품이든 시간이 경과함에 따라 당해 산업의 경쟁상태, 제품의 기술, 소비자의 기호 등이 변하기 때문에 당해 산업의 이윤잠재력이나 사업위험도가 달라지게 된다. 그래서 새로운 경쟁상황의 전개와 같은 여건변화가 특정 제품의 수익성과 위험에 미치는 영향은 몇 단계로 나누어 대조적으로 식별될 수 있다. 이러한 관점에서 탄생한 학설이 제품 수명주기(product life cycle : PLC)이론이다.

일반적으로 제품 수명주기는 〈그림 1−4〉에 나타나 있는 것처럼 도입기, 성장기, 성숙기, 쇠퇴기 등 4단계로 나누어 볼 수 있다. 각 단계별로 제품, 마케팅, 제조 및 유통, 경쟁사업위험, 제품마진과 수익성면에서의 특징은 〈표 1−3〉과 같이 요약될 수 있는데, 분석대상 기업의 산업이 어느 단계에서 있는지를 확인하여 산업의 유망성을 평가할 수 있다.

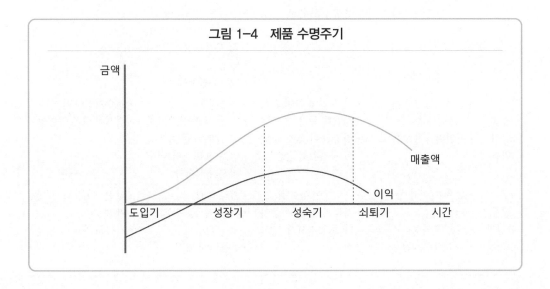

그림 1−4 제품 수명주기

표 1-3   제품 수명주기(PLC)상 단계별 특징

단계 특징	도입기	성장기	성숙기	쇠퇴기
제품	• 품질이 열악함 • 제품설계와 개발이 중요 • 제품의 표준화가 안 됨	• 제품이 기술 및 기능 상 차별화되기 시작함 • 제품에 대한 신뢰성이 성공요인 • 경쟁적 제품개선으로 품질향상이 계속됨	• 품질이 최고 수준에 달함 • 차별화가 적어지고 표준화됨 • 제품의 변화가 줄어듦	• 차별화가 거의 없음 • 품질이 저하됨
마케팅	• 판매에 대한 광고비율이 높고, 마케팅비용(A/S 등)이 많이 발생	• A/S비율이 도입기보다도 낮으나 여전히 높음 • 기술적 차별화가 되지 않는 제품은 광고와 유통부문이 매우 중요	• 시장 세분화가 가속화되고, 제품라인이 많아짐 • 라이프사이클을 늘리려 제품 다양화 시도 • 포장·서비스가 중요해지고 광고경쟁이 치열 • A/S는 낮아짐	• 광고 및 마케팅활동을 하지 않음 • 마케팅비용 감소
제조 및 유통	• 가동률이 낮고 생산원가가 높음 • 제조기술의 변경을 위한 투자필요 • 협소한 판매망을 이용	• 조업도가 높음, 과소설비의 문제 대두 • 대량생산체제 • 대량유통채널구축, 유통경로확보 경쟁 치열	• 조업도가 약간 낮아짐. 부분적 설비과잉 발생 • 제조과정이 안정됨 • 정기적 설비운행 • 제품이 다양해져 물적 유통비용이 많이 발생 • 대량유통체제	• 조업도가 현저히 낮아짐 • 과잉설비 • 유통경로의 축소
경쟁 사업 위험	• 참여기업이 극히 적음 • 사업위험이 높음	• 신규 업체 참여로 경쟁업체 증가 • 성장률이 높아지면서 사업위험 감소	• 가격경쟁 • 개별 상표가 증가하고 일부는 철수 • 업계 재편성이 이루어지기 시작함	• 철수기업이 늘어남 • 경쟁이 크게 줄어듦
제품 마진과 수익성	• 높은 가격과 높은 마진 • 낮은 수익성 • 가격탄력성은 크지 않음	• 수익성이 높아짐 • 가격은 높은 수준이나 도입기보다 낮아짐	• 가격 하락 • 제품마진·수익성 모두 감소 • 유통업체 마진도 감소	• 낮은 가격과 낮은 마진 • 가격의 지속적 하락

기업분석

특정 기업의 주식가치에 영향을 주는 미래 이익과 성장은 앞의 제2, 3절에서 설명한 거시경제적 요인과 산업적 요인에 의해서도 영향을 받지만, 당해 기업의 경쟁력이나 재무적 건전도와 같은 기업 특유의 요인에 의해서 결정되는 바도 크다.

뿐만 아니라 포트폴리오 구성의 맥락에서 볼 때 산업분석을 통하여 장기적으로 유망한 업종(산업)이 판별되었으면 마지막 단계로 종목 선택을 위하여 해당 업종 내에서 우량기업을 선별하는 기업분석(company analysis)이 필요하다. 특정 종목에 대한 기업분석은 업계에서의 경쟁적 지위 분석, 제품구성과 성장잠재력 분석, 핵심역량 평가, 재무적 건전도 평가 등으로 나누어 살펴볼 수 있다.

1 업계에서의 경쟁적 지위 분석

분석대상 기업의 당해 산업 내 경쟁업체와 비교하여 얼마나 경쟁력이 있는지는 다음과 같은 측면에서 분석할 수 있다.

1 시장점유율 : 시장점유율과 기업 수익성 간에는 어느 정도 양(+)의 상관관계가 있다고 밝혀지고 있다. 시장에서 선두주자(시장점유율이 가장 높은 기업)일수록 수익성이 양호할 가능성이 높으므로 일반적으로 경쟁력이 높다고 할 수 있다.

2 경쟁기업과 비교한 상대적 성장률과 성장 가능성

3 안정적인 수익성을 확보할 수 있는 특허권, 영업권 등 독점권의 보유 유무와 그 상표에 대한 소비자들의 상표 충성도(brand loyalties) 정도

4 계속적인 성장력을 유지하기 위한 신제품 개발 능력, 신시장개척 능력(R&D에 대한 투자 비율 등), 기술적 리더십

5 경영다각화, 경영지배권의 안정성, 노사분규의 가능성 면에서 안정적 성장 여부

6 원료의 독점과 안정적 공급의 정도, 정부의 특혜, 비용통제의 효율성이나 월등한 경험의 누적 등으로 인한 원가 우위(cost advantage)의 정도

7 기업성과와 성장의 주역이 되는 경영진의 경영 능력

2 제품구성과 성장잠재력 분석

기업의 미래 경영성과는 시장의 수요변화와 같은 외부환경변화에 대응하여 기업 내부의 모든 자원을 효과적으로 배분하는 장기경영계획이나 경영전략에 좌우된다. 특히 여러 제품라인들이 얼마나 성장잠재력이 있는 시장에 포진해 있느냐에 달려 있다고 할 수 있다. 다수제품이나 사업단위에 진출하고 있는 기업(또는 기업집단)에 대하여 증권분석을 할 때는 두 가지 측면에서의 분석이 중요하다.

첫째, 여러 제품라인 또는 사업단위들이 얼마나 성장잠재력이 있는 시장에 포진해 있는지를 평가하는 것이다. 제품라인별로 매출액구성, 시장점유율, 성장률, 마진, 경기순환성, 시장의 안전성 등의 요소들을 분석함으로써 기업 전체로서 성장잠재력과 수익의 안정성을 평가한다.

둘째, 현금흐름의 효율적 배분이라는 관점에서 기업의 특정 제품라인 또는 사업단위들에 자원이 집중적으로 사용되고 있는지 아니면 자원이 분산되어 낭비되고 있는지를 평가하여야 한다.

3 핵심역량평가

아무리 훌륭한 경영전략이더라도 그것은 실행 가능성이 높아야 한다. 경영전략의 실행 가능성은 추진사업에 적합한 조직구조를 가지고 있느냐와 경영진들이 전략수행에 필요한 핵심역량을 지니고 있느냐에 달려 있다.

양호한 경영성과를 가져오는 경영조직은 효과적인 의사소통과 통제, 권한과 책임의 분권화, 환경변화에 대한 유연성, 두터운 경영진층, 변화에 대처하는 능력, 시너지, 비용효율성을 갖추어야 한다. 특히 유효성이 높은 경영조직을 갖추고 있는지는 조직의 분권화 정도, 경영정보시스템 정비 정도, 경영자 개발 능력 면에서 평가될 수 있다. 장기적인 성장잠재력은 연구개발(R&D) 능력에 달렸다.

핵심역량평가의 중심이 되는 것은 최고경영진에 대한 평가이다. 기업의 최고경영진은 전략적 의사결정의 주체로서 과거의 기업성과와 장기성장의 주역이라고 할 수 있으므로 이에 대한 분석은 중요하다. 경영진 능력평가(management evaluation)는 다음과 같은 측면에서 이루어질 수 있다.

① 경쟁력 유지능력(매출액 성장률, 시장점유율의 유지와 그 안정성)

② 시설확장 능력

③ 이익률(마진) 유지 능력

④ 생산효율 유지 능력

⑤ 자금조달 능력, 금융기관과의 관계

⑥ 종업원, 노동조합과의 관계

⑦ 현대적 관리기법의 적용 능력

⑧ 정부와의 관계

⑨ 연구개발, 신제품개발 능력

⑩ 후계자 양성 능력

⑪ 지역사회와의 관계

4 재무적 건전도의 평가

유망하고 투자가치가 높은 종목의 선정을 위해서는 어떤 기업이 재무적 건전도가 양호한 기업인지 평가하는 것이 필수적이다. 특정 기업의 재무적 건전도를 평가하는 것은 기본적으로 재무제표에 의존하게 된다. 손익계산서, 재무상태표 등의 재무제표는 몇 가지 한계점이 존재함에도 불구하고 기업의 경영성과와 재무상태를 체계적으로 전달해 주는 정보원이 되기 때문이다.

재무제표에 기초하여 기업의 재무적 건전도를 평가하는 방법은 전통적으로 재무비율분석이 이용되어 왔다. 이 밖에도 이익창출 능력의 원천을 평가하는 ROE 변동원인분석은 종목 선정에 유용한 재무분석기법이다.

미래 이익 예측

1   이익 예측의 의의

증권투자자에게 있어서 초과수익을 높이는 방법의 하나는 증권의 내재가치를 정확히 추정하여 과대평가 혹은 과소평가된 종목을 식별해 내는 것이다. 그런데 증권의 내재가치에 영향을 미치는 가장 결정적 요소는 기업의 미래 이익이다. 실증적으로도 주가변동은 기업의 미래 이익 변화와 가장 밀접한 관계가 있음이 밝혀지고 있다. 기업의 이익변화가 큰 종목일수록 주가 변동이 큰 것으로 나타나고 있는 것이다.

그런데 이용 가능한 정보가 신속·정확하게 주가에 반영되는 효율적 시장에서는 이익의 시장 평균 예측치는 이미 주가에 반영되어 있으므로 시장 평균보다도 더 잘 예측할 수 있어야 초과수익이 가능하게 된다. 특히, 미래 이익의 변화 방향과 그 크기를 시장 평균보다도 정확히 예측할 수 있을 때 초과수익을 얻을 수 있다. 이는 증권분석에서 정확도가 높은 이익 예측이 얼마나 중요한지를 말해준다.

증권분석의 관점에서도 주식가치에 영향을 미치는 질적 측면을 모두 고려하여 이익예측이라는 양적정보를 생산하는 것이 무엇보다도 중요하다. 즉, 앞의 2~4절에서 경제－산업－기업적 요인을 분석할 때 주로 질적, 비계량적 측면을 고려했는데, 이들 모두를 고려하여 계량적 미래예측으로 바꿀 때 증권분석이 마무리 될 수 있는 것이다.

2   이익 예측 시의 고려사항

기업의 미래이익을 예측하는 경우에는 다음 사항을 고려해야 할 필요가 있다.

첫째, 미래이익 예측의 대상은 경제적 이익이 아니라 회계적 이익이라는 점이다. 이론적으로 보면 일정한 회계기준과 수익·비용대응의 원칙에 따라 측정되는 회계적 이익보다도 시장가치기준으로 실질적인 부의 변동액을 측정한 경제적 이익이 예측의 기준으로서 더 적절한 면이 있다. 그러나 경제적 이익은 측정상의 어려움이 있고, 회계적 이익과 경제적 이익과는 상관관계가 높다는 전제하에서 회계적 이익을 기준으로 예측한다.

둘째, 회계적 이익기준으로 미래이익을 추정할 때, 회계처리방법의 다양성 문제를 염두에 두어야 한다는 점이다. 여러 가지 선택 가능한 회계처리 방법 중에서 어느 회계방법이 적용되느냐에 따라서 상대적으로 비용이 과대·과소계상되어 이익은 과소·과대계상되는 결과가 나타난다. 따라서 최종 이익의 추정에 얼마나 보수적인 기준을 적용할 것인지를 염두에 두어야 한다.

셋째, 미래의 이익 예측을 위해 과거의 이익 자료에만 의존하지 말고, 여러 가지 질적 요인을 충분히 감안하여야 한다는 점이다. 제2, 3절에서 살펴보았듯이, 기업의 이익은 개별 기업 특성요인뿐만 아니라, 국민경제적 요인과 산업적 요인에 의해서 크게 영향을 받는다. 실증적 연구에 의하면, 기업이익 변동의 40~60% 정도가 국민경제적 요인과 산업적 요인에 의해서 영향받는 것으로 나타나고 있으므로, 이익 예측 시에는 이러한 측면을 충분히 감안해야 한다. 즉, 앞으로 예상되는 경기변동, 당해 산업 경쟁구조의 변화 가능성, 당해 기업의 경쟁적 지위나 제품구성의 변화 가능성, 경영전략, R&D나 신규투자의 변화 등을 복합적으로 고려할 필요가 있다.

넷째, 과거의 회계정보자료를 이용하여 미래이익을 예측하고자 할 때는 이익 예측의 신뢰성을 높이기 위하여 정상적 주당 이익에 근거하여 추정할 필요가 있다. 정상적 주당 이익(Normalized EPS)이란 그 기업이 정상적인 상황에서의 영업활동으로부터 기대할 수 있는 주당 이익을 말한다. 이 같은 개념의 주당 이익 예측이 필요한 것은 구체적으로 다음과 같은 회계적 문제를 조정하여 이익 예측의 신뢰성을 높이기 위함이다.

❶ 미래에 반복될 경상적 항목을 근간으로 예측하는 것이다. 과거의 영업성과에 영향을 미친 항목 중에는 미래에도 계속될 것으로 볼 수 있는 반복적 항목과 일시적이고 비반복적 항목으로 나눌 수 있다. 전자는 주된 영업활동인 생산·판매·구매와 관련된 경상적 수익·비용항목이고, 후자는 기업합병이나 자산매각 등과 같은 특수거래와 관련된 항목이다. 미래예측은 정상적 주당 이익 예측을 근간으로 하여야 함은 당연하다.

❷ 보수적 회계처리방법을 근간으로 예측할 필요가 있다. 회계보고서 작성 시 특히 매출액·재고자산·연구개발비·감가상각비·이연자산평가 시에 어떤 회계처리방법이 선택되었느냐에 따라서 경영성과는 달라진다. 이는 특정 기간동안에 회계처리방법을 변경할 경우 그러하다. 따라서 신뢰성 있는 미래예측을 위해서는 얼마나 보수적인 회계처리방법을 사용하였는지가 고려되어야 한다.

❸ 기업의 장기 수익력과 밀접한 관계가 있는 임의적 비용지출의 크기와 시기에 주

의하여 분석할 필요가 있다. 기업이 지출하는 비용은 강제적 비용과 임의적 비용으로 나눌 수 있다. 전자는 재료비나 인건비처럼 정상적인 영업활동을 위해서 그때 그때마다 지출해야만 하는 비용을 말하고, 후자는 지출을 연기할 수도 있고 당장 집행할 수도 있는 비용을 말한다. 임의적 비용항목으로는 고정설비투자지출(감가상각비), 수선비 지출, 연구개발비 지출, 인력개발비 지출 등을 들 수 있다. 그 기업의 미래 수익력 증가와 밀접한 관계가 있는 것은 임의적 비용항목이므로, 미래이익 예측에는 이와 같은 임의적 비용항목이 적절히 지출되고 있는지를 분석하여 정상적이고 장기적인 수익력을 평가할 필요가 있다.

3 이익 예측방법

기업의 미래이익을 예측하는 방법으로 실무적으로 많이 활용하는 방법으로는 추정손익계산서상의 개별 항목추정법과 ROE구성요소의 추정을 통한 예측방법을 들 수 있다.

(1) 추정손익계산서상의 개별 항목추정법

추정손익계산서상의 개별 항목추정법은 실무에서 널리 이용되고 있는 예측방법의 하나로서 추정손익계산서를 구성하는 개별 항목을 추정하여 이익을 예측하는 방법이다. 이때 구성 개별 항목을 추정하는 방법으로는 매출액 백분율법과 예산비용법이 주로 이용되고 있다.

매출액 백분율법(percent of sales method)은 매출액 예측이 여러 가지 방법(추세분석, 인과모형에 의한 예측, 새로운 경제동향과 산업동향의 고려)에 의해서 이루어지면, 재무제표의 각 구성항목을 매출액 대비 백분율로 표시하고, 이 같은 매출액 구성비가 계속 유지될 것으로 가정하여 다음과 같이 예측하는 방법이다.

$$\text{매출액에 비례하는 비용의 추정치} = \text{추정 매출액} \times \frac{\text{비용항목}}{\text{매출액}}$$

$$\text{추정 영업이익} = \text{추정 매출액} \times \frac{\text{영업이익}}{\text{매출액}}$$

$$\text{추정 순이익} = \text{추정 매출액} \times \frac{\text{순이익}}{\text{매출액}}$$

$$\text{매출원가항목} = a + b(\text{매출액})$$

$$\text{판매관리비항목} = c + d(\text{매출액})$$

예산비용법은 임의적 지출항목처럼 매출액과의 역사적 비율관계가 유지되지 않는 비용항목들은 경영계획이나 목표치를 고려하여 추정하는 방법이다. 감가상각비나 광고비와 같은 비용항목은 기업의 시설투자 결정이나 광고전략에 의해서 좌우되어 매출액에 비례하지 않는 경우가 많다. 또한 기술혁신이나 국제화와 같은 기업환경의 변화로 인하여 마진율이 달라질 것으로 예상되면, 이를 개별적으로 고려하는 것이 합리적이다.

추정손익계산서는 이상에서 소개한 예측방법으로 주요 비용과 이익항목을 추정하게 될 경우, 예측의 기준을 손익계산서의 양식에 따라서 표시하면, 〈표 1-4〉와 같이 정리될 수 있다.

표 1-4 추정손익계산서에 의한 이익 예측

매출액 (−)매출원가	…………	(판매단가×판매수량):경제상황, 산업동향, 장기경영계획, 경영전략, 새로운 환경변화, 공장확장계획, 제조예산을 고려하여 매출액과 매출원가항목추정, 역사적 관계가 유지되는 경우는 매출액 백분율법, 회귀분석법 이용
(매출총이익) (−)판매비와 관리비	…………	판매예산·관리비 예산을 감안하여 추정, 매출액 백분율법, 회귀분석법 이용
(영업이익)	…………	(추정 매출액×매출액 영업이익률)
(−)이자지급액	…………	(자금소요액＝주식발행＋부채차입) (이자지급액＝부채차입×평균이자율)
(경상이익) (−)특별손실 (＋)특별이익 (−)법인세비용	…………	(법인세비용 전 순이익×법인세율)
(법인세비용 후 순이익) (−)우선주배당	…………	(우선주 주식수×우선주 1주당 배당금)
(보통주 이익)	…………	(추정 매출액×매출액순이익률)
(÷)발행주식수 (주당 이익)	…………	{추정 보통주이익÷(기 발행주식수＋신규 발행주식수)}
(주당 배당금)		

(2) ROE구성요소의 추정을 통한 예측방법

앞에서도 설명한 것처럼 대표적인 수익성비율인 자기자본순이익률은 이의 변동원인을 통상적으로 매출액순이익률(마진), 총자산회전율(자산이용의 효율성), 부채비율의 3자의 관계에서 분석하고 있다. 또한, 다음 식에서 보는 것처럼 매출액순이익률은 다시 순이익/영업이익, 영업이익/매출총이익, 매출총이익/매출액의 비율의 결합관계로 파악할 수 있으므로, 5가지의 결합관계에서 원인분석을 할 수 있다.

$$
\begin{aligned}
\text{자기자본순이익률} &= \frac{\text{순이익}}{\text{자기자본}} \\
&= \frac{\text{순이익}}{\text{매출액}} \times \frac{\text{매출액}}{\text{총자산}} \times \left(1 + \frac{\text{타인자본}}{\text{자기자본}}\right) \\
&= \left(\frac{\text{순이익}}{\text{영업이익}}\right) \times \left(\frac{\text{영업이익}}{\text{매출총이익}}\right) \times \left(\frac{\text{매출액총이익}}{\text{매출액}}\right) \\
&\to \frac{\text{매출액}}{\text{총자산}} \times \frac{\text{총자산}}{\text{자기자본}}
\end{aligned}
$$

한편, 주당 이익은 다음 식처럼 자기자본순이익률과 주당순자산의 곱으로 표시될 수 있으므로, 주당 이익의 예측은 다음 식과 같이 예측할 수 있다.

$$
\begin{aligned}
\text{주당 이익} &= \frac{\text{순이익}}{\text{발행주식수}} = \frac{\text{순이익}}{\text{자기자본}} \times \left(\frac{\text{자기자본}}{\text{발행주식수}}\right) \\
&= (\text{자기자본이익률}) \times (\text{주당순자산}) \\
\text{주당 이익} &= \left(\frac{\text{순이익}}{\text{영업이익}}\right) \times \left(\frac{\text{영업이익}}{\text{매출총이익}}\right) \times \left(\frac{\text{매출액총이익}}{\text{매출액}}\right) \\
&\to \frac{\text{매출액}}{\text{총자산}} \times \frac{\text{총자산}}{\text{자기자본}} \times \frac{\text{자기자본}}{\text{발행주식수}} \\
&\to (\text{경영효율}) \times (\text{관리효율}) \times (\text{생산효율}) \times (\text{자산투자효율성}) \\
&\quad \times (\text{레버리지}) \times (\text{주당순자산})
\end{aligned}
$$

결국 주당 이익의 예측을 위해서는 분석대상 기업의 경영효율·관리효율·생산효율·자산투자효율성·레버리지·주당순자산가치의 추정이 필요한데, 이들은 과거추세와 새로운 상황 전개 등을 종합적으로 고려하여 추정해야 한다.

chapter 02

재무제표 · 재무비율 분석

section 01 **재무제표 분석**

기업마다 일정기간 동안에 자사의 경영성과가 얼마만큼 향상되었는지, 또한 현재 자사가 보유하고 있는 재산은 어느 정도인지를 파악해야 지속적으로 기업을 이끌어 나아가는 계획을 수립하고 실행할 수가 있다. 이러한 목적으로 기업은 기업회계기준에서 정해준 일정한 양식의 보고서, 즉 재무제표를 매 기간(통상 1년) 작성하여 기업외부에 공시하여야 한다. 재무제표에는 재무상태표(balance sheet), 손익계산서(income statement), 자본변동표(statement of change in equity), 현금흐름표(statement of cash flow) 등이 있다.

1 　재무제표의 의의

　개별 종목 가치평가의 첫 단계는 당해 기업의 미래에 기대되는 현금흐름을 제대로 파악하는 데 있다. 증권분석가들이 기업의 내재적 가치를 추정하기 위해 현금흐름을 파악하는 데 가장 많이 사용하는 자료는 매 회계기간이 끝난 후 공표되는 재무제표(financial statements)이다.

　재무제표란 기업의 영업실적이나 재무상태를 기업의 외부관계자에게 전달하는 재무보고의 핵심적인 형태(회계학적인 현금흐름 제공)로서, 기업 및 그 밖의 경제주체들이 경제활동을 수행하는 데 있어서 한정된 자원을 효율적으로 배분할 수 있도록 의사결정에 필요한 정보를 제공하는 것을 목적으로 한다.

2 　재무제표 작성원칙

　재무제표의 작성은 회계의 기본원칙에 의한다. 회계의 기본원칙이란 외부 이해관계자들이 재무제표에 포함된 정보를 이용할 수 있는 일반적으로 공정 □ 타당하다고 인정되는 원칙으로서, 기업이 재무제표를 작성하는 데 근거하여야 할 기준이 되고 있다.

　회계의 기본원칙 중 역사적 원가주의(historical cost principle)란 모든 자산과 부채는 거래가 발생된 시점에서의 현금 또는 현금등가액으로 평가하는 것을 말하며 취득원가주의 또는 원가주의라고도 한다. 수익인식의 원칙(revenue recognition principle)은 일반적으로 수익획득과정이 실질적으로 완료되는 교환거래(exchange transaction)가 나타났을 경우에 인식된다는 것으로 수익실현의 원칙이라고도 한다. 그리고 대응의 원칙(matching principle)은 일정기간에 실현된 수익과 이 수익을 획득하기 위하여 발생한 비용을 결정하여 이를 서로 대응시켜 당기순이익을 산출하여야 한다는 원칙이다.

3 　재무상태표

　재무상태표는 일정 시점에서 현재 기업이 보유하는 재산이 어느 정도인지를 파악하기 위해서 작성하는 것이다. 보통 재무제표는 회계기간을 1년 단위로 보아 그 기간 말에 작성하기 때문에 재무상태표는 당해 회계연도말 시점에서의 기업재무상태를 나타낸다고 볼 수 있다.

재무상태표는 크게 자산, 부채, 자본의 세 가지 항목으로 구성되어 있으며, 자산은 왼쪽(차변)에 기입하게 되어 있고 부채와 자본은 오른쪽(대변)에 기록하게 되어 있다. 기업은 타인자본과 자기자본을 합하여 자본을 조달하고, 이렇게 조달된 자본을 자산의 구입에 활용하게 된다. 따라서 자산은 부채와 자본의 합계와 그 크기가 일치해야 한다.

부채를 다른 말로 타인자본이라고 하고, 자본은 순수하게 자기자본이라고 하며 양자를 합쳐서 총자본이라고 한다. 따라서 자산의 총계, 즉 총자산은 총자본과 일치하게 되어 있다. 이러한 재무상태표를 통해서 분석가가 알고자하는 바는 그 기업의 자산보유력이 얼마나 튼튼한지, 즉 재무상태의 건전성 및 투자의 효율성을 파악하기 위함이다.

❶ 작성기준

ㄱ. 재무상태표는 자산, 부채 및 자본으로 구분하고, 자산은 유동자산 및 비유동자산으로, 부채는 유동부채 및 비유동부채로, 자본은 자본금, 자본잉여금, 이익잉여금 및 자본조정으로 각각 구분한다.

ㄴ. 자산, 부채 및 자본은 총액에 의하여 기재함을 원칙으로 하고, 자산의 항목과 부채 또는 자본의 항목을 상계함으로써 그 전부 또는 일부를 재무상태표상에서 제외하여서는 안 된다.

ㄷ. 자산과 부채는 1년을 기준으로 하여 유동자산 또는 비유동자산, 유동부채 또는 비유동부채로 구분하는 것을 원칙으로 한다.

ㄹ. 재무상태표에 기재하는 자산과 부채의 항목배열은 유동성 배열법에 의함을 원칙으로 한다.

ㅁ. 자본거래에서 발생한 자본잉여금과 손익거래에서 발생한 이익잉여금은 혼동하여 표시하여서는 안 된다.

❷ 유동자산

ㄱ. 당좌자산

　　a. 현금 및 현금등가물 : 통화 및 타인발행수표 등 통화대용증권과 당좌예금, 보통예금 및 현금등가물. 이 경우 현금등가물이라 함은 큰 거래비용 없이 현금으로 전환이 용이하고 이자율 변동에 따른 가치 변동의 위험이 크지 않은 유가증권 및 단기금융상품으로, 취득 당시 만기(또는 상환일)가 3개월 이내에 도래하는 것을 말한다.

b. 단기금융상품 : 금융기관이 취급하는 정기예금, 정기적금, 사용이 제한되어 있는 예금 및 기타 정형화된 상품 등으로 단기적 자금운용의 목적으로 소유하거나 기한이 1년 내에 도래하는 것으로 하고, 사용이 제한되어 있는 예금에 대해서는 그 내용을 주석으로 기재한다.

　　c. 유가증권 : 주식(시장성 있는 주식에 한함)·채권 등과 같은 유가증권 중 단기적 자금운용목적으로 소유한 것. 다만, 특수관계회사가 발행한 주식과 1년 내에 처분할 투자유가증권은 포함하지 아니한다.

　　d. 매출채권 : 일반적 상거래에서 발생한 외상매출금과 받을 어음

　　e. 단기대여금 : 회수기한이 1년 내에 도래하는 대여금

　　f. 미수금 : 일반적 상거래 이외에서 발생한 미수채권

　　g. 미수수익 : 당기에 속하는 수익 중 미수액

　　h. 선급금 : 상품, 원재료 등의 매입을 위하여 선급한 금액

　　i. 선급비용 : 선급된 비용 중 1년 내에 비용으로 되는 것

　　j. 기타의 당좌자산

　ㄴ. 재고자산

　　a. 상품 : 판매를 목적으로 구입한 상품, 미착상품, 적송품 등으로 하며, 부동산매매업에 있어서 판매를 목적으로 소유하는 토지, 건물, 기타 이와 유사한 부동산은 이를 상품에 포함하는 것

　　b. 제품 : 판매를 목적으로 제조한 생산품, 부산물 등

　　c. 반제품 : 자가제조한 중간제품과 부분품

　　d. 재공품 : 제품 또는 반제품의 제조를 위하여 재공과정에 있는 것

　　e. 원재료 : 원료, 재료매입부분품, 미착원재료 등

　　f. 저장품 : 소모품, 소모공구기구비품, 수선용부분품 및 기타 저장품

　　g. 기타의 재고자산

❸ 비유동자산

　ㄱ. 투자자산

　　a. 장기금융상품 : 유동자산에 속하지 않는 금융상품. 다만, 사용이 제한되어 있는 예금에 대해서는 그 내용을 주석으로 기재

　　b. 투자유가증권 : 유동자산에 속하지 않는 유가증권

　　c. 장기대여금 : 유동자산에 속하지 않는 장기의 대여금

d. 장기성매출채권 : 유동자산에 속하지 않는 일반적인 상거래에서 발생한 장기의 외상매출금 및 받을어음

e. 투자부동산 : 투자의 목적 또는 비영업용으로 소유하는 토지, 건물 및 기타 부동산으로 하고, 그 내용을 주석으로 기재

f. 보증금 : 전세권, 전신전화가입권, 임차보증금 및 영업보증금 등

g. 이연법인세차 : 일시적 차이로 인하여 법인세법 등의 법령에 의하여 납부하여야 할 금액이 법인세비용을 초과하는 경우, 그 초과하는 금액과 이월결손금 등에서 발생한 법인세 효과로 한다.

h. 기타의 투자자산

ㄴ. 유형자산

a. 토지 : 대지, 임야, 전답, 잡종지 등

b. 건물 : 건물과 냉난방, 조명, 통풍 및 기타의 건물부속설비

c. 구축물 : 선거, 교량, 안벽, 부교, 궤도, 저수지, 갱도, 굴뚝, 정원설비 및 기타 토목설비 또는 공작물 등

d. 기계장치 : 기계장치, 운송설비(콘베이어, 호이스트, 기중기 등)와 기타의 부속설비

e. 선박 : 선박과 기타의 수상운반구 등

f. 차량운반구 : 철도차량, 자동차 및 기타의 육상운반구 등

g. 건설 중인 자산 : 유형자산의 건설을 위한 재료비, 노무비 및 경비로 하되, 건설을 위하여 지출한 도급금액 또는 취득한 기계 등을 포함

h. 기타의 유형자산

ㄷ. 무형자산

a. 영업권 : 합병, 영업양수 및 전세권 취득 등의 경우에 유상으로 취득한 것

b. 산업재산권 : 일정기간 독점적·배타적으로 이용할 수 있는 권리로서 특허권, 실용신안권, 의장권 및 상표권 등

c. 광업권 : 일정한 광구에서 등록을 한 광물과 동광상 중에 부존하는 다른 광물을 채굴하여 취득할 수 있는 권리

d. 어업권(입어권을 포함함) : 일정한 수면에서 독점적·배타적으로 어업을 경영할 수 있는 권리

e. 차지권(지상권을 포함함) : 임차료 또는 지대를 지급하고 타인이 소유하는 토지를 사용·수익할 수 있는 권리

     f. 창업비 : 발기인의 보수, 인지수수료, 설립등기비, 주식발행비 등 회사설립을 위하여 발생한 비용과 개업준비기간 중에 사업 인·허가를 획득하기 위하여 발생한 비용 등

     g. 개발비 : 신제품, 신기술 등의 개발과 관련하여 발생한 비용(소프트웨어 개발과 관련된 비용을 포함한다)으로서, 개별적으로 식별 가능하고 미래의 경제적 효익을 확실하게 기대할 수 있는 것

     h. 기타 무형자산

④ 유동부채

  ㄱ. 매입채무 : 상거래에서 발생한 외상매입금과 지급어음

  ㄴ. 단기차입금 : 금융기관으로부터의 당좌차월액과 1년 내에 상환될 차입금

  ㄷ. 미지급금 : 일반적 상거래 이외에서 발생한 채무(미지급비용을 제외)

  ㄹ. 선수금 : 수주공사, 수주품 및 기타의 일반적 상거래에서 발생한 선수액

  ㅁ. 예수금 : 일반적 상거래 이외에서 발생한 일시적 여러 예수금

  ㅂ. 미지급비용 : 비용으로 지급되지 아니한 것

  ㅅ. 미지급법인세 : 법인세 등의 미지급액

  ㅇ. 미지급배당금 : 이익잉여금처분계산서상의 현금배당액

  ㅈ. 유동성 장기부채 : 고정부채 중 1년 이내에 상환될 것 등

  ㅊ. 선수수익 : 받은 수익 중 차기 이후에 속하는 금액

  ㅋ. 단기부채성 충당금 : 1년 내에 사용되는 충당금으로, 그 사용목적을 표시하는 과목

  ㅌ. 기타의 유동부채

⑤ 비유동부채

  ㄱ. 사채 : 1년 후에 상환되는 사채의 가액으로 하되, 사채의 종류별로 구분하고 그 내용을 주석으로 기재

  ㄴ. 장기차입금 : 1년 후에 상환되는 차입금으로 하며 차입처별 차입액, 차입용도, 이자율, 상환방법 등을 주석으로 기재

  ㄷ. 장기성 매입채무 : 유동부채에 속하지 않는 일반적 상거래에서 발생한 장기의 외상매입금 및 지급어음

  ㄹ. 장기부채성 충당금 : 1년 후에 사용되는 충당금으로, 그 사용목적을 표시하는 과목으로 기재

ㅁ. 이연법인세 : 일시적 차이로 인하여 법인세비용이 법인세법 등의 법령에 의하여 납부하여야 할 금액을 초과하는 경우 그 초과하는 금액

ㅂ. 기타의 고정부채

⑥ 자본금 : 자본금은 보통주자본금, 우선주자본금 등을 포함한다.

⑦ 자본잉여금

ㄱ. 주식발행초과금 : 주식발생가액(증자의 경우에 신주발행수수료 등 신주발행을 위하여 직접 발생한 기타의 비용을 차감한 후의 가액을 말한다. 이하 같음)이 액면가액을 초과하는 경우 그 초과하는 금액

ㄴ. 감자차익 : 자본감소의 경우에 그 자본금의 감소액이 주식의 소각, 주금의 반환에 요한 금액과 결손의 보전에 충당한 금액을 초과한 때에 그 초과금액. 다만, 자본금의 감소액이 주식의 소각, 주금의 반환에 요한 금액에 미달하는 금액이 있는 경우에는 동금액을 차감한 후의 금액으로 한다.

ㄷ. 기타 자본잉여금 : 자기주식처분이익으로서 자기주식처분손실을 차감한 금액과 그 밖의 기타 자본잉여금

⑧ 이익잉여금 또는 결손금

ㄱ. 이익준비금 : 상법의 규정에 의하여 적립된 금액

ㄴ. 기타 법정적립금 : 상법 이외의 법령에 의하여 적립된 금액

ㄷ. 임의적립금 : 정관의 규정 또는 주주총회의 결의로 적립된 금액으로, 사업확장적립금, 감채적립금, 배당평균적립금, 결손보전적립금 및 법인세 등을 이연할 목적으로 적립하여 일정기간이 경과한 후 환입될 준비금 등

ㄹ. 차기이월이익잉여금 또는 차기이월결손금 : 당기의 이익잉여금처분계산서의 차기이월이익잉여금 또는 결손금처리계산서의 차기이월결손금으로 하고 당기순이익 또는 당기순손실을 주기한다.

⑨ 자본조정

ㄱ. 주식할인발행차금 : 주식발행가액이 액면가액에 미달하는 경우 그 미달하는 금액

ㄴ. 배당건설이자 : 개업 전 일정한 기간 내에 주주에게 배당한 건설이자

ㄷ. 자기주식 : 회사가 이미 발행한 주식을 주주로부터 취득한 경우 그 취득가액으로 하고, 그 취득 경위, 향후 처리계획 등을 주석으로 기재

ㄹ. 미교부주식배당금 : 이익잉여금처분계산서상 주식배당액

표 2-1 재무상태표 양식

자산항목				부채항목			
유동자산			× × ×	유동부채			× × ×
당좌자산		× × ×		매입채무		× × ×	
현금 및 예금	× × ×			단기차입금		× × ×	
유가증권	× × ×			미지급금		× × ×	
매출채권	× × ×			비유동부채			× × ×
재고자산		× × ×		장기차입금		× × ×	
상　품	× × ×						
제　품	× × ×			부채 총계			× × ×
비유동자산			× × ×	자본항목			
투자자산		× × ×		자본금			× × ×
유형자산		× × ×		보통주자본금		× × ×	
비　품	× × ×			자본잉여금			× × ×
무형자산		× × ×		이익이영금			× × ×
				자본조정			× × ×
자산총계		× × ×		자본 총계			× × ×

4 손익계산서

손익계산서는 일정기간 동안 기업이 경영활동을 얼마나 잘 하였는지를 파악하기 위해서 작성하는 재무제표이다. 즉, 한 해 동안 기업이 매출실적이나 원가통제의 효율성을 통해 이익을 얼마만큼 실현하였는지를 파악하기 위해서 작성하는 재무제표이다.

매출총이익은 매출액에서 매출원가를 차감한 금액인데 이는 제품의 판매액에서 제품을 생산하는 데 드는 비용을 차감한 금액을 나타낸다.

매출액 − 매출원가 = 매출총이익　　　　　　　　　　　　　　　　　　　　　(2−1)

영업이익은 매출총이익에서 제품 판매활동과 판매하기까지 제품을 관리하는 데 발생한 비용, 즉 판매비와 일반관리비를 차감한 금액으로 기업의 영업활동을 통해서 경영성과를 측정하고자 하기 위함이다.

$$\text{매출총이익} - \text{판매비와 일반관리비} = \text{영업이익} \qquad (2-2)$$

법인세비용차감전순손익은 순수한 영업활동 이외에 기업의 활동으로 인해 이익과 손실이 발생한 부분들을 영업외이익과 영업외손실이란 항목으로 설정하여 영업이익에서 이익은 가산하고 손실은 차감하여 계산한 결과이다.

$$\text{영업이익} + \text{영업외이익} - \text{영업외손실} = \text{법인세비용차감전순손익} \qquad (2-3)$$

법인세비용차감전순이익에서 법인세를 공제하고 남은 금액이 당기순이익이다.

$$\text{법인세차감전순이익} \times (1 - \text{법인세율}) = \text{당기순이익} \qquad (2-4)$$

어느 기업의 한 해 동안의 당기순이익이 산출되기까지는 각종 이익항목과 손실항목들이 가감되는데, 이 중에는 직접적으로 영업활동과 연관되는 비용과 이익이 있는 반면, 영업활동과 직접적인 연관 없이 발생하는 비용도 상당한 비중을 차지하고 있어서 영업활동만을 잘했다고 해서 당기순이익이 높아지는 것이 아님을 알 수 있다. 따라서 단순히 당기순이익만 높다고 해서 좋은 경영성과를 나타냈다고 볼 수는 없다.

이러한 과거 수년간의 손익계산서를 통해서 분석가는 기업의 매출성장률을 분석하고, 이를 통해 기업의 미래 수익력을 예측하려고 한다.

1 작성기준

ㄱ. 모든 수익과 비용은 그것이 발생한 기간에 정당하게 배분되도록 처리하며, 다만 수익은 실현시기를 기준으로 계상하고 미실현수익은 당기의 이익계산에 산입하지 아니함을 원칙으로 한다.

ㄴ. 수익과 비용은 그 발생 원천에 따라 명확하게 분류하고 각 수익항목과 이에 관련되는 비용항목을 대응 표시하여야 한다.

ㄷ. 수익과 비용은 총액에 의하여 기재함을 원칙으로 하고, 수익항목과 비용 항목을 직접 상계함으로써 그 전부 또는 일부를 손익계산서에서 제외하여서는 안된다.

ㄹ. 손익계산서는 매출총손익, 영업손익, 법인세비용차감전순손익과 당기순손익으로 구분하여 표시하여야 한다. 다만, 제조업·판매업 및 건설업 이외의 기

업에 있어서는 매출총손익의 구분 표시를 생략할 수 있다.

② 매출총손익 : 매출총손익은 매출액에서 매출원가를 차감하여 표시한다.

　ㄱ. 매출액 : 상품 또는 제품의 매출액은 총매출액에서 매출할인과 환입을 차감한 금액을 말한다. 이 경우에 일정기간의 거래수량이나 거래금액에 따라 매출액을 감액하는 것은 매출할인에 포함한다.

　ㄴ. 매출원가 : 제조업에 있어서의 매출원가는 기초제품재고액과 당기제품제조원가와의 합계액에서 기말제품재고액을 차감하는 형식으로 기재한다.

③ 영업손익 : 영업손익은 매출총손익에서 판매비와 관리비를 차감하여 표시한다.

　판매비와 관리비는 상품과 용역의 판매활동 또는 기업관리의 유지에서 발생하는 비용으로, 급여(임원급여, 급료, 임금 및 제수당을 포함)·퇴직급여·복리후생비·임차료·접대비·감가상각비·세금과공과·광고선전비·경상연구개발비·대손상각비 등 매출원가에 속하지 않는 모든 영업비용을 포함한다.

④ 법인세비용차감전순손익 : 법인세비용차감전순손익은 영업손익에서 영업외수익을 가산하고 영업외비용을 차감하여 표시한다.

　ㄱ. 영업외수익 : 이자수익, 배당금수익(주식배당액은 제외), 임대료, 유가증권처분이익, 유가증권평가이익, 외환차익, 외화환산이익, 지분법평가이익, 투자유가증권감액손실환입, 투자자산처분이익, 유형자산처분이익, 사채상환이익, 법인세환급액 등을 포함한다.

　ㄴ. 영업외비용 : 이자비용, 기타의 대손상각비, 유가증권처분손실, 유가증권평가손실, 재고자산평가손실(원가성이 없는 재고자산감모손실을 포함), 외환차손, 외화환산손실, 기부금, 지분법평가손실, 투자유가증권감액손실, 투자자산처분손실, 유형자산처분손실, 사채상환손실, 법인세추납액 등을 포함한다.

⑤ 법인세비용 : 법인세비용은 법인세법 등의 법령에 의하여 당해 사업연도에 부담할 법인세 및 법인세에 부가되는 세액의 합계에 당기 이연법인세의 변동액을 가감하여 산출된 금액을 말한다.

⑥ 당기순손익 : 당기순손익은 법인세비용차감전순손익에서 법인세비용을 차감하여 표시한다.

표 2-2 손익계산서 양식

손익계산서	
매 출 액	×××
매 출 원 가	×××

매 출 총 이 익	×××
판매비와 일반관리비	×××

영업이익(손실)	×××
영 업 외 수 익	×××
영 업 외 비 용	×××

법인세차감전순이익(손실)	×××
법 인 세	×××

당 기 순 이 익	×××

5 이익잉여금 처분계산서, 현금흐름표 및 자본변동표

❶ 이익잉여금 처분계산서(혹은 결손금 처분계산서) : 기업이 일정기간 동안 경영성과를 통해서 벌어들인 순수한 이익은 크게 두 가지 용도로 사용한다. 다음 연도의 재투자를 위해 회사 내에 유보하는 경우와 그 회사의 주주에게 배당하는 두 가지 용도이다. 재투자를 위해 기업 내에 유보하는 금액 중에서도 일부는 사용되고, 사용되지 않고 남아있는 것이 있게 된다. 이처럼 이익잉여금 처분계산서는 당기순이익의 사용용도를 나타낸 재무제표라고 생각하면 된다. 이것으로 당해 기업이 당기순이익 중에서 얼마 정도의 배당을 하는지 배당성향과 장기적으로 자금을 활용할 수 있는 정도를 파악할 수 있다.

한편, 기업이 매년 영업을 하다 보면 이익을 남길 때가 있고 손실이 발생할 때도 있는데, 손실이 발생할 때 이러한 손실을 어떻게 처리하는지를 한눈에 알아볼 수 있도록 하는 재무제표가 결손금 처분계산서이다.

이익잉여금처분계산서는 기업회계기준에 따른 주요재무제표에는 포함되지 않으나 상법 등 관련 법규에서 이익잉여금처분계산서(또는 결손금처리계산서)의 작성을 요구하는 경우에는 재무상태표의 이익잉여금(또는 결손금)에 대한 보충정보로서 이익잉여금처분계산서(또는 결손금처리계산서)를 주석으로 공시한다.

② 현금흐름표 : 기업이 경영활동을 수행하는 데 있어서 현금이 가장 중요한 재원일 것이다. 아무리 가치가 높은 건물이나 토지가 있다 하더라도 이를 현금으로 바꾸어 사용하는 데에는 시간이 걸리므로 유동성이 높은 현금이 기업에게는 당장 필요할 때가 있다. 사람에게서는 체내의 혈액순환이 건강을 유지하는 데 중요하듯이 기업의 경우는 이러한 현금의 흐름이 중요한 것이다.

현금흐름표는 일정기간 동안 기업이 영업활동에 필요한 자금을 어떻게 조달했으며, 조달한 자금을 어디에 사용하였는지를 명확하게 보여주기 위하여 작성하는 재무제표이다. 분석가가 이러한 현금흐름표를 통해서 얻을 수 있는 정보로는 이익의 사용처, 배당금 지급이 많거나 적은 원인, 당해 기간 중 순손실이 발생하였음에도 불구하고 배당금이 지급된 경위, 유동자산이 감소하고 순이익이 증가한 이유, 기업설비자금의 조달처, 채무상환방법, 순운전자본의 조달방법 등이다.

③ 자본변동표 : 자본변동표는 자본의 크기와 그 변동에 관한 정보를 제공하는 재무 보고서로서, 자본을 구성하고 있는 자본금, 자본잉여금, 자본조정, 기타포괄손익누계액, 이익잉여금(또는 결손금)의 변동에 대한 포괄적인 정보를 제공한다.

지금까지 재무제표에 대하여 간략히 살펴보았는데, 분석가들은 재무제표 그 자체를 통해서 기업의 상태를 평가해 보기도 하지만 그보다는 재무제표의 구성항목들을 이용한 재무비율분석을 이용하여 기업을 평가하게 된다. 아래에서는 몇 가지 중요한 재무비율분석을 알아보기로 하자.

section 02 재무비율분석

재무비율분석(financial ratio analysis)이란, 재무제표들을 구성하고 있는 각종 항목들 간의 관계를 이용하여 해당 기업이 우량기업인지 아니면 부실기업인지를 판단해 보는 것이다. 기업의 건전성 정도를 파악하기 위해 주로 다섯 가지 측면을 고려하게 되는데 수익성, 안정성, 활동성, 성장성 정도를 재무비율을 통해 알아볼 수 있다.

기업이 보유하고 있는 자산으로 얼마의 수익을 올릴 수 있는지의 여부를 알아보는 것이 중요하다. 즉, 자본을 투입하여 얼마의 잉여가치를 창출하는지를 평가하는 데 수익성 관련 비율을 측정하게 된다.

❶ 총자본이익률(Return On Investment : ROI) : 기업의 생산활동에 투입된 자본이 효율적으로 운영이 되고 있는가를 측정하는 것이다. 아무리 많은 자본을 보유하고 있어도 이를 효율적으로 운영하지 못한다면 진정한 자본의 가치를 높일 수가 없는 것이다. 총자본이익률은 당기순이익을 총자본으로 나누어서 계산한다.

$$\text{총자본이익률} = \frac{\text{당기순이익}}{\text{총자본}} \times 100(\%) \qquad (2-5)$$

앞에서 총자본과 총자산은 금액이 같다고 하였으므로 총자본 대신에 총자산을 사용하여서 총자산이익률(Return On Asset: ROA)이라고도 한다. 당기순이익은 손익계산서 항목에서, 총자본(자산)은 재무상태표항목에서 이를 구할 수 있다. 또 위의 공식은 다음과 같이 바꿀 수 있다.

$$\text{총자본이익률} = \frac{\text{당기순이익}}{\text{매출액}} \times \frac{\text{매출액}}{\text{총자본}} \times 100(\%) \qquad (2-6)$$
$$= \text{매출액순이익률} \times \text{총자본회전율}$$

위 식을 통해 총자본이익률이 과거와 비교해서 금년에 변화된 원인이 매출액순이익률의 변화에 의해서인지 아니면 총자본회전율의 변화 때문인지 혹은 두 요인 모두 작용한 것인지를 알아볼 수 있다.

❷ 자기자본이익률(Return On Equity : ROE) : 총자본에는 자기자본뿐만 아니라 타인자본, 즉 부채도 포함되어 있음을 설명하였다. 따라서 자기자본이익률에서는 타인자본을 제외한 순수한 자기자본의 효율적 운영 측면을 알아보고자 함이 목적이다.

$$\text{자기자본이익률} = \frac{\text{당기순이익}}{\text{자기자본}} \times 100(\%) \tag{2-7}$$

❸ 매출액순이익률 : 매출액순이익률은 기업의 매출액과 당기순이익과의 비율을 알아보는 것으로 이 비율을 통해 기업의 전반적인 경영활동이 얼마나 합리적으로 이루어졌는가를 평가해 볼 수 있다.

$$\text{매출액순이익률} = \frac{\text{당기순이익}}{\text{매출액}} \times 100(\%) \tag{2-8}$$

손익계산서를 통해서 알 수 있듯이 기업이 제품을 팔아서 벌어들인 매출액에서 해당 기업의 재투자와 배당의 근원이 되는 당기순이익이 산출되기까지는 많은 이익과 비용들이 발생하게 된다. 즉, 당기순이익이 산출되는 과정에서 영업활동과는 직접적인 연관이 없는 비용들이 발생하여 이들을 고려하기 때문에 이 비율만을 가지고는 진정한 기업의 영업활동의 효율성을 판단하는 것은 곤란하다. 이 비율과 더불어 고려해야 할 비율이 매출액영업이익률이다.

$$\text{매출액영업이익률} = \frac{\text{영업이익}}{\text{매출액}} \times 100(\%) \tag{2-9}$$

손익계산서에서 영업이익이 산출되기까지는 기업의 순수한 영업활동에 의해 발생한 비용만을 고려하게 되므로, 이 비율을 통해서 기업의 영업활동을 측정할 수가 있는 것이다.

2 안정성

기업이 안정성을 지니고 있다는 것은 부채를 상환하는 데 있어 별 무리가 없으며 또한 잦은 경기변동에 적절하게 대처할 수 있는 능력이 있다는 것을 말한다. 이러한 안정성을 파악하는 데에는 유동비율, 부채비율, 고정비율 등을 들 수 있다.

❶ 유동비율 : 기업이 타인자본 즉, 부채를 사용하는 데 있어서 상환기간이 1년이 훨

씬 넘는 장기부채뿐만 아니라 1년이 채 못되는 단기부채를 조달하여 사용하는 경우도 있다. 단기부채의 경우는 차입한 후 상환하는 기간이 비교적 짧기 때문에 현금흐름이 그만큼 빠르다고 할 수 있다. 이러한 단기채무능력을 알아보고자 측정하는 비율이 유동비율이다. 유동비율은 유동자산을 유동부채로 나누어서 계산한다.

$$\text{유동비율} = \frac{\text{유동자산}}{\text{유동부채}} \times 100(\%) \qquad (2-10)$$

❷ 부채비율 : 기업의 총자본은 타인자본과 자기자본으로 구성되어 있다고 설명한 바 있다. 이러한 자본의 구성 중 타인자본과 자기자본이 차지하는 비율이 얼마인지를 알아보고자 타인자본을 자기자본으로 나눈 비율이 부채비율이다.

$$\text{부채비율} = \frac{\text{타인자본}}{\text{자기자본}} \times 100(\%) \qquad (2-11)$$

이 비율을 통해서 기업의 자본구성이 얼마나 건전한지를 파악할 수 있다. 그러나 타인자본의 사용을 늘리면 늘릴수록 재무레버리지 효과로 인해 이득을 볼 수 있기 때문에 가급적 자기자본보다는 타인자본을 더 많이 조달하여 사용하는 경우가 대부분이다.

❸ 고정(비유동)비율 : 고정(비유동)비율이란 자기자본이 비유동자산에 어느 정도 투입되었는지를 알아보기 위한 비율로 자본사용의 적절성을 평가하기 위한 비율이다. 기업의 비유동자산은 통상 자기자본으로 조달해야 하는 것이 당연하다고 보는 견해에 의해 이 비율을 측정하는 것이다. 고정비율은 비유동자산을 자기자본으로 나누어 계산한다.

$$\text{고정비율} = \frac{\text{비유동자산}}{\text{자기자본}} \times 100(\%) \qquad (2-12)$$

❹ 이자보상비율 : 이자보상비율은 기업의 부채사용으로 인해 발생하는 이자가 미치는 영향을 살펴보기 위한 것으로 기업의 영업이익이 지급해야 할 이자비용

의 몇 배에 해당하는가를 나타내는 비율이다. 따라서 이자보상비율은 높을수록 좋다.

$$이자보상비율 = \frac{영업이익}{이자비용} \times 100(\%) \qquad (2-13)$$

3 활동성

활동성분석은 기업자산의 활용 정도를 알아보고자 하는 것으로 손익계산서의 매출액을 재무상태표에 있는 각 자산의 항목들로 나누어서 계산하게 된다.

❶ 총자산회전율 : 기업이 매출활동을 벌이는데 있어 보유하고 있는 모든 자산을 몇 번이나 활용했는지를 파악하기 위해서 측정하는 비율이다. 이는 매출액을 총자산으로 나누어 계산하는 것이다.

$$총자산회전율(회) = \frac{매출액}{총자산} \qquad (2-14)$$

이 비율은 높을수록 좋은 영업활동을 했다고 볼 수 있다. 예컨대 총자산의 규모가 1억으로 동일한 A와 B 두 기업 중 A기업은 매출액이 2억 원으로 집계되어 총자산회전율이 2회이고, B기업은 매출액이 3억 원으로 산출되어 총자산회전율이 3회라고 했을 때 A기업은 매출액을 산출하는 데 있어 자산을 2번밖에 활용 못했지만 B기업은 3번 활용했다는 것이므로 B기업이 더 경영활동을 잘했다고 볼 수 있는 것이다.

❷ 고정자산회전율 : 고정자산회전율은 총자산회전율에서 총자산을 고정자산으로 바꾸어서 계산하게 되는데, 이 비율을 통해서 고정자산을 얼마나 잘 활용하였는가의 여부와 또한 고정자산의 과대 혹은 과소투자 여부를 평가할 수 있다.

$$고정자산회전율(회) = \frac{매출액}{고정자산} \qquad (2-15)$$

예컨대 매출액에 비해 고정자산이 너무 작으면 이 비율이 높게 나오는데 이는 고정자산을 너무 과소투자한 결과라고 볼 수 있어서 고정자산을 더 늘려야 한다는 신호로 받아들일 수 있고 반대로 매출액에 비해 고정자산이 많으면 이 비율이 낮아지게 되는데 이는 현재 보유한 고정자산을 제대로 활용하고 있지 못하고 있다는 신호로 고정자산에 과대투자가 이루어졌다는 것을 나타낸다고 볼 수 있다. 이 비율이 높은지 낮은지는 일정한 기준이 없으며 각 기업의 나름대로의 목표와 총자산 규모에 비추어서 결정할 일이다.

❸ 재고자산회전율 : 재고자산이란 기업이 판매를 목적으로 보유하고 있는 자산을 말하는 것으로 제품이나 반제품, 재공품 등을 말한다. 이 비율은 총자산 대신 재고자산을 대입하여 계산하게 되는데, 이를 통해 재고자산의 판매활동 여부를 알아볼 수 있다.

$$재고자산회전율(회) = \frac{매출액}{재고자산} \qquad (2-16)$$

이 비율이 높으면 생산한 제품을 재고로 남겨두는 기간이 짧아서 빨리 판매된다는 것을 의미하고 더 많은 제품을 생산할 필요가 있다는 신호이고 이 비율이 너무 낮으면 제품판매가 잘 이루어지지 않아 재고량이 많아 제품생산을 낮추거나 재고자산의 판매활동에 문제가 있는 것으로 받아들여야 할 것이다.

4   성장성

경영자가 기업경영을 몇 년만 하다가 그만두는 기업은 특수한 경우를 제외하고는 거의 없을 것이다. 회사의 수명은 영구적이라는 가정하에 경영활동을 벌이는 것이 일반적이다. 그리고 해마다 경영실적을 성장시키고자 하는 것이 경영자의 바람일 것이다.

이 때 기업이 어느 정도 성장하였는지를 알아보는 방법은 두 가지가 있는데, 하나는 기업 자체를 비교하는 방법으로 전년도와 금년도를 비교하여 매출액이라든가 자산규모 등 경영실적을 비교해 보는 방법이 있고, 또 하나는 자사와 동종 업종인 산업 내에서 자사의 위치를 파악하는 것으로 산업 평균에 비해 자사의 규모는 어느 정도인지를 파악하는 경우가 있다.

❶ 매출액증가율 : 이 비율은 전년도에 비해 당해연도의 매출액이 얼마나 증가했는가를 알아보고자 하는 것으로 아래와 같이 계산된다.

$$매출액증가율 = \frac{당기\ 매출액 - 전기\ 매출액}{전기\ 매출액} \times 100(\%) \qquad (2-17)$$

매출액증가율을 이용할 때 자사의 과거나 현재만을 놓고 비교할 것이 아니라 산업 전체 평균과 비교해야 한다. 예를 들어 어느 기업의 매출액증가율이 전년도에 비해 금년에 15% 증가하였다고 하자. 그러나 동종 산업의 경우는 평균 18% 증가하는 것으로 나타났다면 이 기업은 시장점유율 측면에서 오히려 감소했다고 볼 수 있을 것이다.

❷ 총자산증가율 : 이 비율은 일정기간 중에 기업의 규모가 얼마나 성장했는지를 알아보고자 하는 지표이다.

$$총자산증가율 = \frac{당기말\ 총자산 - 전기말\ 총자산}{전기말\ 총자산} \times 100(\%) \qquad (2-18)$$

위 식에서 당기말 총자산, 전기말 총자산이라고 한 것은 재무상태표가 회계연도말에 작성되기 때문이다. 전년도 말의 금액은 당해연도 초의 금액과 일치되므로 전기말 총자산 대신 당기초 총자산이라고 해도 같은 내용이 된다.

❸ 영업이익증가율 : 영업이익증가율은 전년도 영업실적에 대한 당해연도 영업이익의 증가율로 표시되는데, 계산식은 아래와 같다.

$$영업이익증가율 = \frac{당기\ 영업이익 - 전기\ 영업이익}{전기\ 영업이익} \times 100(\%) \qquad (2-19)$$

이러한 영업이익증가율은 기업의 영업활동이 얼마나 효율적으로 성장했는지를 알아보고자 하는 비율이다.

이상으로 각 기업의 수익성, 안정성, 활동성, 성장, 시장성의 지표를 확인하는 몇 가지 비율들을 언급하였다. 이 외에도 재무비율은 재무제표에 표시된 항목들을 조합하여 만들면 많은 비율을 만들 수 있다. 위에서는 성장성의 지표로 단지 세 가지만 언급하였지만 자기자본성장률, 순영업이익성장률, 배당비율성장률 등 여러 가지가 있고, 활동성 측면에서도 유동자산회전율, 매출채권회전율 등이 있을 수 있다.

따라서 재무제표를 이용하여 분석자가 필요하다고 생각하는 항목을 얼마든지 비율을 만들어 사용할 수 있지만, 다만 그 중에서도 기업경영상에 의미 있는 항목들만을 골라서 비율을 만들어 사용하는 것이 바람직하다.

section 03 시장가치비율분석

시장가치비율분석은 재무비율분석의 일종이지만 시장가치 측면에서 접근하고 있다. 기업의 가치는 그 기업의 경영활동을 통해서 나타난 영업성과들이 이익을 실현시키는 과정 중에 시장에서 평가된 주식의 가치라고 말할 수 있다. 따라서 시장가치비율은 재무비율과 다르게 증권시장에서 해당 기업의 주식 가격을 주당 이익이나 장부가치 등의 주식과 관련된 각종 비율로 나타내서 투자자 및 전문가들이 기업의 가치를 어떻게 바라보는가를 파악할 수 있는 것이다. 더 자세한 내용은 Chapter 3에서 다루기로 하고 여기에서는 기본 개념만 살펴보도록 한다.

1 주당순이익

주당순이익(Earning Per Share : EPS)은 기업의 당기순이익을 당해연도까지 발행한 주식 수로 나누어서 계산한다.

$$\text{주당순이익} = \frac{\text{당기순이익}}{\text{발행주식수}} \tag{2-20}$$

주식 1주당 얼마의 이익을 창출하느냐를 나타내는 것으로 주당순이익이 크면 클수록 주식 가격이 높은 것이 보통이다. 위 식에서 순이익 대신에 당해연도 배당금을 대신하게 되면 주당배당금을 계산할 수 있다. 한편, 배당성향이란 말이 있는데 이것은 당해 연도 순이익 중에서 주주에게 배당한 금액이 몇 %를 차지하는가를 나타낸다. 이 비율이 높으면 높을수록 배당지급 여력이 크다는 것을 의미한다.

$$배당성향 = \frac{현금배당}{당기순이익} \times 100(\%) \tag{2-21}$$

2 주가수익비율

주가수익비율(Price Earning Ratio : PER)은 주가수익률이라고도 하는데 주가를 주당순이익(EPS)으로 나눈 것이다.

$$주가수익비율(배) = \frac{주가}{주당순이익} \tag{2-22}$$

이 비율은 주당순이익의 몇 배가 주가로 나타나는가를 의미한다. 주가수익비율이 높다면 주당순이익은 평균 수준인데 주가가 높아서인 경우와 주가는 평균 수준인데 주당순이익이 너무 낮은 경우 두 가지로 볼 수 있다. 첫 번째인 경우라면 이 기업의 주가가 시장에서 높게 평가되고 있기 때문에 장래에 성장 가능성이 있다는 것으로 볼 수 있다. 그러나 두 번째인 경우는 현재 기업의 수익성이 좋지 못하기 때문에 나타난 것이다. 따라서 이 비율을 통해서 기업의 시장에서 평가되고 있는 위치와 기업의 성장성 및 수익성을 파악할 수 있는 것이다.

3 주가순자산비율

주가순자산비율(Price Book-value Ratio : PBR)은 주가를 1주당 순자산으로 나누게 된다.

$$주가순자산비율(배) = \frac{주가}{주당순자산} = \frac{주당시장가치}{주당순이익} \tag{2-23}$$

이 비율은 다른 말로 시장가치 대 장부가치비율(Book-to-Market Ratio)이라고도 하는데, 그 이유는 주가는 시장에서 가치가 결정되고 주당순자산은 재무상태표에 나와 있는 자산을 발행주식수로 나누어서 계산한 것이어서 분모는 장부가치를, 분자는 시장가치를 사용하기 때문이다. 이 비율은 1주당 순자산이 주가(기업가치)를 몇 배 창출했느냐를 나타내기 때문에 이 비율이 높다는 것 역시 높은 성장 가능성이 있다는 것을 의미한다. 반면에 나머지 다른 조건들이 동일한 경우 시장가치 대 장부가치비율이 낮은 기업은 주식시장에서 저평가되어 있다고도 볼 수 있다.

4 주가현금흐름비율

주가현금흐름비율(Price Cash flow Ratio : PCR)은 주가를 1주당 현금흐름으로 나눈 것을 말한다.

$$주가현금흐름비율(배) = \frac{주가}{주당현금흐름} \tag{2-24}$$

현금흐름은 당기순이익에 현금지출을 수반하지 않는 감가상각비, 외환 및 유가증권 평가차손 등을 더하고 현금유입을 수반하지 않는 외환 및 유가증권 평가차익 등을 차감해야 한다. 주가현금흐름비율(PCR)이 낮으면 일단 저평가되어 있다고 볼 수 있다. 그리고 주가수익비율(PER)이 높은 경우에도 이 비율이 낮으면 해당 주식에 대한 현재의 주가가 낮은 것이고 주가수익비율이 낮은 경우에 주가현금흐름비율이 높다면 현 주가가 낮다고 할 수 없다.

5 주가매출액비율

주가매출액비율(Price Sales Ratio : PSR)은 주가를 1주당 매출액으로 나누어 계산한다.

$$주가매출액비율(배) = \frac{주가}{주당매출액} \tag{2-25}$$

주당순이익을 사용하는 주가수익비율(PER)은 수익이 나지 않고 이익이 (−)인 경우에는 비율을 구할 수 없으며, 이익이 너무 높거나 낮으면 주가수익비율을 통해 올바른 분석을 할 수가 없다. 하지만 기업의 순수한 영업활동의 결과인 매출액은 기업의 영업성과를 객관적으로 잘 나타내 주고 (−)가 나오는 경우는 거의 없기 때문에 주가수익비율의 약점을 보완해 줄 수가 있다.

6 배당수익률

배당수익률은 주식 1주를 보유함으로써 얼마의 현금배당을 받을 수 있는지를 보고자 하는 것이다.

$$배당수익률 = \frac{1주당\ 배당금}{주가} \times 100(\%) \qquad (2-26)$$

예를 들어 배당수익률이 10%라고 한다면 시가가 20,000원인 주식을 1주 소유할 때 2,000원의 배당을 받는다는 것이다. 통상 지속적으로 성장하는 기업에서는 당기순이익 중에서 주주에 대한 배당은 적게 하고, 내년도 재투자를 위해서 회사 내에 유보를 많이 하게 된다. 따라서 1주당 배당금이 적게 되고 성장기업의 주가는 상승하므로 상대적으로 배당수익률은 낮아지게 된다. 즉, 배당수익률이 작은 기업은 성장 가능성이 높은 것으로 생각된다. 하지만 모든 경우에 그러한 것은 아니고, 이익이 조금밖에 실현되지 않아 배당을 못하는 경우도 있으므로 주의를 요한다.

한편 배당률이란 말도 있는데, 이것은 우리나라에만 있는 독특한 것으로 현행 상법에서는 주주에게 배당을 지급할 때 주식 액면 가격을 기준으로 배당을 지급하게 되어 있다. 즉, '배당률이 10%이다'라는 의미는 주식 액면 가격(5,000원)의 10%를 배당으로 지급한다는 것이므로 주주는 1주당 500원의 배당을 받게 된다는 것이다. 배당수익률은 주식의 시장가치에 대해 배당금액 비율을, 배당률은 주식의 액면가치에 배당금액 비율을 나타낸다고 볼 수 있다.

비율분석은 어느 누구라도 이해하기 쉽고 간단히 구할 수 있으며, 심도 있는 분석을 하기 이전에 예비적으로 비율분석을 실시함으로써 전반적이고 대략적인 문제점을 발견할 수 있다. 따라서 처음부터 심층분석을 함으로써 소비되는 시간적·경제적 손실을 사전에 예방할 수 있기 때문에 일반 기업뿐만 아니라 금융기관, 중앙은행 등도 비율분석을 실시하고 있다. 하지만 이러한 비율분석만을 통해서 기업의 경영상태를 완전히 평가한다는 것은 무리가 있다. 그 이유는 다음과 같다.

① **재무제표는 과거자료** : 재무분석을 실시하는 목적은 현재의 기업 상태를 진단하여 문제점 내지 개선점을 발견하여 이를 시정함으로써 미래의 기업 수익력을 높이고자 하기 위한 것인데, 비율분석에 사용되는 재무제표는 과거의 회계정보라는 한계가 있다. 세상이 급변하기 때문에 정보의 적시성과 적절성이 여느 때보다 요구되는 시대에 과거 수년간의 자료를 통해 미래를 예측한다는 것은 정보의 질적인 측면에서 볼 때 타당하지 못하다는 것이다.

② **손익계산서와 재무상태표의 시간적 차이** : 재무비율 중에는 상당수가 손익계산서와 재무상태표를 함께 이용하는 경우가 상당히 많다. 예컨대 고정자산회전율의 경우 분자에는 손익계산서 항목인 매출액이, 분모에는 재무상태표 항목인 고정자산이 들어간다. 그러나 손익계산서와 재무상태표의 작성 시점은 회계연도말에 동시에 작성되지만 각각의 내용 측면에서 볼 때 재무상태표는 일정 시점의 재무상태를 나타낸 표로 과거 수년 전에 구입한 고정자산의 가격도 그대로 현재 반영하고 있고, 손익계산서는 일정기간의 경영성과를 나타내는 재무제표로 회계기간 동안 발생한 영업활동의 성과를 기록하였기 때문에 당해연도의 영업활동만 기록된다는 점이다. 이처럼 일정 시점(stock 개념)의 재무제표와 일정기간(flow 개념)의 재무제표를 동시에 사용한다는 것은 적절한 의미를 지니지 못할 가능성이 있다.

③ **상이한 회계처리기준** : 현 기업회계기준에서는 동일한 사건을 처리하는 데에도 여러 가지 기준을 선택할 수 있도록 되어 있다. 예를 들어 기업이 생산한 제품의 원가가 연초에 생산한 제품과 연말에 생산한 제품 간의 인플레이션의 영향으로 차이가 발생할 수 있는데, 이를 평균해서 원가를 산정하게 되는 평균법, 연초에 생산한

제품의 원가를 기준으로 산정하는 선입선출법, 연말에 생산한 제품의 원가를 기준으로 산정하는 후입선출법 등 여러 가지 처리기준을 규정해 놓았기 때문에 기업마다 회계처리 방식이 다를 수 있다. 따라서 기업 간의 비교가 불가능하고, 또한 산업평균과 기업을 비교할 때에도 적절한 기준이 될 수가 없다는 것이다.

section 05 **기본적 분석의 한계점**

기본적 분석에 대해서 요약하면 주식 가격은 주식을 발행한 기업의 진정한 가치뿐만 아니라 기업외적인 요인, 즉 경기변동, 물가상승, 환율, 국제 원자재 가격, 산업구조와 특성들이 주식 가격을 형성하는 데 영향을 미친다는 것이다. 따라서 기본적 분석가들은 이러한 기업의 내·외적 상황들을 분석하여 주식의 내재가치를 알아낸 다음 시장에서 해당 주식이 내재가치보다 가격이 낮게 책정되어 있다면 이 주식을 매입함으로써 싸게 구입하는 효과를 볼 수 있으며, 반대로 시장 가격이 내재가치보다 높게 책정되어 있다면 이를 매각함으로써 주식을 비싼 가격으로 처분하는 효과를 가져와서 주식투자로 인한 수익을 올릴 수 있다고 생각한다.

그러나 이러한 기본적 분석을 통해서 주식투자 수익을 올릴 수 있기까지는 몇 가지 문제점이 있다.

첫째, 내재가치의 다양성 여부이다. 예를 들어 갑이라고 하는 투자가가 A라는 기업의 내·외적 분석을 통해서 그 기업이 발행한 주식의 진정한 가치, 내재가치를 알게 되었다고 하자. 그리고 시장에서는 A회사 주식의 가격이 갑이 알게 된 내재가치보다 낮게 거래되고 있는 상황이라면 투자자 갑은 이 회사 주식을 매입하려 들 것이다. 그러나 시장에 참여한 다른 모든 투자자들이 투자자 갑이 분석한 A회사 주식의 내재가치를 인정해 주지 않는다면 이 주식의 가격은 현재시장에서 거래되고 있는 가격에 계속 거래되고 있을 것이다. 그렇게 되면 투자자 갑은 아무런 수익을 올릴 수가 없다. 이처럼 주식의 내재가치라는 것이 투자자 갑뿐만 아니라 시장에 참여한 다른 투자자들도 모두 A회사 주식의 시장 가격이 내재가치보다 낮게 책정되어 있다고 인식해야만 A회사 주식의 가격이 상승하게 되고, 투자자 갑은 초과수익을 올릴 수 있게 되는 것이다. 그러나 어느 회사 주식의 내재가치를 파악한다는 것은 투자자마다 견해가 다를 수 있으므로 동일한 내재가치를 인식한다는 것은 너무 지나친 가정이다.

둘째, 내재가치의 적정성 여부이다. 내재가치를 파악하기 위해서는 기업의 회계자료인 재무제표를 통해서 파악하게 되는데 재무제표라는 것은 작성하는 회사가 동일한 사건을 놓고도 여러 개의 회계처리기준 중 어느 것을 사용했느냐에 따라서 재무제표가 달라질 수 있기 때문에 내재가치를 평가하기 위한 기본자료인 재무제표가 적정하지 못하다는 것이다. 또한 기업마다 회계처리기준을 다르게 설정할 수도 있어 산업 내의 기업 간 비교가 별 의미가 없으며, 또한 동일한 기업이라도 회계기간마다 어떠한 사정에 의해서 회계처리 방법을 달리 했다면 기업 자체의 평가에도 별 도움이 안 된다.

셋째, 분석을 하는 데 시간이 오래 걸린다. 기본적 분석을 통해서 위의 두 가지 문제점은 모두 해결된다고 하더라도 이러한 분석을 통해서 기업의 진정한 가치를 파악하는 데 걸리는 분석시간이 너무 길다. 주식 가격은 수시로 변할 수 있으며 분석하는 동안 새로운 정보의 출현으로 이를 반영하여 분석하려면 또다시 새로운 정보가 탄생하게 되어 기업가치를 제대로 평가할 수가 없다.

chapter 03

주식가치평가

section 01 상대가치평가모형(주가배수모형)

현금흐름할인모형 등은 미래의 장기예측이 힘든 경우가 많기 때문에 실무적 대안으로 비교 가능한 유사기업들의 주가배수(price multiples)를 바탕으로 분석대상 기업의 주가를 측정한다. 이 점에서 상대가치분석(comparative analysis)모형이라고도 불린다. 미래 기업의 성장 및 이익 예측에 대한 어려움을 시장에 반영된 주가를 통해 해결하려는 방법으로 P/E(순이익), P/B(순자산), P/FCF(잉여현금흐름), P/S(매출액) 등 여러 비율이 사용될 수 있다.

(1) PER(Price-Earnings Ratio, 주가이익비율)

$$PER = \frac{1주당\ 가격}{주당\ 이익}$$

여기서 주당 이익(Earnings Per Share : EPS)은 순이익을 기업이 보통주 주주들에게 모두 지급한다고 가정하였을 때 보통주 1주당 분배될 수 있는 이익의 규모를 말한다. PER은 투자자들이 기업의 이익규모에 두고 있는 가치를 측정하는 지표이다. 그것은 투자자들이 해당 기업의 주식에 투자하면, 미래의 배당과 기업 내에 유보된 그들의 몫과 주가의 상승 등을 포함하여, 미래에 얻을 것으로 기대하는 모든 현금흐름에 대하여 지금 현재 지불하고자 하는 금액을 나타낸다. 따라서 이 지표는 기업의 장래 전망에 대한 투자자들의 신뢰도를 보여준다고 할 수 있다.

일반적으로, PER이 높을수록 투자자산의 변동성은 더욱 커지고 그 결과 투자위험도 더 높아진다. PER이 높다는 것은 투자자들이 그 기업의 이익이 폭발적으로 성장할 것으로 기대하고 있거나, 혹은 투자자들이 어떤 이유에서건 그 기업의 주식에 크게 매혹당하고 있다는 것을 나타낸다. 기업이 이익을 전혀 내지 못하거나 실제로 손실이 발생하고 있을 때에는 주가이익비율은 아무런 의미가 없다. PER이 낮으면 투자자들이 해당 기업을 보수적이고 안전위주의 경영을 하는 회사로 인식하고 있다는 것이다. 따라서 기업의 이익은 감소하거나 이익성장률이 둔화될 것이고, 투자자들은 그 기업의 이익이나 이익 추이에 대하여 전혀 신뢰를 주고 있지 않는다는 신호로 이해할 수 있다. 혹은 투자자들이 산업이나 경제 전반에 대하여 전망을 아주 어둡게 할 경우에도 PER이 낮게 나타난다. 대체로, 역사가 오래되고 보다 안전하며 더 성숙한 기업일수록 역사가 일천하고 높은 성장률을 구가하며 위험도가 높은 기업들에 비해서 PER이 더 낮게 나타난다.

PER이 상승하고 있다면 그것은 보통 좋은 현상으로 받아들여진다. 이 지표가 상승하고 있는 것은 해당 기업의 이익이 감소하기 때문이 아니고 분명히 이익보다도 주가 상승이 더 클 경우에 한정되기 때문이다. 보통의 기대와는 달리 어떤 투자전략에서는 주로 낮은 PER을 가지고 있는 종목들을(저평가되었다고 판단하기 때문에) 집중적으로 투자하고,

그 대신 이 비율이 매우 높은 종목들은(고평가되었다고 판단하기 때문에) 처분(또는 공매)한다.

Gordon의 항상성장모형에 의하면 주식가치는 내년도에 기대되는 배당을 자본비용 (k)과 성장률(g)의 차이로 할인한 값을 의미한다.

$$P_0 = \frac{D_1}{k-g}$$

P_0 : 주식의 현재가치

k : 주주의 요구수익률(required rate of return)

D_1 : 내년의 예상배당액

g : 영구적인 배당성장률

만일, 주당순이익이 매년 g%씩 일정하게 성장하고 배당성향이 $(1-b)$라면 예상 배당금은 $D_1 = E_0 \times (1-b) \times (1+g)$이 된다. 이를 위 식에 대입하면

$$P_0 = \frac{E_0 \times (1-b) \times (1+g)}{k-g}, \text{ 여기서 금년도 주당순이익}(E_0)\text{으로 나누어주면}$$

$$\frac{P_0}{E_0} = \frac{(1-b) \times (1+g)}{k-g}, \text{ 또한 } E_1 = E_0(1+g)\text{이므로 } E_1 \text{ 기준으로 표시하면}$$

$$\frac{P_0}{E_1} = \frac{(1-b)}{k-g}, \text{ 성장률}(g) = b \times ROE\text{이므로 이를 달리 쓰면}$$

$$\frac{P_0}{E_1} = \frac{(1-b)}{k-b \times ROE}\text{으로 구성된다.}$$

그러므로 PER은

① 성장률 g와 (+), 자본비용 k(즉 위험)와는 (−)의 상관관계가 있으며,

② 배당성향$(1-b)$과 PER의 관계는 b가 분모와 분자에 모두 포함되어 있으므로 일정하지 않다. 만일 $ROE < k$이면 배당성향과 (+), $ROE > k$이면 배당성향과 (−)의 관계가 있다.

❶ PER에 의한 상대 주가 추정 : 주가이익비율(PER)에 주당 이익(E)을 곱하면 주가가 구해지는데 이를 이용하여 미래의 주가를 예측한다. 즉, 비교대상 기업의 자료로부터 정상적인 PER을 구하고, 여기에 분석하고자 하는 기업의 현재 또는 미래 기준시점의 주당 이익 예측치를 곱하면 그 시점에서의 적정 주가 수준이 산정될 수 있다.

$$P_0^* = PER^* \times E_0$$

      P_0^* : 현재 시점의 이론적 주가

      PER^* : 비교대상 유사 기업의 정상적 주가이익비율

      E_0 : 분석대상 기업의 주당순이익

❷ PER 이용 시 유의점

    ㄱ. PER계산식에서 분자의 주가 자료는 분석 시점의 현재 주가를 사용하는 방법이 적절하다.

    ㄴ. EPS를 계산할 때 법인세비용차감전순이익이 이용될 수 있으며, 또 발행주식수에는 전환증권의 발행 등으로 희석되는 주식수를 포함시킬 수도 있다.

    ㄷ. 분모인 EPS는 회계이익으로서 기업마다 회계처리법이 상이할 경우 직접비교에 무리가 따른다. 또 PER은 경기에 매우 민감하게 반응하는 문제점이 있다.

(2) PEGR(Price Earnings Growth Ratio : 주가수익 성장비율)

PER이 높다고 하는 것은 그 기업의 성장성이 주가에 높이 반영되어 있다는 의미이다. 마찬가지로 PER이 낮다고 하는 것도 그 기업의 성장성이 낮을 것이라는 인식이 주가에 반영되어 있다고 보는 것이 타당하다. 따라서 PER은 성장성의 지표이지 주가의 지표는 아니라 할 수 있다. 즉, PER이 낮다고 해서 향후 주가 전망이 좋다고 하는 것은 매우 피상적인 발상이라는 것이다. 당연히 성장성이 높은 업종의 주식들은 대부분 PER이 높고 성장성이 낮은 업종의 주식들은 PER이 낮게 나타나는 것이 일반적인 현상이다. 따라서 PER의 이용 시 그 기업의 성장성에 비해서 주가가 높게 혹은 낮게 평가되었는지를 판단해야 할 것이다.

이런 필요성으로 특정 주식의 PER이 그 기업의 성장성에 비해 높은지 낮은지를 판단하기 위해 고안된 지표가 PEGR이다.

$$PEGR = \frac{PER}{\text{연평균 } EPS \text{ 성장률}}$$

PEGR은 특정 주식의 PER을 당해 기업 주당순이익(EPS)의 성장률로 나누어준 수치이다. 따라서 PEGR이 낮다면 그 기업의 이익 성장성에 비해 PER이 낮게 나온 것이므로 향후 성장성이 충분히 반영된다면 그것이 주가 상승으로 이어질 가능성이 높다고 해석할 수 있을 것이다. 성장률의 계산은 주로 과거 수년간의 EPS를 이용하지만 엄밀한 의

미에서는 여러 가지 분석에 의한 미래의 성장률을 추정해 내야 할 것이다.

(3) PBR(또는 MV/BV 비율)

❶ PBR의 의미 : PBR은 자기자본의 총시장가치를 총장부가치로 나누어 준 비율로 서 주식 1주를 기준으로 표시한 주가순자산비율(PBR : Price-to-book ratio) 개념이다. 항상성장모형이라고도 불리는 Gordon모형으로 평가 가능한 주식의 발행주식 총수가 N이라면,

$$MV = P_0 \times N = \frac{E_0 \times (1-b) \times (1+g)}{k-g} \times N,$$

여기서 $ROE = \frac{N \times E_0}{BV}$ 이므로,

$$MV = \frac{BV \times ROE \times (1-b) \times (1+g)}{k-g},$$

이를 BV로 나누어 주면,

$$\frac{MV}{BV} = \frac{ROE \times (1-b) \times (1+g)}{k-g}$$

만일 여기서 예상순이익을 바탕으로 ROE_1를 계산한다면

$$(즉\ ROE_1 = \frac{N \times E_1}{BV}),$$

$$\frac{MV}{BV} = \frac{ROE_1 \times (1-b)}{k-g},$$

여기에 $g = b \times ROE_1$를 대입하여 달리 쓰면,

$$\frac{MV}{BV} = \frac{P}{B} = \frac{ROE_1 - g}{k-g}$$

그러므로 PBR은

- ROE와 (+)의 관계
- 위험과는 (-)의 관계
- $ROE >$ 자본비용(k)이면 PBR은 1보다 크고 g가 높을수록 커짐

• $ROE<$ 자본비용(k)이면 PBR은 1보다 작고 g가 높을수록 작아짐

본래 재무상태표상에 보통주 한 주에 귀속되는 주당순자산가치가 실질적 가치를 정확히 반영하게 되면, PBR은 1이 되어야 한다. 그러나 주가와 주당순자산이 같지 않으므로 1이 안되는데 그 이유로는 다음 몇 가지 점을 들 수 있다.

ㄱ. 시간성의 차이 : 분자의 주가는 미래 지향적인 반면에 분모의 주당순자산은 역사적 취득원가에 준하여 과거 지향적이다.

ㄴ. 집합성의 차이 : 분자의 주가는 기업을 총체적으로 반영한 것이지만, 분모의 BPS는 수많은 개별 자산의 합에서 부채를 차감한 것에 불과하다.

ㄷ. 자산·부채의 인식기준의 차이 : 자산이나 부채의 장부가액은 일정한 회계관습에 의하여 제약을 받을 수 있다. PBR을 이용하여 주식의 이론적 가치를 추정하는 방법은 PER 이용방법과 동일하며 정상적 PBR에 BPS를 곱하여 이론적 가치를 추정한다.

$$P_0^* = PBR^* \times BPS_0$$

PBR^* : 비교 대상기업의 정상적 주가순자산비율

BPS_0 : 분석 대상기업의 주당순자산

❷ PER과의 관계

$$PBR = \frac{\text{순이익}}{\text{매출액}} \times \frac{\text{매출액}}{\text{총자본}} \times \frac{\text{총자본}}{\text{자기자본}} \times (PER) = ROE \times (P/E)$$

$$= (\text{마진}) \times (\text{활동성}) \times (\text{자기자본비율의 역수}) \times (PER)$$

즉, PBR은 PER에 기업의 마진, 활동성, 부채비율이 추가로 반영된 지표로서 자산가치에 대한 평가뿐 아니라 수익가치에 대한 포괄적인 정보가 반영된다는 점에서도 PBR 이용의 유용성이 높다.

(4) PSR(Price-to-sales ratio, 주가매출액) 비율

주가를 주당매출액으로 나눈 것으로 PSR이 높다면 매출액에 비해 주가가 높게 형성되어 있다는 의미이다. 아직 본격적인 이익을 내지 못해 수익성 평가가 어려운 신생 기업이나 벤처기업의 주가 평가에 많이 사용된다.

❶ PSR의 장점

ㄱ. PER이나 PBR은 때로는 음수가 되어 의미가 없어질 수 있으나, PSR은 곤경에 처한 기업의 경우에도 구할 수 있다.

ㄴ. 순이익과 장부가치는 감가상각비, 재고자산, 특별손실에 대한 회계처리방법에 따라 크게 달라질 수 있으나, 매출액은 임의로 조정하기가 어렵다.

ㄷ. PSR은 PER만큼 변동성이 심하지 않아서 가치평가에 적용하는데 신뢰성이 높다.

ㄹ. PSR을 이용하면 가격정책의 변화와 기타 기업전략이 미치는 영향을 쉽게 분석할 수 있다.

❷ PSR에 의한 투자전략 : PSR과 매출액이익률 간의 (+)관계를 이해하면, 매출액이익률이 낮은 기업의 PSR이 낮고, 매출액이익률이 높은 기업의 PSR이 높은 이유를 알 수 있다. 따라서 PSR과 매출액이익률 간에 일관성이 없는 기업의 주식, 즉 PSR은 높은데 매출액이익률이 낮은 기업이나 PSR은 낮은데 매출액이익률이 높은 기업의 주식을 찾으면, 과소 또는 과대평가된 주식을 찾을 수 있다.

(5) EV/EBITDA 비율

순수하게 영업으로 벌어들인 이익에 대한 기업가치의 비율을 기준으로, 특히 공모기업의 전체 기업가치(EV : Enterprise Value)를 추정하는 방식이다.

❶ EV는 주주 가치와 채권자 가치를 합계한 금액을 의미한다.

$$EV = [주주\ 가치 + 채권자\ 가치]$$
$$EV = [주식시가총액 + (이자지급성부채 - 현금\ 및\ 유가증권)]$$

❷ EBITDA(Earnings before Interest, Tax, Depreciation and Amortization)는 이자 및 세금, 상각비 차감전 이익을 의미하며 영업이익에 감가상각비, 무형자산상각비를 더한 금액으로 계산된다.

❸ 공모기업의 시장가치 추정 시 유사기업의 EV/EBITDA를 산출하고 이를 공모기업의 EBITDA와 비교하여 추정할 수 있다. 구체적으로,

ㄱ. (유사기업의 EV/EBITDA) × 공모기업의 EBITDA ⇒ 공모기업의 EV를 추정

ㄴ. 공모기업의 EV − {채권자 가치(이자지급성부채 − 현금 및 유가증권)} ⇒ 예상 시가총액 추정

ㄷ. 예상 시가총액÷공모 후 발행주식수＝주당 가치 추정

❹ 장점 및 한계 : EV/EBITDA 방식에 의한 가치 추정은 당기순이익을 기준으로 평가하는 주가이익비율(PER)모형의 한계점을 보완하고 있다. 즉, 기업 자본구조를 감안한 평가방식이라는 점에 유용성이 있다. 또한 추정방법이 단순하다. 분석기준이 널리 알려져 있고 회사 간 비교 가능성이 높아 공시정보로서의 유용성이 크다. 그러나 시가총액의 경우 분석기준 시점에 따라서 변동되므로 추정 시점과 실제 상장 시의 시가변동에 대한 차이를 고려하여야 한다.

(6) PCR(주가현금흐름)비율

PCR(주가현금흐름비율 : Price to Cashflow Ratio)은 주가를 주당 현금흐름으로 나눈 비율이다. 여기서 주당 현금흐름이란 현금흐름표상의 영업활동으로 인한 현금흐름을 주식수로 나눈 수치이다. 주당순이익과 비교할 때 현금흐름이 없는 수익이나 비용(자산재평가이익, 감가상각비 등)을 제거하고 영업활동과 무관한 수익이나 비용(유가증권 처분이익이나 손실 등)도 제거하여 순수하게 주당 영업활동으로 인해 발생한 현금흐름에 비해 주가가 몇 배인지를 보여주는 비율이다. PER 등의 보완지표로 쓰일 수 있으며 PER이 시사하는 바와 현격한 차이가 있으면 그 내용을 상세히 파악하여야 한다. 즉, PER은 낮으나 PCR이 높게 나오는 기업은 실제 현금흐름의 유입이 없는 외상매출이 과다하거나 유가증권평가이익 등이 과다한 경우가 있을 수 있다는 것이다. PCR은 IMF위기 때처럼 기업의 도산 가능성이 주식의 가치평가에도 큰 영향을 미칠 때에는 매우 중요한 평가지표가 될 수 있다.

section 02　잉여현금흐름(FCF) 모형

잉여현금흐름(Free Cash Flow) 모형은 미래 현금유입액 중 추가적인 부가가치 창출에 기여할 투하자본의 증가액을 차감한 잉여현금흐름으로 기업가치를 평가하는 접근법이다. 여기서 잉여현금흐름이란,

❶ 본업 활동이 창출해 낸 현금유입액에서 당해연도 중 새로운 사업에 투자하고 남은 것

❷ 투하자본에 기여한 자금조달자들이 당해연도말에 자신의 몫으로 분배받을 수 있는 총자금

따라서 사업수명기간 중 발생할 잉여현금흐름을 적절한 자본비용으로 할인하여 합산하면 새로운 투자로 순수하게 증가되는 기업가치의 증식분을 추산할 수 있다.

$$기업가치 = \sum_{t=1}^{n} PV\,(FCF_t) + 잔여가치의\ 현가$$

여기서, 잔여가치(terminal value)란 사업의 예측기간이 끝난 후 동 사업으로부터 지속해서 얻을 수 있는 경제적 부가가치액의 크기를 의미한다.

1   왜 잔여가치가 더해져야 하는가?

사업수명기간 동안 기대되는 미래의 모든 잉여현금흐름을 측정하여 기업가치를 평가해야 하지만 신뢰성을 유지하면서 미래를 예측하는 데는 현실적인 한계가 있으므로 편의상 예측 가능한 기간의 현금흐름과 그 이후의 현금흐름으로 구분하고 후자를 통틀어 잔여가치라 한다.

2   잔여가치의 크기는 어떻게 측정하는가?

기업이나 사업에 정통한 실무자들의 예측이 필요한 부분으로서 흔히 사용되는 방법은 예측 가능한 기간을 기준으로 최근 3년 혹은 5년간의 잉여현금흐름액의 평균만큼이 계속 실현될 것으로 가정한다. 또는 예후 가능한 기간의 최종 연도를 기준으로 과거 3개년 혹은 5년간의 물가상승률 혹은 해당 기업이 속한 산업평균성장률을 고려한 성장률을 적용한다.

3   잉여현금흐름법의 계산방법

일정기간 유입되는 잉여현금흐름액의 현재가치＋잔여가치

기업가치＝$\Sigma PV(FCF_t)$＋잔여가치

여기서, 잔여가치(terminal value)＝

최근 3~5년간 평균 $FCF_t \div (WACC - g)$

$WACC$: 가중평균자본비용

g : FCF의 성장률

(1) 잉여현금흐름 측정방법

〈Ⅰ단계〉 총현금흐름 유입액

- EBIT : 매출액-매출원가-판매비와 관리비
- NOPLAT : $EBIT$-법인세-법인세 절감효과＋이연법인세 증가액

① 법인세 절감효과＝이자비용의 절감효과-이자수입에 대한 세금

② 이연법인세 증가액＝(당해연도 이연법인세대-전년도 이연법인세대)-(당해연도 이연법인세차-전년도 이연법인세차)

(∵ 법인세 납부이연으로 법인세액이 작게 되었다면(EBIT 대비 법인세를 작게 납부한 것처럼 간주하여) 법인세액을 감소시켜줌)

- 총현금흐름 유입액＝$NOPLAT$＋감가상각비

〈Ⅱ단계〉 투하자본 순증가액

- 운전자본 증가액＝당해연도 순운전자본(유동자산－유동부채)

　　　　　　　　　-전년도 순운전자본(유동자산－유동부채)

　　　　　(∵ 본업 활동과 관련없는 유동자산과 유동부채는 제외함)

- 시설자금 증가액＝당기 순기계설비(당기 기계설비－감가상각누계액)

　　　　　　　　　-전기 순기계설비(전기기계설비-감가상각누계액)＋감가상각비

　　　　　(∵본업 활동과 관련없는 시설투자는 제외함)

〈Ⅲ단계〉 잉여현금흐름 측정

- 총현금흐름 유입액-투하자본 순증가액

(2) 잉여현금흐름 추정사례 – H사

〈Ⅰ단계〉 총현금흐름 유입액

- EBIT : $3,219.8 - 1,749.0 - 947.2 - 84.4 = 439.2$
- EBIT 대비 세금산출

  ① 이자수입에 대한 세금 : $2.5 \times 39\% = 1.0$

  이자비용에 대한 법인세 절감액 : $29.7 \times 39\% = 11.6$

  따라서 EBIT 대비 법인세 $= 158.4 + 11.6 - 1.0 = 169.0$

  ② 이연법인세대 증가액 $= 203.5 - 172.0 = 31.5$

  총현금흐름유입액 $= NOPLAT + 감가상각비$
  $$= 439.2 - 169.0 + 31.5 + 84.4 = 386.1$$

〈Ⅱ단계〉 투하자본 순증가액

- 운전자본 증가액 $= (760.9 - 351.7) - (702.3 - 362.7) = 69.5$

  (∵ 예제에서는 시장성 유가증권과 단기차입금을 본업 활동과 관련 없는 것으로 간주함)

- 시설자금 증가액 $= (1,797.4 - 501.4) - (1,581.3 - 435.6) + 84.4 = 234.7$

  (∵ 예제에서는 영업권, 기타자산, 출자자산은 본업 활동과 관련 없으며 비유동자산만 관련 있는 것으로 간주함)

〈Ⅲ단계〉

- 총현금흐름 유입액 - 투하자산 순증가액 $= 386.1 - 69.5 - 234.7 = 81.9$

표 3-1 **H사 재무상태표(매 연도말 기준)**

	2006	2007	2008
현금예금	26.6	29.0	24.1
시장성유가증권	0.0	42.1	0.0
매출채권	143.0	159.8	173.6
재고자산	379.1	436.9	457.2
기타 유동자산	113.1	76.6	106.0
유동자산 계	661.8	744.4	760.9
기계설비	1,323.6	1,581.3	1,797.4
감가상각누계액	(371.5)	(435.6)	(501.4)
비유동자산 계	952.1	1,145.7	1,296.0
영업권	417.6	421.7	399.8
기타자산	47.3	30.0	37.2
출자자산	0.0	0.0	179.1
자산 총계	2,078.8	2,341.8	2,672.9
단기차입금	64.9	108.1	385.3
매입채무	87.1	114.4	105.2
미지급금	189.3	248.3	246.5
유동부채 계	341.2	470.7	736.9
장기차입금	273.4	282.9	174.3
기타비유동부채	66.2	80.9	92.9
이연법인세대	154.5	172.0	203.5
자본금	139.4	94.8	97.6
이익잉여금	1,077.9	1,214.0	1,365.2
해외사업환산대	26.2	26.4	2.5
자기자본 계	1,243.5	1,335.3	1,465.3
부채, 자본 총계	2,078.8	2,341.8	2,672.9

표 3-2 **H사 손익계산서(매 연도말 기준)** (단위 : 100만 달러)

	2006	2007	2008
매출액	2,715.6	2,899.2	3,219.8
이자수익	1.7	2.4	2.5
총수익	2,717.3	2,901.6	3,222.3
매출원가	1,526.6	1,621.7	1,749.0
판매비와 관리비	765.7	803.5	947.2
감가상각비	61.7	72.7	84.4
영업권이연상각비	11.0	11.0	11.0
이자비용	26.3	29.3	29.7
총비용	2,391.3	2,538.1	2,821.3
특별손익전 이익	326.0	363.5	401.0
사업구조조정특별이익	35.5	0.0	0.0
세전이익	361.5	363.5	401.0
법인세예정액	145.6	143.9	158.4
세후순이익	215.9	219.5	242.6
이익잉여금처분계산서			
전년도 이익잉여금	949.8	1,077.9	1,214.0
세후 순이익	215.9	219.5	242.6
배당금	87.8	83.4	91.4
차연도 이익잉여금	1,077.9	1,214.0	1,365.2

표 3-3 **잉여현금흐름 예측표** (단위 : 100만 달러)

	2004	2005	2006	2007	2008	비고
매출액 (매출액 성장률)	534 10.5%	596 11.5%	648 8.7%	686 5.9%	723 5.5%	2008년 이후 성장률 둔화 가정
(1) 영업이익	72	80	87	93	98	매출액영업이익률 13.5% 가정
(2) 법인세	29	32	35	37	39	영업이익 대비 법인세율 40% 가정
(3) 감가상각비	12	13	14	15	16	상각대상자산 대비 상각률 8% 가정
(4) 순운전자본비율	3	4	3	5	5	
(＋)매출채권 증가액	4	4	4	3	3	
(＋)재고자산 증가율	8	7	5	6	6	예상매출액 대비 일정 비율 가정
(－)미지급금 증가액	5	6	5	3	3	
(－)지급어음 증가액	4	1	1	1	1	
(5) 시설자금증감액 (당기감가상각비차감)	19	23	20	16	16	매출액회전율이 일정하다고 가정하고 시설자금 추정
잉여현금흐름액	33	34	43	50	54	(1)－(2)＋(3)－(4)－(5)

주 : 잔여가치는 2008년까지 5년간 FCF평균($42.8백만)이 2009년부터 영구 발생한다고 가정

chapter 04

기술적 분석

기술적 분석의 정의

    기술적 분석 방법은 주식의 내재가치와는 관계없이 주가 흐름 또는 거래량 등을 도표화하여 그것으로부터 과거의 일정한 패턴이나 추세를 알아내고, 이 패턴을 이용하여 주가 변동을 예측하고, 주식의 선택은 물론 매매의 시기를 판단하는 기법이다.

기술적 분석의 장점 및 한계

1 기술적 분석의 장점

(1) 기본적 분석이 과거정보에 의존하고, 자료의 신뢰성과 회계처리 방법 및 분식결산 등에 따른 문제점이 있으나, 기술적 분석은 주가와 거래량에 모든 정보가 반영된다는 가정에 바탕을 둔다.

(2) 기본적 분석으로 과대 또는 과소평가된 주식이 투자자에게 인식될 시점에는 이미 주가에 반영된 경우가 많으나, 기술적 분석에서는 주가 변동의 패턴을 관찰하여 그 변동을 미리 예측할 수 있다.

(3) 기본적 분석은 이론이 복잡하고 시간과 노력이 많이 드는 데 비하여, 기술적 분석은 차트(Chart)를 통하여 누구나 쉽고 짧은 시간에 이해할 수 있다.

(4) 기술적 분석은 한꺼번에 여러 주식의 가격 변동 상황을 분석·예측할 수 있다.

2 기술적 분석의 한계

(1) 과거 주가 변동의 패턴이 미래에 그대로 반복되지 않는 경우가 많다.

(2) 차트 해석이 분석자에 따라 달라질 수 있고, 단기, 중기, 장기 추세 등 추세의 기간을 명확하게 구분하기 어렵다.

(3) 과거 주가의 동일한 양상을 놓고 어느 시점이 주가 변화의 시발점인가에 관한 해석이 각각 다를 수 있다.

(4) 주가 변동이 주식의 수급이 아닌 다른 요인으로 발생된 경우에는 이를 설명하기 어렵다.

(5) 내재가치를 무시하고 시장의 변동에만 집착하기 때문에 시장의 변화요인을 정확히 분석할 수 없으며, 이론적인 검증이 어렵다.

기술적 분석의 종류

1 추세분석

(1) 주가는 상당기간 동일한 방향성을 지속하려는 경향이 있다는 특성을 이용한 기법이다.

(2) 추세순응전략(Trend following) : 최근 형성된 추세를 바탕으로 상승추세이면 매수전략을 채택하고, 하락추세로 전환된 경우에는 매도전략을 수행하는 전략으로 추세를 확인하고 매매에 임하는 안정적인 기법이다.

(3) 역추세순응전략(Counter-trend following) : 추세 반전을 미리 예상하고 최고점에서 매도하고 최저점에서 매수 포인트를 잡아가는 전략으로 예측이 정확하면 보다 큰 수익을 얻게 되지만, 정보력이나 분석력이 약한 대부분 투자자들에게는 위험이 높은 전략이다.

(4) 설정된 추세선의 확인과 동 추세선의 붕괴, 즉 주가의 추세선 이탈현상이 발생할 때는 새로운 추세선 예측이 중요하다(저항선 vs. 지지선, 이동평균선, Golden cross vs. Dead cross).

(5) 일반적으로 추세순응전략은 단기적(1년 이내)으로, 역추세순응전략은 장기적(3년 이상)으로 사용한다(단기 Momentum, 장기 Contrarian).

2 패턴분석

(1) 주가 추세선이 변화될 때 나타나는 여러 가지 주가 변동 패턴을 미리 정형화시킨 후, 실제로 나타나는 주가의 움직임을 거기에 맞춰봄으로써 앞으로의 주가 추이를 예측하려는 방법이다.

(2) 시세의 천정권이나 바닥권에서 일어나는 전형적인 유형을 분석함으로써 주가 흐

름의 전환 시점을 포착한다.

(3) 반전형 : 헤드앤숄더형(Head and Shoulder), 이중삼중 천정(바닥)형, 원형반전형, V
자 패턴형 등

(4) 지속형 : 삼각형, 이등변삼각형, 깃발형, 패넌트형, 쐐기형, 직사각형 등

(5) 기타 : 확대형, 다이아몬드형, 갭(보통갭, 돌파갭, 급진갭, 소멸갭, 섬꼴반전갭)

3 지표분석

(1) 과거의 추세성향이 앞으로도 반복할 가능성이 있음을 통계적으로 수치화하여 주
가를 예측하는 기법이다.

(2) 활용되는 지표는 거래량을 중심으로 한 데이터를 일정 공식으로 만들어 표준화
한 것이므로 항상 우수한 결과가 나오지는 않는다. 표준 해석기법을 참고로 과거 수년
간 특정 주식에 맞는 지표를 관찰해야 한다.

 예시

스토캐스틱(Stochastic) 활용 매매전략 : Stochastic은 0~100% 사이의 값을 보이는 보조지표

매도신호 : %K값 70~80% 이상의 과매수권
매수신호 : %K값 20~30% 이하의 과매도권

4 심리분석

(1) 주식투자의 기본은 매매타이밍이고, 타이밍을 결정하는 것은 투자 심리이다. 투
자 심리는 경제나 경기동향, 자금사정, 수급관계, 기타 여건 및 투자자들의 정보차이 등
다양한 요소의 영향을 받는다.

(2) 일반투자자들의 심리상태

시세 상승의 초기단계에는 그 이전 하락기간 동안의 관성에 의해 과도한 주가의 하락

에 따른 학습효과에 사로잡혀 매수할 수 없게 된다.

본격적으로 상승하는 시세의 중기 단계가 되면 조금씩 자신이 생겨, 매수를 늘려가고 보유주식을 단타매매하여 시세차익을 얻는다.

시세 말기의 주가는 계속해서 상승하고, 매수주문을 넣어도 매수가 되지 않는 날이 수일간 계속되면서 주가는 끝없이 상승할 것 같은 환상에 사로잡히게 된다. 일찍 매도한 것을 후회하면서 확신을 갖고 매도한 가격보다 훨씬 높은 주가에 추격매수하게 된다.

고점을 기록하고 하락의 초기단계로 접어들면, 매수한 주식에 대해 더 많은 이익을 기대하며 기다리게 되지만 주가는 하락하기 시작한다. 일시적 조정은 참고 기다린다는 명분하에 주식을 계속 보유한다.

시세 하락의 중기단계에 한두 차례 짧은 반등이 나타날 때, 투자자는 주가가 상승하거나 최소한 원금 수준으로 회복되기를 기대하지만 주가는 짧은 반등 후 큰 폭으로 떨어지게 된다.

시세 하락의 말기단계에 오면 상당히 긴 하락기간을 거친 후, 기다림에 지치고 한없이 떨어질 것 같은 공포심에 빠져 시세의 바닥 수준에서 보유주식을 전부 매각한다.

---

5   목표치 분석

(1) 주식 차트(Chart)를 분석함에 있어 주가 흐름에 대한 과거의 유형을 파악하고 이에 따라 장래 주가가 어느 수준까지 상승 또는 하락할 것인지를 예측하는 방법이다.

(2) 주가의 상승 및 하락폭을 예측함으로써 투자자가 허용할 수 있는 손실 범위와 기대수익을 설정할 수 있게 한다.

01 다음은 가치평가에 관한 기본적 개념에 관한 설명으로 적절하지 않은 것은?

① 일반적으로 자산의 가치는 해당 자산의 수명이 다할 때까지 발생시킬 것으로 예상되는 미래기대이익에 기초한다.

② 자산의 가격은 그 자산이 가지고 있는 가치보다 높을 수도 있고 낮을 수도 있다.

③ 투자자산의 가치를 평가할 때 가장 먼저 해야 할 일은 해당 자산에 대한 수요를 파악하는 일이다.

④ 증권시장이 효율적이라면 유가증권의 가격은 가치를 제대로 반영할 것이므로 가격과 가치는 동일하게 된다.

02 신진산업㈜은 다음 회계연도의 EPS가 5,000원으로, 유보이익의 재투자수익률은 15%로 기대하고 있다. 투자자 요구수익률은 16%이다. 고든모형에 따른 신진산업㈜ 주식의 가치가 30,000원이라고 할 때 유보비율은?

① 30% ② 35%

③ 40% ④ 45%

03 명목수익률이 8.4%, 실질수익률이 3.2%일 때, 피셔효과 이론을 이용하여 구한 물가상승률은?(가장 가까운 근사치로 구하시오.)

① 4.04% ② 5.04%

③ 6.04% ④ 7.04%

해설

01 ①번, ②번, 그리고 ④번에 대한 설명은 필요 없을 것이다. 다만 ③번에 대해서 틀린 점을 지적하면 다음과 같다. 투자자산의 가치를 평가할 때 최우선적으로 지켜야 할 원칙으로는 해당 투자자산의 특성을 잘 파악하는 일이 된다. 투자자로서 유가증권에 관심이 있든 투자사업에 관심이 있든 불문하고, 해당 투자자산이 적절한 보상을 가져다 줄 것인가와 투자위험의 원천 및 수준을 알아내는 것이 무엇보다 중요하다.

02 유보율을 b라 하면

$$P_o = \frac{D_1}{k_e - g} = \frac{5,000(1-b)}{0.16 - 0.15b} = 30,000원$$

$\therefore b = 0.4$

03 ② $(1+실질수익률) = (1+명목수익률)(1+인플레이션)$
$(1.084) = (1.032)(1+인플레이션)$ 따라서, 인플레이션은 5.04%

04 동북아테크㈜는 적정 부채 수준을 결정하는 데 이자보상비율을 이용하고 있다. 이 회사가 생각하는 적정 이자보상비율은 7.0이며, 내년도의 영업이익은 1억 4천만 원으로 기대되고 있다. 현재 이 회사의 부채규모는 1억 원이고 부채비용은 10%이며, 앞으로도 동일한 이자율에 차입할 수 있을 것으로 보인다. 이 회사가 내년에 추가적으로 이용할 수 있는 부채규모는?

① 1억 원   ② 1억5천만 원   ③ 2억 원   ④ 2억5천만 원

05 다음 중 기업의 총자산수익률(ROA) 및 자기자본이익률(ROE)에 대한 설명으로 적절하지 않은 것은?

① 순이익이 일정한 상태에서 총자산이 증가하면 ROA는 감소한다.
② 매출액순이익률이 일정한 상태에서 총자산회전율이 증가하면 ROA는 감소한다.
③ 자기자본비율이 일정한 상태에서 ROA가 증가하면 ROE도 증가한다.
④ ROA가 일정한 상태에서 자기자본비율이 증가하면 ROE는 감소한다.

06 어떤 회사의 자기자본의 장부가치는 200만 원이고, 발행주식수는 80주이며, 주가 대 장부가치비율은 2이다. 이 회사의 1주당 주가는?

① 25,000원   ② 40,000원   ③ 50,000원   ④ 60,000원

해설

04 이자보상비율 = $\dfrac{\text{이자 및 세전이익}}{\text{이자비용}}$ = $\dfrac{140,000,000}{\text{이자비용}}$ = 7이므로 이 회사가 내년에 부담할 수 있는 이자비용은 20,000,000원이다.

∴ 추가 이자비용 = 20,000,000 − (0.1)(100,000,000) = 10,000,000원이다.

추가 부채규모 = $\dfrac{10,000,000}{0.1}$ = 100,000,000원

05 ① $ROA = \dfrac{\text{당기순이익}}{\text{총자산}}$

∴ 총자산 증가 → ROA 감소

② ROA = 매출액순이익률 × 총자산회전율

∴ 총자산회전율 증가 → ROA 증가

③, ④ $ROE = \dfrac{ROA}{\text{자기자본비율}}$

∴ ROA 증가 → ROE 증가, 자기자본비율 증가 → ROE 감소

06 $P_o = PBR \times BPS$이고, $PBR = 2$,

$BPS = \dfrac{20,000,000}{80}$ = 25,000원이므로

$P_o = 2 \times 25,000 = 50,000$원

07 기업 A는 1,000만 원의 자금을 조달하여 사업을 시작하려고 한다. 주당 2만 원에 주식을 발행하고 일부는 10% 이자율의 대출금으로 조달할 계획이다. 대출을 받는 경우의 주당 순이익이 대출을 받지 않는 경우의 주당순이익에 비해 불리하지 않으려면 영업이익이 얼마 이상이어야 하는가? (단, 법인세율은 25%이고, 영업외이익, 특별이익 · 손실, 사채이자 이외의 영업외비용은 없다고 가정)

① 50만 원 　　　　　　　　　　② 100만 원
③ 200만 원 　　　　　　　　　　④ 대출을 받는 경우가 항상 불리

08 다음은 ROE의 변동요인을 분해한 것이다. 빈칸 A와 B에 알맞은 말을 바르게 나열한 것은?

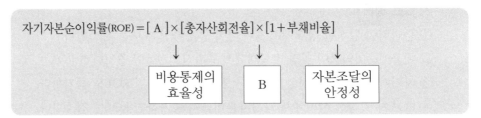

① A : 매출액순이익률, B : 자산이용의 효율성
② A : 총자산증가율, B : 자본사용의 효율성
③ A : 이자보상비율, B : 수익창출력의 개선도
④ A : 총자본영업이익률, B : 재무구조의 건전성

해설

07 ② 영업이익=E, 대출금액=D
　　대출받는 경우의 주당순이익 : 당기순이익=(E−D*10%)(1−25%),
　　발행주식수=(1000−D)/2
　　주당순이익=(E−D*10%)(1−25%)*2/(1000−D)
　　대출받지 않는 경우의 주당순이익 : 당기순이익=E(1−25%),
　　발행주식수=1000/2
　　주당순이익=E(1−25%)*2/1000
　　(E−D*10%)(1−25%)*2/(1000−D)≥E(1−25%)*2/1000
　　(E−D*10%)/(1000−D)≥E/1000(1000 D>0)
　　1000E−100D≥1000E−ED　　100D≥ED(D>0)　　E≥100
08 ① 자기자본순이익률=순이익/자기자본=(순이익/매출액)*(매출액/총자본)*(총자본/자기자본)
　　순이익/매출액=매출액순이익률
　　매출액/총자본=총자산회전율
　　총자본/자기자본=1+총부채/자기자본=1+부채비율
　　총자산회전율은 자산이용의 효율성을 측정하는 지표임

정답 01 ③ | 02 ③ | 03 ② | 04 ① | 05 ② | 06 ③ | 07 ② | 08 ①

part 06

투자전략

chapter 01

자산배분과 투자전략

자산배분의 의의

1 자산배분이란?

자산배분(asset allocation)이란, 기대수익률과 위험 수준이 다양한 여러 자산집단(asset class)을 대상으로 투자자금을 배분하여 최적의 자산 포트폴리오를 구성하는 일련의 투자과정을 말한다. 자산배분은 장기적 관점에서 최소의 위험으로 중장기 투자자의 재무목표에 맞는 자산 포트폴리오를 구성하는 의사결정과정과 단기적으로 수익률을 제고하기 위하여 자본시장 변동을 반영하여 자산집단의 구성비율을 적극적으로 변경하는 행위라고 정의할 수 있다.

자산배분은 주식과 채권처럼 자본시장의 흐름에 각기 다른 반응을 보이는 자산(asset)

을 대상으로 배분하는 "이종자산 간 자산배분"과 자본시장 변동에 동일한 반응을 보이는 자산-주식이라는 자산 내에서 투자대상이 될 수 있는 국가별, 업종별, 스타일별(소형주, 중형주, 대형주)-을 대상으로 배분하는 "동일자산 간 자산배분"으로 나눌 수 있다. 본 장에서 '자산배분'이라 함은 이종자산 간 자산배분을 말한다. 동일자산 간 자산배분은 '포트폴리오 전략'이라는 별도의 개념으로 다루고 있으며, 접근하는 방법이 다르기 때문에 여기서는 다루지 않을 것이다.

2 자산배분의 필요성

자산집단 중 가장 높은 기대수익률을 가지고 있는 주식은 포트폴리오 전체 수익률에 가장 큰 영향력을 행사한다. 안정적인 포트폴리오 수익률을 유지하기 위하여 자산 운용자들은 주식의 높은 변동성을 어떻게 하면 줄일 수 있을 것인가에 최대의 관심을 보이고 있다.

오늘날 대부분의 기관투자가들은 포트폴리오 수익률의 절대적인 부분이 자산배분 전략에 의해 결정되므로 자산배분 전략이 가장 중요하다는 점을 잘 인식하고 있다. 그러므로 분기나 월간 단위로 주식과 채권 가격의 변화를 예상하여 자산구성을 변경하는 적극적인 자산배분 전략이 증권선택보다 훨씬 수익률에 큰 영향을 준다는 점을 잘 알게 되었다. 단기적인 주가나 채권 가격의 움직임을 정확하게 예측하는 것은 극히 어려우므로, 장기적인 자산구성 결정이 투자성과의 대부분을 결정하게 되므로, 투자에 있어서 장기적인 자산구성에 대한 의사결정을 통하여 중장기적인 수익률 획득에 중점을 두고 있다.

오늘날 개인투자자들도 노후생활을 설계하는 데 있어서 개별 종목이나 펀드의 선정보다 장기적인 자산배분, 즉 재무계획 수립과 투자목표를 달성하기 위한 자산배분이 더 중요하다는 사실을 잘 인식하게 됨에 따라 자산배분에 대한 관심이 점차 확대되고 있다.

투자자들은 위험을 최소화하고, 미래 재무목표를 달성하는 데 필요한 자산배분의 중요성을 인식하고 있다.

자산배분의 중요성이 부각되는 첫 번째 이유는 투자대상 자산군이 증가하고 있기 때문이다. 과거에는 투자자산이 주식과 채권에 국한되어 있었다. 신상품에 대한 규제 완화로 선박, 부동산, 원자재 등 실물자산에 대한 투자가 가능하게 되었다. 해외 주식과 해외채권에 직·간접적으로 투자할 수 있는 길이 열렸고, 또한 파생상품을 이용한 ELS, ETF, 인덱스 펀드 등 다양한 상품의 등장으로 투자자들의 투자상품이 다양화됨에 따라 위험을 적절히 분산시킬 필요성이 생겨나게 되었다.

두 번째 이유는 투자위험에 대한 관리 필요성이 증대되고 있기 때문이다. 투자자들의 자산규모가 적을 경우 특정 상품이나 특정 기업에 자산을 집중운용하는 경향이 강하다. 그러나 국민 소득증가와 금융자산의 확대로 다양한 상품에 자산을 배분할 필요성이 높아졌다. 또한 글로벌 금융시장의 벽이 없어지고, 투자자금의 국가 간 이동이 자율화됨에 따라 국가별 자산에 대한 변동성이 높아졌다. 높은 변동성을 줄이기 위한 위험 회피 전략으로 자산배분의 필요성과 중요성이 높아지고 있다.

세 번째 투자수익률 결정에 자산배분 효과가 절대적인 영향력을 미친다는 투자자들의 인식이 높아지고 있기 때문이다. Gary Brinson, Brian D. Singer, Gilbert L. Beebower 3인이 공동으로 연구한 91개 연금플랜의 분기수익률 분석 결과에 따르면 자산배분정책이 포트폴리오 성과에 가장 결정적 요인으로 밝혀졌다. 연금의 분기 총수익률 변동에는 자산배분, 시장 예측, 증권 선택이 영향을 미치며, 자산배분정책이 연금플랜의 분기 총수익률 변동의 91.5%, 시장 예측이 1.8%, 증권 선택이 4.6%의 설명력을 가지고 있는 것으로 나타났다. 시장 예측이나 증권 선택이 총수익률에 미치는 영향도가 낮은 이유는 매니저가 자산시장의 높은 변동성을 지속적으로 따라가기가 어렵기 때문이다. 또한 시장의 변동성보다 나은 성과를 얻기 위해 시장 대응과 종목 대응을 할 경우 거래비용이 발생하여 수익률의 마이너스 요인으로 작용하기 때문이다. 따라서 자산시장의 단기 변동성에 대한 적극적인 대응보다는 중장기적 관점에서 자산배분 전략을 세워 투자를 실행하는 것이 더 나은 성과를 나타낸다는 인식이 자산배분에 대한 중요성을 높이고 있다.

자산배분은 "투자관리"의 핵심 솔루션

기대수익을 증가시키고 투자위험을 줄이기 위하여 합리적 투자대상을 선택하고 이를 매입하거나 보유 또는 매각하는 일련의 투자과정을 효율적으로 관리 운용하는 것을 "투자관리"라고 한다. 투자관리에 성공하기 위해서는 안정성과 수익성을 고려하여 적절한 투자대상을 선택해야 하고 적절한 시기에 매매할 수 있어야 한다. 따라서 투자관리의 핵심은 투자수익과 투자위험 면에서 성격이 다른 여러 가지 투자자산들에 대하여 투자자금을 효율적으로 배분하여 투자목표를 달성하는 것이라고 할 수 있다. 개인투자자이든 기관투자자이든 투자관리를 하고자 할 때 일차적으로 다음의 3가지 과제에 직면하게 된다.

① 분산투자(자산배분)의 방법
② 개별 종목 선택
③ 투자시점의 선택

이 가운데 투자관리에 근간이 되는 것은 자산배분과 종목 선정의 문제이다. 자산배분(asset allocation)은 주식, 회사채, 국공채, 부동산, 정기예금 등과 같이 투자수익과 위험이 질적으로 상이한 투자자산들에 투자자금을 포괄적으로 어떻게 배분할 것인가를 결정하는 것이다. 한편 종목 선정(securities selection)은 투자자산 중에서 구체적이고 개별적으로 시장 동향, 산업별 특성, 개별 기업의 경쟁적 지위 등을 감안하여 특정 종목을 선정하는 일이다. 이 자산배분과 종목 선정 중에 어느 것을 먼저 하느냐는 투자성과에 큰 차이를 가져온다.

많은 경우 투자관리는 상향식(bottom up)의 방식으로 진행되는 경향이 있다. 먼저 재무적 건전도나 호재성 재료 등을 감안하여 특정 개별 종목을 선택한다. 그 다음 단계로서 시장 동향에 따라 주식과 채권 사이의 투자비율을 조정하는 자산배분의 방법을 결정한다. 즉 종목 선정이 먼저 이루어지고, 자산배분은 수동적으로 나중에 결정되도록 하는 것이다. 그러나 이와 같은 투자관리방법은 체계적이고 과학적인 투자관리방법이 되지 못하는 경우가 많고, 투자성과가 상대적으로 저조한 것으로 알려지고 있다.

투자목표의 설정으로부터 시작하여 목표달성을 위한 투자전략과 전술을 수집·실행하고, 투자결정 후 사후조정·통제하는 과정을 통하여 일관성 있고 조직적으로 투자관리를 수행하는 통합적 투자관리(integrated investment management)가 요구된다. 이러한 과정에 따라 투자관리하는 것은 하향식(top down)의 방법이 되는데, 자산배분이 이루어지고 그 다음에 종목 선정을 하는 것이 투자성과를 높인다.

통합적 투자관리과정의 첫 단계는 투자목표를 설정하고 투자전략수립에 필요한 사전 투자분석을 실시하는 것이다. 둘째 단계는 투자관리의 본 단계로서 투자전략적 관점에서 자산배분을 실시하는 것이고, 셋째 단계는 투자전술적 관점에서 개별 종목을 선택하는 것이다. 그리고 마지막 넷째 단계는 포트폴리오 수정과 투자성과의 사후통제 단계이다.

chapter 02

자산배분 설계와 실행

section 01 투자목표의 설정

1 재무목표 설정

투자목표를 설정하기 전에 투자자의 재무목표가 설정되어야 한다. 투자자들의 재무목표는 은퇴자금, 자녀의 대학교육자금, 내집마련자금 등이다. 이러한 재무적 목표들은 명확하게 표현되지 않기 때문에 구체화되어야 한다.

자녀 대학교육자금이라 하면, 대학에 입학할 시기는 몇 년 후인가, 물가상승을 고려한다면 입학 시 필요할 자금은 얼마인가 등을 고려하여 재무적 목표금액과 목표달성 시기를 명확히 하여야 한다.

2 투자목표 설정

재무적 목표가 설정되고 나면 그 목표에 부합하는 투자목표를 설정하여야 한다. 투자목적은 투자자의 나이, 투자성향, 투자자금의 성격, 세금 등에 의해 결정된다. 위험회피적인 투자자의 경우, 최소 요구수익률이나 원금보장 등에 대해 뚜렷한 제약조건을 가지고 있다. 이와 같이 투자자의 목적 및 제약조건은 포트폴리오 자산구성 시 고려해야 하는 요인이 된다.

투자목표(investment objectives)를 설정하기 위해서는 다음과 같은 여러 가지 제약조건과 투자자의 개인적 선호도를 고려해야 한다.

① 투자시계(time horizon) : 현재의 결정(판단)은 얼마 동안 지속될 것인가? 투자성과는 언제 거두고자 하는가? 장기투자인가, 단기투자인가?

② 위험수용도(risk tolerance levels) : 예상되는 기대수익률로부터의 변동성(위험)은 어느 정도까지 수용할 수 있는가? 투자원본을 잃을 가능성을 어느 정도 감내할 수 있는가?

③ 세금관계 : 면세, 종합금융소득세가 적용되는가?

④ 법적규제(제약) : 기관투자자의 경우처럼 주식에 대한 투자비율의 제한, 소형주에 대한 투자금지, 특정 주식에 대한 투자비율의 제한이 적용되는가?

⑤ 투자자금의 성격 : 단기자금을 잠시 융통하는가? 새로운 자금의 계속적 유입이 있는가?

⑥ 고객의 특별한 요구사항 : 중도 유동성 요구액(liquidity requirements)

⑦ 구체적인 투자목표 설정 : 어느 정도의 투자수익을 기대하는가?(수익률 「%」과 금액 「₩」으로 표시) → 투자에 대한 수익성(기대수익), 안정성(위험), 환금성 등에 대한 투자 기본방침을 수립

1 자산집단의 정의

자산배분의 의사결정 대상은 개별 증권이 아니라 개별 증권이 모여, 마치 큰 개념의 증권처럼 움직이는 자산집단이다. 자산배분 설계를 위해서는 의사결정의 대상이 되는 자산집단에 대한 정의를 명확히 해야 한다.

자산배분의 의사결정대상이 되는 자산집단은 다음의 두 가지 기본적인 성격을 지녀야 한다. 첫째, 자산집단은 분산 가능성(diversification)을 충족해야 한다. 즉 자산집단 내에 분산투자가 가능하도록 충분하게 많은 개별 증권이 존재해야 한다. 둘째, 자산집단은 독립성(degree of independence)을 갖추어야 한다. 하나의 자산집단은 다른 자산집단과 상관관계가 충분하게 낮아서 분산투자 시 위험의 감소효과가 충분하게 발휘될 수 있는 통계적인 속성을 지녀야 한다.

기본적인 자산집단으로는 이자지급형 자산, 투자자산, 부동산 등으로 나눌 수 있다. 그러나 일반적인 자산배분이 금융자산에 대하여 이루어지므로 토지, 아파트 등과 같은 부동산은 본 자산집단에서 다루지 않기로 한다.

이자지급형 자산은 금융기관이나 채권 발행자에게 자금을 맡기거나 빌려주고 대가로 지급하는 이자수익을 주목적으로 하는 자산을 말한다. 이자지급형 자산은 언제든지 현

표 2-1 자산집단의 종류

자산집단	세부 자산
국내 주식	대형주-소형주, 가치주-성장주, 테마주, ETF, 국내펀드
해외 주식	대형주-소형주, 가치주-성장주, 테마주, ETF, 해외펀드
대안투자	부동산펀드, REITs, 곡물·원자재 등 상품(Commodity)펀드, 파생상품 등
채권	단기-중기-장기 채권 국채-회사채 신용등급별 채권(우량채권, 정크본드 등) 각종 신종채권, 외국채권
예금	정기예금, 정기적금
단기금융상품	요구불예금, 콜론, 어음, MMF, CMA, 기타 현금성 자산

금화가 가능한 단기금융상품, 확정금리를 지급하는 예금, 채권 발행자에게 자금을 빌려 주고 그 대가로 이자소득과 시세차익을 얻는 채권을 말한다.

투자자산은 투자수익이 확정되어 있지 않고, 투자성과에 따라 투자수익이 달라지는 자산을 말한다. 자산 가격의 높은 변동성으로 인하여 이자자산보다 높은 수익을 얻을 수 있는 반면 손실도 볼 수 있는 자산이다. 투자자산은 주식이 대표적인 투자자산이고 투자지역에 따라 국내 주식과 해외 주식으로 나누며, 부동산, 곡물, 원자재 등 실물자산을 근거로 투자상품화된 대안투자로 나눈다.

2 벤치마크의 선정

자산집단에 대한 투자성과와 위험도를 측정하기 위해서는 자산집단에 대한 각각의 벤치마크가 사전에 설정되어 있어야 한다. 벤치마크는 운용성과와 위험을 측정할 때 기준이 되는 구체적인 포트폴리오로서 평가기준인 동시에 특별 정보(효용함수 값을 개선할 수 있는 정보)가 없는 경우의 바람직한 포트폴리오라고 정의할 수 있다.

벤치마크는 자산운용자의 운용계획을 표현하는 수단인 동시에 투자자와 커뮤니케이션 수단이 된다.

벤치마크는 다음 세 가지 조건을 충족해야 한다.

❶ 구체적인 내용(자산집단과 가중치)은 운용하기 이전에 명확할 것
❷ 벤치마크의 운용성과를 운용자가 추적하는 것이 가능할 것
❸ 적용되는 자산의 바람직한 운용상을 표현하고 있을 것

이 세 가지 모두 벤치마크가 운용계획의 기준이라는 것을 이해하면 당연한 조건이라고 할 것이다. 현재 실물에서 활용 중인 자산집단별 벤치마크는 〈표 2−2〉와 같다. 자산집단의 성과를 가장 잘 대표할 수 있는 지표로 국내 주식은 KOSPI지수, 해외 주식은 MSCI ACWI, 대안투자는 Reuters Jefferies CRB Index와 FTSE EPRA NAREIT Global Index를 50 : 50으로 가중평균하여 사용하고 있다. 채권(국내)은 KRX에서 제공하는 채권종합지수, 예금은 3년 만기 정기예금수신금리, 단기금융상품은 CD91일물을 벤치마크로 사용한다. 상기의 벤치마크는 실제 사용되는 사례를 제시한 것으로 자산집단의 성과와 위험을 가장 잘 표현할 수 있는 다른 지수를 별도로 만들어 벤치마크로 사용할 수 있다.

표 2-2 　벤치마크의 종류

자산집단	벤치마크
국내 주식	KOSPI 또는 KOSPI200
해외 주식	MSCI ACWI
대안투자	Reuters Jefferies CRB Index＋FTSE EPRA NAREIT Global Index
채권	KRX 채권 종합지수
예금	3년 정기예금 금리
단기금융상품	CD91일물

section 03 　기대수익률

1 　기대수익률의 정의

최적의 투자결정이 이루어지기 위해서는 자산집단들의 투자가치가 평가되어야 한다. 현대 포트폴리오 이론에서는 자산집단들의 투자가치를 기대수익과 위험 두 가지 요인만을 고려하여 평가하고 있다. 투자가치는 그 투자로 인한 미래의 기대수익에 달려 있는데, 그 기대수익은 실현되지 않을 가능성, 즉 위험을 지니고 있기 때문이다.

$$투자가치 = f(기대수익, 위험)$$

투자가치의 기준이 되는 기대수익과 위험이 계량적으로 측정될 수만 있다면 최적 자산배분의 문제는 용이해진다. 미래에 높은 기대수익이 기대되면 그 자산의 투자가치는 높아지게 되고, 투자로부터 예상되는 기대수익의 불확실성이 높아지면 투자가치는 떨어진다. 기대수익과 위험에 대한 측정이 가능하다면 자산집단들 중에서 기대수익률이 동일한 것들에 대해서는 위험이 보다 작은 자산집단의 비중을 확대하고, 예상 위험이 동일한 자산집단들 중에서는 기대수익이 보다 큰 자산집단의 비중을 확대함으로써 최적의 자산배분을 할 수 있기 때문이다. 기대수익률은 예상수익률의 기대치로 측정하며,

위험은 미래 수익률의 분산 또는 표준편차로 측정하는 것이 일반적이다.

기대수익률은 각각의 자산집단의 투자에 따라 실제로 실현될 가능성이 있는 수익률의 값들을 평균한 값을 말한다.

기대수익률을 측정하는 데 있어서 이자자산은 정해진 수치가 있기 때문에 수월하다. 예금자산은 예금 가입 시점의 예금금리가 기대수익률이 된다. 중도에 상품을 해약하지 않는 한 가입 시점의 예금금리를 미래에 얻을 수 있기 때문이다. 단기금융상품의 경우 시장의 금리 변동을 반영하여 금리의 변동이 생기기는 하지만 금리의 변동폭이 적기 때문에 가입 시점의 금리가 기대수익률이 될 수 있다. 채권의 경우 채권의 표면이자율에 채권 가격 변동에 따른 시세차익을 합한 것이 기대수익률이 된다.

그러나 투자자산의 경우 기대수익률 측정이 용이치 않은 상황이다. 투자자산의 기대수익률을 산출하기 위한 미래 자산 가격이 얼마가 될 것인가에 대한 전망치 예측이 어렵기 때문이다. 국내 주식, 해외 주식, 대안투자 등이 투자자산에 해당하는데, 미래 국내·외 주가 전망이 되어야 국내 주식과 해외 주식의 기대수익률을 얻을 수 있다. 또한 대안투자에 대한 기대수익률 산출을 위해서도 대안투자의 대상이 되는 원자재 가격, 곡물 가격, 부동산 가격 등에 대한 미래 전망치가 있어야 기대수익률을 얻을 수 있다.

2 기대수익률의 측정

(1) 추세분석법

자산집단의 과거 장기간 수익률을 분석하여 미래의 수익률로 사용하는 방법을 말한다. 미국과 영국처럼 자본시장이 발달하여 장기간의 수익률 자료를 얻을 수 있는 경우에는 사용하기 편리한 방법이지만, 한국처럼 자본시장의 역사가 짧은 경우에는 사용이 어려운 상황이다.

(2) 시나리오 분석법

단순하게 과거 수익률을 사용하지 않고 여러 가지 경제변수의 상관관계를 고려하여 시뮬레이션함으로써 수익률을 추정하는 방법이다. 주요 거시경제변수의 예상 변화과정을 시나리오로 구성하고 각각의 시나리오별로 발생 확률을 부여하여 자산별 기대수익률을 추정하는 방법이다.

투자수익(investment return)은 투자로 인한 부의 증가를 의미한다. 주식투자의 경우 투자수익은 배당소득과 시세차익의 합이 되고, 대안투자의 경우 투자대상 자산의 시세차익이 투자수익이다.

> 주식투자수익 = 배당소득 + 시세차익
> 대안투자수익 = 투자대상 자산(부동산, 곡물, 원유, 원자재 등)의 시세차익

투자성과는 다음과 같이 투자한 양과 투자로부터 회수한 양의 상대적 비율인 투자수익률(rate of return on investment)로서 측정하는 것이 일반적이다. 처음에 투자한 투자규모는 사람, 자산집단, 시점마다 상이하기 때문이다.

$$투자수익률 = \frac{기말의 \ 부 - 기초의 \ 부}{기초의 \ 부}$$

따라서 어느 자산집단에 일정기간 동안 투자하였을 때의 단일기간 투자수익률을 표시하면 다음과 같다.

$$r_t = \frac{(p_{t+1} - p_t) + d_t}{p_t} \tag{2-1}$$

단, r_t : t기간 투자수익률
p_t : t시점(기초)의 자산 가격
p_{t+1} : $t+1$시점(기말)의 자산 가격
d_t : t기간 동안의 배당소득(이자소득)

기대수익률을 측정하기 위해서는 미래의 투자수익률을 알 수 있어야 한다. 불행히도 미래의 경우는 위의 공식 중에서 투자대상의 기초 가격 p_t 이외에는 모두 불확실하다. 기말의 가격인 p_{t+1}이나 배당소득 d_t가 얼마가 될지 정확히 예측할 수 없다. 우리가 할 수 있는 최상의 방법은 미래 투자수익률의 확률분포를 예상하는 것이다. 즉 미래에 대한 경제, 산업, 기업 예측(증권분석)을 통하여 미래 발생 가능한 상황에서의 예상수익률과 그 상황이 일어날 확률을 추정하는 것이다.

예를 들어, 주식 A, B, C에 대한 증권분석 결과 〈표 2-3〉처럼 호경기, 정상, 불경기의 세 가지 상황(각각이 일어날 확률은 0.3, 0.4, 0.3)에서 예상 투자수익률이 추정되었다고

표 2-3 미래 투자수익률의 확률분포

상황	확률(pi)	주식 A	주식 B	주식 C
호경기	0.3	100%	40%	10%
정상	0.4	15%	15%	12%
불경기	0.3	−70%	−10%	14%

하자.

먼저 투자대상들의 수익성 정도는 예상수익률의 확률분포에서 평균적인 수익률을 계산하여 평가한다. 미래 평균적으로 예상되는 수익률을 기대수익률(expected rate of return)이라고 하는데, 다음과 같이 각 상황별로 발생 가능한 수익률에 그 상황이 발생할 확률을 곱한 다음 이것의 합을 구하여 계산한다.

$$E(R) = \sum_{t=1}^{m} p_i \cdot r_i \tag{2-2}$$

단, $E(R)$: 기대수익률
p_i : i상황이 일어날 확률(m가지의 상황)
r_i : i상황에서 발생 가능한 수익률

주식 A, B, C의 기대수익률 $E(R)$은 다음과 같이 계산된다.

$$E(RA) = (0.3 \times 100\%) + (0.4 \times 15\%) + (0.3 \times -70\%) = 15\%$$
$$E(RB) = (0.3 \times 40\%) + (0.4 \times 15\%) + (0.3 \times -10\%) = 15\%$$
$$E(RC) = (0.3 \times 10\%) + (0.4 \times 12\%) + (0.3 \times 14\%) = 12\%$$

실제로 해당 기간이 지난 후 실현되는 수익률은 이러한 기대수익률과는 다른 것이 일반적이다. 따라서 기대수익률 자체보다는 이러한 기대수익률이 실제로 실현되지 않을 가능성인 위험을 고려해야 한다.

(3) 펀더멘털 분석법

과거의 자료를 바탕으로 하되 미래의 발생상황에 대한 기대치를 추가하여 수익률을 예측하는 방법이다. 과거의 시계열 자료를 토대로 각 자산별 리스크 프리미엄 구조를 반영하는 기법이다.

무위험 채권수익률을 추정한 후, 신용리스크와 잔존만기의 길이에 대한 리스크 프리미엄을 더해서 회사채에 대한 기대수익률을 추정한다. 무위험이자율에 주식 리스크 프리미엄을 더해서 주식의 기대수익률을 추정하는 방법으로 아래와 같은 방법으로 측정한다.

> 주식 기대수익률＝무위험이자율＋주식시장 위험 프리미엄

주식시장 위험 프리미엄은 주식시장의 평균기대수익률과 무위험증권의 평균수익률의 차이를 말한다. 무위험이자율은 3년 만기 국고채 수익률을 사용할 수 있다.

(4) 시장 공동 예측치 사용법

시장 참여자들 간에 공통적으로 가지고 있는 미래 수익률에 대한 추정치를 사용하는 방법이다. 채권의 기대수익률은 수익률 곡선에서 추정해내며, 주식의 기대수익률은 배당할인모형이나 현금흐름방법 등이 사용된다.

기대수익률 측정에 있어서 가장 큰 관심사는 주식자산에 대한 기대수익률이다. 자산배분에서 가장 큰 비중을 차지하고 있을 뿐 아니라, 가장 높은 변동성(위험)을 가지고 있기 때문에 주식의 기대수익률이 자산 포트폴리오 전체 수익률 변동에 가장 큰 영향을 주기 때문이다. 주식의 기대수익률을 측정하는 방법으로 ❶ 1/PER, ❷ 배당수익률＋EPS증가율 등이 사용되고 있다.

❶ 주식 기대수익률=1/PER : PER의 역수, 즉 수익주가배율을 주식의 기대수익률로 사용하는 경우임. 주당순이익(EPS)을 주가로 나눈 수익률로 주당순이익이 1,000원이고 주가가 10,000원인 경우 PER은 10배, 1/PER은 1÷10＝10%로 주식의 기대수익률은 10%가 됨

❷ 주식 기대수익률=배당수익률+EPS장기성장률 : 주식의 배당수익률과 EPS장기성장률의 합을 기대수익률로 사용하는 방법. 미래의 예측치를 사용한다는 점에서 기대수익률 측정에 가장 부합되는 방법이라 할 수 있음. ESP장기성장률은 미래 1년, 미래 3년 평균, 미래 5년 평균 등을 사용할 수 있으며, 자산배분 전략으로 전략적 자산배분일 경우는 3년 평균 또는 5년 평균을, 전술적 자산배분일 경우 미래 1년치를 사용하는 것이 바람직함

위험(Risk)

1 위험의 정의

모든 투자 자산집단들은 위험을 지니고 있다. 위험이란 미래의 불확실성 때문에 투자로부터 발생할 것으로 예상되는 손실의 가능성을 말한다. 위험은 미래 기대수익률의 분산 또는 투자수익의 변동 가능성, 기대한 투자수익이 실현되지 않을 가능성, 실제 결과가 기대예상과 다를 가능성을 지닌다. 투자로 인한 손실의 가능성은 투자로부터 예상되는 미래 기대수익률의 분산 정도가 클수록 커지게 된다.

위험의 정도는 계량적으로 그 투자로부터 예상되는 미래 수익률의 분산도(dispersion)로 측정될 수 있는데, 흔히 범위(range), 분산(variance), 표준편차(standard deviation), 변동 계수(coefficient of variation) 등이 분산도의 측정에 이용되고 있다.

$$\text{범위} = \text{최대치} - \text{최소치} \tag{2-3}$$
$$\text{분산}(\sigma^2) = \sum [r_i - E(R)]^2 \cdot p_i \tag{2-4}$$
$$\text{표준편차}(\sigma) = \sqrt{\sum [r_i - E(R)]^2 \cdot p_i} \tag{2-5}$$
$$\text{변동 계수}(CV) = \sigma / E(R) \tag{2-6}$$

2 위험의 측정

위험을 측정하는 합리적인 방법은 분산 혹은 표준편차를 이용하는 것이다. 분산은 발생 가능한 수익률의 평균수익률로부터의 편차의 제곱들을 평균한 값으로 변동성의 크기를 측정한 것이다.

식 (2-2)의 예로부터 주식 A, B, C의 위험(분산)은 다음과 같이 측정된다.

표 2 - 4 미래 투자수익률의 확률분포

상황	확률(pi)	주식 A	주식 B	주식 C
호경기	0.3	100%	40%	10%
정상	0.4	15%	15%	12%
불경기	0.3	−70%	−10%	14%

$$\sigma_A{}^2 = (1.0-0.15)^2 \cdot 0.3 + (0.15-0.15)^2 \cdot 0.4 + (-0.7-0.15)^2 \cdot 0.3$$
$$= (0.6584)^2$$
$$\sigma_B{}^2 = (0.4-0.15)^2 \cdot 0.3 + (0.15-0.15)^2 \cdot 0.4 + (-1.0-0.15)^2 \cdot 0.3$$
$$= (0.1936)^2$$
$$\sigma_C{}^2 = (0.10-0.12)^2 \cdot 0.3 + (0.12-0.12)^2 \cdot 0.4 + (0.14-0.12)^2 \cdot 0.3$$
$$= (0.0155)^2$$

여기서 주식 A와 B를 비교하면 주식 A의 투자위험이 주식 B보다 높은 것을 알 수 있다. 두 주식의 기대수익률($E(R)$)은 동일하지만, 투자위험은 주식 A가 높으므로 주식 B가 우월한 투자대상이 된다.

위험을 분산 혹은 표준편차로 측정하였을 때, 그 의미는 무엇인가? 투자결정의 기준으로 평균기대수익률과 분산만을 고려한다는 것은 수익률의 확률분포가 정규분포인 것을 가정한 것이다. 〈그림 2−1〉은 주식 A와 B를 정규분포를 가정하여 나타낸 것이다. 여기서 표준 정규분포(표준 정규분포값 $Z=$[관찰치값−평균]/(표준편차))를 적용하면 (평균)$\pm$ $1 \cdot$(표준편차)의 구간에 있을 확률은 68.27%이다.

왜냐하면 표준 정규분포에 의하면 $Z=1, 2, 3$에 대하여 다음과 같은 신뢰구간을 갖기 때문이다.

(평균)$\pm 1 \cdot$ (표준편차) : 68.27%

(평균)$\pm 2 \cdot$ (표준편차) : 95.54%

(평균)$\pm 3 \cdot$ (표준편차) : 99.97%

예를 들어, 주식 B의 경우(기대수익률$=$15%, 표준편차$=$19.4%)는 15%$\pm$19.4%의 구간, 즉 투자수익률이 −4.4%~34.4%일 확률이 68.27%임을 뜻한다. 따라서 수익률이 −4.4%

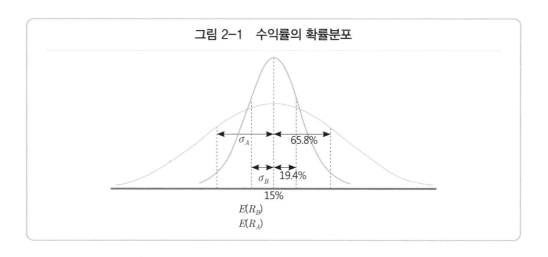

그림 2-1 수익률의 확률분포

이하로 얻어질 가능성은 약 16%, 즉 6번 중에 1번쯤 될 수 있음을 의미한다.

최적 증권의 선택

1 효율적 증권, 최적 증권

포트폴리오 이론의 최적 투자결정방법은 다음과 같이 요약될 수 있다.

첫째, 투자가치는 기대수익과 위험 두 요인에 의해서 결정된다고 보고, 이를 평균 기대수익률과 분산을 측정하여 우열을 가린다. 이러한 의미에서 평균·분산기준(meanvariance criterion)이라고 한다.

$$V(투자가치) = f[E(R), \sigma^2]$$

둘째, 기대수익이 동일한 투자대상들 중에서는 위험이 가장 낮은 투자대상을 선택하고, 위험이 동일한 투자대상들 중에서는 기대수익이 가장 높은 것을 선택한다. 이를 지배원리(dominance principle)라고 부르고, 지배원리를 충족시켜 선택된 증권을 효율적 증권, 효율적 포트폴리오라고 부른다.

셋째, 지배원리를 충족시키는 효율적 증권에 대해서는 결국 투자자의 위험에 대한 태도, 위험회피도에 따라 최종 선택한다. 이렇게 선택된 투자대상을 최적 증권, 최적 포트폴리오라고 한다.

 예시

다음과 같은 증권 X, Y, P, Q, R이 있다.
① 효율적 증권을 선정하라.
② 최적 증권을 선정하라.

증권 수익성과 위험	X	Y	P	Q	R
기대수익률(%)	10	5	10	4	8
표준편차(%)	14.14	3.54	18	3.54	10

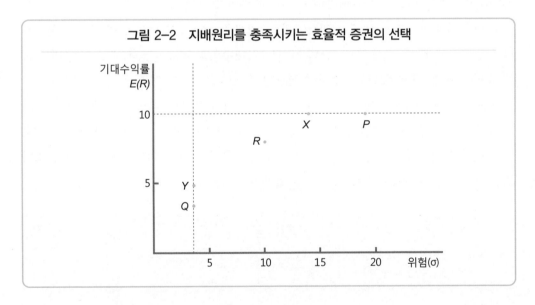

그림 2-2 　지배원리를 충족시키는 효율적 증권의 선택

① 증권 X와 P를 비교하면 기대수익률이 동일하지만 증권 X의 위험이 낮으므로 증권 X가 효율적 증권이다.

증권 Y와 Q를 비교하면 위험이 동일하지만 증권 Y의 기대수익률이 높으므로 증권 Y가 효율적 증권이다. 증권 R은 기대수익률과 표준편차가 증권 X와 Y에 비교하여 지배당하는 경우가 아니므로 효율적 증권이다.

② 효율적 증권 X, Y, R 중에서 최적 증권의 선택은 투자자의 위험성향에 달려 있다. 공격적 투자자는 증권 X를 선호하겠지만, 보수적 투자자는 증권 Y를 선호할 것이다.

2 투자자의 위험성향 유형

투자자의 위험성향에 따라서 최적 증권의 선택이 달라진다. 앞의 예제에서 주식 X와 Y는 지배원리를 충족시키는 효율적 증권이다. 이처럼 우열이 가려지지 않는 증권들 중에서 어느 증권을 최종적으로 선택할 것인가? 이들 효율적 증권들은 서로 지배되지 않는 증권이므로 결국 투자자의 위험에 대한 태도, 즉 기대수익과 위험이 동시에 고려될 때 투자자가 주관적으로 느끼는 만족도인 효용(utility)의 크기에 따라 최종선택을 할 수밖에 없다. 투자자의 효용은 기대수익이 높을수록 그리고 위험은 낮을수록 커진다. 그러나 기대수익이 높더라도 위험이 커지게 되면 투자자에 따라서는 효용은 감소할 수도 있다. 위험감수에 대한 투자수익의 증가, 즉 위험보상(risk premium)의 정도에 대해서 투자자들이 느끼는 만족도는 사람마다 다르기 때문이다.

위험에 대한 투자자의 태도는 위험회피형, 위험중립형, 위험선호형 세 가지 유형으로 나누어 생각해 볼 수 있다. 이들 간의 차이는 기대수익과 위험을 동시에 고려한 만족도, 즉 효용(utility)을 구체적으로 측정하여 결정할 수 있다.

효용함수(utility function)는 투자자산들의 기대수익과 위험이 주어졌을 때 위험회피도의 정도에 따라 달라지는 만족의 정도를 지수 또는 점수(scoring system)로 나타낸 것이다. 이를 테면 투자자들의 효용은 기대수익이 높을수록 증가하고 위험이 높을수록 감소하므로 다음과 같은 효용함수로 표시할 수 있게 된다.

$$u = E(R) - c \cdot \sigma^2 \tag{2-7}$$
단, u : 효용의 크기
c : 위험회피 계수

이제 세 가지 유형들의 투자자의 효용함수를 투자수익(또는 부)과 효용과의 관계에서 그림으로 나타내면 〈그림 2-3〉의 (a), (b), (c)와 같다. 위험회피형의 효용함수는 원점에 대하여 오목한 형태(concave)를 보이면서 투자수익의 증가가 있을 때 체감하는 모양을 보이게 된다. 반면에 위험선호형의 효용함수는 원점에 대해서 볼록한 형태(convex)를 보이면서 투자수익의 증가가 있을 때 체증하는 모양을 보이게 된다. 그리고 위험중립형의 효용함수는 직선형으로 표시된다.

3 무차별효용곡선

투자자의 효용함수는 〈그림 2-3〉과 같이 투자수익과 효용 공간에 직접 표시할 수도 있지만, 평균-분산 기준에 의해 투자결정하는 포트폴리오 선택 체계에서 보면 평균(기대수익률)과 분산(표준편차)의 공간에 효용함수를 표시하는 것이 최적 증권 또는 최적 포트폴리오의 선택과정을 파악하기에 훨씬 용이하다.

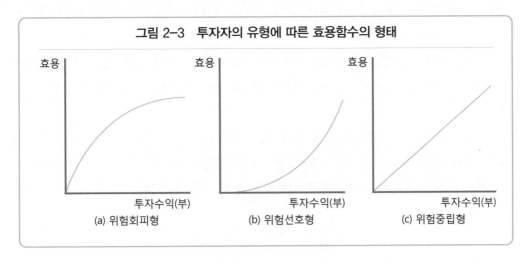

그림 2-3 투자자의 유형에 따른 효용함수의 형태

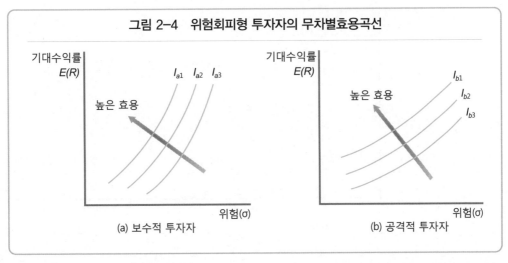

그림 2-4 위험회피형 투자자의 무차별효용곡선

〈그림 2-4〉의 (a), (b)는 위험회피의 정도에 따라 공격적인 투자자와 보수적인 투자자로 나누어 나타낸 것이다. (a)처럼 기울기가 가파른 경우는 극히 위험을 회피하는 보수적 투자자의 예로서 일정한 위험증가가 있을 때보다 많은 기대수익 증가를 요구하는 경우를 나타낸다. 반면 (b)처럼 기울기가 덜 가파른 경우는 공격적 투자자의 예로서 기대수익의 증가가 위험증가에 미치지 못하더라도 만족하는 경우를 나타낸다.

4   최적 증권의 선택

투자대상의 증권들이 일차적으로 지배원리에 의해서 효율적 증권으로 선별되면 이들 중에서 최종적으로 어느 증권을 선택할 것인가의 문제는 이들 무차별효용곡선과 만나는 증권을 찾으면 된다.

〈그림 2-5〉는 〈그림 2-3〉과 〈그림 2-4〉를 결합시켜 작성된 것인데, 방어적 투자자는 주식 Y를 택하고, 공격적 투자자는 주식 X를 택함으로써 만족을 극대화시킬 수 있게 된다.

이처럼 지배원리를 충족하는 효율적 증권 중에서 투자자의 위험선호도까지 고려하여 최종적으로 선택되는 증권, 즉 무차별효용곡선과 접하는 증권을 최적 증권, 최적 포트폴리오(optimal portfolio)라고 한다. 위의 예에서 주식 X와 Y가 각각의 최적 증권이 된다.

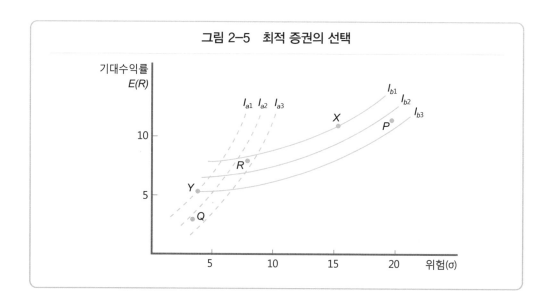

그림 2-5   최적 증권의 선택

결론적으로 투자대상들의 선택과정은 먼저 지배원리를 충족하는 효율적 증권을 선택한 다음, 이 중에서는 투자자의 효용곡선(위험선호도)에 적합한 최적 증권을 선택한다.

section 06 자산배분 실행

1 자산배분 FLOW

자산배분과정은 계획(Plan), 실행(Do), 평가(See)의 3단계 활동이 긴밀하게 연결되어 있는 의사결정체계이다. 자산배분이란 다음과 같은 기능을 지속적으로 반복하는 과정이라고 할 수 있다.

❶ 고객의 투자목적, 제약조건, 선호도 인식 등을 파악하고 가공하여 투자정책

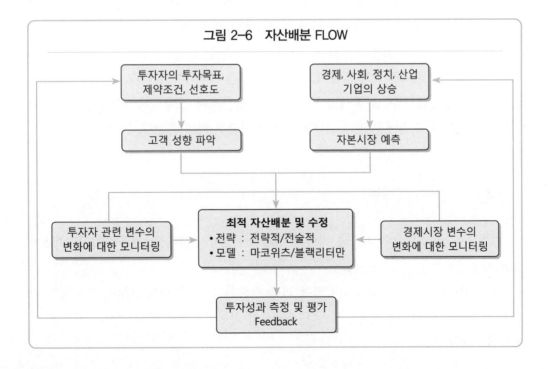

그림 2-6   자산배분 FLOW

(Investment Policy)을 명확화

② 경제, 사회, 정치, 산업, 기업의 상황의 변화에 따른 자본시장을 예측하여 자산집단의 기대수익률과 위험을 측정, 자산배분 전략 수립의 기초자료로 사용

③ 고객의 성향과 자본시장의 예측치를 결합하여 최적의 자산배분 결합. 자산배분 전략을 실행하기 위해서는 전략적 자산배분 전략과 전술적 자산배분 전략 중 최적의 전략을 선택하여야 하며, 자산배분을 과학적으로 하여 자산집단 간의 투자비중을 정하기 위한 자산배분모델을 택해야 함

④ 시장 상황, 자산의 상대적 가치, 투자자 환경 등을 감시(Monitoring)변수에 대한 중요한 변화가 발생하였을 때 이를 반영하여 자산배분 리밸런싱 또는 업그레이딩 실시

⑤ 자산배분전략에 따라 투자를 집행하며, 주기적으로 투자성과를 측정하고 평가

2 고객 성향 파악

고객의 특성을 파악하여 투자정책을 수립하는 과정을 의미한다. 투자정책(Investment Policy)이란 투자자가 원하는 투자지침에 따라 자산배분을 시행하는 것을 의미하며 고객과 운용대상 및 운용방법에 대해 사전에 명확히 하여야 한다.

고객 성향 파악을 위해서는 고객 요구사항을 파악하는 과정을 좀 더 표준화하고 효과적으로 만들어야 하므로 고객 질문서, 대화방법 등을 이용하여야 한다.

고객 성향을 파악하기 위해서는 투자목표, 자산운용의 제약요건, 선호도 등에 대한 정보가 필요하며, 자산배분 전에 고객과 사전에 명확히 하여야 한다.

3 자본시장 예측

"자본시장 예측"은 자본시장에 대하여 예측함으로써 자산배분 전략 수립 시 기초자료로 사용하는 기능을 의미한다.

자본시장 예측은 회사 내 리서치팀에 의해 수행되며, 만약 회사 내부에 독자적인 리서치팀이 없다면 외부의 경제연구소나 증권사의 리서치센터를 통해 리서치 자료를 수집하여 사용한다.

자본시장 예측은 투자자산에 영향을 주는 각종 경제상황과 경제변수(경기, 금리, 환율, 원자재 가격 등)들을 규명하여, 자산집단의 기대수익률에 영향을 주는 변수들을 규명하고 미래 수익률을 예측하거나 변수 간의 상관관계를 파악하는 활동을 의미한다.

또한 예측의 정확성을 제고하기 위해 국내뿐만 아니라 해외 경제나 산업에 관해서도 정보가 필요하며, 사전적으로 정보수집과 투자분석의 과정이 필요하다.

4 최적 자산배분 및 수정

투자목표를 달성하기 위하여 주식(국내, 해외), 대안투자(부동산 REITs, 곡물, 원자재 등 실물펀드), 채권, 예금, 현금성자산 등에 투자자금을 어떻게 배분할 것인가 하는 자산배분에 관한 투자전략이 마련되어야 한다. 이 같은 투자전략의 수립에는 자산배분 집단의 선정기준, 자산배분을 위한 투자전략의 선택, 투자전략을 달성하는 데 필요한 모델 선정 또는 구축, 분산투자의 상하한선이 설정될 필요가 있다.

(1) 투자전략 기준 선택

다음으로는 이미 설정된 투자목표를 현실화시킬 수 있는 전략을 수립해야 한다. 투자전략에는 소극적 투자관리기법과 적극적 투자관리기법이 활용되고 있다. 적극적 투자관리의 방법을 '전술적 자산배분 전략'이라 하며, 증시가 비효율적인 것을 전제로 하여 과소 혹은 과대 평가된 증권에 투자하여 일정한 위험 수준에 상응하는 투자수익 이상의 초과수익을 추구하는 단기적인 투자관리를 말한다. 반면에 소극적 투자관리의 방법을 '전략적 자산배분 전략'이라 하며, 증시가 효율적인 것을 전제로 하여 시장 평균 수준의 투자수익을 얻거나 투자위험을 최소화하고자 하는 중장기 투자관리방법이다. 각각의 입장에서 자산배분과 자산집단 중 투자자산을 구체화시키는 과정이다.

어떠한 투자관리방법을 선택할 것인가는 증시의 효율성에 대한 인식과 ① 위험부담의 정도, ② 정보수집·분석의 노력과 비용부담의 정도, ③ 타이밍의 고려 정도에 달려있다고 할 수 있다.

(2) 자산배분 모델 선정

결정된 자산집단과 구체적인 투자자산의 투자비중을 결정하는 과정이 필요하다. 기대수익률과 위험, 상관관계 등을 이용하여 최종 투자비중을 결정할 때 일관성과 객관성을 유지하기 위해서는 모델을 이용하는 것이 편리하다. 현재 많이 활용되고 있는 모델로는 마코위츠의 평균-분산 모델과 블랙리터만의 자산배분 모델을 이용하고 있다.

(3) 자산배분 전략 수정

자산배분 전략 수정(Asset allocation revision)이란 자산 포트폴리오를 구성한 후 미래 투자상황에 대한 예측이 잘못되었거나, 새로운 상황 전개로 인하여 기존 자산배분 포트폴리오를 변경하게 되었을 때, 보다 바람직한 방향으로 포트폴리오를 개편하여 나가는 것을 말한다.

새로운 상황의 전개란 경제 외적 여건의 급격한 변화나 고객의 재무목표의 변화가 생긴 것을 말한다. 이러한 일이 벌어지면 처음에 예상했던 기대수익과 위험에 변화가 있게 되므로 원하는 기대수익과 위험에 상응하는 자산배분을 수정해나가야 한다. 수정하는 방법에는 리밸런싱과 업그레이딩의 두 가지가 있다.

❶ 리밸런싱 : 리밸런싱(rebalancing)의 목적은 상황 변화가 있을 경우 자산 포트폴리오가 갖는 원래의 특성을 그대로 유지하고자 하는 것임. 주로 자산집단의 상대가격의 변동에 따른 투자비율의 변화를 원래대로의 비율로 환원시키는 방법을 사용

❷ 업그레이딩 : 새로운 상황 전개는 기존 자산 포트폴리오의 기대수익과 위험에 영향을 주므로 자산집단의 매입·매각을 통해서 업그레이딩을 행하여야 함. 업그레이딩(upgrading)은 위험에 비해 상대적으로 높은 기대수익을 얻고자 하거나, 기대수익에 비해 상대적으로 낮은 위험을 부담하도록 자산 포트폴리오의 구성을 수정하는 것임. 많은 경우 높은 성과를 지닌 자산을 식별하는 것보다 큰 손실을 가져다 주는 자산을 식별하여 그 자산을 포트폴리오에서 제거하는 방법을 사용하기도 함

5 투자변수에 대한 모니터링

고객의 성향과 자본시장의 예측은 고정되어 있는 것이 아니라 시간이 지남에 따라 변하게 되어 있다. 고객의 환경변화로 투자목표, 제약요건, 선호도가 달라진다. 경제환경,

산업, 기업의 여건도 끊임없이 변한다. 끊임없이 변화하는 고객의 성향과 자본시장의 여건 변화를 자산배분 전략에 반영하는 노력이 필요하다.

단기적인 상황 변화에 대응한 잦은 전략 변경은 거래비용이 발생할 뿐만 아니라, 초과 수익의 기회를 놓칠 위험도 존재한다. 따라서 투자변수의 변화에 따른 모니터링은 지속적으로 하되, 전략에 대한 실제 반영은 자산배분 전략 시 채택한 전략적 자산배분 전략 또는 전술적 자산배분 전략에 따른다. 즉 전략적 자산배분을 채택한 경우 3년간의 중장기적 관점에서 접근하며, 대개 6개월의 간격을 두고 전략을 반영한다. 전술적 자산배분 전략을 채택한 경우 1개월 단위로 고객과 자본시장의 변화를 자산배분에 반영하는 것이 바람직하다.

6 투자수익률 계산

운용자산의 수익률은 기초 대비 기말의 가치 변화를 기초가치로 나누어 계산한다. 그러나 계산기간 도중에 투자자금이 증가하거나 감소하면 자산의 가치변화와 실제 투자성과와 다르게 된다. 이러한 문제점을 극복하기 위해 금액가중 수익률과 시간가중 수익률이라는 두 가지 방법이 개발되어 사용되고 있으며 수익률 계산은 시간가중 수익률을 사용하는 것을 원칙으로 하고 있다.

1) 금액가중 수익률

금액가중 수익률(dollar-weighted rate of return)은 투자자가 얻은 수익성을 측정하기 위하여 사용한다. 금액가중 수익률은 측정기간 동안 얻은 수익금액을 반영하는 성과지표이다. 수익금액은 자금운용자의 투자판단뿐만 아니라 투자자의 판단, 즉 운용자산에 추가로 투자하거나 인출하는 시점과 규모에 의해서도 결정된다. 금액가중 수익률은 자금운용자와 투자자의 공동의 노력의 결과로 나타나는 수익률 효과가 혼합되어 있는 것이다. 이것은 자금운용자의 성과를 측정하는 데 사용되는 시간가중 수익률과 구분된다.

1기간 동안 운용자산의 순자산가치가 변화한 경우의 수익률(rate of return)은 다음 식으로 나타낼 수 있다.

$$수익률(R) = \frac{MV_1 - MV_0}{MV_0}$$

MV_0 : 기간 초 펀드의 순자산가치
MV_1 : 기간 말 펀드의 순자산가치

위 식을 정리하면 $MV_0 = \dfrac{MV_1}{(1 + R)}$ 이 된다. 이 식은 미래의 순자산가치를 수익률로 할인하면 현재의 순자산가치와 일치한다는 것을 의미한다. 기간초의 순자산가치를 투자행위의 하나로 생각하고 기간 말의 순자산가치를 하나의 수익으로 생각하여 일반화하면, 펀드에 투자한 현금흐름의 현재가치와 펀드로부터의 수익의 현재가치를 일치시키는 할인율이 수익률이라는 것이다.

이러한 관점에서 계산한 수익률을 내부수익률(IRR : Internal Rate of Return)[1]이라고 하는데, 이 수익률은 기간별로 투자된 금액과 관련되어 있으므로 금액가중 수익률[2]로도 불린다. 이를 수식으로 정확하게 표현하면 다음 식의 'r'이 금액가중 수익률이 된다. 즉, 각 기간별로 현금유입액에서 현금유출액을 차감한 순현금흐름(CF_t)을 할인하여 합산한 값을 0으로 만드는 할인율이 총기간의 금액가중 수익률이 된다.

$$\text{금액가중 수익률}(r) : \sum_{t=0}^{T} \frac{CF_t}{(1 + r)^{t/T}} = 0$$

$CF_t = t$기 동안의 순현금흐름(현금유입 − 현금유출)

$T =$ 세부기간 수

구체적으로 다음과 같은 사례를 들어보자. 0기말에 최초의 투자자금인 50,000원으로 주식을 1주 매입하여 포트폴리오를 구성하고, 1기 말에 1,000원의 현금배당금을 수령하였다. 또한 1기 말에 60,000원의 자금이 추가적으로 유입되었으며 이 자금으로 동일한 주식을 1주 더 매입하고, 2기 말에 총보유주식 2주에 대해 1,500원의 현금배당금을 수령하고 주식을 모두 매각하여 160,000원의 현금을 수령하였다.

표 2-5 **금액가중 수익률 계산 사례**

시점 (기간 말)	펀드자금 증감	펀드규모	1주당 시장가격	1주당 배당금	총배당금	펀드 내 주식 수
0	+50,000	50,000	50,000	0	0	1
1	+60,000	110,000	60,000	1,000	1,000	2
2	−160,000	0	80,000	750	1,500	0

---

1 기간을 일정하게 구분(예: 월간)한 전통적인 방법과 구분해서, 현금유출입이 발생한 모든 시점을 구분하여 계산한 방법을 수정 내부수익률(modified IRR)이라고 부르기도 한다.

2 금액가중 수익률은 세부 기간별 수익률을 (세부기간의 길이×투자금액)으로 가중한 수익률과 거의 같은 값을 갖는다.

이와 같은 사례에서 금액가중 수익률을 계산하면 다음과 같다.

$$50,000 + \frac{60,000}{(1+R)^{1/2}} = \frac{1,000}{(1+R)^{1/2}} + \frac{(1,500 + 160,000)}{(1+R)^{2/2}}$$

(현금유출액 : 주식 매입 = 현금유입액 : 배당금 + 주식 매각액)

$$-50,000 + \frac{1,000 - 60,000}{(1+R)^{1/2}} + \frac{(1,500 + 160,000)}{(1+R)^{2/2}} = 0$$

위 수식을 풀면 할인율(R)은 약 69.41%가 된다. 이 할인율이 전체 기간(이 예에서는 2기간) 동안의 금액가중 수익률로 계산한 총수익률이다.

금액가중 수익률을 자금운용자의 능력을 평가하는 지표로 사용하기에는 몇 가지 문제가 있다. 금액가중 수익률은 최초 및 최종의 자산규모, 자금의 유출입 시기에 의해 영향을 받는다. 그런데, 현금 유입과 유출의 시점 및 규모는 자금운용자가 결정할 수 없으며 투자자가 직접 결정하는 것이 일반적이기 때문에, 금액가중 수익률은 자금운용자의 의사결정 이외의 변수에 영향을 받는다. 금액가중 수익률은 총운용 기간 동안 단 한 번 계산되고 시장수익률을 측정하는 방식과도 차이가 있기 때문에, 운용기간 도중 각 시점별로 투자성과와 시장수익률을 비교하기도 어렵다. 따라서 금액가중 수익률은 자금운용자의 능력을 평가하는 지표로는 적합하지 않다(단, 캐피탈콜 방식으로 투자가 이루어지는 경우에는 자금운용자가 현금흐름 유출입을 결정하므로 예외이다). 그러나 투자자가 실제로 획득한 수익을 투자기간을 고려하여 측정하는 데에는 가장 정확한 것으로 알려져 있다.

2) 시간가중 수익률(time-weighted rate of return)

시간가중 수익률은 자금운용자가 통제할 수 없는 투자자금의 유출입에 따른 수익률 왜곡현상을 해결한 방법으로 자금운용자의 운용능력을 측정하기 위하여 사용된다. 시간가중 수익률은 총투자기간을 세부기간으로 구분하여 세부기간별로 수익률을 계산한 다음 세부기간별 수익률을 기하적으로 연결하여 총수익률을 구한다. 세부기간이 짧을수록 수익률 왜곡현상은 감소하는데, 1일 단위로 세부기간을 구분하여 수익률을 측정하는 것을 순수한 시간가중 수익률 이라고 부르며, 이를 Daily Valuation Method라고도 한다. 순수한 시간가중 수익률을 계산하기 위하여 반드시 일별로 수익률을 측정할 필요는 없으며 자금의 유출입이 발생한 시점별로 구분하여 수익률을 측정하여도 순수한 시간가중 수익률을 얻을 수 있다. 세부기간을 주간이나 월간으로 설정함으로써 순수한 시간가중 수익률과 차이가 나는 방법을 시간가중 수익률과 구분하여 근사적 시간가중 수익률(approximation of time-weighted rate of return)로 구분하기도 한다. 펀드의 경우 투자 단위당 순자산가치를 매일 계산하여 발표하는 것이 일반적인데, 이것을 기준 가격이라고 부른다. 이 기준 가격의 변화율은 시간가중 수익률과 동일하기 때문에, 기준 가격[3]은 시간가중 수익률을 지수화한 것으로 볼 수 있다.

만약 어느 펀드에서 수익률을 측정하는 대상 기간 동안 n번의 자금유출입이 발생한 경우 시간가중 수익률은 다음 공식과 같이 계산된다.

시간가중 수익률(TWR)

$$= \left[\frac{V_1}{V_0 + C_1} \times \frac{V_2}{V_1 + C_2} \times \frac{V_3}{V_2 + C_3} \times \cdots \times \frac{V_n}{V_{n-1} + C_n} \right] - 1$$

$$= \left[(1+R_1)(1+R_2)(1+R_3) \cdots (1+R_n) \right] - 1$$

$$= \prod_{t=1}^{n} (1 + R_t) - 1$$

$V_t = t$기말의 펀드 가치, $C_t = t$기의 순현금흐름액, $R_t = t$기의 수익률

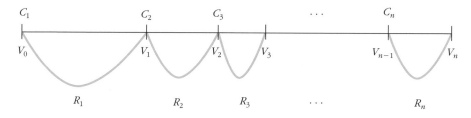

즉, 운용 도중 발생한 현금유출입 C_1, C_2, $\cdots$, C_n으로 인한 수익률 왜곡현상을 없애기 위해, 현금유출입이 발생할 때마다 수익률을 계산한 다음, n개의 세부기간 수익률을 연속적으로 연결한다.

앞에서 금액가중 수익률을 계산할 때 사용한 동일한 예를 기초로 현금유출입이 발생한 시점별로 수익률을 계산한 뒤 이를 기하적으로 연결하는 시간가중 수익률을 계산하면 다음과 같다.

---

3 대부분의 펀드는 설정일로부터 1년 단위로 펀드의 투자실적을 확정하는 결산을 하게 된다. 이익분배 및 수익증권 재투자 형태로 이루어지게 되는데 이때 펀드의 기준 가격은 일반적으로 최초 기준가격으로 환원되나 반드시 그렇게 되는 것은 아니다. 만약 기준가격 조정이 있게 되면 수익률을 산출할 경우에 이와 관련한 분배율을 반드시 고려하여야 한다. 기준가 외에 수정기준가격이 추가로 산출되기도 하는데 이는 분배율을 고려한 총누적수익률 정보를 제공한다.

표 2-6 시간가중 수익률 계산 사례

시점 (기간 말)	펀드자금 증감	1주당 시장가격	주당배당금	총배당금	펀드 내 주식 수	펀드 수익률
0	+50,000	50,000	0	0	1	–
1	+60,000	60,000	1,000	1,000	2	22.00%
2	−160,000	80,000	750	1,500	0	34.58%

1기간의 수익률 : $(1,000+60,000)/50,000-1=22.00\%$

2기간의 수익률 : $(1,500+160,000)/120,000-1=34.58\%$

따라서 시간가중 수익률로 계산한 총수익률은 $(1+0.22)\times(1+0.3458)-1=0.6419$, 즉 64.19%이다. 이렇게 각 세부기간별 수익률을 곱하여 연결하는 방법을 기하적 연결 (geometric linking)이라고 한다.

3) 수익률 측정시 고려사항

❶ 평균 수익률 : 동일한 기간에 대해 측정한 T개의 수익률을 기초로 평균 수익률을 계산하는 방법으로는 기하평균(geometric mean)과 산술평균(arithmetic mean) 두 가지가 있다. 산술 평균 수익률은 항상 기하평균 수익률보다 크거나 같으므로 양자를 목적에 맞게 사용해야 한다.

$$산술평균\ 수익률 = \frac{R_1 + R_2 + \cdots + R_T}{T}$$

$$기하평균\ 수익률 = \sqrt[T]{(1 + R_1)(1 + R_2) \cdots (1 + R_T)} - 1$$

만약 과거 T년 동안의 연도별 수익률을 사용하여 연평균 수익률을 산출하려면 기하평균 수익률을 사용하는 것이 바람직하다. 그리고 연도별 예상 수익률을 추정하려는 목적으로는 산술평균 수익률이 더 적합하다. 〈표 2-6〉의 예를 이용하여, 단위기간의 평균 수익률을 계산하면 다음과 같다.

산술평균 수익률 : $(22.00\% + 34.58\%)/2 = 28.29\%$

기하평균 수익률 : $\sqrt{(1 + 0.2200)(1 + 0.3458)} - 1$
$$= 28.14\%$$

❷ 연환산 수익률(annualized return) : 측정기간이 1년이 아닌 수익률을 연간 단위로 환산한 것을 연환산 수익률이라고 한다. 그러나 분기 또는 월 수익률과 같이 1년 미만의 수익률을 연율화하면 수익률이 확대되어 표현되므로 불공정행위가 될 수 있으며, 단기간의 수익률 변동을 감안하지 못한 점을 비난받을 수 있다. 특히, 주식형 펀드처럼 수익률 변동이 심한 펀드의 경우 수익률의 연율화는 바람직하지 못하며, GIPS®에서는 기간이 1년 미만인 수익률은 연율로 표기하지 말 것을 요구하고 있다.

❸ 계산사례 : 1분기 중 다음과 같은 수익률을 달성한 경우 분기 총수익률은,

1월: +3.06%, 2월: −1.95%, 3월: +5.01%

1분기 시간가중 수익률 $= (1.0306 \times 0.9805 \times 1.0501) - 1 = 0.0611$

모두 4개 분기 동안 수익률이 다음과 같다면 연수익률은 다음과 같이 계산된다.

1분기: +6.11%, 2분기: +4.06%, 3분기: −3.54%, 4분기: +2.95%

연수익률(시간가중 수익률) $= (1.0611 \times 1.0406 \times 0.9646 \times 1.0295) - 1 = 0.0965$

모두 8개 분기(2년간) 수익률이 다음과 같다면 연평균 수익률은 다음이 된다.

1분기: +6.11%, 2분기: +4.06%, 3분기: −3.54%, 4분기: +2.95%
5분기: +8.34%, 6분기: +5.20%, 7분기: −1.95%, 8분기: +4.86%

총수익률(시간가중 수익률) $= (1.0611 \times 1.0406 \times 0.9646 \times 1.0295 \times 1.0834 \times 1.0520 \times$
$0.9805 \times 1.0486) - 1 = 0.284919$

연평균 수익률(기하평균 수익률) $= \sqrt{1 + 0.284919} - 1 = 0.1335$

chapter 03

자산배분 전략의 종류

전략적 자산배분 전략

1 정의

전략적 자산배분(Strategic Asset Allocation : SAA)은 투자목적을 달성하기 위해 장기적인 포트폴리오의 자산구성을 정하는 의사결정이다. 이 전략은 묵시적으로 투자자의 투자기간 중 기본적인 가정이 변화하지 않는 이상 포트폴리오의 자산구성을 변경하지 않는 매우 장기적인 의사결정이다. 구체적으로 전략적 자산배분이란 장기적인 자산구성비율과, 중기적으로 개별 자산이 취할 수 있는 투자비율의 한계(boundary)를 결정하는 의사결정을 뜻한다. 장기적인 자산구성의 결정은 투자자의 투자목적과 제약조건을 충분하게 반영하여 이루어져야 한다.

2 이론적 배경

(1) 효율적 투자기회선

전략적 자산배분은 포트폴리오 이론에 토대를 두고 있다. 포트폴리오 이론은 여러 자산에 분산투자 시 구성자산들의 평균 위험보다 포트폴리오 위험이 낮아진다는 점에 근거를 두고 있다.

정해진 위험 수준하에서 가장 높은 수익률을 달성하는 포트폴리오를 효율적 포트폴리오라 부르며, 여러 개의 효율적 포트폴리오를 수익률과 위험의 공간에서 연속선으로 연결한 것을 효율적 투자기회선이라 한다. 재산배분에서는 개별 증권보다 자산집단을 대상으로 의사결정을 해야 하기 때문에 투자론에서 말하는 효율적 투자기회선과 달리 자산집단의 기대수익률과 위험을 말한다.

(2) 최적화 방법의 문제점

최적화는 일정한 위험 수준 하에서 최대의 기대수익률을 달성하도록, 일정한 기대수익률하에서 최소의 위험을 부담하는 자산 포트폴리오를 구성하는 것을 말한다.

현실적으로 진정한 효율적 투자기회선을 규명하는 것은 어렵다. 그 이유는 기대수익률, 기대표준편차, 기대자산 간 상관관계 등의 통계 추정치의 오류와 추정 오차로 인하여 몇몇 자산집단에 과잉 또는 과소 투자가 이루어질 뿐만 아니라 비효율적인 포트폴리오가 구성되기 때문이다.

3 실행방법

전략적 자산배분에서 최적 포트폴리오는 이론적으로는 위험-수익 최적화 방법을 사용하지만, 일반적으로 여러 가지 주관적인 방법을 동시에 사용하는 경향이 있다. 구체적으로 전략적 자산배분의 경우 다음과 같이 4가지 방법을 적용할 수 있다.

(1) 시장가치 접근방법

여러 가지 투자자산들의 포트폴리오 내 구성비중을 각 자산이 시장에서 차지하는 시가총액의 비율과 동일하게 포트폴리오를 구성하는 방법이다. 이 방법은 CAPM이론에 의해 지지되지만 소규모의 자금으로 포트폴리오를 구성하는 경우에는 시장 균형 포트폴리오 형성이 어렵기 때문에 적용하기에 부적절하다.

(2) 위험 – 수익 최적화 방법

기대수익과 위험 간의 관계를 고려하여, 동일한 위험 수준 하에서 최대한으로 보상받을 수 있는 지배원리(dominance principle)에 의하여 포트폴리오를 구성하는 방법이다. 기대수익과 위험을 축으로 하여 효율적 투자곡선(efficient frontier)을 도출하고, 효율적 투자곡선과 투자자의 효용함수가 접하는 점을 최적 포트폴리오(optimal portfolio)라고 하며, 이를 전략적 자산배분으로 간주하는 것이다. 이 방법은 매우 엄밀한 도출과정을 거치며 다양한 활용이 가능하지만, 입력 변수의 수준 변화에 지나치게 민감하다는 단점이 존재한다.

(3) 투자자별 특수상황을 고려하는 방법

운용기관의 위험, 최소 요구수익률, 다른 자산들과의 잠재적인 결합 등을 고려하여 수립하는 투자전략이다. 특정 법칙으로 정형화되기보다는 투자자의 요구사항을 고려할 수 있는 다양한 방법이 존재한다.

(4) 다른 유사한 기관투자가의 자산배분을 모방

연기금, 생명보험, 투자신탁 등의 기관투자가들의 시장에서 실행하고 있는 자산배분을 모방하여 전략적 자산구성을 하는 방법이다. 상당히 많은 경우 전략적 자산배분의 출발점으로 타 기관투자가의 자산배분을 참고로 하고 있기 때문에 보편화되어 있는 방법이다.

4 실행 과정

만약 투자자는 투자자산의 과대 또는 과소 평가 여부를 판단할 수 없다면 최초 수립된 투자전략에 의한 투자자산구성을 그대로 유지해야 한다. 전략적 자산배분이란 중단기적인 자산구성으로 인한 투자성과의 저하를 방지하고, 지나치게 단기적인 시장 상황에 의존하는 투자전략으로부터 발생하는 위험을 사전적으로 통제하기 위한 전략이다.

　그러나 투자자가 각 투자자산의 가치가 균형 가격에서 벗어나 있다는 사실을 인식하면 구성자산에 대한 투자비중을 적극적으로 조정해 나가는 전략(전술적 자산배분)을 수행할 수 있다. 전략적 자산배분의 실행 과정을 그림으로 표현하면 〈그림 3–1〉과 같다.

　〈그림 3–1〉에서 점선으로 단절된 부분 ①과 ②는 전략적 자산배분의 기본 취지에 의해 매우 중요한 의미가 있다. ① 부분이 단절된 이유는 전략적 자산배분에서는 장기적인 자본시장 예측치를 사용하므로 중단기적으로는 자산의 기대수익률, 위험, 상관관계가 일정하다고 가정하기 때문이다. 즉 장기적인 투자를 지향하므로 단기적인 시장상황 변화에 무관한 자산구성을 정하며, 최적 포트폴리오를 구성할 때 사용한 각종 자료는 시장 상황의 변화에도 불구하고 재조정하지 않는다.

　② 부분이 단절된 이유는 자본시장에 대한 각종 변수들에 대한 추정치가 고정적이므로, 자본시장 상황의 변화에 따른 투자자의 위험 허용 정도의 변화가 없다고 가정하기 때문이다. 즉, 투자자들의 심리구조상 기금 수익률의 상승과 하락에 따라 위험선호도가 변화할 수밖에 없지만, 전략적 자산배분에서는 투자자 위험선호도의 단기적인 변화를 반영시키지 않는다.

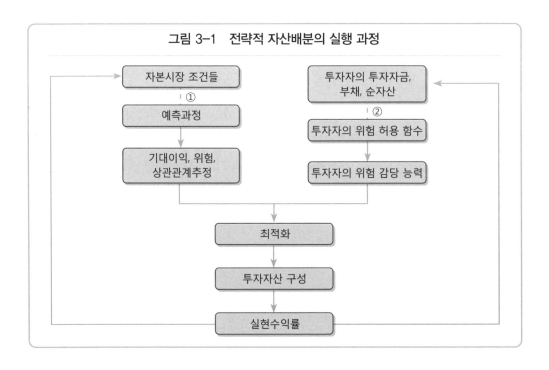

그림 3–1　전략적 자산배분의 실행 과정

1　정의

전술적 자산배분(Tactical Asset Allocation : TAA)이란 시장의 변화 방향을 예상하여 사전적으로 자산구성을 변동시켜 나가는 전략이다. 이는 저평가된 자산을 매수하고, 고평가된 자산을 매도함으로써 펀드의 투자성과를 높이고자 하는 전략이다.

즉 전략적 자산배분의 수립 시점에서 세웠던 자본시장에 관한 각종 가정들이 변화함으로써 자산집단들의 상대적 가치가 변화하는 경우, 이러한 가치 변화로부터 투자이익을 획득하기 위하여 일정기간별(분기, 월, 주간)로 자산구성을 변경하는 적극적인 투자전략이다.

그러나 펀드운용자가 투자자산의 과대 또는 과소 평가여부를 판단할 수 없다면, 최초 수립된 투자전략에 의한 투자자산 구성, 즉 전략적 자산배분을 유지해야 한다. 단지 펀드운용자가 각 투자자산의 가치가 균형 가격에서 벗어나 있다는 사실을 정확하게 평가할 수 있다면, 해당 의사결정을 내린 자산운용자의 책임하에 구성자산에 대한 투자비중을 적극적으로 조정해 나갈 수 있다. 참고로, 각 자산운용기관에서 이러한 의사결정자를 주로 전략가(strategist)라고 부르며, 주로 운용담당 이사, 부장 또는 팀장들이 해당된다. 일부 회사에서는 전술적인 자산배분을 운용전략팀 등의 별도 조직 또는 협의체를 활용하여 실행하기도 한다.

2　이론적 배경

전술적 자산배분이란 전략적 자산배분에 의해 결정된 포트폴리오를 투자전망에 따라 중단기적으로 변경하는 실행 과정이다. 주로 분기, 월과 같은 기간을 단위로 주식이나 채권에 대한 투자가치를 추정하여, 각 자산들의 미래수익률을 비교하여 투자유망성을 판단함으로써 전략적 자산배분에 의해 결정된 포트폴리오의 자산구성비율을 변경한다.

따라서 전술적 자산배분이란 이미 정해진 자산배분을 운용담당자의 자산 가격에 대한 예측하에 투자비중을 변경하는 행위이며, 이는 중단기적인 가격 착오(mis-pricing)를 적극적으로 활용하여 고수익을 지향하는 운용전략의 일종이다.

자산배분의 변경으로 인한 운용성과의 변화는 해당 의사결정자가 책임져야 한다. 실행시에는 현물자산을 직접 매매할 수 있지만, 신속한 실행과 거래비용의 절감을 위해 주가지수선물과 같은 파생상품을 사용하기도 한다.

자산 가격은 단기적으로 빈번하게 균형 가격(equilibrium price) 또는 적정가치(fair value)에서 벗어날 수 있지만 중장기적으로 균형 가격으로 복귀한다는 가정을 이용하는 투자전략이다.

따라서 전술적 자산배분은 균형 가격의 산출에서 출발해야 한다. 어떤 자산집단의 가격이 과소 또는 과대평가되었다는 사실을 판단하기 위해서는 해당 자산집단의 기대수익에 영향을 주는 변수들에 대한 예측이 요구된다. 하지만 정확한 균형 가격을 산출해내기보다는 균형 가격의 변화 방향성을 추정하는 것과 다른 자산과의 상대적인 가격비교가 중요하다.

그러나 자산집단의 균형 가격은 어떠한 모형이나 이론으로도 규명되기 어려우므로, 전술적인 자산배분이란 주관적인 가격 판단을 활용하는 경우도 많다.

(1) 역투자전략

전술적 자산배분 전략은 본질적으로 역투자전략이다. 시장 가격이 지나치게 올라서 내재가치 대비 고평가되면 매도하고, 시장 가격이 지나치게 하락하여 내재가치 대비 저평가되면 매수하는 운용방법이다. 시장 가격이 상승하면 매도하고, 시장 가격이 하락하면 매수하여 시장 가격의 움직임과 반대의 활동을 하게 되므로 역투자전략이라 한다.

전술적 자산배분 전략은 내재가치와 시장 가격 간의 비교를 통해서 실행이 되는데 내재가치는 중장기적인 변화과정을 보일 뿐만 아니라 변동성이 낮은 반면, 시장 가격은 변동성이 높아 역투자전략이 용이하다.

(2) 증권시장의 과잉반응 현상

증권시장은 주기적으로 버블과 역버블의 과정이 반복되며 자산집단의 가치가 과대평가 또는 과소평가된다. 전술적 자산배분 전략은 새로운 정보에 대해 지나치게 낙관적이거나 비관적인 반응으로 인하여 내재가치로부터 상당히 벗어나는 가격 착오 현상인 과잉반응을 활용하는 전략을 말한다.

3 실행 과정

전술적 자산배분의 실행 과정은 자산집단의 가치를 평가하는 활동과 가치판단의 결과를 실제 투자로 연결할 수 있는 위험 허용 여부로 나누어진다.

(1) 가치평가과정

전술적 자산배분 전략은 자본시장의 변화가 자산집단의 기대수익률과 위험에 영향을 준다고 믿는다. 따라서 자산집단 간의 기대수익률 변화, 즉 내재가치 변화를 추정하는 가치평가기능이 중요하다. 전술적인 자산배분은 자산집단의 기대수익률, 위험, 상관관계의 변화를 중기적으로 계속하여 예측하므로 예측기능을 매우 강조한다.

(2) 투자위험 인내과정

전술적 자산배분 전략은 투자자의 위험 허용치는 포트폴리오의 실현수익률이라는 상황 변화에 영향받지 않는다고 가정한다. 전술적 자산배분의 초점은 자산집단 간의 상대적 수익률 변화에 대한 예측이며, 시장 가격의 상승과 하락에 관계없이 저평가된 자산집단의 매수, 고평가된 자산집단의 매도를 지향한다. 그러나 실제로는 시장 가격의 상승으로 실현수익률이 높아지면 투자자의 위험 허용도를 증가시켜 낙관적인 투자자세를 가지게 된다. 반대로 시장 가격이 하락하면 실현수익률이 축소되면서 투자자의 위험 허용도도 동시에 줄어드는 것이 일반적이다.

4 실행도구

(1) 가치평가모형

전술적 자산배분 전략은 자산 가격이 단기적으로는 균형 가격 또는 적정 가격에서 벗어날 수 있지만, 중장기적으로는 균형 가격에 복귀한다는 가정에서 출발하기 때문에 가치평가가 제일 중요한 요소이다.

가치평가모형으로 기본적 분석방법(주식의 이익할인·배당할인·현금흐름할인모형 등, 채권의 기간구조를 이용한 현금흐름할인모형), 요인모형방식(CAPM, APT, 다변량회귀분석) 등을 사용한다.

(2) 기술적 분석

자산집단의 가치평가 시 과거 일정기간 동안의 변화의 모습을 활용하는 기술적 분석 방법도 실무에서 많이 사용한다. 즉 주가와 채권의 추세분석, 주가 및 채권지수 각각의 이동평균으로 계산한 이격도 등 다양한 방법을 적용한다.

(3) 포뮬러 플랜

막연하게 시장과 역으로 투자함으로써 고수익을 지향하고자 하는 전략의 한 사례로 포뮬러 플랜이 사용된다. 이 방법은 주가가 하락하면 주식을 매수하고, 주가가 상승하면 주식을 매도하는 역투자전략이다. 정액법과 정률법이 있다.

chapter 04

자산배분 모델의 종류

section 01 **마코위츠 평균-분산 모델**

1 마코위츠 평균-분산 모델 개요

마코위츠 평균-분산 모델이란 현대 포트폴리오 이론의 창시자인 마코위츠에 의하여 전개된 증권투자, 포트폴리오 관리에 대한 이론을 말한다.마코위츠의 현대 포트폴리오 이론이란 수많은 증권과 포트폴리오의 기대수익률과 분산이 주어졌을 때 평균-분산 기준에 의하여 효율적 경계선(efficient frontier)을 도출해 내고 투자자의 수익률 분포에 대한 선호에 따라 최적 포트폴리오를 선택하는 투자의사결정 접근법을 말한다.

마코위츠의 포트폴리오 이론은 기대수익률과 위험이 가장 중요한 요소로 평가한다. 합리적인 투자가는 일정한 위험에서는 기대수익을 최대로 하는 것, 또는 일정한 기대수익 수준에서는 위험을 최소로 하는 효율적 포트폴리오(efficient portfolio)를 취하려고 한다. 분산투자에 의해 포트폴리오 전체의 위험을 감소시킬 수 있다. 한 증권의 수익은 다른 증권의 수익과 상관관계를 가지고 있으며, 모든 증권이 완전한 상관관계를 가지고 있지 않는 한, 증권을 추가할수록 포트폴리오 전체의 위험은 감소한다.

또한 특정한 투자가의 수익과 위험의 조합에 관한 선호도(효용무차별곡선)가 주어진다면 그 투자가에게 효용을 최대로 해주는 최적 포트폴리오가 존재한다.

효율적 포트폴리오와 투자자의 효용무차별곡선이 주어지면 마코위츠가 말한 최적 포트폴리오가 오직 하나 정해질 수 있게 된다. 효용무차별곡선과 효율적 포트폴리오(효율적 투자선, 효율적 프런티어 등으로도 불린다)의 접점이 최적 포트폴리오가 된다. 즉, 투자자는 이 최적 포트폴리오를 소유하려고 한다.

2 효율적 포트폴리오

효율적 포트폴리오(efficient portfolio)는 수많은 포트폴리오의 기대수익률과 분산이 측정되면, 이들 중에서 일정한 위험하에서 기대수익을 최대화시키거나, 일정한 기대수익 하에서 위험을 최소화시키는 포트폴리오의 집단을 말한다.

다수(n종목)의 증권들을 결합할 때 포트폴리오 기대수익과 위험은 어떻게 측정되고, 구성증권 간의 상관관계와 투자금액의 비율을 고려하여 일정한 기대수익 하에서 투자 위험을 최소화시키는 분산투자의 방법에 대하여 알아보자.

(1) n 종목 포트폴리오의 결합선

결합되는 증권의 수가 다수가 되면 두 개의 증권으로 결합될 때보다는 복잡하겠지만, 기본적으로 두 개의 증권의 결합관계로 생각할 수 있다. 예를 들어, 증권 X, Y, Z 세 주식으로 구성되는 포트폴리오의 기대수익률과 위험은 X와 Y 두 개의 주식으로 구성된 포트폴리오를 마치 하나의 증권처럼 보고, 이를 나머지 주식 Z와의 결합관계로 보게 되면, 세 증권의 결합관계를 마치 두 증권의 결합관계로 파악할 수 있게 된다.

이 원리를 〈그림 4−1〉에 표시되어 있는 세 증권 X, Z, T의 결합관계를 예로 들어 살펴보기로 하자. 먼저 증권 X와 T를 결합시키면 그 상관관계와 투자비율의 변화에 따라 두 개 종목으로 포트폴리오 결합선은 곡선 XET를 따라 나타날 것이다. 또 증권 T와 Z

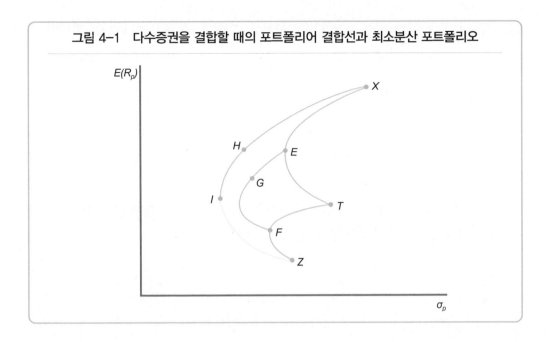

그림 4-1 다수증권을 결합할 때의 포트폴리어 결합선과 최소분산 포트폴리오

두 증권을 결합하면 상관관계와 투자비율의 변화에 따라 곡선 *TFZ*의 포트폴리오 결합선을 얻는다.

한편 *X*와 *T*의 결합 중에서 *E* 포트폴리오 그리고 *T*와 *Z*의 결합 중 *F* 포트폴리오를 결합시키면 새로운 포트폴리오 결합선 *EGF*를 얻는다. 곡선 *EGF*선상의 포트폴리오는 *E*와 *F*를 결합한 것이므로 두 종목의 결합 포트폴리오로 볼 수 있지만, 내용적으로는 개별 증권 *X*, *T*, *Z* 세 증권을 모두 결합한 셈이 된다. 이와 같은 원리로 *X*, *T*, *Z*를 동시에 결합시키면 곡선 *XHIZ*의 포트폴리오 결합선을 얻을 수 있다. 따라서 곡선 *EGF*선상의 포트폴리오보다 우월한 포트폴리오를 얻을 수 있게 된다.

결론적으로 곡선 *XHIZ*선상의 포트폴리오 결합은 증권 *X*, *T*, *Z*를 결합할 때 얻을 수 있는 포트폴리오 중에서는 일정한 기대수익률 하에서 위험이 가장 적은 포트폴리오군이 된다. 이처럼 일정한 기대수익률에서 위험이 가장 적은 포트폴리오군을 최소분산 포트폴리오 집합(minimum variance portfolio)이라고 부른다.

그러나 이 최소분산 포트폴리오 집합(곡선 *XHIZ*) 중에서 곡선 *XHI*부분만이 일정한 위험(표준편차)에서 기대수익률이 보다 높기 때문에 효율적 포트폴리오 집합이 된다. 반면에 곡선 *IZ*부분은 비효율적 포트폴리오 집합이 된다.

이처럼 최소분산 포트폴리오 집합 중에서 곡선 *XHI*부분처럼 동일한 위험 수준에서 기대수익률이 보다 높은 포트폴리오 집합을 효율적 포트폴리오 집합(efficient portfolio set)

또는 효율적 투자선(efficient frontier)이라고 부른다. 특히 이 중 포트폴리오 I는 위험이 가장 적은 포트폴리오로서 최소분산 포트폴리오(global minimum variance portfolio)라고 한다.

(2) n 종목 포트폴리오의 위험 측정

이상에서 세 종목으로 구성되는 포트폴리오의 분산투자 효과가 어떻게 나타나는지를 설명하였다. 이를 n종목까지 확장하여 효율적 투자선을 찾을 수 있게 하기 위해서는 구체적으로 n종목으로 구성되는 포트폴리오 위험의 계량적 측정이 필요하다.

이제 주식 1, 2, 3 … n으로 구성되는 포트폴리오의 기대수익률과 위험(분산) 계산을 식으로 나타내기 위해서 다음과 같이 기호를 사용하기로 하자.

$$
\begin{array}{ll}
w_1, w_2, \cdots w_n & : 증권\ 1, 2 \cdots n에\ 대한\ 투자비율 \\
E(R_1), E(R_2) \cdots E(R_n) & : 증권\ 1, 2 \cdots n의\ 기대수익률 \\
\sigma_1^2, \sigma_2^2, \cdots \sigma_n^2 & : 증권\ 1, 2 \cdots의\ 분산 \\
\sigma_{12}, \sigma_{23}, \cdots \sigma_{n-1,\,n} & : 증권\ 1과\ 2,\ 2와\ 3,\ n-1과\ 간의\ 공분산
\end{array}
$$

주식 1과 2로 구성되는 두 종목 포트폴리오의 기대수익률과 분산은 다음과 같이 측정된다.

$$
E(R_p) = w_1 E(R_1) + w_2 E(R_2) \tag{4-1}
$$

$$
\sigma_p^2 = w_1^2 \sigma_1^2 + w_2^2 \sigma_2^2 + 2w_1 w_2 \sigma_{12} \tag{4-2}
$$

주식 1, 2, 3으로 구성되는 세 종목 포트폴리오의 기대수익률과 분산은 마찬가지 원리로 다음과 같이 측정된다.

$$
\begin{aligned}
E(R_p) &= w_1 E(R_1) + w_2 E(R_2) + w_3 E(R_3) \\
\sigma_p^2 &= var(w_1 r_1 + w_2 r_2 + w_3 r_3) \\
&= w_1^2 \sigma_1^2 + w_2^2 \sigma_2^2 + w_3^2 \sigma_3^2 + 2(w_1 w_2 \sigma_{12} + w_1 w_3 \sigma_{13} + w_2 w_3 \sigma_{23}) \\
&= 개별\ 종목\ 고유위험 + 타\ 종목과의\ 공분산\ 위험
\end{aligned} \tag{4-3}
$$

이를 확장하여 n개의 증권으로 구성되는 포트폴리오의 분산을 나타내면 다음과 같다.

$$\sigma_p{}^2 = w_1{}^2\sigma_1{}^2 + w_2{}^2\sigma_2{}^2 + w_3{}^2\sigma_3{}^2 + \cdots + w_n{}^2\sigma_n{}^2 + (w_1 w_2 \sigma_{12} \tag{4-4}$$
$$+ w_1 w_3 \sigma_{13} + \cdots + w_1 w_n \sigma_{1n} + w_2 w_1 \sigma_{21} + w_2 w_3 \sigma_{23} \cdots)$$

식 (4-4) 우변의 모든 항은 공통요소로서 두 종목 투자비율에 두 종목 간의 공분산을 곱한 항으로 구성됨을 볼 수 있다. 따라서 포트폴리오 분산은 다음과 같이 표시할 수 있다.

$$\sigma_p{}^2 = \sum_{i=1}^{n} \sum_{j=1}^{n} w_i w_j \sigma_{ij} \tag{4-5}$$

또는, $\sigma_p{}^2 = \displaystyle\sum_{i=1}^{n} \sum_{j=1}^{n} w_i w_j \sigma_i \sigma_j \rho_{ij}$

단, w_i, w_j : 증권 j에 대한 투자비율

σ_{ij} : 증권 i, j 사이의 공분산

이를 알기 쉽게 공분산 매트릭스로 나타내면 〈표 4-1〉과 같다. 이들 모든 칸의 합은 식 (4-5)와 일치한다. 〈표 4-1〉에서 빗금을 친 대각선(diagonal)상의 칸들은 $i=j$인 경우로서 동일 종목 간의 공분산($w_i w_j \sigma_{ij}$)을 나타내는 것이므로 결국 특정 개별 증권의 분

표 4-1 n 종목 경우의 포트폴리오 위험 : 공분산 매트릭스

주식 i / 주식 j	1	2	3	4 ⋯⋯⋯⋯⋯ n	
1	$w_1{}^2\sigma_1{}^2$	$w_2 w_1 \sigma_{21}$	$w_3 w_1 \sigma_{31}$	$w_4 w_1 \sigma_{41}$ ⋯⋯⋯⋯	$w_n w_1 \sigma_{n1}$
2	$w_1 w_2 \sigma_{12}$	$w_2{}^2\sigma_2{}^2$	$w_3 w_2 \sigma_{32}$	$w_4 w_2 \sigma_{42}$ ⋯⋯⋯⋯	$w_n w_2 \sigma_{n2}$
3	$w_1 w_3 \sigma_{13}$	$w_2 w_3 \sigma_{23}$	$w_3{}^2\sigma_3{}^2$	$w_4 w_3 \sigma_{43}$ ⋯⋯⋯⋯	$w_n w_3 \sigma_{n3}$
4	$w_1 w_4 \sigma_{14}$	$w_2 w_4 \sigma_{24}$	$w_3 w_4 \sigma_{34}$	$w_4{}^2\sigma_4{}^2$ ⋯⋯⋯⋯	$w_n w_4 \sigma_{n4}$
⋮	⋮	⋮	⋮	⋮	⋮
n	$w_1 w_n \sigma_{1n}$	$w_2 w_n \sigma_{2n}$	$w_3 w_n \sigma_{3n}$	$w_4 w_n \sigma_{n4}$ ⋯⋯⋯⋯	$w_n{}^2\sigma_n{}^2$

주 : w_i : 주식 i에 대한 투자비율

    σ_{ij} : 주식 i와 주식 j 수익률 간의 공분산

    p_{ij} : 주식 i와 주식 j 수익률 간의 상관계수

    σ_i : 주식 i 수익률의 표준편차

    σ_j : 주식 j 수익률의 표준편차

산$(w_i^2 \sigma_i^2)$ 값을 나타낸 것이다.

즉, n종목으로 구성되는 포트폴리오 위험 중에서 개별 종목 고유의 특성에 의해서 발생되는 위험의 크기를 나타낸다. 이처럼 $i=j$인 경우의 수는 n개가 된다.

반면에 빗금을 치지 않은 최소분산 포트폴리오 대각선 위와 아래에 있는 칸들은 $i \neq j$인 경우로서 다른 증권과의 공분산을 나타낸 것이다. 이는 포트폴리오 위험 중에서 타 종목들과의 모든 상관관계, 즉 시장 전반의 요인에 의해서 발생되는 위험의 크기라고 할 수 있다.

이처럼 $i \neq j$인 경우의 수는 $n(n-1)$개만큼인데, 모두 2개씩(이를 테면 $w_3 w_1 \sigma_{31} = w_1 w_3 \sigma_{13}$) 있으므로 실제의 개수는 $n(n-1)/2$개가 된다.

공분산 매트릭스에서 모든 칸을 $i=j$인 경우와 $i \neq j$인 경우로 분류하여 그 의미가 무엇인지를 살펴보았다. 따라서 식 (4-5)는 특정 개별 증권의 분산을 표시하는 부분과 타 증권과의 공분산을 나타내는 부분의 합으로 구분하여 다음과 같이 표시될 수 있다.

$$
\sigma_p^2 = \sum_{i=1}^{n} \sum_{j=1}^{n} w_i w_j \sigma_{ij} \qquad\qquad (4-6)
$$

$$
= \sum_{i=1}^{n} w_i^2 w_j^2 \sigma_i^2 + \sum_{i=1}^{n} \sum_{j=1}^{n} w_i w_j \sigma_i \sigma_j \quad (단, \, i \neq j)
$$

$$
= 개별 \ 증권의 \ 고유위험 + 타 \ 증권과의 \ 공분산 \ 위험
$$

여기서 우변 첫째 항은 공분산 매트릭스에서 대각선상에 위치하는 특정 개별 증권의 분산부분(n개)을 표시한 것이고 둘째 항은 대각선의 위와 아래에 위치하는 타 증권과의 공분산부분[$n(n-1)$개]을 표시한 것이다.

(3) 투자종목수와 위험분산 포트폴리오를 n개의 종목으로 구성하였을 때 포트폴리오의 위험이 식 (4-6)과 같이 표시됨을 보았다. 포트폴리오 위험은 투자종목수가 많을수록 감소하게 되는데, 구체적으로 어떤 위험이 감소하는가?

투자종목수가 증가함에 따라 감소하는 위험은 기업고유요인에 의해서 야기되는 위험으로서 기업 고유위험(firm-specific risk), 비체계적 위험(non-systematic risk), 분산 가능 위험(diverfiable risk)이라고 부른다. 반면에 분산투자의 구성종목수 n을 무한대로 증가시켜도 줄어들지 않는 위험이 있음을 알 수 있다. 이는 증권시장 전반의 공통적 요인에 의해서 야기되는 위험으로서 체계적 위험(systematic risk), 분산 불능 위험(nondiver-sifiable risk)

이라고 부른다.

이 같은 포트폴리오 위험의 감소 효과로부터 다음과 같은 결론을 내릴 수 있다. 여러 종목에 걸쳐 분산투자하는 경우 투자위험관리(risk management)의 주된 대상은 시장 관련 위험이지 개별 종목 고유위험이 아니라는 점이다. 환원하면 분산투자의 종목수가 일정 수준 이상으로 많아지게 되면 개별 종목 고유위험을 거의 무시하고 위험관리를 해도 된다는 점이다.

(4) 위험자산의 효율적 포트폴리오와 최적 포트폴리오의 선택 증권시장에는 선택 가능한 수많은 증권들이 있다. 이들의 상관관계를 고려한 결합 가능성과 투자비율의 조정까지를 고려하면 헤아릴 수 없이 수많은 포트폴리오가 투자대상으로 존재한다. 이제 가능한 모든 포트폴리오의 기대수익률과 위험을 측정하여 이를 그림으로 나타내면 어떻게 될 것인가?

〈그림 4-2〉의 점들은 많은 주식들로 이루어지는 모든 가능한 포트폴리오의 기대수익률과 위험의 조합을 나타내고 있다. 이 부분을 투자기회집합(investment opportunity set)이라고 한다. 이 중에서 선택대상으로 적절한 포트폴리오는 XY선상에 위치한 포트폴리오이다. 왜냐하면 XY선상의 포트폴리오는 동일한 위험에서는 가장 높은 수익률, 동일한 수익률에서 가장 낮은 위험을 지니는 포트폴리오로서, 선택 기준이 되는 지배원리를 충족시키는 포트폴리오이기 때문이다.

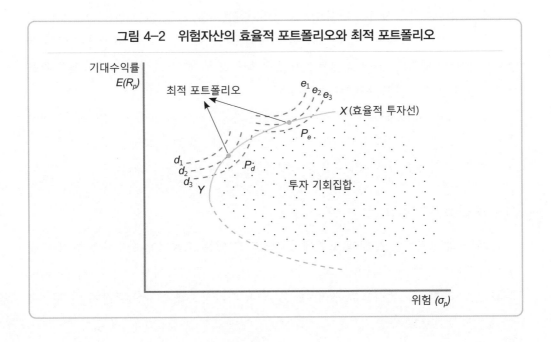

그림 4-2   위험자산의 효율적 포트폴리오와 최적 포트폴리오

이들 XY선상의 포트폴리오가 효율적 투자선(efficient frontier) 또는 효율적 포트폴리오 선인 것이다.

현실적으로 증권시장에 존재하는 모든 투자기회(포트폴리오)를 대상으로 효율적 투자선을 구하기 위해서는 ① 일정한 기대수익률을 가지는 투자기회 중 위험이 최소인 점이나, ② 일정한 위험 수준에서 기대수익률이 최대인 점을 구하면 될 것인데, 이 해를 발견하는 데는 일반적으로 2차계획법(quadratic programming)이 사용되고 있다.

일정한 분산(l)에서 포트폴리오 기대수익률을 최대화시키는 포트폴리오는 다음 수식에서 투자비율 wi를 찾으면 구해진다.

$$\text{maximize}$$

$$E(R_p) = \sum_{i=1}^{n} w_i E(R_j) \tag{4-7}$$

$$\text{subject to}$$

$$\sigma_p^2 = l \quad (l : 상수)$$

$$\sum_{j=1}^{n} w_j = 1.0$$

효율적 투자선 또는 효율적 포트폴리오가 이와 같은 방법으로 찾아지면 마지막 작업은 이 중에서 어떤 것이 투자자의 기대효용을 극대화하는 최적 포트폴리오(optimal portfolio)인가를 찾는 것이다. 최적 포트폴리오의 선택은 결론적으로 각 개인의 주관적 위험에 대한 태도에 달려 있다. 따라서 앞에서 설명했던 것처럼 투자자의 무차별효용곡선과 효율적 투자선의 접점이 최적 포트폴리오가 된다.

〈그림 4-2〉에서 효용곡선 d와 같은 모양을 갖는 소극적 투자자는 P_d의 포트폴리오를 최적 포트폴리오로 선택할 것이다. 반면에 효용곡선 e와 같은 모양을 갖는 적극적 투자자에게는 P_e의 포트폴리오가 효용을 극대화하는 최적 포트폴리오가 된다.

(5) 투입정보의 추정

마코위츠의 포트폴리오 선택 모형에서 제시되고 있는 효율적 분산투자의 방법은 일정한 기대수익률 하에서 위험을 최소화하거나, 일정한 위험하에서 기대수익률을 최대화시키는 효율적 포트폴리오를 구성하는 것이다. 따라서 n개의 자산 각각에 대하여 기대수익률 $E(R)$과 분산 σ^2을 추정하고, 각 자산들 간의 공분산 σ을 $n(n-1)/2$만큼 추정하는 것이 필요하다.

3 무위험자산과 최적 자산배분

투자관리의 핵심 중 한 가지는 주식, 회사채, 국공채, 부동산 등 투자수익과 투자위험이 질적으로 상이한 각급 투자자산에 투자자금을 포괄적으로 어떻게 배분할 것인가를 결정하는 자산배분(asset allocation)의 문제이다. 자산배분 문제는 주식과 같은 위험자산과 국공채와 같은 무위험 자산에의 투자비율의 결정 문제로 압축할 수 있다. 지금까지는 수익률의 변동성이 큰 주식과 같은 위험자산(risky assets)만으로 포트폴리오를 구성할 때 최적 투자결정의 문제를 살펴 보았다. 본 절에서는 포트폴리오를 구성할 때 정기예금이나 단기국공채와 같은 위험이 없는 무위험자산에도 투자자금의 일부를 할애하여 자산배분을 시도하는 경우의 최적 자산배분, 최적 포트폴리오의 구성문제를 다룬다.

(1) 무위험자산

무위험자산(risk-free asset)은 어떠한 상황에서도 확정된 수익이 보장되어 수익률의 변동이 없기 때문에 그 위험(수익률의 표준편차)이 영인 투자자산을 말한다. 즉,

$$E(R_f) = R_f, \quad \sigma(R_f) = 0$$

단, $E(R_f)$, $\sigma(R_f)$: 무위험자산의 기대수익률과 표준편차

　　R_f : 무위험이자율(risk-free rate)

일반적으로 정기예금이나 국공채와 같은 투자대상들이 무위험자산으로 인식되고 있다. 그러나 이러한 자산들도 엄밀한 의미에서 보면 위험이 없는 것이 아니다. 정기예금도 인플레이션 하에서는 실질 투자수익률이 달라지므로 실질수익이 확정되어 있다고 할 수 없으며, 국공채는 이자율 변동에 따라 채권 가격이 변동하는 이자율 변동 위험을 지니고 있다.

그럼에도 불구하고 이러한 투자자산들은 명목수익률은 확정되어 있고, 만기가 짧은 단기국공채는 이자율 변동 위험이 매우 적다고 할 수 있으며, 특히 지급불능 위험이 없으므로 통상적으로 이들 투자자산들을 무위험자산으로 취급하고 있다.

(2) 무위험자산이 포함될 때의 효율적 포트폴리오

무위험자산도 포트폴리오 구성에 포함되면 위험자산만으로 포트폴리오를 구성할 때보다도 월등한 투자성과를 기대할 수 있다. 왜 그런지를 살펴보기로 한다.

먼저 위험자산 포트폴리오는 수많은 투자기회집단이 있지만 이론적으로 보면 〈그림 4-3〉의 호 XY상에 나타나 있는 효율적 포트폴리오가 투자대상으로 고려될 것이다. 이제 이들 위험자산의 효율적 포트폴리오의 하나인 A에 투자자금의 w를 투자하고 무위험자산(기대수익률이 무위험이자율 R_f이고, 위험이 0인 투자자산)에 나머지 투자자금$(1-w)$을 투자할 경우의 기대수익률과 위험(표준편차)을 구해보면 식 $(4-8)$, 식 $(4-9)$와 같이 표시된다.

$$E(R_p) = w \cdot E(R_A) + (1-w)R_f = R_f + [E(R_A) - R_f] \tag{4-8}$$

$$\sigma_p^2 = w^2 \sigma_A^2 + (1-w)^2(\sigma_{R_f})^2 + 2w(1-w)\sigma_{AR_f} = w^2 \sigma_A^2 \tag{4-9}$$

$$\therefore \sigma_p = w\sigma_A$$

단, R_f : 무위험이자율

$\quad E(R_A)$: 위험 있는 주식 포트폴리오 A의 기대수익률

$\quad \sigma_A^2$: 위험 있는 주식 포트폴리오 A의 분산

$\quad w$: 위험 있는 주식 포트폴리오 A의 투자비율

$\quad 1-w$: 무위험자산에 대한 투자비율

$\quad \sigma_{AR_f}$: 주식 포트폴리오 A 수익률과 무위험이자율 간의 공분산

이제 식 $(4-9)$에서 $w = \sigma_p/\sigma_A$이므로 이를 식 $(4-10)$에 대입해 보면 투자금액의 비율과 관계없이 이 두 펀드 포트폴리오(two-fund portfolio : 무위험자산과 위험자산인 주식으로 구성되는 포트폴리오)의 기대수익률은 다음 식 $(4-10)$처럼 위험(표준편차)에 선형적으로 비례하는 관계에 있음을 알 수 있다.

$$E(R_p) = R_f + \frac{E(R_A) - R_f}{\sigma_A}\sigma_p \tag{4-10}$$

환언하면, 무위험자산과 주식 포트폴리오로 구성되는 두 펀드 포트폴리오를 구성할 때 기대되는 투자기회집합(investment opportunity set)은 〈그림 4-3〉에 나타난 선 $R_f A_a$ 처럼 절편이 R_f이고 기울기가 $[E(R_A) - R_f]/\sigma_A$인 직선 위에 옴을 알 수 있다. 여기서 무위험자산이 포함될 때의 투자 기회선인 $R_f A_a$(또는 RMN)선을 자산배분선(CAL : capital

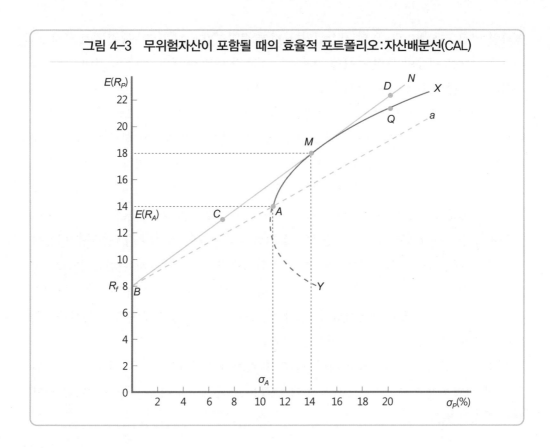

그림 4-3 무위험자산이 포함될 때의 효율적 포트폴리오 : 자산배분선(CAL)

allocation line)이라고도 부른다.

블랙리터만의 자산배분 모델

1 블랙리터만 모델이란?

앞서 살펴 본 마코위츠 평균 분산 모델의 효율적 곡선과 투자비중 최적화 방법론은 그 놀라운 우수성으로 인하여 자산배분 분야로 확대 적용되고 있다. 그러나 자산배분상 몇 가지 한계를 가지고 있다. 모든 자산집단에 대하여 기대수익률과 위험 지표가 있어야 자산배분을 실행할 수 있을 뿐 아니라, 현실적으로 자산집단별 기대수익률과 위험의 예측이 어렵다는 점이다. 또한 자산집단별 비중 결정이 0%에서 100%까지 제한이 없어, 최종 자산배분 비중이 특정 자산에 편중되는 결과가 나타날 뿐만 아니라, 기대수익률과 위험의 조그만 변화에도 큰 폭의 비중 변동이 나타난다.

이와 같은 한계를 해결하기 위하여 Black과 Litterman은 기대수익률과 위험 등 투입변수 값에 따라 자산배분 비중이 과도하게 바뀌는 문제를 해결하기 위하여 '균형 기대수익률'을 도출하여 이를 평균분산모형에 투입하는 모델을 개발하였다. 시장 포트폴리오에 내재된 균형 기대수익률을 산출하고, 투자자의 시장 전망을 자산배분 모델에 반영하여 자산배분을 시행하는 모델을 Black－Litterman 모델이라 한다.

블랙리터만 자산배분 모델은 시장 포트폴리오의 균형점인 자산의 시가총액을 이용하여 균형 기대수익률을 역산함으로써, 특정 자산집단의 기대수익률과 위험을 몰라도 자산배분을 실행할 수 있게 되었을 뿐 아니라, 평균분산 모델의 최대 문제점인 극단적인 자산배분 비중의 문제도 해결하였다. 또한 투자자의 장기전망을 반영하여 자산배분의 비중을 조절할 수 있어 모델의 유연성을 확보하였다.

이와 같은 장점에도 불구하고 자산집단의 표준화된 시가총액을 구하기 어렵고, 주관적 시장 전망치의 오류 가능성, 시가 총액이 작은 자산집단의 비중 변동이 크다는 한계점을 가지고 있다.

2 균형 기대수익률

평균분산모형은 기대수익률을 추정하여야 한다. 그러나 블랙리터만모형에서는 시장 포트폴리오에 내재하고 있는 기대수익률인 균형 기대수익률을 사용한다. 균형 기대수익률을 사용할 경우 위험 수준이 높고 다른 자산집단과 상관관계가 높은 자산일수록 기대수익률이 높아지고, 그렇지 않은 자산은 기대수익률이 낮아져 보다 직관에 부합되는 기대수익률을 산출할 수 있어 투자비중이 전 자산집단에 골고루 분산되는 효과를 얻을 수 있다.

균형 기대수익률은 시장의 수요와 공급이 균형을 이룬 이상적인 상태에서 시장 참여자들의 기대수익률을 말한다. 자산 간의 시장규모(시가총액비중)가 수요와 공급의 균형점이라 간주한다. 자산 간의 시장규모 비율을 평균분산모형 모델의 비중 결정과정에 역산하여 도출한 기대수익률을 균형 기대수익률이라 한다. 균형 기대수익률의 공식은 다음과 같다.

$$\Pi = \lambda \Sigma \omega_{mkt}$$

단, Π : $E(R|\omega_{mkt})$ 균형 기대수익률

    λ : 위험회피 계수＝시장 리스크 프리미엄/시장수익률 분산

    Σ : 공분산행렬(N×N, N은 자산군의 개수)

    ω_{mkt} : 시장 포트폴리오의 투자비중(시가총액 비중)

블랙리터만 모델에서는 투자자가 특별한 시장 전망을 가지지 않을 경우 균형 기대수익률(＝시가총액 비중)로 자산배분을 실행하게 된다.

3 투자자의 시장 전망 반영

균형 기대수익률에 투자자의 시장 전망을 반영한 수익률을 최종 기대수익률로 사용하여 자산배분을 실행한다. 투자자의 시장 전망을 반영하는 대표적인 방법은 다음 2가지로 구분된다.

첫째는 절대적 시장 전망을 반영하는 방법이다. 이는 기대수익률의 절대치를 전망할 때 사용한다. 즉 선진국 주식은 5.25%의 수익률을 기록할 것으로 예상할 때 이를 토대로 기대수익률을 추정할 경우 사용하는 방법이다.

둘째는 상대적 시장 전망을 반영하는 방법이다. 이는 기대수익률의 상대적 차이를 전망할 때 사용한다. 즉, 글로벌 채권의 기대수익률은 미국 채권 기대수익률을 25bp 초과할 것으로 예상할 때 사용하는 방법이다. 이러한 전망의 경우 시장 전망상의 기대수익률 차이가 균형 기대수익률 차이보다 작으면 수익률이 낮은 자산의 가중치가 증가한다. 시장 전망상의 기대수익률 차이가 균형기대수익률 차이보다 크다면 수익률이 높은 자산의 가중치가 증가하는 방향으로 자산이 배분된다.

4 최적 투자비중 산출

균형 기대수익률에 시장 전망을 반영한 전망 결합 기대수익률이 산출되면 기대수익률과 공분산 행렬을 투입변수로 사용하여 최적 투자비중을 산출할 수 있다.

[참고] ESG 투자에 대한 이해

1 ESG와 책임투자의 기본 이해

1) ESG의 기본 개념과 대두 배경

ESG는 기존의 재무정보에 포함되어 있지 않으나 기업의 중장기 지속가능성에 영향을 미칠수 있는 요인들을 환경, 사회, 지배구조로 나누어 체계화한 기준으로 자본시장에서 기업을 평가하는 새로운 프레임워크(Framework)로 발전되었다. 기업이나 조직 관점에서 이를 반영한 경영을 ESG 경영이라 하고 금융의 관점에서 이를 반영한 투자는 ESG 투자 혹은 책임투자 등으로 일컬어진다.

ESG(Environmental, Social, Governance)는 금융기관을 중심으로 발전된 개념으로 1900년대 초반 이후 유럽시장을 중심으로 발전해 왔다. 2005년 UN 코피아난 사무총장이 대형 금융기관에 서신을 보내 ESG를 반영한 책임투자에 앞장서 줄 것을 요청했고 금융기관들이 이에 응하면서 2006년 책임투자 원칙을 실행하고자 하는 금융기관의 이니셔티브인 PRI(Principal of Responsible Investment)가 결성되면서 본격적으로 확산되었다.

2008년 금융위기를 겪으며 금융자본의 바람직한 역할이 강조되고, 2020년 COVID-19의 전 세계적인 유행으로 위기에 대한 대응 능력이 회복 탄력성(resilience)의 개념으로 대두되면서 ESG가 회복 탄력성의 중요한 요소로 강조되고 있다.

한편, 2021년 파리기후협약 이행기가 도래함에 따라 각국 정부의 탄소중립안에 따른 다양한 관련 정책 및 법제가 정비·발효됨에 따라 환경을 중심으로 기업경영에 실질적으로 미치는 영향이 증가하면서 ESG에 대한 중요성은 점차 확대될 전망이다.

2) ESG 투자 방식과 시장 규모

ESG 요소를 반영한 투자는 책임투자(Responsible Investing) 혹은 지속가능투자(Sustainable Investing)로 일컬어지는데 책임투자가 조금 더 보편적으로 사용되고 있는 용어이다. 2014년 주요국의 기관투자자 연합이 함께 결성한 GSIA(Global Sustainable Investment Association)는 매 2년 ESG 투자 방식을 적용한 펀드의 규모를 통해 책임투자 시장 규모를 발표하고 있다.

시장 규모를 논하기 전 먼저 살펴봐야 하는 것은 ESG 투자를 규정하는 방식이다. GSIA는 ESG의 투자방식을 대표적으로 7가지 방식으로 정의하고 이 중 하나 이상의 투자 기준을 적용하고 있는 펀드를 책임투자로 정의하고 있다.

GSIA에 따른 투자 방식은 크게 아래 7가지 방식으로 나뉜다(표 1 참조).

7가지 투자 방식 중 하나 이상을 적용한 투자에 대한 기관투자자의 서베이를 기초로 한 GSIA의 2021년 7월 발표에 따르면 2020년 글로벌 지속가능투자 시장 규모는 35.3조 달러로 2018년 대비 15% 성장한 것으로 조사되었다.

이 자료에서 흥미로운 점은 유럽의 지속가능투자 시장 규모가 감소한 것으로 나타났다는 것이다.

2018년 주요 대륙별 비중에서 47%로 가장 높은 비율을 차지했던 유럽의 책임투자 규모가 2020년 들어 감소한 것은 유럽이 EU Taxonomy 정비 등을 통해 환경과 관련한 기준을 정비하고 SFDR1 규제 등을 금융기관에 지속가능투자와 관련한 공시를 의무화함에 따라 기타 지역에서의 친환경에 대한 분류기준이나, 이에 따른 공시제도가 유럽에 비해 미미하다는 점에서 동일기준으로 비교하는 것은 다소 무리가 있다.

따라서 2020년 유럽시장의 책임투자 규모 감소를 시장의 감소로 해석하기보다는 시장의 자정작용을 통한 보다 실질적이고 체계적인 시장 정립을 위한 진통으로 이해하는 것이 바람직하다.

유럽뿐만 아니라 타지역에서도 분류체계 수립 및 금융기관의 ESG 상품에 대한 공시의 강화가 예상됨에 따라 과거에는 ESG 투자로 분류되던 성격도 향후 분류기준이 명확해지고 이를 공시하게 될 경우 시장 규모 수치에 불확실성이 내포될 수 있다.

한국의 경우, 책임투자의 시작은 2006년 9월 국민연금 책임투자형 위탁펀드 운용이라 볼 수 있다. 국민연금을 시작으로 이후 사학연금, 공무원연금 등 일부 연기금의 위탁형 사회책임투자 펀드에서 술·도박·담배 등에 대한 네거티브 스크리닝 등의 제한적이나마 ESG를 반영한 투자가 적용되었으나 수익률 위주의 평가와 적절한 벤치마크의 부재 등으로 이러한 사회책임형 투자 펀드의 성장은 제한적이었다.

그러나, 2018년 이후 국민연금의 ESG 투자 확대를 위한 정책 및 제도 정비가 빠르게 진행되었다. 국민연금은 2018년 7월 수탁자 책임에 관한 원칙을 도입하고, 2019년 11월 책임투자 활성화 방안을 수립하고 책임투자 원칙을 도입했다. 그리고, 2019년 12월 국민연금기금 수탁자 책임에 관한 원칙 및 지침을 개정하고 국민연금기금의 적극적 주주활동 가이드라인을 마련하였다. 또한 2020년 1월에는 「국민연금기금운용지침」 제4조 5대 기금운용 원칙에 '지속가능성 원칙'을 추가하여 ESG 확산을 위한 제도적 기반을 확충하였다.

2017년 9월부터 직접운용 주식자산 일부에 ESG를 고려해 온 국민연금은 2019년 11월 책임투자 활성화 방안을 통해 기존 국내주식 액티브형에 한정되어 온 ESG 고려를 2021년 이후 국내주식 패시브형, 해외주식과 채권 자산 등으로 순차적으로 확대하고 있다.

표 1	국민연금 책임투자 활성화 방안(2019.11) 주요 내용
구분	내용
책임투자 대상 자산군 확대	• 주식 패시브 운용(21년부터), 해외주식 및 국내채권(21년부터) • 대체투자(사모, 부동산, 인프라) : 도입 시기 추가 검토 예정 • 2022년까지 전체 자산의 50%에 ESG 반영 계획
책임투자 추진 전략 수립	• ESG 통합전략의 확대적용(국내외 주식 및 채권) • 기업과의 대화(Engagement)의 확대(해외주식으로 확대추진) • 다만, 네거티브 스크리닝 전략의 경우 추가 검토 필요
위탁운용의 책임투자 내실화	• 2020년 SRI형 위탁운용을 위한 ESG 중심의 벤치마크 신규개발 및 적용계획 • 책임투자형 위탁펀드의 운용보고서에 책임투자 관련 사항을 포함하도록 의무화 추진 • 2022년에는 적용대상을 국내외 주식 및 채권의 전체 위탁 운용사의 운용보고서로 확대 • 위탁운용사 선정평가 시 가점부여 제도 추진 검토
책임투자 활성화 기반 조성	• 기업 ESG 정보 공시 개선을 위한 인센티브 제공 검토 • 지속적인 ESG 지표 개발 및 활용 강화 방안 마련

자료 : 국민연금

2020년 국내주식의 국민연금기금 연차보고서에 따른 ESG 고려 방식은 투자가능종목군 신규 편입 종목 검토시 ESG 세부정보를 확인해 하위등급에 해당할 경우 검토보고서에 운용역 의견 및 ESG 보고서를 첨부하는 방식이다. 또한, 투자가능종목군 점검시 C등급에 해당하는 종목에 대해서 벤치마크 대비 초과 편입여부를 확인하여 초과 편입 유지시 사유와 투자의견을 검토보고서에 작성하는 것이다.

ESG 고려가 100%로 확대되었으나 ESG 통합의 고도화라기보다는 기초적인 수준에서 ESG를 점검하는 수준이다. 한편, 공모펀드 시장에도 주식형, 채권형, 혼합형 등의 많은 ESG 펀드가 출시되었으나 실제 그 활용정도나 적용방법 등에 대해서는 구체적인 평가가 어려운 상황이다.

책임투자의 실질적이고 효과적인 적용을 위해서는 전문인력으로 구성된 전담조직, 외부 리소스 활용 등 상당한 자원의 투자가 필요하다는 점에서 최근의 국내 ESG 펀드의 ESG 반영 방식은 아직은 매우 기초적인 수준일 것으로 추정된다.

1) ESG 공시 제도

ESG를 반영한 투자가 확산되는 만큼, ESG 워싱(washing) 논란도 함께 확대되고 있다. 앞서 살펴본 바와 같이 ESG 투자를 결정하는 기준이 명확하지 않으며 이를 확인할 수 있는 공시 등의 제도적 장치가 미비함에 따라 마케팅 목적 중심의 ESG 워싱이 확대되고 있어 주의가 필요하다.

2021년 DWS(도이체방크의 자산운용 부문)의 전직 지속가능책임자의 내부 고발을 통해 "DWS가 실제 자산의 50% 이상에 ESG를 적용한다는 것은 허위이며, DWS의 ESG 리스크 관리 시스템은 구식이며 외부 평가기관의 ESG 등급에 의존해 ESG 자산을 편의적으로 평가하고 있다"고 밝혔다. 이러한 폭로로 독일 금융당국은 감사에 착수했으며 한때 DWS의 주가는 14% 이상 급락하기도 했으며 대표이사가 사임하기도 했다.

또한, 세계최대 자산운용사인 블랙록의 전직 지속가능책임자 역시 월스트리트의 ESG 전략이 과대광고와 홍보로 얼룩져 있으며 불성실한 약속에 지나지 않는다고 폭로하기도 하였다.

해외를 중심으로 ESG 목표나 활동을 과장하거나 모호한 내용을 ESG로 포장한 기업들의 경우 시민단체 등으로부터 소송을 당하기도 하는 사례가 증가하며 그린워싱(Green Washing) 논란이 확대되고 있다.

이에 따라 각국은 기업의 지속가능정보 공시에 대한 규정을 강화하고, 금융당국에 의한 ESG 상품에 대한 기준 수립 및 공시제도를 정비하고 있다.

이러한 제도정비에 가장 앞서 있는 지역은 유럽이다. EU는 환경, 사회에 대한 분류체계(Taxonomy)를 수립해 ESG의 기준을 제시하고, 일정 규모 이상 기업에 지속가능정보 공시를 규정하는 기업지속가능성 보고지침(CSRD, Corporate Sustainability Reporting Directive)을 확대 시행하고, 지속가능금융공시규제(SFDR, Sustainable Finance Disclosure Regulation)를 통해 금융기관의 ESG 전략 및 반영 방식, ESG 투자 규모 등의 공시를 의무화했다.

미국 또한 2022년 3월 증권거래위원회(SEC, Securities and Exchange Commission)가 등록신고서와 정기 공시에 기후 관련 항목을 포함시키는 공시 규칙 개정안(Regulation S-K, Regulation S-X)을 제안하고 6월 17일까지 공개 의견을 수렴한 데 이어 2022년 말까지 기후 공시안 확정을 목표로 하고 있다.

2022년 5월 SEC는 그린워싱 방지 및 투자자에 대한 정확하고 일관성 있는 정보 제공을 위해 ESG 펀드명 규칙 제정과 함께 ESG 투자상품의 새로운 공시 규정안(ESG Disclosures)을 발표하였다.

국내에서도 정보공시 확대를 위해 환경기술산업법에 따른 환경정보 공시 대상을 녹색기업, 공공기관 및 환경영향이 큰 기업 외에도 연결기준 자산 2조원 이상 기업으로 확대하고, 2025년 이후 자산 2조원 이상 기업을 시작으로 코스피 상장 기업에 대해 단계적으로 기업지속가능보고서 작성이 의무화되었다. 그러나, 금융기관의 ESG 투자 및 상품 관련 정보 공시에 대한 제도화 논의는 미진하다.

이하에서는 금융기관 대상 상품과 정책에 대한 포괄적인 공시 기준인 유럽의 지속가능금융공시 규제(SFDR)와 각국 및 ISSB[1]의 기후 공시안의 초석으로 기후 공시 표준화 프레임워크 역할을 하고 있는 TCFD에 대해 보다 상세히 살펴보고자 한다.

2) SFDR (Sustainable Finance Disclosure Regulation)

유럽에서는 2021년 3월부터 지속가능금융공시규제(SFDR) 1단계가 시행되면서 일정규모 이상의 금융기관은 주체단위, 상품단위의 ESG 정보를 공시해야 한다.

주체 단위에서는 지속가능성 위험 정책과 주요 부정적인 지속가능성의 영향에 대해 설명하고, 이에 대한 실사정책을 설명해야 한다. 또한, 지속가능성 위험을 통합하는 것이 보수정책에 반영된 방식 등에 대해 설명해야 한다.

상품단위로는 상품을 지속가능성의 반영 정도에 따라 ESG 투자 무관상품과 라이트 그린 펀드, 다크 그린 펀드로 나누어 그 비중 등을 공시해야 한다.

표 2   SFDR에 따른 금융기관 1단계 공시 사안

구분	항목	세부 내용
주체 단위	지속가능성 리스크 정책 (제3조)	투자 의사결정 프로세스에 지속가능성 리스크 통합(RMP) 혹은 지속가능성 리스크 정책(SRP)
	주요 부정적인 지속가능성 영향 (제4조)	지속가능성 요인에 대한 투자결정 시 주요 부작용(Principal Adverse Impact) 고려사항
		실사 정책(due diligence) 설명
	보수 정책 (제5조)	보수 정책이 지속가능성 리스크 통합과 어떻게 일관성을 가지는지에 대한 정보
상품 단위	ESG 투자 무관 상품 (제6조)	투자결정에 지속가능성 리스크 통합 방법, 해당 상품의 지속가능성 리스크에 대한 잠재적 영향 평가
	라이트 그린 펀드 (제8조)	환경, 사회적으로 긍정적 영향을 미치거나 (혹은 네거티브 스크리닝 실시) 지배구조가 우수한 기업에 대한 투자상품의 ESG 정보
	다크 그린 펀드 (제9조)	ESG 임팩트 펀드, 지속가능성 투자, 탄소배출 감축 목표 투자 상품 등의 ESG 정보

---

1   IFRS 재단이 지속가능성 보고 표준화 작업을 위해 구성한 국제지속가능성기준위원회(International sustainability Standard Board)

SFDR은 단계적으로 시행되는데, 2단계는 2023년 1월에 적용되며 2단계가 적용되면 자율적인 방식으로 설명하던 주요한 부정적 영향을 정해진 기준에 따른 18개 항목으로 나누어 공시해야 한다. 기업에 대한 투자 시 14개 항목, 국가 및 초국가적 주체에 대해서는 2개 항목, 부동산에 대해 2개 항목의 부정적 영향을 공시해야 한다.

주요 공시 지표들은 온실가스 배출량, 온실가스 집약도, 에너지 사용량, 화석연료 노출 등 주로 환경적인 지표들이며 인권, 이사회의 성별 다양성, 논란이 되는 무기에 대한 노출도 등 사회 지표들이 포함되어 있다.

표 3   SFDR에 따른 금융기관의 2단계 공시 사안(2단계, 2023년 1월 적용)

주제	대분류	투자 대상에 적용되는 지표
		기업 투자에 대한 적용 지표
환경	온실가스 배출	1. 온실가스 배출량
		2. 탄소 발자국
		3. 투자대상 기업의 온실가스 집약도
		4. 화석연료 부문 노출도
		5. 비재생 에너지 소비와 생산 비율
		6. 기후 고영향 부문별 에너지 소비 강도
	생물다양성	7. 생물다양성 민감한 지역에 부정적인 영향을 미치는 활동
	물	8. 오염수 배출
	폐기물	9. 유해 폐기물 비율
사회	인권존중, 반부패, 다양성 등	10. UNGC 원칙 및 다국적기업에 대한 OECD 지침 위반
		11. UNGC 원칙 및 다국적기업에 대한 OECD 지침 준수 모니터링 프로세스 및 컴플라이언스 장치 여부
		12. 조정되지 않은 성별 임금 격차
		13. 이사회의 성별 다양성
		14. 논란성 무기에 대한 노출도(대인지뢰, 집속탄, 생화학 무기 등)
		국가 및 초국가적 주체에 대한 투자 시 적용 지표
	환경	15.온실가스 집약도
	사회	16. 사회적 폭력에 노출된 투자대상국
		부동산자산 투자 시 적용 지표
	환경	17. 부동산 자산을 통한 화석연료 노출도
	환경	18. 에너지 비효율 부동산 자산에 대한 노출도

출처 : EU Commission

3) TCFD(Task Force on Climate-Related Financial Disclosure)

TCFD는 파리협약 목표 이행 요구와 금융시장 참여자들로부터 기후 관련 정보 수요가 증가하면서 G20 정상이 금융안정위원회(FSB)에 기후변화 관련 위험과 기회에 대한 정보공개 프레임을 요청함에 따라 2015년 설립된 이니셔티브이다.

영국, 뉴질랜드, 홍콩 등 개별 국가에서 TCFD에 따른 기업 및 금융기관의 정보공시를 의무화하고 있으며 글로벌 차원에서도 TCFD에 따른 기후 공시 의무화 논의가 계속되고 있다. 최근 ESG 정보공시 표준화 움직임이 강화되며 IFRS 재단 산하 ISSB가 공시 초안을 발표했는데, 이 지표 역시 TCFD에 기반하고 있다.

2017년 6월 발표된 초안에서는 지배구조, 경영전략, 리스크 관리, 지표 및 목표의 네 가지 구분에 따라 기후변화와 관련된 정보공개 지침을 제시했고, 금융의 4개 산업 및 비금융기관 4개 산업에 대해서는 추가적인 보충 지침을 발표했다.

이후, 2021년 10월 개정된 지침에서는 전산업에 대한 세부 기후 공시 지표를 제시하고, 4개 금융산업의 보충지침 중 관련 자산의 탄소배출량 등에 대한 공시 규정을 세분화해 제시하였다.

개정안에서는 전산업에 걸친 기후공시의 주요 지표로 탄소배출량, 전환위험과 물리적 위험에 노출된 자산 및 비즈니스 활동의 규모 및 비율, 기후관련 자본지출 및 투자, 내부 탄소

표 4	TCFD에 따른 기후변화 공시 프레임워크
구분	**내용**
지배구조	• 기후변화의 위험과 기회에 관한 이사회의 감독 역할 • 기후변화의 위험과 기회를 평가하고 관리하는 경영진의 역할
경영전략	• 조직이 단기, 중기, 장기에 걸쳐 파악한 기후변화의 위험과 기회에 대한 설명 • 기후변화의 위험과 기회가 조직의 사업, 경영전략, 재무계획에 미치는 영향 설명 • 조직의 사업, 전략, 재무계획에 미치는 기후 변화 시나리오별 영향(2℃ 시나리오 포함)
리스크관리	• 기후변화의 위험을 식별하고 평가하기 위한 조직의 절차 • 기후변화의 위험을 관리하기 위한 조직의 절차 • 조직의 전사적 위험 관리 프로세스와 기후 변화 위험 파악, 평가 및 관리방법 프로세스의 통합
지표 및 목표	• 조직이 경영전략 및 위험관리 절차에 따라 기후변화의 위험과 기회를 평가하기 위해 사용한 지표 • Scope1, 2, 3 온실가스 배출량 및 관련 리스크 공개 • 기후변화의 위험 및 기회, 목표 달성도를 관리하기 위해 조직이 채택한 목표 및 목표대비 성과

자료 : TCFD

가격, 기후요인과 연계된 경영진의 보상 비율 등의 지표를 제시했고, 이는 ISSB의 기후공시 초안의 지표와 동일하다.

자산운용사에 대해서는 파리협정 온도 경로에 부합하는 포트폴리오 부합성, 자금배출지표 등 정보 공시 내용 및 수준이 크게 심화되었다.

표 5   TCFD 전산업에 적용되는 기후관련 지표 가이드(2021년 10월)

구분	지표	단위	목적
탄소배출량	Scope 1, Scope 2, Scope 3; 배출량 집약도	MT of CO_2e	밸류체인에 걸친 절대 배출량과 배출량 집약도는 기후변화에 따른 정책, 규제, 시장, 기술 대응에 따라 조직이 영향을 받을 수 있는 정도를 가늠할 수 있음
전환위험	전환위험에 취약한 자산과 비지니스 활동	양 또는 %	자산의 손상 및 좌초 가능성, 자산과 부채의 가치에 대한 추정 제품과 서비스에 대한 수요 변화 추정
물리적 위험	물리적 위험에 취약한 자산과 비지니스 활동	양 또는 %	자산의 손상 및 좌초 가능성, 자산과 부채의 가치에 대한 추정 비즈니스 중단 등에 대한 비용 추산
기후관련 기회	기후관련 기회가 될 수 있는 매출, 자산, 비지니스 활동	양 또는 %	동종 산업(Peer Group) 대비 포지션이나 전환경로, 매출 및 수익성에 대한 잠재적인 변화가능성의 추정
자본 배치	기후관련 자본지출, 금융 조달, 투자	보고 통화	장기적인 기업가치 변화 정도를 가늠하는 지표
내부 탄소 가격	내부적으로 이용하는 톤당 탄소가격	보고통화/ MT of CO_2e	내부적인 기후 위험과 기회 전략의 합리성과 전환 리스크에 대한 탄력성을 가늠할 수 있는 지표
보상	기후 요인과 연계된 경영진 보상 비율	%, 가중치, 설명, 보고통화 기준 금액 등	조직의 기후관련 목표 달성을 위한 인센티브 정책 측정 기후 관련 이슈를 관리하는 책임, 감독, 지배구조 체계 등에 대한 실효성 등을 분석할 수 있음

자료 : TCFD, 2021 Guidance on Metrics, Targets, and Transition Plans

세부 산업	항목	내용
은행	전략	• 탄소관련 자산에 대한 노출도 보고 목적으로, 제안된 자산의 정의를 TCFD의 2017년 보고서에서 식별된 모든 비금융 그룹을 포함하도록 확장함
	지표 및 목표	• 2℃ 이하 시나리오에 부합하는 대출 및 금융 중개 활동의 정도에 대한 공시 • 대출 및 금융 중개 활동의 온실가스 배출량(데이터와 방법론이 허용하는 한에서 공시)
보험	지표 및 목표	• 2℃ 이하 시나리오와 부합하는 보험 언더라이팅 활동 정도에 대한 공시 • 상업 부동산 및 특별 사업의 가중평균 탄소집약도 혹은 탄소배출량에 대한 공시(데이터와 방법론이 허용하는 한에서 공시)
자산소유자	지표 및 목표	• 2℃ 이하 시나리오에 부합하는 소유자산, 펀드, 투자전략의 규모 공시 • 소유한 자산에 대한 탄소배출량 공시(데이터와 방법론이 허용하는 한에서 공시)
자산운용사	지표 및 목표	• 관련성이 있는 경우, 2℃ 이하 시나리오에 부합하는 운용중인 자산, 상품, 투자전략의 규모 공시 • 운용중인 자산의 탄소배출량(데이터와 방법론이 허용하는 한에서 공시)

표 6   TCFD 2021년 10월 금융산업 보충지침 주요 개정 내용

01 자산집단은 개별 증권이 모여, 마치 큰 개념의 증권처럼 움직이는 자산집단으로, 의사결정의 대상이 되는 자산집단을 말한다. 자산집단에 대한 설명으로 적절하지 않는 것은?

① 자산집단 내에 분산투자가 가능하도록 충분하게 많은 개별 증권이 존재해야 함

② 하나의 자산집단은 다른 자산집단과 상관관계가 높아서 분산투자 시 위험의 감소 효과가 충분하게 발휘될 수 있는 통계적인 속성을 지녀야 함

③ 이자지급형 자산은 금융기관이나 채권 발행자에게 자금을 맡기거나 빌려주고 대가로 지급하는 이자수익을 주목적으로 하는 자산을 말함

④ 투자자산은 투자수익이 확정되어 있지 않고, 투자성과에 따라 투자수익이 달라지는 자산을 말함

02 주식 A, B, C에 대한 증권분석 결과 아래 표처럼 호경기, 정상, 불경기의 세 가지 상황(각각이 일어날 확률은 0.3, 0.4, 0.3)에서 예상 투자수익률이 추정되었다고 하자. 주식 A, B, C의 기대수익률은?

미래 투자수익률의 확률분포

상황	확률(pi)	주식 A	주식 B	주식 C
호경기	0.3	100%	40%	10%
정 상	0.4	15%	15%	12%
불경기	0.3	−70%	−10%	14%

	A	B	C
①	15%	15%	12%
②	12%	15%	12%
③	10%	12%	15%
④	15%	10%	12%

해설

01 ② 독립성의 원칙으로 상관관계가 충분히 낮아야 분산투자의 효과를 얻을 수 있음

02 ① 주식 A, B, C의 기대수익률 $E(R)$은 다음과 같이 계산된다.
A : (0.3×100%)+(0.4×15%)+(0.3×−70%)=15%
B : (0.3×40%)+(0.4×15%)+(0.3×−10%)=15%
C : 0.3×10%)+(0.4×12%)+(0.3×14%) =12%

03 주식 A의 기대수익률은 15%, 위험(표준편차)은 19.4%인 정규 분포를 따른다고 한다. 이 주식의 95.54%의 신뢰구간의 투자수익은?

① −4.4~34.4

② −23.8~53.8

③ −43.2~73.2

④ 62.6~92.6

04 만수의 주식을 첫째 해 초 10,000원에 매입하여 연말에 400원의 배당금을 받았다. 둘째 해 초에 동일 주식을 10,600원에 추가 매입하여 둘째 해 말에 800원의 배당금(한 주당 400원 배당)을 받고 21,600원(한 주당 10,800원)에 매각하였다. 다음 중 수익률 계산이 틀린 것은?

① 1년 후 단일기간 수익률은 10%

② 내부수익률은 7.12%이다.

③ 산술평균 수익률은 7.83%이다.

④ 기하평균 수익률은 7.91%이다.

해설

03 ② 표준 정규분포에 의하면 $Z=1, 2, 3$에 대하여 다음과 같은 신뢰구간을 갖는다.
(평균)±1 · (표준편차) : 68.27%
(평균)±2 · (표준편차) : 95.54%
(평균)±3 · (표준편차) : 99.97%

04 ④ 단일기간 수익률
1년 후=(400+600)/10,000=10%,
2년 후=(400+200)/10,600=5.66%
다기간수익률
(1) 내부수익률
=10,000+10,600/$(1+r)$
=400/$(1+r)$+(800+21600)/$(1+r)^n$ r =7.12%
(2) 산술평균 수익률
=1/2(10%+5.66%)=7.83%
(3) 기하평균 수익률
=n(1+0.1)(1+0.056) − 1=7.81%

05 투자자 A는 갑 주식을 첫째 해 초 10,000원에 1주 매입하여 연말에 500원의 배당금을 받았다. 둘째 해 초 동일 주식을 11,000원에 1주 추가 매입하여 둘째 해 말에 주당 500원(총 1,000원)의 배당을 받고 주당 11,600원(총 23,200원)에 매각하였다. 투자자 A의 연 기하평균 수익률은? (가장 가까운 근사치로 구하시오.)

① 12.38% ② 12.47%

③ 12.50% ④ 12.52%

06 주식의 호경기, 정상, 불경기의 상황이 발생할 확률이 각각 20%, 50%, 30%이고, 각 상황에서 예상되는 수익률이 각각 10%, 20%, 40%이면 기대수익률은?

① 21% ② 24%

③ 23% ④ 25%

07 연초에 100만 원을 투자하였는데 1년 말 300만 원이 되었으며 2년 말에는 120만 원이 되었다고 가정하자. 기하평균 수익률은? (단, 소수 둘째 자리에서 반올림 할 것)

① 9.5% ② 26.5%

③ 20.0% ④ 15.2%

해설

05 ② 첫째 해 수익률
=(500+1,000)/10,000=15%
둘째 해 수익률
=(500+600)/11,000=10%
기하평균 수익률
$=\sqrt{(1 + 0.15)(1 + 0.1)} - 1 = 0.124722$
=12.47%

06 ② 0.2×10%+0.5×20%+0.3×40%=24%

07 ① 첫 해의 수익률이 200%이고 둘째 해의 수익률이 −60%이다. 따라서 기하평균 수익률은 9.5%이다.
$\sqrt{(1 + 2)(1 - 0.6)} - 1 = 0.095$

08 다음 중 ESG 요소를 반영한 책임투자에 대한 설명으로 옳은 것은?

① 책임투자 방식은 국제 금융 감독기구에 의해 규정되며 책임투자 방식별 세부기준도 제공됨에 따라 이를 준수하는 경우에만 책임투자로 인정된다.

② 책임투자는 선량한 관리자의 의무와는 무관하며 마케팅 목적이 중요하다.

③ 글로벌지속가능투자 연합에 따르면 유럽의 책임투자 펀드 규모는 2020년 감소를 기록했는데 이는 책임투자 시장의 축소를 반영하고 있다.

④ 그린워싱 논란이 확대되면서 유럽을 선두로 환경영역을 중심으로 금융기관의 상품에 대한 ESG 공시 규정이 강화되고 있다.

09 다음 중 국내외 ESG 공시에 대한 옳은 것은?

① 유럽의 금융기관의 지속가능금융공시규제는 2단계에 걸쳐 시행되며 2단계에서는 주요한 부정적 영향에 대한 18개 지표를 공시해야 한다.

② IFRS 재단이 글로벌 공시 표준화 작업을 주도하기 위해 결성된 ISSB는 기존 TCFD와는 별개로 기후 공시 기준을 수립해 제시하고 있다.

③ TCFD는 2021년 개정을 통해, 기후영향이 큰 금융산업과 비금융의 4가지 산업에만 추가적으로 적용되는 기후변화 세부지표 7가지를 제시했다.

④ 국내에서도 자산기준 일정 규모 이상의 금융기관은 포트폴리오의 ESG 공시를 의무적으로 공개해야 한다.

해설

08 ④

09 ①

정답 01 ② | 02 ① | 03 ② | 04 ④ | 05 ② | 06 ② | 07 ① | 08 ④ | 09 ①

금융투자전문인력 표준교재
증권투자권유대행인 1

2025년판 발행   2025년 2월 28일

편저   금융투자교육원
발행처   한국금융투자협회
           서울시 영등포구 의사당대로 143 전화(02)2003-9000 FAX(02)780-3483
발행인   서유석
제작 및 총판대행 (주)**박영사**
           서울특별시 금천구 가산디지털2로 53, 210호(가산동, 한라시그마밸리) 전화(02)733-6771 FAX(02)736-4818
등록   1959. 3. 11. 제300-1959-1호(倫)
홈페이지 한국금융투자협회 자격시험접수센터(https://license.kofia.or.kr)

정가 26,000원

ISBN 978-89-6050-766-1   14320
        978-89-6050-765-4(세트)